DATAEDU PT

자격증 공부를 위한 개인 맞춤형 학습 솔루션

다운로드

문제 추천 서비스 출시!
개인 맞춤화 본격 시작

나의 합격을 위한 맞춤 문제 추천

나의 레벨과 문제 풀이 과정을 통해 맞춤 문제를 추천해 드립니다.

2가지 문제 추천 방식

① 로드맵형
-
한 문제, 한 문제 풀이 결과에 따른 맞춤 문제 제공!
-
하나부터 열까지 꼼꼼하게 공부하고 싶을 때!

② 실전 트레이닝
-
시험 제출 결과에 따른 맞춤 시험지 제공!
-
시험 직전 매번 새로운 시험지를 풀어보고 싶을 때!

JN395246

모바일로 편하게!

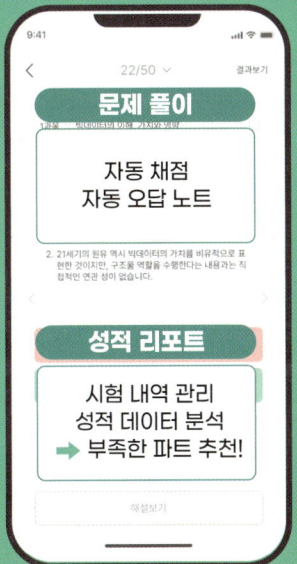
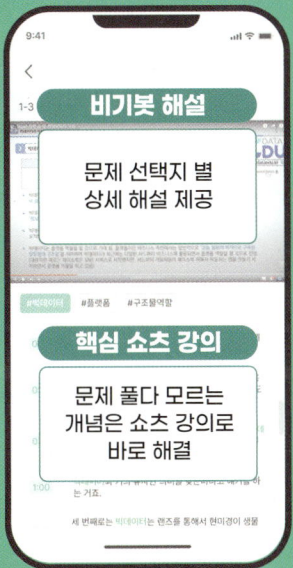

eBook으로 더 편하게!

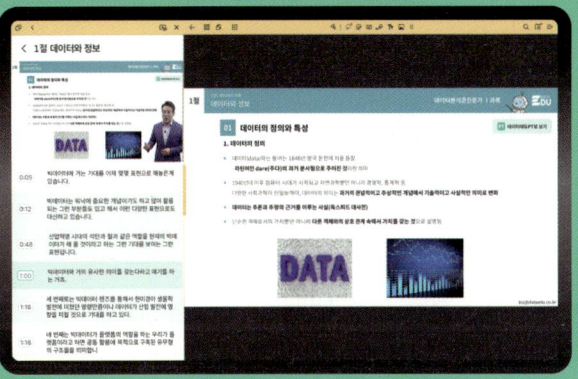

DATAEDU PT With SCONN 북카페

- 데이터에듀PT와 eBook이 만났습니다!
- 문제 풀다 이론이 궁금할 때!
  강의 듣다 책이랑 같이 보고 싶을 때!
- 태블릿 하나로 SIMPLE하게!

• 해당 기능 및 교육 콘텐츠는 자격증에 따라 제공 범위가 다를 수 있습니다.

- 베스트셀러 **1위**
- 소비자 만족지수 **1위**
- 빅데이터 교육 **NO.1**

데이터에듀 카페 운영!

질문답변 / 정보공유
시험후기 / 자격증 정보

데이터에듀 카페 바로가기

카페 가입하고 다양한 혜택을 받아보세요!

합격후기 이벤트

데이터에듀 도서로 공부했다면 누구나 참여가능!
여러분의 소중한 합격후기를 들려주세요.

참여자 전원 네이버페이 3천원 권
또는 커피 쿠폰 증정!
우수 합격후기 작성자는 네이버페이 1만원권!
이벤트 공지는 4월초, 8월 중순
데이터에듀 카페와 데이터에듀PT 커뮤니티에서
공지합니다.

오공완 캐시백 이벤트

경영정보시각화능력 필기 도서로 공부하고
네이버카페에 인증해 주세요.
네이버페이 증정!

5일/10일/20일/4주
경정시 필기책으로 공부하고 카페에 공부한 사진
올리고 인증하면 네이버페이를 증정합니다!
오공완 캐시백 이벤트는
데이터에듀 카페에서 공지합니다.

1:1 질문답변

노베이스 수험생도, 시간부족 직장인도
합격할 수 밖에 없는 1:1 맞춤 학습관리

학습하면서 궁금한 점은 언제든 질문해주시면
1:1 맞춤 답변해드립니다.
현재 실력, 학습환경, 학습성향에 맞는
학습컨설팅과 학습가이드를 제공해 드립니다.

서평단 체험단

데이터에듀 도서와 에듀테크 서비스를
무료로 받아보고 체험해 보세요!

도서가 출간되면 가장 먼저 도서를
무료로 받아보고 공부하는 서평단!
데이터에듀 에듀테크 서비스를 가장 먼저
무료로 체험해볼 수 있는 체험단!
데이터에듀 카페에서 서평단과 체험단을 신청하세요.

N 데이터에듀 카페

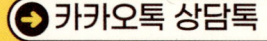

사이트 이용, 도서인증 등
궁금한 모든 것을 문의해 주세요.

데이터에듀 카카오 플러스채널 친구 추가 혜택

도서 5% 추가
할인 쿠폰 제공

데이터에듀
이벤트

신간 출간 정보
제공

카카오톡 상담
바로가기

민트책 저자
한컴아카데미 협작

2025 신간

2025

단기 합격을 위한 마스터 플랜

경영정보 시각화능력 필기
BI Specialist

저자 윤종식, 한컴아카데미

들어가기전에,
머 리 말

안녕하세요, 독자 여러분.

　데이터 분석과 머신러닝 분야에서 오랜 시간 쌓아온 경험과 전문성을 바탕으로 여러분의 학습과 성장을 돕고자 하는 빅데이터 분석 전문가 윤종식입니다. 저는 지난 10년간 데이터분석 준전문가(ADsP, 일명 민트책), 데이터분석 전문가(ADP, 일명 파랭이책), 빅데이터분석기사 등의 자격증 교재를 집필하며 컴퓨터/IT 분야에서 베스트셀러의 자리를 지켜왔습니다. 이 과정에서 데이터의 실질적인 가치를 실무에 적용할 수 있는 길을 제시하며, 데이터가 단순한 정보의 집합을 넘어 조직의 미래를 바꾸는 도구임을 깊이 체감했습니다. 이번에 여러분께 선보이는 수험서는 그동안의 경험과 열정을 집약한 또 하나의 도전의 결과물입니다.

　경영정보시각화능력(Business Intelligence Specialist) 자격증은 대한상공회의소에서 주관하는 국가기술자격으로, 4차 산업혁명과 디지털 전환 등으로 데이터로부터의 인사이트 도출 능력이 중요해진 지금 데이터 기반의 의사결정을 위한 데이터 시각화의 중요성이 계속해서 증가됨에 따라 2024년에 신설된 자격증입니다.

　해당 자격증의 필기 시험은 경영 일반, 데이터 해석 및 활용, 경영정보시각화 디자인의 세 가지 영역을 다루며, 기업의 내외부 정보를 시각적으로 표현해 의사결정을 지원하는 역량을 평가합니다. 또한 실기 시험은 Power BI와 Tableau 같은 시각화 도구를 통한 경영정보시각화 디자인 실무 능력을 측정합니다. 디지털 전환 시대에 빅데이터 시각화는 경영, 마케팅, 인사 등 다양한 직무에서 필수 기술로 자리 잡은 만큼 해당 교재는 자격증 취득을 목표로 하는 학습자뿐만 아니라 실무에서 데이터 시각화 역량을 키우고자 하는 모든 분들에게 실질적인 도움을 주고자 기획되었습니다.

　저는 이미 2024년 본 자격증의 실기 교재인 〈경영정보시각화능력 실기: Tableau〉를 한컴아카데미와 공동 집필하여 많은 학습자들에게 실습 중심의 학습 경험을 제공했습니다. 본 교재는 필기시험 대비에 초점을 맞추었으며, "데이터 시각화"파트에는 한컴아카데미와의 또 한 번의 공동 집필을 통해 완성도를 높였습니다. "경영정보 일반"에서는 경영정보시스템의 핵심 개념과 세부 내용을 표와 그림으로 정리해 초보자도 쉽게 접근할 수 있도록 했으며, "데이터 해석 및 활용"에서는 데이터, 데이터베이스, 데이터 분석의 핵심 개념과 세부 내용을 요약하여 이해하기 편리하게 구성했습니다.

또한, 2024년 시행된 시험의 난이도 이슈에 대한 많은 수험생분들의 피드백을 반영하고 시행처의 향후 시험 계획을 고려해 핵심개념체크 문제, 예상문제, 모의고사, 기출변형문제를 다양한 유형으로 제작했습니다. 특히 향후 시험 난이도 상향 조정 가능성에 대비해 전체 문제의 난이도를 높여 수록했습니다. 수험생분들께 좋은 문제를 최대한 많이 제공하고자 노력했으며, 시험장에서 어려움 없이 대비할 수 있도록 실전 감각을 키우는 데 심혈을 기울였습니다.

데이터를 다루고 시각화하는 과정은 때로는 도전적일 수 있습니다. 저 역시 이 분야에 첫발을 내디뎠을 때 수많은 시행 착오를 겪었지만, 그 속에서 얻은 통찰과 성취감이 저를 여기까지 이끌었습니다. 이 교재를 집필하며 저는 여러분이 데이터의 가치를 깨닫고 이를 효과적으로 전달하는 전문가로 성장하기를 바라는 마음을 담았습니다. 여러분의 노력과 열정이 자격증 취득이라는 결실을 맺고, 더 나아가 실무에서 빛나는 성과로 이어지기를 진심으로 응원합니다. 이 책이 여러분의 여정에 든든한 동반자가 되기를 바라며, 데이터 시각화로 새로운 가능성을 열어가는 여러분의 미래를 기대합니다.

마지막으로, 이 책을 집필하며 공동 집필을 위해 애써 주신 한컴아카데미의 김종헌 대표님과 손범수 이사님, 그리고 데이터에듀 교육사업본부 연구원들에게 깊은 감사의 마음을 전합니다. 또한 부족한 아들을 항상 자랑스러워하시는 부모님과 늘 힘이 되어주는 예주와 성빈에게 사랑한다는 말을 전합니다.

2025년 3월
윤종식 드림

〈한컴아카데미 소개〉

한컴아카데미는 ICT융합 전문기술교육 기업으로 AI, 빅데이터, 프로그래밍, 임베디드 솔루션 및 자동차 소프트웨어(SW) 등 전문기술교육에 특화된 교육을 수행합니다. 기업, 연구소의 개발자, 엔지니어를 대상으로 맞춤형 전문기술교육, 미취업자를 위한 취업연계 교육, 정부지원 인력양성사업 등 다양한 교육사업을 영위하고 있습니다. 모든 교육은 현장과 실무경험을 갖춘 강사진을 통해 최신 트렌드와 실무에 바로 적용이 가능한 교육프로그램을 제공하며 이론 중심의 교육을 넘어, 실습과 프로젝트 기반 학습을 통해 역량을 강화할 수 있는 교육프로그램을 제공합니다.
한컴아카데미는 가장 효과적, 혁신적, 실용적인 교육을 통해 국가의 미래 기술 인재양성이라는 미션과 목표로 나아갑니다.

도서구매혜택

도서인증방법

데이터에듀PT 앱 설치 및 로그인 후 우측 상단 메뉴(사이드 메뉴)의 '도서인증 및 쿠폰등록' 메뉴를 이용하시면 됩니다.

종이책 인증
하단의 도서인증번호를 아래 칸에 입력해주세요!

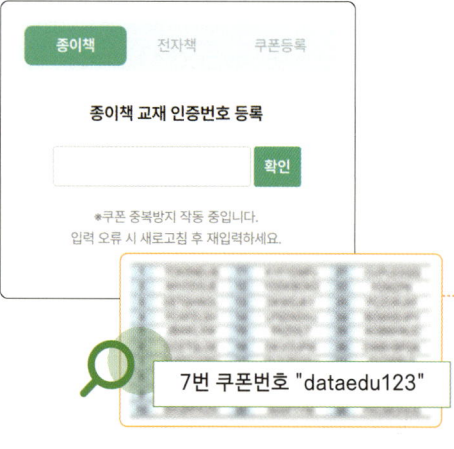

7번 쿠폰번호 "dataedu123"

전자책 인증
전자책 탭의 번호를 확인해서 인증 코드를 아래 칸에 입력해주세요!

※ 본 이미지는 예시를 위해 설명된 이미지로 실제 전자책 쿠폰 번호가 아닙니다.

종이책 인증번호

DATAEDU

BI25T468SG987G

데이터에듀 PT 1년 무료 이용

2024년 1회 기출
경영정보시각화능력 필기 제 1회 기출변형문제
제한시간 60분

모바일로 풀기

문제 풀이를 통한 자동 채점
오답 노트 자동 정리로 편리하게!

자동 오답 노트 정리

생성형 AI 비기봇으로
공부하는 상세 해설

오답노트(즐겨찾기)를 통해
내가 필요한 문제만 복습!

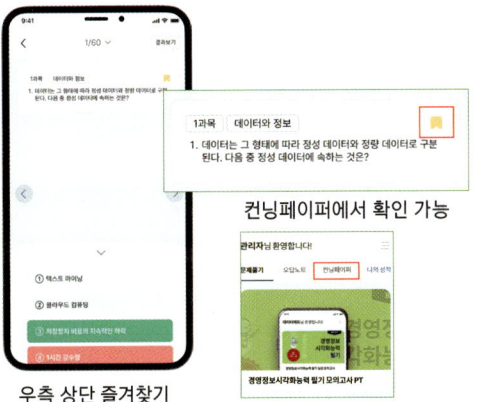

우측 상단 즐겨찾기   컨닝페이퍼에서 확인 가능

시험 성적표와 풀이 과정 분석으로
부족한 부분 파악!

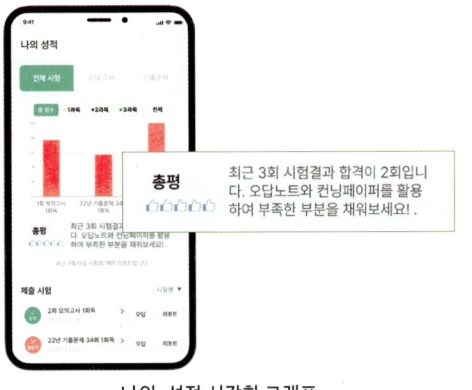

나의 성적 시각화 그래프

본문 구성

다양한 사이드 콘텐츠로 학습 편의를 제공하며,
데이터에듀PT를 통한 디지털 학습까지 지원합니다.

난이도
- 해당 절의 학습 난이도를 확인할 수 있습니다. 학습 전 난이도를 확인하여 더 효율적인 학습 플랜을 세울 수 있습니다.
- 학습 후 난이도와 비교해 본인의 성적을 점검하고 약점을 파악해 전략적인 시험 대비가 가능합니다.

출제 포인트
- 실제 기출 포함 저자 윤종식 박사와 데이터 연구원이 시험 예상 유형을 정리하였습니다.
- 출제 방식을 미리 익혀 실제 시험에 대비할 수 있습니다.

3장 시각화 요소 디자인
1절 테이블 디자인

난이도 하

출제포인트
테이블과 캘린더 차트의 개념과 특징 또한 출제가능성이 높으니 숙지합시다.

❶ 테이블 디자인

1. 테이블(Table)

- 테이블 차트는 행과 열로 구성된 격자 형태의 표로써 데이터를 구조화하고 정렬하여 보여준다.
- 각 셀에는 숫자, 텍스트 또는 다른 유형의 데이터가 포함될 수 있으며, 이를 통해 데이터의 패턴, 관계 및 추세를 쉽게 파악할 수 있다.

연도	월	매출	수익
2024	1	54,954	67,162
2024	2	51,056	-1,440
2024	3	49,848	28,516
2024	4	65,751	48,504
2024	5	18,870	24,519
2024	6	63,742	2,694
2024	7	36,644	-4,000
2024	8	61,629	66,576
2024	9	47,567	65,328
2024	10	57,617	18,864
2024	11	40,276	22,577
2024	12	7,905	6,728
총합계		555,859	346,028

(열 / 머리글 / 행 / 셀)

구분	내용
행	• 테이블 차트에서 가로로 나타나는 부분을 행이라고 한다. • 각 행은 해당 테이블의 레코드 또는 항목을 나타낸다. • 예를 들어, 고객 정보를 담은 테이블이 있다면, 각 행은 각각의 고객에 대한 정보를 담고 있다. • 행은 일련의 데이터를 포함하며, 각 열에 해당하는 속성이나 특징을 가지고 있다.
열	• 테이블 차트에서 세로로 나타나는 부분을 열이라고 한다. • 각 열은 해당 테이블의 속성이나 특징을 나타낸다. • 예를 들어, 고객 정보를 담은 테이블에서 "이름", "나이", "성별" 등의 열은 각각 고객의 이름, 나이, 성별에 대한 정보를 담고 있다. • 열은 특정 유형의 데이터를 포함하며, 해당 데이터의 특성을 설명한다.
레이아웃	• 테이블 차트의 디자인은 시각적 효과를 통해 데이터를 강조하거나 비교할 수 있는 기능을 제공할 수 있다. • 예를 들어, 표의 제목 행이나 열 헤더에 색상이나 굵은 글씨체를 사용하여 주목성을 높일 수 있다. • 또한, 데이터값의 크기에 따라 배경색이나 글꼴 색상을 변경하여 차이점을 시각적으로 표현할 수도 있다.

2. 캘린더차트(Calendar Chart)

- 캘린더 차트는 시간과 날짜에 기반하여 데이터를 시각적으로 표현하는 차트다.
- 캘린더 차트는 달력과 유사한 형태로 구성되어 있으며, 각 날짜에 해당하는 셀에 데이터를 표시한다.
- 이를 통해 시간에 따른 패턴, 트렌드, 이벤트 등을 쉽게 파악할 수 있다.

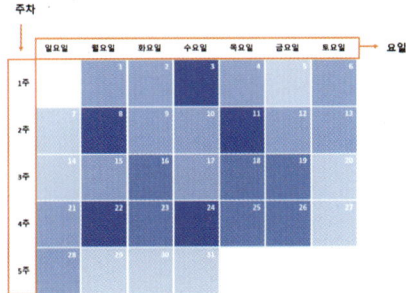

구분	내용
날짜 기반 표현	· 각 날짜에 해당하는 셀에 데이터를 배치하여 특정 기간의 변화를 시각적으로 보여줌 · 캘린더 차트는 일, 주, 월, 연도 등 다양한 시간 단위로 데이터를 표현할 수 있으며, 이를 통해 시간의 흐름에 따른 데이터의 변화를 확인할 수 있음
색상과 표시 방법	· 캘린더 차트는 셀의 색상, 그라데이션, 아이콘, 텍스트 등을 활용하여 데이터를 시각적으로 표현함 · 예를 들어, 특정 날짜의 데이터가 높을수록 색상이 진하게 표시되거나, 아이콘을 이용하여 특정 이벤트를 나타낼 수 있음
이벤트 및 스케줄 관리	· 캘린더 차트는 이벤트, 예약, 일정 등과 관련된 데이터를 효과적으로 관리할 수 있음 · 특정 날짜에 일어나는 이벤트를 표시하거나, 예약할 수 있는 시간대를 표현하는 등의 용도로 활용됨

출제포인트
캘린더차트의 세 가지 요소를 묻는 문제가 출제될 수 있습니다.

개념 ➕
캘린더 차트 사용 가능 도구
캘린더 차트를 사용할 수 있는 도구는 Salesforce, 태블로, 먼데이닷컴이 있다.

비기의 학습팁
캘린더차트는 '차트'이지만 '테이블' 디자인에 속합니다.

개념 ➕
- 고득점 확보가 가능한 추가 개념입니다.
- 필수 암기 항목은 아니지만, 더 많이 이해하고 더 쉽게 문제를 풀 수 있습니다.

비기의 학습팁
- 학습 내용에 대한 요약, 부연 설명, 암기법 등 윤박사의 분신 '비기'가 알려주는 시험 공부 팁입니다.
- 어려운 내용 외울 때 내용이 잘 이해되지 않을 때 옆에 있는 비기의 학습팁을 확인해보세요.

핵심개념체크문제
- 공부 후 시험에 어떻게 출제되는지 개념체크 문제를 풀어보며 실제 시험을 대비할 수 있습니다.
- QR 스캔하여 데이터에듀PT 앱으로 한 번 더 문제를 풀어볼 수 있습니다.

✅ 핵심 개념체크

26. 캘린더차트는 어떤 요소를 통해 데이터를 시각적으로 제공할 수 있는가?
   ① 차트의 크기와 모양
   ② 차트의 색상과 레이블
   ③ 차트의 제목과 축
   ④ 차트의 배경과 테두리

캘린더차트는 칸의 색상과 레이블을 통해 데이터에 대한 정보를 시각적으로 제공할 수 있다.

정답 26. ②

※ 본 이미지는 예시를 위해 설명된 이미지로 실제 구성과 차이가 있습니다.

시험지 구성

예상문제

- '모바일로 풀기'
  - 데이터에듀PT 앱으로 똑같은 시험지를 풀어볼 수 있습니다.
  - 비기봇이 설명해주는 상세한 해설 〈비기봇해설〉 등 더 다양한 콘텐츠를 제공합니다.

  비기봇은 데이터에듀의 생성형 AI입니다.

모의고사

- '정답과 해설'
  - 정답과 해설이 있는 페이지를 미리 확인해 편리하게 넘겨볼 수 있습니다.

기출문제

- 난이도
  - 각 문항의 난이도 등급을 나타냅니다.
  - 난이도는 5개 등급(★☆☆☆☆ ~ ★★★★★)으로 구분됩니다.

  〈경영시 시험 파헤치기〉 참고

해설지 구성

채점표
- 과목별로 맞은 개수를 기록할 수 있습니다.

데이터에듀PT '나의 성적'
- 데이터에듀PT 자동 채점 기능으로 편리하게 시험 결과를 확인할 수 있습니다.
- 오답노트와 즐겨찾기를 통해 틀린 문제와 내가 원하는 문제를 다시 풀 수 있는 학습 기능을 지원합니다.

비기봇 해설
- 난이도가 높은 문제는 비기봇 해설을 제공하며, 이 해설을 통해 더 이해하기 쉽게 상세한 해설을 제공합니다.

경영정보시각화능력 시험 파헤치기

01 저자의 말

경영정보시각화능력 자격증은 대한상공회의소가 운영하는 국가기술자격증으로, 데이터 시각화의 중요성이 커지는 시대적 흐름을 반영하여 기업의 데이터를 효과적으로 분석하고 시각화함으로써 의사결정을 지원하는 역량을 평가하는 데 목적이 있습니다. 제1회 필기시험은 2024년 5월 전국 47개 지역에서 약 5,233명의 응시자가 참여하며 데이터 시각화에 대한 높은 관심을 보여주었습니다. 이후 필기시험과 실기시험이 각각 1회씩 추가로 실시되었으며, 저자는 필기시험과 실기시험의 출제 범위, 난이도, 출제 경향을 분석해 왔습니다.

제1회 필기시험은 대한상공회의소에서 제공하는 가이드북에 따라 대부분 문제가 쉽게 출제되어 응시생들이 높은 합격률로 합격했습니다. 그러나 이후 파워 BI와 태블로를 활용한 실기 시험은 복잡한 문제 실습 요구사항과 상향된 난이도로 합격자 수가 현저히 적었습니다. 또한 2024년 마지막에 치러진 제2회 필기시험 역시 제1회에 비해 월등히 어렵게 출제되어 시험을 준비하던 수험생분들께서 많은 혼란을 겪었습니다. 대한상공회의소에서는 향후 경영정보시각화능력 시험에서도 앞의 시험의 수준보다 높은 난이도로 출제하여 경영 전반의 지식, 데이터 이해, 시각화 능력을 변별력 있게 관리할 계획으로 예상하고 있습니다.

저자는 본 자격증의 취지와 대상을 고려해 "비전공 2학년 대학생"을 기준으로 교재의 내용과 난이도를 결정하였으며, 문제 난이도를 5개 레벨(매우 쉬움 1 ~ 매우 어려움 5)로 정의하고 모든 문제에 난이도를 설정했습니다. 이 기준을 바탕으로 제1회와 제2회 필기 기출문제를 철저히 분석해 보았습니다.

02 출제 경향 분석

제1회와 제2회 기출문제를 분석해 문제 난이도의 분포를 확인한 결과는 다음과 같습니다.

Level	난이도(비전공 대학생 2학년 수준) 단계별 난이도 유형	1회 기출	2회 기출	합계	비율
1	특별히 공부하지 않고 상식으로 풀 수 있는 난이도	4	2	6	5.0%
2	경영 및 데이터 관련 기초 지식과 문항 이해력으로 풀 수 있는 난이도	12	9	21	17.5%
3	내용과 출제 포인트를 공부하고 핵심 개념체크와 예상문제를 풀 수 있는 난이도	30	25	55	45.8%
4	비기의 학습팁과 개념 플러스의 내용을 이해하고 모의고사와 기출변형 문제를 풀 수 있는 난이도	11	17	28	23.3%
5	내용을 2회이상 정독하고 오답노트로 관리하여 모든 문제를 풀 수 있는 난이도	3	7	10	8.3%
	총합계	60	60	120	100%

제1회 시험을 분석해 보면, 난이도 1~2등급 문제가 16개, 3등급 문제가 30개 출제되어 핵심 개념체크 문제와 예상문제를 풀어도 합격 가능한 수준이었습니다. 반면, 제2회 시험은 난이도 1~2등급 문제가 11개, 3등급 문제가 25개 출제되었습니다. 이는 3등급 이하 문제를 모두 맞춰야 합격선에 도달하며, 한두 문제라도 틀릴 경우 4등급 수준의 문제를 추가로 맞춰야만 합격이 가능한 수준으로 까다롭게 출제되었습니다.

03 교재의 예상문제 난이도

2025년 경영정보시각화능력 교재에는 핵심개념체크 문제, 예상문제, 모의고사, 기출변형 문제가 수록되어 있습니다. 핵심개념체크 문제는 난이도를 1~3등급(상중하)로 설정해 쉬운 개념을 확인하고 중간 난이도의 개념을 이해할 수 있도록 구성했습니다. 예상문제는 과목당 100문제를 수록했으며, 제1회~2회 기출 문제의 난이도를 감안해 5개 레벨(매우 쉬움 1 ~ 매우 어려움 5)을 기준으로 3등급, 4등급, 2등급 순으로 문제를 구성하였습니다.

난이도 등급	실제기출(1회, 2회)		1과목 예상문제		2과목 예상문제		3과목 예상문제	
1	6	5.0%	8	8.0%	9	9.0%	2	2.0%
2	21	17.5%	25	25.0%	17	17.0%	28	28.0%
3	55	45.8%	26	26.0%	37	37.0%	39	39.0%
4	28	23.3%	27	27.0%	20	20.0%	24	24.0%
5	10	8.3%	14	14.0%	17	17.0%	7	7.0%
합계	120	100%	100	100%	100	100%	100	100%

1과목(경영정보 일반)
일반 개념과 세부 항목에 대한 내용이 주로 구성되어, 이해보다는 많은 암기를 필요로 하므로 2등급, 3등급, 4등급 문항을 각각 25% 이상으로 구성했습니다.

2과목(데이터 해석 및 활용)
데이터베이스, 데이터, 통계 분석 등 넓은 영역의 기본 개념과 이론을 학습할 수 있도록 난이도 있는 문제를 추가해 3등급 37%, 4등급 20%, 5등급과 2등급 각 17%로 설정했습니다.

3과목(경영정보시각화 디자인)
전문 과목의 개념과 내용을 학습할 수 있도록 3등급 39%, 2등급 28%, 4등급 24%로 구성해 한 번 이상 반드시 공부해야 풀 수 있는 문제들로 제작했습니다.

04 교재의 모의고사와 기출변형 난이도

기출 변형 문제는 제1회~2회 기출 문제들을 바탕으로 새로운 형태의 문제로 변형하였으며, 난이도를 다소 상향 조정하여 제작했습니다. 제1회 기출 변형 문제는 기존 1회 기출보다 1~2등급 문제를 줄이고 4~5등급 문제를 늘렸으며, 제2회 기출 변형 문제는 기존 2회와 비슷한 난이도 수준으로 구성했습니다.

난이도 등급	실제기출(1회, 2회)		1회 기출변형		2회 기출변형		1회 모의고사		2회 모의고사		3회 모의고사	
1	6	5.0%	2	3.3%	1	1.7%	3	5.0%	4	6.7%	1	1.7%
2	21	17.5%	9	15.0%	11	18.3%	8	13.3%	3	5.0%	7	11.7%
3	55	45.8%	23	38.3%	25	41.7%	22	36.7%	22	36.7%	21	35.0%
4	28	23.3%	20	33.3%	16	26.7%	14	23.3%	19	31.7%	21	35.0%
5	10	8.3%	6	10.0%	7	11.7%	13	21.7%	12	20.0%	10	16.7%
합계	120	100%	60	100%	60	100%	60	100%	60	100%	60	100%

모의고사는 기출 변형 문제보다 더 높은 난이도로 설계해 실전에서 어려운 문제가 출제되더라도 충분히 대비 가능하도록 준비했습니다. 제1회 모의고사는 제2회 기출 문제와 비슷하거나 약간 더 어려운 수준으로, 제2회~3회 모의고사는 이보다 더 난이도를 점차 높이는 형태로 문제를 구성했습니다. 난이도가 높은 문제를 충분히 풀어보아야 시험장에서 조금 더 편안히 응시 가능하다는 점을 염두해두고 설계했으니, 어렵다고 포기하지 말고 데이터에듀PT 앱을 통해 내용을 차근차근 이해하며, 오답노트를 활용해 공부하시면 효과적으로 합격할 수 있을 것입니다.

경영정보시각화능력 자격검정 안내

01 시험 개요

경영정보시각화능력(Business Intelligence Specialist)은 경영 관련 의사결정을 위해 기업·기관의 내·외부의 정보를 시각적 요소들을 사용하여 효과적으로 표현하고 전달하는 직무와 관련된 국가기술자격입니다.

02 응시 자격

제한 없음 (단, 실기시험은 필기 합격 후 2년 이내 있는 실기 시험 응시 가능)

03 시험 과목

- 필기 시험

과목명	문항수	주요 항목	검정방법	시험시간
경영정보 일반	20문항	1. 경영정보 이해 2. 기업 내부 정보 파악 3. 기업 외부 정보의 활용	객관식 4지 택일형	60분
데이터 해석 및 활용	20문항	1. 데이터 이해 및 해석 2. 데이터 파일 시스템 3. 데이터 활용		
경영정보시각화 디자인	20문항	1. 시각화 디자인 기본 원리 이해 2. 시각화 도구 활용 3. 시각화 요소 디자인		

- 실기 시험

과목명	문항수	주요 항목	검정방법	시험시간
경영정보시각화 실무	3~5	1. 경영정보시각화 작업 준비 2. 경영정보시각화 결과물 레이아웃 구성 3. 경영정보시각화요소 구현	컴퓨터 작업형	70분

04 합격 기준

구분	등급	합격기준	과락기준
필기	단일등급	과목당 100점 만점에 전 과목 평균 60점 이상	40점 미만 과목 하나 이상
실기	단일등급	100점 만점에 70점 이상	과락기준 없음

05 취득 절차

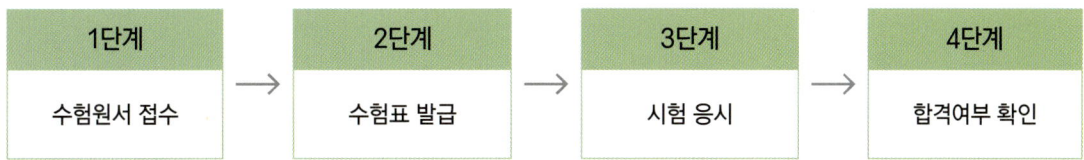

1단계: 수험원서 접수 → 2단계: 수험표 발급 → 3단계: 시험 응시 → 4단계: 합격여부 확인

06 시험 일정

회차	구분	인터넷 접수	시험일자	발표일자
1회	필기	2025. 04. 03 ~ 2025. 04. 09	2025. 04. 26	2025. 05. 27
1회	실기	2025. 06. 05 ~ 2025. 06. 11	2025. 06. 28	2025. 08. 26
2회	필기	2025. 08. 21 ~ 2025. 08. 27	2025. 09. 13	2025. 10. 14
2회	실기	2025. 10. 09 ~ 2025. 10. 15	2025. 11. 01	2025. 12. 30

※상기 일정은 변경될 수 있으니 정확한 시험 일정은 대한상공회의소자격평가사업단(https://license.korcham.net)에서 확인바랍니다.

07 응시료

구분	응시료
필기	22,000원
실기	45,000원

명사수 비기의 경영정보시각화능력 필기 학습 전략

비전공자 3주 플랜
하루 3시간, 경정시 필기를 효율적으로 공부해보세요!

- **step 1** 데이터에듀 교재를 통해 출제포인트와 비기의 학습팁을 함께 보며, 본문의 개념을 파악하고 핵심개념체크 문제를 통해 개념을 점검합니다.
- **step 2** 데이터에듀 PT앱을 통해 책에 있는 문제(예상문제)를 풀며, 자동 오답 노트를 구성하고, 헷갈리는 문제를 즐겨찾기(컨닝페이퍼)로 정리합니다.
- **step 3** 데이터에듀PT앱의 오답노트와 컨닝페이퍼에 등록된 문제를 본문에 표시하고 개념+와 참고를 함께 보며, 나만의 오답노트를 만듭니다.
- **step 4** 기출변형문제(2회분)와 모의고사(3회분)를 풀며 자동 오답 노트를 구성하고, 따로 헷갈리는 문제는 즐겨찾기(컨닝페이퍼)로 정리합니다.
- **step 5** 오답노트와 컨닝페이퍼에 등록된 문제를 다시 풀어보며, 시험에 대비합니다. 나만의 오답노트를 만들어봐도 좋습니다.

1일	2일	3일	4일	5일	6일	7일
1과목 1장 이론 공부 1과목 1장 핵심개념체크 풀기	1과목 2장 이론 공부 1과목 2장 핵심개념체크 풀기	1과목 2~3장 이론 공부 1과목 2~3장 핵심개념체크 풀기	1과목 예상문제 100 풀기 즐겨찾기, 오답노트 등록 1과목 개념 복습하기 나만의 오답노트 제작	2과목 1장 이론 공부 2과목 1장 핵심개념체크 풀기	2과목 1장 이론 공부 2과목 1장 핵심개념체크 풀기	2과목 1~2장 이론 공부 2과목 1~2장 핵심개념체크 풀기
8일	**9일**	**10일**	**11일**	**12일**	**13일**	**14일**
2과목 2장 이론 공부 2과목 2장 핵심개념체크 풀기	2과목 2장 이론 공부 2과목 2장 핵심개념체크 풀기	2과목 3장 이론 공부 2과목 3장 핵심개념체크 풀기	2과목 3장 이론 공부 2과목 3장 핵심개념체크 풀기 2과목 예상문제 100 풀기 즐겨찾기, 오답노트 등록 2과목 개념 복습하기 나만의 오답노트 제작	2과목 개념 복습하기 나만의 오답노트 제작 3과목 1장 이론 공부 3과목 1장 핵심개념체크 풀기	3과목 1장 이론 공부 3과목 1장 핵심개념체크 풀기	3과목 1장 이론 공부 3과목 1장 핵심개념체크 풀기
15일	**16일**	**17일**	**18일**	**19일**	**20일**	**21일**
3과목 2장 이론 공부 3과목 2장 핵심개념체크 풀기	3과목 3장 이론 공부 3과목 3장 핵심개념체크 풀기	3과목 예상문제 100 풀기 즐겨찾기, 오답노트 등록 3과목 개념 복습하기 나만의 오답노트 제작	기출변형 2회분 풀기 즐겨찾기, 오답노트 등록 개념 복습하기	모의고사 1회 풀기 즐겨찾기, 오답노트 등록 개념 복습하기 나만의 오답노트 제작	모의고사 2회 풀기 즐겨찾기, 오답노트 등록 개념 복습하기 나만의 오답노트 제작	모의고사 3회 풀기 즐겨찾기, 오답노트 등록 개념 복습하기 나만의 오답노트 제작

도전 ○주 완성 셀프 스터디 플래너

본인만의 스터디 플랜을 세워보세요!

- **추천1** 정해주는 대로 하는 게 좋은 비전공자 → 데이터에듀가 제안한 비전공자 3주 플랜을 기입해보세요!
- **추천2** 조금 느려도 꼼꼼히 하는 게 좋은 비전공자 → 30일 플랜으로 꼼꼼하게 시험을 대비해보세요!
- **추천3** ADsP, SQLD를 공부한 비전공자 → 10일 플랜으로 빠르고 효율적으로 학습해보세요!

1일	2일	3일	4일	5일	6일	7일
8일	9일	10일	11일	12일	13일	14일
15일	16일	17일	18일	19일	20일	21일
22일	23일	24일	25일	26일	27일	28일
29일	30일					

경영정보시각화능력 필기도
데이터에듀와!

BI Specialist
경영정보시각화능력
필기

※ 정오표는 데이터에듀 홈페이지(dataedu.kr)의 [커뮤니티-정오표] 메뉴에서 확인하실 수 있습니다.

CONTENTS

PART 01	경영정보 일반		20
	제 1장 경영정보 이해	제1절 경영과 정보	24
	제 2장 기업 내부정보 파악	제1절 회계/재무/인적자원 기본 정보	46
		제2절 마케팅/영업 기본정보	76
		제3절 공급관리 기본정보	93
	제 3장 기업 외부정보의 활용	제1절 기업 외부정보 파악	108
	1과목 예상문제 100		114
PART 02	데이터 해석 및 활용		144
	제 1장 데이터 이해 및 해석	제1절 데이터의 이해	148
		제2절 데이터의 해석	163
	제 2장 데이터 파일 시스템	제1절 데이터 파일 시스템의 이해	189
		제2절 데이터베이스의 이해	208
	제 3장 데이터 활용	제1절 데이터 가공	224
		제2절 데이터 관리	240
		제3절 비즈니스 인텔리전스	249
	2과목 예상문제 100		254

PART 03	경영정보시각화 디자인	282
제 1장 시각화 디자인 기본 원리 이해	제1절 경영정보 시각화 개요	286
	제2절 디자인의 기본 원리	296
	제3절 인포그래픽 디자인	312
제 2장 시각화 도구 활용	제1절 사무자동화 프로그램을 활용한 시각화	329
	제2절 데이터 시각화 도구의 특징	341
	제3절 데이터 시각화 도구의 주요 기능	347
제 3장 시각화 요소 디자인	제1절 테이블 디자인	354
	제2절 차트 디자인	356
3과목 예상문제 100		398

04	기출변형문제	435
	경영정보시각화능력 필기 제 1회 기출변형문제	436
	경영정보시각화능력 필기 제 2회 기출변형문제	446

05	모의고사	457
	1회 모의고사	458
	2회 모의고사	470
	3회 모의고사	482

06	해설집(기출/모의)	495
	기출변형문제	496
	모의고사	513

PART 01

경영정보 일반

1장 경영정보 이해

2장 기업 내부정보 파악

3장 기업 외부정보의 활용

01

Learning Map
어떤 것을 학습하게 될지 살펴보자!

1장 — **경영정보 이해**
- 경영의 기본 개념과 PDCA 사이클에 대해 이해한다.
- 데이터 분석과 시각화의 과정을 이해한다.
- 경영전략에 대해 이해한다.

2장 — **기업 내부 정보 파악**
- 재무제표의 역할과 항목 간 상호 관계를 이해한다.
- 인적자원관리의 목적과 주요 활동을 이해한다.
- 고객 정보를 활용한 맞춤형 마케팅과 고객 데이터 관리 방법을 이해한다.
- 공급관리의 중요성을 이해하고 설명할 수 있다.

3장 — **기업 외부정보의 활용**
- 다양한 공공정보의 예시와 활용에 대해 이해한다.

PART 01
경영정보 일반

1장 경영정보 이해

1 DAY

○ 학습 목표

- 경영의 기본 개념과 PDCA 사이클에 대해 이해한다
- 데이터 분석과 시각화의 과정을 이해한다.
- 경영전략에 대해 이해한다.

○ 눈높이 체크

✓ **PESTLE 분석과 SWOT 분석의 차이점을 아시나요?**

> PESTLE 분석은 정치, 경제, 사회, 기술, 법률, 환경적 요소를 분석해 기업에 미치는 영향을 평가하는 도구입니다. 이를 통해 외부 환경에서 발생하는 기회와 위협을 파악할 수 있습니다.
> SWOT 분석은 기업의 강점, 약점, 기회, 위협을 분석하여 전략을 수립하는 데 필요한 도구입니다.

✓ **경영전략이 필요한 이유를 아시나요?**

> 경영전략은 기업이 성공적으로 성장하고 타기업과의 경쟁에서 이기기 위해 꼭 필요합니다. 목표와 방향을 명확히 설정해주고, 자원 활용을 효율적으로 하게 도와주며, 경쟁사와 차별화된 강점을 만들어줍니다. 또한, 리스크를 예측하고 위기에 대비할 수 있게 하며, 빠르고 일관된 의사결정을 할 수 있는 기준을 제공합니다. 시장 변화에도 유연하게 대응할 수 있게 해주기 때문에, 기업이 지속적으로 성장하고 성공할 수 있도록 돕는 중요한 도구입니다.

1절 경영과 정보

1장 경영정보 이해

난이도 **상**

출제포인트
경영의 기본 개념과 PDCA 사이클의 4단계를 통해 경영 활동의 계획, 실행, 검토, 조치 과정을 학습해야 합니다. 이 사이클을 기반으로 한 경영 계획 수립 과정은 출제 가능성이 높습니다.

비기의 학습팁
PDCA 사이클(Plan, Do, Check, Act)은 경영활동을 지속적으로 개선해 나가는 과정으로, 경영정보 시스템 내에서 중요한 역할을 합니다. 이 사이클은 계획(Plan), 실행(Do), 검토(Check), 조치(Act)의 순서로 이루어지며, 경영 프로세스의 각 단계에서 정보가 어떻게 사용되는지 학습하는 것이 중요합니다.

① 경영과 정보

1. 경영(Management)
조직이나 기업이 목표를 달성하기 위해 자원을 효율적으로 관리하고 운영하는 과정이다.

가. PDCA의 4단계와 경영의 관계

- **Plan(계획)**: "Plan" 단계에서는 목표를 설정하고, 이를 달성하기 위한 전략과 세부 계획을 수립한다. 여기에는 문제를 정의하고, 데이터를 수집하고 분석하여 개선이 필요한 영역을 식별하는 것이 포함된다.
- **Do(실행)**: "Do" 단계에서는 계획된 전략을 실행한다. 이 단계에서는 직원 교육, 프로세스 변화, 자원 배분 등이 이루어진다.
- **Check(검토)**: "Check" 단계에서는 실행 결과를 측정하고 평가하는 단계로, 성과 지표(KPI)를 사용하여 목표 달성 여부를 평가하고, 데이터 분석을 통해 문제점을 식별하게 된다.
- **Act(조치)**: "Act" 단계에서는 "Check" 단계에서 발견된 문제점이나 개선 가능성을 바탕으로 필요한 수정 조치를 취한다. 조직은 필요한 경우 프로세스를 개선하거나, 새로운 표준을 수립하고, 개선 사항을 반영하여 다음 사이클의 계획 단계로 넘어가기도 한다.

2. 데이터-정보-지식-통찰
오늘날의 경영환경에서 지식경영과 혁신을 위해서는 데이터를 기반으로 정보와 지식을 도출하고 이를 통해 통찰을 얻어 내는 일련의 과정을 통해 성공적인 경영 능력을 고취하는 것이 필수적이다.

가. DIKI 피라미드

- **데이터(Data)**: 데이터는 사실이나 관찰의 가장 기본적인 형태로, 아직 해석되거나 가공되지 않은 상태의 원초적 요소로 숫자, 문자, 이미지 등으로 표현할 수 있다.
- **정보(Information)**: 정보는 데이터를 정리하고 구조화하여 의미를 부여한 것으로, 데이터가 유의미한 패턴이나 규칙을 통해 가공될 때 정보가 된다.
- **지식(Knowledge)**: 지식은 정보를 축적하고 분석하여 얻은 이해와 경험을 바탕으로 만들어진 개념이며, 의사결정과 문제 해결을 위한 근거로 사용될 수 있다.

- 통찰(Insight): 통찰은 지식을 바탕으로 더 깊은 이해를 도출해내는 과정이며, 이는 복잡한 문제에 대한 해결책을 제시하거나, 새로운 기회를 발견하는 데 사용된다.

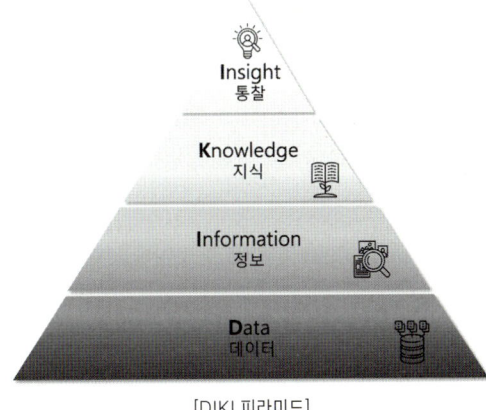

[DIKI 피라미드]

> **비기의 학습팁**
>
> **DIKI 피라미드**
>
> 데이터를 바탕으로 의미 있는 정보를 도출하고, 이를 지식으로 전환해 궁극적으로 통찰을 얻는 과정을 설명합니다.
>
> - 데이터: 온도계를 통해 기온이 25도 임을 확인(수집 데이터)
> - 정보: 평년보다 5도 높음 (의미 부여)
> - 지식: 기온 상승으로 인해 오늘은 반팔티를 입기로 함 (패턴 파악 및 의사결정)
> - 통찰: 온도 상승에 따라 냉방 설비 개선 필요 (지식 기반의 새로운 가치 확대)

3. 데이터 분석 및 시각화

- 데이터 분석 및 시각화는 데이터를 이해하고 의사결정에 활용하기 위한 중요한 과정이다
- 데이터 분석은 데이터를 정리하고 해석하여 유의미한 정보를 도출하는 과정이며, 시각화는 이러한 데이터를 그래프나 차트 등으로 시각적으로 표현하여 쉽게 이해할 수 있도록 도와준다.
- 데이터 분석과 시각화는 비즈니스, 과학, 기술, 사회과학 등 다양한 분야에서 중요한 역할을 한다.

✅ 핵심 개념체크

01. 다음 중 PDCA 사이클의 각 단계에 대한 설명으로 옳지 않은 것은?

① Plan 단계에서는 목표를 설정하고 계획을 수립한다.
② Do 단계에서는 계획을 실행하고 실행 결과를 기록한다.
③ Check 단계에서는 데이터를 수집하고 분석하여 개선이 필요한 영역을 식별한다.
④ Act 단계에서는 분석 결과를 반영하여 계획을 수정하고 개선한다.

> Check 단계에서는 실행 결과를 측정하고 평가하는 단계이며, 성과 지표(KPI)를 사용하여 목표 달성 여부를 평가하고, 데이터 분석을 통해 문제점을 식별하게 된다. 문제를 정의하고, 데이터를 수집하고 분석하여 개선이 필요한 영역을 식별하는 단계는 Plan 단계이다.

02. 다음 중 정보(Information)의 정의에 가장 적합한 것은 무엇인가?

① 현실 세계에서 관찰하거나 측정하여 수집한 사실이나 값
② 정보를 축적하고 분석하여 얻은 이해와 경험을 바탕으로 만들어진 개념
③ 특정한 목적을 위해 데이터를 처리하여 의미를 부여한 것
④ 개인이 의사결정과 문제 해결을 위한 근거로 사용될 수 있는 개념

> ①번은 데이터의 정의에 해당하며, ②, ④번은 지식의 정의에 해당한다.

03. 다음 중 DIKI 피라미드의 순서로 옳은 것은 무엇인가?

① 데이터 - 지식 - 정보 - 통찰
② 데이터 - 정보 - 지식 - 통찰
③ 지식 - 정보 - 데이터 - 통찰
④ 정보 - 데이터 - 지식 - 통찰

> DIKI 피라미드의 올바른 순서는 데이터, 정보, 지식, 통찰이다.

MEMO

정답 01. ③ 02. ③ 03. ②

❷ 부문별 활동 관련 정보 및 경영정보시스템

1. 부문별 활동 관련 정보

가. 회계·재무 관련 정보

1) 재무제표(Financial Statements)

- 재무제표는 기업의 재무 상태와 경영 성과를 체계적으로 기록하여 이해관계자(주주, 투자자, 채권자 등)에게 제공하는 중요한 문서로 기업의 재정 상태, 수익성, 현금 흐름 등을 파악할 수 있는 정보를 제공하며, 주요 재무제표는 다음과 같다.

가) 재무상태표(Balance Sheet)

자료	설명
자산(Assets)	기업이 소유하고 있는 모든 재산으로, 유동자산(현금, 매출채권, 재고 등)과 비유동자산(건물, 설비, 토지 등)으로 구분 **자산 = 부채 + 자본**
부채(Liabilities)	기업이 다른 당사자에게 갚아야 할 모든 빚으로, 유동부채(단기 차입금, 매입채무 등)와 비유동부채(장기 차입금, 사채 등)로 나눔
자본(Equity)	자산에서 부채를 차감한 금액으로, 주주의 지분을 의미한다. 자본금, 이익잉여금, 기타 자본 항목으로 구성

나) 손익계산서(Income Statement)

자료	설명
수익(Revenues)	제품 판매나 서비스 제공을 통해 발생한 수익으로, 매출액이 주요 항목
비용(Expenses)	기업의 운영에 필요한 비용으로, 매출원가, 판관비(판매관리비), 감가상각비 등이 포함
영업이익 (Operating Income)	수익에서 영업비용(매출원가, 판관비 등)을 차감한 금액으로, 기업의 영업활동을 통해 벌어들인 이익을 나타냄
순이익(Net Income)	영업이익에 영업 외 수익 및 비용(이자비용, 법인세 등)을 반영한 최종 이익 **순이익 = 총수익 - 총비용**

다) 자본변동표(Statement of Changes in Equity)

자료	설명
자본금의 변화	주식 발행, 주식 매입 등으로 인해 자본금이 변동하는 경우를 포함
이익잉여금의 변화	당기순이익, 배당금 지급 등에 의해 발생하는 이익잉여금의 변동을 포함
기타 자본 항목의 변화	자본잉여금, 기타 포괄손익 등 기타 자본 항목의 변동 사항을 포함

비기의 학습팁

회계 및 재무 정보의 활용 분야

- 의사결정 지원: 재무상태표를 통해 자산과 부채의 균형을 확인하고, 손익계산서를 통해 수익성과 비용 구조를 분석하며, 자본변동표로 자본의 흐름을 파악함으로써 경영진이 투자, 비용 절감, 자금 조달 등의 결정을 내릴 수 있도록 돕습니다.
- 성과 평가: 손익계산서를 통해 기업의 수익성을 평가하고, 재무상태표로 재무 건전성을 점검하여 기업의 경영 성과를 측정합니다.
- 위험 관리: 재무 데이터를 분석하여 유동성 부족, 과도한 부채, 자본 변동의 이상 징후 등 잠재적 위험을 사전에 탐지하고 대응 방안을 마련합니다.
- 전략 수립: 예를 들어, 자본변동표에서 자본 증가 요인을 분석해 재투자 가능성을 판단하거나, 손익계산서에서 비용 절감 기회를 찾아 장기 전략을 세웁니다.
- 외부 이해관계자와의 소통: 재무제표를 기반으로 한 정확한 데이터를 통해 투자자, 은행, 주주 등 외부 이해관계자에게 신뢰할 수 있는 정보를 제공합니다.

라) 주석(Notes to Financial Statements)

- 재무제표의 주석은 주요 회계 정책, 재무제표 항목의 상세 내역, 중요 사건 등을 설명하는 부속 정보이다. 주석은 재무제표의 이해를 돕고, 보다 투명하고 신뢰할 수 있는 재무 정보를 제공한다.
- 이처럼 재무제표는 기업의 재무 상태와 성과를 종합적으로 파악할 수 있는 중요한 자료이며, 재무 분석을 통해 투자자, 경영진, 채권자 등 다양한 이해관계자들이 올바른 의사 결정을 내릴 수 있도록 도와준다.

2) 재무비율

- 재무비율은 기업의 재무 상태와 운영 성과를 평가하는 데 사용되는 다양한 비율을 의미한다. 이 비율들은 기업의 재무제표에서 추출된 데이터를 바탕으로 계산되며, 기업의 재무 건전성, 수익성, 효율성, 유동성 등을 분석하는 데 도움을 준다.

가) 유동성 비율(Liquidity Ratios)

재무비율	설명
유동비율 (Current Ratio)	유동비율 = 유동자산 / 유동부채 기업이 단기 채무를 갚을 수 있는 능력을 나타내며, 1 이상이면 유동성이 좋다고 평가될 수 있음
당좌 비율 (Quick Ratio)	당좌비율 = (유동자산 - 재고자산) / 유동부채 재고를 제외한 자산으로 단기 채무를 갚을 수 있는 능력을 평가하고 재고는 판매에 시간이 걸릴 수 있어 보수적인 평가를 제공

나) 수익성 비율(Profitability Ratios)

재무비율	설명
순이익률 (Net Profit Margin)	순이익률 = 순이익 / 매출 매출에 대한 순이익의 비율로, 기업의 수익성을 나타내며, 높은 순이익률은 좋은 수익성을 의미
총 자산 수익률 (Return on Assets, ROA)	총자산 수익률 = 순이익 / 총자산 총자산을 활용하여 얻은 수익을 측정하는 지표로, 자산을 효율적으로 활용하는 정도를 평가
자기자본 수익률 (Return on Equity, ROE)	자기자본 수익률 = 순이익 / 자기자본 주주가 투자한 자본 대비 순이익의 비율을 나타내며, 주주들에게 얼마나 많은 수익을 반환하는지를 보여 줌

비기의 학습팁

- 유동성 비율 : 기업이 단기적으로 빚을 갚거나 현금 흐름을 유지할 수 있는 능력을 보여주고, 주로 은행에서 대출 심사할 때, 또는 기업이 현금 관리 상태를 점검할 때 사용합니다.
- 수익성 비율 : 기업이 돈을 얼마나 잘 버는지를 나타내고, 투자자들이 주식 가치를 평가하거나, 경영진이 사업 성과를 점검할 때 많이 봅니다.
- 효율성 비율 : 자산이나 자원을 얼마나 잘 활용하는지를 측정하고, 기업이 운영 효율성을 개선하거나 낭비를 줄일 때 유용합니다.
- 안정성 비율 : 기업의 재무 구조가 얼마나 튼튼한지, 장기적으로 망할 위험은 없는지를 보여 주고, 금융기관이 신용도를 평가하거나, 기업이 자본 구조를 조정할 때 사용합니다.

다) 효율성 비율(Efficiency Ratios)

재무비율	설 명
재고 회전율 (Inventory Turnover Ratio)	재고회전율 = 매출원가 / 평균재고자산 재고가 얼마나 자주 회전하는지를 측정하고 높은 비율은 재고 관리가 효율적임을 의미
매출채권 회전율 (Receivables Turnover Ratio)	매출채권회전율 = 매출 / 평균매출채권 매출채권이 얼마나 빠르게 현금으로 변환되는지를 측정

라) 안정성 비율(Solvency Ratios)

재무비율	설 명
부채 비율 (Debt Ratio)	부채비율 = 총부채 / 총자산 자산에서 부채가 차지하는 비율을 나타내며, 기업의 재무 구조와 안정성을 평가
자기자본 비율 (Equity Ratio)	자기자본비율 = 자기자본 / 총자산 자산에서 자기자본이 차지하는 비율을 나타내며, 기업의 재무 건전성과 자본 구조의 안정성을 평가

나. 인적자원(Human Resource)관련 정보

1) 인사 조직 전략 관련 정보

- 인사 조직 전략은 인적 자원을 관리하기 위한 조직의 장기적인 계획과 방향을 제시한다. 이를 위해 조직 목표와 연계된 인사전략과 인재확보 전략을 설정해야 한다. 이를 바탕으로 조직구조를 설계하고 경쟁력 있는 보상 및 혜택을 책정해서 인재 관리 및 유지 전략을 마련하여야 한다.

2) 인적 자원 관리 관련 정보

요소	설 명
채용 및 선발	• 채용 과정: 모집, 면접, 선발 기준 및 절차 • 인재 평가: 적합한 인재를 평가하기 위한 도구와 방법론(예: 심리검사, 역량 평가)
인사 기록 관리	• 직원 정보: 인적 사항, 근무 이력, 교육 및 자격증 • 문서 관리: 인사 관련 문서와 기록의 관리 및 보관
근로 계약 및 규정	• 계약서: 근로 계약의 주요 조건 및 내용 • 정책 및 절차: 조직 내 인사 정책과 절차(예: 휴가 정책, 징계 절차)
근태 관리	• 출결 시스템: 출근, 퇴근, 지각 및 결근 관리 시스템 • 휴가 관리: 연차, 병가, 기타 휴가 관리 절차

> **비기의 학습팁**
>
> **인적 자원(HR) 관련정보의 특징**
>
> - 개인 중심 데이터 : 인적 자원 정보는 주로 직원 개개인의 프로필(예: 이름, 나이, 학력, 경력) 같은 기본 정보부터 근무 시간, 성과 평가, 연봉, 복리후생 내역까지 포함됩니다.
> - 시간에 따른 변화 : 입사, 승진, 퇴사 같은 이벤트나 연차 사용, 교육 이력 등 시간이 지나며 계속 업데이트 됩니다. 그래서 실시간성과 정확성이 중요합니다.
> - 정량적·정성적 혼합 : 출근율, 생산성 같은 숫자로 나타나는 정량적 데이터와 함께, 직원의 업무 태도나 팀워크 같은 정성적 평가도 섞여 있습니다.
> - 기밀성 : 개인정보와 민감한 내용(예: 건강상태, 징계 기록)이 포함되기 때문에 보안이 매우 중요합니다.
> - 조직 전체와 연결 : 개별 직원의 데이터지만, 팀 성과나 조직 문화, 인력 배치 같은 더 큰 그림을 그리기 위한 자료로도 활용될 수 있습니다.

3) 인적 자원 개발 및 조직 개발 관련 정보

요소	설명
교육 및 훈련	• 교육 계획: 직원의 기술과 지식을 향상시키기 위한 교육 프로그램 • 리더십 개발: 관리자와 리더를 위한 리더십 및 관리 교육
커리어 개발	• 개인 개발 계획: 직원의 장기적인 커리어 목표와 개발 계획 • 멘토링 및 코칭: 경험이 풍부한 직원이 멘토 역할을 통해 후배 직원의 성장 지원
조직 개발	• 조직 문화: 조직의 가치와 문화를 강화하기 위한 활동 • 변화 관리: 조직의 변화와 혁신을 효과적으로 관리하기 위한 전략과 프로세스 • 팀 빌딩: 팀의 협력과 성과를 높이기 위한 활동
성과 관리	• 성과 평가 시스템: 직원의 성과를 평가하고 피드백을 제공하는 시스템 • 목표 설정: SMART 목표(구체적, 측정 가능, 달성 가능, 관련성, 시간 기준)를 설정하여 성과를 관리

다. 마케팅·영업 관련 정보

1) 시장 기회 관련 정보

가) 시장환경분석(Market Environment Analysis)

요소	설명
경쟁 환경 분석	시장 내 주요 경쟁자, 그들의 시장 점유율 그리고 제품 및 서비스의 차별화 전략을 분석
산업 동향 파악	시장의 주요 트렌드, 기술 발전, 경제적 변화, 규제 요건 등을 파악
SWOT 분석	시장에서 기업의 강점(Strength), 약점(Weakness), 기회(Opportunity), 위협(Threat)을 파악하여 기업의 전략적 의사 결정을 지원
PESTLE 분석	정치적(Political), 경제적(Economic), 사회적(Social), 기술적(Technological), 법적(Legal), 환경적(Environmental) 요소들이 시장에 미치는 영향을 평가

나) 고객 관여도 분석(Customer Engagement Analysis)

요소	설명
고객 세분화	인구통계학적, 심리적, 행동적 특성에 따라 고객을 세분화하고 타겟팅 전략을 세우는데 적용
고객 여정 분석	고객의 구매 과정과 상호작용 포인트를 분석하여 고객 경험을 최적화
소셜 미디어 및 디지털 마케팅 분석	고객의 소셜 미디어 활동, 디지털 마케팅 캠페인 효과 등을 통해 고객의 관심사와 참여도를 평가
충성도 프로그램 및 리뷰 분석	고객 충성도 프로그램, 피드백, 리뷰 등을 분석하여 고객 유지 및 재구매 전략을 마련

출제포인트

시장환경분석에 활용되는 SWOT 분석, PESTLE 분석의 요소와 활용처에 대한 내용이 출제될 수 있습니다.

비기의 학습팁

SWOT 분석의 요소
- Strength(강점): 내부적으로 조직이 잘하고 있는점
- Weakness(약점): 내부적으로 개선이 필요한 점
- Opportunity(기회): 외부 환경에서 유리한 점
- Threat(위협): 외부 환경에서 조직에 부정적인 영향을 미칠 수 있는 점

비기의 학습팁

SWOT 분석의 활용
- 경쟁 분석: 시장에서의 경쟁 우위를 파악하고 경쟁사의 강점과 약점을 비교합니다.
- 신제품 개발: 새로운 제품이나 서비스 출시시, 시장 기회와 내부 자원을 분석하여 성공 가능성을 높입니다.
- 위기 관리: 잠재적인 위협을 사전에 식별하고 대응 전략을 마련합니다.
- 전략적 계획 수립: 장기적인 목표 설정과 실행 로드맵을 작성하는데 도움을 줍니다.
- 자원 배분: 자원과 노력을 어디에 집중할지를 결정하는데 유용합니다.

다) 구매 행동 분석 (Purchase Behavior Analysis)

요소	설명
구매 패턴 분석	고객의 구매 빈도, 평균 구매 금액, 제품 선호도 등을 분석
소비자 심리 및 동기 분석	소비자의 구매 동기, 브랜드 인식, 가격 민감도 등을 파악
구매경로분석	고객이 어떤 채널을 통해 구매하는지(온라인 vs 오프라인 등), 채널별 효과를 분석
시장 세분화에 따른 전략	가격 전략, 제품 개발 전략 등을 고객 행동에 맞게 조정하여 기회를 극대화

2) STP 전략 관련 정보

- STP 전략은 마케팅 전략의 핵심 요소로, 시장에서의 위치를 정하고 효과적으로 타겟팅 하기 위해 사용된다. STP는 Segmentation (세분화), Targeting (타겟팅) 그리고 Positioning (포지셔닝)이라는 세 가지 요소로 구성되며, 각 요소는 마케팅 활동을 보다 집중적이고 효율적으로 만들기 위해 사용된다.

- Segmentation(세분화): 세분화는 전체 시장을 여러 하위 시장 또는 소비자 그룹으로 나누는 과정이며, 세분화 기준은 지리적 세분화(지역, 국가, 도시 등), 인구 통계적 세분화(연령, 성별, 소득, 직업 등), 심리적 세분화(라이프스타일, 성격, 가치관 등), 행동적 세분화(구매 행동, 사용 빈도, 브랜드 충성도 등)으로 이루어진다.

- Targeting(타겟팅): 타겟팅은 세분화된 시장 중 가장 매력적인 시장을 선택하여 집중적으로 공략하는 과정이다.

- Positioning(포지셔닝): 포지셔닝은 선택한 타겟 시장에서 브랜드 또는 제품이 경쟁사와 어떻게 다르게 보일지를 결정하는 과정이다. 이를 위해 제품의 주요 속성 포지셔닝과 혜택 포지셔닝 그리고 사용자 포지셔닝과 경쟁자 포지셔닝 전략을 사용할 수 있다.

출제포인트
STP 전략의 요소와 마케팅 믹스 전략 중 4P의 요소별 특징이 출제될 수 있습니다.

3) 마케팅 믹스 전략 관련 정보

- 마케팅 믹스 전략은 기업이 제품이나 서비스를 시장에 성공적으로 판매하기 위해 사용하는 다양한 마케팅 도구와 전략의 조합을 의미한다. 마케팅 믹스의 가장 유명한 모델은 4P 모델로, 제품(Product), 가격(Price), 유통(Place), 촉진(Promotion)이라는 네 가지 요소로 각기 다른 전략적 결정을 통해 고객의 요구와 시장의 수요를 충족시키는 데 사용된다.

- Product(제품)

- 제품 전략은 회사가 제공하는 제품이나 서비스와 관련된 모든 요소를 포함한다. 제품의 품질, 디자인, 기능, 브랜드, 포장, 보증 및 서비스 등을 고려한다.

- 제품 수명 주기(도입기, 성장기, 성숙기, 쇠퇴기 단계), 제품 차별화, 브랜딩에 따른 마케팅 전략을 수립한다.

- **Price(가격)**
  - 가격 전략은 제품이나 서비스의 가격을 결정하는 데 초점을 맞추며, 이는 소비자의 인식과 구매 의사 결정에 큰 영향을 미치게 된다.
  - 가격 책정 전략과 가격 할인 및 프로모션을 고려하여 가격 차별화 전략을 수립한다.

- **Place(유통)**
  - 유통 전략은 유통 경로, 유통 커버리지 그리고 물류 및 공급망 관리를 통해 제품이 소비자에게 전달되는 방식과 장소에 관한 전략을 수립한다.

- **Promotion(촉진)**
  - 촉진 전략은 소비자에게 제품이나 서비스를 알리고, 구매를 유도하기 위한 모든 활동을 포함한다.
  - 광고(TV, 라디오, 신문, 온라인 광고 등), 판매 촉진(할인, 쿠폰, 이벤트 등), 홍보 및 PR 그리고 디지털 마케팅을 통한 판매 촉진 전략을 수립한다.

마케팅 믹스 4P

라. 공급관리(생산운영관리) 관련 정보

- 운영관리 목표 및 현황 관련 정보: 원가, 품질, 납품 등
- 생산시스템 설계 전반에 관한 정보: 제품 및 서비스 설계, 공정 계획, 작업 결과 측정 등
- 생산시스템 운영 전반에 관한 정보: 수요 및 생산능력 분석, 일정 계획, 재고관리, 품질관리 등

2. 경영정보시스템(MIS, Management Information System)

가. 경영정보시스템의 개념

- 경영정보시스템(Management Information System, MIS)은 조직이 의사 결정을 내리고, 경영 활동을 계획하고, 실행하며, 통제할 수 있도록 필요한 정보를 수집, 처리, 저장, 분석, 그리고 배포하는 시스템이다.

> **출제포인트**
> 경영정보시스템(MIS)의 개념과 유형 그리고 유형별 특장점에 관해 출제될 수 있습니다.

- 조직 운영의 생산성, 효율성, 고객 가치 제고를 위해 경영정보시스템의 효과적 활용이 필요하다.

나. 경영정보시스템 유형

1) **ERP**(Enterprise Resource Planning, 전사적 자원 관리 시스템)
- ERP는 생산, 물류, 회계, 영업, 인적자원관리 등 기능에 따라 개별적으로 운영되던 시스템을 통합하고, 데이터의 흐름을 연동하여 조직 내 자원 활용의 효율성을 극대화하는 통합 시스템이다.
- 기능: 재무 관리, 인사 관리, 생산 계획, 재고 관리, 구매 관리, 영업 관리 등 다양한 기능을 포함하여 모든 부서가 실시간으로 데이터를 공유하고 협업할 수 있도록 한다.
- 장점:
- 데이터의 일관성과 정확성 향상
- 부서 간 정보 공유 및 협업 강화
- 비즈니스 프로세스의 표준화와 효율화

2) **CRM**(Customer Relationship Management, 고객 관계 관리 시스템)
- CRM은 고객과의 관계를 관리하고, 고객 데이터를 분석하여 마케팅, 영업, 고객 서비스 활동을 최적화하는 시스템으로 고객의 요구와 행동을 이해하여 고객 만족도를 높이고, 고객 충성도를 강화하는 데 활용된다.
- 기능: 고객 정보 관리, 판매 자동화, 마케팅 캠페인 관리, 고객 서비스 및 지원, 분석 및 보고 등을 지원한다.
- 장점:
- 고객 인사이트를 통한 마케팅 효과 극대화
- 영업 및 고객 서비스 효율성 향상
- 고객 유지율 증가 및 고객 경험 개선

3) **SCM**(Supply Chain Management, 공급망 관리 시스템)
- SCM은 소싱(sourcing), 생산, 보관, 유통, 판매에 이르는 공급망 전반에 걸쳐 제품과 서비스의 흐름을 통합적으로 관리하여 기업 간 거래 효율화, 재고관리와 비용 절감 및 고객서비스 향상을 지원하는 시스템이다.
- 공급업체, 제조업체, 유통업체, 소매업체, 최종 소비자에 이르기까지 전체 공급망의 효율성을 최적화하는 데 중점을 둔다.
- 기능: 수요 예측, 재고 관리, 주문 관리, 물류 관리, 공급업체 관리 등을 수행한다.
- 장점:
- 공급망 효율성 향상과 운영 비용 절감

> **비기의 학습팁**
>
> **경영정보시스템(MIS)의 특성**
> - 데이터 통합: 조직의 다양한 부서와 기능에서 생성되는 데이터를 통합하여 일관된 정보를 제공합니다. 이를 통해 부서 간 정보 단절을 줄이고 전체적인 시각에서 조직을 관리할 수 있습니다.
> - 보고서 생성: 정기적으로 또는 요청에 따라 다양한 형태의 보고서를 생성합니다. 이러한 보고서는 경영자가 조직의 현재 상태와 성과를 파악하는 데 필요한 정보를 제공합니다.
> - 의사결정 지원: MIS는 전략적, 전술적, 운영적 의사결정을 내리는 데 필요한 정보를 제공하여 경영자가 더 나은 결정을 내릴 수 있도록 돕습니다.
> - 사용자 친화성: 경영자와 관리자가 쉽게 사용할 수 있도록 직관적이고 접근성이 높은 사용자 인터페이스를 갖추고 있어 기술적 배경이 부족한 사용자도 효율적으로 활용할 수 있습니다.
> - 실시간 정보 제공: 데이터를 실시간으로 처리하고 정보를 제공함으로써 경영자가 신속하게 상황에 대응하고 의사결정을 내릴 수 있도록 지원합니다.

- 재고 최적화 및 생산 계획의 정확성 향상
- 공급망의 가시성 증가로 의사결정 속도 향상

4) **KMS**(Knowledge Management System, 지식 관리 시스템)

- KMS는 조직 내 산재하는 유·무형의 지식을 조직화하고 정보의 공유를 촉진함으로써 업무 수행의 생산성과 품질 향상을 지원하여 지식의 창출, 저장, 공유 및 활용을 촉진하는 시스템이다.
- 조직의 경험, 노하우, 기술 문서 등을 체계적으로 관리하여 구성원들이 필요한 지식을 쉽게 찾고 사용할 수 있게 한다.
- 기능: 지식 저장소, 문서 관리, 협업 도구, 교육 및 학습 시스템, 전문가 찾기 등을 활용한다.
- 장점:
- 조직의 지식 자산 활용 극대화
- 의사결정 속도와 품질 향상
- 조직 내 학습 문화 촉진 및 혁신 강화

> **출제포인트**
> 경영정보시스템(MIS)의 유형 중에 ERP, CRM, SCM, KMS의 특징과 장점을 구분하는 문제가 출제될 수 있습니다.

유 형	장 점
ERP (전사적 자원 관리 시스템)	• 데이터의 일관성과 정확성 향상 • 부서 간 정보 공유 및 협업 강화 • 비즈니스 프로세스의 표준화와 효율화
CRM (고객 관계 관리 시스템)	• 고객 인사이트를 통한 마케팅 효과 극대화 • 영업 및 고객 서비스 효율성 향상 • 고객 유지율 증가 및 고객 경험 개선
SCM (공급망 관리 시스템)	• 공급망 효율성 향상과 운영 비용 절감 • 재고 최적화 및 생산 계획의 정확성 향상 • 공급망의 가시성 증가로 의사결정 속도 향상
KMS (지식 관리 시스템)	• 조직의 지식 자산 활용 극대화 • 의사결정 속도와 품질 향상 • 조직 내 학습 문화 촉진 및 혁신 강화

✅ 핵심 개념체크

04. 인적자원관리 관련 정보에 포함되지 않는 항목은 무엇인가?

① 채용 및 배치
② 인사 평가
③ 자산 관리
④ 복리후생

자산 관리는 물적 자산이나 재무 자산을 관리하는 활동으로, 인적자원관리의 범주에 포함되지 않는다.

05. 경영정보시스템(MIS)에 대한 설명으로 가장 부적절한 것은 무엇인가?

① MIS는 경영진이 의사결정을 내리는데 필요한 정보를 실시간으로 제공한다.
② MIS는 조직의 의사결정에 필요한 정보를 수집, 처리, 저장, 분석하고 배포하는 시스템이다.
③ MIS는 경영자와 관리자들 중 기술적 배경이 있는 사용자에 적합한 인터페이스를 갖는다.
④ MIS는 주로 조직의 운영 데이터를 통합하여 경영 활동을 지원한다.

MIS는 경영자와 관리자가 쉽게 사용할 수 있도록 설계된 시스템입니다. 따라서 기술적 배경이 없는 사용자도 직관적으로 활용할 수 있어야 합니다.

06. ERP 시스템이 기업에 기여하는 바가 아닌 것은 무엇인가?

① 비즈니스 프로세스의 최적화
② 경영 효율성 향상
③ 고객 만족도 향상
④ 전략적 운영 지원

ERP 시스템의 주 역할에는 비즈니스 프로세스의 최적화, 경영 효율성 향상, 전략적 운영 지원이 있으며, 고객 만족도 향상은 주로 CRM 시스템의 역할이다.

모바일로 풀기

MEMO

정답 04. ③ 05. ③ 06. ③

❸ 경영전략 및 경영기획

1. 경영전략

가. 환경분석

환경분석영역	설명
외부 환경분석	조직의 비즈니스를 둘러싼 정치·정책, 경제, 사회, 기술, 환경, 법률 등 조직 외부에서 발생하는 다양한 요소를 분석하여 기회(Opportunities)와 위협(Threats)을 식별하는 과정
산업 및 경쟁 환경분석	조직의 핵심역량과 경쟁우위, 산업의 경쟁 강도, 자사 비즈니스의 시장점유율과 성장률 등에 대한 분석
내부 환경분석	조직의 가치체계, 구성요소, 비즈니스 프로세스, 내부역량, 조직문화 등에 대한 분석

> **출제포인트**
> 외부 환경분석에 사용되는 PEST 분석, STEEP 분석, PESTEL 분석을 구분하는 문제가 출제될 수 있습니다.

나. 외부환경 분석 방법

1) 거시환경분석(Macro Environment Analysis)

- 거시환경분석은 PEST 분석을 기본으로 STEEP 분석, PESTEL 분석, ETRIP 분석 등으로 확장해서 분석한다.
- PEST 분석: 정치적(Political)요소, 경제적(Economic)요소, 사회적(Social)요소, 기술적(Technological) 요소를 활용하여 기업이나 조직의 외부환경을 평가
- STEEP 분석: PEST 분석에서 생태학적(Ecological)요소를 추가해서 기업의 외부환경을 평가(생태학적 요소 대신 환경적요소로 표현하기도 함)
- PESTEL 분석: PEST 분석에서 환경적(Environment)요소와 법적(Legal)요소를 추가해서 기업의 외부환경을 평가
- ETRIP분석: 세계경제동향지형(Economic)요소, 국제무역(Trade)요소, 원자재 수급(Raw material), 산업지형(Industry), 정치(Political)요소 등을 통해 기업의 외부환경을 분석

2) 미시환경분석(Micro Environment Analysis)

- 미시환경분석은 고객, 공급업체, 경쟁사, 유통 채널, 규제 기관 등 기업에 직접적인 영향을 미치는 요소들을 분석하여 환경 변화를 파악

다. 산업 및 경쟁 환경 분석 방법

1) 3C 분석

- 기업이 효과적인 경영 전략을 수립하기 위해 고객(Customer), 경쟁사(Competitor), 자사(Company) 세 가지 요소를 분석하는 프레임워크이다. 일본의 경영학자 오마에 겐이치(Kenichi Ohmae)가 제안한 이 모델은 시장의 성공적인 공략을 위해 이 세 가지 요소를 균형 있게 고려해야 한다고 강조한다.

- 3C 분석의 요소
- Customer(고객 분석): 고객 분석은 기업의 전략적 의사결정에서 가장 중요한 요소로, 목표 시장의 고객 특성과 요구를 파악하고 이를 충족시키기 위한 방법을 모색하는 과정
- Competitor(경쟁사 분석): 경쟁사 분석은 시장에서의 경쟁 환경을 이해하고, 자사의 경쟁 우위를 확보하기 위한 전략을 수립하는 데 필요한 정보를 제공
- Company(자사 분석): 자사 분석은 기업이 보유한 자원과 역량을 평가하고, 이를 바탕으로 경쟁 우위를 확보하기 위한 전략을 개발하는 과정
- 마케팅 측면이 중요한 경우 유통(Channel)을 포함한 4C 분석 사용

출제포인트
산업 및 경쟁 환경 분석에 사용되는 3C, 5Forces 모형의 특징과 요소를 구분하는 문제가 출제될 수 있습니다.

2) 5 Forces모형

- 마이클 포터(Michael Porter)에 의해 개발된 경쟁 산업분석 도구로 산업 내부의 경쟁구조를 분석하고 이해하는데 활용된다.

5 Forces Model 분석

공급자	구매자	경쟁자	대체재	진입자
· 공급자 수 · 공급자 규모 · 제품 차별성 · 전환 비용 · 공급자 기여도	· 구매자 수 · 구매 규모 · 제품 차별성 · 전환 비용 · 가격 민감도	· 경쟁자 수 · 산업 집중도 · 산업 성장률 · 제품 차별성 · 브랜드 충성도	· 대체재 수 · 제품 대체 성향 · 상대적 가격 · 전환 비용 · 제품 차별화 수준	· 규모의 경제성 · 유통망 구조 · 기술적 난이도 · 정부 규제 · 라이센스

- 포터의 5가지 경쟁 요인 (Five Forces):
- 산업 내 경쟁자 간의 경쟁 강도(Rivalry Among Existing Competitors): 기존 기업들 간의 경쟁 정도를 측정
- 잠재적 진입자의 위협(Threat of New Entrants): 새로운 경쟁자가 시장에 진입할 가능성을 판단
- 대체재의 위협(Threat of Substitutes): 다른 제품이나 서비스로 대체될 가능성과 위협 정도를 판단
- 구매자의 협상력(Bargaining Power of Buyers): 고객이 가격을 낮추거나 품질을 높이도록 압력을 가할 수 있는 능력을 측정
- 공급자의 협상력(Bargaining Power of Suppliers): 공급자가 가격을 올리거나 품질을 낮추도록 압력을 가할 수 있는 능력을 측정
- 대체재의 위협이 작을수록, 잠재적 진입자의 위협이 작을수록, 기존 사업자 간 경쟁 강도가 낮을수록, 공급자와 구매자의 협상력이 약할수록 일반적으로 해당 산업의 수익률은 높아짐

비기의 학습팁
구매자(공급자)의 협상력이 강해(약해)지는 상황
- 공급 과잉, 경기 침체, 경쟁 심화
- 표준화 상품, 대량 구매, 후방 통합, 네트워크 효과 등

구매자(공급자)의 협상력이 약해(강해)지는 상황
- 공급 부족, 경기 호황, 경쟁 제한
- 차별화 상품, 소량 구매, 판매자의 강한 브랜드 등

· **후방 통합**
기업이 자사 제품이나 서비스에 필요한 원자재, 부품 또는 공급 과정을 직접 소유하거나 통제하는 전략

· **네트워크 효과**
어떤 상품이나 서비스의 가치가 사용자가 많아질수록 더 높아지는 현상

라. 내부 환경분석 방법

1) 가치체계분석

- 가치체계(Value System)는 기업 내부의 가치 사슬(Value Chain)뿐만 아니라, 그와 연관된 공급업체, 유통업체, 고객 등 외부 기업과의 상호작용까지 포함하여 가치가 창출되고 전달되는 전체 시스템을 의미한다. 기업의 경쟁력은 단순히 자사의 내부 가치사슬 최적화에 그치지 않고, 협력업체와의 관계, 물류 및 유통 네트워크, 고객과의 관계 등 모든 부분의 최적화를 통해 극대화될 수 있다.

2) 7S분석

> **출제포인트**
> 내부 환경분석 방법인 7S분석의 특징과 요소들을 구분하는 문제가 출제될 수 있습니다.

- 기업의 내부 환경을 분석하여 조직의 효율성과 성과를 극대화하기 위한 전략적 도구로, 맥킨지(McKinsey & Company)에서 개발한 프레임워크이다. 이 분석은 조직의 성공적인 운영을 위해 아래에 나열한 일곱 가지 요소(7S)를 고려해야 한다고 제안하고 있다.

- 7S 분석의 일곱 가지 요소는 전략(Strategy), 구조(Structure), 시스템(Systems), 공유 가치(Shared Values), 스타일(Style), 구성원(Staff), 기술 및 역량(Skills)로 구성되어 있다. 이 프레임워크는 조직의 변화를 효과적으로 관리하고 전략적 목표를 달성하기 위해 사용된다.

하드 요소	전략(Strategy)	조직이 설정한 목표를 달성하기 위해 채택한 장기적 계획과 경쟁 전략을 평가
	구조(Structure)	조직의 구조는 조직 내 부서 간의 관계와 의사소통, 의사결정 프로세스 등을 포함한 조직의 조직도와 위계 구조를 평가
	시스템(System)	조직이 운영되는 과정과 절차, 운영 시스템을 평가
소프트 요소	공유가치(Shared Values)	조직 내 모든 구성원이 공유하는 핵심 가치와 신념으로, 조직 문화를 평가
	스타일(Style)	조직 내 리더십 스타일과 경영 방식을 평가
	구성원(Staff)	조직의 인적 자원을 의미하며, 직원의 능력, 동기부여 수준, 팀워크 등을 평가
	기술 및 역량(Skills)	조직과 구성원이 보유한 기술과 역량을 평가

3) 가치사슬(Value Chain)분석

- 가치사슬(Value Chain) 분석은 기업이 제품이나 서비스를 생산하고 전달하는 과정에서 부가가치를 창출하는 모든 활동을 식별하고 분석하는 경영 전략 도구이다. 이 분석은 마이클 포터(Michael Porter)에 의해 제시된 개념으로, 기업이 경쟁 우위를 확보할 수 있는 전략적 포인트를 찾는 데 사용된다

본원적활동 (Primary Activities)	내부물류 (Inbound Logistics)	원자재와 재료의 수급, 저장, 재고 관리 등	
	운영 (Operation)	원자재가 완제품으로 전환되는 생산 과정	
	외부물류 (Outbound Logistics)	완제품의 저장, 주문 처리, 배송 등	
	마케팅 및 판매 (Marketing & Sales)	제품과 서비스를 소비자에게 알리고 판매하는 활동	
	서비스(Service)	판매 후 고객 지원 및 서비스 제공	
지원활동 (Support Activities)	기업 인프라 (Firm Infrastructure)	경영진, 재무, 법무 등 회사 운영의 기본적 기능	
	인적 자원 관리 (Human Resource Management)	인재 채용, 교육, 보상 및 인적 자원 관리	
	기술 개발 (Technology Development)	연구 개발, 혁신, IT 시스템 관리	
	조달(Procurement)	원자재와 서비스의 구매 및 계약 관리	

> **출제포인트**
> 내부 환경분석 방법인 가치 사슬 분석의 특징과 본원적 활동과 지원 활동을 구분하는 문제가 출제될 수 있습니다.

4) 자원과 역량 분석

- 자원과 역량(Resource and Capability) 분석은 기업이 경쟁 우위를 확보하기 위해 필요한 핵심 요소인 기업이 보유한 자원을 식별하고 기업의 역량으로 자원을 효과적으로 활용하는지를 평가하는 전략적 관리 도구이다.

- VRIO 프레임워크
  - Value(가치 있는가?): 해당 자원이 시장에서 가치를 창출하거나 위협을 무력화할 수 있는가?
  - Rarity(희귀한가?): 해당 자원이 경쟁자에게 드문 자원인가?
  - Inimitability(모방할 수 없는가?): 해당 자원이 경쟁자에 의해 쉽게 모방될 수 없는가?
  - Organization(조직화되어 있는가?): 기업이 해당 자원을 활용하여 가치를 창출할 수 있도록 잘 조직화되어 있는가?

5) 사업 포트폴리오 분석

- 전체 사업 포트폴리오의 구성과 각 사업의 현황을 현금흐름 중심으로 분석한다.
- BCG매트릭스
  - 기업의 제품(사업 모델)을 시장점유율과 시장성장률을 축으로 하는 2x2 매트릭스 위에서 분석하여 스타, 물음표, 캐시카우, 개로 분류

> **개념+**
>
> **VRIO 프레임워크 : 제이 바니(Jay B.Barney)**
>
> VRIO 프레임워크는 기업이 보유한 자원과 역량이 경쟁 우위를 확보하는 데 얼마나 중요한지를 평가하는 전략적 관리 도구입니다.
>
> · **유래 및 저서**: 제이바니 교수는 1991년에 발표한 논문 "Firm Resources and Sustained Competitive Advantage"에서 VRIO 프레임워크를 제안했습니다. 이 논문에서 바니는 기업이 경쟁 우위를 유지하기 위해서는 가치(Value), 희소성(Rarity), 모방 불가능성(Inimitability), 그리고 조직(Organization)이라는 네 가지 요소를 갖춘 자원과 역량이 필요하다고 설명했습니다.

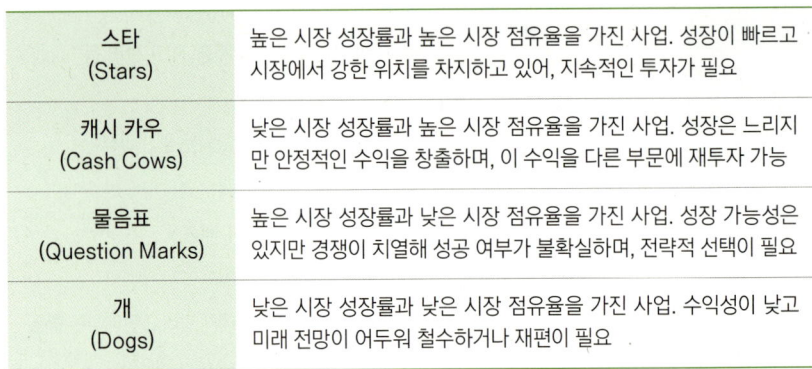

출제포인트
사업 포트폴리오 분석 중 BCG 매트릭스의 특징과 요소들을 구분하는 문제가 출제될 수 있습니다.

스타 (Stars)	높은 시장 성장률과 높은 시장 점유율을 가진 사업. 성장이 빠르고 시장에서 강한 위치를 차지하고 있어, 지속적인 투자가 필요
캐시 카우 (Cash Cows)	낮은 시장 성장률과 높은 시장 점유율을 가진 사업. 성장은 느리지만 안정적인 수익을 창출하며, 이 수익을 다른 부문에 재투자 가능
물음표 (Question Marks)	높은 시장 성장률과 낮은 시장 점유율을 가진 사업. 성장 가능성은 있지만 경쟁이 치열해 성공 여부가 불확실하며, 전략적 선택이 필요
개 (Dogs)	낮은 시장 성장률과 낮은 시장 점유율을 가진 사업. 수익성이 낮고 미래 전망이 어두워 철수하거나 재편이 필요

- 분석 결과를 토대로 개(Dogs) 사업은 철수나 매각하고, 캐시 카우(Cash Cows) 사업에서 발생한 자금으로, 현재 시장점유율은 낮으나 전망이 밝은 물음표 사업에 투자하여 최대한 많은 스타 사업을 보유하기 위한 다양한 방안 도출

6) 조직문화 분석

- 구성원들의 사고와 행동의 암묵적 준거가 되는 조직문화를 진단한다.
- 경쟁가치모형: 조직 구성원의 전반적인 지향성(내부 vs 외부, 안정 vs 변화)과 이에 따른 조직문화 유형(혁신적, 과업지향적, 위계적, 관계적 문화)을 분석한다.
- 조직문화의 유형별 특성 이해를 통한 효과적 활용 및 개선방안의 도출이 가능하다.

마. 전략 방향 분석 방법

1) SWOT 분석

- 외부환경(기회와 위협을 식별하기 위한 시장 트렌드, 경쟁 환경, 규제 동향, 경제적 요인 등)과 내부역량(강점과 약점을 평가하기 위한 조직 내부의 자원, 역량, 프로세스 등)에 대한 종합적 평가를 위한 분석이다.

출제포인트
전략 방향 분석 방법중 SWOT 분석과 중요성-수행수준(IPA) 분석의 특징과 요소들을 구분하는 문제가 출제될 수 있습니다.

강점 (Strength)	• 정의: 조직 또는 프로젝트가 내부적으로 가지고 있는 긍정적인 요소나 자산, 경쟁 우위 • 예시: 강력한 브랜드 인지도, 높은 기술력, 독점적인 특허, 효율적인 공급망 관리, 재정적 안정성, 높은 고객 충성도
약점 (Weakness)	• 정의: 조직 또는 프로젝트가 내부적으로 가지고 있는 부정적인 요소나 장애 요인 • 예시: 낮은 브랜드 인지도, 기술 부족, 높은 직원 이직률, 제한된 재정 자원, 약한 유통 네트워크, 비효율적인 경영 구조
기회 (Opportunity)	• 정의: 조직이 외부 환경에서 활용할 수 있는 긍정적인 요소나 가능성 • 예시: 새로운 시장의 출현, 기술 발전, 소비자 트렌드 변화, 규제 완화, 경쟁사의 쇠퇴, 글로벌 확장 가능성
위협 (Threat)	• 정의: 조직이 외부 환경에서 직면할 수 있는 부정적인 요소나 위험 요인 • 예시: 경쟁의 심화, 기술의 급격한 변화, 경제 불황, 법적 규제 강화, 소비자 선호도의 변화, 원자재 가격 상승

- 분석 결과를 토대로 강점 활용(SO), 위험 대응(ST), 약점 보완(WO), 손실 최소화(WT) 등의 전략 방향 도출

2) 중요성-수행수준(IPA) 분석

- IPA 분석은 중요도(Importance)와 수행도(Performance)라는 두 가지 축을 기준으로 하여, 각 속성이 가지는 중요성과 현재 수행 수준을 평가하고, 이를 2x2 매트릭스에 시각화하여 전략적 의사결정을 내릴 수 있도록 한다.

집중 유지 (Keep Up the Good Work)	• 위치: 높은 중요도, 높은 수행도 • 해석: 고객에게 매우 중요하며 현재 잘 수행되고 있는 속성으로서 이러한 속성들은 현재 수준을 유지하고 계속 관리가 필요
과잉 투자 (Possible Overkill)	• 위치: 낮은 중요도, 높은 수행도 • 해석: 고객에게 덜 중요하지만 수행도가 높은 속성들이며, 과잉 투자가 이루어지고 있을 수 있으므로, 자원을 다른 중요한 속성으로 재배분 필요
집중 개선 (Concentrate Here)	• 위치: 높은 중요도, 낮은 수행도 • 해석: 고객에게 매우 중요하지만 현재 잘 수행되지 않는 속성이며, 이 영역은 개선이 필요한 핵심 부분으로, 자원의 집중적 개선이 필요
저우선순위 (Low Priority)	• 위치: 낮은 중요도, 낮은 수행도 • 해석: 고객에게 중요하지 않으며 수행도도 낮은 속성들이며, 이러한 속성들은 자원을 적게 배분하거나 무시해도 되는 낮은 우선순위의 항목

2. 경영기획

가. 가치체계의 정립

1) 가치체계 설정

미션 (Mission)	• 정의: 조직의 존재 이유와 역할을 설명하는 진술로, 조직이 무엇을 위해 존재하는지에 대한 명확한 정의 • 예시: "고객에게 최고의 품질과 가치를 제공하는 혁신적인 제품을 개발한다."
비전 (Vision)	• 정의: 조직이 장기적으로 도달하고자 하는 미래의 이상적인 상태를 설명한다. 비전은 조직의 미래 지향적 목표와 열망을 반영 • 예시: "2025년까지 글로벌 시장에서 가장 신뢰받는 친환경 에너지 기업이 된다."
목표 (Goal)	• 정의: 목표는 조직이 미션과 비전을 실현하기 위해 설정하는 구체적이고 측정 가능한 성과 지표 • 예시: "내년까지 고객 만족도를 90% 이상으로 유지한다."
핵심 가치 (Core Values)	• 정의: 조직의 행동과 의사결정을 안내하는 기본 원칙과 신념으로, 조직 문화와 경영 방침에 깊이 영향을 미침 • 예시: 고객 중심(Customer Focus)-모든 결정은 고객의 이익을 최우선으로 한다.

2) 가치체계 정렬
- 미션, 비전, 목표, 핵심가치 등 조직 가치체계의 구성요소들이 유기적으로 연계할 수 있도록 전략적 정렬을 검토한다.
- 조직의 가치체계를 명확히 천명하고 모든 이해관계자에게 공유하기 위한 메시지와 이미지를 정비한다.

나. 경영전략 수립

1) 조직전략(Organizational Strategy)
- 변동성(Volatile), 불확실성(Uncertainty), 복잡성(Complexity), 모호성(Ambiguity)을 의미하는 VUCA 경영환경 속에서 한정된 자원을 효율적으로 활용하여 조직의 목표를 달성하기 위한 장기적인 방향과 행동 계획을 설정하는 과정이다.
- 이를 통해 조직은 핵심역량 강화와 지속적인 경쟁 우위를 확보하고 시장에서 성공할 수 있는 기반을 마련할 수 있다.

2) 경쟁전략
- 기업이 시장에서 경쟁 우위를 확보하고 유지하기 위해 설정하는 전략적 접근이다. 경쟁 전략은 기업이 경쟁 환경에서 어떻게 차별화하고 경쟁자보다 유리한 위치를 차지할지를 결정하는 중요한 요소이다.
- 본원적 경쟁전략(generic competitive strategy)인 원가우위전략과 차별화전략의 적절성 검토가 필요하다.
  - 원가우위 전략: 불필요한 비용을 줄여 수익을 확보하는 전략
  - 차별화전략: 고객 가치 구현을 통해 가격 프리미엄으로 수익을 확보하는 전략
  - 시장의 범위가 넓고 경쟁자가 많을 경우 원가우위 또는 차별화 중 자사에 유효한 전략을 선택하고 두 전략 사이의 애매모호한 포지셔닝 지양
  - 시장의 범위가 좁은 경우 세분화된 고객의 니즈를 충족시키는 집중화(focus) 전략이 유효함

3) 블루오션 전략
- 기존의 치열한 경쟁 시장인 "레드 오션(Red Ocean)"에서 벗어나 경쟁이 거의 없는 새로운 시장 공간을 창출하는 것을 목표로 하는 경영 전략이다.
- 블루 오션 전략의 핵심은 "가치 혁신"이다. 이것은 비용을 줄이면서 동시에 고객에게 제공되는 가치를 크게 증가시키는 혁신적 접근 방식이다.

4) ESG경영전략
- ESG 경영 전략(ESG Management Strategy)은 기업이 환경(Environment), 사회(Social), 지배구조(Governance)라는 세 가지 요소를 고려하여 지속 가능하고 책임 있는 경영을 추구하는 전략적 접근이다.

출제포인트
조직전략, 경쟁전략, 블루오션전략, ESG경영전략의 특징을 설명하고 구분하는 문제가 출제될 수 있습니다.

비기의 학습팁

경쟁 우위 확보 방안
· 원가 우위 전략
규모의 경제, 효율적 생산 시스템, 엄격한 비용 관리 등을 통한 경쟁 우위 확보

· 후방 통합
혁신적 기술, 뛰어난 품질, 독특한 디자인, 강력한 브랜드 이미지 등을 통한 경쟁 우위 확보

- ESG 경영은 기업의 장기적인 성과와 지속 가능성(sustainability)을 높이는 동시에, 투자자, 고객, 규제 기관 등 다양한 이해관계자의 요구를 충족하는 것을 목표로 한다.

다. 경영계획 수립

1) 중장기 경영계획

- 중장기 경영계획은 3~5년 동안의 전략적 목표와 방향을 설정하는 계획으로, 기업의 비전과 미션을 실현하기 위한 청사진을 제시한다. 이는 조직의 장기적인 목표를 달성하기 위한 전반적인 프레임워크를 제공한다.
- 중장기 경영 계획을 수립하기 위해서는 기업의 비전과 미션을 설정하고 기업의 핵심 전략을 구체적으로 수립해야 한다. 또한, 시장과 경쟁사의 SWOT분석을 통해 실행 가능한 목표를 설정하고, 이를 바탕으로 자원 계획과 KPI를 설정한다.

2) 연간 사업 계획

- 연간 사업 계획은 중장기 경영계획에서 설정된 목표와 전략을 바탕으로 매년 실행 가능한 구체적인 액션 플랜을 수립하는 것을 말한다. 이는 보다 세부적인 계획으로, 중장기 목표를 연 단위로 나누어 단계별로 실현 가능하도록 구성하게 된다.
- 중장기 목표에 부합하는 연간 단위의 구체적 목표를 설정하면 예산계획에 따라 자원을 배분하기 위한 준비를 할 수 있다. 이를 기반으로 부서별 계획을 통해 부서별 역할과 책임을 명확히 하고, 일정계획을 수립하여 실행하며 실행 상태를 모니터링하고 필요시 피드백과 조정을 통해 개선한다.

3) 리스크관리 계획

- 환경, 사회, 시장, 규제, 전략, 운영, 정보, 평판 리스크 등 다양한 측면에서의 경영 리스크에 대한 식별, 평가, 대응, 모니터링 체계 및 매뉴얼 정립을 계획한다.
- 위험의 치명도와 발생 빈도에 따라 사전 예방, 사후 대응, 상시 모니터링 등 리스크관리 방향을 설정한다.
- 리스크 유형에 대한 평가를 기반으로 전사적 리스크관리 계획을 수립하게 된다.

개념 ➕

앤소프의 2x2 매트릭스 (Ansoff's matrix)

시장 지형과 자사 역량에 대한 분석을 토대로 목표 시장에서의 비즈니스 성장을 위한 전략으로, 시장과 상품을 기준으로 4가지 성장 전략 제시

① 기존 제품을 활용한 기존 시장 침투
  "시장 침투"
② 기존 제품을 활용한 신시장 발굴
  "시장 개발"
③ 신제품 개발을 통한 기존 시장 공략
  "제품 개발"
④ 신제품 개발을 통한 신시장 진출
  "다각화"

✅ 핵심 개념체크

07. 산업 및 경쟁 환경분석에 사용되는 3C 분석의 요소에 대한 설명이 가장 적절하지 않은 것은?

① Customer (고객 분석): 목표 시장의 고객 특성과 요구를 파악하고 충족시키기 위한 방법을 모색
② Coworker (협력사 분석): 경쟁력있는 서비스와 제품을 개발하기 위한 협력사를 분석해서 경쟁 전략을 수립
③ Competitor (경쟁사 분석): 시장에서의 경쟁 환경을 이해하고, 경쟁 우위를 확보하기 위한 전략을 수립
④ Company (자사 분석): 기업이 보유한 자원과 역량을 평가하고, 경쟁 우위를 확보하기 위한 전략을 개발

> 3C 분석의 요소는 Customer(고객), Competitor(경쟁사), Company(자사)로 구성되어 경쟁우위를 확보하기 위한 전략을 수립한다.

08. 3C 분석에서 'Customer'에 해당하는 정보는 무엇인가?

① 시장 상황   ② 경쟁 기업   ③ 자사의 역량   ④ 유통 및 판매

> 목표 시장의 고객 특성과 요구 파악은 'Customer'에 해당한다. 경쟁기업은 경쟁사 분석(Competitor), 자사의 역량은 자사 분석(Company)에 해당한다.

09. 다음 중 SWOT 분석의 구성 요소가 아닌 것은?

① 강점   ② 약점   ③ 기회   ④ 자원

> SWOT은 Strength(강점), Weakness(약점), Opportunity(기회), Threat(위협)의 약자로 구성된다. 이 중 "자원"은 SWOT 분석의 구성 요소에 해당하지 않는다.

10. ESG 경영 전략의 세 가지 측면 중 '환경(Environment)'에 해당하는 내용으로 옳지 않은 것은 무엇인가?

① 기업은 탄소 배출과 기후 영향을 검토하며 탄소중립 및 감축 목표를 수립한다.
② 에너지 소비 최소화, 재생 에너지 사용 촉진으로 에너지 효율을 향상시킨다.
③ 고객 만족과 안전을 보장하며 제품 및 서비스의 품질을 강조한다.
④ 자원 소비에 대한 책임을 갖추고 재활용과 친환경 자원관리에 주력한다.

> ③ 고객 만족과 안전을 보장하며 제품 및 서비스의 품질을 강조하는 것은 사회 측면에 해당한다.

PART 01
경영정보 일반

2장 기업 내부정보 파악

2 DAY

○ 학습 목표

- 재무제표의 역할과 항목 간 상호 관계를 이해한다.
- 인적자원관리의 목적과 주요 활동을 이해한다.
- 고객 정보를 활용한 맞춤형 마케팅과 고객 데이터 관리 방법을 이해한다.
- 공급관리의 중요성을 이해하고 설명할 수 있다.

○ 눈높이 체크

✔ 재무회계와 관리회계의 차이점에 대해 아시나요?

> 재무회계는 외부 이해관계자(투자자, 채권자 등)에게 기업의 재무 상태와 경영 성과를 보고하는 데 중점을 두는 반면, 관리회계는 내부 경영자가 효율적인 의사결정을 내리기 위해 사용됩니다.

✔ 고객 데이터를 관리하는 방법에 대해 아시나요?

> 고객 데이터를 관리하는 대표적인 방법에는 고객 정보를 통합적으로 관리하는 시스템인 CRM(고객 관계 관리)과 고객 행동 데이터를 분석하여 고객의 이탈을 막기 위해 진행되는 고객 이탈 분석이 있습니다.
> CRM은 고객 맞춤형 서비스를 제공하는 데에 효율적이고, 고객 이탈 분석은 이탈 가능성이 높은 고객을 미리 식별하여 방지 조치를 취할 수 있는 방법입니다.

✔ 수요예측에는 어떤 사례가 있을까요?

> 아마존은 방대한 고객 데이터를 바탕으로 인공지능과 머신러닝 기술을 활용해 수요를 예측하고 있습니다. 아마존의 "예측 배송 시스템"은 고객이 물건을 주문하기 전에 해당 상품이 고객 가까이의 물류창고에 미리 준비되어 있도록 해, 빠른 배송을 가능하게 합니다. 이를 통해 아마존은 고객이 무엇을 언제 필요로 할지 예측하고, 재고 관리와 공급망 효율을 극대화하고 있습니다.

1절 회계/재무/인적자원 기본 정보

2장 기업 내부정보 파악

난이도 중

❶ 회계/재무제표

1. 회계

출제포인트
회계의 정의와 회계의 종류를 구분하는 문제가 출제될 수 있습니다.

- 회계(accounting)란 기업의 경영활동에서 발생하는 재무적 정보를 식별, 측정하여 정보이용자들(이해 관계자들)이 경제적인 의사결정을 할 수 있도록 전달하는 일련의 과정(시스템)을 말한다

자료	재무회계	관리회계	세무회계
목적	외부이용자의 경제적 의사결정에 유용한 정보(재무상태, 경영성과, 현금흐름, 자본변동 등)를 제공하기 위함. 외부보고목적 --> 일반목적	내부 경영자의 경영계획과 통제 및 경제적 의사결정에 유용한 정보를 제공하기 위함. 내부보고목적 --> 특수목적	정부 재정자원의 조달을 위한 세액 결정 즉, 세법에 의한 과세소득을 결정하기 위함. --> 세무보고
이용자	외부의 다양한 정보이용자	내부의 정보이용자(경영자)	세무서
준거기준	K-IFRS, 일반 기업회계기준	일정한 기준이 없다.	세법(부가가치세, 소득세, 법인세 등)
보고시점	보통 1년 단위(혹은 2회), 정기적	필요에 따라 수시	보통 1년 단위, 정기적
정보특성	과거적 정보, 화폐적 정보, 정확성, 신뢰성, 객관성, 검증 가능성, 기업 전체를 종합하여 요약한 정보	예측정보, 미래적 정보, 비화폐적 정보, 목적적합성, 적시성, 관리목적에 따라 부문, 제품별 구분	과거적 정보, 화폐적 정보, 정확성, 신뢰성, 객관성, 검증 가능성, 기업 전체를 종합하여 요약한 정보
법적강제	법적 강제가 있음	법적 강제 없음	법적 강제가 있음

비기의 학습팁

K-IFRS
법률에 의해 강제적, 의무적으로 적용되는 회계 기준으로, 기업이 보고서를 작성하고 해석하는데 필수적인 기준을 제공합니다.

- 회계활동은 회계기간 중의 행위와 회계기간 말의 행위로 나누어 구분
- 분개장: 발생순서에 따라 거래 내용을 기록하는 장부
- 시산표: 차변의 합과 대변의 합의 일치여부를 확인하는 일람표
- 정산표: 분개 결과를 결산이 용이한 서식으로 정리
- 재무제표: 재무상태표, 손익계산서 등 결산보고서

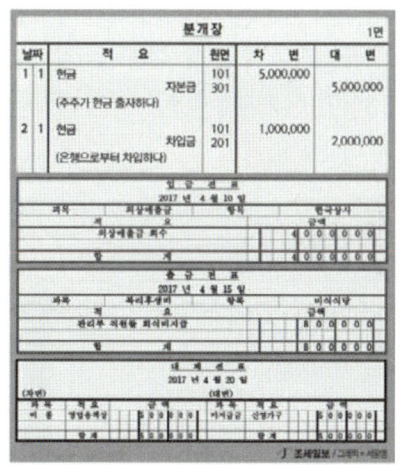

[분개장] [시산표] [정산표] [재무제표]

2. 재무제표

- 재무제표(financial statements)는 기업의 재무상태와 경영성과에 대한 정보를 다양한 이해 관계자들에게 전달하기 위한 핵심적 수단이다. 재무제표의 목적은 광범위한 정보 이용자의 경제적 의사결정에 유용한 기업의 재무상태, 재무성과와 재무상태변동에 관한 정보를 제공하는 것이다.

- 재무제표의 목적을 달성하기 위해 재무제표는 자산, 부채, 자본, 수익, 비용, 소유주에 의한 출자와 소유주에 대한 배분, 그리고 현금흐름에 관한 정보를 제공한다. 이러한 정보는 재무제표 이용자가 기업의 미래 현금흐름, 특히 그 시기와 확실성을 예측하는 데 도움을 준다.

가. 재무상태표

- 재무상태표(Balance Sheet)는 대차대조표라고 불리기도 하는데, 일정 시점에서 기업의 재무상태에 관한 정보를 제공하는 정태적 보고서이다. 즉, 재무상태표는 일정 시점 현재 기업이 보유하고 있는 경제적 자원인 자산과 경제적 의무인 부채, 그리고 자본에 대한 정보를 제공하는 재무보고서이다. 이는 정보이용자들이 기업의 유동성, 재무적 탄력성, 수익성과 위험 등을 평가하는 데 유용한 정보를 제공한다.

> **비기의 학습팁**
> 자산, 부채, 자본의 관계와 각각의 의미를 정확히 학습해야 합니다.

- 재무상태표의 대변(오른편)에 기입되는 부채와 자본은 기업이 필요한 자금을 어떻게 조달했는지, 즉 자본구조를 보여주며, 차변(왼편)에 기입되는 자산은 기업이 조달한 자금을 어떻게 활용 또는 투자하고 있는지를 보여준다.

1) 자산(Assets)

- 자산이란, 과거 거래나 사건의 결과로, 현재 기업이 통제하고 있고, 미래 경제적 효익을 창출할 것으로 기대되는 자원을 말함

유동자산 (current assets) 1년 이내에 현금화할 수 있는 자산	당좌자산(quick assets) : 즉시 현금화가 가능하거나 단기간 내에 현금화될 수 있는 자산 (예) 현금, 예금, 외상매출금(매출채권), 유가증권(단기투자자산)	
	재고자산(inventories) : 상품을 제조·판매하는 과정에서 사용되는 자산 (예) 원재료, 재공품(제조 중인 제품), 반제품, 제품(완성된 상품)	유동성 증가
비유동자산 (non-current assets) 1년 이내에 현금화할 수 없는 자산	투자자산(investment assets) : 장기적인 투자 목적으로 보유하는 자산 (예) 투자부동산, 매도가능 증권(장기 보유 주식 및 채권)	
	유형자산(tangible assets) : 물리적인 형태가 있는 자산으로 기업 운영에 사용됨 (예) 토지, 건물, 기계장치, 차량운반구, 설비	
	무형자산(intangible assets) : 물리적인 형태는 없지만 법적 권리나 가치가 있는 자산 (예) 영업권, 산업재산권(특허권, 상표권 등), 개발비	
	기타 비유동자산(other non-current assets) : 기타 장기적으로 보유되는 자산 (예) 임차보증금, 장기매출채권(1년 이상 회수 기간이 걸리는 채권)	

2) 부채(Liabilities)

- 부채는 과거의 거래나 사건의 결과로, 현재 기업이 부담하고 있고, 미래에 자원의 유출 또는 사용이 예상되는 경제적 의무를 말함

유동부채 (current liabilities) 1년 이내에 상환해야 하는 부채	확정부채 부채가 발생할 당시 상환일자와 금액이 확정된 부채		단기차입금 외상매입금 지급어음 미지급비용 등
	추정부채 지급 의무는 있으나, 지급 시기와 금액이 불확실한 부채	충당부채 과거 사건이나 거래로 인해 발생한 현재의 의무로서, 지급 시기와 금액이 확실하지 않지만 이행 가능성이 높은 부채	당기법인세부채 반품충당부채 등
		우발부채 발생 가능성이 있지만, 현재로서는 지급 의무가 확정되지 않은 부채	손해배상채무 등

비유동부채 (non-current liabilities) 1년 이후에 상환해야 하는 부채	확정부채		장기차입금 장기성매입채무
	추정부채	충당부채	사채 퇴직급여충당부채 이연법인세부채 장기제품보증충당부채 등
		우발부채	손해배상채무 등

회사 상황에 맞게 유동성이 큰 부채부터 배열

3) 자본(Equity)

- 자본이란, 기업의 자산 총액에서 부채 총액을 차감한 잔여액 또는 순자산으로, 기업의 자산에 대한 소유주(주주)의 잔여청구권을 말함
- 회사가 청산할 때, 주주의 권리보다 채권자의 권리가 우선하기 때문에 보유자산을 처분해서 채권자들에게 진 빚을 먼저 갚아야 한다. 그런 다음에 자산이 남을 경우, 주주들이 본인들의 지분만큼 권리를 주장할 수 있다.

구분	일반기업회계기준의 분류			발생원천에 따른 분류
자본금	보통주 자본금 우선주 자본금			자본거래에 의한 자본 (납입자본 + 수증자본)
자본잉여금	주식발행초과금 기타자본잉여금(감자차익, 자기주식처분이익)			
자본조정	자본에 가산	미교부주식배당금 신주인수권대가 전환권대가 주식매입선택권 해외사업환산대		
	자본에서 차감	자기주식 주식할인발행차금 출자전환채무 주식매수선택권 감자차손 자기주식처분손실 해외사업환산차		
기타포괄손익누계액	매도가능증권평가손익 해외사업환산손익 현금흐름위험회피파생상품평가손익			손익거래에 의한 자본 (유보이익)
이익잉여금	상법상의 이익준비금 상법 이외의 법령에 의한 적립금		법정적립금	
	정관 또는 주총결의에 의한 적립금		임의적립금	
	미처분이익잉여금(미처리결손금)			

비기의 학습팁
손익계산서에서는 순이익과 순손실의 계산과정을 익히고, 매출과 비용의 구조를 파악해야 합니다.

나. 손익계산서

- 손익계산서(Income Statement)는 기업의 일정 기간 동안의 수익과 비용을 나타내어, 그 결과로 발생한 순이익(Net Income) 또는 순손실(Net Loss)을 보여주는 재무제표이다. 손익계산서는 기업의 경영 성과를 평가하는 데 중요한 역할을 하며, 주주, 투자자, 경영진 등이 기업의 재무 상태와 성과를 파악하는 데 사용된다.

- 손익계산서의 주요 구성 요소

손익계산서
(단위: 백만 원)

매출액	10,000
(-)매출원가	7,000
매출총이익	**3,000**
(-)판매관리비	1,200
영업이익	**1,800**
(+)영업외수익	200
(-)영업외비용	400
경상이익	**1,600**
(+)특별이익	300
(-)특별손실	600
법인세차감전 순이익	**1,300**
(-)법인세비용	80
당기순이익	**1,220**

매출총이익 = 매출액 - 매출원가
- 생산활동을 통한 부가가치

영업이익 = 매출총이익 - 판매관리비
- 회사의 본업인 영업활동을 통한 이익

경상이익 = 영업이익 + 영업외수익 - 영업외비용
- 회사의 영업 활동 + 재무활동 포함 이익

법인세차감전순이익 = 경상이익 + 특별이익 - 특별손실
- 법인세 납부 전 모든 활동을 포함한 이익

당기순이익 = 법인세차감전순이익 - 법인세 비용
- 경영활동의 최종 성과

비기의 학습팁
현금흐름표에서는 현금의 유입과 유출 과정을 정확히 이해해야합니다.

다. 현금흐름표

- 현금흐름표(Cash Flow Statement)는 특정 기간 동안 기업의 현금과 현금성 자산의 유입과 유출을 기록한 재무제표이다. 이는 기업이 실제로 현금을 어떻게 얻고 사용했는지를 보여주며, 기업의 유동성 및 재무 건전성을 평가하는 데 중요한 역할을 한다.

- 현금흐름표의 일반적인 세가지 활동

비기의 학습팁
영업활동, 투자활동, 재무활동으로 나뉘는 현금 흐름의 차이를 구체적으로 학습하세요.

1) **영업활동**으로 인한 현금흐름 (Cash Flows from Operating Activities)

- 기업의 주요 영업 활동에서 발생한 현금의 유입과 유출을 나타낸다.
- 주로 순이익(Net Income)에서 시작하여 비현금성 항목(예: 감가상각비)을 가감하고, 운전자본(Working Capital)의 변동(예: 매출채권, 재고, 매입채무의 변화)을 반영하여 계산된다.
- 예시: 제품 판매로 인한 현금 수입, 급여 지급, 임대료 지급, 세금 납부 등.

2) **투자활동**으로 인한 현금흐름 (Cash Flows from Investing Activities)

- 장기적인 자산(예: 부동산, 설비, 장비) 취득 및 처분과 관련된 현금의 유입과 유출을 포함한다.
- 예시: 기계 및 설비 구입, 부동산 매각, 투자증권 매각 등.

3) **재무활동**으로 인한 현금흐름 (Cash Flows from Financing Activities)
- 기업의 자본 조달 및 상환 활동에서 발생한 현금의 유입과 유출을 나타낸다.
- 예시: 주식 발행, 배당금 지급, 부채 상환, 채권 발행 등.

라. 자본변동표

- 자본변동표(Statement of Changes in Equity)는 일정 기간 동안 기업의 자본(Equity)이 어떻게 변동했는지를 보여주는 재무제표이다. 이는 주주지분의 변화를 명확히 설명하며, 기업의 자본구조와 그 변동 요인을 이해하는 데 중요한 역할을 한다.
- 자본변동표에는 자본금, 자본잉여금, 자본조정, 기타포괄손익누계액, 이익잉여금(또는 결손금)의 각 항목의 기초 잔액, 변동사항, 기말 잔액을 표시한다.
  - **자본금**의 변동은 유상증자(감자), 무상증자(감자)와 주식배당 등에 의하여 발생하며, 자본금은 보통 주자본금과 우선 주자본금으로 구분하여 표시한다.
  - **자본잉여금**의 변동은 유상증자(감자), 무상증자(감자), 결손금처리 등에 의하여 발생하며, 주식발행초과금과 기타자본잉여금으로 구분하여 표시한다.
  - **자본조정**의 변동은 자기주식은 구분하여 표시하고, 기타자본조정은 통합하여 표시할 수 있다.
  - **기타포괄손익누계액**의 변동은, 매도가능증권평가손익, 해외사업환산손익 및 현금흐름위험회피 파생상품평가손익은 구분하여 표시하고, 그 밖의 항목은 그 금액이 중요한 경우 적절히 구분하여 표시할 수 있다.
  - **이익잉여금**의 변동은 영업활동에 따라 발생한 이익 중 배당하지 않고 내부에 유보한 잉여금의 변동으로, 법정적립금, 임의적립금, 미처분이익잉여금 등으로 표시한다.
- 재무제표 간 상호연관성
  - 각 재무제표는 동일한 거래나 사건의 다른 측면을 반영하므로 상호 보완적 관계에 있음

> **비기의 학습팁**
> 각 재무제표의 역할과 항목간 상호 관계를 명확히 이해하고, 자산, 부채, 자본의 개념을 구체적으로 학습하세요.

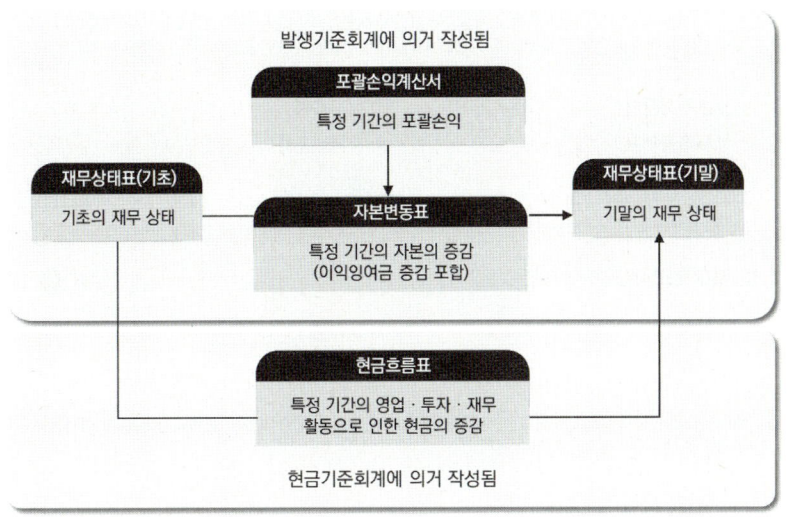

마. 재무제표 작성원칙

- 신뢰성: 신뢰성의 원칙(reliability principles)이란 회계 처리 및 보고는 신뢰할 수 있도록 객관적인 자료와 증거에 의하여 공정하게 처리해야 한다는 원칙이다.
- 명료성: 명료성의 원칙(clarity principles)이란 재무제표의 양식 및 과목은 이해하기 쉽도록 간단, 명료하게 표시하여야 한다는 원칙이다.
- 충분성: 충분성의 원칙(sufficiency principles)이란 중요한 회계방침과 회계처리기준, 과목 및 금액에 관하여는 그 내용을 재무제표상에 충분히 표시하여야 한다는 원칙이다.
- 중요성: 중요성의 원칙(materiality principles)이란 회계 처리와 재무제표 작성에 있어서 과목과 금액은 그 중요성에 따라 실용적인 방법에 의하여 결정되어야 한다는 원칙이다.
- 발생주의: 모든 수익과 비용은 그것이 발생한 기간에 정당하게 배분되도록 처리해야 한다는 원칙
- 수익비용대응: 각 수익항목과 관련되는 비용항목을 명확하게 분류하고 대응하여 작성해야 한다는 원칙

✅ 핵심 개념체크

11. 다음 중 재무상태표에 표기되지 않는 정보는 무엇인가?   상 중 **하**

① 자산 ② 부채
③ 자본 ④ 현금흐름

> 재무상태표에는 자산, 부채, 자본이 표기되어 있다. 현금흐름은 현금흐름표에 표기된다.

12. 다음 빈칸에 해당하는 설명으로 가장 적절한 것은?   상 **중** 하

> (　　　)는 일정 기간 동안 기업의 자본(Equity)이 어떻게 변동했는지를 보여주는 재무제표이다. 이는 주주지분의 변화를 명확히 설명하며, 기업의 자본구조와 그 변동 요인을 이해하는 데 중요한 역할을 한다.

① 손익계산서 ② 현금흐름
③ 재무상태표 ④ 자본변동표

> 해당 내용은 자본변동표에 해당하는 설명이다. 자본변동표는 일정 기간 동안 기업의 자본이 어떻게 변동했는지를 보여주는 재무제표이다.

13. 재무제표 작성원칙이 아닌 것은?   상 **중** 하

① 정확성 ② 신뢰성
③ 명료성 ④ 중요성

> 재무제표의 작성원칙으로는 신뢰성, 명료성, 충분성, 중요성, 발생주의, 수익비용대응이 있다. 정확성은 재무제표의 작성 원칙에 해당되지 않는다.

❷ 재무비율/재고자산

1. 재무비율

가. 재무비율의 목적

1) 표준화 및 상대화를 통한 비교 분석

- 재무비율은 기업의 재무제표 항목을 표준화하고 상대화하여 기업 간 비교를 용이하게 한다. 이를 통해 기업의 현황 및 성과를 파악할 수 있으며, 동일 산업 내 또는 경쟁 기업들과의 비교를 통해 해당 기업의 경쟁력을 평가할 수 있다.

2) 재무적 안정성 및 수익성 분석

- 재무비율을 활용하여 회계보고서의 다양한 계정과목을 상호 비교하고, 기업의 안정성(예: 유동성, 부채비율) 및 수익성(예: 매출총이익률, 순이익률) 등을 분석할 수 있다. 이를 통해 기업의 재무적 건전성을 추정하고, 미래의 경영 전략 수립 및 투자 의사결정에 필요한 정보를 제공할 수 있다.

나. 재무비율의 종류

1) 재무비율의 종류 구분

- 재무비율은 기업의 재무적 성과를 다양한 관점에서 분석하는 데 사용된다. 재무상태표(대차대조표)나 손익계산서의 특정 계정과목을 이용한 비율은 각각 "재무상태표 비율" 또는 "손익계산서 비율"로 불리며, 두 보고서 모두를 활용하는 경우 "혼합비율"로도 불린다.

> **출제포인트**
> 재무비율의 종류에 따라 주요한 재무비율에는 어떤 것이 있는지와 개념과 공식 그리고 해석 방법이 문제에 출제될 수 있습니다.

구분	개념	예시
안정성 비율	기업의 채무 상환 능력 및 재무적 안정성을 분석	유동비율, 부채비율 등
수익성 비율	매출액이나 투자에 대한 이익의 비율을 분석	총자산이익률(ROA), 자기자본이익률(ROE) 등
활동성 비율	기업 자산의 활용도를 분석하여 자산 회전의 효율성을 평가	재고자산회전율, 매출채권회전율 등
성장성 비율	기업의 매출, 자산, 이익 등의 성장성을 평가	매출액증가율, 순이익증가율 등
생산성 비율	기업의 인적, 물적 자원의 투입 대비 생산 효율성을 분석	자본생산성, 노동생산성 등
시장가치 비율	기업의 주식 시장 가치와 재무제표 상의 항목을 비교 분석	주가수익비율(PER), 주가순자산비율(PBR) 등

2) 안정성 비율

- 안정성 비율은 기업의 재무적 건전성을 평가하고 채무상환 능력을 분석하는 데 사용되며, 기업이 단기 및 장기 부채를 얼마나 잘 관리하고 있는지를 판단하는 중요한 지표이다.

유동비율 (Current Ratio)

개념	기업이 단기 부채를 상환할 수 있는 능력을 나타내는 비율로, 기업의 단기적인 재무 유동성을 측정하는 데 사용 • 유동자산: 1년 이내에 현금화되거나 사용될 것으로 예상되는 자산 (현금, 단기 금융상품 등) • 유동부채 : 1년 이내에 상환해야 하는 채무 (외상매입금, 단기차입금, 미지급금 등)
공식	(유동자산) ÷ (유동부채)
해석	유동비율이 높을수록 유동성이 우수하며, 통상 200% 이상이 이상적

당좌비율 (Quick Ratio)

개념	재고자산을 제외한 유동자산만을 이용해 단기 부채를 갚을 수 있는지를 평가하는 비율이다. 이는 재고자산이 단기적으로 현금화되기 어려운 점을 고려해 기업의 보다 엄격한 유동성 평가를 위한 지표로 사용됨 • 당좌자산 : 현금, 예금, 매출채권, 유가증권 등
공식	(당좌자산) ÷ (유동부채)
해석	당좌비율이 100% 이상이면 유동성이 우수하고, 50% 이하면 위험한 것으로 평가

부채비율 (Debt Ratio)

개념	기업의 자기자본에 대비한 타인자본의 비율을 나타내며, 기업의 자본구조의 건전성을 평가하는 지표로 사용된다. 부채비율이 높을수록 기업은 타인자본(부채)에 의존하고 있다는 의미로, 재무 위험이 높다고 평가될 수 있음
공식	(타인자본) ÷ (자기자본)
해석	부채비율이 높을수록 채권자 및 투자자에게 불리할 수 있음

이자보상비율 (Interest Coverage Ratio)

개념	이자보상비율은 기업의 영업이익이 이자비용을 얼마나 충당할 수 있는지를 나타내는 비율로, 기업의 이자 지급 능력을 평가하는 데 사용된다. 이는 채권자가 기업의 신용 위험을 평가하는 데 중요한 지표로 활용됨
공식	(영업이익) ÷ (이자비용)
해석	보통 1.5 이상이면 상환능력이 충분한 것으로 간주되며, 1 미만이면 잠재적 부실기업으로 판단

3) 수익성 비율

- 수익성 비율은 기업의 이익 창출 능력을 평가하는 지표로, 기업 경영에서 발생한 이익을 투자자본이나 매출액과 비교하여 분석할 수 있다. 이를 통해 기업이 자본을 얼마나 효율적으로 사용하여 이익을 창출하는지, 경영 성과가 어느 정도인지를 파악할 수 있다

자기자본이익률 (ROE, Return on Equity)

개념	자기자본이익률(ROE)은 기업의 순이익이 주주의 자기자본에 비해 얼마나 효율적으로 발생했는지를 나타내는 비율로, 특정 주주가 가진 지분에 대한 이익 창출 정도를 측정하며, 주주 입장에서 중요한 투자 수익률 지표로 활용됨
공식	(순이익) ÷ (자기자본)
해석	ROE가 시중금리보다 높으면 기업이 투자자금의 조달비용을 초과하는 이익을 내고 있음을 의미, 투자자에게 매력적인 투자처로 평가될 수 있음
듀퐁 항등식	ROE = 영업효율성 × 자산활용의효율성 × 재무레버리지 여기서, • 영업효율성(매출이익률) = (순이익) ÷ (매출액) • 자산활용의효율성(총자산회전율) = (매출액) ÷ (총자산) • 재무레버리지(자기자본승수) = (총자산) ÷ (자기자본)

개념 ➕

듀퐁항등식(DuPont Identity)

듀퐁 항등식은 ROE를 영업효율성, 자산 활용의 효율성, 재무레버리지의 세 가지 요소로 구분하여 분석하는 방법이다. 이 방식은 기업의 성과와 효율성에 대한 보다 세부적인 정보를 제공할 수 있다.

총자산이익률 (ROA, Return on Assets)

개념	총자산이익률(ROA)은 기업이 보유한 모든 자산(자기자본 + 타인자본)을 활용하여 어느 정도의 이익을 창출했는지를 측정하는 비율로, 기업의 자산 운영 효율성을 평가하는데 사용되며, 총자본순이익률이라고도 함
공식	(당기순이익) ÷ (총자산)
해석	ROA가 높을수록 기업이 자산을 효율적으로 사용하여 더 많은 이익을 창출하고 있음을 나타냄. ROA는 주주의 자본뿐만 아니라 외부 자본(부채)까지 포함한 모든 자산이 얼마나 효율적으로 운영되고 있는지를 평가하는 지표로 활용됨

매출액순이익률 (Net Profit Margin)

개념	매출액순이익률은 매출액에 대한 순이익의 비율로, 기업의 판매 활동이 얼마나 수익성이 있는지를 나타냄. 이를 통해 매출에서 실제로 얼마나 많은 이익을 남기는지를 평가할 수 있음
공식	(당기순이익) ÷ (매출액)
해석	매출액순이익률이 높을수록 매출 대비 많은 이익을 창출하고 있음을 의미. 일반적으로 10% 이상이면 양호한 것으로 평가되지만, 업종별로 수익성 차이가 크기 때문에 동일한 업종 내에서 비교하는 것이 중요

개념 ➕

레버리지 효과

ROE는 부채를 활용한 레버리지 효과에 의해 높아질 수 있다. 부채 비율이 높은 회사는 자기자본 대비 순이익이 상대적으로 높아질 수 있지만, 이는 동시에 재무 위험을 증가시키게 된다. 따라서, 부채비율이 높은 회사의 높은 ROE는 좋은 지표로만 볼 수 없으며, 부채의 구조와 수준을 함께 고려해야 한다.

투자자본수익률 (ROI, Return on Investment)

개념	투자자본수익률(ROI)은 투자에서 얻은 수익을 투자원금으로 나눈 비율로, 투자 효율성을 측정하기 위한 지표로 사용. ROI는 특정 투자 프로젝트나 자산에 대한 수익성을 평가하는 데 널리 사용
공식	(당기순이익) ÷ (투자자금)
해석	ROI가 높을수록 투자 대비 성과가 효과적이라는 것을 의미. 그러나 ROI는 투자 기간과 내재된 위험을 고려하지 않기 때문에 단기적 성과를 중시하는 한계가 있음. 투자자들은 ROI를 다른 재무 지표와 함께 사용하여 투자 결정을 내려야 함

4) 활동성 비율

- 활동성 비율은 기업이 보유한 자산을 얼마나 효율적으로 이용하고 있는지를 평가하는 지표이다. 주로 매출액을 각종 주요 자산 항목으로 나누어 산출하며, 자산의 회전 속도를 통해 기업의 자산 운용 능력을 측정할 수 있다. 활동성 비율은 기업의 영업활동이 원활하게 이루어지고 있는지, 자산이 효과적으로 활용되고 있는지를 판단하는 데 중요한 역할을 한다.

재고자산회전율 (Inventory Turnover Ratio)

개념	재고자산회전율은 재고자산이 얼마나 빠르게 판매되고 현금으로 전환되는지를 나타내는 비율. 재고자산이 얼마나 빨리 판매되었는지를 측정함으로써 재고 관리의 효율성을 평가할 수 있음
공식	(매출액) ÷ (재고자산) 또는 (매출원가) ÷ (재고자산)
해석	• 높은 재고자산회전율은 재고가 빠르게 판매되고 있음을 의미하며 재고 관리가 효율적으로 이루어지고 있다는 것을 나타냄. 이는 기업이 생산 및 판매 활동을 원활히 진행하고 있다는 신호로 해석 가능 • 낮은 재고자산회전율은 재고가 쌓여 있음을 나타내며, 매출이 부진하거나 재고 관리에 문제가 있을 수 있음을 시사 • 주의사항: 지나치게 높은 재고자산회전율은 기업이 과도하게 낮은 재고를 유지하고 있을 가능성이 있으며, 이는 판매 기회를 상실하거나 고객 요구를 충족하지 못할 위험이 있음. 따라서 적절한 재고 수준을 유지하면서 회전율을 관리하는 것이 중요

유형자산회전율 (Fixed Asset Turnover Ratio)

개념	유형자산회전율은 유형자산(건물, 기계, 설비 등)을 활용하여 얼마나 많은 매출을 창출했는지를 측정하는 비율. 유형자산의 활용 효율성을 평가하는 데 사용
공식	(매출액) ÷ (유형자산)
해석	• 높은 유형자산회전율은 기업이 보유한 유형자산을 효율적으로 활용하고 있음을 의미하며 이는 유형자산 투자가 적절하게 이루어져 생산 및 판매 활동에 기여하고 있음을 나타냄 • 낮은 유형자산회전율은 유형자산의 활용이 부족하거나 유형자산에 대한 투자가 과도하게 이루어졌음을 의미. 이는 자산이 충분히 활용되지 않아 자본의 비효율적 사용을 초래할 수 있음

매출채권회전율 (Accounts Receivable Turnover Ratio)

개념	매출채권회전율은 매출채권(외상매출금 및 받을 어음 등)의 회수 기간과 현금화 속도를 측정하는 비율로, 기업의 매출채권 관리 효율성을 평가하는 데 사용. 이는 기업이 외상 판매를 통해 발생한 채권을 얼마나 빨리 회수하고 현금화하는지를 나타냄
공식	(매출액) ÷ (매출채권)
해석	• 높은 매출채권회전율은 기업이 매출채권을 빠르게 회수하고 현금으로 전환하는 능력이 우수하다는 것을 의미하며, 이는 기업의 자금 회전이 원활하고, 신용 리스크가 낮다는 긍정적인 신호로 해석 • 낮은 매출채권회전율은 매출채권 회수에 시간이 오래 걸린다는 것을 의미하며, 이는 자금 유동성에 문제가 있을 수 있음을 시사. 신용 정책이 느슨하거나 채권 관리가 비효율적일 가능성이 있으며, 이는 부실 채권 증가로 이어질 수 있음

5) 성장성 비율
- 기업의 성과가 전년도에 비해 얼마나 증가했는지를 측정하는 지표이며, 이는 기업의 외형적인 성장과 경영 성과의 변화를 평가하는 데 중요한 역할을 하며, 기업의 장기적인 성장 잠재력과 확장성을 이해하는 데 도움을 준다.

총자산증가율 (Total Asset Growth Rate)

개념	총자산증가율은 기업의 총자산이 전년도에 비해 얼마나 증가하거나 감소했는지를 나타내는 비율로, 기업의 전체적인 외형적 성장 규모를 측정
공식	(당기말 총자산) ÷ (전기말 총자산)
해석	• 높은 총자산증가율은 기업이 자산 규모를 확장하며 성장하고 있음을 의미. 이는 기업의 자산 기반이 커지고 있다는 긍정적인 신호로 해석될 수 있음 • 주의사항: 자산 재평가나 부채 증가에 의해 총자산증가율이 높아질 수 있음. 예를 들어, 자산 가격의 상승으로 자산 재평가를 하거나 부채를 통해 자산을 증가시키는 경우, 실제 운영 성과와는 관계없이 총자산증가율이 높게 나타날 수 있으므로, 이러한 요소를 고려해야 함

자기자본증가율 (Equity Growth Rate)

개념	자기자본증가율은 기업의 자기자본이 전년도에 비해 얼마나 증가하거나 감소했는지를 나타내는 비율로, 자기자본은 기업의 장기적인 재무 안정성을 평가하는 중요한 요소
공식	(당기말 자기자본) ÷ (전기말 자기자본)
해석	• 높은 자기자본증가율은 기업이 자기자본을 확대하고 있다는 것을 의미하며, 이는 유상증자(새로운 주식 발행), 내부유보(이익잉여금 적립) 등의 방법으로 자본을 늘리고 있는 경우에 나타남 • 배당과 ROE: 배당이 없는 경우, 자기자본의 증가는 순이익의 유보에 의해 이루어지므로 ROE(자기자본이익률)와 유사하게 측정될 수 있음. 즉, 자기자본증가율이 높으면 ROE가 높다는 것을 의미 • 주의사항: 자기자본증가율이 높더라도, 과도한 자본 조달이나 비효율적인 자본 운용으로 인해 기업의 실질적인 재무 상태가 개선되지 않을 수 있으므로, 자본 조달의 출처와 그 효율성을 함께 고려해야 함

매출액증가율 (Revenue Growth Rate)

개념	매출액증가율은 기업의 매출액이 전년도에 비해 얼마나 증가하거나 감소했는지를 나타내는 비율로, 기업의 영업 활동에서 발생한 성장률을 직접적으로 반영
공식	(당기말 매출액) ÷ (전기말 매출액)
해석	• 높은 매출액증가율은 기업이 지속적으로 영업 활동을 통해 매출을 증가시키고 있음을 나타냄. 이는 기업의 성장성과 시장에서의 경쟁력, 영업 전략의 성공을 의미할 수 있음 • 매출액 증가는 기업의 기본적인 영업 활동에서 발생하는 이익의 원천이므로, 매출액증가율은 기업의 실제 성장률을 판단하는 데 중요한 지표로 작용 • 주의사항: 매출액증가율이 높다고 해서 항상 기업의 전체적인 재무 상태가 양호하다고 할 수는 없음. 매출 증가에 따라 비용이 증가하거나 수익성이 저하될 수 있으므로, 매출액증가율 외에도 수익성 비율과 활동성 비율 등을 종합적으로 분석하는 것이 필요

6) 생산성 비율

- 기업이 자원을 얼마나 효율적으로 활용하여 성과를 창출하고 있는지를 평가하는 지표로, 노동과 자본 등 개별 생산요소의 기여도를 측정하여 기업의 운영 효율성을 분석하는 데 사용된다. 생산성 비율은 기업의 자원 활용 효과성을 파악하고, 개선할 수 있는 영역을 식별하는 데 유용하다.

노동생산성 (Labor Productivity)

개념	노동생산성은 종업원 1인당 부가가치 생산액을 측정하는 지표로, 노동력의 효율성을 평가하는 데 사용
공식	(부가가치) ÷ (종업원수)
해석	• 높은 노동생산성은 기업이 동일한 양의 노동력을 투입하여 더 많은 부가가치를 창출하고 있다는 것을 의미. 이는 직원의 생산성이 높고, 작업이 효율적으로 이루어지고 있음을 나타냄 • 낮은 노동생산성은 반대로 같은 양의 노동력으로 생성된 부가가치가 적다는 것을 의미. 이는 노동력의 비효율적 활용, 낮은 기술력, 또는 작업 과정의 비효율성을 시사할 수 있음 • 활용 방법: 노동생산성을 높이기 위해 기업은 직원 교육, 작업 환경 개선, 자동화 및 기술 도입 등을 고려할 수 있음

자본생산성 (Capital Productivity)

개념	자본생산성은 투입된 자본이 부가가치 창출에 어느 정도 기여했는지를 측정하는 지표이며, 이는 자본의 효율적인 활용 정도를 평가하는데 활용
공식	(부가가치) ÷ (총자본)
해석	• 높은 자본생산성은 기업이 투입된 자본으로 더 많은 부가가치를 생성하고 있다는 것을 의미. 이는 자본이 효율적으로 사용되고 있으며, 자본 투자에 대한 높은 수익을 나타냄 • 낮은 자본생산성은 자본 투입이 부가가치 창출에 비효율적일 수 있음을 나타내며 자본의 활용이 부족하거나 과잉 투자가 이루어졌음을 시사할 수 있음 • 활용 방법: 자본생산성을 개선하기 위해 기업은 자본 투자의 효율성을 높이는 방법을 고려할 수 있으며, 이는 새로운 기술 도입, 자본 조정, 생산 과정의 최적화 등을 포함할 수 있음

7) 시장가치 비율

- 기업의 재무성과와 경영상태가 주식시장에서 어떻게 평가되고 있는지를 측정하는 지표이다. 이 비율들은 투자자와 분석가가 기업의 주식가치를 평가하고, 그 주식이 적정 가격에 거래되고 있는지 판단하는 데 도움을 준다.

주당순이익 (EPS, Earnings Per Share)

개념	주당순이익은 특정 연도에 발생한 당기순이익을 발행된 총주식수로 나눈 값이며, 이는 주식 1주가 얼마나 많은 순이익을 생성했는지를 나타냄
공식	(당기순이익) ÷ (발행총주식수)

해석	• 높은 주당순이익은 주식 1주가 높은 순이익을 발생시킨다는 것을 의미하며, 이는 주식의 투자가치가 높다는 신호로 해석됨 • 낮은 주당순이익은 주식이 생성하는 이익이 적다는 것을 나타내며, 투자자들은 이를 기업의 성장 잠재력 부족이나 운영상의 문제로 간주할 수 있음

주가수익비율(PER, Price Earning Ratio)

개념	주가수익비율은 현재 주가를 주당순이익으로 나눈 값이며, 이는 주식이 현재 수익에 비해 어느 정도 평가되고 있는지를 나타냄
공식	(주가) ÷ (주당순이익)
해석	• 높은 PER은 주가가 상대적으로 높은 평가를 받고 있으며, 투자자들이 향후 이익 성장 가능성을 반영해 주가를 높게 설정하고 있다는 것을 의미 • 낮은 PER은 주가가 수익에 비해 저평가되어 있음을 나타내며, 이는 주가가 상승할 가능성이 크다는 신호일 수 있음. 그러나 낮은 PER이 반드시 좋은 투자 기회를 의미하는 것은 아니며, 기업의 장기적인 성과와 시장 전망도 고려해야 함

주가순자산비율 (PBR, Price Book Value Ratio)

개념	주가순자산비율은 주가가 장부가치에 비해 몇 배로 평가되고 있는지를 나타내는 비율이며, 이는 기업의 순자산과 주가를 비교하여 주식의 투자 매력도를 평가
공식	(주가) ÷ (주당장부가치)
해석	• 낮은 PBR은 주식이 장부가치에 비해 저평가되어 있다는 의미로, 이는 투자자들에게 주식이 매력적이라는 신호로 해석 • PBR은 ROE와 PER의 곱으로 분해 가능 즉, PBR = PER × ROE 여기서 ROE=(주당순이익/주당장부가치)는 자기자본이익률 • PBR을 PER과 ROE의 곱으로 분석함으로써 기업의 수익성 및 자본 활용도를 종합적으로 평가 가능

주가현금흐름비율 (PCR, Price Cashflow Ratio)

개념	주가현금흐름비율은 주당 영업현금흐름의 몇 배로 평가되고 있는지를 측정하는 비율이며, 이는 기업이 실제로 창출하는 현금흐름에 비해 주가가 얼마나 평가되고 있는지를 나타냄
공식	(주가) ÷ (주당 영업현금흐름)
해석	• 높은 PCR은 주가가 영업현금흐름에 비해 높게 평가되고 있음을 의미하며, 이는 주가가 실제 현금 흐름에 비해 과대 평가되었을 가능성이 있음을 시사 • 낮은 PCR은 기업이 생성하는 현금흐름에 비해 주가가 상대적으로 저평가되어 있다는 것을 의미할 수 있으며, PCR은 PER과 함께 활용되어 기업의 수익성과 현금 흐름을 종합적으로 평가하는 데 유용

주가매출액비율 (PSR, Price Selling Ratio)

개념	주가매출액비율은 주당 매출액의 몇 배로 평가되고 있는지를 나타내는 비율이며, 이는 매출액 대비 주가의 가치를 평가하는 지표
공식	(주가) ÷ (주당 매출액)

해석	• 낮은 PSR은 주가가 매출액에 비해 저평가되어 있음을 나타내며, 이는 주식이 상대적으로 저렴하다는 신호일 수 있음 • PSR은 매출은 있지만 적자가 있는 신생 기업이나 벤처 기업의 평가에 유용하며, 매출액을 기준으로 한 평가가 필요할 때 특히 유용하게 사용

2. 재고자산의 회계처리

가. 재고자산 회계처리

- 재고자산의 회계처리는 기업의 재무제표와 경영 분석에 중요한 역할을 한다. 재고자산의 정확한 회계처리는 기업의 자산과 비용, 그리고 순이익에 직접적인 영향을 미치기 때문에 매우 중요하다.

1) 재고자산의 정의

- 재고자산은 기업이 주된 영업활동을 위해 판매를 목적으로 보유하고 있는 자산을 의미한다. 이러한 자산은 주로 판매를 위해 보유하고 있으며, 판매 시 수익을 창출하는 데 사용된다.

2) 재고자산의 종류

상품	기업이 판매를 목적으로 구입한 제품으로, 제조나 가공이 없이 그대로 판매가 가능한 상태의 것
제품	기업이 제조한 재고자산으로, 제품이 완성되어 판매할 수 있는 상태의 것
반제품	제조 과정 중 하나 이상의 공정을 거친 상태로, 다음 공정으로 넘어갈 준비가 되어 있으며, 최종적으로 완성된 제품으로 변환될 수 있음. 반제품은 저장과 판매가 가능
원재료	제조를 위해 사용되는 기초 자재로, 제품의 원료

3) 매입원가

- 매입원가는 재고자산을 취득하기 위해 지출된 총 비용을 의미하며, 이는 매입가액에 운임, 보험료 등 취득 과정에서 발생한 부대비용을 포함하여 계산된다.

4) 판매단가: 매입원가가 다를 경우 아래 방법으로 판매단가를 결정할 수 있다.

개별법	• 개념: 개별법은 재고자산의 각 품목을 개별적으로 식별하고 기록하여 그 가격을 결정하는 방법. 즉, 각 재고 자산 항목의 매입가격과 판매가격을 개별적으로 추적 • 장점: 고가의 품목이나 독특한 품목을 추적하고 관리하는 데 유용 • 단점: 대량의 품목에 대해 관리하기 어려운 경우가 많아 대량 생산품에는 사용되지 않음
선입 선출법	• 개념: 선입선출법은 재고자산의 원가를 계산할 때 가장 먼저 매입한 재고가 먼저 판매된다고 가정하는 방법 • 장점: 물리적 흐름과 일치하여 재고가 신선한 상태를 유지하는 경우에 유리 • 단점: 인플레이션 상황에서는 과거의 낮은 원가가 현재의 높은 판매가와 일치하지 않을 수 있음

> **비기의 학습팁**
> 재고자산의 종류를 구분하고 판매단가 결정법의 종류를 구분할 수 있어야 합니다.

후입선출법	• 개념: 후입선출법은 재고자산의 원가를 계산할 때 가장 최근에 매입된 재고가 먼저 판매된다고 가정하는 방법 • 장점: 인플레이션 상황에서 현재 원가를 반영할 수 있어 더 정확한 비용 산출이 가능 • 단점: 실제 물리적 흐름과 일치하지 않으며, 재고의 가치는 낮게 평가될 수 있음
평균법	• 개념: 평균법은 일정 기간 동안의 총 매입원가를 총 매입수량으로 나누어 평균단가를 구하는 방법 • 장점: 재고자산의 원가가 균일하게 평가되어 계산이 간단하며, 원가의 변동성이 적음 • 단점: 실제 원가와의 일치도가 낮을 수 있으며, 평균 단가로 인해 실제 재고의 가격 변동을 잘 반영하기 힘듦

나. 감가상각 회계처리

• 감가상각은 자산의 사용 기간 동안 가치가 감소하는 것을 회계적으로 반영하는 과정이다. 자산이 시간이 지남에 따라 가치가 감소하는 것은 자산의 노후화와 사용에 따른 자연스러운 현상으로, 이를 재무제표에 적절히 반영하여 자산의 실제 가치를 나타내는 것이 감가상각의 주요 목적이다.

> **비기의 학습팁**
> 감가상각의 회계처리 대상과 감가상각방법을 구분할 수 있어야 합니다.

1) 감가상각 회계처리 대상

취득원가 (Acquisition Cost)	자산을 취득하기 위해 지출한 총 비용으로, 이는 자산의 구매가, 설치비용, 운송비용 등을 포함
내용연수 (Useful Life)	자산이 유용하게 사용될 수 있는 기간을 의미하며, 자산의 내용연수는 자산이 경제적 가치를 제공할 것으로 예상되는 기간
잔존가액 (Residual Value)	자산의 내용연수가 종료된 후, 자산의 남아 있는 가치를 의미하며, 잔존가액은 자산의 매각가치 또는 폐기 후 예상되는 가치
감가상각방법 (Depreciation Methods)	자산의 취득원가를 내용연수에 걸쳐 적절히 배분하기 위해 사용되는 방법으로 정액법, 정률법, 생산량비례법, 연수합계법 등이 있음

2) 감가상각방법

정액법 (Straight-Line Method)	• 개념: 정액법은 자산의 내용연수 동안 매년 동일한 금액으로 감가상각하는 방법 • 공식: 매기 감가상각비 = (취득원가 - 잔존가치) ÷ (내용연수) • 해석: 매년 동일한 금액을 감가상각비로 인식하므로, 자산의 가치가 균등하게 감소한다고 가정함
정률법 (Declining Balance Method)	• 개념: 정률법은 자산의 기초 장부금액에 정률 상각률을 곱하여 매년 감가상각비를 계산하는 방법 • 공식: 매기 감가상각비 = (기초 장부금액) × (상각률) • 해석: 자산의 초기 기간 동안 감가상각비가 높고, 이후에는 점차 감소함. 이는 자산이 초기 사용 기간에 더 많은 가치를 잃는 것을 가정함
생산량비례법 (Units of Production Method)	• 생산량비례법은 자산의 총생산량에 따라 감가상각비를 배분하는 방법으로, 자산의 사용량에 따라 감가상각비를 조정 • 공식: 매기 감가상각비 = (취득원가 - 잔존가치) × (당기생산량/총생산량) • 해석: 자산이 생산된 양에 따라 감가상각비를 계산하므로 자산의 실제 사용량에 기반한 감가상각이 가능

연수합계법 (Sum-of-the- Years' Digits Method)	• 개념: 연수합계법은 자산의 기초 잔존 내용연수의 비례로 감가상각비를 배분하는 방법으로 자산의 초기 기간 동안 감가상각비가 더 높음 • 공식: 매기 감가상각비 = (취득원가 - 잔존가치) × (당기초 잔존 내용연수/내용연수 합계) 여기서 내용연수 합계 = {내용연수 × (내용연수+1)}/2 • 해석: 감가상각비가 자산의 초기 사용 연도에 더 높으며, 시간이 지남에 따라 감소. 이 방법은 자산의 초기 가치 감소를 반영

> 참고

※ 감가상각 예시

- 상황 설정
  - 취득원가 : 1,000만 원
  - 잔존가치 : 100만 원
  - 내용연수 : 5년

1. 정액법
(취득원가 - 잔존가치) / 내용연수
· 예시 - (1,000만 원 - 100만 원) / 5년 = 180만 원
  - 매년 180만 원씩 감가상각

2. 정률법
(기초 장부금액) x (상각률)
상각율 계산식: 1 - (잔존가치/취득원가)^(1/내용연수)
· 예시 - 상각률 계산: 1-(100만원/1000만원)^(1/5)=0.36904
  - 1년차: 1,000만원 X 0.36904 = 3,690,400원
  - 2년차: (1,000만원 - 3,690,400원) X 0.36904 = 2,308,312원

3. 생산량비례법
(취득원가 - 잔존가치) x (당해 연도 생산량 / 총 예상 생산량)
· 예시 - 총 예상 생산량: 10,000개
  - 1년차 생산량: 2,000개
  - (1,000만 원 - 100만 원) X (2,000개 / 10,000개) = 180만 원
  - 생산량에 따라 매년 감가상각비가 달라짐

4. 연수합계법
(취득원가 - 잔존가치) x (당기 초 잔존 내용연수 / 내용연수 합계)
연수 합계 = {내용연수 x (내용연수 + 1)} / 2
· 예시 - 연수 합계: {5년 X (5년+1)} / 2 = 15
  - 1년차: (1,000만 원 - 100만 원) X (5 / 15) = 300만 원
  - 2년차: (1,000만 원 - 100만 원) X (4 / 15) = 240만 원

✅ 핵심 개념체크

14. 재무비율의 종류 중 '수익성 비율'에 해당하지 않는 것은 무엇인가?   상 하

　① 매출액 순이익률
　② 자기자본이익률
　③ 총자산이익률
　④ 주당순이익

> 수익성 비율에는 자기자본이익률(ROE), 총자산이익률(ROA), 매출액순이익률, 투자자본수익률(ROI)가 있다. ④ 주당순이익은 시장가치비율에 해당된다.

15. 재고자산의 종류 중, 아래의 박스가 설명하는 종류는 어떤것인가?   상 중

> 기업이 제조한 재고자산으로, 제품이 완성되어 판매할 수 있는 상태의 것

　① 제품
　② 반제품
　③ 상품
　④ 원재료

> 기업이 제조한 재고자산으로, 제품이 완성되어 판매할 수 있는 상태의 것은 재고자산의 종류 중 제품에 대한 설명이다.

16. 감가상각방법이 아닌 것은?   중 하

　① 정액법
　② 평균법
　③ 정률법
　④ 연수합계법

> 감가상각의 방법에는 정액법, 정률법, 생산량비례법, 연수합계법이 있다. ②평균법은 매입원가에 해당한다.

정답 14. ④　15. ①　16. ②

❸ 투자

1. 투자

> **출제포인트**
> 채권의 종류와 특징 그리고 채권의 가격 결정 방법은 시험에 출제될 수 있습니다.

가. 채권투자

1) 채권

- 채권은 정부, 공공기관, 주식회사 등이 자금을 조달하기 위해 차입금액과 일정기간의 이자를 정해진 일자에 상환하기로 약속한 유가증권이다.

2) 채권의 특징

- 채권은 일정기간동안 이자를 지급하고 만기일에 원금을 상환해 준다. 정기예금과 같이 만기까지 가지고 있으면 발행 당시 확정된 수익을 얻으나, 만기 전 주식처럼 시장에서 매매하는 경우 이익이나 손실이 발생할 수 있다.

수익성	채권은 보유 기간 동안 약정된 이자율에 따라 이자소득을 얻을 수 있으며, 채권의 가격 변동에 따라 자본소득도 얻을 수 있음. 채권의 발행이율에 따라 수익이 결정되며, 채권을 만기 전 매도할 경우 시세 차익에 따른 손익이 발생할 수 있음
안정성	채권은 정부, 공공기관, 금융기관, 상법상 주식회사 등이 발행하므로 매우 높은 안정성을 가짐. 특히, 정부가 발행하는 국고채의 경우 원리금 지급이 정부에 의해 보증되기 때문에 매우 안정적인 투자 수단으로 간주됨
유동성	채권은 만기일까지 보유하여 확정된 이자와 원금을 받을 수도 있지만, 만기 전에 금융회사 등을 통해 언제든지 팔아 현금화할 수 있다. 채권시장은 비교적 유동성이 높아, 투자자는 필요시 자금을 빠르게 회수할 수 있음

3) 채권의 종류

- 발행주체에 따른 분류

국고채	국가가 재정정책의 일환으로 발행하는 채권이며, 정부가 원리금의 지급을 보증하므로 안정성이 매우 높아 대표적인 안전 자산으로 분류
지방채	지방정부가 특수목적 달성을 위해 자금을 조달하여 발행하는 채권
특수채	특별법에 의해 설립된 기관이 발행하는 채권으로, 특정 목적을 위해 발행
금융채	금융기관(은행, 증권사 등)이 자금 조달을 위해 발행하는 채권
회사채	상법상의 주식회사가 자본 조달을 위해 발행하는 채권

- 이자 지급방법에 따른 분류

단리채	원금과 이자가 단리로 계산되어, 만기 시 한꺼번에 지급
복리채	이자가 복리로 재투자되어 만기 시 원금과 함께 지급
할인채	채권의 액면가에서 이자를 할인한 금액으로 매매되며, 만기 시 액면가를 상환하는 채권
이표채	정기적으로 이자를 지급받는 채권으로, 보통 매년 또는 반기마다 이자를 지급

- 상환기간에 따른 분류

단기채	만기가 1년 이하인 채권으로 주로 자금시장의 단기 자금을 조달하기 위해 발행
중기채	상환기간이 1년을 초과하고 5년 이하인 채권
장기채	상환기간이 5년을 초과하는 채권으로, 장기 자금 조달을 목적으로 하는 기관에서 발행

나. 채권의 가격결정

가격결정	미래 현금흐름(이자+액면가)을 투자자가 기대하는 할인율로 할인한 현재가치의 합
공식	채권가격 = {이자/(1+수익률)} × {액면가/(1+수익률)}
특징	• 수요와 공급의 법칙: 다른 재화와 마찬가지로, 채권의 가격은 시장의 수요와 공급에 의해 결정 • 채권 가격과 수익률의 역관계: 채권 가격과 채권 수익률(이자율)은 반비례 관계이며 수익률이 오르면 채권 가격은 내려가고, 수익률이 내리면 채권 가격은 올라감

- 화폐의 시간 가치
- 현재와 미래의 화폐 가치의 차이
- "현재의 1원이 미래의 1원보다 더 가치가 있다"는 원칙을 의미하며, 이는 현재의 돈은 투자할 수 있고, 이로 인해 미래에 더 많은 돈을 만들 수 있기 때문에 시간에 따라 가치를 다르게 평가해야 한다는 것을 의미

평가방법	시간(기다림)에 대한 보상과 위험(불확실성)에 대한 보상을 이자율로 환산하여 계산
미래가치 (FV, Future Value)	미래가치 : 현재의 일정 금액을 미래의 일정 시점의 가치로 환산한 것, 즉 현재가치에 이자율을 곱한 것 미래가치 = 현재가치 × $(1+수익률)^n$
현재가치 (PV, Present Value)	현재가치 : 미래의 일정 금액을 현재 시점의 가치로 환산한 것, 즉 미래가치를 이자율로 나눈 개념 현재가치 = 미래가치$/(1+이자율)^n$

- 금리와 채권 가격의 관계
- 금리(이자율)와 채권 가격은 서로 반비례 관계에 있다. 즉, 금리가 오르면 채권 가격은 하락하고, 금리가 내리면 채권 가격은 상승한다.

고정 이자 지급의 특성	채권은 발행 시점에 정해진 고정 이자(쿠폰)를 주기적으로 지급하므로, 시장 금리가 변동하더라도 이미 발행된 채권의 쿠폰 금리는 변하지 않음
시장 금리가 상승할 경우	새로운 채권 발행 시 더 높은 금리가 제공됨에 따라 기존의 낮은 금리를 가진 채권은 매력도가 떨어지게 되고, 결과적으로 시장에서 기존 채권을 사고자 하는 사람들이 줄어들어 그 채권의 가격이 하락하게 됨
시장 금리가 하락할 경우	새로운 채권 발행 시 더 낮은 금리가 제공됨에 따라 기존의 높은 금리를 가진 채권의 매력도가 더 높아지게 되고, 결과적으로 시장에서 기존 채권을 사고자 하는 사람들이 늘어나 그 채권의 가격이 상승하게 됨

- 채권수익율의 종류

만기수익률 (Yield to Maturity, YTM)	채권가격과 채권에 내재된 미래현금흐름의 현재가치를 일치시켜주는 수익률로, 채권에 투자하여 만기까지 보유할 경우 만기 시에 실현하게 될 예상 수익률
실효수익률 (Effective Yield)	현재가치와 만기 시 미래가치의 관계를 이론적인 연단위 복리(할인)기준에 따라 산출한 수익률로, 현재부터 만기 시까지의 총수익률을 연단위로 기하평균한 이론적 수익률
표면이율 (Coupon Rate)	채권의 액면에 기재된 이율로 1년간 발행자가 지급하는 이자를 액면으로 나눈 수익률
연평균수익률 (Simple Annual Yield)	만기가치를 현재가격으로 나누어 이를 연단위 단리수익률로 도출한 것

- 채권투자의 위험

채무불이행위험 (Credit Risk 또는 Default Risk)	채권 발행기관(정부, 기업 등)의 경영 악화나 재무 상태가 나빠지면서 약정된 이자나 원금을 제때 지급하지 못할 가능성에 대한 위험
시장위험 (Market Risk)	채권 가격의 시장금리 변화 또는 발행기관의 신용 변화 등 외부 요인에 의해 채권 가격이 변동할 가능성에 대한 위험
유동성위험 (Liquidity Risk)	채권의 발행 물량이 적거나 유통시장이 충분히 발달하지 않아 채권을 원하는 시점에 쉽게 현금화하지 못할 위험
구매력감소위험 (Inflation Risk 또는 Purchasing Power Risk)	인플레이션(물가 상승)으로 인해 채권의 실질 수익률이 감소할 위험. 이는 고정된 이자율을 지급하는 채권의 경우 더욱 심각하게 나타날 수 있음

다. 옵션

1) 옵션

- 옵션은 금융 파생상품의 한 종류로, 특정 기초 자산(주식, 채권, 통화, 상품 등)을 미래의 특정 시점 또는 그 이전에 사거나 팔 수 있는 권리를 의미한다. 옵션은 금융 시장에서 헤지(Hedge, 위험회피)와 투기(수익 추구)의 수단으로 널리 사용된다.

2) 옵션 관련 용어

- 옵션 매수자: 옵션의 권리를 구매하는 사람으로, 프리미엄을 지불하고 유리한 경우에만 권리를 행사하고 불리한 경우에는 권리를 포기할 수 있다.

- 옵션 매도자: 옵션의 권리를 판매하는 사람으로, 프리미엄을 받고 매수자가 권리를 행사할 경우 계약을 이행해야 할 의무를 가진다.

- 프리미엄(Premium): 옵션 매수자가 옵션 매도자에게 지급하는 금액으로, 이는 옵션 시장에서 결정되는 옵션의 가격을 의미한다. 프리미엄은 옵션의 가치와 관련된 여러 요소(기초 자산의 가격, 변동성, 만기까지의 시간 등)에 따라 결정된다.

> **출제포인트**
> 옵션을 이해하고 옵션 가치를 구분할 수 있어야 합니다. 또한 투자대안의 가치평가 방법들을 구분할 수 있어야 합니다. 이러한 문제가 출제될 수 있습니다.

- 행사가격(Strike Price): 옵션 계약에서 사전에 정해진 가격으로, 매수자가 권리를 행사할 때 기준이 되는 가격을 의미한다.
- 기초자산(Underlying Asset): 옵션 계약의 대상이 되는 자산으로, 주식, 채권, 통화, 상품 등 다양한 자산이 포함될 수 있다.
- 만기일(Expiration Date): 옵션의 권리를 행사할 수 있는 마지막 날 또는 정해진 기간으로 만기일 이후에는 옵션의 효력이 없어진다.

3) 옵션 가치

가) 내재가치

- 내재가치는 옵션을 현재 시점에서 행사할 때 얻을 수 있는 실제 가치이며, 이는 옵션의 기초자산 가격과 행사가격의 차이에 의해 결정된다.

내가격 (In the Money, ITM)	• 콜 옵션의 경우: 기초자산 가격 > 행사가격 • 풋 옵션의 경우: 기초자산 가격 < 행사가격 내재가치가 있는 상태로, 옵션을 행사하면 즉시 이익을 볼 수 있음
등가격 (At the Money, ATM)	• 기초자산 가격 = 행사가격 내재가치가 없는 상태로, 옵션을 행사할 필요가 없음. 이런 상태에서는 프리미엄이 전적으로 시간가치에 의해 결정됨
외가격 (Out of the Money, OTM)	• 콜 옵션의 경우: 기초자산 가격 < 행사가격 • 풋 옵션의 경우: 기초자산 가격 > 행사가격 내재가치가 없는 상태로, 옵션을 행사할 경우 손해를 보게 되며 이 상태에서 옵션의 가치는 전적으로 시간가치에 의해 결정됨

나) 시간가치

- 시간가치는 옵션의 만기까지 남은 기간 동안 기초자산의 가격 변동 가능성에 대한 기대를 반영한 가치이며, 옵션 매수자는 시간이 경과함에 따라 기초자산의 가격이 유리하게 변할 가능성을 기대하고 옵션에 대한 프리미엄을 지불하게 된다.
- 시간가치 = 옵션의 프리미엄 - 내재가치
- 옵션의 만기가 가까워질수록 시간가치는 감소하며, 만기일에는 시간가치가 0이 된다. 이를 시간가치의 감소(타임 디케이, Time Decay)라고 하며, 옵션의 주요 특징 중 하나이다.

4) 옵션의 종류

- 콜 옵션(Call Option): 기초 자산을 특정 가격에 살 수 있는 권리로 매수자는 시장 가격이 행사가격보다 높아지면 옵션을 행사하여 이익을 얻을 수 있다.
- 풋 옵션(Put Option): 기초 자산을 특정 가격에 팔 수 있는 권리로 매수자는 시장 가격이 행사가격보다 낮아지면 옵션을 행사하여 이익을 얻을 수 있다.

라. 투자대안 가치평가

1) 자본예산

- 자본예산은 투자에 대한 의사결정을 위해 소요되는 비용과 획득 가능한 수익을 비교하여 재무적 관점에서 투자안의 타당성을 판단해야 한다.
- 기업의 고정자산(예: 건물, 설비, 기계)이나 대규모 투자가 필요한 프로젝트에 대한 투자를 평가하고 결정하는 과정에서 기업의 자원을 효과적으로 배분하고, 미래의 성장 가능성을 극대화하기 위해 수행된다.

2) 가치평가방법

가) 회수기간법(Payback Period Method)

개요	투자시점에서 발생한 비용을 회수하는 데 걸리는 기간(회수기간)을 기준으로 투자안을 평가하는 방법
공식	회수기간 = (투자액) ÷ (연간평균회수금액)
판단기준	회수기간이 짧을수록 더 효과적인 투자안으로 간주되며, 일반적으로 회수기간이 가장 짧은 투자안을 선택함
장점	• 방법이 간단하고 이해하기 쉬움 • 투자위험에 대한 개략적인 정보를 제공함
단점	• 회수기간 이후의 현금흐름을 고려하지 않음 • 화폐의 시간가치를 무시함 • 기준 회수기간의 선정이 자의적일 수 있음

나) 순현재가치법 (NPV, Net Present Value)

개요	투자안에서 발생할 미래의 모든 현금흐름을 적정 할인율로 할인한 현재가치를 구하여 투자결정에 활용하는 방법
공식	순현재가치 = $[CF_1/(1+r) + CF_2/(1+r)^2 + \cdots + CF_n/(1+r)^n] - I_0$ CF_t : t 시점의 현금흐름, I_0 : 최초 투자액, r : 할인율
판단기준	• 상호배타적인 투자안의 경우: 순현재가치가 가장 큰 투자안을 선택 • 독립적인 투자안의 경우: 순현재가치가 0보다 큰 투자안을 선택
장점	• 화폐의 시간가치를 고려함 • 투자기간 동안 모든 현금흐름을 반영함 • 내부수익률법에 비해 계산이 간단함
단점	• 적절한 할인율을 정하기 어려움 • 순현재가치가 절댓값으로 나타나기 때문에 투자규모가 다른 대안들이 있을 경우 비교가 어려울 수 있음

다) 내부수익률법 (IRR, Internal Rate of Return)

개요	투자안의 순현재가치를 0으로 만드는 할인율을 찾는 방법으로, 이는 현금유입의 현재가치와 현금유출의 현재가치를 같게 만드는 할인율을 찾는 방식
공식	$[CF_1/(1+IRR) + CF_2/(1+IRR)^2 + \cdots + CF_n/(1+IRR)^n] - I_0 = 0$ CF_t : t 시점의 현금흐름, I_0 : 최초 투자액, IRR : 내부수익률
판단기준	판단기준: 투자안의 내부수익률(IRR)과 자본비용을 비교하여, IRR이 자본비용보다 큰 경우 해당 투자안을 선택
장점	• 화폐의 시간가치를 고려함 • 투자기간 동안의 모든 현금흐름을 반영함
단점	• 계산이 복잡함 • 복수의 내부수익률이 존재할 수 있으며, 내부수익률이 존재하지 않을 수도 있음 • 내부수익률로 재투자된다고 가정함

✓ 핵심 개념체크

모바일로 풀기

17. 이자지급방법에 따라 채권을 분류할 때, 단리채는 어떤 방식으로 이자를 지급하는 채권인가?

① 이자가 단리로 계산되어, 만기시 원금과 이자가 한꺼번에 지급
② 일정 기간마다 정기적으로 이자를 지급
③ 만기상환 시 원금과 이자 할인 지급
④ 이자가 복리로 재투자되어 만기시 원금과 함께 지급

> 단리채는 이자를 단리 방식으로 계산하여 만기 시 원금과 함께 한 번에 지급하는 채권이다.

18. 아래 박스는 채권투자의 위험 중 어느 것에 해당하는 것인가?

> 채권의 발행 물량이 적거나 유통시장이 충분히 발달하지 않아 채권을 원하는 시점에 쉽게 현금화하지 못할 위험

① 채무불이행위험
② 시장위험
③ 구매력감소위험
④ 유동성위험

> 유동성위험은 채권의 발행 물량이 적거나 유통시장이 충분히 발달하지 않아 채권을 원하는 시점에 쉽게 현금화하지 못할 위험이다.

19. 다음은 가치평가 방법 중 회수기간법의 특징을 설명하고 있다. 회수기간법의 단점으로 가장 거리가 먼 것은 무엇인가?

① 회수기간 이후의 현금흐름을 고려하지 않음
② 화폐의 시간가치를 무시함
③ 기준회수기간의 선정이 자의적일 수 있음
④ 계산이 복잡함

> ④ 계산이 복잡함은 내부수익률법의 대표적인 단점이다. ① 회수기간 이후의 현금흐름을 고려하지 않음, ② 화폐의 시간가치를 무시함 ③ 기준회수기간의 선정이 자의적일 수 있음은 회수기간법의 대표적 단점이다.

정답 17. ① 18. ④ 19. ④

❹ 인적자원

1. 인사·조직 전략

가. 인사기획

1) 인사전략 수립

- 인사전략 수립은 대내외 환경 분석 및 기업의 전사 전략을 바탕으로 인적 자원 관리의 방향을 설정하는 과정이다.
- 인사전략은 단기 및 중·장기 목표에 따라 나뉘며, 인력 운영, 평가, 보상, 육성, 조직 활성화, 노사관계 및 조직 내 인간관계 전략 등에 대한 실천계획 및 핵심성과지표(KPI) 개발이 필요하다.

2) 인력 운영 계획

- 인력 운영 계획은 기업의 사업 전망과 노동 시장에 대한 분석을 기반으로 인력의 수요와 공급을 예측하는 과정이다.
- 경영진과 전문가, 실무 부서의 협력을 통해 현재와 미래의 인력 필요량을 예측하며, 조직의 손익 구조와 인건비, 사업계획, 직무 분석 등을 종합적으로 고려하여 인적자원의 인원(양)과 역량(질)을 결정한다.
- 인력 운영 계획 시 고려해야 할 요소들
- 인력 감소 및 조정: 구조조정, 인력 재배치, 퇴직 등
- 자동화와 아웃소싱: 일부 업무를 자동화하거나 외부 기관에 위탁하는 경우
- 조직 개편과 이동: 조직 구조의 변경과 내부 인력의 이동
- 노사 협약: 노동조합과의 협상과 협약을 반영

나. 직무분석

1) 직무분석

- 조직 내 특정 목표를 달성하기 위해 수행되는 과업들의 집합체인 직무를 업무 성격과 조직 편제 등에 따라 분석하여 인력 운영의 효과성과 효율성을 높이기 위한 과정이다.
- 직무분석 절차는 직무정보를 체계적으로 수집하여 구체적인 업무 내용과 해당 직무를 수행하기 위한 요건을 분석한다.
- 직무분석 방법은 설문조사, 면접조사, 관찰, 기록 및 일지 검토 등을 통해 실시한다.
- 직무분석 결과물은 직무기술서 및 직무명세서가 있으며, 직무명, 코드, 직무 목적, 주요 업무, 난이도, 보고 및 의사결정 체계, 자격 요건 및 필요 역량(지식, 기술, 태도) 등이 포함된다.

2) 직무평가

- 직무 간 상대적 가치를 평가하여 보상, 배치, 인사평가, 경력개발 등 인적자원관리 활동의 근거로 활용하는 과정이며, 직무평가는 직무의 필요 역량, 노력, 책임, 작업환경 등을 기준으로 직무 간 상대적 가치를 비교하고 평가한다.
- 직무평가의 주요 방법
  - **서열법**: 여러 직무를 비교하여 상대적인 순위를 매기는 방법
  - **분류법**: 비슷한 직무끼리 묶어 등급을 판정하는 방법
  - **점수법**: 각 직무평가 요소에 대해 점수를 배정하여 상대적 가치를 평가하는 방법
  - **비교법**: 기준 직무와 대상 직무를 비교하여 평가하는 방법
  - **시장임금조사법**: 유사한 직무에 대한 시장 임금 사례를 참고하여 평가하는 방법
- 직무평가 결과는 보상체계 설계, 직무 배치, 인사평가 기준 설정, 경력 개발 계획 수립 등 다양한 인적자원관리(HR) 활동에 근거 자료로 활용되고, 이를 통해 공정하고 객관적인 인사관리가 가능해지며, 조직의 경쟁력을 강화하는 데 기여하게 된다.

다. 성과관리

1) 목표관리(MBO, Management By Objectives)

- 목표관리(MBO)는 경영전략과 부합하는 사업부, 부서, 개인별 목표를 설정하고, 이를 기반으로 성과를 관리하는 방법이며, MBO는 직원들이 자신의 목표를 명확히 설정하고 이를 달성하기 위해 자발적으로 노력하도록 유도하는 체계이다.
- SMART 목표 설정: 목표 설정시 구체성(Specific), 측정 가능성(Measurable), 달성 가능성(Attainable), 적절성(Relevant), 기한(Time-bound)을 고려하여 SMART 목표를 설정한다.

2) 균형성과표(BSC, Balanced Scorecard) 관리

- 균형성과표(BSC)는 조직의 성과를 재무적 성과뿐만 아니라 비재무적 요소까지 균형 있게 평가하고 관리하는 방법이며, BSC는 장기적인 조직 발전을 위해 재무, 업무 프로세스, 고객, 구성원의 학습과 성장의 네 가지 관점에서 성과를 관리한다.
  - 재무적 성과: 기업의 수익성, 비용 관리, 투자 수익률 등과 같은 재무 지표로 구성
  - 업무 프로세스: 조직의 내부 프로세스 효율성, 품질, 생산성 등을 평가하여 개선을 촉진
  - 고객 관점: 고객 만족도, 고객 유지율, 시장 점유율 등 고객과 관련된 지표를 통해 성과를 평가
  - 구성원의 학습과 성장: 구성원의 능력 개발, 교육 프로그램, 조직의 혁신 역량 등을 평가하여 지속적인 성장을 도모

> **출제포인트**
> 인적자원의 성과관리를 위한 목표관리, 균형성과표, 핵심성과지표, 목표와 핵심결과의 내용을 구별할 수 있어야 합니다. 성과관리의 특성에 대해 묻는 문제가 출제될 수 있습니다.

3) 핵심성과지표(KPI, Key Performance Indicator) 관리

- 핵심성과지표(KPI)는 사업부, 부서, 개인별로 달성하려는 성과 목표가 얼마나 실현되었는지를 측정하는 지표로, 성과의 구체적인 항목, 측정 단위, 달성 기준 등을 포함해서 설정한다.
- 주요성공요인(CSF, Critical Success Factor): KPI는 주요성공요인(CSF)을 도출한 후 각 CSF에 대한 세부적인 지표로 설정되어야 한다.
- MBO와 BSC의 통합: MBO 체계에서 BSC의 영역별로 CSF를 도출하고, 이를 바탕으로 각 영역에 대한 세부 KPI를 설정하여 성과를 관리하는 체계적 접근이 가능하다.

4) 목표와 핵심결과(OKR, Objectives and Key Results) 관리

- 목표와 핵심결과(OKR)는 급변하는 환경과 고객 니즈에 신속하게 대응할 수 있도록 개발된 대안적 성과관리 방법이며, OKR은 상대적으로 경직된 KPI와 달리 목표 및 성과 기간 설정의 유연성, 달성 기준의 도전적 확장 가능성, 성과 창출을 위한 과정 관리와 피드백 강화를 특징으로 한다.

2. 인적자원관리(Human Resource Management)

가. 채용과 배치

1) 채용

- 채용 계획은 조직 전략과 사업 계획, 인력 수급 계획 및 조직 내 인력 분석을 기반으로 채용 규모, 분야, 고용 형태, 시기 등을 설정하는 것이다.
- 인재 모집: 채용 방식을 결정하고(내부 전환 vs 외부 채용), 채용 단위(회사 중심 vs 직무 중심), 채용 대상(신입 vs 경력, 정규직 vs 계약직)과 필요한 직무, 역량, 근무 조건을 명시한다.
- 채용 진행: 서류 전형, 시험, 인성 및 적성 검사, 면접, 건강 검진 등의 단계별 절차를 통해 채용 기준에 맞는 적합한 후보자를 선정한다.
- 채용 결과 정리: 최종 결과를 통보하고 필요한 서류를 준비하여 고용 계약을 체결한 후, 오리엔테이션과 입문 교육 등을 통해 신규 입사자가 조직에 잘 적응할 수 있도록 돕는 온보딩 과정을 진행한다.

2) 배치

- 배치 계획은 사업 목표, 부서의 기능, 직무 분석을 기반으로 조직 내에서 필요한 인력의 수요를 파악하고, 현재 보유하고 있는 인력과 비교하여 과부족을 분석하는 과정이다.
- 배치 진행: 조직 내에서 인력 이동, 육성, 승진, 퇴직 등을 통해 내부 인력을 조정하고, 부족한 인력은 신규 채용으로 충원한다. 필요에 따라 다운사이징(downsizing), 아웃소싱, 임시직 활용 등의 추가적인 대안을 검토할 수도 있다.

비기의 학습팁

인적자원관리(HRM)는 조직의 목표를 달성하기 위해 인력의 채용, 배치, 교육, 평가, 보상 등을 관리하는 활동입니다.

학습 포인트: HRM의 목적과 주요 활동을 이해하고, 각 과정이 조직 목표 달성에 어떻게 기여하는지 파악하세요.

비기의 학습팁

온보딩
신규 입사자가 조직에 잘 적응하고 빠르게 업무에 몰입할 수 있도록 지원하는 과정

나. 평가

1) 평가

- 인사 평가 제도는 조직의 목표 달성과 개인의 성과 및 성장을 지원하기 위해, 직원들의 업무 수행과 역량을 공정하고 체계적으로 평가하는 시스템이다.
- 평가 계획: 평가의 목적, 방향, 방법, 대상, 준거, 기준, 절차, 일정, 결과 활용 방안 등의 계획 및 평가 제도와 계획에 대해 평가자와 피평가자 간의 공유 및 교육을 실시한다.
- 평가 방법: 서열법, 강제할당법, 서술법, 형태기준평정법(BARS), 형태관찰척도법(BOS), 평가센터법(Assessment Center), 다면평가법 등이 있다.
- 평가 절차: 평가 시행→통보→이의 수렴 및 오류 보정→결과 확정 및 피드백 제공

2) 평가 결과 활용

- 평가 결과에 따라 처우와 보상 및 역량 개발 제도를 적용한다.
- 금전적 보상: 성과에 따른 급여 인상, 성과급, 보너스, 인센티브 등의 금전적 보상으로 동기부여
- 비금전적 보상: 표창, 포상 휴가, 직무 확대, 더 나은 근무 조건 등 금전적 보상 이외의 혜택으로 동기 부여
- 이동 및 승진: 평가 결과에 따라 승진이나 부서 이동이 결정
- 교육 및 경력 개발 기회: 평가 결과를 바탕으로 역량이 부족한 직원들에게는 필요한 교육 프로그램을 제공하거나, 역량을 개발하도록 연수 등의 기회 부여

다. 보상

1) 임금

- 임금 수준은 구성원들의 생활 안정과 직무 만족도에 직접적인 영향을 미치므로, 적절하고 합리적인 수준으로 설정하는 것이 중요하다.
- 임금체계와 유형에는 연공급, 직무급, 직능급, 성과급, 혼합형 등이 있다.

2) 복리후생

- 조직은 경쟁력 있는 복리후생 제도를 통해 우수 인재를 유치하고, 근로 조건을 개선하여 직원의 만족도와 근로 의욕을 높이기 위해 복리후생을 설계할 필요가 있다.
- 또한 직원과 그 가족의 복리후생을 고려한 제도를 설계하여 가족의 행복과 안정성도 지원한다.
- 법정 복리후생: 4대보험, 유급휴가, 퇴직금 등
- 법정 외 복리후생: 식대, 교통비, 건강검진, 체육활동 지원, 자기계발, 사무실 환경 개선 등

개념 ➕

인사 평가 제도

· **서열법**
평가 대상자를 상대적으로 비교하여 순위를 매기는 방법 단순하지만 평가자 주관이 개입될 가능성이 높음

· **행태기준평정법(BARS, Behaviorally Anchored Rating Scale)**
특정 직무에서 나타나는 행동을 기준으로 평가 척도를 개발하는 방법 평가의 객관성을 높일 수 있으나, 기준을 설정하는 데 많은 시간과 노력이 필요함

· **행태관찰척도법(BOS, Behavior Observation Scale)**
BARS와 유사하지만, 특정 행동의 빈도를 측정하여 평가하는 방식 평가자의 주관성을 줄일 수 있으나, 모든 행동을 관찰하는 것이 어려울 수 있음

· **평가센터법 (Assessment Center Method)**
모의 업무 상황을 제공하고 다수의 평가자가 다양한 기법 (면접, 그룹 토론, 역할 연기 등)을 활용하여 평가하는 방법 정확도가 높지만, 비용과 시간이 많이 소요됨

개념 ➕

임금체계와 유형

· 직무급은 직무의 난이도, 책임, 가치에 따라 임금을 결정하며, 일의 중요도에 따라 보상이 이루어집니다.

· 직능급은 직원 개인의 능력, 자격, 숙련도에 따라 임금이 결정되며, 능력 개발을 장려하지만 평가 기준이 모호할 수 있습니다.

· 성과급은 개인 또는 조직의 성과에 따라 임금이 결정되며, 성과 중심으로 동기 부여를 하지만 성과 압박이 발생할 수 있습니다.

· 혼합형은 여러 임금 체계를 결합한 방식으로, 기본급은 연공급이고 보너스는 성과급으로 설정하여 유연한 운영이 가능합니다.

라. 퇴직

1) 퇴직관리

- 직원이 스스로 퇴직을 결정하는 자발적 퇴직(전직, 사직)과 경영상의 이유로 퇴직을 요구하는 비자발적 퇴직(해고, 정년퇴직, 정리해고 등)으로 직원의 퇴직 과정을 원활하고 효율적으로 관리하는 과정이다.
- 업무 인수인계 점검, 비품 반납 및 전산 정보 차단, 서류 및 법적 필요 사항 확인, 퇴직금 지급 순으로 퇴직 절차가 진행된다.

2) 전직지원

- 퇴직 예정자들이 새로운 경로를 통해 지속적으로 경력 목표를 이루도록 지원하기 위한 전직 지원 서비스를 설계하는 과정이다.
- 전직지원을 위해 진단 결과 등을 반영한 전직 목표 및 계획 수립 유도, 전직 활동 촉진, 활동 진행 모니터링 및 교육지원 등 전직지원 서비스 실행 및 성과 관리를 지원한다.

3. 인적자원개발 및 조직개발

가. 교육

1) 인재 육성 전략 수립

- 조직의 전략과 인재상, 직무 분석을 기반으로 필요한 역량을 규명하고 전사적인 인재 육성 전략을 수립한다.

2) 전사 교육 기획

- 현재 직원들의 역량 수준을 진단하고, 필요한 교육 요구를 분석하여 교육 프로그램의 방향성을 설정한다. 또한 연간 교육 계획을 수립하여 교육의 범위, 주제, 목표, 일정 등을 정한다.

3) 교육 계획에 따른 실행

- 교육과정을 설계하고 실행하여 직원들에게 필요한 교육을 제공하고, 과정 운영 중에는 교육의 효과성을 지속적으로 모니터링한다. 외부교육과정 소싱, 무형식 학습 및 자기계발 인프라를 구축한다.

4) 교육 평가

- 교육이 실행되는 동안 모니터링을 수행하고, 교육 결과를 분석하여 목표 달성 여부를 평가한다.
- 교육의 현장 실무 전이 분석과 경영 성과에 대한 교육의 영향 분석, 그리고 교육 성과 지표와 대시보드 관리를 통해 교육의 효과를 시각화 한다.

5) 시스템 및 데이터 관리

- 데이터 기반으로 직원의 경력 개발과 맞춤형 교육을 지원하고 교육과정의 효

과를 분석한 후, 이를 기반으로 과정 개선 및 성과 관리 방안을 마련하여 지속적인 교육 품질 향상을 추구한다.

나. 경력개발

- 경력 개발은 조직의 목표와 구성원의 개인적 성장 목표를 충족시키기 위해 계획적이고 체계적으로 접근해야 한다.
- 경력 개발을 위해서는 개인 차원의 성장 니즈와 조직 차원의 관리 니즈를 아우르는 중장기적 경력개발 전략 수립이 필요하다.
- 각종 경력개발 프로그램에는 직무확장, 심화, 순환, 조기 발탁, 사내공모, 경력상담, 멘토링, 코칭, 리스킬링, 업스킬링, 해외파견 등이 있다.

다. 조직개발

- 조직개발(OD)은 조직의 효과성을 높이고 조직 문화를 긍정적으로 변화시키기 위한 체계적인 접근 방법으로, 조직개발은 구성원의 행동, 태도, 가치관 등을 조정하여 조직의 성과를 개선하는 데 초점을 둔다.

- 조직문화 발전 방향의 개념, 내용 및 이미지 도출
- 조직개발 전략 및 실행 우선순위 설정
- 데이터관리 및 분석
- 지속적 관리

> **비기의 학습팁**
>
> - **리스킬링** : 새로운 업무를 수행하기 위한 스킬을 익히는 것
> - **업스킬링** : 현재 수행하고 있는 업무와 관련된 새로운 스킬을 익히는 것
> - **핵심인재육성** : 조직의 리더로 성장할 직원들이 역량과 경험을 축적하도록 지원하는 것
> - **이중경력제도** : 연구개발 및 기술과 관련된 전문직과 관리직 중 선택하여 경력개발이 가능하도록 지원하는 제도로, 주로 연구개발이나 기술직 직원을 대상으로 함

✅ **핵심 개념체크**

20. 다음 중 균형성과표(BSC, Balanced Scorecard Card)의 주요 성과 관리요소에 해당하지 않은 것은?   상/중/하

① 재무 ② 고객
③ 업무 프로세스 ④ 마케팅

BSC의 주요 성과 요소는 재무, 고객, 내부 업무 프로세스, 학습과 성장으로 구성된다. 마케팅은 주요 성과 요소가 아니다.

21. 다음 중 인적자원관리에서 인사평가제도를 통해 직원들의 업무 역량을 평가하는 방법과 가장 거리가 먼 것은?   상/중/하

① 서베이법 ② 서술법
③ BARS ④ 서열법

직원들의 업무 수행과 역량을 공정하고 체계적으로 평가하기 위한 방법에는 서열법, 강제 할당법, 서술법, 행태기준평정법(BARS), 행태관찰척도법(BOS), 평가센터법, 다면평가법 등이 있다.

22. 다음 중 조직의 효과성을 높이고 조직 문화를 변화시키기 위한 조직개발의 목표로 옳지 않은 것은?   상/중/하

① 조직의 발전과 성과 향상 ② 경영 미션과 비전 달성
③ 구성원의 성과 향상 ④ 개인의 경력 개발

개인의 경력 개발은 인적자원개발에 해당되므로, 조직개발의 목표가 아니다

모바일로 풀기

정답 20. ④ 21. ① 22. ④

2절 마케팅/영업 기본정보

2장 기업 내부정보 파악

난이도 **하**

❶ 마케팅/영업정보

1. 마케팅 목표 및 계획 수립

가. 시장점유율

- 설명: 특정 기업이나 브랜드가 전체 시장에서 차지하는 비율.
- 계산식: (특정 기업의 연간 매출 ÷ 전체 시장 규모) × 100(%)
- 활용: 기업의 경쟁력과 성과 평가, 시장 내 위치 파악, 새로운 시장 진입 및 고객 확보 전략 수립에 중요한 정보로 활용됨.

나. 매출목표

- 설명: 기업이 특정 기간 동안 달성하고자 하는 경영목표.
- 특징: 경영전략과 비즈니스 계획의 일부로 설정됨.
- 형태: 정량적 목표(예: "월별 매출 10억 달성", "분기별 매출 10% 증가")
- 활용: 경영진이나 마케팅팀에 의해 설정되며, 전략 수립, 예산 할당, 성과 평가 등에 활용됨.
- 의의: 기업의 성과 평가와 성공 여부 판단의 중요한 지표로 활용됨.

다. 시장규모

- 설명: 특정 산업 또는 제품/서비스 카테고리의 전체 시장의 규모.
- 표현 방법: 해당 시장에서 발생하는 총매출 또는 총소비량.
- 예시: 스마트폰 시장의 경우, 연간 판매되는 스마트폰의 총수량과 가격을 바탕으로 산출.

라. 성장률

- 설명: 특정 기간 동안 시장이나 기업의 규모가 얼마나 증가했는지를 나타내는 백분율 지표.
- 계산식: {(A시점의 규모 − 비교시점의 규모) ÷ 비교시점의 규모} × 100(%)
- 활용: 기업의 성장 속도와 경쟁력 평가, 향후 성장 가능성 예측에 활용됨.

출제포인트
마케팅 목표와 계획 수립에 필요한 개념들을 이해하고 구별하는 문제가 출제될 수 있습니다.

마. 제품 라인업 (line-up)

- 설명: 기업이 제공하는 제품의 다양성과 구성.
- 특징: 다양한 고객 요구에 대응하고, 다양한 시장 세그먼트를 타겟팅함.
- 효과: 제품 다양성은 고객의 선택 폭을 넓히고, 매출 다각화 및 시장 점유율 증가에 기여.

바. 경쟁사의 재무정보

- 설명: 기업의 재무 상태와 성과를 보여주는 지표.
- 지표: 손익계산서, 재무상태표, 현금흐름표
- 활용: 경쟁사의 재무보고서를 분석하여 경쟁력 평가 및 비교 분석에 활용.

사. 제품정보

- 설명: 제품의 특징, 사용법, 취급주의 사항 등을 포함한 정보.
- 내용: 제품의 기능, 사양, 재료, 사용 방법, 유지 보수 정보, 보증 조건 등.
- 효과: 마케팅 자료, 제품 카탈로그, 웹사이트 등을 통해 제공되며, 브랜드 이미지와 고객 만족도에 큰 영향을 미침.

아. 마케팅 예산

- 설명: 마케팅 활동을 수행하기 위해 투자하는 금액.
- 활용처: 광고, 프로모션, 마케팅 캠페인, 디지털 마케팅 등.
- 특징: 기업의 전체 예산에서 할당되며, 목표, 시장 조건, 경쟁 상황 등을 고려해 배분.
- 의의: 마케팅 활동의 효과성과 효율성에 직결되므로 적절한 예산 할당과 투자 관리 필요.

자. 유통경로별 예상 비용과 예상 수익

- 설명: 유통경로에 할당할 비용과 기대 수익을 계획하기 위한 평가.
- 유통경로: 제조업자 → 도매상 → 소매상 → 소비자로 이어지는 수직적 연계.
- 활용: 과거 데이터, 캠페인 분석 결과, 경험적 지표 등을 바탕으로 평가 가능.

2. 판매 및 수익

① 투자수익률(ROI, Return On Investment)

설명	특정 투자 또는 마케팅 활동에 대한 수익과 비용 사이의 비율
계산식	{(수익 - 비용) ÷ 비용} × 100(%)
예시	10,000달러 투자 후 50,000달러 수익 발생 시 ROI는 400
의의	투자의 효과와 수익성을 정량적으로 평가

개념 ➕

마케팅 사례

마케팅을 효과적으로 실행하면서도 높은 시장 점유율을 기록한 대표적인 기업들은 강력한 브랜드 파워와 고객 충성도를 바탕으로 업계를 선도하고 있습니다.

애플(Apple)

- 시장 점유율 : 전세계 스마트폰 시장에서 애플은 약 25~30%의 시장 점유율을 차지하고 있습니다.
- 마케팅 전략 : 애플의 마케팅은 제품디자인, 기술 혁신, 그리고 감성적인 브랜드 스토리텔링에 초점을 맞추고 있습니다. 애플은 신제품 출시 전부터 대중의 기대감을 조성하고, 이를 통한 'FOMO(놓치기 두려움)' 심리를 자극해 수요를 폭발적으로 증가시킵니다. "Think Different" 캠페인과 같은 마케팅은 브랜드에 대한 강한 감정적 연결을 유도했습니다.
- 결과 : 애플의 독창적인 마케팅 전략은 아이폰, 맥북, 에어팟 등 다양한 제품군에서 지속적인 시장 점유율 확보에 크게 기여하고 있습니다.

> **비기의 학습팁**
>
> **ROI와 ROE의 비교**
>
> **1. 기본 정의**
>
> ROI(투자 수익률): 투자 대비 얻은 이익을 측정하는 지표로, 특정 투자 프로젝트나 자산이 얼마나 효율적으로 수익을 창출했는지를 나타냅니다.
>
> 모든 투자(부채 포함)에 대해 수익을 측정하는 지표입니다.
> ROE(자기 자본 수익률): 기업의 자기 자본(주주 자본)을 활용해 얼마나 많은 수익을 창출했는지를 측정하는 지표로, 주주가 투입한 자본이 얼마나 효율적으로 운용되었는지를 나타냅니다.
>
> **2. 초점의 차이**
> - ROI : 전체 자본, 즉 투자된 모든 자산(자본)에서 수익이 얼마나 발생했는지를 측정합니다. 여기에는 외부로부터 빌린 자본(부채)도 포함될 수 있습니다.
> - ROE : 기업의 자산 중 주주들의 자기 자본만을 기준으로 하여 수익을 평가합니다. 따라서 기업이 자본을 얼마나 효율적으로 사용하고 있는지에 대한 주주의 관점에서의 평가가 가능합니다.

② 매출액

설명	기업이 제품 또는 서비스 판매로 얻는 총 금액
계산식	(판매량) × (단가)
활용	예산 편성, 성과 분석, 마케팅 전략 수립에 활용

③ 순이익

설명	수익에서 비용을 차감한 후 남는 순수한 이익
계산식	(수익) - (비용)
의의	경영 성과와 수익성을 측정하며, 순이익 극대화를 위한 관리 필요

④ 매출원가

설명	제품 또는 서비스를 생산하고 판매하기 위해 발생하는 모든 비용
내용	원재료 구매 비용, 생산비용, 인건비, 운송비, 포장비 등
활용	가격 책정 및 사업 수익성 분석에 사용

⑤ 판매지역

설명	기업이 제품 또는 서비스를 판매하는 지리적 혹은 지역적 구분
의의	특정 지역의 수요 파악을 통해 판매 전략 수립 가능

⑥ 가격 및 할인 정보

설명	소비자가 제품 또는 서비스를 구매하기 위해 지불하는 금액 및 할인율
가격결정요소	시장 수요, 경쟁 상황, 제품 가치
계산식	{(정상가격 - 할인가격) ÷ 정상가격} × 100(%)
활용	판매 촉진, 수익 극대화, 고객 유치

⑦ 광고 투자 대비 수익률(ROAS, Return On Advertising Spend)

설명	광고 투자 대비 수익률을 나타내는 지표
계산식	{(매출) ÷ (광고 투자비용)} × 100(%)
예시	100만 원 투자로 200만 원 매출 발생 시 ROAS는 200
의의	광고 캠페인의 효율성을 평가하여 수익 극대화

3. 판매 및 영업

① 신규고객판매

설명	새로운 고객에게 제품이나 서비스를 판매한 수량
의의	마케팅 전략과 활동의 효과를 평가하고, 타겟팅 전략을 조정하는 데 사용

② 기존 고객에 의한 판매

설명	기존 고객들이 추가 구매를 통해 기여한 판매량
의의	고객 충성도와 재구매율을 측정하고, 인기 있는 상품이나 서비스를 기반으로 마케팅 전략을 개선

③ 반품된 상품 수

설명	고객이 반품한 상품의 수
의의	제품 품질 문제나 고객 만족도를 파악하고, 반품률이 높은 제품의 개선 방안을 마련

④ 온라인 매장과 오프라인 매장의 판매 수

설명	온라인 및 오프라인에서 이루어진 판매 건수
의의	각 매장의 성과를 비교하여 판매 동향을 파악하고, 효율적인 마케팅 전략을 수립

⑤ 재고회전율

설명	일정 기간의 판매량과 평균 재고량의 비율
계산식	(판매량) ÷ (평균 재고량)
의의	재고 관리 효율성 및 제품 수요 예측에 활용

⑥ 평균주문액

설명	고객 한 명이 평균적으로 주문 시 결제하는 금액
계산식	(매출액) ÷ (주문 건수)
의의	고객 구매 행동과 가치를 이해하고, 가격 정책과 판매 전략을 개발

⑦ 재구매율

설명	기존 고객이 제품을 다시 구매하는 비율
계산식	(재구매 건수) ÷ (이전 구매한 고객 수) × 100(%)
의의	고객 충성도와 만족도를 평가하고, 장기적인 매출 증대 전략을 수립

⑧ 업셀링(Upselling) 비율

설명	고객이 원래 구매하려던 상품보다 더 비싼 상품이나 추가 상품을 구매하는 비율
예시	100명의 고객 중 20명이 더 비싼 상품을 구매하면, 업셀링 비율은 20%.

비기의 학습팁

판매(Sales)의 의미

판매는 고객이 기업의 제품이나 서비스를 구매하는 행위를 의미하며, 기업이 직접적으로 수익을 창출하는 핵심 과정입니다.

- 핵심 활동 : 판매는 고객과의 계약 체결, 제품 제공, 가격 협상, 결제 등의 활동을 포함하며, 고객이 실질적으로 구매 결정을 내리고 제품을 수령하는 단계까지의 모든 과정을 포함합니다.
- 목표 : 최대한 많은 제품이나 서비스를 고객에게 팔아 수익을 창출하는 것입니다. 판매 과정은 고객의 구매 욕구를 자극하고, 이를 제품 또는 서비스 구매로 연결시키는 과정입니다.

> **비기의 학습팁**
>
> **영업(Sales Operations)의 의미**
>
> 영업은 기업이 고객을 발굴하고, 이들과의 관계를 형성하며, 궁극적으로 그들을 통해 판매를 이끌어내는 모든 활동을 포함하는 넓은 개념입니다.
>
> - 핵심 활동 : 영업은 잠재 고객을 발굴하고 고객의 니즈를 파악하며, 이들과의 신뢰 관계를 구축하여 판매로 이어지도록 하는 활동입니다. 여기에는 고객 관리, 시장분석, 전략 수립 등이 포함됩니다.
> - 목표 : 고객과의 장기적인 관계를 형성하고, 그 관계를 통해 지속적으로 판매 기회를 창출하는 것입니다.

의의	매출 증가와 고객에게 더 많은 가치를 제공하는 전략으로 활용됨

⑨ 크로스셀링(Cross-selling) 비율

설명	고객이 이미 구매한 상품과 관련된 다른 상품을 함께 구매하는 비율
예시	100명의 고객 중 30명이 A 상품 구매 후 B 상품도 구매하면, 크로스셀링 비율은 30%.
의의	매출 증가에 중요한 역할을 하며, 관련 상품 분석을 통해 효과적인 전략을 수립 가능

⑩ 판매팀 성과 정보

〈개별 영업사원의 성과: 영업사원의 판매량, 매출액, 신규 고객 확보를 통해 측정〉

의의	영업사원의 역량 평가와 보상, 개별 영업 전략의 성과 분석에 활용
예시	영업사원 A가 100개 제품을 판매하여 1억 원의 매출을 달성

〈팀별 목표 달성 여부: 팀이 설정한 목표 달성 여부를 평가〉

의의	팀 성과 평가, 보상 및 개선 방향을 결정하는 데 도움
예시	팀 A의 목표가 1억 원이고, 실제로 1.2억 원을 달성하면 목표 달성 성공

〈매출 성장률: 특정 기간 동안 판매팀의 매출 성장 비율〉

의의	판매팀의 성과와 성장 동향 파악, 비즈니스 전략 수립에 도움
예시	이전 분기 10억 원에서 현재 분기 12억 원으로 증가 시, 성장률은 20%

⑪ 상품 판매 수

설명	특정 기간 동안 판매된 상품의 수
의의	• 특정 광고 캠페인이나 할인 행사로 판매 수가 증가하면, 마케팅 전략이 효과적임을 의미 • 상품의 인기와 수요를 파악하고 마케팅 전략 조정에 도움

⑫ 대금회수율

설명	회사가 발행한 청구서나 판매 거래에서 고객으로부터 대금을 회수하는 비율
의의	매출과 현금 흐름에 직접적인 영향을 미치며, 회사의 재무 건전성과 운영 효율성 평가에 사용됨
활용	고객 신뢰도, 결제 시스템 효율성, 채권 관리 전략의 개선에 활용

⑬ 고객단가

설명	매출액을 고객 수로 나눈 값, 평균적으로 각 고객이 회사에 기여하는 매출액을 의미
예시	매출액이 10억 원이고 고객 수가 10,000명이면, 고객단가는 100,000원
의의	고객 가치를 파악할 수 있으며, 고객단가가 높은 세그먼트를 식별하여 타겟팅 전략을 수립하는 데 도움

⑭ 해약건수

설명	특정 기간 동안 해약된 계약 수
의의	고객 이탈 관련 정보를 제공하며, 이를 분석하여 고객 이탈률 파악과 이탈 원인 개선 전략 수립 가능
활용	고객 유지를 강화하고 지속적인 매출을 유지하기 위한 전략 수립에 도움

⑮ 고객 불만 수

설명	특정 기간 동안 접수된 고객의 불만 사항 수
의의	주요 불만 사항을 파악하고 고객 경험 및 서비스 품질 개선을 위한 대책 마련에 사용됨
활용	고객 불만 수의 추이를 통해 제품/서비스 개선이나 마케팅 전략의 효과를 평가 가능

⑯ 상담 수

설명	고객과의 상담 또는 문의 수
의의	• 고객의 관심과 참여도를 파악하는 데 도움을 주며, 마케팅 전략 조정에 유용 • 상담 수가 증가하면, 제품 또는 서비스에 대한 홍보 및 광고를 강화하고 고객 문의에 신속히 대응해야 함

⑰ 수주 수

설명	제품이나 서비스를 주문하거나 구매하는 고객 수
의의	제품의 수요와 판매 성과 파악에 도움
활용	제품의 인기도와 수요 변동을 분석하고, 수주 수의 변화에 따라 마케팅 전략 조정 가능

✅ 핵심 개념체크

23. 다음 중 매출원가에 포함되지 않는 항목은 무엇인가?

① 원재료 구매 비용
② 생산비용
③ 인건비
④ 광고비

광고비는 제품을 홍보하기 위해 드는 비용으로, 매출원가에 포함되지 않는다.

24. 다음 중 판매 및 영업과 관련한 정보 중 평균주문액(AOV)을 계산하는 방법으로 올바른 것은?

① 총 매출액을 총 주문 수로 나눈 값
② 총 매출액을 총 고객 수로 나눈 값
③ 총 매출액을 신규 고객 수로 나눈 값
④ 총 매출액을 재구매 고객 수로 나눈 값

평균주문액(AOV, Average Order Value)은 고객이 한 번 주문할 때 평균적으로 지출하는 금액을 나타내는 지표이다. 이를 계산하기 위해서는 총 매출액을 총 주문 수로 나누어야 한다.

25. 판매 및 영업 관련 정보 중 크로스셀링 비율의 의미로 가장 적절한 것은?

① 고객이 이미 구매한 상품과 관련된 다른 상품을 함께 구매하는 비율
② 고객이 특정 상품을 반복 구매하는 비율
③ 고객이 새로운 상품을 처음 구매하는 비율
④ 고객이 이미 구매한 상품 중에서 추가 구매를 포기하는 비율

크로스셀링 비율은 고객이 이미 구매한 상품과 관련된 다른 상품을 함께 구매하는 비율을 의미한다.

❷ 고객 정보

1. 고객

① 순수고객추천지수(NPS, Net Promoter Score)

설명	고객이 제품과 서비스를 다른 사람에게 추천하고자 하는 의지를 측정하는 지표
측정방법	설문조사를 통해 "추천 의향"을 0~10의 수치로 응답하도록 하고, 답변을 '권유(9~10)', '중립(7~8)', '비판(0~6)' 등으로 분류하여 전체 권유자의 비율에서 비판자의 비율을 뺀 수치로 계산
활용	고객의 충성도와 만족도를 파악하여 마케팅 전략 및 개선점을 도출하는 데 사용

② 고객 생애가치(LTV, Lifetime Value)

설명	한 명의 고객이 회사와의 장기적인 관계 동안 제공하는 예상 가치를 나타내는 지표
계산방법	고객이 회사의 제품 또는 서비스를 구매하고 유지하는 동안 발생하는 순이익의 총합으로 계산
예시	한 고객이 평균 3년 동안 매년 100만 원의 순이익을 제공하면 LTV는 300만 원
활용	고객 유치, 유지, 재구매를 위한 마케팅 전략 및 자원 할당에 중요

③ 고객유지율(CRR, Customer Retention Rate)

설명	기업이 유지하고 있는 고객 중에서 얼마나 많은 고객이 재방문하는지를 나타내는 지표
계산방법	재방문한 고객 수를 이전 기간의 총고객 수로 나눈 비율
예시	이전에 100명의 고객이 있었고 현재 80명이 재방문했다면 CRR은 80%
활용	고객 유지를 위한 마케팅 및 서비스 전략의 효과를 평가하는 데 도움

④ 고객성향

설명	고객들의 행동, 선호도, 관심사 등을 파악하여 그룹화하고 분석한 정보
수집방법	구매 기록, 웹사이트 방문 기록, 소셜 미디어 활동 등 다양한 데이터 소스를 활용
활용	• 고객을 더 잘 이해하고 타겟팅한 마케팅 전략 수립에 도움 • 고객의 관심사, 선호 제품, 구매 패턴을 이해하여 맞춤형 콘텐츠 및 서비스를 제공하는 데 도움

⑤ 고객욕구

설명	고객들이 제품이나 서비스를 선택하고 구매하는 동기와 욕구를 이해하는 정보
수집방법	설문조사, 인터뷰, 소셜 미디어 분석 등
활용	• 제품 개발, 마케팅 전략 및 커뮤니케이션 방식 결정에 도움 • 고객의 편의성, 가격, 품질, 브랜드 이미지 등의 욕구를 반영하여 제품 및 서비스 개선에 활용

> **출제포인트**
> 기업에서 운영하는 많은 경영정보시스템에 고객 정보가 활용되고 있습니다.
> 고객 생애가치, 고객 유지율 등 고객정보들의 개념을 이해하는지 묻는 문제가 출제될 수 있습니다.

> **비기의 학습팁**
>
> **고객 정보의 중요성 및 활용**
>
> 고객 정보는 단순한 데이터 수집에서 끝나지 않고, 이를 통해 고객 행동을 예측하고, 효과적인 마케팅 전략을 세우는 데 활용됩니다.
> - 고객 세분화 및 맞춤형 마케팅
> - CRM(고객 관계 관리) 시스템 활용
> - 고객 이탈 분석

⑥ 구매패턴

설명	고객들이 특정한 행동을 반복하는 패턴(구매 행동 패턴)을 이해하는 정보
활용	• 구매 패턴에 대한 통찰을 얻고 전략을 개발하는 데 사용 • 주기적인 구매, 특정 상품 카테고리 선호 등을 바탕으로 맞춤형 제안, 재구매 유도, 크로스셀링 기회 발굴에 활용

⑦ 고객만족도

설명	고객이 제공받는 제품 또는 서비스에 대한 만족도를 측정하는 지표
측정방법	일반적으로 설문조사나 피드백을 통해 수집하여 고객의 경험과 기대 평가
활용	고객 만족도를 모니터링하고 분석하여 제품 또는 서비스 개선 및 고객 요구와 기대에 부합하는 전략을 수립

⑧ 고객 행동 데이터

설명	고객이 제품 또는 서비스를 이용하는 과정에서 보이는 행동을 기술하거나 이해하기 위해 사용되는 모든 데이터의 집합
예시	고객의 구매 기록, 방문 빈도, 이벤트 참여 여부, 웹사이트 방문 시간 등
활용	고객의 선호도, 관심사, 구매 성향 등을 파악하여 맞춤형 마케팅 전략을 구축하고 효율적인 고객 관리 가능

⑨ 고객 세그먼트(segment)

설명	고객들을 공통적인 특성에 따라 분류하는 활동 또는 그 결과물
기준	나이, 성별, 지역, 소득 수준, 관심사 등
활용	다양한 고객 그룹의 특성을 파악하여 각 세그먼트에 맞는 제품, 서비스, 마케팅 전략을 개발할 수 있음

⑩ 영업을 통해 확인한 잠재고객

설명	영업, 상담 등을 통해 충분히 조사한 결과, 회사의 제품을 구입할 확률이 높다고 판단된 고객
정보	영업 상담 내역, 행동 기록, 관심사 및 선호도 조사 등
활용	고객 프로파일을 세분화하고 맞춤형 마케팅 전략을 수립

⑪ 마케팅에서 식별된 잠재고객

설명	마케팅 활동을 통해 특정 제품이나 서비스에 관심을 표현한 고객
예시	이메일 구독, 웹사이트 등록, 이벤트 참가 등
활용	잠재고객 정보를 수집하고 관리하여 타겟팅 및 판매 활동에 활용

⑫ 잠재고객당 비용

설명	마케팅 활동을 통해 확보한 잠재고객을 얻기 위해 투자한 비용
계산방법	마케팅 캠페인 비용을 총 확보한 잠재고객 수로 나눔
활용	마케팅 전략과 실행 계획에 영향을 미치며, 효과적인 마케팅 리소스 할당과 성과 평가에 도움

⑬ 고객획득 비용

설명	총 마케팅 비용을 신규 고객 수로 나눈 값
활용	• 낮은 고객획득 비용은 비즈니스의 수익성을 향상시키는 중요한 요소 • 고객 획득에 투자한 비용을 파악하고 효율적인 마케팅 전략과 예산 할당에 도움

⑭ 월간 활성 사용자(MAU, Monthly Active User)

설명	특정 서비스, 앱, 또는 웹사이트를 한 달 동안 이용한 사용자 수를 나타내는 지표
측정방법	월간 기준으로 측정되며, 해당 기간 동안 서비스에 접속하여 상호작용한 사용자들을 포함함
예시	특정 앱의 MAU가 10,000명이라면, 해당 앱을 한 달 동안 최소한 한 번 이상 사용한 사용자가 10,000명이라는 뜻
활용	사용자 활동 수준을 파악하고 서비스의 인기도와 성장을 추적하는 데 도움을 줌. 이를 통해 서비스의 사용자 기반을 파악하고 사용자 유치와 유지에 대한 전략을 수립할 수 있음

2. 고객관계관리(CRM, Customer Relationship Management)

(1) 고객 정보 및 관련 데이터

① 고객의 개인 신상정보

설명	고객의 신분을 식별하고 연락할 수 있는 기본 정보
종류	이름, 생년월일, 성별, 주소, 전화번호, 이메일 주소 등.
활용	개인 맞춤형 마케팅, 고객 세분화, 생일 기념 혜택 제공 등.

② 마케팅 채널 선호도

설명	고객이 선호하는 상호작용 방법을 파악하여 맞춤형 커뮤니케이션을 제공할 수 있는 데이터
기준	이메일, 전화, 문자메시지, 소셜미디어, 대면상담 등
활용	적절한 커뮤니케이션 채널 선택, 개인화된 마케팅 메시지 전달 등

> **출제포인트**
> 고객관계관리에 필요한 고객 정보와 관련 데이터를 구분하거나 특징을 묻는 문제가 출제될 수 있습니다.

③ 통화 기록

설명	고객과의 전화 통화 내용을 기록하고 관리하는 데이터
종류	통화 시간, 통화 내용, 문제 해결 과정, 피드백 등
활용	고객 요구사항 파악, 서비스 개선, 문제 해결 추적, 개인화된 응대 제공 등

④ 이메일 교환 기록

설명	고객과 주고받은 이메일 내용을 기록하여 분석하는 데이터
종류	이메일 발신자 및 수신자, 날짜, 내용, 첨부파일, 문의 사항 등
활용	이전 문의 내역 참조, 고객 요구에 맞춘 응답 제공, 커뮤니케이션 히스토리 관리 등

⑤ 채팅 로그

설명	고객과의 실시간 채팅 대화를 기록하고 분석하는 데이터
종류	채팅 시작 및 종료 시간, 대화 내용, 문의 유형, 고객 감정 분석 등
활용	실시간 문제 해결, 고객 요구사항 파악, 맞춤형 응대 및 서비스 제공 등

⑥ 소셜 미디어 상호작용 기록

설명	고객이 소셜 미디어에서 기업과 상호작용한 내용을 기록하는 데이터
종류	댓글, 좋아요, 공유 횟수, 대화 기록, 태그 등
활용	고객 관심사 분석, 맞춤형 콘텐츠 제공, 브랜드 인지도 강화, 마케팅 성과 평가 등.

⑦ 고객의 의견 및 피드백

설명	고객이 제공하는 의견, 제안, 불만 등을 기록하고 분석하여 서비스 개선에 활용하는 데이터
종류	만족도 조사 결과, 제품 리뷰, 서비스 피드백, 제안 사항 등
활용	제품 및 서비스 개선, 고객 만족도 향상, 문제 해결 방안 도출, 고객 요구 반영 전략 수립 등

(2) 구매 이력 관련 데이터

① 구매일자

설명	고객이 제품을 구매한 정확한 날짜를 기록한 정보
특징	고객의 구매 패턴을 분석할 수 있으며, 특정 시즌이나 요일에 집중되는 경향을 확인 가능
활용	주기적인 구매 고객에게 맞춤형 프로모션을 제공하거나 특정 시기에 맞춘 마케팅 캠페인에 활용

② 거래금액

설명	고객이 구매한 제품 또는 서비스에 대해 지불한 금액.
특징	고객의 경제적 여력과 선호하는 가격대에 대한 정보를 제공하며, 구매 빈도와 상관관계를 분석 가능
활용	고가 상품을 선호하는 고객에게는 프리미엄 서비스나 특별 혜택을 제공해 만족도와 충성도를 높일 수 있음

③ 결제정보

설명	고객이 사용한 결제 수단과 관련된 데이터(예: 신용카드, 전자지갑, 현금 등)
특징	고객의 결제 수단 선호도를 파악하여 다양한 결제 옵션을 제공할 수 있는 기반이 됨
활용	특정 결제 수단을 선호하는 고객에게 해당 결제 수단과 연계된 프로모션이나 혜택을 제공하여 구매 유도

④ 구매채널

설명	고객이 제품을 구매한 경로(예: 온라인, 오프라인 매장, 모바일 앱 등)
특징	특정 채널을 통해 집중적으로 구매하는 고객의 행동 패턴을 분석할 수 있음
활용	각 채널에 최적화된 마케팅 전략을 수립하고, 채널별 맞춤형 상품 추천 및 캠페인 진행

(3) 서비스 요청 이력 관련 데이터

① 문의내역

설명	고객이 서비스에 대해 문의한 내용 및 처리 상태에 대한 기록
특징	고객의 요구사항과 문제점이 포함되며, 실시간 대응에 필요한 중요한 정보 제공
활용	빈번한 문의 유형을 분석하여 서비스 개선과 빠른 문제 해결을 통해 고객 만족도와 이탈 방지를 도모

② 서비스 문제 해결 기록

설명	고객이 겪은 문제나 불만 사항, 이를 해결한 과정 및 결과에 대한 기록
특징	고객 경험을 추적하고, 유사한 문제 발생 시 빠르게 대응할 수 있는 기반이 됨
활용	반복적인 문제에 대한 원인을 파악하고 제품 또는 서비스 개선 조치를 통해 고객 만족도 증대 및 이탈 예방에 기여

③ 서비스 품질 평가

설명	고객이 서비스에 대해 제공한 평가 점수, 리뷰 등의 피드백 데이터
특징	서비스의 실질적인 만족도를 측정할 수 있는 지표로, 강점과 약점을 식별할 수 있음
활용	고객 평가를 분석해 경쟁사와 비교하고, 특정 서비스의 강점을 강화하거나 마케팅 전략에 반영

✅ 핵심 개념체크

26. 다음 중 고객 세그먼트의 분류 기준으로 적절하지 않은 것은 무엇인가?

① 나이
② 성별
③ 소득 수준
④ 방문 시간

> 방문 시간은 고객의 행동 패턴을 분석하는 데 유용할 수 있지만, 고객 세그먼트를 분류하는 주요 기준으로 사용되지는 않는다.

27. 다음 중 고객관계관리에서 마케팅 채널 선호도에 대한 설명으로 옳지 않은 것은?

① 고객이 어떤 채널을 선호하는지 파악하여 소통하고자 하는 의향을 의미한다.
② 고객의 선호 채널을 통해 더 많은 정보를 제공할 수 있다.
③ 고객의 선호 채널을 통해 고객과의 관계를 유지할 수 있다.
④ 고객의 선호 채널을 통해 고객의 신상정보를 수집할 수 있다.

> 마케팅 채널 선호도는 고객이 어떤 채널을 통해 소통하고자 하는지를 파악하여 고객과의 관계를 유지하고 정보를 제공하는 데 중점을 둔다. 신상정보 수집과는 관련이 없다.

28. 서비스 요청이력 관련 데이터 중 서비스 품질 평가의 주요 목적으로 가장 적절한 것은?

① 고객의 평가 점수나 리뷰를 수집하기 위해
② 고객의 만족도를 측정하고 서비스의 강점과 약점을 파악하기 위해
③ 경쟁사 서비스의 기능을 정확히 판단하기 위해
④ 제품에 대한 특성을 파악해서 마케팅에 활용하기 위해

> 서비스 품질 평가는 고객의 만족도를 측정하고 서비스의 강점과 약점을 파악하여 개선점을 찾기 위한 것이다.

❸ 전자상거래 정보

> **출제포인트**
> 전자상거래에서 발생하는 정보들을 구분하고 특징을 물어보는 문제가 출제될 수 있습니다.

1. 전자상거래(E-Commerce, 이커머스)

① 웹사이트 접속자 수

설명	웹사이트에 접속한 방문자의 수를 측정하는 정보
특징	웹사이트의 일일 트래픽, 인기도, 특정 캠페인의 성과 파악 가능
활용	트래픽 분석을 통해 인기 페이지 및 마케팅 전략을 개선

② 모바일 기기 접속자 수

설명	모바일 기기를 통해 웹사이트나 앱에 접속한 사용자의 수
특징	모바일 사용자의 선호도와 구매 패턴을 파악
활용	모바일 마케팅 전략을 최적화하고, 모바일 트래픽 증가를 목표로 할 수 있음

③ 자연검색량

설명	특정 검색어가 검색 엔진에서 검색된 횟수
특징	키워드에 대한 관심과 검색 트래픽을 분석
활용	효과적인 키워드 선택 및 콘텐츠 최적화로 검색 엔진(SEO) 순위 개선

④ 노출도(Impression)

설명	사용자가 광고에 노출된 횟수
특징	광고의 효과를 측정하며 CPM(천 번 노출당 비용)의 기준이 됨
활용	광고 전략을 개선하고 더 많은 잠재 고객에게 도달하는 방법 모색

⑤ 클릭률(CTR, Click-Through Rate)

설명	광고가 노출된 후 클릭된 비율
특징	광고의 성과를 측정하는 핵심 지표
계산식	클릭률(CTR) = (클릭 수) ÷ (노출 수)
활용	광고 캠페인 효과를 분석하여 CTR을 높이는 전략 수립

⑥ 특정 콘텐츠의 방문자 수

설명	특정 웹 페이지나 블로그 콘텐츠에 방문한 사용자 수
특징	특정 콘텐츠에 대한 관심도 측정 가능
활용	인기 있는 콘텐츠 주제를 확인하고, 이를 마케팅에 활용

⑦ 페이지 잔류시간

설명	방문자가 특정 페이지에 머문 시간
특징	사용자 참여도와 콘텐츠의 흡입력을 파악
활용	콘텐츠 품질 및 사용자 경험을 개선하는 데 기여

⑧ 콘텐츠 반응률

설명	콘텐츠에 대한 상호작용(공유, 좋아요, 댓글 등) 비율
특징	콘텐츠의 매력도와 사용자 참여도 평가
활용	타깃 고객의 관심사를 반영한 콘텐츠 전략 수립에 활용

⑨ SNS 방문자 수 증가율

설명	소셜 미디어 플랫폼에서의 방문자 수 증가율
특징	SNS의 인기도와 성장세를 평가할 수 있음
활용	SNS 성과 분석 및 경쟁사와 비교하여 개선된 마케팅 전략 도출

⑩ SNS 플랫폼별 ROI

설명	소셜 미디어에서 마케팅 투자 대비 수익률
특징	각 플랫폼의 마케팅 효과를 평가하고 투자 수익성을 분석하는 데에 중요한 지표
활용	효율적인 투자 수익률을 위한 마케팅 전략 수립

⑪ 다운로드 수

설명	앱이나 콘텐츠 상품의 다운로드 횟수
특징	제품의 인기도와 사용자 관심도 파악 가능
활용	다운로드 수 분석을 통해 제품 개선 및 마케팅 전략을 조정

⑫ 팔로워 수

설명	소셜 미디어 계정 또는 페이지를 팔로우하는 사용자 수
특징	온라인에서의 접근성과 홍보 가능성을 의미
활용	팔로워 수 증대를 위한 SNS 전략 수립 및 상호작용 촉진

⑬ 리드(Lead)

설명	잠재 고객의 정보(이름, 이메일 등)
특징	개인화된 마케팅 활동의 기초가 되는 중요한 데이터
활용	리드를 통해 타깃 마케팅을 강화하고 고객 관계를 구축

⑭ 클릭당 비용(CPC, Cost per Click)

설명	광고 클릭 획득을 위한 평균 비용
특징	광고 효율성을 평가하는 주요 지표
계산식	클릭당 비용(CPC) = 광고 비용 ÷ 클릭 수
활용	낮은 CPC를 통해 효과적인 광고 캠페인 운영

⑮ 천 번 노출당 비용(CPM, Cost per Millennium)

설명	광고가 1,000번 노출될 때 지불하는 비용.
특징	광고 클릭 수와 상관없이 노출 빈도에 기반한 광고 비용 산정
계산식	천 번 노출당 비용(CPM) = (광고 비용 ÷ 노출 수) × 1,000
활용	광고 예산 분배와 타겟팅 전략을 개선

⑯ 인스톨당 비용(CPI, Cost per Install)

설명	앱 설치 획득을 위한 평균 비용
특징	앱 마케팅 성과를 평가하는 지표
계산식	인스톨당 비용(CPI) = 광고 비용 ÷ 앱 설치 수
활용	낮은 CPI를 통해 더 많은 앱 설치를 유도

⑰ 액션당 비용(CPA, Cost per Action)

설명	특정 액션(구매, 가입 등)당 지불하는 비용
특징	액션 효율성 분석을 위한 핵심 지표
계산식	액션당 비용(CPA) = 광고 비용 ÷ 액션 수
활용	CPA를 낮춰 목표 액션 달성률을 높이는 전략 수립

⑱ 이탈률

설명	방문자가 웹사이트에서 떠나는 비율
특징	페이지의 효과성과 사용자 경험을 평가하는 지표
활용	이탈률을 줄이기 위한 콘텐츠 및 UI/UX 개선 전략 마련

⑲ 전환율(CVR, Conversion rate)

설명	광고나 콘텐츠를 본 사용자가 실제 행동으로 전환하는 비율
특징	마케팅 목표에 따른 구매, 가입 등의 전환을 나타내는 중요한 지표
계산식	전환율 = (전환을 수행한 사용자 수 ÷ 마케팅에 참여한 전체 사용자 수) × 100%
활용	전환율 분석을 통해 광고 캠페인 또는 랜딩 페이지의 성과를 개선하는 데 기여

개념 ➕

광고 경매

온라인 광고 플랫폼 (예: 구글 광고, 페이스북 광고)에서는 광고 게재 순위를 결정하기 위해 실시간 경매를 진행합니다. 광고주는 입찰가를 설정하고, 광고 플랫폼은 입찰가, 광고 품질, 관련성 등을 종합적으로 고려하여 광고 게재 순위를 결정합니다. 경쟁이 치열한 키워드나 타겟층의 경우, CPC가 상승할 수 있습니다.

⑳ 고착도(Stickiness)

설명	사용자가 특정 제품, 서비스 또는 플랫폼에 정서적·경제적으로 얼마나 종속되어 있는지를 나타내는 지표
특징	높은 고착도는 사용자가 지속적으로 해당 서비스를 이용하고 다른 대안보다 우선적으로 선택함을 의미.
활용	고착도를 높여 사용자 충성도를 강화하고, 이탈을 줄이는 전략 수립에 활용 가능

㉑ 장바구니에 있는 제품 수

설명	온라인 쇼핑 사이트나 앱에서 사용자가 장바구니에 담은 제품의 수
특징	사용자의 관심과 구매 의향을 예측하는 데 유용하며, 마케팅 전략의 성과를 평가할 수 있음
활용	장바구니 데이터 분석을 통해 구매 전환율을 높이는 전략을 세우고 사용자 경험을 개선하는 데 기여

✅ 핵심 개념체크

29. 다음 중 리드(Lead) 데이터에 포함될 수 있는 정보가 아닌 것은 무엇인가?

① 사용자의 이름
② 이메일 주소
③ 전화번호
④ 사용자의 비밀번호

사용자의 비밀번호는 리드 데이터에 포함되지 않는다.

30. 다음 중 사용자가 특정 광고를 클릭할 때 발생하는 비용을 나타내는 지표는 무엇인가?

① 인스톨당 비용(CPI)
② 액션당 비용(CPA)
③ 고착도(Stickiness)
④ 클릭당 비용(CPC)

클릭당 비용(CPC, Cost Per Click)은 사용자가 특정 광고를 클릭할 때 발생하는 비용을 나타내는 지표이다.

31. 다음 중 '전환율(CVR)'에 대한 설명으로 가장 적절한 것은?

① 기업의 수익에서 비용을 차감한 후 남는 이익의 비율
② 기업이 제품 또는 서비스 판매로 얻은 총금액에서 이익의 비율
③ 특정 마케팅 활동에 대한 비용 대비 수익의 비율
④ 광고를 통해 웹사이트에 접속한 방문자가 목표 행동을 취한 비율

전환율(CVR, Conversion Rate)은 광고나 마케팅 활동을 통해 웹사이트에 접속한 방문자가 특정 목표 행동(예: 구매, 회원가입, 문의 등)을 취한 비율을 의미한다.

2장 기업 내부정보 파악

3절 공급관리 기본정보

난이도 **중**

❶ 공급관리 기본정보

출제포인트
공급관리 기본 정보 중 수요예측의 개념과 수요변화의 형태 그리고 방법을 구분하는 문제가 출제될 수 있습니다.

1. 생산 시스템의 효율성 분석을 위한 투입 및 산출 데이터

가. 생산 시스템 구조

나. 조직 유형별 투입 데이터 및 산출 데이터

조직	투입 데이터	산출 데이터
일반조직	자재, 에너지, 정보, 경영, 기술, 노동 등	제품, 정보, 경험 등
병원	의사, 간호사, 행정 직원, 의료 장비, 시설, 건물, 행정 시스템	각종 의료 서비스의 질, 완치된 환자
공장	노동자, 공장 부지, 원자재, 설비 배치, 에너지, 기계 장비	완제품
대학	교수, 행정 직원, 연구 시설 및 설비, 강의실, 학교 부지, 도서관	졸업생, 연구 실적
국가	국민, 대통령, 관료, 지자체, 행정 기관, 군사력	국가 위상, 경쟁력
음식점	재료, 요리사, 직원, 요리 기구, 전통, 위치, 인테리어	음식, 고객 만족도

2. 수요예측

가. 수요예측의 개념

- 수요예측은 시장조사와 다양한 예측 방법을 통해 미래의 수요를 추정하는 과정이다. 이를 통해 산업 전반의 수요 변화 경향을 분석할 수 있으며, 과거 및 현재의 데이터를 바탕으로 미래의 수요를 전망한다.

- 생산운영관리의 핵심 목표는 '수요와 공급의 균형'을 맞추는 것이다. 이때 공급은 조절이 가능하지만, 수요는 통제할 수 없기 때문에, 수요예측은 '불확실한 수요에 대응하는 공급 계획 수립'이라고 해석할 수 있다.
- 예측이란, 과거 데이터를 활용해 미래 값을 추정하는 것을 의미한다. 이를 통해 경영자는 장기적인 계획을 수립할 수 있으며, 관리 기준을 마련할 수 있다. 하지만 예측의 불확실성으로 인해, 수요예측의 정확도가 떨어질 가능성이 있다.
- 이러한 불확실성을 최소화하는 활동도 수요예측 과정의 일부로 간주될 수 있다.

나. 수요예측의 시간적 범위

단기 수요예측	현재 운영 중인 생산 활동과 밀접하게 관련된 시간, 일, 주, 월 단위의 예측
장기 수요예측	분기, 반기, 연간 또는 더 긴 시간 단위로 제품이나 서비스의 수명 주기와 관련된 예측

다. 수요 변화

- 수요예측은 불확실성을 내포하고 있으며, 그 중에서도 수요 변화는 중요한 변동 요인이다.
- 시장의 글로벌화로 인해, 기업들은 국내 소비자뿐만 아니라 전 세계 소비자의 요구를 고려해야 하며, 이에 따라 수요 변화의 불확실성은 더욱 커진다.
- 수요 변화의 형태

수평적 수요	일정한 평균값을 중심으로 수요가 상하로 변동하는 유형 예시) 치약과 칫솔과 같은 생필품
추세적 수요	시간이 지남에 따라 수요가 증가하거나 감소하는 패턴을 보이는 것 예시) 휴대폰 산업은 과거 피처폰에서 스마트폰으로의 변화를 통해 장기적인 수요 변화
계절적 수요	계절 또는 주기적인 요인에 따라 수요가 증감하는 패턴 예시) 기후에 따른 제철 과일 소비, 전력 사용량 등
순환적 수요	연 단위 이상의 장기간에 걸쳐 수요가 주기적으로 변동하는 유형 예시) 스포츠 이벤트나 올림픽 같은 대규모 행사에 대한 수요
무작위 수요	기상 변화나 자연재해와 같은 예측 불가능한 요인으로 인해 수요가 갑작스럽게 변동하는 유형

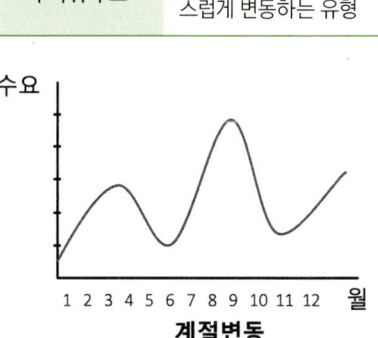

계절변동

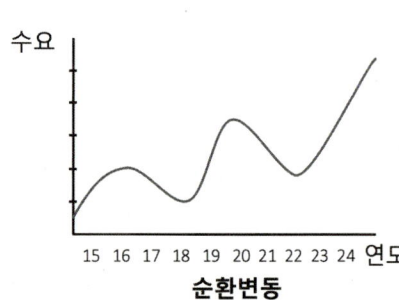

순환변동

> **개념 ➕**
>
> **사례: 삼성전자의 수요예측 시스템**
>
> 삼성전자는 정교한 수요예측 시스템을 통해 글로벌 시장에서 경쟁력을 유지하고 있습니다. 삼성전자는 빅데이터와 인공지능(AI) 기술을 활용하여 수요예측 정확도를 높이고, 이를 통해 생산 계획을 최적화하고 있습니다.
>
> - 빅데이터 분석 : 삼성전자는 다양한 데이터 소스(소셜 미디어, 검색 트렌드, 판매 데이터 등)를 분석하여 소비자 행동과 시장 트렌드를 예측합니다. 이를 통해 신제품의 수요를 정확하게 예측할 수 있습니다.
> - AI 기반의 예측 모델 : AI 알고리즘을 통해 기존의 수요 패턴뿐만 아니라, 비정상적인 변화나 예기치않은 수요 변화를 빠르게 감지하고 대응할 수 있습니다.
> - 생산 계획 최적화 : 수요예측 결과를 바탕으로 생산량을 조정하고, 필요한 자원을 적재적소에 배치하여 낭비를 줄이고 효율성을 극대화합니다. 이러한 수요예측 시스템 덕분에 삼성전자는 스마트폰, 가전제품 등 다양한 제품군에서 시장 변화에 빠르게 대응할 수 있었고, 고객의 요구를 만족시키며 재고 비용을 줄이는 성과를 거두었습니다.

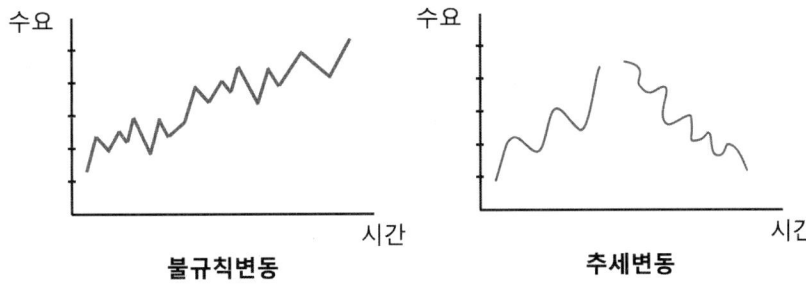

라. 수요예측 방법

- 수요예측의 정확도는 실제 수요와 예측값 간의 차이를 통해 평가된다.
- 과거 데이터를 활용하여 실제값과 예측값을 관찰하여 예측 오차를 추출하여 예측 오차가 가장 작은 기법을 선택한다. 또한 예측 오차 대비 기회비용을 고려하여 최적의 예측기법을 선정해야 한다.
- 일반적인 수요예측 기법

평균절대오차 (MAD, Mean Absolute Deviation)	예측오차(예측값 - 실제값) 절대값의 평균
평균절대백분율오차 (MAPE, Mean Absolute Percent Error)	평균절대오차의 퍼센트 값
평균제곱오차 (MSE, Mean Squared Error)	평균절대오차를 제곱한 뒤 (n-1)로 나눈 값

3. 품질관리

가. 품질관리(Quality Control)

- 품질: 제품이나 서비스가 고객의 기대를 얼마나 충족시키는지를 측정한 정도
- 품질관리는 제품이 표준을 충족하는지 여부를 확인하고, 표준에 미치지 못할 경우 이를 개선하는 프로세스이다. 이를 통해 기업은 공정이 계획대로 진행되고 있는지를 파악할 수 있다.
- 기업은 통계적 기법을 활용하여 공정 산출물 데이터를 점검함으로써 품질관리를 효과적으로 수행할 수 있다.

나. 품질검사

- 품질관리를 실현하기 위해서는 제품이나 서비스를 표준과 비교하여 평가하는 '검사'가 필요하다.

1) 시기에 따른 검사:

- 생산 전 검사: 투입 자원의 적합성을 확인하는 검사로, 주로 샘플링 방식을 사용한다.

- 생산 중 검사: 투입자원의 결과물 전환과정에서 적합성을 평가하는 공정 관리용 검사이다.
- 생산 후 검사: 제품이 고객에게 전달되기 전에 최종 적합성을 확인하는 검사로, 샘플링 방식으로 이루어지며 공정 관리의 일환으로 진행된다.

2) 검사 시 고려해야 할 요소:

- 검사의 양: 어느 정도의 양을 검사할 것인지
- 검사의 빈도: 얼마나 자주 검사할 것인지
- 검사의 위치: 공정의 어느 시점에서 검사를 실시할 것인지
- 중앙에서 검사할지, 생산 현장에서 바로 검사할지에 대한 고려
- 불량이 발생하기 쉬운 공정 단계에서의 검사가 중요
- 검사 방식: 속성별 발생 횟수 또는 특성치 값을 측정하는 방식
- 전형적인 검사 시기와 위치:
- 원재료 또는 납품된 부품이 도착할 때, 완제품이 출하되기 전
- 고가의 공정에 들어가기 전, 결함이 드러나기 어려운 공정 전에 검사

다. 품질 기법

1) 6가지 주요 품질 기법:

출제포인트
품질관리를 위한 품질관리 기법의 특징을 파악하고 구분하는 문제가 출제될 수 있습니다.

기법	설명
체크리스트 기법	체크리스트를 작성하여 실무자와 관리자가 점검하는 방식 예시) 공중 화장실 청결도 체크리스트 기법
히스토그램 기법	데이터를 몇 개의 계급으로 나누고, 각 계급의 빈도수를 막대그래프로 표현하여 데이터 분포를 파악하는 기법으로 데이터의 분포를 간편하게 파악 가능
산점도 기법	두 변수 사이의 관계를 시각적으로 나타내는 기법으로, 회귀 분석이나 IPA 분석에 사용
그래프 기법	막대 그래프, 원 그래프, 꺾은선 그래프 등 다양한 그래프를 활용하여 데이터를 직관적으로 이해할 수 있게 하는 방식
파레토 분석 기법	문제의 원인을 중요하지 않은 다수와 중요한 소수로 나누어 분석하는 방법으로, 주로 80%의 문제는 20%의 주요 원인에서 발생한다는 파레토 원칙에 기반하여 분석
서브퀄 (SERVQUAL)	고객이 인식하는 서비스 품질을 평가하는 기법으로, 질적 접근 방식에 중점을 두고 평가

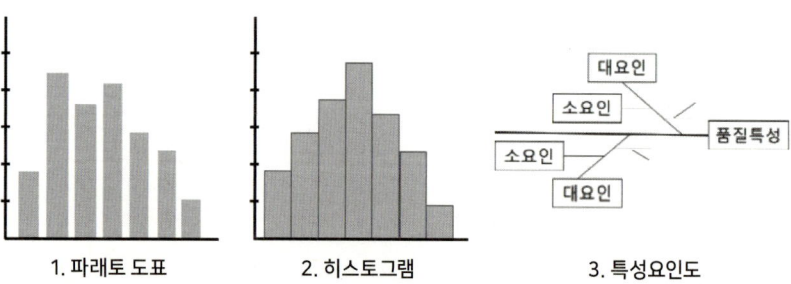

1. 파레토 도표   2. 히스토그램   3. 특성요인도

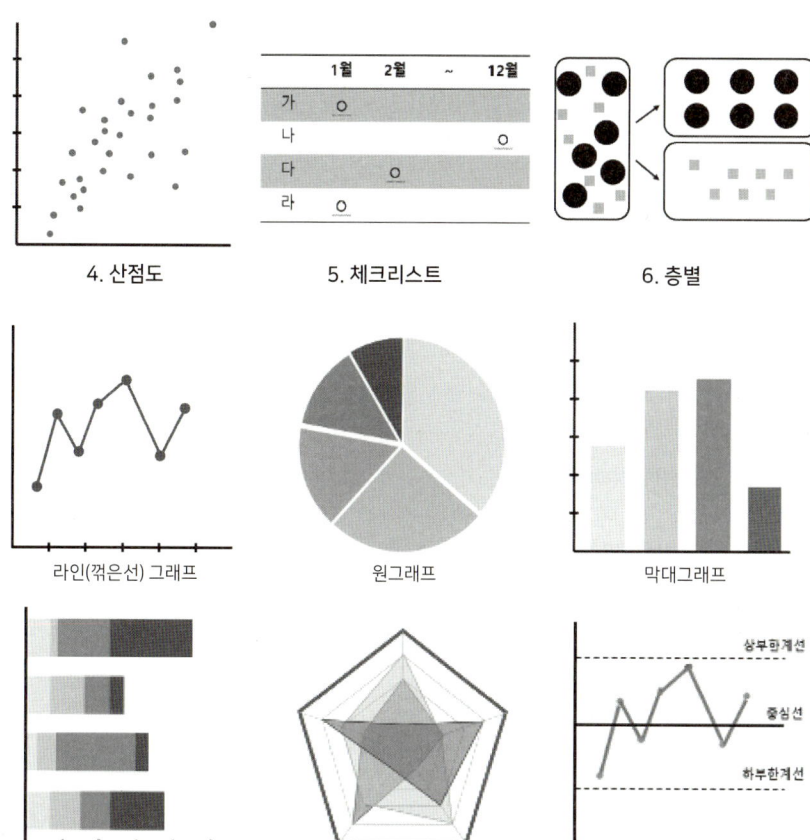

4. 산점도 5. 체크리스트 6. 층별

라인(꺾은선) 그래프   원그래프   막대그래프

누적 막대그래프   레이더(스파이더) 차트   관리도

7. 그래프와 프로세스 관리도

> **참고**
>
> 서브퀄(SERVQUAL)의 다섯 가지 주요 요인
>
> 1. **신뢰성(Reliability):**
>
> - 서비스가 일관성 있고 정확하게 제공되는 정도를 의미한다. 고객이 기대한 대로, 약속된 서비스가 실행되는 것이 신뢰성의 핵심이다.
> - 예: 항공사가 고객에게 약속한 출발 시간에 정확히 비행기를 출발시키는 것.
>
> 2. **확신성(Assurance):**
>
> - 고객에게 자신감과 신뢰를 주는 서비스 제공자의 능력을 뜻한다. 이는 서비스 제공자의 전문성, 친절함, 그리고 신뢰감을 주는 태도에서 비롯된다.
> - 예: 금융 상담사가 복잡한 금융 상품을 고객이 이해할 수 있도록 명확하고 전문적으로 설명하는 것.

> 참고

> ### 3. 유형성(Tangibles):
> - 고객이 눈으로 볼 수 있는 물리적 요소들, 즉 시설, 장비, 직원의 용모, 그리고 서비스와 관련된 자료 등을 의미한다. 유형성은 서비스 품질에 대한 첫인상을 형성하는 데 중요한 역할을 한다.
> - 예: 헬스클럽의 최신 운동 기구와 청결한 환경, 그리고 단정한 운동복을 입은 트레이너
>
> ### 4. 공감성(Empathy):
> - 고객의 요구를 진심으로 이해하고, 개별적이고 맞춤형 서비스를 제공하는 능력이다. 고객이 특별하게 대우받고 있다는 느낌을 주는 것이 중요하다.
> - 예: 병원에서 간호사가 환자의 불안을 이해하고, 따뜻한 말로 안심시키며 친절하게 설명하는 것.
>
> ### 5. 대응성(Responsiveness):
> - 고객의 요청이나 문제에 대해 신속하고 적극적으로 대응하는 태도이다. 고객이 필요할 때 즉각적인 도움을 제공하는 것이 중요하다.
> - 예: 온라인 쇼핑몰에서 고객이 배송 문제를 제기했을 때, 고객 서비스 센터가 신속히 연락하여 해결책을 제공하는 것.

4. 공급사슬관리(SCM, Supply Chain Management)

가. 공급사슬관리의 개념

- 공급사슬관리는 공급과 수요의 모든 과정을 전략적으로 관리하고 조정하는 관리 기법이다. 제품이 소비자에게 도달하기까지의 모든 단계를 효율적으로 관리하는 것이 목적이다.
  - 현대의 기업들은 독립적으로 모든 생산 및 공급 과정을 수행할 수 없으므로, 공급사슬 관리가 필수적이다.
  - 예시) 자동차 제조업체가 차량의 각 부품을 직접 생산하고, 판매 및 애프터서비스까지 담당하는 것은 비효율적이다. 이러한 역할은 다양한 공급자와 수요자 간의 협력으로 이루어진다.
- 공급사슬은 흔히 가치사슬(Value Chain)이라는 용어로도 표현되는데, 이는 제품이나 서비스가 공급 과정에서 각 단계별로 가치를 더해가는 과정을 설명하는 개념이다.
  - 이 과정은 원재료에서 최종 제품에 이르기까지 여러 단계에서 발생하며, 단일 기업이 아닌 서로 독립적인 여러 조직들이 협력하여 함께 이루어지는 특징이 있다.
  - 이러한 가치 창출 과정은 각 조직이 맡은 역할에서 효율성을 높이고, 최종적으로 고객에게 더 나은 품질과 서비스를 제공하는 것을 목표로 한다.

출제포인트

공급사슬관리의 개념과 특징을 물어보는 문제가 출제될 수 있습니다.

개념 +

현대자동차의 통합된 비즈니스 모델은 기존 SCM(공급사슬관리)에서 흔히 볼 수 있던 분리된 가치사슬과는 근본적으로 다른 접근 방식을 취하고 있습니다.

과거의 SCM은 생산, 판매, 유지관리, 애프터서비스 등의 단계가 독립적으로 관리되었으나, 현대차는 이러한 각 단계를 통합하여 하나의 유기적인 시스템으로 연결하고 있습니다.

이를 통해 모든 공급망 요소가 실시간으로 상호작용하며, 고객 맞춤형 서비스와 지속 가능한 운영이 가능해집니다.

특히 전동화, 자율주행, 구독형 서비스 등 혁신적인 기술과 서비스가 공급사슬 전반에 반영되어 효율성과 가치를 극대화하고 있습니다.

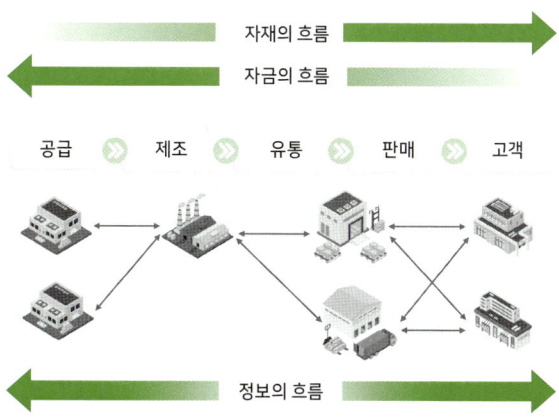

나. 공급사슬의 주요 흐름

- 물리적 이동(Physical Movement): 제품이 실제로 한 장소에서 다른 장소로 이동하는 과정을 의미한다.
- 현금흐름(Cash Flow): 제품이 이동함에 따라 그에 대한 대금을 지불하는 과정이다. 현금은 대체로 제품이 이동하는 반대 방향으로 흐른다.
- 예시) 부품을 납품 받은 공장에서 제품 판매 후 대금을 지불하게 되면, 현금은 공급자에게 이동한다.
- 정보 교환(Exchange of Information): 제품의 이동과 현금 흐름과 관련된 정보를 거래자 간에 교환하는 과정을 의미한다.
- 공급사슬은 종종 물류(Logistics)로 좁게 해석되기도 하지만, 물류는 제품, 서비스, 현금, 정보의 정방향과 역방향 흐름을 모두 포함하는 공급사슬의 일부분이다.

✅ 핵심 개념체크

32. 다음 조직유형 중 일반조직에서 사용하는 생산시스템의 투입 데이터에 해당하지 않은 것은?

① 자재   ② 에너지   ③ 제품   ④ 노동

일반조직에서 사용하는 생산시스템의 투입 데이터는 자재, 에너지, 정보, 경영, 기술, 노동 등이 포함되며, 산출 데이터는 제품, 정보, 경험 등이 포함된다.

33. 다음 보기에서 수요예측 방법 중 평균절대오차(MAD)에 대한 설명으로 옳은 것은 무엇인가?

① 예측값과 실제값의 차이를 제곱하여 평균한 값
② 예측값과 실제값의 차이를 평균한 값
③ 예측값과 실제값 차이의 절대값을 평균한 값
④ 예측값과 실제값의 차이를 비율로 평균한 값

평균절대오차(MAD, Mean Absolute Deviation)는 예측값과 실제값의 차이를 절대값으로 변환한 후, 이 절대값들의 평균을 구한 값이다.

34. 다음 중 품질관리를 위한 품질기법인 '파레토(Pareto) 분석'의 목적은 무엇인가?

① 문제의 원인을 분석하여 가장 중요한 원인을 식별하기 위해
② 문제의 발생 빈도를 파악하기 위해
③ 문제의 심각성을 평가하기 위해   ④ 문제의 해결 방법을 찾기 위해

파레토 분석의 목적은 문제의 원인을 분석하여 가장 중요한 원인을 식별하는 것이다.

정답 32. ③ 33. ③ 34. ①

❷ 구매 및 재고관리 정보

> **출제포인트**
> 구매 및 재고 관리에 관한 내용과 특성을 구분할 수 있어야 합니다. 그리고 황소채찍 효과에 대해 묻는 문제가 출제될 수 있습니다.

1. 구매 관리

가. 구매 관리

- 구매 관리(Purchasing Management)는 기업의 생산 및 서비스 운영을 위해 필수적인 자재, 부품, 소모품, 서비스 등을 조달하는 데 중추적인 역할을 한다.
- 구매 관리는 단순히 원가 절감 차원을 넘어, 제품 품질, 납기, 그리고 전반적인 서비스의 효율성에 직접적인 영향을 미치는 중요한 요소이다.
- 이에 따라 구매 부서는 기업의 운영 전략을 뒷받침하는 구매 계획을 수립하고 실행하며, 필요 자원을 적시에 확보하는 데 집중한다.
- 이 과정에서 공급자 선정, 계약 협상, 공급자 데이터베이스 관리, 그리고 공급 업체와의 장기적 협력 관계를 구축하는 것도 구매 부서의 주요 책임 중 하나이다.
- 구매 부서는 공급업체와의 파트너십을 형성하고, 계약 협상부터 다양한 부서와 공급업체 간의 조정 역할을 맡음으로써 공급망 관리에서 핵심적인 역할을 수행한다.

나. 구매 관리 활동

- 구매 과정에서 일반적으로 반복되는 절차는 '구매 주기(purchasing cycle)'로 설명될 수 있다.

    1. 구매 요청 확인
    2. 적합한 공급자 선정
    3. 공급자에게 주문 발주
    4. 주문 상태 모니터링(monitoring orders)
    5. 제품 수령(receiving orders)

다. 구매 유형

중앙집중구매	본사나 특정 부서가 모든 구매를 총괄하여 처리하는 방식으로, 통일된 기준과 절차로 구매를 진행할 수 있음
분산구매	여러 부서 또는 지점에서 독립적으로 필요한 물품을 구매하는 방식으로, 각 부서가 개별적으로 구매 결정을 내리기 때문에 유연성이 있으나, 통합된 관리가 어려울 수 있음

라. 구매 관리와 데이터

- 본사의 구매 부서는 다양한 부서와 지점의 필요 데이터를 수집하여, 각 지역에서 요구하는 자재와 제품을 효율적으로 조달할 수 있도록 한다.
- 트래픽 관리(Traffic Management)를 통해 자재와 제품의 입출하 과정에서 물류를 조정하며, 선적 옵션, 정부 규제, 적시성, 예상 비용 등을 고려하여 최

적의 선적 방법을 선택할 수 있다.

- 이와 함께 제품과 자재를 시스템 추적(System Tracking & Tracing)을 통해 배송 현황을 실시간으로 모니터링하고, 비용 및 일정 계획을 관리하여 효율적인 운영을 지원할 수 있다.

마. 데이터 활용

- 구매 관리 과정에서 생성되는 데이터는 매우 방대하고 구체적이기 때문에 이러한 데이터를 통해 구매 부서는 제품 및 자재의 흐름을 추적하고, 기업 운영 전략에 필요한 의사 결정을 지원할 수 있다.

2. 황소채찍 효과

가. 황소채찍효과 (Bullwhip Effect)

- 황소채찍효과란 공급사슬에서 소비자 수요의 작은 변동이 공급망을 따라 갈수록 점점 커지는 현상을 의미한다. 즉, 공급사슬 후방에 위치한 기업일수록 수요 변동에 따른 재고 변동 폭이 확대되는 경향을 보이게 된다.
- 공급사슬 관리의 궁극적인 목표는 모든 참여 기업 간의 협력을 통해 원활한 재고 흐름을 유지하는 것이지만, 이 과정에서 재고 관리의 비효율성이 발생할 수 있다.
- 재고는 공급망의 완충 장치로 작용하지만, 과도한 재고는 기업의 재무 상태에 부담을 주기 때문에 효율적인 재고 관리가 필요하다.
- 예시) 한 소매점에서 소비자 20명이 특정 제품을 구매하려고 할 때, 소매점은 갑작스러운 수요 증가를 대비하기 위해 안전재고 5개를 포함하여 도매상에게 25개를 주문한다. 도매상은 이를 바탕으로 유통업체에게 안전재고 7개를 더해 총 32개를 요청한다. 유통업체는 역시 추가적인 안전재고 10개를 고려하여 최종적으로 공장에 42개의 제품을 주문하게 된다.
- 이러한 과정에서 실제 수요는 20개에 불과하지만, 공급사슬을 따라 가면서 각 단계에서 더 많은 재고를 주문하게 되므로 최종적으로 42개의 제품이 생산된다. 이로 인해 실제 수요보다 훨씬 많은 재고가 쌓이게 되며, 이는 황소채찍효과의 전형적인 사례로 재고 관리의 비효율성을 보여준다.

개념 ➕

황소채찍 효과

코로나19 팬데믹(대유행) 당시 자동차에서 게임 콘솔까지 모든 제품에 영향을 미쳤던 반도체 부족 현상이 공급과잉으로 바뀌면서 글로벌 반도체 업체들이 타격을 받고 있다고 CNBC 방송이 27일(현지시간) 보도했다.

팬데믹 당시 자가 격리됐던 소비자들이 PC와 스마트폰과 같은 제품에 열광하는 가운데 공급망 혼란으로 반도체 생산에 차질이 빚어졌다. 이에 따라 한국의 삼성전자[005930]와 SK하이닉스[000660], 미국의 마이크론 등이 제조한 메모리 반도체의 수요뿐 아니라 전자 기기의 전력 관리 등에 쓰이는 구형 반도체 수요까지 늘어났다. 이후 일부 부문에서는 수요와 공급이 균형을 되찾고 있지만 랩톱과 데이터센터 서버에 들어가는 낸드플래시와 D램 반도체는 공급과잉으로 국면이 전환됐다.

베인앤드컴퍼니의 피터 핸버리 통신·미디어·기술 부문 파트너는 "최종시장(PC 등 제조업체)이 새 주문 대신 재고 소진에 집중해 반도체 부족 당시 급증했던 수요가 갑자기 말라버리면서 공급망 뒤편의 반도체 제조업체에서 강력한 '채찍효과'(bullwhip)가 발생했다"고 설명했다.

황소채찍효과 (Bullwhip Effect)

Consumer → Retailer → Distribution → Manufacturer → Supplier

나. 황소채찍효과의 영향

- 황소채찍효과는 재고 흐름에 병목현상(bottle neck)을 유발해 공급사슬 전반의 속도를 저하시킨다. 공급사슬에서는 제품과 자재의 이동 속도가 중요한데, 황소채찍효과는 이러한 흐름을 방해하여 금전적 손실과 정보 전달의 지연을 초래할 수 있다.
- 재고 흐름 속도란 자재나 제품이 공급사슬을 따라 이동하는 속도를 말하며, 이 속도가 빠를수록 재고 유지 비용이 줄어들고 고객의 주문이 더 신속하게 처리될 수 있다.
- 병목 현상: 황소채찍효과가 심화되면 자재와 제품의 이동 속도가 느려지면서 고객의 주문 처리가 지연되고 현금 전환 속도도 늦어진다.
- 이를 방지하기 위해 기업들은 IT 기술을 활용하여 실시간으로 재고와 수요 정보를 공유하는 시스템을 구축하고 있다. 이러한 정보의 실시간 공유는 공급사슬 후방에서 발생하는 재고 변동폭을 줄여주며, 특히 글로벌 기업들은 재고 현황을 시각화해 모니터링하는 시스템을 도입하여 효율적인 관리를 도모하고 있다.

3. 재고와 경제적 주문량 모형

가. 재고관리

- 재고관리의 목적: 재고비용을 최소화하면서도 고객 서비스의 품질을 일정 수준 이상으로 유지하는 것을 목표로 한다.
- 재고관리의 주요 지표:
- 재고회전율: 평균 재고 자산 대비 판매된 제품의 비율을 나타내며, 연간 매출액과 재고 투자액 간의 비율을 통해 산출된다.
- 재고회전율이 높을수록 재고 관리가 효율적으로 이루어진 것으로 판단할 수 있으나, 적정 회전율은 산업 및 기업의 특성에 따라 다를 수 있다.
- 재고공급일수: 현재 보유한 재고로 예상되는 판매 가능 일수를 의미한다.
- 재고공급일수는 "현재의 재고로 며칠 동안 수요를 충족할 수 있는가?"라는 질문에 답을 제공한다.
- 재고관리 시스템:
- 재고를 효과적으로 관리하기 위해서는 각 기업이나 공장에서 보유한 재고와 주문량을 추적할 수 있는 시스템이 필요하다.
- 대표적인 예로 주기조사시스템과 연속조사시스템이 있다.
- 재고관리에 필요한 지식:
- 재고 관리를 최적화하려면 신뢰할 수 있는 수요예측이 필수적이다. 이를 위해

예측오차 지표를 사용하여 수요의 변동성을 분석해야 한다.
- 리드타임(Lead Time): 주문이 이루어진 시점과 주문한 제품이 도착하는 시점 간의 시간 차이를 의미한다. 예를 들어, 고객이 자동차를 주문한 후 5일 후에 차량을 인도받았다면, 해당 리드타임은 5일이다.
- 비용: 재고를 유지하는 데 드는 비용, 주문 비용, 그리고 재고 부족으로 인한 기회비용 등이 있다. 이들 비용을 합리적으로 추정하고 관리하는 것이 중요하다.

나. 경제적 주문량 모형 (EOQ, Economic Order Quantity)

- 기본 EOQ 모형: 연간 재고 유지 비용과 주문 비용을 최소화하는 주문량을 결정하기 위한 수학적 모형이다.
- EOQ 모형의 기본 가정:
- 하나의 제품만을 대상으로 하며, 연간 수요량이 일정하다고 가정한다.
- 리드타임은 고정되어 있으며, 모든 주문은 한 번에 전달되고 수량 할인은 고려하지 않는다.
- 재고 유지 비용과 주문 비용이 균형을 이룰 때 최적의 주문량이 결정된다.
- 주요 공식:
- 연간 재고 유지 비용: $(Q/2) \times H$ (여기서 Q는 주문량, H는 단위당 유지 비용)
- 연간 주문 비용: $(D/Q) \times S$ (여기서 D는 연간 수요량, S는 주문 비용)
- 총 비용은 연간 재고 유지 비용과 주문 비용의 합으로 산출된다.
- 경제적 주문량(EOQ)는 재고 유지 비용과 주문 비용이 동일할 때의 주문량으로, 이를 통해 총 비용을 최소화할 수 있다.
- 최적 주문량 Q는 다음과 같이 구할 수 있다 $Q = \sqrt{2DS/H}$

다. 재고 모형

정량발주모형(Q-Model)	재고 수준이 사전 설정된 재주문점(Reorder Point)에 도달하면 주문을 실행하는 모형으로, 이를 통해 일정 재고 수준을 유지할 수 있음
정기발주모형(P-Model)	일정한 시간 간격으로 주문이 이루어지는 모형으로, 주기조사 시스템에 해당하며, 이 모형은 정해진 시간 간격으로 재고 상황에 관계없이 주문이 이루어지기 때문에, 정량발주모형에 비해 안전재고를 더 많이 필요로 하는 경향이 있음

> **참고**

항목	정량발주모형 (Q-Model)	정기발주모형(P-Model)
발주 시점	재고가 재주문점에 도달할 때마다 발주	정해진 주기에 맞춰 발주
발주량	고정된 양을 발주	목표 재고 수준까지의 부족량을 발주
주문 주기	불규칙 (수요에 따라 다름)	일정한 주기마다 발주 (예: 매주, 매월)
재고 관리	재고가 부족할 가능성이 낮음	재고 부족 위험이 있을 수 있음
관리 복잡성	지속적인 재고 모니터링 필요	단순한 주기적 재고 검토
수요 변동	변동성이 큰 수요에 적합	수요 변동이 적은 경우에 적합
재고 유지 비용	과잉 재고 위험이 적음	과잉 재고가 발생할 가능성이 있음

> **출제포인트**
> PERT/ CPM 의 개념과 특장점에 대해 구분하는 문제가 출제될 수 있습니다.

4. PERT/CPM과 프로젝트 관리

가. PERT/CPM의 개념

- 기업이 다양한 제약을 효율적으로 관리하기 위해서는 프로젝트 관리 기법이 필수적이다. 이 중 PERT와 CPM은 가장 널리 사용되는 프로젝트 관리 기법이다.

  - PERT(Program Evaluation and Review Technique): 1950년대 미국 국방성에서 미사일 개발 프로젝트를 관리하기 위해 처음 도입된 기법이다. 각 활동의 소요시간을 확률적으로 추정하는 특징이 있어, 대규모 프로젝트 관리에 적합하다.

  - CPM(Critical Path Method): 1950년대 듀퐁사에서 화학공장 유지보수 작업의 관리에 사용된 기법이다. PERT와는 달리, CPM은 각 활동의 소요시간이 확정적이라고 가정한다.

- 오늘날에는 두 기법의 차이를 엄격히 구분하지 않고, PERT/CPM이라는 하나의 통합된 기법으로 혼용하여 사용되는 경우가 많다.

나. PERT/CPM 활용의 장점

- PERT/CPM 기법은 프로젝트의 총 소요 시간을 예측할 수 있게 하며, 이를 도표로 시각화하여 쉽게 이해할 수 있다.

- 프로젝트 완료에 결정적인 역할을 하는 주 경로(Critical Path)를 식별할 수 있다. 이 경로에 있는 활동들이 지연되면 프로젝트 전체에 영향을 미치게 된다.

- 또한, 주 경로에 포함되지 않은 활동들에 대해 어느 정도의 지연 시간이 허용되는지도 파악할 수 있어, 이를 통해 유연한 일정 관리가 가능하다.

다. PERT/CPM의 네트워크 도구

AOA (Activity On Arrow)	활동을 화살표로 표시하는 네트워크 도구로, 각 활동의 시작과 종료 시점을 노드로 표현하며, 활동 간의 선후 관계를 명확히 나타내기 위해 필요에 따라 더미 활동을 사용하는 경우가 많음
AON (Activity On Node)	활동을 마디(Node)로 표시하는 네트워크 도구로, AOA와 달리 노드가 활동 자체를 나타내며, 각 노드와 화살표에 대한 시간 추정은 확정적이거나 확률적일 수 있음

개념 +

더미 활동(Dummy Activity)

더미 활동은 실제 작업이 아닌, 네트워크 논리를 정확히 표현하기 위해 사용하는 가상의 활동입니다. 시간이나 자원을 소모하지 않으며, 보통 점선 화살표로 표시됩니다. 단, 더미 활동이 많아지면 네트워크 다이어그램이 복잡해질 수 있습니다.

라. PERT/CPM의 시간 계산 방식

- 확률적 시간 추정은 통계적 지식이 필요하며, 확정적 시간 추정은 활동 소요 시간이 고정되어 있는 경우를 의미한다.
- PERT/CPM에서 계산해야 할 주요 시간 요소는 다음과 같다.

ES (Early Start)	해당 활동을 가장 일찍 시작할 수 있는 시점
EF (Early Finish)	해당 활동을 가장 일찍 완료할 수 있는 시점
LS (Late Start)	프로젝트를 지연시키지 않는 범위 내에서 가장 늦게 시작할 수 있는 시점
LF (Late Finish)	프로젝트를 지연시키지 않고 가장 늦게 완료할 수 있는 시점

마. PERT/CPM을 통한 정보 도출

- PERT/CPM 알고리즘을 통해 프로젝트 관리자는 다음과 같은 중요한 정보를 얻을 수 있다.
- 프로젝트의 총 소요 시간에 영향을 미치는 주요 활동과 주 경로(Critical Path)를 식별할 수 있다.
- 주 경로에 포함되지 않은 활동들의 지연 가능 시간을 계산하여, 전체 프로젝트에 미치는 영향을 최소화할 수 있다

모바일로 풀기

✅ 핵심 개념체크

35. 다음 중 공급사슬관리(SCM)의 목적은 무엇인가?

① 공급과 수요를 통합적으로 관리하는 것
② 제품의 품질을 향상시키는 것
③ 고객 만족도를 높이는 것
④ 생산 비용을 절감하는 것

> 공급사슬관리(SCM, Supply Chain Management)의 주된 목적은 공급과 수요를 통합적으로 관리하여 전체 공급망의 효율성을 극대화하는 것이다.

36. 정기발주모형과 정량발주모형의 차이점으로 옳은 것은 무엇인가?

① 정기발주모형은 재고의 양에 따라 주문이 이루어진다.
② 정량발주모형은 일정한 시간 간격으로 주문이 이루어진다.
③ 정기발주모형은 재고와 관계없이 시간 간격으로 주문이 이루어진다.
④ 정량발주모형은 안전재고가 많다.

> 정기발주모형은 재고와 관계없이 일정한 시간 간격으로 주문이 이루어지며, 정량발주모형은 재고의 양에 따라 주문이 이루어진다.

37. PERT/CPM의 활용 시 이점으로 옳지 않은 것은 무엇인가?

① 전체 프로젝트가 얼마나 소요되는지 총시간을 추정할 수 있으며, 이를 그림으로 나타내어 알아보기 쉽다.
② 프로젝트의 총소요시간에 영향을 주는 주요한 활동인 주 경로(Critical path)를 식별할 수 있다.
③ 전체 프로젝트의 총소요시간에 영향을 주지 않는 범위 내에서 각 활동들을 얼마나 늦게 시작하거나 늦게 완료할 수 있는지에 대한 지연 시간 정보를 제공한다.
④ 프로젝트의 비용을 정확히 산출할 수 있다.

> ④ 프로젝트의 비용을 정확히 산출할 수 있다는 PERT/CPM의 이점이 아니다.

PART 01
경영정보 일반

3장 기업 외부정보의 활용

○ **학습 목표**
- 다양한 공공정보의 예시와 활용에 대해 이해한다.

○ **눈높이 체크**

✓ 공공정보를 어떻게 활용할 수 있을까요?

> 기상자료 개방 포털에서 제공하는 기온, 강수량, 바람, 습도 등 기상 데이터를 활용하면 날씨와 밀접하게 관련된 산업에서 효율적인 의사결정을 내릴 수 있습니다. 대표적으로 농업 분야에서는 기상자료 개방 포털의 데이터를 활용해 작물 재배 시기를 최적화하고 병해충을 예측할 수 있습니다.

1절 기업 외부정보 파악

3장 기업 외부정보의 활용

난이도 하

공공정보를 비롯하여 다양한 형태의 정보(인구, 날씨, 교통 등)가 기업의 의사결정이나 데이터분석, 시각화 등에 필요할 수 있다.

출제포인트
- 다양한 공공정보(인구, 날씨, 교통 등)가 기업의 의사결정과 데이터 분석, 시각화에 활용될 수 있습니다.
- 문제 출제는 각 포털의 제공 기능과 데이터 활용 방법에 초점을 맞춥니다.

❶ 기업 외부정보 제공 웹사이트 및 획득가능 정보

1. 통계청 국가 통계 포털(KOSIS)

가. 획득 가능한 정보 예시

- 인구, 사회 일반, 범죄 안전, 노동, 소득/소비/자산, 보건, 복지, 교육/훈련, 문화/여가, 주거, 국토이용, 경제일반, 경기, 기업경영, 농림, 수산, 광업 및 제조업, 건설, 교통/물류, 정보 통신, 과학 기술, 도소매/서비스, 임금, 물가, 국민계정, 정부/재정, 금융, 무역/국제수지, 환경, 에너지, 지역통계

정보	내용
E-지방지표	지역자치단체의 생활환경 및 경영상황에 관한 지역간 평가 및 비교가 가능한 서비스
국제통계	국제경제 및 사회의 흐름을 파악할 수 있는 주요 국제지표 및 통계자료 제공
북한통계	국·내외 산재한 북한관련 통계정보
쉽게 보는 통계	일상생활과 관련한 흥미로운 통계 자료
시각화 콘텐츠	수치통계를 시각화 기법으로 활용하여 나타낸 서비스
공유 서비스(Open API)	KOSIS의 통계정보를 공공 및 민간 등에서 자체적으로 서비스를 개발할 수 있도록 국가통계통합DB에 접근하기 위한 인터페이스(API)를 제공하는 서비스

2. 기상자료 개방 포털

가. 획득 가능한 정보 예시

- 기상관측(지상, 해양, 고층, 항공), 수치 모델(수치분석일기도, 단/중기 예측, 초단기 예측, 파랑모델), 날씨 이슈별 데이터(폭염, 황사, 한파, 태풍), 기후(기후변화 감시, 가뭄) 등

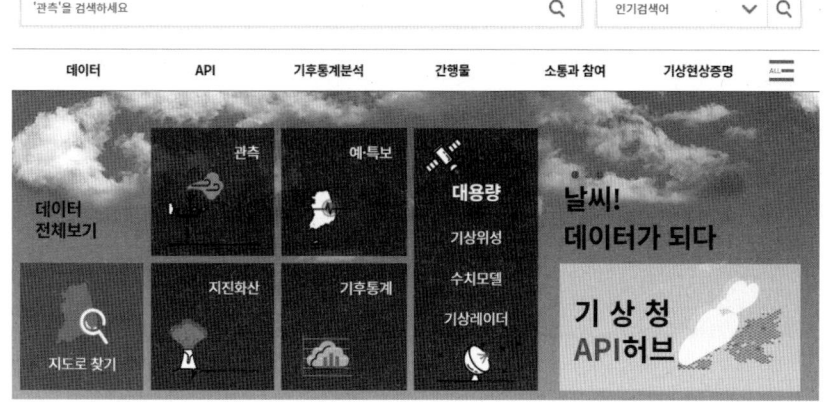

3. 국가교통DB(KTDB)

가. 획득 가능한 정보 예시

- 교통정책 및 계획 수립 등에 필요한 교통기초통계를 종합, 조사, 분석 관리하는 체계로, 도로, 철도, 공항, 항만, 물류시설 등 교통시설 및 교통수단의 운영 상태, 기종점통행량, 통행특성, 교통네트워크 등에 관한 데이터 베이스
- 교통혼잡지도의 활용 등으로 예보시스템 및 모니터링 지원시스템 구축 가능

4. 한국데이터거래소(KDX)

여러 기업이 보유하고 있는 다양한 데이터 상품과 서비스를 제공

가. 획득 가능한 정보 예시

- KDX의 기업회원이 보유하고 있는 경제/산업, 금융/증권, 통신/인구, 소비/상권, 이커머스, 유통/마케팅, 물류/교통, 보건의료, 부동산/지리, 여가/레저, 인공지능, SNS, 미디어, 공공데이터 카테고리의 데이터 상품과 인공지능 학습용 데이터 상품을 사용자에게 유/무료로 제공

5. 공공데이터 포털

공공기간이 생성 또는 취득하여 관리하는 공공데이터를 국민이 쉽고 편리하게 이용할 수 있도록 파일데이터, 오픈API, 시각화 등 다양한 방식으로 제공

6. 항공 정보 포털 시스템

가. 획득 가능한 정보 예시

- 공항정보, 항공사 정보, 항공기 정보, 항공 연락망, 항공 소비자정보, 항공안전 투자공시, 항공여객이동특성, 항공통계, 항공 보안, 실시간 운항정보 등의 데 이터를 제공

7. 유통데이터서비스플랫폼

가. 획득 가능한 정보 예시

- 유통산업에서 활용하거나 발생하는 모든 데이터를 포함하여 유통데이터의 가장 근간이 되는 상품데이터와 거래데이터 제공
- 대량 회원을 보유한 통신사, 금융사, 유통사 등의 모바일지갑 서비스 앱 등을 통해 언제, 어디서, 무엇을, 얼마나 구매했는지에 대한 구매데이터를 수집

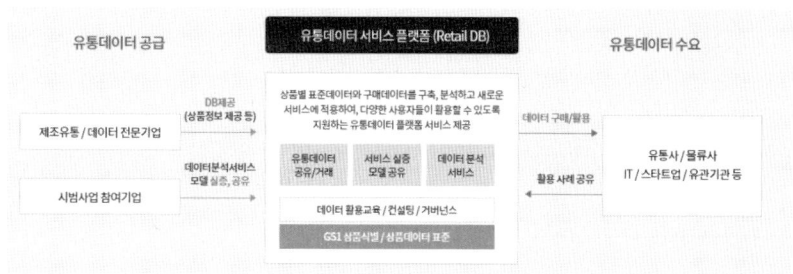

✓ 핵심 개념체크

38. 국가통계DB에서 제공하지 않는 기능은 무엇인가?

① 교통정보 및 통계
② 표준코드 조사 및 분석
③ 이동통신 고객중 우량고객 정보
④ 통계 데이터의 시각화

유통데이터서비스 플랫폼을 통해 대량 회원을 보유한 통신사, 금융사, 유통사의 구매데이터를 수집할 수 있지만 고객의 정보를 제공하지는 못한다.

39. 다음 중 기상자료개방포털에서 제공하는 서비스가 아닌 것은 무엇인가?

① 기상자료 조회 및 다운로드
② 날씨 예측 및 분석
③ 공공기관의 통계자료 제공
④ 기상 데이터 활용 연구

공공기관의 통계자료 제공은 주로 통계청이나 다른 관련 기관에서 담당한다.

MEMO

PART 01. 경영정보 일반

3 DAY

PART 01 경영정보 일반
예상문제 100

모바일로 풀기

001 난★★★★☆
다음 중 경영의 의사결정과 관련된 설명으로 옳지 않은 것은?
① 의사결정은 조직의 목표를 달성하기 위한 최적의 대안을 선택하는 과정이다.
② 의사결정은 개인의 직관에 의존하여 이루어진다.
③ 의사결정 과정은 문제 인식, 대안 개발, 대안 평가, 선택 및 실행의 단계를 포함한다.
④ 의사결정은 조직의 성과에 직접적인 영향을 미칠 수 있다.

002 난★★★☆☆
경영 전략 수립의 주요 목적으로 가장 알맞은 것은 무엇인가?
① 조직의 내부의 커뮤니케이션을 개선하기 위해 조직 구조를 개선하는 과정이다.
② 조직이 시장에서 경쟁 우위를 확보하고 지속적으로 유지하기 위한 방향과 목표를 설정하는 과정이다.
③ 조직의 재무 상태를 분석하기 위해 진행되는 일련의 과정이다.
④ 조직의 인적 자원을 효율적으로 관리하기 위해 실행하는 모든 방법들을 의미한다.

003 난★★★★☆
가치체계 설정 중 미션에 해당되는 내용은 무엇인가?
① 2028년까지 글로벌 시장에서 가장 신뢰받는 자격증 교육 플랫폼 기업이 된다.
② 2026년까지 수험생 합격률 50%, 고객 만족도를 80%로 높인다.
③ 모든 결정은 수험생의 학습성과와 합격을 최우선으로 한다.
④ 자격증 수험생에게 최고의 학습경험과 성과를 제공하는 혁신적인 제품을 개발한다.

004 난★★★☆☆
다음 중 경영정보시스템(MIS)을 활용하여 경영진의 의사결정을 직접적으로 지원하는 가장 적절한 예시는 무엇인가?
① 고객의 구매 이력을 바탕으로 개인화된 광고 캠페인을 자동으로 실행한다.
② 사내의 특허 관리와 지식 관리를 위해 새로운 기술이 업데이트 되면 해당 직원의 성과를 자동으로 계상되도록 시스템으로 지원한다.
③ 조직의 재무 상태를 실시간으로 모니터링하고, 이를 바탕으로 신규사업 투자 전략을 조정한다.
④ 직원의 출퇴근 시간을 자동 체크하여 근무 시간과 연차관리를 자동으로 계산한다

005 난★★☆☆☆
다음 중 경영정보시스템(MIS)의 주요 기능과 관련된 설명으로 가장 적절하지 않은 것은?
① MIS는 경영에서 의사결정을 지원하기 위해 데이터를 수집하고 분석한다.
② MIS는 운영 효율성을 증가시키고 경영 성과를 향상시키는 데 도움을 준다.
③ MIS는 주로 직원 복지 프로그램을 설계하고 실행하는 데 중점을 둔다.
④ MIS는 조직 내 다양한 부서 간의 원활한 정보 흐름을 지원한다.

006 난★★★★★
다음 중 경영정보시스템의 역할과 거리가 먼 것은?
① ERP 시스템은 기업 내 생산, 물류, 회계, 영업, 인적 자원관리 등 다양한 기능을 통합하여, 부서 간 데이터 흐름을 연동하는 역할을 한다.
② CRM 시스템은 고객의 특성과 구매 행동 데이터를 분석하여, 고객의 성향을 기반으로 구매 결정을 최적화하고, 제품 추천 및 가격 책정을 조정하는 기능을 수행한다.

③ SCM 시스템은 조달, 생산, 물류, 유통 과정을 통합적으로 관리하여 기업 간 거래 효율성을 높이고, 비용 절감과 고객 서비스 향상을 지원한다.

④ KM 시스템은 조직 내에서 발생하는 다양한 형태의 지식을 체계적으로 정리하여 공유함으로써, 업무 생산성과 품질 향상을 지원한다.

007 난★★★★☆

다음 중 차별화 전략을 가장 효과적으로 실행한 기업의 예로 적절하지 않은 것은?

① 동일한 표준화된 제품을 합리적인 가격에 제공하며 비용 우위를 확보한 글로벌 소매 체인
② 독창적인 브랜드 이미지를 바탕으로 충성도 높은 고객층을 형성한 전자제품 기업
③ 첨단 기술을 강조하며 경쟁사와의 차별성을 둔 하이엔드 자동차 제조사
④ 다양한 제품군을 확보하여 폭넓은 소비자층을 타겟으로 한 대형마트

008 난★★★★☆

포터의 5 Forces 모형에 대한 설명 중 가장 적절하지 않은 것은?

① 대체재의 위협이 높을수록 기존 기업의 가격 결정력이 낮아지며, 시장에서의 경쟁 강도가 증가할 가능성이 크다.
② 잠재적 진입자의 위협이 높을수록 기업들은 진입 장벽을 낮추고 경쟁을 활성화하려는 전략을 사용한다.
③ 기존 사업자 간의 경쟁 강도는 산업 내 경쟁 기업의 수와 시장 성장률에 영향을 받으며, 시장 성장이 둔화될수록 경쟁이 심화될 가능성이 있다.
④ 공급자의 협상력이 강할 경우, 기업들은 원가 절감을 위한 대체 공급원을 찾거나, 수직적 통합 전략을 고려할 수 있다.

009 난★★☆☆☆

경영정보시스템(MIS)에서 재무제표가 필요한 중요한 목적은 무엇인가?

① 고객의 소비 데이터를 분석하여 맞춤형 서비스를 제공한다.
② 조직의 재무 상태를 파악하고 전략적 결정을 지원한다.
③ 전사적 자원 관리 시스템의 운영 효율성을 직접적으로 측정할 수 있다.
④ 기업의 비재무적 요소를 포함한 경영성과 지표를 산출한다.

010 난★★★☆☆

아래 빈칸에 들어갈 용어로 가장 적절한 것은?

> 오늘날의 경영환경에서 지식경영과 혁신을 위해서는 복잡한 문제에 대한 해결책을 제시하거나, 새로운 기회를 발견하는 데 필요한 (A)를 이끌어 내기 위해서는 (B)(을)를 기반으로 유의미한 패턴과 규칙을 통해 (C)(을)를 도출하고, 해결책을 제시하거나 의사결정이 가능한 (D)(을)를 이끌어 낼 수 있다.

① (A): 지식, (B): 데이터, (C): 정보, (D): 통찰
② (A): 데이터, (B): 정보, (C): 지식, (D): 통찰
③ (A): 통찰, (B): 데이터, (C): 정보, (D): 지식
④ (A): 지식, (B): 데이터, (C): 정보, (D): 통찰

011 ★★★☆☆
다음 중 구매자의 협상력이 강해지는 상황으로 가장 적절한 것은?

① 구매자가 전체 시장에서 차지하는 비율이 낮고, 공급자가 규모의 경제를 달성해 원가 절감이 가능한 경우
② 구매자가 공급자의 가치 사슬에 영향을 미칠 수 있으며, 후방 통합을 고려할 수 있는 재무적·기술적 역량을 보유하고 있을 때
③ 구매자가 공급자의 제품을 대체할 수 있는 자원을 확보하고 있으며, 공급자의 수익성이 가격 변동에 민감한 시장일 경우
④ 공급자의 제품이 네트워크 효과를 가지고 있어, 더 많은 구매자가 사용할수록 제품의 가치가 증가하는 경우

012 ★★★★☆
다음 중 7S 분석 요소에 해당되지 않는 것은?

① Structure
② Shared value
③ Strategy
④ Strength

013 ★★★★★
다음 중 경영 전략 수립에 활용되는 분석 도구와 그 설명의 연결로 적절하지 않은 것은?

① SWOT 분석 – 기업의 재무 성과를 수치화하여 경쟁력을 측정한다.
② 7S 분석 – 조직 내부의 전략, 구조, 시스템, 공유된 가치 등이 전략적 목표와 조화를 이루는지 평가한다.
③ BCG 매트릭스 – 사업 단위를 성장률과 시장 점유율로 분류하여 자원 배분 전략을 수립한다.
④ VRIO 모형 – 조직의 자원을 평가하여 경쟁우위를 확인하고 지속 가능성을 판단한다

014 ★★★★☆
다음 중 리스크 관리 계획에 대한 설명으로 가장 적절하지 않은 것은?

① 리스크 관리 계획은 프로젝트 실행 과정에서 발생할 수 있는 위험 요소를 사전에 식별하고 대응 방안을 수립하는데 목적이 있다.
② 리스크 관리 계획은 시장 점유율 확대를 위한 경쟁 전략을 포함한다.
③ 리스크 관리 계획은 위험을 최소화하고 프로젝트 목표를 효과적으로 달성하기 위한 체계적인 프로세스를 제공한다.
④ 리스크 관리 계획은 위험 요소를 회피, 이전, 감소, 수용하는 전략을 수립한다.

015 ★★☆☆☆
다음 중 중장기 경영 계획의 주요 목표와 가장 관련성이 적은 것은?

① 조직의 지속 가능한 성장과 발전을 도모한다.
② 시장 환경 변화에 대비한 전략적 방향성을 수립한다.
③ 기업의 재무 건전성과 단기 수익성을 균형 있게 조정하여 경영 효율성을 극대화한다.
④ 조직의 비전과 목표에 부합하는 자원 배분 계획을 수립한다.

016 ★★★☆☆
기업이 활용하는 다양한 경영전략들 중 아래 보기가 설명하는 경영전략은 무엇인가?

> 조직이 특정 연도 동안 달성하고자 하는 목표와 이를 실현하기 위한 전략 및 실행 계획을 구체적으로 서술한 문서

① 경쟁 전략
② 중장기 경영 계획
③ 리스크 관리 계획
④ 연간 사업 계획

017 ★★☆☆☆
다음 중 새로운 시장 진입 시 성공 가능성을 높이는 전략적 요소로 가장 적합하지 않은 것은?

① 시장 진입 초기 유통 채널 확보 및 파트너십 구축
② 해당 시장에서의 고객 요구사항과 구매 행동 분석
③ 경쟁사와의 가격 경쟁에 초점을 맞춘 전략
④ 시장 진입 후 지속적인 기술 개발과 제품 차별화

018 ★★★☆☆
다음 중 ESG 경영 전략의 주요 목표로 적절하지 않은 것은?

① 환경 지속 가능성을 위한 친환경 정책 강화
② 사회적 책임을 통해 지역사회와의 신뢰 구축
③ 거버넌스 개선을 통한 기업 투명성과 윤리성 제고
④ 경제적 성과 극대화를 통한 시장 점유율 확대

019 ★★★☆☆
다음 중 새로운 시장을 개척하는 블루오션 전략의 주요 활동과 가장 거리가 먼 것은 무엇인가?

① 경쟁자 분석을 통해 차별화된 우위를 확보한다.
② 고객의 미충족 니즈를 파악하여 새로운 시장을 창출한다.
③ 기존 시장의 경쟁과 무관하게 혁신적 가치를 제안한다.
④ 제품과 서비스의 차별화를 통해 고객 가치를 극대화한다.

020 ★★★★☆
아래 보기에 대한 설명으로 알맞은 것을 고르시오.

> 앤소프의 2x2 매트릭스 중 완전히 새로운 사업 영역으로 진출하는 방식

① 기존 제품을 활용한 기존 시장 침투
② 기존 제품을 활용한 신규 제품 개발
③ 신제품 개발을 통한 기존 시장을 공략하는 시장 침투
④ 신제품 개발을 통한 신시장에 진출하는 다각화 전략

021 ★★★★☆
다음 중 ERP 시스템의 주요 역할에 대한 설명으로 가장 적절하지 않은 것은?

① ERP 시스템은 재무 관리를 통해 조직의 자금 흐름을 효율적으로 관리한다.
② ERP 시스템은 데이터 흐름을 연동하여 조직 전체의 데이터 일관성을 유지한다.
③ ERP 시스템은 모든 부서가 데이터를 공유할 수 있지만, 실시간 협업은 어렵다.
④ ERP 시스템은 기능에 따라 개별적으로 운영되던 시스템을 통합한다.

022 ★★★☆☆
다음 중 ERP 시스템 도입의 장점으로 가장 적합하지 않은 것은?

① 조직 내 부서 간 정보의 통합 및 효율적인 관리
② 데이터를 실시간으로 접근하고 활용할 수 있는 기능 제공
③ 고객 요구 사항을 즉각적으로 충족시켜 만족도 상승
④ 자원 관리의 최적화를 통해 운영 비용 절감 효과 기대

023 ★★★★☆
다음 중 VRIO 프레임워크를 활용한 경쟁우위 분석에서 고려되지 않는 요소는?

① 기업이 보유한 자원이 시장에서 차별적 가치를 제공하거나 경쟁자의 위협을 무력화할 수 있는가?
② 해당 자원이 산업 내에서 모든 기업이 공평하게 획득할 수 있는가?
③ 자원이 경쟁자에 의해 동일한 방식으로 복제되거나 대체될 가능성이 높은가?
④ 기업이 보유한 자원을 효과적으로 활용하여 지속적인 경쟁 우위를 창출할 수 있도록 내부적으로 체계화되어 있는가?

024 ★☆☆☆☆

다음 중 PDCA 사이클 중 아래 보기에서 설명하는 단계에서 수행해야 할 활동은 무엇인가?

> 실행 결과를 분석하고 계획된 목표와 실제 결과를 비교하여 성과를 평가하는 과정이며, 이를 통해 문제점을 식별하고 향후 개선을 위한 기초 데이터를 마련하는 단계

① 실행 과정에서 발생한 문제를 분석하고 개선 방향을 설정한다.
② Do 단계에서의 결과를 분석하고 계획 대비 성과를 평가한다.
③ 개선 사항을 Do 단계에서 즉시 반영하여 진행한다.
④ 계획의 적절성을 검토하고 목표를 대폭 수정한다

025 ★★★☆☆

경영정보 시스템에서 데이터 분석의 주요 목적은 무엇인가?

① 고객의 구매 패턴을 예측하여 재고 관리 최적화
② 직원의 근무 시간을 기록하여 급여 계산
③ 회사의 물리적 자산을 관리하고 유지
④ 경쟁사의 가격 전략을 모니터링

026 ★★★★★

다음 중 앤소프 매트릭스(Ansoff Matrix)의 4가지 성장 전략과 가장 연관이 없는 것은?

① 기존 시장에서 브랜드 충성도를 높이기 위해 고객 리워드 프로그램을 도입하고, 재구매율을 증가시키는 전략을 활용한다.
② 새로운 시장에 진출하기 위해 동일한 제품을 해외 시장으로 확대하고, 현지화된 유통망을 구축한다.
③ 기존 시장의 정체를 극복하기 위해 유사한 산업의 비즈니스 모델을 차용하여, 기존 고객층을 대상으로 리브랜딩을 진행한다.
④ 현재 제공 중인 제품을 리뉴얼한 새로운 제품을 출시하여, 기존 고객층뿐만 아니라 신규 고객층까지 확보한다.

027 ★★★★★

다음 중 본원적 경쟁 전략(Generic Competitive Strategy)에 대한 설명으로 가장 적절하지 않은 것은?

① 원가우위 전략은 경쟁사 대비 불필요한 비용을 줄이고, 규모의 경제를 활용하여 장기적으로 시장 내 독점적 지위를 확보하는 것이 목표이다.
② 차별화 전략은 고객이 제품의 독창성을 인식할 수 있도록 브랜드 가치를 높이며, 가격 프리미엄을 통해 경쟁 우위를 유지하는 전략이다.
③ 집중화 전략은 원가우위 전략이나 차별화 전략과 결합하여 특정 시장 세그먼트를 공략하는 방식으로, 두 전략을 동시에 운영하는 것이 효과적이다.
④ 기업이 명확한 경쟁 전략을 설정하지 못하고 원가우위 전략과 차별화 전략을 혼합하면, 오히려 경쟁력이 약화될 가능성이 있다.

028 ★★★★☆

다음은 기업이 보유한 4개 사업부의 시장 성장률과 상대적 시장 점유율을 기반으로 BCG 매트릭스를 분석한 결과이다. 이에 대한 해석 중 가장 적절하지 않은 것은?

사업부	시장 성장률	상대적 시장 점유율
A	높음	높음
B	높음	낮음
C	낮음	높음
D	낮음	낮음

① A 사업부는 "스타(Star)"로 분류되며, 지속적인 투자가 필요하지만 장기적으로 높은 수익을 창출할 가능성이 크다.
② B 사업부는 "물음표(Question Mark)"로 분류되며, 현재 낮은 시장 점유율을 가지고 있지만, 시장 성장률이 높기 때문에 투자 전략에 따라 스타(Star)로 성장할 수도 있다.
③ C 사업부는 "캐시 카우(Cash Cow)"로 분류되며, 안정적인 수익을 창출하지만, 성장이 제한적이므로 추가적인 대규모 투자가 필요하다.
④ D 사업부는 "개(Dog)"로 분류되며, 성장 가능성이 낮고 시장 점유율도 낮기 때문에 철수를 고려할 수도 있다.

029 난★★★★★
다음 중 분석 방법에 대한 설명으로 가장 적절하지 않은 것은?

① STEEP 분석과 PESTEL 분석은 모두 거시적 환경을 분석하는 도구로, 두 방법 간의 차이는 법적 요인의 포함 여부이다.
② PESTEL 분석은 일반적으로 기업의 내부 역량보다 외부 환경 변화를 이해하는 데 초점을 맞춘다.
③ ETRIP 분석은 산업(I) 요소를 포함하기 때문에, STEEP이나 PESTEL 분석보다 특정 산업 내 경쟁 구조 분석에 유리하다.
④ STEEP 분석은 기술(T)과 경제(E) 요인을 포함하기 때문에, 기업 내부의 혁신 역량을 분석하는 데 적합하다.

030 난★★☆☆☆
다음 중 ESG 경영의 구성 요소와 그 설명의 연결로 가장 적절하지 않은 것은?

① 환경(Environment) – 탄소 배출 저감 및 지속 가능한 자원 활용
② 사회(Social) – 지역사회와 직원의 복지 증진
③ 거버넌스(Governance) – 기업의 윤리적 경영과 투명성 확보
④ 경제(Economic) – 기업의 수익성 강화 및 시장 점유율 확대

031 난★★★☆☆
다음 중 자산의 분류와 그 설명의 연결로 가장 적절하지 않은 것은?

① 유동자산 – 단기적으로 현금화가 가능한 자산으로, 재고나 매출채권 등이 포함된다.
② 비유동자산 – 장기적으로 사용되며 현금화가 어려운 자산으로, 건물이나 설비가 포함된다.
③ 무형자산 – 특허권, 상표권 등 물리적 형태가 없는 자산을 의미한다.
④ 유동부채 – 단기적으로 사용할 수 있는 현금과 현금성 자산을 의미한다.

032 난★★☆☆☆
다음 중 회계 기준(K-IFRS)에 대한 설명으로 가장 적절한 것은?

① K-IFRS는 각 기업의 상황에 맞게 자유롭게 해석할 수 있다.
② K-IFRS는 국제적으로 통용되는 회계 기준을 따르는 것이다.
③ K-IFRS는 법적으로 강제되지 않으며 선택적으로 적용할 수 있다.
④ K-IFRS는 과거의 회계 관행을 따르는 것이다.

033 난★★☆☆☆
다음 중 회계의 역할에 대한 설명으로 가장 적절한 것은?

① 회계는 다양한 산업에서 동일한 기준으로 활용되며, 개별 기업의 특성을 반영하지는 않는다.
② 회계는 기업의 재무 상태를 분석하여 투자 결정을 지원한다.
③ 회계는 과거의 재무 데이터를 기록하는 역할이 중심이며, 미래 재무 성과를 분석하는 데는 제한적으로 활용된다.
④ 회계는 기업 내부 경영진이 운영 방안을 검토하는 과정에서는 활용도가 낮다.

034 난★★★☆☆
다음 중 손익계산서에 대한 설명으로 올바른 것은?

① 손익계산서는 기업의 자산과 부채를 보여주는 보고서이다.
② 손익계산서는 특정 시점의 재무상태를 보여준다.
③ 손익계산서는 기업의 수익과 비용을 계산하여 손익을 보여주는 보고서이다.
④ 손익계산서는 현금의 유입과 유출을 기록하는 보고서이다.

035 ★★☆☆☆
다음 중 현금흐름표에 대한 설명으로 가장 적절한 것은?

① 현금흐름표는 기업의 자산과 부채를 보여주는 보고서이다.
② 현금흐름표는 특정 시점의 재무상태를 보여준다.
③ 현금흐름표는 기업의 수익과 비용을 계산하여 손익을 보여주는 보고서이다.
④ 현금흐름표는 기업의 현금 유입과 유출을 기록하여 현금의 흐름을 보여주는 보고서이다.

036 ★☆☆☆☆
다음 중 기업의 지급 능력과 미래의 금융 건전성을 측정하는 데 가장 관련이 적은 것은?

① 현금흐름표
② 손익계산서
③ 재무상태표
④ 시장점유율

037 ★★☆☆☆
다음 중 재무비율의 종류와 그 목적이 부적절하게 짝지어진 것을 고르시오.

① 부채상환비율 – 기업 보유 자산의 수익성을 평가
② 유동비율 – 기업 자산의 단기 유동성 평가
③ 이자보상비율 – 기업의 이자 지급 능력을 평가
④ 매출채권 회전율 – 자산 활용 효율성을 평가

038 ★★★★☆
다음 중 자본잉여금의 정의로 적절하지 않은 것은?

① 주식 발행 또는 자본 감자와 같은 자본거래에서 발생한 잉여금이다.
② 주식발행초과금, 감자차익 등이 자본잉여금에 포함된다.
③ 자본잉여금은 영업활동으로 발생한 잉여금이다.
④ 자본잉여금은 주주와의 자본 거래에서 발생하는 잉여금을 나타낸다.

039 ★★★★★
다음 중 전자상거래에서 고객 행동 데이터를 활용한 마케팅 전략과 가장 거리가 먼 것은?

① 장바구니에 담긴 상품 수와 결제 완료율을 비교하여 특정 제품군의 이탈 원인을 분석하고, 할인 프로모션을 최적화한다.
② 웹사이트 방문자들의 평균 체류 시간을 분석하여 제품 상세 페이지의 콘텐츠 개선 방향을 도출하고, UX/UI를 최적화한다.
③ 고객 주문 데이터를 기반으로 채널별 판매 비율을 조정하고, 특정 제품의 공급 전략을 최적화하여 이익률을 극대화한다.
④ 구매 빈도가 높은 고객 세그먼트를 분석하여 맞춤형 이메일 마케팅을 실행하고, 고객 생애 가치를 극대화한다.

040 ★★★☆☆
다음 중 임금 체계와 관련하여 옳지 않은 것은?

① 직무급은 직원이 수행하는 업무의 중요도와 가치에 따라 임금을 결정하는 방식이다.
② 성과급은 직원 개인의 성과에 대한 공정한 보상을 제공하므로 팀워크를 촉진하는 데 효과적이다.
③ 연공급은 근속연수를 기준으로 임금을 결정하며, 조직 내 안정성과 장기 근속을 유도할 수 있다.
④ 임금 체계는 공정성, 경제성, 적합성을 충족해야 조직의 효율성과 직원의 만족도를 높일 수 있다.

041 ★★★★☆
다음 중 직무분석에 대한 설명으로 가장 옳지 않은 것은?

① 직무분석은 조직 내에서 특정 직무의 역할과 책임을 평가하고, 이를 바탕으로 임금 및 보상 체계를 직접 결정하는 과정이다.
② 조직 내에서 각 직무의 내용, 업무 프로세스, 역량 요구 사항 등을 체계적으로 평가하는 과정이다.
③ 직무분석을 통해 직무기술서와 직무명세서를 작성할 수 있으며, 이는 인사관리의 기본 자료로 활용된다.
④ 직무분석의 방법으로는 설문, 면접, 관찰, 기록, 일지 검토, 데이터 수집 등이 있다.

042 ★★☆☆☆
다음 중 조직에서 성과 관리와 보상 체계가 연계되는 방식으로 가장 적절하지 않은 것은?

① 성과 목표를 명확히 설정하고 그에 따라 보상을 차별화하는 것은 직원의 동기부여를 강화할 수 있다.
② 성과 평가 결과는 조직의 장기적인 전략 목표와 무관하게 설계될 수 있다.
③ 공정하고 투명한 성과 평가 기준은 보상 체계의 신뢰성을 높이는 핵심 요인이다.
④ 팀 단위 성과와 개인 성과를 균형 있게 평가하는 것은 조직의 협력 문화를 촉진한다.

043 ★★☆☆☆
다음 중 고성과자 관리 및 동기부여 전략에 대한 설명으로 옳지 않은 것은?

① 고성과자에게 차별화된 보상 체계를 제공하여 조직 내 공정성 문제를 완화할 수 있다.
② 지속적인 성과 평가와 피드백은 고성과자의 성과 유지에 중요한 역할을 한다.
③ 고성과자를 위한 인센티브 제도는 조직 내 다른 직원들의 사기를 저하시키는 요인이 될 수 있다.
④ 고성과자의 이직률을 줄이기 위해 개인화된 경력 개발 프로그램을 설계하는 것이 효과적이다.

044 ★★★☆☆
아래 보기에서 설명하는 감가상각 방법으로 가장 적합한 것은?

> 자산의 내용연수 초기에 더 많은 감가상각 비용을 부과하고, 후기로 갈수록 감가상각 비용이 감소하는 방식이다. 자신의 가치가 시간이 지남에 따라 빠르게 줄어드는 경우, 그 감소 속도에 맞춰 감가상각을 할 수 있는 장점이 있다.

① 정액법
② 정률법
③ 생산량비례법
④ 연수합계법

045 ★★★★☆
다음 중 연수합계법에 대한 설명으로 옳지 않은 것을 고르시오.

① 자산의 내용연수 합계를 기준으로 매년 감가상각 비율이 달라진다.
② 내용연수 초기에 높은 감가상각 비용을 부과하여 자산의 초기 가치 감소를 반영한다.
③ 자산의 내용연수 동안 일정한 금액을 감가상각한다.
④ 계산 과정이 복잡할 수 있다는 단점이 있다.

046 ★★★★☆
다음 중 행동기반평가척도(BARS)에 대한 설명으로 가장 옳지 않은 것은?

① BARS는 평가의 신뢰성을 높이기 위해 주로 직무 전문가의 참여하에 결정적 사건법을 활용하여 개발된다.
② 행동 기준이 명확하게 정의되어 있어 평가자의 주관적 해석을 배제할 수 있으며, 척도 개발 이후에는 추가적인 유지 보수 없이 장기간 안정적으로 사용할 수 있다.
③ 평가 대상자의 직무 수행을 정밀하게 측정할 수 있지만, 개발 과정에서 직무별 세부 행동을 정의하는 과정이 복잡하고 시간이 많이 소요된다.
④ BARS는 행동 예시를 평가 척도와 연결함으로써 평가자의 일관성을 높이는 데 기여하지만, 평가의 유연성이 낮아 비정형적인 직무에서는 활용이 어렵다.

047 ★★☆☆☆
다음 중 생산량 비례법에 대한 설명으로 옳은 것은 무엇인가?

① 매년 동일한 금액으로 감가상각을 진행한다.
② 초기 감가상각 비용이 높고, 후기로 갈수록 감소한다.
③ 자산의 사용량에 따라 감가상각 비용을 계산한다.
④ 감가상각 비율이 내용연수 합계를 기준으로 감소한다.

048 ★★★★★
아래 보기가 설명하고 있는 인적자원 평가방법은 무엇인가?

> 특정 행동과 그 빈도를 평가자가 관찰하고 기록하여 평가하는 방식으로, 주로 정량적 자료를 제공하는 방법

① 평가센터법
② 행태관찰척도법
③ 서열법
④ 행태기준평정법

049 ★★☆☆☆
다음 중 평가센터법에 대한 내용으로 옳지 않은 것을 고르시오.

① 다양한 직무와 관련된 상황을 가상으로 제시하고, 피평가자가 이를 해결하는 과정에서의 행동을 평가한다.
② 평가자는 피평가자의 행동을 특정 기준에 맞춰 서술적으로 평가한다.
③ 여러 평가자가 피평가자를 평가하여 결과의 객관성을 높인다.
④ 평가센터법은 일반적으로 직무에 대한 높은 전문성을 요구하지 않는다.

050 ★★★★☆
다음 인적자원 평가방법과 그 예시가 옳지 않게 짝지어진 것은 무엇인가?

① 평가센터법 – 직무와 관련된 가상 상황에서 피평가자의 행동을 평가
② 행태관찰척도법 – 피평가자의 행동을 특정 기준에 따라 서술적으로 평가
③ 서열법 – 피평가 집단 내 직원들의 업무 성과를 비교하여 상위 또는 하위 등급으로 순위를 매김
④ 행태기준평정법 – 피평가자의 특정 행동을 미리 정의된 기준에 맞춰 평가

051 ★★★☆☆
다음 중 디지털 마케팅에서 CTR(클릭률)에 대한 설명으로 가장 적절하지 않은 것은?

① CTR은 광고가 노출된 횟수 대비 클릭된 횟수를 비율로 나타낸 지표이다.
② CTR은 광고의 노출 수와 전환율을 비교하여 산출된다.
③ CTR은 광고의 관심도를 평가하는데 사용되는 대표적인 지표 중 하나이다.
④ CTR이 높을수록 광고가 사용자들에게 더 매력적으로 보였음을 의미한다.

052 ★★★★☆
다음 중 디지털 마케팅의 ROAS(Return on Ad Spend)에 대한 설명으로 가장 부적절한 것은?

① ROAS는 특정 광고 캠페인의 투자 대비 수익성을 평가하는 지표로, 광고비 1원당 발생한 순이익을 나타낸다.
② ROAS는 총 광고비 대비 매출액의 비율을 나타내며, 광고비 효율성을 측정하는 데 사용된다.
③ ROAS는 개별 광고 채널별 성과 비교에 유용하지만, 여러 채널에서 노출된 경우 각 채널의 기여도 측정이 어렵다.
④ ROAS는 광고 효율성을 평가하는 중요한 지표지만, LTV와 같은 장기적인 고객 가치는 고려하지 않는다.

053 ★★★☆☆
다음 중 CPC를 구하는 수식으로 가장 적절한 것은?

① (총비용 ÷ 총노출 수) × 1,000
② (총클릭 수 ÷ 총노출 수) × 100
③ 총비용 ÷ 총클릭 수
④ 총비용 ÷ 총설치 수

054 난 ★★★★☆
다음 중 CVR(전환율) 최적화를 위해 수행할 수 있는 활동으로 가장 적절하지 않은 것은?

① 결제 페이지의 불필요한 단계를 줄여 사용자의 이탈률을 감소시킨다.
② 제품 페이지에 사용자 리뷰와 추천을 추가하여 신뢰를 높인다.
③ 웹사이트의 트래픽을 늘리기 위해 클릭률(CTR)을 높이는 데 집중한다.
④ A/B 테스트를 통해 버튼 색상이나 배치를 조정하여 사용자의 행동을 유도한다.

055 난 ★★★★☆
다음 중 디지털 마케팅 성과 측정 지표에 대한 설명으로 가장 적절하지 않은 것은?

① CTR은 광고가 노출된 횟수 대비 클릭 수 비율을 나타내며, CTR이 높을수록 광고 도달 범위도 증가한다.
② CPM은 광고 노출을 기준으로 하기 때문에 광고 클릭 수에 영향을 받지 않는다.
③ CPI는 모바일 앱 광고에서 설치당 비용을 의미하며, CPI가 높을 경우 ROI에 부정적인 영향을 준다.
④ CPA가 낮을수록 전환율이 높다고 볼 수 있기 때문에, 주로 CPA를 최소화하는 것이 목표가 된다.

056 난 ★★★★★
한 대형 마트는 고객 행동 데이터를 활용하여 매장 내 동선을 최적화하고자 한다. 다음 중 비효율적인 접근 방식을 고르시오.

① 특정 고객군의 평균 체류 시간을 분석하여, 체류 시간이 긴 고객이 자주 방문하는 구역의 상품 배치를 주기적으로 변경한다.
② 상품 간 연관 구매 데이터를 분석하여 자주 함께 구매되는 제품을 가까운 위치에 배치하고, 이에 따라 동선이 집중되는 구역을 조정한다.
③ 고객 이동 데이터를 기반으로 고유한 경로 패턴을 분류하고, 가장 혼잡한 구역에 넓은 동선을 확보하도록 레이아웃을 변경한다.
④ 머신러닝 기반 예측 모델을 활용하여 고객의 주요 이동 경로를 사전에 분석하고, 혼잡 지역을 사전 조정하는 시뮬레이션을 적용한다.

057 난 ★☆☆☆☆
다음 중 고객 행동 데이터의 범주로 가장 부적절한 것은?

① 사용자가 웹사이트에서 남기는 클릭 스트림 데이터
② 소셜미디어 계정 연동을 통해 제공된 관심사 및 라이프스타일 데이터
③ 소비자가 온라인 설문을 통해 응답한 만족도 및 의견 데이터
④ 고객의 가입 정보를 통해 얻을 수 있는 주소와 이메일 등의 연락처 데이터

058 난 ★★☆☆☆
다음 중 공급사슬관리(Supply Chain Management)와 관련된 주요 활동으로 가장 적절하지 않은 것은?

① 공급사슬에서 발생하는 물리적인 이동을 최적화하고, 고객 주문 데이터를 분석하여 생산 계획을 수립한다.
② 공급업체와의 계약 조건을 협상하여 원자재 조달 비용을 최적화한다.
③ 통합마케팅커뮤니케이션(IMC)을 통해 브랜드 메시지를 고객에게 전달한다.
④ 물류와 운송 과정을 개선하여 공급망의 시간적 효율성을 높인다.

059 난 ★★★★☆
다음 중 현금흐름표에 대한 설명으로 가장 적절하지 않은 것은?

① 현금흐름표는 일정 기간 동안의 기업의 현금 유입과 유출을 나타낸 재무제표이다.
② 현금흐름표는 기업의 재무 건전성을 평가하는 데 중요한 자료로 사용된다.
③ 현금흐름표는 매출원가와 매출총이익을 계산하는 데 중점을 둔다.
④ 현금흐름표는 운영활동, 투자활동, 재무활동으로 구분된 현금 흐름을 상세히 제공한다.

060 난★★★★★
다음 중 자산 평가 방법에 대한 설명으로 가장 적절하지 않은 것은?

① 원가법은 자산의 취득 원가를 기준으로 평가하는 방법이다.
② 공정가치법은 자산의 현재 시장 가치를 반영하여 평가하는 방법이다.
③ 감가상각법은 자산의 사용에 따른 가치 감소를 평가하는 방법이다.
④ 수익인식법은 자산의 사용 수익을 기준으로 자산 가치를 계산하는 대표적인 방법이다.

061 난★★☆☆☆
다음 중 고객 세분화에 대한 설명으로 옳은 것은?

① 고객 세분화는 모든 고객을 동일한 방식으로 대우하는 것을 목표로 한다.
② 고객 세분화는 고객을 다양한 기준에 따라 그룹으로 나누어 맞춤형 전략을 수립하는 것이다.
③ 고객 세분화는 고객의 구매 이력을 무시하고 새로운 고객만을 대상으로 한다.
④ 고객 세분화는 고객의 개인 정보와 행동 데이터를 활용하지 않고도 가능하다.

062 난★★★☆☆
다음 중 가치사슬 분석을 통해 도출할 수 있는 주요 결과로 가장 적합하지 않은 것은?

① 부가가치가 낮은 프로세스 식별 및 개선
② 고객에게 직접적인 영향을 미치는 활동의 분석
③ 단기적 재무 성과를 극대화하는 전략 수립
④ 제품 또는 서비스 제공 과정에서 발생하는 비용 분석

063 난★★★☆☆
공급사슬관리(SCM) 시스템의 주요 기능으로 옳은 것은 무엇인가?

① 고객 관계 관리
② 생산 계획 및 일정 최적화
③ 데이터 분석을 활용한 소비자 행동 예측
④ 품질 관리 및 테스트

064 난★★★★★
다음 중 선입선출법(FIFO)의 특징으로 가장 적절하지 않은 것은?

① 인플레이션 시기에는 매출원가가 낮아지고 순수익이 증가할 가능성이 있다.
② 최초에 입고된 재고가 가장 먼저 출고된다고 가정한다.
③ 재고가 오래될수록 매출원가에 포함될 가능성이 높다.
④ 재고의 매입원가가 재고 평가에 직접 영향을 미친다.

065 난★★☆☆☆
다음 중 평균법에 대한 설명으로 가장 적합하지 않은 것은?

① 평균법은 매입 가격이 일정하지 않아도 계산이 간단하다.
② 평균법은 재고의 매입 가격 변동이 큰 경우에는 정확성이 떨어질 수 있다.
③ 평균법은 재고 관리와 재무 보고에 사용하기에 적합하다.
④ 평균법은 최신 매입 가격에 따른 재고 평가를 강조한다.

066 난★★★★☆
다음 중 당좌 비율과 관련된 용어의 설명으로 가장 부적절한 것은?

① 당좌비율은 재고자산을 처분하지 않고도 단기부채를 갚을 수 있는지를 측정하는 비율이다.
② 당좌자산에는 현금, 예금, 매출채권, 유가증권 등의 즉시 현금화할 수 있는 자산을 포함한다.
③ 당좌비율은 유동 부채 대비 당좌 자산의 비율로 계산하며, 유동 부채는 10년 이내에 상환해야 하는 채무를 의미한다.
④ 당좌 비율이 100% 이상이면 유동성이 우수한 것으로 평가한다.

067 ★★★☆☆
다음 중 부채 비율에 대한 설명으로 가장 적절한 것은?

① 부채비율은 유동자산 대비 유동부채의 비율을 나타내며, 높을수록 안정적인 재무상태를 의미한다.
② 부채비율은 현금과 현금성자산을 제외한 당좌자산을 유동부채로 나눈 비율로, 높을수록 안정적이다.
③ 부채비율은 자기자본과 타인자본의 비율을 나타내며, 높을수록 채무 상환 능력이 떨어진다.
④ 부채비율은 영업이익을 이자 비용으로 나눈 비율로, 1 이상이면 상환능력이 충분한 것이다.

068 ★☆☆☆☆
다음 중 목표관리(MBO)에 대한 설명으로 옳지 않은 것은?

① 목표관리(MBO)는 상위 목표와 하위 목표 간의 일관성을 중시한다.
② 목표관리(MBO)는 개인의 목표 달성에 초점을 맞춘다.
③ 목표관리(MBO)는 목표 설정과 성과 평가를 통해 조직의 성과를 향상시킨다.
④ 목표관리(MBO)는 구성원의 참여를 통해 목표를 설정한다.

069 ★★☆☆☆
다음 중 경력개발의 중요성과 가장 관련성이 적은 설명은?

① 경력개발은 직원의 성장을 지원하여 조직의 경쟁력을 강화한다.
② 경력개발은 조직의 장기적인 인재 확보 전략에 기여한다.
③ 경력개발은 직원들의 근무 시간을 최적화하기 위해 설계된다.
④ 경력개발은 직원의 개인적 목표 달성과 업무 만족도를 높이는 데 도움을 준다.

070 ★☆☆☆☆
다음 중 채용 계획 수립 시 고려해야 할 요소가 아닌 것은?

① 채용 대상의 학력과 경력
② 채용 후 교육 및 훈련 계획
③ 채용 대상의 취미와 여가 활동
④ 채용 시기와 예산

071 ★★☆☆☆
아래에서 설명하는 인적자원개발 전략에 대한 핵심목표로 옳지 않은 것은?

> 조직에 빠르게 적응하고 직무에 만족감을 느끼며, 조직 문화를 이해하도록 지원하는 과정을 수행한다.

① 신규 입사자의 조직 적응 지원
② 입사자의 직무 만족도 향상
③ 기존 직원의 업무 효율성 증대
④ 조직 문화 이해 촉진

072 ★★☆☆☆
인력 운영 효율성을 높이기 위한 방법으로 가장 적절한 것은?

① 최대한 많은 업무를 자동화하여 인력을 최소화한다.
② 인력의 다양성을 중시하기 보다 모든 인력을 동일한 기준으로 평가한다.
③ 직원의 역량 개발을 위한 다양한 교육 및 훈련 프로그램을 실시한다.
④ 노동조합과의 협상과 협약을 최우선으로 반영한다.

073 난 ★★★☆☆
다음 중 인력 운영 계획 수립 시 고려해야 할 요소로 가장 적절하지 않은 것은?

① 조직의 장기적 목표와 전략은 인력 운영 계획을 수립하는 데 핵심적인 역할을 한다.
② 현재의 인력 구성과 역량은 계획 수립 시 부족한 부분을 파악하는 데 필수적이다.
③ 협력업체의 인력 운영 방식은 본 조직의 계획을 수립할 때 필수적이다.
④ 법적 규제와 노동법은 인력 운영 시 준수해야 할 필수적인 조건으로 반영된다.

074 난 ★☆☆☆☆
다음 중 시장 성장률에 대한 설명으로 가장 적절한 것은?

① 시장 성장률은 특정 기업의 매출 성장률을 나타낸다.
② 시장 성장률은 전체 시장의 매출 증가율을 나타낸다.
③ 시장 성장률은 시장 점유율의 변화를 나타낸다.
④ 시장 성장률은 고객의 만족도 변화를 나타낸다.

075 난 ★★☆☆☆
다음 중 경쟁 분석에 대한 설명으로 가장 적절한 것은?

① 경쟁 분석은 시장 규모를 측정하는 방법이다.
② 경쟁 분석은 시장 점유율을 계산하는 데 사용된다.
③ 경쟁 분석은 경쟁사의 강점과 약점을 평가하는 과정이다.
④ 경쟁 분석은 고객의 만족도를 평가하는 방법이다.

076 난 ★★☆☆☆
다음 중 조직의 매출 목표 설정 시 고려해야 할 요소로 가장 거리가 먼 것은 무엇인가?

① 시장의 성장 가능성
② 경쟁사의 매출 목표
③ 기업의 내부 역량
④ 고객의 구매력

077 난 ★★★☆☆
다음 중 브랜드 이미지에 대한 소비자의 인식을 직접적으로 형성하는 데 가장 거리가 먼 것을 고르시오.

① 제품의 디자인과 기능성은 브랜드 이미지를 형성하는 데 중요한 역할을 한다.
② 소비자 경험을 담은 리뷰와 평점은 브랜드에 대한 신뢰도를 높이는 데 기여한다.
③ 브랜드의 홍보 전략과 광고 채널은 소비자가 브랜드를 인식하는 방식을 크게 좌우한다.
④ 기업의 자본 투자 수준은 재무 상태와 성장 가능성을 나타내면서 브랜드 이미지를 높인다.

078 난 ★★★☆☆
다음 중 마케팅 목표와 계획을 수립하기 위해 필요한 제품정보의 주요 목적은 무엇인가?

① 소비자에게 제품의 광고를 효과적으로 전달하기 위해 필요한 정보를 수집하고 정리한다.
② 소비자에게 제품의 재무상태를 알리기 위해 필요한 자료를 준비하고 이를 기반으로 계획한다.
③ 소비자에게 제품의 특징과 사용법을 알리기 위해 필요한 세부적인 정보를 제공하는 것이다.
④ 소비자에게 제품의 시장 점유율을 알리기 위해 시장 조사 데이터를 활용하여 분석한다.

079 난 ★★★☆☆
브랜드 이미지가 소비자 구매 결정에 미치는 영향으로 옳지 않은 것은?

① 브랜드 이미지는 소비자의 구매 의사결정에 긍정적인 영향을 미칠 수 있으며 신뢰를 강화한다.
② 브랜드 이미지는 제품의 가격을 높이는 요인이 되며 시장에서 경쟁력을 높이는 데 기여한다.
③ 브랜드 이미지는 소비자가 제품을 신뢰하게 만들고 구매를 유도하는 데 중요한 역할을 한다.
④ 브랜드 이미지는 제품의 기능적 특성을 보장해서 경쟁력을 높이는 중요한 역할을 한다.

080 ★★☆☆☆
공급관리를 위한 수요 예측방법론 중 평균절대오차(MAD)에 대한 설명으로 옳은 것은?

① 예측값과 실측값의 차이를 제곱한 뒤 평균한 값이다.
② 예측값과 실측값의 차이의 절댓값을 평균한 값이다.
③ 예측값과 실측값의 차이를 퍼센트로 나타낸 값이다.
④ 예측값과 실측값의 차이를 관찰하여 가장 작은 값을 선택한다.

081 ★★★☆☆
아래 보기는 공급사슬관리(SCM)의 주요 목표를 나열한 것이다. 핵심 목표로 적절한 것을 모두 고르시오.

> 가. 공급과 수요를 균형 있게 조정하여 전체 운영 효율성을 높인다.
> 나. 단기적인 이익을 위해 공급망 단계에서 비효율적인 부분을 제거한다.
> 다. 고객의 불만을 최소화하기 위해 모든 프로세스를 고객중심으로 전환한다.
> 라. 물류 비용과 생산 단가를 최적화하여 비용 효율성을 높인다.
> 마. 품질 관리와 개선을 통해 공급망 전반의 안정성과 신뢰성을 강화한다.

① 가, 나, 다
② 나, 다, 라
③ 가, 라, 마
④ 다, 라, 마

082 ★★★★☆
다음 중 공급사슬관리(SCM)에서 정보 기술의 역할은 무엇인가?

① 정보 기술은 공급사슬의 모든 단계에서 발생하는 데이터를 수집하고 분석하여 의사결정을 지원한다.
② 정보 기술은 공급사슬의 모든 단계에서 발생하는 물리적 이동을 자동화한다.
③ 정보 기술은 공급사슬의 모든 참여자 간의 계약을 자동으로 생성하고 관리한다.
④ 정보 기술은 공급사슬의 모든 단계에서 발생하는 품질 문제를 자동으로 해결한다.

083 ★★★★★
다음 중 재고관리 과정에서 발생할 수 있는 황소채찍 효과(Bullwhip Effect)를 줄이기 위한 방법으로 가장 적절하지 않은 것은?

① 정보 공유를 통해 실시간 수요 데이터를 공급사슬 전반에 전달한다.
② 주문 주기를 늘려 주문량의 변동성을 줄인다.
③ 가격 할인과 같은 프로모션을 자주 실시하여 수요를 증가시킨다.
④ 공급사슬 내의 모든 단계에서 협력을 강화한다.

084 ★★★★☆
다음 중 재고관리에서 황소채찍 효과(Bullwhip Effect)가 발생하는 주요 원인에 해당하지 않는 것은?

① 공급사슬에서 수요를 예측하는 과정에서 발생하는 부정확성으로 인해 왜곡이 커지는 현상
② 주문 처리가 지연됨으로써 공급사슬 각 단계에서 반응이 늦어지고 변동성이 증가하는 상황
③ 가격이 변동함에 따라 고객의 주문 패턴이 급격히 변화하여 수요가 왜곡되는 경우
④ 공급사슬의 모든 단계에서 정보를 투명하게 공유하여 수요 데이터를 정확히 전달하는 방식

085 ★★★★☆
다음 중 구매 관리를 위한 구매 유형에 대한 설명으로 가장 옳은 것은?

① 중앙집중구매는 자재나 서비스를 대량으로 구매하기 어려운 방식이다.
② 분산구매는 현장의 개별적인 요구에 즉각적인 대응이 어렵다.
③ 중앙집중구매는 기업의 구매 활동을 중앙 부서에서 일괄적으로 관리하는 방식이다.
④ 분산구매는 대량구매를 통해 구매비용을 절약할 수 있는 구매방식이다.

086 ★★★★☆
다음 중 분산구매의 특징으로 가장 적절하지 않은 것은?

① 각 부서가 필요한 자원을 직접 구매함으로써 현장의 요구에 신속성이 향상되는 방식이다.
② 부서별로 개별적인 요구사항에 따라 구매 결정을 유연하게 내릴 수 있는 구매 체계이다.
③ 중앙집중구매에 비해 협상력이 강화되고 대량 구매를 통해 비용이 감소하는 특징을 가진다.
④ 여러 부서 간에 구매 표준화와 일관성이 부족할 수 있는 상황이 발생할 가능성이 있다.

087 ★★☆☆☆
다음 중 구매 관리에서 구매 부서의 주요 역할과 가장 관련이 적은 것은?

① 구매 계약의 조건을 설정하고 공급업체와 협상하는 역할을 수행하는 활동
② 생산 라인에서 부품을 조립하고 품질을 검사하는 작업에 직접 참여하는 업무
③ 조직의 비용을 절감하기 위해 공급 전략을 수립하고 실행하는 책임
④ 공급업체의 신뢰성과 품질을 평가하여 안정적인 공급망을 유지하는 역할

088 ★★★☆☆
다음 중 CTR(Click-Through Rate)과의 관계가 가장 적은 지표는?

① CPC(Cost Per Click)
② CPM(Cost Per Mille)
③ Conversion Rate(전환율)
④ 광고 노출 수(Impressions)

089 ★★★☆☆
다음 중 이탈률(Bounce Rate)을 낮추기 위해 사용할 수 있는 전략으로 가장 적합하지 않은 것은?

① 웹페이지 로딩 속도를 개선하여 사용자가 빠르게 콘텐츠에 접근할 수 있도록 한다.
② 방문자에게 관련성이 높은 콘텐츠를 제공함으로써 사이트에 더 오래 머무르게 한다.
③ 광고 노출 빈도를 늘려서 더 많은 방문자를 웹사이트로 유도하려는 접근 방식을 사용한다.
④ 페이지 내에 명확한 행동 유도(Call to Action)를 추가하여 사용자의 추가적인 상호작용을 촉진한다.

090 ★★★☆☆
다음 중 CTR(Click-Through Rate)이 높은 이유로 가장 적합하지 않은 것은?

① 사용자가 광고를 클릭한 후에 제품 구매와 같은 전환이 발생한 경우이다.
② 광고 타겟팅이 매우 정확하게 설정되어 적절한 사용자들에게 광고가 노출된 결과이다.
③ 광고 제목과 이미지가 매력적이어서 사용자의 클릭을 유도하는 효과를 발휘한 상황이다.
④ 광고가 사용자에게 노출되는 위치와 맥락이 적절하게 맞아떨어져 효과가 나타난 경우이다.

091 ★★★★★
다음은 기상자료개방포털의 데이터로 분석하기 어려운 분야는 무엇인가?

① 국내 특정 지역의 강수량 변화
② 국내 기온 변화에 따른 에너지 수요 예측
③ 해외 특정 국가의 기후 변화
④ 이웃국가의 공해로 인한 국내 대기 오염 수준 변화

092 난 ★☆☆☆☆
다음 중 기상자료개발포털 데이터를 활용하여 할 수 있는 연구로 적절한 것은?

① 국내 농작물 생산량 예측
② 해외 관광지의 날씨 변화 예측
③ 외국의 기상 재해 발생 빈도 분석
④ 국제 해양 기후 변화 연구

093 난 ★★★★☆
외부데이터를 파일로 전송할 때 많이 사용하는 CSV 파일의 주요 특징으로 적절하지 않은 것은?

① 텍스트 기반의 파일 형식이다.
② 데이터는 쉼표로 구분된다.
③ 복잡한 데이터 구조를 쉽게 표현한다.
④ 다양한 소프트웨어에서 지원된다.

094 난 ★★☆☆☆
다음 중 국가통계 마이크로데이터 통합서비스(MDIS)의 주요 역할로 가장 적합하지 않은 것은?

① 데이터 분석 및 활용을 지원하기 위한 다운로드 서비스를 제공한다.
② 국가 통계 데이터를 통합하여 연구자와 정책 입안자들에게 제공한다.
③ 다양한 통계 자료를 표준화하여 연구 및 정책 수립에 활용할 수 있도록 지원한다.
④ 원시 데이터를 수정할 수 있는 권한을 사용자에게 제공한다.

095 난 ★★★☆☆
다음 중 국가통계 마이크로데이터 통합서비스(MDIS)의 활용 사례로 가장 적합하지 않은 것은?

① 연구자들이 통합된 국가 마이크로데이터를 활용하여 분석 보고서를 작성한다.
② 일반 대중이 MDIS를 통해 원시 데이터를 자유롭게 수정하여 활용한다.
③ 정책 입안자들이 통계 데이터를 기반으로 정책을 설계한다.
④ 학술 기관이 MDIS를 통해 필요한 데이터를 다운로드하여 연구에 활용한다.

096 난 ★★★★☆
다음 중 일반적인 데이터 분석 플랫폼의 주요 기능으로 가장 적합하지 않은 것은?

① 데이터를 시각적으로 표현하기 위한 대시보드 생성
② 데이터 정규화 및 중복 제거를 통한 품질 향상 기능 제공
③ 머신러닝 모델을 실시간으로 배포 및 관리
④ AI 소프트웨어의 성능 평가 및 모델 최적화 기능 제공

097 난 ★★★★★
다음 중 클라우드 서비스의 주요 제공 범위로 가장 적합하지 않은 것은?

① 데이터를 저장하고 처리하는 기능을 사용자에게 제공하는 것은 클라우드 서비스의 핵심 범위이다.
② 가상화된 서버 리소스를 제공하여 사용자가 컴퓨팅 파워를 쉽게 활용할 수 있도록 한다.
③ 클라우드 사용자가 자신의 데이터센터에서 물리적 서버를 설치하고 유지 관리하는 작업을 수행한다.
④ 분산 컴퓨팅 환경에서 보안을 강화하기 위한 기능을 제공하는 것은 클라우드 서비스의 역할이다.

098 난 ★☆☆☆☆
다음 중 항공정보포털시스템의 주요 기능으로 가장 적합하지 않은 것은?

① 모든 항공 데이터를 대중에게 제한 없이 공개
② 항공기 운항 현황 및 공항별 통계 제공
③ 항공 산업 및 안전 관리 관련 데이터 제공
④ 항공 교통 관제와 관련된 실시간 데이터 제공

099 난 ★★☆☆☆
다음 중 국가기후데이터센터의 주요 기능으로 가장 적절하지 않은 것은?

① 품질 관리된 고품질 기상데이터를 제공한다.
② 기상 레이더 및 위성 관측 자료를 관리한다.
③ 실시간 항공 교통 정보를 제공한다.
④ 기상 통계 자료와 예보 자료를 통합 관리한다.

100 난 ★★★★☆

다음 중 국가통계포털(KOSIS)에서 제공하는 서비스로 가장 적절하지 않은 것은?

① 국내외 주요 통계 데이터 제공
② 통계 데이터의 차트 및 그래프 시각화
③ 실시간 경제 지표 및 예측 데이터 제공
④ 다양한 기관에서 작성된 데이터 통합 및 공유

예상문제 100 답안

PART 01 경영정보일반 /100

001	②	011	②	021	③	031	④	041	①	051	②	061	②	071	③	081	③	091	③
002	②	012	④	022	③	032	②	042	②	052	②	062	②	072	③	082	③	092	①
003	④	013	①	023	②	033	③	043	③	053	③	063	②	073	③	083	③	093	③
004	③	014	②	024	②	034	③	044	③	054	②	064	③	074	②	084	②	094	③
005	③	015	③	025	①	035	③	045	③	055	③	065	②	075	②	085	③	095	③
006	②	016	④	026	③	036	③	046	②	056	③	066	③	076	②	086	③	096	④
007	①	017	③	027	③	037	③	047	③	057	③	067	③	077	④	087	②	097	③
008	②	018	③	028	③	038	③	048	②	058	③	068	②	078	②	088	③	098	①
009	②	019	①	029	④	039	④	049	④	059	④	069	②	079	④	089	③	099	③
010	③	020	④	030	④	040	②	050	②	060	②	070	②	080	②	090	①	100	③

모바일로 풀기

001. 의사결정은 조직의 목표 달성을 위한 최적의 대안을 선택하는 체계적이고 논리적인 과정이다. 문제 인식, 대안 개발 및 평가, 선택 및 실행의 단계를 포함하며, 이는 조직의 성과에 직접적인 영향을 미친다. 의사결정과정에서 직관은 과거의 경험과 학습에 의해 데이터나 분석 없이도 빠르게 결정을 내릴 수 있는 능력이며, 기존의 틀을 넘어 새로운 아이디어나 대안을 제시하기도 한다. 하지만 직관은 개인의 경험에 기반하므로 주관적이며, 과도한 의존은 중요한 데이터나 분석 결과를 간과하게 만들어 일관성이 떨어질 수 있으며, 조직 내에서도 다양한 의견이 나올 수 있는 단점이 있다.

002. 경영 전략 수립은 조직이 시장에서 차별화되고 지속 가능한 경쟁력을 갖추기 위해 필요한 방향성과 목표를 설정하는 과정이다. 이를 통해 조직은 자원을 효율적으로 배분하고, 시장의 변화에 대응할 수 있게 된다. 경쟁 우위를 확보하고 유지하는 것이 전략 수립의 가장 중요한 목적이며 다른 개념들은 경영 전략을 수립하는 부차적인 목적이다.

003. 가치체계(Value System)는 기업의 미션(사명), 비전, 목표, 핵심 가치를 정의하는 체계이다. 미션(Mission)은 기업의 "존재 이유"를 나타내며, 현재 수행하는 역할과 가치를 정의하는 내용이 포함된다. 따라서 4번이 정답이다.

004.

 비기봇 해설

MIS는 조직의 데이터를 수집, 저장, 처리하여 경영진이 효과적인 의사결정을 내릴 수 있도록 지원하는 정보 시스템입니다.

1. **고객의 구매 이력을 바탕으로 개인화된 광고 캠페인을 자동 실행한다** : 고객의 구매 이력을 분석하여 맞춤형 광고 캠페인을 제공하는 것은 CRM(고객관계관리 시스템)이나 데이터 마이닝 기법과 관련이 있습니다. CRM은 MIS의 주요 영역이지만 경영진의 의사결정에 직접적인 도움을 제공하는 것이 아닌 CRM의 기능을 강조하는 사례입니다.

2. **사내의 특허 관리와 지식 관리를 위해 새로운 기술이 업데이트 되면 해당 직원의 성과를 자동으로 계상되도록 시스템으로 지원한다** : 사내 지식을 관리하는 것은 KMS이며 이를 통해 해당 직원의 성과를 평가할 수 있도록 HR과 연계하는 것은 MIS의 중요한 영역이지만 경영 의사결정을 직접적으로 지원하기 보다는 내부 경영정보시스템들 간의 연계와 활용의 사례라고 볼 수 있습니다.

> 3. 조직의 재무 상태를 실시간으로 모니터링하고, 이를 바탕으로 신규사업 투자 전략을 조정한다 : MIS는 기업의 내부 데이터를 실시간으로 수집, 분석하여 경영진이 신속하고 정확한 결정을 내릴 수 있도록 지원하는 역할을 합니다. 특히, 재무 상태 모니터링과 신규사업의 투자 전략을 수립하는 것은 MIS를 통해 경영자가 직접적으로 의사결정에 활용되는 사례라고 볼 수 있습니다. 정답으로 적절합니다.
>
> 4. 직원의 출퇴근 시간을 자동 체크하여 근무 시간과 연차관리를 자동으로 계산한다 : 직원의 근태 관리는 HRM(인적자원관리 시스템, Human Resource Management System)의 기능에 해당합니다. HRM은 경영정보시스템의 주요한 영역이지만 단순한 근태 기록과 같은 기능은 경영진의 의사결정에 직접적인 역할을 하기에는 다소 거리가 있습니다.

005. MIS는 경영 내외의 관련 정보를 수집, 분석하여 의사결정을 지원하고 운영 효율성을 높이는 데 사용된다. 또한, 부서 간 정보 흐름을 원활히 하는데 기여한다. 직원 복지 프로그램 설계와 실행은 인사관리시스템(HRM)에 해당되며, MIS의 직접적인 주요 기능이기 보다는 협의적인 내용이라고 볼 수 있다.

006. CRM 시스템은 고객 데이터를 분석하여 마케팅 전략을 최적화하는 것이 목적이다. 그러나 "고객의 성향을 기반으로 구매 결정을 최적화하고, 제품 추천 및 가격 책정을 조정하는 기능을 수행한다."는 설명은 부적절하다. 가격 책정은 ERP 또는 별도의 가격 최적화 시스템이 수행하는 역할이며, CRM의 기본 기능이 아니다.

007. 차별화 전략은 고객 가치 구현을 통해 가격 프리미엄으로 수익을 확보하는 전략을 의미한다. 1번의 경우 표준화된 제품과 비용 관리를 통해 경쟁력을 확보하는 원가 우위 전략을 사용하고 있어 차별화 전략과는 거리가 있다.

008. 포터의 5 Forces 모형은 기업이 속한 산업의 경쟁 강도를 분석하는 데 사용되는 프레임워크이다. 이 모형에서 잠재적 진입자의 위협이 높을 경우, 기존 기업들은 경쟁을 피하기 위해 진입 장벽을 높이려는 전략을 사용한다. 그러나 2번 선택지는 기존 기업들이 진입 장벽을 낮춘다고 서술하고 있어 적절하지 않다.

009. 재무제표는 조직의 재무 상태를 파악하고 경영 전략을 수립하는 데 중요한 역할을 한다. 재무제표는 기업의 자산, 부채, 수익, 비용 등 재무 정보를 제공하여 전략적 의사결정을 지원하는 것이 주요 목적이므로 2번이 정답이다.

010. 경영 환경에서 효과적인 지식경영과 혁신을 위해서는 데이터(Data)를 기반으로 정보(Information)를 도출하고, 이를 분석하여 지식(Knowledge)으로 변환한 후, 최종적으로 통찰(Insight)을 얻는 과정이 필요하며, 이 과정을 DIKI 피라미드라고 부른다.

011. 구매자의 협상력은 구매자가 공급자에게 가격 인하, 품질 개선, 서비스 향상 등을 요구할 수 있는 힘을 의미한다. 구매자의 협상력이 강해지면 공급자는 이윤이 줄어들거나, 구매자의 요구에 맞춰 경쟁력을 확보해야 하는 압력을 받게 된다. 2번 선택지는 구매자가 후방 통합을 고려할 수 있는 경우로, 공급자보다 우위에 설 가능성이 높기 때문에 구매자의 협상력이 강해지는 상황이다.

012. 7S 분석은 조직의 성과와 변화를 효과적으로 관리하기 위한 요소를 분석하는 도구로, 전략(Strategy), 구조(Structure), 시스템(System) 등 경성 요소와 공유가치(Shared value), 스타일(Style), 구성원(Staff), 스킬(Skill) 등 연성 요소로 이루어져있다. 4번 Strength는 SWOT 분석에 포함되는 요소로, 7S에 포함되지 않는다.

013.

> **비기봇 해설**
>
> 이번 문항은 경영 전략 수립에 활용되는 분석 도구와 그 설명의 연결에 대한 것입니다. 경영 전략 수립을 위한 분석 도구는 기업의 내부 및 외부 환경을 평가하고, 자원을 효과적으로 배분하기 위한 기초 자료를 제공합니다.
>
> 1. SWOT 분석 - 기업의 재무 성과를 수치화하여 경쟁력을 측정한다 : SWOT 분석은 기업의 강점(S), 약점(W), 기회(O), 위협(T)을 평가하는 도구로, 재무 성과를 수치화 하는 것이 아니라 기업의 전반적인 상황을 분석하는 데 초점을 맞춥니다. 이 보기는 적절하지 않습니다.
>
> 2. 7S 분석 - 조직 내부의 전략, 구조, 시스템, 공유된 가치 등이 전략적 목표와 조화를 이루는지 평가한다 : 7S 분석은 전략, 구조, 시스템, 스타일, 인사, 공유 가치, 기술을 통해 조직의 일관성과 효과성을 평가합니다.
>
> 3. BCG 매트릭스 - 사업 단위를 성장률과 시장 점유율로 분류하여 자원 배분 전략을 수립한다 : BCG 매트릭스는 사업 단위를 스타(Star), 물음표(Question Mark), 캐시카우(Cash Cow), 개(Dog)로 분류하여 자원 배분의 우선순위를 정하는 데 사용됩니다.
>
> 4. VRIO 모형 - 조직의 자원을 평가하여 경쟁우위를 확인하고 지속 가능성을 판단한다 : VRIO 모형은 자원의 가치, 희소성, 모방 가능성, 조직의 역량을 평가하여 지속 가능한 경쟁우위를 확인하는 데 활용됩니다.
>
> 최종적으로, 경영 전략 수립에 활용되는 분석 도구는 각기 다른 목적과 기능을 가지고 있으며, 그 중 SWOT 분석의 설명이 잘 못 연결되어 있습니다. SWOT 분석은 기업의 재무 성과를 수치화하는 것이 아니라, 전반적인 내부 및 외부 환경을 평가하는 도구입니다.

014. 리스크 관리 계획은 프로젝트 수행 중 발생할 수 있는 위험 요소를 사전에 식별하고, 이를 최소화하거나 적절히 대응할 수 있도록 전략을 수립하는 프로세스이다. 리스크 관리 계획이 시장 점유율 확대나 경쟁 전략과 같은 경영 전략을 다루는 것이 아니라, 프로젝트에서 발생할 수 있는 위험을 분석하고 대응하는 데 초점을 맞추므로 2번은 부적절한 설명이다.

015. 중장기 경영 계획의 핵심은 기업의 비전과 목표를 장기적으로 실현할 수 있도록 지속적인 성장, 시장 변화 대응, 자원 배분을 체계적으로 계획하는 것이다. 단기 수익성과 재무 건전성을 조정하는 것은 중장기 전략보다는 단기적인 경영 계획이나 재무 관리의 영역에 가깝다. 중장기 계획은 장기적인 비전과 지속 가능한 성장을 추구하는데 중점을 두므로, 단기적 성과에만 집중하는 것은 그 목표와 맞지 않는다.

016. 연간 사업 계획은 특정 연도 동안 조직의 목표와 전략을 설정하는데 사용된다. 중장기 경영 계획은 몇 년에 걸친 전략적 방향을 수립하는 것에 초점을 맞추며, 경쟁 전략과 리스크 관리 계획은 보다 특정한 상황에 대한 전략이다.

017. 새로운 시장 진입 시에는 유통 채널 확보, 고객 요구사항 분석, 지속적인 기술 개발 등이 성공 가능성을 높이는 전략이다. 가격 경쟁에 초점을 맞추는 전략은 단기적인 효과는 있을 수 있으나, 장기적으로는 시장에서의 차별화와 지속 가능성을 저해할 수 있다.

018. ESG 경영은 환경, 사회, 거버넌스 측면에서 지속 가능성을 강조하는 경영 전략이다. 경제적 성과와 시장 점유율 확대는 기업의 일반적인 목표일 수 있으나, ESG 경영의 주요 목표는 아니다. 친환경 정책 강화, 사회적 책임 이행, 기업 투명성 제고 등이 ESG 경영의 핵심 목표이다.

019. 블루오션 전략은 기존의 경쟁이 치열한 시장(레드오션)에서 벗어나, 경쟁이 없는 새로운 시장(블루오션)을 창출하는 데 중점을 둔다. 이 전략의 핵심 요소는 가치 혁신으로, 차별화와 비용 절감을 동시에 추구하여 새로운 고객 가치를 창출하는 것이다. 따라서 경쟁자 분석보다는 고객의 미충족 니즈를 파악하고 혁신적 가치를 제안하는 것이 핵심이다. 그러나 경쟁자 분석을 통해 차별화된 우위를 확보하는 행위는 레드오션 전략의 전형적인 특징이다.

020. 앤소프 매트릭스는 2x2 구조이며, 기존 제품과 새로운 제품이 기존시장과 새로운 시장에 적용하는 전략을 시장침투, 제품개발, 시장 개발, 다각화로 구분하는 매트릭스로 구성한 것이다. 매트릭스에서 신제품을 개발하여 새로운 시장에 진출하는 전략은 다각화 전략에 해당한다. 기존 제품을 활용한 기존 시장 침투는 시장 침투, 기존 제품을 활용한 신시장 발굴은 시장 개발, 신제품 개발을 통한 기존 시장 공략은 제품 개발 전략에 해당된다.

021. ERP는 재무, 회계, 인사, 생산, 물류, 영업 등 다양한 부문의 데이터를 통합하여 데이터 일관성을 유지하고 부서 간 실시간 협업을 가능하게 하므로 부서 간 실시간 협업이 불가능하다는 설명은 부적절하다.

022. ERP 시스템은 조직 내 정보 통합과 자원 관리 최적화, 운영 비용 절감 등의 장점을 제공한다. 그러나 고객 요구 사항을 즉각적으로 충족시키는 것은 ERP 시스템보다는 CRM 시스템의 주요 역할에 가깝다.

023. VRIO(Value / Rarity / Inimitability / Organization)는 기업이 희소하고, 가치 있으며, 쉽게 모방할 수 없고, 효과적으로 조직화된 자원을 통해 경쟁 우위를 갖출 수 있는지를 평가하는 것이 핵심이다. 이 중 "해당 자원이 산업 내에서 모든 기업이 공평하게 획득할 수 있는가?"는 VRIO 프레임워크에서 고려하지 않는 요소이므로 정답은 2번이다.

024. 보기에서 설명하는 단계는 Check(검토) 단계로, 실행 결과를 분석하여 계획된 목표와 실제 성과 간의 차이를 평가하고 문제점을 식별하여 향후 개선 활동에 활용할 데이터를 제공하는 데 목적이 있다. 문제를 분석하고 개선 방향을 설정하는 것은 Act(조치) 단계에서 수행된다. Do(실행) 단계에서 즉시 개선 사항을 반영하거나, 계획을 대폭 수정하는 것은 Check(검토) 단계의 역할이 아니다. Check(검토) 단계는 분석과 평가에 중점을 둔다.

025. 경영정보 시스템은 데이터를 분석하여 의사결정을 지원하는 데 초점이 있다. 고객의 구매 패턴을 예측하여 재고를 최적화하는 것은 경영정보 시스템의 대표적인 활용 사례다. 근무 시간 기록은 HR 시스템, 물리적 자산 관리는 자산 관리 시스템에 더 적합하며, 경쟁사 모니터링은 정보 시스템의 주요 목적과는 다소 거리가 있다.

026.

> **비기봇 해설**
>
> 1. **기존 시장에서 브랜드 충성도를 높이기 위해 고객 리워드 프로그램을 도입하고, 재구매율을 증가시키는 전략을 활용한다** : 기존 시장에서 기존 제품을 활용하여 점유율을 높이는 전략이므로, 앤소프 매트릭스에서 "시장 침투 전략"에 해당됩니다. 고객 리워드 프로그램, 로열티 프로그램, 가격 할인, 광고 확대 등을 활용하여 경쟁사를 이기고 고객 유지율을 높이는 것이 핵심입니다.
>
> 2. **새로운 시장에 진출하기 위해 동일한 제품을 해외 시장으로 확대하고, 현지화된 유통망을 구축한다** : 기존 제품을 활용하지만, 새로운 시장(해외 시장)으로 확장하는 전략이므로 "시장 개발 전략"에 해당됩니다. 국내에서 판매되던 제품을 해외로 확장하는 것, 또는 새로운 고객층(예: B2B에서 B2C)으로 확장하는 것이 대표적인 시장 개발 전략입니다.
>
> 3. **기존 시장의 정체를 극복하기 위해 유사한 산업의 비즈니스 모델을 차용하여, 기존 고객층을 대상으로 리브랜딩을 진행한다** : "유사한 산업의 비즈니스 모델 차용"이라는 표현이 다각화 전략(Diversification)처럼 보일 수 있지만, 사실은 단순한 브랜드 포지셔닝 변경입니다. "기존 고객층을 대상으로 리브랜딩"을 진행하는 것은 제품을 변경하거나 새로운 시장으로 확장하는 것이 아니라, 브랜드 이미지 조정에 가깝습니다. 리브랜딩은 기존 브랜드를 재정비하는 마케팅 활동이며, 제품 개발이나 시장 확장이 아닙니다.
>
> 4. **현재 제공 중인 제품을 리뉴얼한 새로운 제품을 출시하여, 신시장에 진출하여 신규 고객층을 확보한다** : 리뉴얼은 기존의 것을 개선하거나 새롭게 변화 시키는 과정으로, 단순한 유지보수나 복구가 아닌 새로운 기능, 성능 등을 포함하므로 새로운 제품으로 구분됩니다. 따라서 신제품을 개발하여 신시장에 진출하는 것이므로 앤소프 매트릭스 전략에 해당됩니다.

027. 본원적 경쟁 전략의 주요 전략으로는 원가우위 전략, 차별화 전략, 집중화 전략이 있으며, 각 전략은 개별적으로 운영되는 것이 일반적이다. 집중화 전략은 특정 시장 세그먼트를 대상으로 하지만, 원가우위 전략 또는 차별화 전략 중 하나와 결합하여 운영해야 한다. 두 가지 전략을 동시에 운영하는 것은 '전략적 모호성'을 초래할 수 있어 효과적이지 않다.

028. BCG 매트릭스는 기업이 보유한 사업부 또는 제품을 시장 성장률과 상대적 시장 점유율을 기준으로 스타(Star), 캐시 카우(Cash Cow), 물음표(Question Mark), 개(Dog) 4가지 유형으로 분류하는 전략적 분석 도구이다. C 사업부는 낮은 시장 성장률과 높은 시장 점유율을 보유하고 있어 캐시 카우로 분류되는 것은 맞지만, 캐시 카우는 추가적인 대규모 투자가 필요하지 않은 사업부이므로, ③번 선택지는 적절하지 않다.

029. STEEP 분석과 PESTEL 분석은 모두 외부 환경을 분석하는 도구이다. ETRIP 분석은 산업(I) 요소를 포함하므로, 보다 특정 산업 내 경쟁구조를 이해하는 데 유리하다. 그러나, STEEP 분석은 기업의 내부 혁신 역량을 분석하는 것이 아니라, 외부 환경 변화를 분석하는 도구이므로 ④번 선택지는 적절하지 않다.

030. ESG 경영은 환경(Environment), 사회(Social), 거버넌스(Governance) 측면에서 지속 가능성을 강조하는 전략이다. ESG 경영의 구성 요소에는 "경제(Economic)"가 포함되지 않으며, ESG의 목표는 단순한 수익성 강화나 시장 점유율 확대가 아니라 지속 가능성을 고려한 경영을 실천하는 데 있다.

031. 유동부채는 기업이 1년 이내에 상환해야 할 의무를 나타내는 부채로, 단기 차입금이나 매입채무 등이 포함되므로 현금 및 현금성 자산과는 관계가 없다. 반면, 유동자산은 재고자산, 매출채권 등 단기적으로 현금화가 가능한 자산을 의미하며 비유동자산은 건물, 설비 등 장기적으로 사용되는 자산을 나타낸다. 또한 무형자산은 특허권, 상표권 등 물리적 형태가 없는 자산을 지칭한다.

032. K-IFRS는 국제 회계 기준(IFRS)을 기반으로 하며, 국내 기업도 국제 기준에 부합하도록 회계 정보를 제공하기 위해 설계되었다. 자유롭게 해석하거나 선택적으로 적용할 수 없으며, 과거 관행에 따라 회계 처리하는 것도 맞지 않는 행위이다.

033. 회계는 기업의 재무 상태를 기록하고 분석하여 투자자, 경영자 등 이해관계자의 의사결정을 지원한다. 회계 기준은 산업별로 다르게 적용될 수 있으며, 과거 데이터 기록뿐만 아니라 미래 예측에도 활용된다. 회계 정보는 내부 경영진이 운영 전략을 수립하는 데 필수적이다.

034. 손익계산서는 일정 기간 동안 기업의 수익과 비용을 기록하여 손익을 계산하는 재무제표의 한 종류이다. 자산과 부채는 재무상태표에서 보여지며, 특정 시점의 재무 상태는 손익계산서가 아닌 재무상태표를 통해 나타낸다. 현금의 유입과 유출은 현금흐름표의 역할이다.

035. 현금흐름표는 특정 기간 동안 기업의 현금 및 현금성 자산의 유입과 유출을 기록하는 재무제표로 기업이 실제로 현금을 어떻게 얻고 사용했는지를 보여준다. 이는 기업의 유동성 및 재무 건전성을 평가하는데 중요한 역할을 한다. 자산과 부채, 특정 시점의 재무 상태는 재무상태표에서 확인할 수 있으며, 수익과 비용은 손익계산서에서 확인할 수 있다.

036. 시장점유율은 기업의 제품이나 서비스가 시장에서 차지하는 비중을 나타내며, 지급 능력이나 금융 건전성과 직접적으로 관련이 없다. 현금흐름표, 손익계산서, 재무상태표는 기업의 재무 상태와 지급 능력을 측정하는 데 사용된다.

037. 부채상환비율은 기업이 보유한 부채를 상환할 수 있는 능력을 평가하는 지표로, 기업의 재무 건전성을 측정하는 데 사용된다. 자산의 수익성을 평가하는 지표는 일반적으로 총자산수익률(ROA)이나 자기자본이익률(ROE) 등이며, 부채상환비율과 직접적인 관련이 없다. 유동비율은 기업이 단기 부채를 상환할 수 있는 능력을 평가하는 지표이며, 이자보상비율은 기업이 영업이익을 통해 이자 비용을 감당할 수 있는지를 나타내는 지표다. 매출채권 회전율은 기업이 매출채권을 얼마나 효율적으로 회수하는지를 평가하는 것으로, 자산 활용의 효율성과 관련이 있다.

038. 자본잉여금은 주식 발행, 감자, 합병 등 자본 거래로 발생한 잉여금을 의미하며, 주식발행초과금, 감자차익 등이 포함된다. 영업활동으로 발생하는 잉여금은 이익잉여금으로 분류되며, 나머지 선택지들은 자본잉여금의 정의와 포함 항목에 부합한다.

039. 3번 선택지는 공급망 관리(SCM, Supply Chain Management) 또는 재고 최적화와 관련된 전략으로, 이는 고객 행동 데이터 기반의 마케팅보다는 운영 및 물류 최적화에 더 가까운 개념이다.

040. 성과급은 직원 개인의 성과를 기준으로 보상을 제공하지만, 이는 개인 성과에 초점이 맞춰져 있어 오히려 팀워크를 약화시킬 가능성이 있다. 직무급은 업무의 중요도와 가치에 따라 임금을 결정하며, 연공급은 근속연수를 기준으로 임금을 책정해 조직 내 안정성과 장기근속을 유도할 수 있다. 임금 체계의 공정성, 경제성, 적합성은 조직의 효율성과 만족도를 높이는 데 중요한 요소이다.

041. 직무분석(Job Analysis)은 조직 내에서 특정 직무(Job)의 역할, 책임, 요구 역량 등을 체계적으로 분석하는 과정이다. 하지만, 직무분석이 직접적으로 임금 및 보상 체계를 결정하는 과정은 아니다. 직무분석 결과는 보상 결정의 참고 자료로 활용될 수 있지만, 임금 및 보상 체계는 직무평가(Job Evaluation)와 같은 별도의 과정에서 결정된다.

042. 성과 관리와 보상 체계는 조직의 장기적 전략 목표와 밀접하게 연계되어야 한다. 성과 목표 설정과 보상 차별화는 직원의 동기부여를 강화하며, 공정하고 투명한 성과 평가 기준은 신뢰성을 높이는 데 핵심적이다. 팀 단위 성과와 개인 성과를 균형 있게 평가하는 것은 조직의 협력 문화를 촉진한다. 장기적 목표와 무관하게 성과 평가를 설계한다는 설명은 옳지 않다.

043. 고성과자에게 인센티브를 제공하는 것은 조직의 공정성을 고려하여 신중히 설계해야 하며, 다른 직원들의 사기를 저하시키는 것이 아니라 조직 전체의 동기를 높이는 방향으로 작동해야 한다. 차별화된 보상 체계와 지속인 피드백, 개인화된 경력 개발 프로그램은 고성과자의 유지 및 동기부여에 효과적이다.

044. 정률법의 경우 경제적 가치가 초기에 급격히 감소하는 자산에 적용하기에 적합하며 초기 비용 부담이 크다는 단점이 있지만, 자산 가치 감소를 경제적으로 반영할 수 있다. 정액법은 일정 금액을 감가상각하며, 생산량비례법은 사용량에 따라 감가상각을 계산하고, 연수합계법은 내용연수 합계를 기준으로 감가상각을 진행한다.

045. 연수합계법은 자산의 내용연수를 합산하여 감가상각 비율을 정하고, 초기에는 높은 감가상각 비용을 부과하고 후기로 갈수록 줄어드는 방식이다. 이는 자산의 가치를 경제적 사용 가능 연한에 맞춰 보다 현실적으로 반영하는 방법이다. 또한, 계산이 비교적 복잡하여 관리가 어려울 수 있다는 점도 단점으로 꼽힌다. 그러나 일정한 금액을 감가상각하는 것은 정액법에 해당하므로 연수합계법과는 다른 개념이다.

046. BARS는 평가의 신뢰성을 높이고, 평가자 간 일관성을 유지하는 데 효과적이지만, 개발 과정이 복잡하고 시간이 많이 소요되며, 지속적인 유지 보수가 필요하다. BARS는 직무 환경 변화나 조직 내 평가 기준이 바뀌는 경우, 지속적으로 업데이트해야 하므로 2번은 부적절한 설명이다.

047. 생산량비례법은 자산의 사용량에 따라 감가상각 비용을 산출하는 방식으로, 자산 사용이 일정하지 않을 때 적합하다. 매년 동일한 금액으로 감가상각하는 정액법, 장부금액에 정률 상각률을 곱하여 매년 감가 상각비를 계산하는 정률법, 내용연수 합계를 기준으로 감가상각을 계산하는 연수합계법과는 명확히 구분된다. 생산량에 기반하여 감가상각 비용을 조정하는 점이 이 방법의 특징이다.

048. 행태관찰척도법은 평가자가 특정 행동과 그 빈도를 관찰하고 기록하여 정량적 데이터를 도출하는 평가 방식이다. 이 방식은 관찰과 기록을 기반으로 신뢰도 높은 평가를 제공하며, 정량적 분석에 적합하다. 평가센터법은 다양한 방법을 활용한 종합적 평가이며, 행태기준평정법은 특정 행동을 기준으로 평가하며, 평가자가 특정 행동의 수행 정도를 평가하는 데 중점을 둔다. 그러나 빈도를 강조하기보다는 행동의 질을 기준으로 평가한다. 서열법은 상대적 순위를 매기는 방식으로 정량적 분석보다는 비교에 초점이 있다.

049. 평가센터법(Assessment Center Method)은 지원자의 직무 역량을 종합적으로 평가하기 위해 다양한 직무 상황을 가상으로 설정하고, 그에 대한 피평가자의 대응과 행동을 평가하는 방식이다. 이 방법은 실제 업무 수행 능력을 평가하는 데 중점을 두므로 직무에 대한 높은 이해도와 전문성이 요구된다. 또한, 여러 평가자가 참여하여 객관성을 높이는 방식이 적용된다. 따라서 직무 전문성이 요구되지 않는다는 설명은 맞지 않는 내용이다.

050. 행태관찰척도법은 피평가자의 행동 빈도를 특정 기준에 따라 기록하는 정량적 평가 방식이며, 서술적 평가가 아닌 관찰 빈도를 강조한다. 서술적 평가와 관련된 방식은 행태기준평정법이며 평가센터법, 서열법, 행태기준평정법의 나머지 예시는 각각 해당 방법의 특징과 일치하므로 적절하다.

051. CTR(클릭률)은 광고가 노출된 횟수 대비 클릭된 횟수를 비율로 나타내는 지표로, 광고의 관심도를 평가하는 데 사용된다. 클릭률은 단순히 노출 횟수와 클릭 횟수로 계산되며, 전환율과 직접적인 관계는 없다.

052. ROAS(Return On Advertising Spend, 광고비 대비 매출 비율)은 광고 투자 대비 발생한 매출을 평가하는 지표이다. ROAS는 총 광고비 대비 발생한 "매출"을 기준으로 계산하며, "순이익"을 나타내는 지표는 아니다. 즉, 광고비를 제외한 기타 비용을 고려하지 않으므로 ROAS가 높다고 해서 반드시 수익성이 높다고 볼 수 없다.

053. CPC(Cost Per Click, 클릭당 비용)은 광고 1회 클릭당 평균 비용을 계산하는 지표로, 이를 수식으로 나타내면 총비용 ÷ 총클릭 수가 된다.

054. CVR(전환율) 최적화는 전환 과정을 간소화하거나, 사용자 신뢰를 높이는 요소를 추가하거나, A/B 테스트를 통해 전환 가능성을 높이는 작업이 포함된다. CTR(클릭률)이 높다고 해서 반드시 전환율이 높아지는 것은 아니며, 방문자가 많더라도 구매로 이어지지 않는다면 CVR(전환율)은 향상되지 않으므로 CTR(클릭률)을 높이는 데만 집중하는 것은 CVR(전환율) 최적화와 직접적인 관련이 없다.

055. CTR은 광고를 본 사용자 중 몇 퍼센트가 클릭했는지를 측정하는 지표이며, 도달 범위는 광고를 본 고유 사용자 수를 의미하므로 CTR과 광고 도달 범위는 직접적인 연관이 없다. CPM은 노출 기준 지표로, 클릭 수와 무관하며, CPI가 높으면 설치당 비용이 증가하므로 ROI에 부정적인 영향을 주고, CPA가 낮으면 같은 예산으로 더 많은 전환을 유도할 수 있다.

056. 대형 마트에서 고객 행동 데이터를 활용하여 매장 내 동선을 최적화하려면, 고객의 이동 패턴, 상품 간 연관성, 혼잡도를 분석하여 최적의 배치를 설계하는 것이 중요하다. 특정 고객군의 평균 체류 시간을 분석하여 체류 시간이 긴 고객이 자주 방문하는 구역의 상품 배치를 주기적으로 변경하는 것은 비효율적일 수 있다. 이유는 고객의 체류 시간이 긴 구역에서 상품 배치를 자주 변경하면, 고객이 이미 익숙해진 동선이 혼란스러워질 수 있기 때문이다. 효율적인 접근 방식은 데이터를 기반으로 동선을 자연스럽게 유도하고, 쇼핑 경험을 개선하는 전략이어야 한다.

057. 고객 행동 데이터는 주로 직접적인 행동과 관련된 데이터이며, 고객의 주소, 이메일, 전화번호 등은 고객의 신상 정보(연락처 정보)로, 고객의 행동 패턴이나 상호작용 데이터를 직접적으로 반영하지 않는다. 이 데이터는 고객 행동 분석보다는 마케팅 대상자 식별이나 연락처 관리에 주로 사용되며, 행동 데이터의 범주로 보기에는 부적합하다. 클릭 스트림 데이터(Clickstream Data)는 고객이 웹사이트에서 어떤 페이지를 방문했는지 등의 행동 패턴을 기록한 데이터로 고객 행동 데이터의 범주에 포함된다. 온라인 설문 조사 응답 내용과 제품 리뷰 데이터도 고객의 행동 중 하나이므로 고객 행동 데이터로 볼 수 있다.

058. SCM(Supply Chain Management)은 고객 주문 분석, 원자재 조달, 물류와 운송 과정 개선 등 공급망의 효율성을 높이는 활동을 포함한다. IMC(Integrated Marketing Communication)는 마케팅 활동의 일환으로, SCM과 직접적인 관련이 없다.

059. 현금흐름표는 일정 기간 동안 기업의 현금 유입과 유출을 보여주는 재무제표로, 운영, 투자, 재무 활동으로 구분하여 현금 흐름을 상세히 제공한다. 매출원가와 매출총이익은 손익계산서에서 계산하는 항목으로, 현금흐름표의 주요 역할과는 다르다.

060. 원가법은 자산의 취득 원가를 기준으로 평가하는 방법으로 일반적으로 사용된다. 공정가치법은 현재 시장 가치를 기준으로 자산을 평가하는 적절한 방법이다. 감가상각법은 자산의 사용에 따라 감소하는 가치를 계산하는 방법으로 적합하다. 하지만 수익인식법은 자산의 가치를 계산하는 방법이 아니라, 수익을 기록하는 회계 기준으로, 자산 평가가 아니라 매출 인식 시점과 관련된 개념이다.

061. 고객 세분화는 성별, 연령, 구매 패턴, 지역 등 다양한 기준을 활용하여 고객 그룹을 정의하고 각 그룹에 맞는 전략을 수립하는 데 목적이 있다. 모든 고객을 동일하게 대우하거나 새로운 고객만을 대상으로 한다는 설명은 세분화의 핵심 개념과 맞지 않다. 또한, 개인 고객 세분화를 위해서 행동 데이터, 구매 이력, 인구통계 데이터 등 고객 정보를 수집하고 활용해야 한다.

062. 가치사슬 분석은 기업의 비용 구조를 최적화하고, 부가가치를 창출하며, 경쟁 우위를 확보하기 위한 전략을 수립하는 기법이다. 부가가치가 높은 곳에는 추가적인 투자를 진행하며 불필요한 비용을 줄여 비용 구조를 최적화하고, 고객에게 영향을 미치는 활동을 분석하여 장기적인 경쟁 우위를 확보해야 한다. 단기적인 재무성과 극대화는 비용 절감 전략 혹은 재무 전략 등의 방법을 활용해야 한다.

063. SCM 시스템은 생산부터 배송까지 공급망 전체를 관리하며, 재고 최적화와 비용 절감을 주요 목표로 한다. 이를 통해 공급망의 효율성을 높이고 자원의 낭비를 줄이는 데 기여한다. 반면, 고객 관계 관리는 CRM(Customer Relationship Management) 시스템의 기능이며, 데이터 분석을 활용한 소비자 행동 예측은 CRM 또는 마케팅 자동화 시스템과 관련이 깊다. 또한, 품질 관리와 테스트는 일반적으로 품질 관리(QM, Quality Management) 시스템에서 다루는 기능이다.

064.

 비기봇 해설

이번 문항은 선입선출법(FIFO)의 특징에 대한 것입니다. FIFO는 "First In, First Out"의 약자로, 먼저 입고된 재고가 가장 먼저 출고되는 방식입니다. 이 방법은 재고 관리와 회계 처리에서 중요한 역할을 하며, 특히 인플레이션 상황에서 매출원가와 순이익에 영향을 미칠 수 있습니다.

1. **인플레이션 시기에는 매출원가가 낮아지고 순이익이 증가할 가능성이 있다** : 이는 FIFO의 일반적인 특징입니다. 인플레이션(물가 상승) 시기에는 먼저 매입한 저렴한 재고가 먼저 출고되므로, 매출원가가 낮아지고 순이익이 증가하는 경향이 있습니다.

2. **최초에 입고된 재고가 가장 먼저 출고된다고 가정한다** : 이 설명은 FIFO(선입선출법)의 핵심 원칙을 잘 설명하고 있습니다. 가장 먼저 입고된 재고가 가장 먼저 출고된다고 가정하며, 이는 재고의 물리적인 흐름과 일치하는 경우가 많습니다. 특히 유통기한이 있거나 변질되기 쉬운 제품의 관리에 효과적입니다.

3. **재고가 오래될수록 매출원가에 포함될 가능성이 높다** : 해당 선택지는 FIFO의 원칙과 맞지 않습니다. FIFO 방식에서는 오래된 재고가 먼저 출고되므로, 재고가 오래될수록 매출원가에 포함될 가능성이 낮아집니다.

4. **재고의 매입원가가 재고 평가에 직접 영향을 미친다** : 이 선택지는 맞는 설명입니다. FIFO는 재고의 매입원가에 따라 재고 평가와 매출원가에 영향을 미치므로, 재고의 매입원가는 중요한 요소입니다.

선입선출법(FIFO)은 먼저 매입한 재고를 먼저 판매하는 것을 가정하는 방법으로, 오래된 재고가 매출원가에 포함될 가능성이 낮습니다. 반대로, 후입선출법(LIFO)은 최근 매입된 재고가 먼저 판매된다고 가정하는 방법으로, 오래된 재고는 판매되지 않고 남아 있을 가능성이 높으며, 따라서 오래된 재고의 매입원가가 매출원가에 포함될 확률이 높습니다.

065. 평균법(Average Cost Method)은 일정 기간 동안의 매입 가격을 평균 내어 재고를 평가하는 방식이다. 따라서, 매입 가격이 변동하더라도 계산이 간단하며, 국제회계기준(IFRS)에서 인정된 재고 평가 방법 중 하나이다. 그러나, 가격 변동이 큰 경우 평균 단가가 실제 시장 가격을 반영하지 못할 수 있다는 단점이 있다. 또한, 평균법은 일정 기간 동안의 평균 단가를 사용하기 때문에, 최신 매입 가격에 따른 재고 평가를 강조하지 않는다.

066. 당좌비율은 재고자산을 처분하지 않고도 단기부채를 갚을 수 있는지를 측정하는 비율로, 이 비율이 100% 이상이면 유동성이 우수한 것으로 평가된다. 당좌자산은 현금, 예금, 매출채권, 유가증권 등 즉시 현금화할 수 있는 자산을 포함한다. 당좌비율은 유동부채 대비 당좌자산의 비율로 계산하는 것이 맞지만, 유동부채는 1년 이내에 상환해야 하는 단기 부채를 의미하므로 "유동부채는 10년 이내에 상환해야 한다"는 설명은 잘못되었다.

067. 부채비율은 기업의 재무 구조와 건전성을 평가하는 주요 지표로, 타인자본(부채)을 자기자본으로 나눈 비율을 말한다. 이 비율이 높을수록 기업은 타인자본에 대한 의존도가 크며, 재무 안정성이 낮아질 가능성이 있다. 유동자산 대비 유동부채의 비율은 유동비율에 해당하며, 현금과 현금성자산을 제외한 당좌자산 비율은 당좌비율이다. 또한, 영업이익을 이자 비용으로 나눈 비율은 이자보상배율로, 부채비율과는 다른 개념이다.

068. MBO는 조직 목표를 기준으로 하위 목표(부서 및 개인 목표)를 연계하여 운영하는 것이 핵심이며, 구성원의 참여를 통해 목표를 설정하여 동기 부여를 강화한다. 또한, 명확한 목표 설정과 성과 평가를 기반으로 조직의 성과를 향상시키는 것을 목표로 한다. 개인 목표 달성도 중요한 요소이지만, MBO의 핵심은 조직 목표와의 연계이므로 "초점을 맞춘다"는 표현은 적절하지 않다.

069. 경력개발은 조직과 직원 모두에게 긍정적인 영향을 미치며, 직원의 성장과 성과를 지원하여 조직의 경쟁력을 강화하고, 장기적인 인재 확보 전략에 기여한다. 또한, 직원의 개인적 목표와 업무 만족도를 높이는 데 중요한 역할을 한다. 하지만 경력개발은 근무 시간을 조정하거나 최적화하는 것을 주된 목적으로 하지 않는다.

070. 채용 계획 수립 시 학력과 경력, 채용 후 교육 및 훈련 계획, 채용 시기와 예산 등은 조직의 인재 확보와 활용을 위한 필수적인 요소이다. 반면, 채용 대상자의 취미와 여가 활동은 업무 수행과 직접적인 연관성이 없기 때문에 채용 계획 수립 시 고려해야 할 요소로 적절하지 않다.

071. 아래에서 설명하는 전략은 온보딩으로 신규 입사자의 조직 적응, 직무 만족도 향상, 조직 문화 이해를 돕는 것이 주요 목적이다. 신규 입사자의 원활한 조직 적응이 궁극적으로 조직 전체의 효율성을 높이는 데 기여할 수 있지만, 온보딩의 핵심 목표라고 볼 수는 없다.

072. 직원의 역량을 개발하면 업무 수행 능력이 향상되고, 이는 곧 조직의 생산성과 효율성 증가로 이어진다. 교육과 훈련은 직원의 전문성을 높이고 변화하는 업무 환경에 적응할 수 있도록 도와준다. 반면, 업무를 자동화하여 인력을 최소화하는 것은 단기적인 비용 절감에는 도움이 될 수 있지만, 장기적으로는 직원의 능력을 저해할 수 있고 모든 인력을 동일한 기준으로 평가할 경우 직원의 고유한 역량과 기여를 무시하게 되어 조직의 잠재력을 낮출 수 있다. 또한 노동조합과의 협상과 협약을 최우선으로 반영하면 조직의 운영 효율성보다는 노사 관계의 안정성에 중점을 두게 되어 단기적으로는 운영 비용 증가로 이어질 수 있어 운영 효율성과 상충할 가능성이 있다.

073. 인력 운영 계획은 장기적인 목표와 전략, 현재 인력 구성 및 역량, 법적 규제와 노동법 등을 바탕으로 수립해야 한다. 협력업체의 인력 운영 방식은 참고할 수 있는 자료는 될 수 있지만, 조직의 고유한 상황과 목적에 따라 계획이 수립되어야 하기 때문에 주요 고려 요소로 적절하지 않다.

074. 시장 성장률은 특정 기간 동안 시장 또는 기업의 규모가 얼마나 증가했는지를 백분율로 나타내는 지표로, 전체 시장의 매출 증가율과 직결된다. 이는 단순히 한 기업의 매출 성장률과는 다르며, 고객 만족도 와도 무관하다. 또한, 시장 점유율은 기업 성장률과 관련이 있을 수 있지만, 시장 성장률의 본래 개념과는 다르므로 정답으로 보기 어렵다.

075. 경쟁사 분석은 경쟁사와 관련된 정보를 수집하고, 강점과 약점을 평가하여 자사의 경쟁우위를 확보하기 위한 전략을 수립하는 데 사용된다. 시장 규모 측정이나 점유율 계산, 고객 만족도 평가는 경쟁사 분석과 관련된 부수적 활동일 수 있으나, 본질적인 정의는 아니다.

076. 매출 목표는 주로 자사 내부의 역량, 시장의 성장 가능성, 그리고 고객의 구매력과 같은 요소를 기반으로 설정되어야 한다. 경쟁사의 매출 목표는 참고할 수는 있지만, 이를 직접적으로 목표로 삼는 것은 자사의 고유한 전략과 상황을 반영하지 못할 수 있다. 반면, 시장의 성장 가능성은 기회와 위협을 평가하는 데 중요한 요소이며, 기업의 내부 역량은 조직이 실제로 달성할 수 있는 목표를 설정하는 데 필수적이다. 고객의 구매력 역시 매출 목표에 직접적인 영향을 미치므로 중요한 고려 사항이다.

077. 브랜드 이미지는 제품의 디자인과 기능성, 소비자 경험과 리뷰, 브랜드의 홍보 전략과 광고 채널 등을 통해 형성된다. 반면, 기업의 자본 투자 수준은 소비자가 직접적으로 체감하거나 브랜드 이미지 형성에 직결되지 않으므로 적합하지 않다.

078. 마케팅 목표와 계획을 효과적으로 수립하기 위해서는 제품의 주요 특징, 사용법, 가치를 소비자에게 명확히 전달하는 것이 중요하다. 광고 전달이나 재무 상태 알림, 시장 점유율 제공 등은 제품정보의 주요 목적이 아니다.

079. 브랜드 이미지는 소비자의 신뢰를 얻고 구매 의사결정에 긍정적인 영향을 미치며, 높은 브랜드 가치는 제품 가격 상승에 기여하기도 한다. 그러나 브랜드 이미지는 제품의 기능적 특성을 직접적으로 보장하는 요소는 아니며, 실제 제품의 성능을 객관적으로 보장하지는 않는다.

080. 평균절대오차(MAD)는 예측값과 실측값 간의 차이를 절댓값으로 변환한 후, 이들의 평균을 계산하여 예측 오차를 측정하는 지표이다. 제곱한 값을 평균하는 방식은 평균제곱오차(MSE)에 해당하며, 차이를 퍼센트로 나타내는 것은 평균절대백분율오차(MAPE)와 관련된다. 가장 작은 값을 선택한다는 설명은 MAD와 무관하다.

081. SCM의 핵심 목표는 공급과 수요를 균형 있게 조정하여 운영 효율성을 극대화하고, 물류 비용과 생산 단가를 최적화하여 비용 효율성을 높이며, 품질 관리와 개선을 통해 공급망의 안정성과 신뢰성을 확보하는 것이다. 반면, 단기적인 이익을 위한 비효율적인 부분을 제거하는 것은 공급망의 안정성과 장기적 목표를 저해할 수 있어 적절하지 않다. 모든 프로세스를 고객 중심으로 전환하는 것은 오히려 공급망 내 비용 증가와 운영 상의 문제를 초래할 수 있다.

082. 공급사슬관리(SCM)에서 정보 기술은 공급망 전반에서 데이터를 실시간으로 수집하고 분석하여 의사 결정에 활용하는 핵심 역할을 수행한다. 이를 통해 물류, 재고, 생산 데이터를 통합하고, 예측 분석을 활용하여 공급망의 효율성을 극대화할 수 있다. 다만, 물리적 이동의 자동화, 계약의 자동 생성, 품질 문제의 자동 해결과 같은 기능은 정보 기술이 직접 수행하는 역할이 아니라, 별도의 시스템 및 프로세스가 필요하다.

083.

비기봇 해설

이번 문항은 재고 관리 과정에서 발생할 수 있는 황소채찍 효과 (Bullwhip Effect)를 줄이기 위한 방법에 대한 것입니다. 황소채찍 효과는 공급망에서 수요 변동이 확대되어 재고가 과도하게 쌓이거나 부족해지는 현상을 의미합니다. 이를 줄이기 위해 여러 전략이 필요합니다.

1. **정보 공유를 통해 실시간 수요 데이터를 공급사슬 전반에 전달한다** : 이 선택지는 적절한 방법입니다. 실시간 데이터를 공유하면 공급망의 각 단계에서 수요 예측을 보다 정확하게 할 수 있어 황소채찍 효과를 줄이는 데 기여합니다.

2. **주문 주기를 늘려 주문량의 변동성을 줄인다** : 이 선택지도 적절합니다. 주문 주기를 늘리면 주문량의 변동성이 감소하고, 재고 관리가 보다 안정적으로 이루어질 수 있습니다.

3. **가격 할인과 같은 프로모션을 자주 실시하여 수요를 증가시킨다** : 이 선택지는 황소채찍 효과를 줄이는 데 적절하지 않습니다. 가격 할인과 같은 프로모션은 단기적으로 수요를 증가시킬 수 있지만, 장기적으로 수요 예측의 변동성을 높여 황소채찍 효과를 악화시킬 수 있습니다.

4. **공급사슬 내의 모든 단계에서 협력을 강화한다** : 이 선택지는 적절한 방법입니다. 공급망의 각 단계가 협력하여 정보를 공유하고 조율하면 재고 관리가 원활해지고 황소채찍 효과를 줄일 수 있습니다.

최종적으로, 황소채찍 효과를 줄이기 위한 방법으로 가격 할인과 같은 프로모션을 자주 실시하는 것은 부적절합니다. 이는 수요의 변동성을 높여 오히려 문제를 악화시킬 수 있습니다.

084. 황소채찍 효과(Bullwhip Effect)는 공급망에서 수요의 작은 변동이 각 단계에서 점점 더 큰 변동으로 확대되는 현상을 말한다. 이 현상의 주요 원인 중 하나는 수요 예측의 부정확성과 주문 처리 시간의 지연, 가격 변동에 따른 주문 패턴의 변화 등이 있다. 정보 투명성이 높을수록 각 단계에서의 수요와 공급에 대한 정확한 정보가 공유되어 변동성이 줄어들기 때문에 오히려 황소채찍 효과가 완화된다.

085. 중앙집중구매는 기업의 구매 활동을 중앙 부서에서 일괄적으로 진행하는 방식으로, 대량구매를 통해 비용 절감 효과를 얻을 수 있으며, 품질과 규격의 표준화를 유지할 수 있다. 분산구매는 개별 부서에서 독립적으로 구매하여 신속한 대응이 가능하므로 현장의 개별 요구에 대응하기 용이하다.

086. 분산구매는 각 부서가 독립적으로 구매를 수행하여 신속성과 유연성을 높이는 장점이 있지만, 중앙집중구매에 비해 협상력이 약하고 비용절감 효과가 낮다는 단점이 있다. 따라서 협상력이 강화된다는 설명은 분산구매의 특징에 부합하지 않는다. 또한, 분산구매는 부서별 요구에 따라 유연하게 이루어지며, 표준화와 일관성 부족은 분산구매의 단점이다.

087. 구매 부서는 공급업체 평가, 비용 절감 전략 수립, 계약 협상 등 조직의 구매 활동을 총괄한다. 생산 라인에서의 부품 조립 및 품질 검사는 생산 부서의 주요 역할에 해당하며, 구매 부서와 직접적인 연관이 없으므로 구매 부서의 역할로 보기 어렵다.

088. CTR(Click-Through Rate, 클릭률)은 광고가 노출된 횟수(Impressions) 대비 클릭된 비율을 의미하는 지표이다. CPM(Cost Per Mille)은 1,000회 노출당 비용을 의미하며, 클릭과 관계없이 광고 노출 자체에 대한 비용을 나타낸다. 또한 CTR과는 별개로 광고 입찰 방식에 따라 CPM이 결정되므로, CTR을 설명하는 지표로 적합하지 않다. CPC(Cost Per Click)는 클릭당 비용으로, CTR이 높아지면 광고 효율이 증가하여 CPC가 낮아질 가능성이 있으며 광고 노출 수(Impressions)는 CTR을 계산하는 데 필수적인 기초 데이터이므로 CTR과 직접적인 관계가 있다. CTR이 높으면 전환율도 증가할 가능성이 있지만, 전환율은 클릭 이후의 행동을 측정하는 지표이므로 CTR과 간접적인 관계가 있다.

089. 이탈률을 낮추기 위해서는 웹페이지 로딩 속도를 개선하고, 관련성이 높은 콘텐츠를 제공하며, 명확한 행동 유도(Call to Action)를 추가하는 것이 효과적이다. 광고 노출 빈도를 늘리는 것은 방문자 수를 늘릴 수는 있지만, 방문 페이지의 품질과 제공 경험이 만족스럽지 않을 경우 오히려 이탈률이 높아질 가능성이 있다.

090. CTR(Click-Through Rate, 클릭률)은 광고가 노출된 횟수 대비 사용자가 클릭한 비율을 의미하며, 광고의 효과성을 평가하는 중요한 지표 중 하나다. 광고 타겟팅이 정확하거나, 광고 제목과 이미지가 클릭을 유도할 만큼 매력적이거나, 광고가 적절한 위치와 맥락에서 노출되었을 때 CTR이 높아질 가능성이 크다. 하지만 클릭 후 제품 구매 전환은 CTR이 아닌 전환율(Conversion Rate)과 관련된 개념이므로, CTR이 높은 이유로 적합하지 않다.

091. 기상자료개방포털은 국내의 기상자료를 제공하며, 특정 지역의 강수량 변화나 국내 기온 변화에 따른 분석은 가능하다. 그러나 해외 특정 국가의 기후 변화에 대한 자료는 제공되지 않기 때문에 이를 분석하기는 어렵다. 이웃 국가의 공해로 인한 국내 대기 오염 수준은 간접적으로 분석 가능할 수도 있지만, 해외 데이터는 직접적으로 포함되지 않는다.

092. 기상자료개방포털은 국내 기후 데이터를 제공하여 기온, 강수량, 습도 등의 데이터를 활용한 국내 농작물 생산량 예측 연구가 가능하다. 반면, 해외 관광지의 날씨 변화, 외국의 기상 재해 발생 빈도 분석, 국제 해양 기후 변화 연구는 포털의 데이터 범위를 벗어난다. 이들은 해외 기후 데이터나 국제적인 데이터 공유가 필요한 연구 주제이다.

093. CSV 파일은 텍스트 기반의 파일 형식으로, 데이터는 쉼표(,)로 구분되며 다양한 소프트웨어에서 호환된다. 그러나 CSV는 단순한 데이터 구조를 표현하기에 적합하며, 복잡한 데이터 구조(예: 계층적 데이터)는 JSON이나 XML 같은 형식에서 더 잘 표현된다.

094. MDIS는 데이터 분석과 활용을 지원하기 위해 다운로드 서비스를 제공하고, 국가 통계 데이터를 통합하여 연구자와 정책 입안자에게 제공한다. 하지만 원시 데이터를 수정할 수 있는 권한은 사용자에게 부여되지 않는다. 데이터의 신뢰성과 공공성을 유지하기 위해 수정은 제공자가 관리한다.

095. MDIS는 연구자, 정책 입안자, 학술 기관이 통합된 데이터를 다운로드하고 분석에 활용할 수 있는 플랫폼이다. 원시 데이터의 자유로운 수정은 데이터 신뢰성을 손상시킬 수 있어 MDIS의 주요 활용 사례로 적합하지 않다.

096. 데이터 분석 플랫폼은 주로 데이터 수집, 처리, 시각화, 그리고 분석을 위한 기능에 중점을 두며, 머신러닝 모델의 배포 및 관리와 같은 기능도 포함된다. 그러나 AI 소프트웨어의 성능 평가와 모델 최적화는 일반적으로 머신러닝 플랫폼이나 전용 AI 프레임워크에서 더 많이 다루어지는 기능이다.

097. 클라우드 서비스는 사데이터 저장(Storage) 및 처리(Compute) 기능을 제공하는 것이 핵심 역할 중 하나이다. 가상화된 서버 리소스를 제공하여, 사용자가 물리적인 서버를 직접 구축하지 않고도 컴퓨팅 파워를 활용할 수 있도록 하며, 필요한 리소스를 쉽게 사용할 수 있는 장점이 있다. 반면, 클라우드 사용자는 자신의 데이터센터에서 물리적 서버를 직접 설치하고 유지 관리하지 않는다.

098. 항공정보포털시스템은 항공기 운항 현황, 공항별 통계, 항공 산업 및 안전 관리 데이터, 실시간 항공 교통 관제 데이터를 제공한다. 하지만 모든 데이터를 제한 없이 공개하는 것은 보안 및 개인정보 문제로 인해 적절하지 않다.

099. 국가기후데이터센터는 품질 관리된 기상 데이터를 제공하며, 기상 레이더와 위성 관측 자료 및 기상 통계와 예보 자료를 통합 관리한다. 실시간 항공 교통 정보는 항공 관련 데이터 플랫폼에서 제공하는 것으로 기후데이터센터의 기능에 포함되지 않는다.

100. KOSIS는 국내외 주요 통계 데이터와 시각화 기능(차트 및 그래프)을 제공하며, 다양한 기관의 데이터를 통합 및 공유한다. 그러나 실시간 경제 지표와 예측 데이터는 KOSIS의 주요 서비스에 포함되지 않는다.

PART 02

데이터 해석 및 활용

- 1장 데이터 이해 및 해석
- 2장 데이터 파일 시스템
- 3장 데이터 활용

Learning Map
어떤 것을 학습하게 될지 살펴보자!

1장 — **데이터 이해 및 해석**
- 빅데이터의 개념을 이해하고 특성에 따라 데이터를 분류할 수 있다.
- 데이터 해석 오류를 구분하고 설명할 수 있다.
- 다양한 확률 분포를 구별하고 차이를 이해한다.

2장 — **데이터 파일 시스템**
- 파일시스템과 데이터베이스 관리시스템을 이해하고 비교할 수 있다.
- 키의 종류를 구별하고 설명할 수 있다.
- 데이터베이스의 구조와 스키마에 대해 이해한다.

3장 — **데이터 활용**
- 데이터 변환 방법을 이해하고 설명할 수 있다.
- ETL 프로세스의 단계와 처리 방식을 설명할 수 있다.
- 비즈니스 인텔리전스의 개념을 이해한다.

PART 02
데이터 해석 및 활용

1장 데이터 이해 및 해석

5 DAY

○ 학습 목표

- 빅데이터의 개념을 이해하고 특성에 따라 데이터를 분류할 수 있다.
- 데이터 해석 오류를 구분하고 설명할 수 있다.
- 다양한 확률 분포를 구별하고 차이를 이해한다.

○ 눈높이 체크

✓ **데이터와 빅데이터의 차이점을 이해하시나요?**

> 데이터는 특정 사실이나 값의 집합을 의미하며, 수치, 문자, 이미지 등 다양한 형태로 존재할 수 있습니다. 일반적으로 비교적 작은 규모로, 쉽게 수집, 저장, 분석할 수 있는 특성을 가지고 있습니다. 이러한 데이터는 형태에 따라 정형 데이터, 반정형 데이터, 비정형 데이터로 나눌 수 있으며, 특성에 따라 명목형 데이터, 순서형 데이터, 이산형 데이터, 연속형 데이터로 나눌 수 있습니다. 빅데이터는 양이 매우 방대하고 구조가 복잡한 데이터를 말합니다. 구조화된 데이터뿐 아니라 비정형 데이터도 포함하며, 단순히 크기만 크다는 말이 아닌, 데이터를 처리하고 분석하는 기술까지 확대해서 정의를 내리기도 합니다.

✓ **데이터 해석을 방해하는 요인들에 대해 알고 계신가요?**

> 데이터 해석은 데이터를 다양한 관점과 분석 방법을 통해 정확하게 이해하고 해석하는 과정입니다. 이 과정은 의사결정에 중요한 역할을 하며, 데이터를 기반으로 인사이트를 도출하는 데 필수적입니다. 그러나 데이터 해석에는 여러 오류가 존재하며, 이러한 오류는 잘못된 결론이나 의사결정으로 이어질 수 있습니다. 데이터 해석을 방해하는 오류는 생존자 편향 오류, 심슨의 역설, 성급한 일반화, 체리피킹 등이 있으며, 각 유형에 대한 사례를 통해 오류를 예방하고 데이터를 올바르게 해석할 수 있어야 합니다.

✓ **확률 분포에 대해 들어보셨나요?**

> 확률 분포는 확률이 각 사건에 어떻게 분포되어 있는지를 나타내는 함수로 특정 값이 발생할 확률을 설명하며, 이산 확률 분포(예: 이항 분포)와 연속 확률 분포(예: 정규 분포)로 나뉩니다. 확률 분포를 통해 데이터의 전반적인 패턴을 이해하고, 특정 사건의 발생 확률을 계산할 수 있습니다. 이러한 확률과 확률 분포는 통계적 추론에 필수적이며, 표본 데이터를 통해 모집단의 특성을 추정하고, 가설 검정을 수행하는 데 중요한 역할을 합니다.

1절 데이터의 이해

1장 데이터 이해 및 해석

난이도 하

출제포인트
데이터의 정의와 특성은 기본 개념 이해의 수준으로 정성데이터와 정량데이터의 차이점을 묻는 문제가 출제될 수 있습니다.

1 데이터의 개념

1. 데이터의 정의와 특징

가. 데이터의 정의

- 데이터(Data)라는 용어는 1646년 영국 문헌에 처음 등장하였으며 라틴어인 Dare(주다)의 과거분사형으로 '주어진 것'이란 의미로 사용되었다.
- 1940년대 이후 컴퓨터 시대의 시작과 함께 자연과학뿐만 아니라 경영학, 통계학 등 다양한 사회 과학이 진일보하며, 데이터의 의미는 과거의 관념적이고 추상적인 개념에서 기술적이고 사실적인 의미로 변화되었다.
- 데이터는 추론과 추정의 근거를 이루는 사실이다.(옥스퍼드 대사전)
- 데이터는 단순한 객체로서의 가치뿐만 아니라 다른 객체와의 상호관계 속에서 가치를 갖는 것으로 설명되고 있다.

나. 데이터의 특성

구분	특성
존재적 특성	객관적 사실(Fact, Raw Material)
당위적 특성	추론·예측·전망·추정을 위한 근거(Basis)

2. 데이터의 유형

구분	형태	예	특징
정성적 데이터 (Qualitative Data)	언어, 문자 등	회사 매출이 증가함 등	저장·검색·분석에 많은 비용이 소모 됨
정량적 데이터 (Quantitative Data)	수치, 도형, 기호 등	나이, 몸무게, 주가 등	정형화된 데이터로 비용 소모가 적음

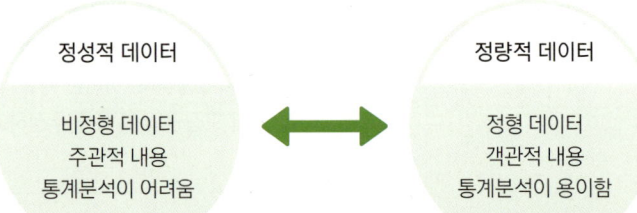

정성적 데이터 — 비정형 데이터 / 주관적 내용 / 통계분석이 어려움

정량적 데이터 — 정형 데이터 / 객관적 내용 / 통계분석이 용이함

3. 지식의 유형과 상호작용

가. 암묵지와 형식지

- 데이터는 지식경영의 핵심 이슈인 암묵지(暗默知, Tacit Knowledge)와 형식지(型式知, Explicit Knowledge)의 상호작용에 있어 중요한 역할을 한다.(Polany, 1966)

구분	의미	예	특징	상호작용
암묵지	학습과 경험을 통해 개인에게 체화되어 있지만 겉으로 드러나지 않는 지식	김장김치 담그기, 자전거 타기	사회적으로 중요하지만 다른 사람에게 공유되기 어려움	공통화, 내면화
형식지	문서나 매뉴얼처럼 형상화된 지식	교과서, 비디오, DB	전달과 공유가 용이함	표출화, 연결화

출제포인트

암묵지와 형식지의 상호작용 순환 순서에 대한 개념이나 각 상호작용의 예시를 묻는 문제가 출제될 수 있으니 이를 구분할 수 있도록 체크하셔야 합니다.

나. 암묵지와 형식지의 상호작용

상호작용	의미
[1단계] 공통화 (암묵지 - 암묵지)	• 암묵지가 다른 개인에게 전달 • 대화, 관찰, 모방 등의 방법을 통해 개인의 경험과 지식이 공유
[2단계] 표출화 (암묵지 - 형식지)	• 개인의 암묵지를 형식지로 전환 • 개인의 직관이고 비공식적인 지식을 구체적인 언어나 문서, 도표 등으로 표현
[3단계] 연결화 (형식지 - 형식지)	• 다양한 형식지를 결합하여 새로운 형식지를 창출 • 의미 존재하는 문서, 데이터, 정보 등을 조합하여 새로운 지식이나 아이디어를 생성
[4단계] 내면화 (형식지 - 암묵지)	• 형식지를 학습하여 개인의 암묵지로 전환하는 과정 • 개인이 외부에서 얻은 정보를 자신의 경험과 통합하여 내면화하는 것을 포함

- 이처럼 암묵지와 형식지는 상호작용하며 지식 창출과 공유의 선순환 구조를 이루게 된다. 이를 통해 조직은 지속적으로 혁신할 수 있다

비기의 학습팁

지식의 상호작용의 예시

- **공통화**: 우리 동네에 케익과 버터크라상이 맛있는 베이커리가 있는데, 이웃들 사이에 맛집으로 소문나 있다.
- **표출화**: 한달 전, 우리 형이 베이커리에서 버터크라상을 먹은 내용으로 리뷰글을 인스타그램에 적어 올렸다.
- **연결화**: 어제, 맛집 유튜버가 우리 형의 리뷰글을 바탕으로 우리동네 버터크라상 맛집이라는 제목으로 유튜브를 찍어 올렸다.
- **내면화**: 많은 사람들에게 베이커리가 맛집이라는 소문이 퍼져서 손님이 더 많아졌다.

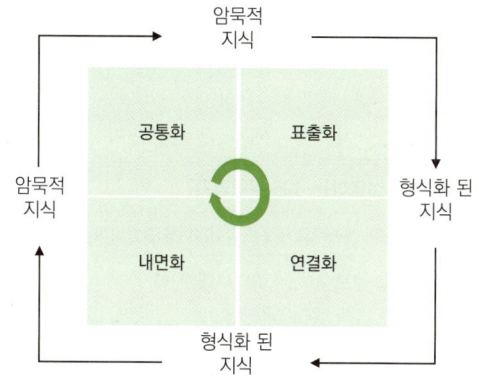

암묵지와 형식지의 상호작용

> **참고**
> - 암묵지 :
>   개인에게 축적된 내면화(Internalization)된 지식 → 조직의 지식으로 공통화(Socialization)
> - 형식지 :
>   언어, 기호, 숫자로 표출화(Externalization)된 지식 → 개인의 지식으로 연결화(Combination)

4. 데이터의 확장

가. DIKI 정의

- 다양한 방법으로 수집된 데이터는 더 많은 데이터와 연결되고 가공되어 정보가 되고 정보는 구조화되어 개인의 경험과 결합되어 지식으로 발전하게 된다.
- 이러한 지식을 바탕으로 새로운 문제를 해결하고 새로운 사실을 발견하는 통찰의 단계로 확장하게 된다.

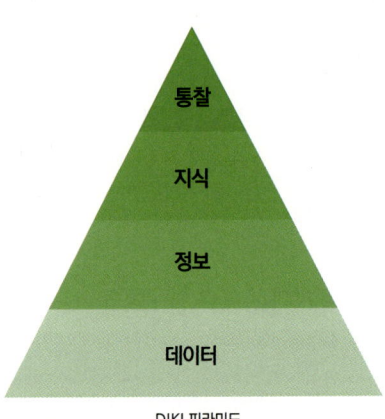

DIKI 피라미드

> **비기의 학습팁**
> DIKI 피라미드는 데이터, 정보, 지식을 통해 최종적으로 지혜를 얻어내는 과정을 계층구조로 설명합니다. 이는 1~2과목에 모두 나오는 개념입니다. 1과목에서 충분히 숙지하였다면 2과목에서는 넘어가도 좋습니다.

> **개념 ➕**
>
> **DIKW 피라미드**
> - 데이터의 확장을 설명하기 위해 DIKI 피라미드를 활용하는데, 여기에 사용된 통찰은 지혜로 표현하여 DIKW 피라미드로 사용하기도 합니다.
> - 데이터분석준전문가(ADsP), 빅데이터분석기사 자격 시험에서는 통찰을 지혜로 표현한 DIKW 피라미드를 사용합니다.

구 분	특 성
데이터(Data)	• 개별 데이터 자체로는 의미가 중요하지 않은 객관적인 사실 • 측정이나 관찰을 통해 수집된 숫자, 텍스트, 이미지, 소리, 영상 등의 값이나 자료 예) 주식 거래 내역, 고객 구매 내역.
정보(Information)	• 데이터의 가공, 처리하여 맥락, 관계, 구조에 의미를 부여하고 데이터 간 연관관계 속에서 의미가 도출된 결과물 예) 주식 가격 차트, 고객 구매 패턴 분석
지식(Knowledge)	• 정보를 구조화하여 추세, 관계, 패턴 등 유의미한 정보를 분류하고 개인적인 경험을 결합시켜 특정 주제를 해석하고 의미를 도출하고 내재화한 결과물 예) 주식 시장 동향분석, 고객 세분화 및 타깃 마케팅 전략
통찰(Insight)	• 지식의 축적을 통해 문제를 깊이 이해하고 새로운 아이디어를 결합하여 창의적인 의미를 도출한 산물 예) 포트폴리오 및 투자 전략 수립, 신제품 개발 및 고객 경험 향상

모바일로 풀기

✅ **핵심 개념체크**

01. 다음 중 아래의 내용이 설명하는 것은 무엇인가?   상 중 **하**

> 지식의 축적을 통해 문제를 깊이 이해하고 새로운 아이디어를 결합하여 창의적인 의미를 도출한 산물

① 데이터　　② 정보　　③ 지식　　④ 통찰

> 통찰은 지식의 축적을 통해 문제를 깊이 이해하고 새로운 아이디어를 결합하여 창의적인 의미를 도출한 산물이다. 통찰은 여러 가지 지식을 바탕으로 복잡한 문제나 상황을 새로운 시각에서 바라보고, 그에 대한 해결책이나 방향을 제시하는 데 중요한 역할을 한다.

정답 01. ④

❷ 빅데이터의 개념

1. 빅데이터의 이해

가. 빅데이터의 정의

1) 빅데이터

- 빅데이터는 이름 그 자체로 매우 큰 규모의 데이터를 의미한다. 하지만 단순히 크기만 크다는 말이 아니라 데이터를 처리하고 분석하는 기술까지 확대해서 정의 내리기도 한다.

- 빅데이터의 개념을 정의하기 위해 가트너 그룹(Gartner Group)의 더그 래니(Doug Laney)가 주장한 **빅데이터의 3가지 특성(3V)**를 가장 많이 활용한다.

> **출제포인트**
> 3V를 활용한 빅데이터의 정의는 기본 소양으로, 출제될 가능성이 높습니다. 해당 내용을 정확히 이해하고 넘어가야 합니다.

3V		
양(Volume)	다양성(Variety)	속도(Velocity)
데이터의 규모 측면	데이터의 유형과 소스 측면	데이터의 수집과 처리 측면
• 데이터베이스 기술의 성장 • 모바일을 통한 개인과 소셜 데이터의 폭증 • 센서 기술의 발전에 따른 데이터 폭증	• 데이터베이스를 기반으로 한 숫자 및 기호 데이터 • CCTV를 통해 영상을 분석 • 이미지 인식 및 분류 분석 • 한국어 음성을 인식하고 내용을 분석해서 영어로 대답해 주는 통역기	• 검색 엔진의 검색 성능 개선 • 소셜 미디어 피드의 실시간 업데이트 • 센서를 통한 실시간 데이터 수집과 분석
소셜데이터, 센서데이터, 거래데이터, 모바일데이터 등	정형데이터(데이터베이스), 비정형데이터(텍스트, 이미지, 비디오, 소리 등)	데이터의 생성, 수집뿐 아니라 추출 및 분석하는 속도

※ 최근 빅데이터의 정의에 가치(Value)를 추가해서 4V로 표현하기도 하고, 여기에 진실성(Veracity), 정확성(Validity), 휘발성(Volatility) 등을 추가해서 설명하는 경우도 있다.

2) 빅데이터의 효과

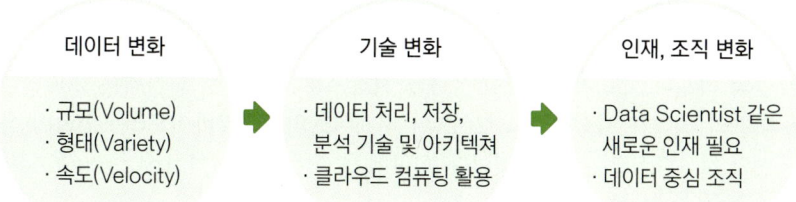

나. 빅데이터의 역사

시기	연도	주요 사건
대규모 데이터의 시작	1965년	미국 정부는 소득신고서 7억 6500만 건과 1억 7500만 명분의 지문을 자기 컴퓨터 테이프에 저장할 수 있는 최초의 단일 데이터센터 건설을 결정한다. "빅브라더"의 출현을 우려한 반발로 무산되었지만 거대 전자 데이터 저장소 시대의 효시로 여겨진다.
	1970년	IBM 수학자인 에드가 F코드가 관계형 데이터베이스 체계를 제시했고, 이는 오늘날 사용되는 여러 데이터 서비스에서도 정보를 체계적으로 저장해 누구라도 찾기 쉽게 하는데 활용된다.
빅데이터의 등장	1989년	빅데이터라는 말이 오늘날의 뜻대로 처음 사용되었다. 베스트셀러 작가 에릭 라슨은 "하퍼스 매거진"에 기고한 글에서 자신이 받는 정크메일을 빅데이터 때문이라고 주장하였다. 그는 "빅데이터를 관리하는 사람들은 자신들이 소비자의 이익을 지킨다고 생각하겠지만, 빅데이터는 실제로는 그와 다른 목적으로 쓰이고 있다."고 지적하였다.
	1991년	버너스 리가 월드 와이드 웹의 발명을 발표하면서 "이제 어디에 있는 누구나 상호 연결된 데이터망에 접속해 원하는 데이터를 얻을 수 있다"고 주장하였다.
빅데이터 기술의 등장	2000년대 이후	페이스북, 유튜브 등 다양한 온라인 서비스를 통해 사용자가 생성하는 많은 양의 데이터가 생산되고 있는지 인지하기 시작하였다.
	2005년	구글에서 빅데이터 처리를 위한 기술인 맵리듀스(MapReduce)를 발표했으며, 이는 빅데이터 기술의 발전을 크게 이끌어 내는 계기가 되었다. NoSQL도 이 기간 동안 인기를 얻기 시작하였다.
	현재	하둡(Hadoop)과 같은 대용량 데이터 처리 프레임워크가 개발되어 대용량 데이터 처리가 가능해졌다.

다. 빅데이터 출현 배경

1) 데이터 저장 가격의 하락

- 1960년 IBM의 10메가바이트(megabyte) 용량의 하드디스크인 1405-1 모델의 가격은 36,000달러였다. 2002년 IBM의 120기가바이트(gigabyte) 용량의 하드디스크 가격은 146달러를 시작으로 하드디스크 가격은 200달러 미만의 시대가 시작되었고, 2024년 시게이트의 8테라바이트(terabyte) 용량의 하드디스크는 110달러이다. (John C. McCallum, https://jcmit.net/diskprice.htm)

2) 네트워크 기술 발달과 인터넷 보급 확대

- 1990년대 월드 와이드 웹(WWW)의 등장으로 인터넷 사용이 대중화되었고 2000년대 이후 **인터넷 보급률이 높아**지면서 디지털 커뮤니케이션과 전자상거래 뿐만 아니라 소셜미디어 활동까지 확산되면서 온라인 활동이 급성장하였다.

3) 모바일 시대 대두

- 스마트폰, 태블릿 등 **모바일 기기의 보급이 확대**되면서 위치 정보, 검색 기록, 소셜 미디어 활동 등 사용자들이 생성하는 데이터의 양이 급증하였다. 2024년 기준 전세계 인구의 70%가 약 70억대의 모바일 기기를 사용하고 있다.

4) 사물인터넷(IoT) 사용 증가

- 최근 스마트홈, 스마트시티, 웨어러블 기기 등 **사물인터넷(IoT, Internet of Things) 기기에서 생산되는 데이터의 양이 급증**하면서 위치정보, 사용패턴 등 다양한 데이터와 결합한 빅데이터 분석을 통해 새로운 통찰과 가치를 창출하고 있다.

5) 클라우드 컴퓨팅의 발전

- 2000년대 초반부터 아마존, MS, 구글 등 주요 IT 기업들이 인터넷을 통해 IT 자원(서버, 스토리지, 소프트웨어 등)을 제공하는 클라우드 서비스를 제공하기 시작하였다.

- 2024년 기준 전세계 클라우드 컴퓨팅 시장 규모는 약 4,500억 달러 수준으로 추정된다.

- 클라우드 컴퓨팅은 **빅데이터 처리와 분석에 매우 중요한 기반 기술**이며, AI 기술을 활용하는데 있어 사용성과 편리성을 높여 준다.

> **비기의 학습팁**
> 모바일을 통해 생산된 빅데이터는 사용자의 행동 패턴, 관심사, 위치 정보 등을 종합적으로 분석하여 개인화된 서비스와 콘텐츠를 제공하는 빅데이터 서비스를 본격화하게 하였습니다.

> **참고**
>
> **사물인터넷(IoT, Internet of Things)**
> - 사물 인터넷은 사물 통신(M2M: Machine to Machine)의 개념을 인터넷으로 확장하여 다양한 기기에서 센서를 통해 다양한 정보를 수집하고 이를 네트워크에 전송하는 기술이다.
> - 이는 데이터 **수집과 분석의 효율성**을 높이며, **실시간 모니터링과 제어**를 가능하게 하며, 현실과 가상 세계의 모든 정보와 상호 작용하는 개념으로 진화했다.
> - 결과적으로 사물인터넷은 **빅데이터의 생성과 활용을 촉진하여, 데이터 기반의 의사결정과 효율성**을 극대화하는 데 기여하고 있다.

〈출처 : TTA정보통신용어사전〉

라. 빅데이터가 만든 본질적 변화

> **비기의 학습팁**
>
> 빅데이터로 인해 과거에서 현재에 이르기까지 많은 것이 변화되었습니다. 그 중에서도 "사전처리 → 사후처리, 표본조사 → 전수조사, 질 → 양, 인과관계 → 상관관계"로의 변화는 데이터 분석 접근 방식을 혁신적으로 변화시켰습니다.

사전처리 ▶	사후처리
기존의 관계형 데이터베이스는 데이터베이스를 설계단계에서 어떤 내용이 중요한지 먼저 분석해서 속성을 미리 정하고 데이터를 저장 관리함	다양한 데이터를 처리·관리해야 하는 빅데이터는 파일 형태 그대로 저장하고 필요한 때 중요한 내용을 추출하여 분석에 활용

필요한 정보만 수집하고 필요하지 않은 정보를 버리는 시스템에서 가능한 한 많은 데이터를 모으고 그 데이터를 다양한 방식으로 조합해 숨은 정보를 찾아낸다.

표본조사 ▶	전수조사
정형데이터 기반의 통계 분석에서는 모집단 전체를 대상으로 데이터를 수집하고 분석하는 막대한 비용을 줄이기 위해 표본을 추출하여 데이터를 분석함	최근 인터넷과 모바일의 성장과 클라우드 컴퓨팅의 발전으로 가능한 많은 데이터를 수집할 수 있게 됨에 따라 전수조사 방식을 지향함

표본을 조사하는 기존의 지식 발견 방식에서 전수조사를 통해 샘플링이 주지 못하는 패턴이나 정보를 발견하는 방식으로 데이터 활용방법이 변화되었다.

질 ▶	양
표본조사에서 가장 중요한 부분은 어떻게 하면 치우침 없이 균일하고 질 좋은 표본을 구축할 것인가의 문제를 해결하는 것이었음	빅데이터를 기반한 분석에서는 데이터에 어느정도 왜곡된 데이터가 포함되어 있더라도 전체 데이터에서 미미한 영향을 줌에 따라 많은 양의 데이터를 구축하는 것이 중요함

데이터가 지속적으로 추가될 경우 양질의 정보가 오류 정보보다 많아 전체적으로 좋은 결과 산출에 긍정적인 영향을 미친다는 추론에 바탕을 둔 변화가 나타나고 있다.

인과관계 ▶	상관관계
표본을 기반한 통계분석에서는 상관관계만으로는 오류에 빠질 수 있기 때문에 가설검정을 통한 인과관계까지 확인하는 것이 중요함	많은 양의 데이터로 분석하는 빅데이터 분석에서는 상관관계만으로도 충분한 설명과 통찰을 확보할 수 있음

상관관계를 통해 특정 현상의 발생 가능성이 포착되고, 그에 상응하는 행동을 하도록 추천되는 일이 점점 늘어나고 있다. 이처럼 데이터 기반의 상관관계 분석이 주는 인사이트가 인과관계에 의한 미래 예측을 점점 더 압도해 가는 시대가 도래하게 될 것으로 전망된다.

2. 빅데이터의 활용

가. 빅데이터 가치 산정이 어려운 이유

- 여러 가지 변수로 인해 빅데이터 시대에서는 가치를 측정하는 것이 쉽지 않다.

> **출제포인트**
> 빅데이터 가치를 산정하기 어려운 이유 3가지는 시험에 출제될 수 있으므로, 내용을 기억하고 잘못된 예시를 구분할 수 있어야 합니다.

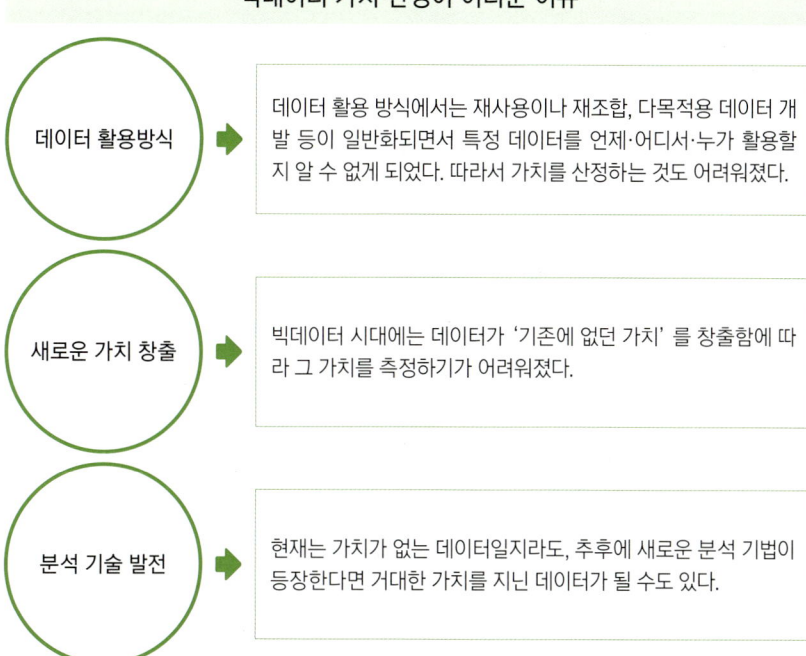

빅데이터 가치 산정이 어려운 이유

- **데이터 활용방식** → 데이터 활용 방식에서는 재사용이나 재조합, 다목적용 데이터 개발 등이 일반화되면서 특정 데이터를 언제·어디서·누가 활용할지 알 수 없게 되었다. 따라서 가치를 산정하는 것도 어려워졌다.
- **새로운 가치 창출** → 빅데이터 시대에는 데이터가 '기존에 없던 가치'를 창출함에 따라 그 가치를 측정하기가 어려워졌다.
- **분석 기술 발전** → 현재는 가치가 없는 데이터일지라도, 추후에 새로운 분석 기법이 등장한다면 거대한 가치를 지닌 데이터가 될 수도 있다.

나. 빅데이터의 활용 사례

1) 제조업

- 빅데이터를 기반한 디지털 혁명은 제조 산업을 변화시키고 있다. 제조업체들은 제조과정에서 생성된 모든 데이터를 활용해 운영 효율성을 높이고, 비즈니스 프로세스를 간소화하고, 수익성과 성장을 촉진할 가치 있는 새로운 방법을 찾아내고 있다.

> **출제포인트**
> 비즈니스 업종에 따른 빅데이터 활용 방식과 주요한 성공 요인은 시험에 출제될 가능성이 있습니다. 따라서 활용 방식과 주요한 성공 요인을 구분할 수 있어야 합니다.

분야	설명	효과
예측 유지보수	정형 데이터(장비 연식, 제조사, 모델) 및 다중 구조 데이터(로그항목, 센서 데이터, 오류 메시지, 엔진 온도 및 기타 요소)의 분석을 통해 잠재적인 문제 발견이 가능함	장비 가동 시간 극대화, 유지 보수 비용 절감
운영 효율성	빅데이터가 수익성에 가장 큰 영향을 미칠 수 있는 영역 중 하나로, 생산 프로세스를 분석 및 평가하고 고객 피드백에 선제적으로 대응하여 미래의 수요를 예측할 수 있음	수익성 증대, 미래 수요 예측, 선제적 고객 대응
생산 최적화	빅데이터는 제조 생산 라인의 각 품목의 흐름을 파악하고, 어떤 영역이 개선의 여지가 있는지 확인할 수 있게 해 주며, 데이터 분석을 통해 생산 시간 증대의 원인이 되는 단계와 지연을 발생시키는 영역을 파악할 수 있음	비용 절감, 수익 증대

2) 소매유통

- 빅데이터 기반 기술은 소매 유통 산업을 혁신하고 있다. 기업들은 제품 개발, 고객 경험 개선, 고객 생애 주기 관리를 위해 데이터를 분석하여 맞춤형 상품과 서비스를 제공하고, 효율적인 재고 관리 및 수요 예측을 통해 매출과 고객 만족도를 극대화하고 있다.

분야	설명	효과
제품 개발	고객 수요 예측을 통해 과거 및 현재 제품의 주요 속성을 분류하고 각 속성과 상품의 상업적 성공 사이의 관계를 모델링하여 신제품 및 서비스를 위한 예측 모델을 구축 가능함	신제품 개발, 서비스 개선
고객 경험	고객의 소셜 미디어, 웹 방문, 통화 일지(call logs) 및 타 기업과의 상호 작용으로부터 데이터를 수집해 고객 상호 작용을 개선함	고객 경험 개선, 창출되는 가치 극대화
고객 생애 주기	고객 행동 및 소비 패턴에 대한 인사이트를 제공하여 최고의 고객을 파악한 후 타깃마케팅으로 특정 상품을 제안하고, 고객들의 이탈 조짐이 감지되면 사전에 상품 구성 및 디스플레이 등을 최적화하여 고객의 구매를 유도함	타깃 마케팅, 이탈 방지, 고객 유지
매장 내 쇼핑 경험	모바일 앱, 매장 내 구매, 지리적 위치 등으로부터 수집한 데이터를 분석해 고객이 구매를 완료할 수 있도록 상품을 최적화함	상품 최적화, 구매 유도
가격 정책 분석 및 최적화	소매 유통업체들은 고객의 수익성, 시장 세분화 방법, 미래 기회 발생의 잠재력 등을 파악해야 하며, 빅데이터를 통한 수익 및 마진 분석은 가격 정책을 개선하는 데 도움을 줌	가격 정책 개선, 수익성 향상

3) 금융

- 빅데이터 분석은 금융 분야의 핵심 기술로 자리 잡고 있다. 금융기관들은 사기 탐지, 신용평가, 자금 세탁 방지 등에서 빅데이터를 활용하여 위험을 최소화하고, 보다 정확한 신용 분석과 실시간 이상 거래 탐지를 통해 금융 보안을 강화하며, 고객 맞춤형 금융 상품을 제공하고 있다.

분야	설명	효과
사기 탐지	보험사에서 보험사기의 유형을 감지하고 향후에 발생할 수 있는 사기를 감지하고 예방하고자 하는 빅데이터 분석을 통한 시도가 이루어지고 있음	신제품 개발 최적화, 맞춤형 서비스 제공, 시장 경쟁력 강화
신용 평가	은행에서 대출을 위해 개인과 기업의 신용평가를 진행하게 되고 빅데이터 분석을 통해 최신의 다양한 정보를 추가 수집하여 신용평가의 정확성과 현시성을 개선하고 있음	대출 승인 정확도 향상, 금융 리스크 감소, 신용 사각지대 해소
자금 세탁 방지	각국 정부가 자금 세탁 방지법을 통과시키면서 은행들은 주의 깊은 관찰 및 의심스러운 활동에 대한 보고가 이루어지고 있으며, 빅데이터 분석을 통해 기업들의 잠재적인 사기 패턴을 식별하고 예방하고 있음	금융 범죄 예방, 규제 준수 강화, 금융기관 신뢰도 향상

4) 서비스

- 빅데이터는 서비스 산업 전반에서 운영 효율성과 고객 만족도를 높이는 데 활용되고 있다. 상품 카테고리 자동분류를 통해 검색 편의성을 개선하고, 이용자 맞춤형 콘텐츠 추천을 통해 개인화된 경험을 제공하며, 배송 최적화를 통해 물류 비용 절감과 신속한 서비스 제공을 가능하게 하고 있다.

분야	설명	효과
상품 카테고리 자동분류	당근마켓에서 사용자가 물품을 판매하기 위해 사진을 게시했을 때, 빅데이터와 머신러닝 기반으로 상품 사진을 자동으로 분석하고, 상품 카테고리를 자동으로 지정하게 함	상품 검색 편의성 향상, 판매자의 정보 입력 시간 단축
이용자 맞춤형 콘텐츠 추천	빅데이터를 통해 사용자의 검색 이력, 관심사, 거래 기록 등을 분석하여 사용자가 좋아할 만한 상품이 홈 화면에 자동으로 추천함	개인화된 거래 경험 제공, 사용자 만족도 향상
배송 최적화	쿠팡은 배송 데이터를 분석하여 배송 루트를 최적화하고, 배송 시간을 줄이며, 이는 '로켓 배송'이라는 쿠팡의 주요 서비스에 기여하고 있음	빠른 배송 제공, 기업의 경쟁력 유지
최적화된 마케팅 및 광고	빅데이터를 활용해서 소비자의 행동을 분석하여 소비자를 기업의 관리 기준에 따라 세분화하고 세분화된 고객별로 타깃 마케팅, 맞춤형 광고를 제공함	구매 유도, 고객 충성도 향상, 맞춤형 고객 관리

다. 빅데이터 작동 원리

- 빅데이터의 작동 원리는 **데이터 수집, 저장 및 관리, 데이터 분석, 의사결정 및 가치 창출의 4단계**로 구성된다. 각 단계에서 다양한 기술을 적용하여 최적의 분석 결과와 의사결정을 위한 가치를 창출할 수 있다.

1) 데이터 수집 - 통합 단계

- 빅데이터는 다양한 소스(웹, 소셜미디어, 센서 등)로부터 대량의 데이터를 수집하며, 이 과정에서 이 때 데이터의 형식, 구조, 속성 등이 매우 다양하기 때문에 **통합**하는 과정을 수행한다.
- 기존의 ETL(Extract, Transform, Load) 방식이 대용량 데이터를 처리하기 어려워, **새로운 분산 처리 기술(Hadoop, Spark 등)**을 활용한다.

2) 저장 및 관리 - 관리 단계

- 수집된 대량의 데이터를 효과적으로 저장하고 관리하기 위해 **클라우드 스토리지, 분산 파일 시스템(HDFS)** 등을 활용한다.
- 데이터의 형식, 처리 요구사항, 활용 목적 등에 따라 적절한 스토리지를 선택하며, **데이터의 무결성**, 보안, 가용성 등을 고려하여 관리해야 한다.

3) 데이터 분석 - 분석 단계

- 다양한 데이터 세트를 **시각화하여 분석함으로써 새로운 통찰력**을 얻을 수 있다.

개념 +

분산 파일 시스템
(Distributed File System)

분산 파일 시스템은 대규모 데이터 저장 및 처리를 위해 설계된 시스템으로, 여러 서버에 데이터를 분산 저장함으로써 데이터 접근성을 높이고, 시스템의 신뢰성과 확장성을 향상시킵니다. 예를 들어, Apache Hadoop의 HDFS(Hadoop Distributed File System)는 빅데이터를 분산 저장하고 병렬 처리할 수 있도록 지원합니다. HDFS는 데이터의 복제본을 여러 노드에 저장하여 장애 발생 시에도 데이터의 손실을 방지하고, 대용량 데이터를 효율적으로 처리할 수 있는 환경을 제공합니다.

비기의 학습팁

데이터 무결성이란 데이터의 정확성, 일관성, 신뢰성을 유지하는 것을 의미하며, 데이터 변경 및 삭제 시에도 정확한 정보가 유지되도록 설계하는 과정이 포함됩니다.

- 데이터 마이닝, 기계학습, 딥러닝 등의 기술을 활용하여 데이터 모델을 구축하고 예측 분석을 수행한다.
- 분석 과정에서 발견된 새로운 패턴이나 트렌드를 바탕으로 추가적인 데이터 탐색이 가능하다.

4) 의사결정 및 가치창출 - 활용단계
- 빅데이터 분석을 통해 얻은 통찰력을 바탕으로 보다 효과적인 의사결정을 내릴 수 있다.
- 이를 통해 새로운 비즈니스 기회를 발견하고, 기존 프로세스를 개선하는 등 다양한 가치를 창출할 수 있다.

모바일로 풀기

✅ **핵심 개념체크**

02. 빅데이터 "3V" 요소에 해당하지 않는 것은 무엇인가?

① 양(Volume) ② 다양성(Variety) ③ 가변성(Variability) ④ 속도(Velocity)

> 가변성은 빅데이터 "3V" 요소에 해당하지 않는다. 빅데이터 "3V"요소에는 양, 다양성, 속도로 구성되어 있으며, 최근에는 가치(Value), 진실성(Veracity), 정확성(Validity), 휘발성(Volatility)을 추가하여 설명하기도 한다.

03. 빅데이터가 만든 본질적 변화로 옳지 않은 것은?

① 사전처리 → 사후처리
② 표본조사 → 전수조사
③ 양 → 질
④ 인과관계 → 상관관계

> 과거에는 기술적, 비용적 제약으로 특정 분석기술을 위한 소량의 고품질 데이터가 필요하였지만 현재는 IT와 분석기술의 발달로 다양하고 많은 데이터를 다양한 방식으로 분석하여 인사이트를 도출할 수 있게 되었다.

04. 다음 중 빅데이터 작동원리로 옳지 않은 것은?

① 데이터 수집: Hadoop, Spark 등의 분산 처리 기술 적용이 쉽지 않은 경우, 기존의 ETL 방식으로도 대용량 데이터를 처리할 수 있다.
② 데이터 저장 및 관리: 수집된 대량의 데이터를 저장하고 관리하기 위해 클라우드 스토리지, 분산 파일 시스템(HDFS) 등을 활용한다.
③ 데이터 분석: 다양한 데이터 세트를 시각화하여 분석함으로써 새로운 통찰력을 얻을 수 있다.
④ 의사결정 및 가치 창출: 빅데이터 분석을 통해 얻은 통찰력을 바탕으로 보다 효과적인 의사결정을 내릴 수 있다

> 기존의 ETL 방식만으로는 대량의 데이터 처리에 한계가 있기 때문에, 분산 처리 기술인 Hadoop이나 Spark 등이 도입된 것이다.

정답 02. ③ 03. ③ 04. ①

❸ 데이터의 종류

> **출제포인트**
> 정형데이터와 반정형데이터, 비정형데이터를 구분하는 문제가 시험에 출제된 적이 있습니다. 데이터의 종류와 설명을 꼭 기억하셔야 합니다.

1. 형태에 따른 데이터 분류

가. 정형 데이터

- 구조화된 데이터로, 미리 정해진 규칙에 맞게 저장되어 있고 의미 파악이 쉬운 데이터이다.
- 관계형 데이터베이스 관리 시스템(RDBMS)의 고정된 필드에 저장되거나 파일 형태(CSV, TSV 등)로 존재하며 **행과 열**의 스프레드시트 형태로 저장되는 데이터이다.
- 예 RDBMS, 스프레드시트, CSV데이터 등

	A	B	C	D
1	일자	배송업체	배송건수	전일대비 상승률
2	2024-11-30	빠르다택배	365	40%
3	2024-11-30	언제나택배	70	5%
4	2024-11-30	열심히택배	100	10%
5	2024-11-30	오늘도택배	50	-5%

나. 반정형 데이터

- 미리 정해진 규칙에 맞는 구조에 따라 저장된 데이터이지만 정형 데이터와 달리 데이터 내용 안에 설명이 함께 존재한다.
- HTML 혹은 XML과 같은 포맷으로 저장되며, 데이터 속성인 **메타 데이터**를 가지고 있으며, 변수와 속성이 모두 동일 텍스트 파일에 포함되어 있다.
- 예 HTML(URL 형태로 존재), XML(오픈 API 형태로 제공), JSON, 웹 로그, 센서 데이터(IoT와 기계에서 제공)

> **비기의 학습팁**
> 반정형 데이터는 구조는 있지만 정형 데이터와 달리 일반인이 이해하기가 어렵다는 특징이 있습니다.

```
{
  "이름" : "김경영"
  "학과" : "경영학과"
  "나이" : 25
  "성별" : "남"
}
```
.JSON 예시

```
〈친구정보〉
  "이름" : "이정보"
  "학과" : "통계학과"
  "나이" : 25
  "성별" : "여"
〈/친구정보〉
```
.XML 예시

개념➕

데이터 라벨링(Data Labeling)

데이터 라벨링은 비정형 데이터를 분석이 가능한 형태로 만드는 과정입니다. 비정형 데이터는 텍스트, 이미지, 오디오, 영상 등 구조화되지 않은 형태로 존재하며, 이러한 데이터는 그 자체로는 직접적인 분석이 어렵기 때문에 전처리 과정이 필수적입니다. 데이터 라벨링은 비정형 데이터를 특정 형태로 변환하여 머신러닝 및 AI 모델 학습에 활용할 수 있도록 합니다.

다. 비정형 데이터

- 정해진 규칙이 없어서 값의 의미를 쉽게 파악하기 힘든 데이터이다.
- 텍스트 형식의 PDF 파일이나 음성, 이미지, 동영상과 같은 멀티미디어 파일 형태로 존재한다.
- **예** 이진파일 형태 - 동영상 데이터, 이미지 데이터, 스크립트 파일 형태 - 웹 문서, SNS 데이터, 문서파일

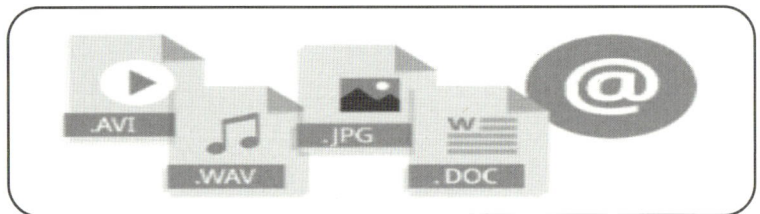

〈출처 : TTA정보통신용어사전〉

참고

정형 vs 반정형 vs 비정형

구분	정형 데이터	반정형 데이터	비정형 데이터
정의	• 구조화된 데이터, 미리 정해진 규칙에 맞게 저장되는 데이터	• 미리 정해진 구조에 따라 저장된 데이터이지만 내용의 설명까지 함께 저장되는 데이터	• 정해진 규칙이 없어서 값의 의미를 파악하기 어려운 데이터
특징	• 저장 관리가 용이 • 검색, 정렬, 분석이 용이	• 유연한 구조로 활용 용이 • 데이터에 메타정보 존재	• 데이터 전처리나 가공 없이 분석이 어려움 • 이진파일, 스크립트 형태
형태	• 데이터베이스 테이블 • 스프레드시트 • CSV 데이터	• HTML, XML • JSON • 웹 로그, 센서데이터	• 동영상, 이미지, 음성 • 웹 문서, SNS 데이터
용도	• 검색 • 데이터 분석	• 데이터 교환 • AI 학습용 데이터	• 텍스트 분석 • 이미지/음성/비디오 분석

2. 특성에 따른 데이터 분류

가. 수치형 데이터

- 크기 비교와 산술적인 연산이 가능한 숫자 값을 가진 데이터로 연속형 데이터와 이산형 데이터로 구분된다.
- 사칙연산 수행이 가능하며, 양적 데이터라고도 한다.

구분	설명
연속형 데이터	• 측정을 통해 얻어지는 **실수형 데이터**로, 값 사이에 끊어짐이 없음 • 특정 구간 내에서 **무한한 값**을 가질 수 있으며, 소수점 단위까지 세분화될 수 있음 예 시험 성적, 몸무게, 키, 매출액, 온도 등
이산형 데이터	• 특정 개수를 가질 수 있는 **정수형 데이터**로, 값 사이에 끊어짐이 있음 • 개별적인 값들로 이루어져 있으며, 일부 경우에는 **무한하지만 셀 수 있음** (Countable Infinite) 예 고객 수, 판매 수량, 불량품 수, 합격자 수 등

나. 범주형 데이터

- 범주로 구분할 수 있는 값으로 몇 가지 카테고리 중 하나로 분류되는 데이터로 순서형 데이터와 명목형 데이터로 구분된다.
- 데이터의 논리적 크기 비교와 계산이 불가능해 질적 데이터라고도 한다.

구분	설명
순서형 데이터	• 범주 간 **상대적인 순서**가 있는 데이터로, 순위나 등급이 존재함 • 간격이나 비율이 정확하지 않거나 의미가 없는 경우가 많음 예 학년, 학점, 회원등급(브론즈, 실버, 골드), 만족도(매우 불만족 ~ 매우 만족)
명목형 데이터	• **범주 간의 순서가 없는 데이터**로, 다양한 카테고리나 그룹으로 분류됨 • 단순히 특정 그룹에 속하는지를 나타내며, 범주 간의 순서나 크기 비교가 불가능 예 성별(남, 여), 혈액형(A, B, O, AB), 학과(경영학과, 통계학과), 거주지역, MBTI 유형, 색깔(빨강, 파랑, 초록), 동물 종류

개념 +

이진형 데이터

합격과 불합격, 양품과 불량, 참과 거짓, 성공과 실패처럼 두 가지의 상호 배타적인 범주로 나뉘는 데이터를 이진형 데이터라고 합니다.

비기의 학습팁

이산형 데이터는 유한할 수도 있지만, **무한한 경우에도 셀 수 있다**(Countably Infinite)는 것을 기억해야 합니다. 예를 들어, 자연수(1,2,3, ⋯)는 무한하지만 셀 수 있는 데이터입니다.

비기의 학습팁

순서형 데이터는 순위 정보가 중요하지만, 절대적인 차이(Interval)는 의미가 없을 수 있습니다. 예를 들어, 만족도 조사(1~5점)에서 3점과 4점의 차이는 1점이지만, 1점과 2점의 차이와 동일한 의미가 아닐 수 있습니다.

비기의 학습팁

명목형 데이터는 범주(Category)로만 존재하며, 크기나 순위 비교가 불가능합니다. 예를 들어, 혈액형 A형과 B형 중 어떤 것이 더 크거나 높다는 의미가 없습니다.

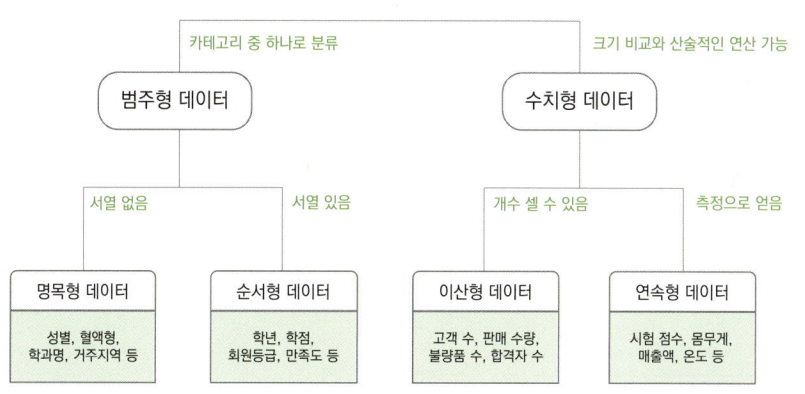

✓ **핵심 개념체크**

05. 다음 중 비정형 데이터로 적절하지 않은 것은 무엇인가? 　　상　중　**하**

① 동영상 데이터
② 로그 데이터
③ 이미지 데이터
④ 텍스트 데이터

> 비정형 데이터는 구조가 없거나 명확한 형식이 없는 데이터로, 주로 텍스트, 이미지, 동영상 등 다양한 형태로 존재한다. 로그 데이터는 보통 날짜, 시간, 이벤트 코드 등의 형식적 구조를 가지고 있어 반정형 데이터로 분류될 수 있다.

06. 다음 중 연속형 데이터로 적절한 것은 무엇인가? 　　상　중　**하**

① 고객 수　　② 거주 지역　　③ 온도　　④ 학년

> 온도는 연속형 데이터로, 소수점을 포함한 값을 가질 수 있으며, 특정 범위 내에서 연속적으로 변화하는 데이터이다. 고객 수는 이산형 데이터, 거주 지역은 명목형 데이터, 학년은 순서형 데이터에 해당한다.

MEMO

정답 05. ② 06. ③

1장 데이터 이해 및 해석

2절 데이터의 해석

난이도 **상**

❶ 데이터의 해석

1. 데이터의 해석 관점

가. 맥락적 해석

- 데이터가 수집된 환경, 시간, 장소 등의 **배경과 상황을 고려하여 해석**하는 것을 의미한다.
- 맥락적 이해는 데이터의 신뢰성을 높이고, 분석 결과를 보다 의미 있게 만드는 데 기여한다.

> **출제포인트**
> 데이터 해석관점 6가지의 정의와 특징을 묻는 문제가 출제가능성이 높으므로 이를 구별해서 숙지해야 합니다.

참고

예 한 소매점에서 여름철 의류 판매 데이터를 분석한다고 가정하고 이 데이터를 단순히 판매량으로만 해석할 경우, 여름 시즌의 판매 증가를 단순히 시즌성으로만 보게 될 수 있다. 그러나 맥락적 해석을 통해 여름 휴가 시즌, 날씨 변화(예: 이상 고온), 특정 프로모션(예: 여름 세일) 등을 고려하면 판매 증가의 원인을 더 명확히 이해할 수 있다.

나. 패턴 인식

- 데이터 내에서 **반복적으로 나타나는 경향이나 패턴을 식별**하는 과정이다.
- 패턴 인식은 머신러닝과 같은 기술을 활용하여 자동으로 수행될 수도 있으며, 이는 데이터에서 숨겨진 인사이트를 발견하는 데 유용하다.

> **비기의 학습팁**
> 패턴 인식은 소비자의 구매 패턴이나 트렌드 변화를 분석해 비즈니스 전략을 수립할 수 있습니다.

참고

예 온라인 쇼핑몰의 고객 구매 데이터를 분석하여 특정 제품군(예: 운동화)의 판매 패턴을 찾아보는 경우, 여러 달에 걸쳐 데이터를 분석하면 특정 시점(예: 연말 세일 기간)에 판매량이 급증하는 패턴을 발견할 수 있다. 이를 통해 향후 세일 전략을 수립하거나 재고 관리를 최적화하는 데 활용할 수 있다.

다. 비교 분석

- 서로 다른 데이터 세트를 비교하여 차이점과 유사점을 분석하는 방법이다.
- 비교 분석을 통해 특정 변수의 영향을 명확히 이해하고, 더 나은 의사 결정을 내릴 수 있다.

> **개념 ➕**
>
> **과소적합과 과대적합**
>
> - 과대 적합은 데이터 분석 모델이 지나치게 복잡하여 학습 세트에 과도하게 적응하여 새로운 데이터 세트에는 적응하지 못하게 됩니다.
> - 과소 적합은 데이터 분석 모델이 충분히 복잡하지 않아 중요한 패턴을 학습하지 못 해, 의미 있는 정보를 놓칠 가능성이 높아지게 됩니다.

> **참고**
> 예 두 개의 지역(예: 서울과 부산)에서의 커피 판매 데이터를 비교한다고 가정해 보자. 서울에서는 아메리카노가 가장 많이 팔리지만, 부산에서는 라떼가 더 인기가 있을 수 있다. 이러한 비교 분석을 통해 각 지역의 소비자 취향을 이해하고, 마케팅 전략이나 제품 라인업을 조정할 수 있다.

라. 원인과 결과

- 데이터 간의 관계를 분석하여 특정 사건이나 행동의 **원인과 결과를 파악**하는 것이다.
- 인과 관계를 이해하는 것은 비즈니스 전략을 수립하는 데 필수적이며, 이는 보다 효과적인 의사 결정을 가능하게 한다.

> **참고**
> 한 기업이 새로운 광고 캠페인을 시작한 후 매출이 증가한 경우를 생각해 보자. 데이터를 분석하여 광고 캠페인 시작 전후의 매출 변화를 비교하고, 소비자 설문조사를 통해 광고의 효과를 평가한다. 이러한 분석을 통해 광고 캠페인이 매출 증가의 주요 원인임을 입증할 수 있다.

마. 시각화

- 데이터를 그래픽적으로 표현하여 **복잡한 정보를 쉽게 이해**할 수 있도록 표현하는 접근법이다.
- 시각화 도구를 사용하면 데이터의 패턴, 트렌드, 분포 등을 시각적으로 나타낼 수 있다.

> **참고**
> 한 기업이 연간 매출 데이터를 분석할 때, 매출 추세를 시각적으로 표현하기 위해 라인 차트를 사용할 수 있다. 이를 통해 매출이 시간이 지남에 따라 어떻게 변화했는지를 쉽게 파악할 수 있으며, 특정 시점에서의 급격한 변화를 시각적으로 확인할 수 있다. 대시보드를 활용하면 여러 지표를 동시에 모니터링할 수 있다.

바. 통계적 접근

- 통계 기법을 활용하여 데이터의 특성을 분석하고, 신뢰할 수 있는 결론을 도출하는 과정이다.
- 통계적 분석은 **데이터의 분포, 평균, 표준편차 등을 이해**하여 데이터의 신뢰성과 유의성을 평가하는 데 필수적으로 활용된다.

> **참고**
> 예 한 연구자가 특정 약물의 효과를 분석하기 위해 실험군과 대조군의 데이터를 수집했다고 가정해 보자. 이 연구자는 t-검정이나 ANOVA와 같은 통계적 방법을 사용하여 두 그룹 간의 평균 차이가 유의미한지를 분석한다. 이를 통해 약물의 효과를 과학적으로 입증할 수 있다.

2. 데이터 해석 오류

- 데이터를 해석할 때 정확한 해석을 방해하는 오류가 발생할 수 있으며 이러한 오류는 **잘못된 의사결정**으로 이어질 수 있다.

가. 생존자 편향

- 선택 과정을 통과한 개체의 데이터만 남아 **선택 과정을 통과하지 못한 개체의 데이터를 간과**하는 논리적 오류이다.

> **참고**
>
>
>
> **예** 2차 세계대전 당시 미 해군은 전투기의 총탄 자국이 많은 곳을 보강해, 더 튼튼한 전투기를 만드는 연구를 진행했다. 이때 통계학자 아브라함 왈드(Abrahan Wald)는 총탄 자국이 많은 곳이 아니라, 총탄 자국이 적은 곳을 강화해야 한다고 주장한다. 무사 귀환한 전투기는 그 부위에 총탄을 맞고도 무사 귀환했을 만큼 크게 영향이 없었다는 것이다. 이는 **전체 전투기가 아닌 무사 귀환한 전투기를 대상**으로 총탄 자국을 확인하다 보니 발생한 인지적 오류였다.

나. 심슨의 역설

- **집합된 데이터와 세분화된 데이터 간의 경향이 상반**될 수 있음을 보여주는 개념으로 세부 집단별로는 추세나 경향성이 나타나지만 전체적으로 추세가 사라지거나 반대의 경향성이 나타나는 현상이다.

> **참고**
>
>
>
> **예** A대학에서 남학생과 여학생의 성적을 비교한다고 가정해 보자. 전체적으로 남학생의 평균 성적이 여학생보다 높다고 나타날 수 있다. 그러나 각 학부별로 세분화하여 분석하면, 각 학부에서 여학생의 평균 성적이 남학생보다 높을 수도 있다. 예를 들어, 공학부와 인문학부가 있을 때, 공학부는 남학생 비율이 높고 평균 성적이 낮을 수 있지만, 인문학부에서는 여학생 비율이 높고 평균 성적이 높을 수 있다. 이 경우 **전체적으로 남학생이 더 우수하다고 보이지만, 세부적으로는 여학생이 더 우수한 경우**가 발생하는 것이다.

다. 상관관계를 통한 성급한 일반화

- 우연히 나타난 현상이나 상관관계만 있는 현상을 인과관계가 있는 것으로 성급하게 일반화하는 오류이다.

> **참고**
>
>
>
> **예1** 여름철에 기온이 오르면 아이스크림 판매량이 증가하는 경향이 있다. 하지만 만약 전체 데이터에서 기온과 아이스크림 판매량의 상관관계가 낮게 나타난다면, 이는 기온이 상승하는 동안 **다른 요인(예: 날씨의 변화, 특별한 프로모션 등)이 판매에 영향**을 미칠 수 있기 때문이다.
>
> **예2** 한 연구에서 교육 수준이 높은 지역일수록 범죄율이 낮다고 나타날 수 있다. 그러나 **특정 지역에서 교육 수준이 낮은 장소의 범죄율이 높을 수 있으며**, 이로 인해 전체적으로는 교육 수준과 범죄율 사이의 상관관계가 반대 방향으로 나타날 수 있다.

출제포인트

데이터 해석 오류는 사례를 주고 유형을 묻는 문제가 출제될 수 있습니다. 사례에서 주어진 내용이 어떤 해석 오류 유형인지 구별할 수 있도록 해야합니다.

비기의 학습팁

데이터 해석 오류는 데이터 분석 모델의 다양한 오류(과소적합, 과대 적합, 확증편향 등) 및 데이터 수집 과정에서 발생하는 오류(표본편향 등)로 인해 발생할 수도 있습니다.

개념 ➕

표본 편향

표본 편향은 분석에 사용된 표본이 모집단을 제대로 대표하지 못할 때 발생하는 오류를 말합니다. 이는 성급한 일반화와 심슨의 역설이 발생할 가능성을 높입니다.

비기의 학습팁

상관관계가 인과관계로 잘못 해석되면 거짓 인과 관계(False cause)가 발생하고 이는 성급한 일반화로 이어질 수 있습니다.

개념 ➕

확증 편향

확증 편향은 자신의 기대와 신념에 맞는 데이터만 선택적으로 해석하는 오류를 말합니다. 이 과정에서 본인의 주장을 강화하기 위해 특정 데이터를 선택하게 되면 체리피킹이 발생할 수 있습니다.

라. 체리피킹

- 데이터를 **선택적으로 사용**하여 특정한 주장을 지지하거나 **원하는 결과를 도출**하는 오류이다.
- 이 용어는 농장에서 체리 중에서 가장 좋은 것만 골라 따는 행위에서 유래되었으며 데이터 분석이나 통계에서 체리피킹은 종종 **비윤리적이거나 기만적인 방식**으로 간주된다.

> 참고
>
> 예1 한 학교에서 특정 학생의 성적이 우수하다는 점을 강조하기 위해, 전체 학생의 성적 평균은 무시하고 몇몇 우수한 성적만을 선택적으로 보여주는 경우이다. 이를 통해 학교의 교육 수준이 매우 높다는 인상을 줄 수 있지만, 전체적인 성적 분포는 반영되지 않는다.
>
> 예2 기업이 제품의 효과를 홍보하기 위해 특정 사례나 데이터를 선택적으로 인용하는 경우이다. 예를 들어, 특정 고객이 제품을 사용한 후 매우 긍정적인 후기를 남겼다고 하여 이를 강조하지만, 부정적인 후기는 무시하는 경우이다.

모바일로 풀기

✓ 핵심 개념체크

07. 다음 중 설명으로 나타내는 것은 무엇인가?

- 데이터를 그래픽적으로 표현하여 복잡한 정보를 쉽게 이해하고 전달하는 접근법이다.
- 이 접근법은 데이터의 패턴, 추세, 관계 등을 직관적으로 파악할 수 있게 하며, 데이터 분석 결과를 효과적으로 커뮤니케이션하고 의사결정을 지원하는데 필수적이다.

① 맥락적 해석 ② 비교 분석
③ 통계적 접근 ④ 시각화

시각화는 데이터를 시각적으로 표현하여 복잡한 정보를 명확하고 쉽게 이해할 수 있도록 도와주는 접근법이다. 시각화의 주요 목적은 데이터의 의미를 명확히 하고, 직관적으로 파악할 수 있도록 하는 것이다.

08. 다음 내용은 어떤 데이터 해석 오류의 유형인가?

집합된 데이터와 세분화된 데이터 간의 경향이 상반될 수 있음을 보여주는 개념으로 세부 집합별로는 추세나 경향성이 나타나지만 전체적으로 추세가 사라지거나 반대의 경향성이 나타나는 현상이다.

① 생존자 편향 오류 ② 심슨의 역설
③ 성급한 일반화 ④ 체리피킹

심슨의 역설(Simpson's Paradox)은 집합된 데이터와 세분화된 데이터 간의 경향성이 상반되는 현상을 설명하는 오류이다. 이 오류는 특정 데이터 집합을 세부 집단으로 나누어 분석할 때 나타나는 경향과 전체 집합으로 분석할 때 나타나는 경향이 다를 수 있음을 보여준다.

❷ 데이터 기초 통계

1. 통계

- 특정집단을 대상으로 수행한 조사나 실험을 통해 나온 **결과에 대한 요약된 형태의 표현**이다.
- 예 일기예보, 물가/실업률/GNP, 정당 지지도, 의식조사와 사회조사 분석 통계, 임상실험 등의 실험 결과 분석 통계
- 조사 또는 실험을 통해 데이터를 확보, 조사대상에 따라 총조사와 표본조사로 구분된다.
- 총 조사/전수 조사(Census) : 집단 모두를 조사하는데 많은 비용과 시간이 소요되므로 특별한 경우를 제외하고는 사용되지 않는다. (ex. 인구주택 총 조사)
- 표본조사(Sampling) : 대부분의 설문조사가 표본조사로 진행되며 모집단에서 샘플을 추출하여 진행하는 조사이다.

> **출제포인트**
> 데이터 기초 통계 파트의 각 개념들은 출제 가능성이 매우 높습니다.

가. 기술통계(Descriptive Statistic)

- 주어진 자료로부터 어떠한 판단이나 예측과 같은 주관이 섞일 수 있는 과정을 배제하여 통계집단들의 여러 특성을 수량화하여 객관적인 데이터로 나타내는 통계분석 방법론이다.
- 샘플에 대한 특성인 평균, 표준편차, 중위수, 최빈값, 그래프, 왜도, 첨도 등을 구하는 것을 의미한다.

변수명	자료의 수	최솟값	최댓값	평균	표준편차
연령 (단위:세)	100	20	59	38.79	11.56
소득 (단위:만원)	100	30.39	99.15	68.044	20.20
근속연수 (단위:년)	100	1	29	14.31	9.10
월지출 (단위:만원)	100	111.53	797.95	466.13	201.23
운동시간 (단위:시간)	100	0	14	7.18	4.29

> **비기의 학습팁**
> 기술 통계는 데이터의 특징을 요약하고 정리하는 방법으로 데이터의 기본적인 특성을 파악하고 정보를 간략하게 전달하는 데 목적이 있습니다.

> **비기의 학습팁**
> 왜도(skewnees)는 분포의 비대칭 정도를 나타내는 측도이며, 첨도(kutosis)는 분포의 중심에서 뾰족한 정도를 나타내는 측도입니다.

1) 중심위치의 측도(데이터의 집중 정도)

구분	설 명
평균(Mean)	• 데이터 집합의 모든 값을 더한 후, 데이터의 개수로 나눈 값 • 평균은 모든 데이터를 사용하므로 데이터의 전체적인 경향을 잘 나타냄 • 극단적인 값(이상치)에 민감하여 왜곡될 수 있는 단점이 있음 • 계산 방법: 평균 = $\dfrac{\Sigma \text{모든 값}}{\text{데이터의 개수}}$
중앙값(Median)	• 데이터 집합을 크기 순서대로 정렬했을 때, 중앙에 위치한 값 • 중앙값은 극단적인 값의 영향을 받지 않기 때문에 중심경향을 안정적으로 나타냄 • 주로 소득 데이터와 같은 비대칭 분포에서 유용하다는 장점이 있음 • 계산 방법 　- **데이터 개수가 홀수일 경우: 중앙에 위치한 값** 　　중앙값 = (n+1)/2번째 위치한 값 　- **데이터 개수가 짝수일 경우: 중앙에 위치한 두 값의 평균** 　　중앙값 = n/2번째 위치한 값과 n/2+1번째 위치한 값의 평균 　　여기서 n은 데이터 개수
최빈값(Mode)	• 데이터 집합에서 가장 자주 나타나는 값 • 최빈값은 데이터의 분포에서 가장 일반적인 값을 나타냄 • 데이터 집합에 따라 여러 개의 최빈값이 존재할 수도 있으며, 이를 다봉형(multimodal)이라고 함 • 명목형 데이터에서도 의미가 있으며, 빈도를 파악할 때 유용

> **비기의 학습팁**
> 평균은 소득 데이터에서 몇몇 고소득자의 영향으로 인해 매우 높게 나올 수 있습니다. 이런 경우, 중앙값을 중심 위치의 측도로 사용하는 것이 일반적입니다. 중앙값은 극단값의 영향을 받지 않기 때문에 데이터의 전반적인 경향을 더 잘 반영합니다.

2) 산포의 측도 (데이터의 퍼진 정도 또는 변동 정도)

구분	설 명
분산(Variance)	• 데이터 값들이 평균으로부터 얼마나 퍼져 있는지 변동성을 측정하는 지표 • 분산이 클수록 데이터가 평균으로부터 멀리 퍼져 있음을 의미함 • 단위는 원래 데이터의 제곱 단위로 표현됨 • 계산 방법: 분산 = $\dfrac{1}{n-1}\Sigma(X_i - \overline{X})^2$ 　여기서 X_i는 각 데이터 값, $\overline{X}$는 평균, n은 데이터 개수
표준편차 (Standard Deviation)	• 분산의 양의 제곱근으로, 데이터의 변동성을 측정하는 지표 • 표준편차는 **원래 데이터와 같은 단위**를 가지므로 해석이 용이함. • 데이터의 평균과 얼마나 떨어져 있는지를 직관적으로 보여줌 • 계산 방법: 표준편차 = $\sqrt{\text{분산}}$
사분위수 범위 (IQR: InterquartileRange)	• 데이터의 중앙 50% 범위를 나타내는 지표 • 사분위수 범위는 데이터의 중앙값을 기준으로 한 변동성을 나타냄 • 극단값의 영향을 받지 않아 데이터의 분포를 안정적으로 설명 가능 • 계산 방법: 사분위수 범위 = Q3 - Q1 　여기서 Q1은 제1사분위수로 하위 25%의 값, Q3는 제3사분위수로 상위 25%의 값을 의미함

> **비기의 학습팁**
> 데이터 집합은 샘플(표본)으로 간주됩니다. 따라서 분산을 구할 때 표본분산을 사용해야 하며 이 때 분모가 n-1임을 기억해야 합니다.

범위 (Range)	• 데이터 집합의 최대값과 최소값의 차이 • 범위는 데이터의 전체적인 분포를 간단하게 보여주는 지표 • 극단값에 민감하여 일부 데이터의 영향을 크게 받을 수 있음 • 계산 방법: 범위 = 최대값 - 최소값

예제

데이터에듀는 회사 이전을 위해 새로운 지역을 찾고 있는데, 현재 직원들의 출근 시간과 비슷하거나 단축될 수 있는 곳을 선정하고자 한다. 아래는 직원들의 출근시간을 활용해 통계 분석을 실시 하시오.

• 풀이

출근에 소요되는 시간(단위 : 분)

직원	1	2	3	4	5	6	7	8	9	10	11	12	13	14	15
시간	62	55	33	42	55	35	110	64	54	66	58	62	58	26	15

- 표본평균 : $\bar{X} = \frac{1}{n}\sum X_i = \frac{62+55+\cdots+15}{15} = \frac{795}{15} = 53$
- 분산 : $s^2 = \frac{1}{n-1}\sum(X_i - \bar{X})^2 = \frac{1}{14}\{(65-53)^2 + (55-53)^2 + \cdots + (15-53)^2\} = \frac{6778}{14} = 484.14$
- 표준편차 : $\sqrt{484.14} = 2.0033$
- 중앙값 : n이 홀수이므로 (n+1)/2번째 위치한 값(8번째)인 55이다.

15 26 33 35 42 54 55 55 58 58 62 62 64 66 110

- 범위 : 최댓값-최솟값, 110-15 = 95
- 사분위수범위 : 62-38.5 = 23.5
- 사분위수 : Q1 = 38.5, Q2 = 55, Q3 = 62

나. 추론 통계

- **추론통계**(Inferential Statistics)는 표본 데이터를 기반으로 모집단에 대한 결론이나 추정, 가설 검정을 수행하는 통계학의 한 분야이다. 즉, 전체 모집단에 대한 정보를 직접 수집하기 어려운 경우, **일부 샘플을 통해 모집단의 특성을 추정하거나 결론을 도출**하는 방법이다.

1) 모집단과 표본

- 모집단: 연구의 관심 대상이 되는 전체 집합이다. 예 A 국가의 모든 성인
- 표본: 모집단에서 임의로 선택된 부분 집합이며, 모집단을 대표할 수 있는 크고 다양한 표본이 필요하다. 예 무작위로 선택된 1,000명의 성인

2) 추정(Estimation)

- 점 추정(Point Estimation): 모집단의 모수를 단일 값으로 추정하는 방법이다. 예 A무작위로 선택된 1,000명의 평균 소득이 50,000원일 때, 이를 A 국가의 모든 성인의 평균 소득을 추정하는 값으로 사용한다.
- 구간 추정(Interval Estimation): 모집단의 모수가 특정 범위에 있을 것이라고 추정하는 방법으로, 신뢰수준을 사용하여 이 범위를 얼마나 신뢰할 수

> **비기의 학습팁**
> 추론 통계는 표본 데이터를 기반으로 미지(unknown)의 세계인 모집단을 예측하는 방법입니다. 일반화할 수 있는 결론을 도출하는 데 목적이 있습니다.

> **개념 ➕**
>
> **불편추정량**(Unbiased Estimator)
>
> 점 추정(Point Estimation)에는 주로 불편추정량을 사용합니다. 불편추정량은 통계량들 중 기대값이 추정하고자 하는 모수와 동일한 통계량을 말하며, 표본 평균과 표본 분산이 이에 해당합니다.

비기의 학습팁
신뢰수준은 구간 추정에서 모집단 모수가 신뢰구간 내에 포함될 확률을 말하며, 일반적으로 95% 또는 99%를 사용합니다. 이를 통해 우리가 추정한 범위가 얼마나 신뢰할 수 있는지를 나타낼 수 있습니다.

비기의 학습팁
일반적으로 가설을 설정할때 우리가 입증하고 싶어하는 사실이 대립 가설로 주로 설정됩니다.
(예) 신제품이 다른 제품에 비해 판매량이 좋다.

비기의 학습팁
유의수준은 가설 검정에서 귀무가설을 기각할 기준이 되는 확률로 일반적으로 0.05 또는 0.01을 사용합니다. 이는 1종 오류가 발생할 확률을 나타내며, 우리가 기각할 때 잘못된 결론을 내릴 가능성을 정하는 기준이 됩니다.

개념 +
가설 검정의 오류

가설을 검정할 때 아래와 같은 오류가 발생할 수 있습니다.

1종 오류(Type I Error): 귀무가설이 참인데도 이를 기각하는 오류입니다.

2종 오류(Type II Error): 귀무가설이 거짓인데도 이를 기각하지 않는 오류입니다.

있는 지를 나타낸다. 예) A 국가의 모든 성인의 평균 소득이 약 49,503.90원에서 50,496.10원 사이에 있을 것이라고 95% 신뢰수준에서 추정할 수 있다.

3) 가설 검정(Hypothesis Testing)

- 모집단에 대한 특정 가설(우리가 세운 주장)이 참인지 여부를 검증하는 과정으로 일반적으로 두 가지 가설이 설정된다:

> **귀무가설(H0: null hypothesis)**: 변화가 없거나 차이가 없다는 가설이다.
> 예) A 국가의 평균 소득은 50,000원이다.
>
> **대립가설(H1: alternative hypothesis)**: 귀무가설과 반대되는 주장이다.
> 예) A 국가의 평균 소득은 50,000원이 아니다. (또는 평균 소득이 50,000원보다 크거나 작다)

- 표본 데이터를 수집한 후 통계적 검정을 통해 귀무가설을 귀무가설을 기각할지 결정한다.
- 일반적으로 **유의확률 p-값을 사용**하여 이 값이 미리 정한 **유의수준보다 작으면 귀무가설을 기각**한다.
- 귀무가설이 기각되면, 대립가설이 지지받게 되며, 이는 **연구자가 주장하고자 하는 효과나 차이가 통계적으로 유의하다**는 것을 의미한다.
- 귀무가설을 기각하지 않는 것은 귀무가설이 참이라는 것을 증명하는 것이 아니라, **현재의 데이터로는 귀무가설을 기각할 충분한 증거가 없다**는 것을 의미한다.

> **참고**
>
> **추론 통계의 중요성**
>
> - **정확한 의사 결정**: 제한된 데이터를 바탕으로 신뢰할 수 있는 결론을 도출하여 의사 결정을 지원한다.
> - **리소스 절약**: 전체 모집단을 조사하는 대신 표본을 통해 정보를 얻어 시간과 비용을 절약할 수 있다.
> - **과학적 연구**: 실험과 연구에서 가설을 검정하고 결과를 일반화하는 데 필수적이다.

2. 통계 분석

- 통계분석은 특정한 집단이나 불확실한 현상을 대상으로 자료를 수집해 대상 집단에 대한 정보를 구하고, 적절한 통계분석 방법을 이용해 의사결정을 하는 과정이다.

가. 탐색적 자료 분석(EDA: Exploratory Data Analysis)

- 탐색적 자료 분석은 데이터를 분석하여 그 **구조, 패턴, 이상치 및 관계를 파악**하는 과정이다. EDA는 데이터 분석의 초기 단계에서 수행되며, 데이터의 특성을 이해하고, 모델링 및 가설 검정을 위한 기초를 마련하는 데 중요한 역할을 할 수 있다.

목적	효과
데이터 이해	데이터의 기본 통계량, 분포 및 패턴을 파악하여 데이터에 대한 전반적인 이해를 높일 수 있음
이상치 탐지	데이터에 존재하는 이상치나 결측치를 발견하여 분석에 미치는 영향을 최소화할 수 있음
관계 탐색	변수 간의 상관관계나 관계를 시각적으로 조사하여 중요한 인사이트를 도출하는데 도움을 줌
가설 생성	데이터 분석을 통해 새로운 가설이나 연구 질문을 생성할 수 있음

> **비기의 학습팁**
>
> 탐색적 자료 분석은 데이터 이해, 이상치 탐지, 관계 탐색, 가설 생성 등을 위한 목적으로 수행합니다.

- 주로 **기초 통계량**(평균, 중앙값, 최댓값, 최솟값, 분산, 표준편차 등)**을 계산하여 데이터의 중심 경향성과 변동성을 파악**하거나 **시각화 방법을 통해 이를 도출**하기도 한다.

시각화 방법	특 징
히스토그램 (Histogram)	데이터의 분포를 시각적으로 나타내어 변수의 분포 특성을 이해할 수 있음
상자그림 (Box Plot)	데이터에 존재하는 이상치나 결측치를 발견하여 분석에 미치는 영향을 최소화할 수 있음
산점도 (Scatter Plot)	데이터의 중앙값, 사분위수, 이상치를 시각적으로 표시하여 데이터의 분포와 변동성을 파악할 수 있음
히트맵 (Heat Map)	변수 간의 상관관계를 시각적으로 표현하여 어떤 변수들이 서로 강한 관계를 가지는지를 확인할 수 있음

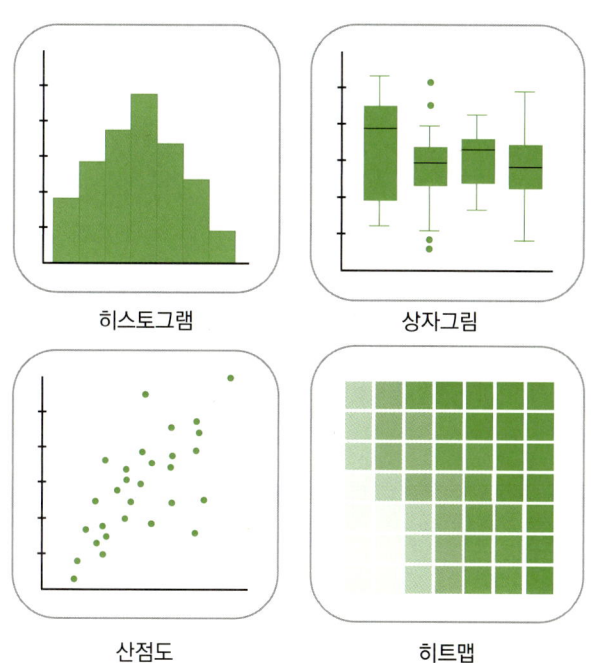

히스토그램 　　　상자그림

산점도 　　　히트맵

> **비기의 학습팁**
> 피어슨 상관계수에서 언급하는 선형성이라는 말의 의미는 데이터 세트가 직선에 붙어있는 정도를 포함하여, 일직선에 가까운 형태를 말합니다.

> **개념 ➕**
>
> **공분산(Covariance)**
> 공분산은 두 변수 X, Y 의 상관 정도를 나타내는 값으로, 하나의 변수가 증가할 때 다른 변수가 증가하는지 혹은 감소하는지를 알 수 있습니다. 그러나 공분산은 분산과 마찬가지로 제곱되는 성질과 비교하는 변수들 간의 단위가 다를 경우 해석이 어렵다는 단점이 존재 합니다. 따라서 이를 -1에서 1 사이의 범위로 정량화한 것이 **상관계수**입 니다.

나. 상관 분석(Correlation Analysis)

- 상관 분석은 **두 변수 간의 관계**를 평가하는 통계적 방법이다. 이 분석을 통해 변수들이 얼마나 밀접하게 연관되어 있는지를 파악할 수 있으며, 변수 간의 선형 관계를 이해하는 데 유용하다.

- 상관 분석에서 가장 일반적으로 사용되는 지표는 **상관 계수(Correlation Coefficient)**이며, 상관 계수는 **-1에서 1 사이의 값**을 가지며, 피어슨 상관계수, 스피어만 상관계수 등의 종류를 가진다.

- 피어슨 상관계수(Pearson's Correlation Coefficient)는 두 변수 간의 **선형 관계를 측정**하지만 두 변수는 등간척도나 비율척도의 연속형자료이면서, 정규성을 만족해야 한다.

> **피어슨 상관계수 해석 방법**
> r = 1 : 완전한 양의 선형 관계
> r = -1 : 완전한 음의 선형 관계
> r = 0 : 선형 관계 없음

- 스피어만 상관계수(Spearman's Correlation Coefficient)는 두 변수의 순위 간의 관계를 측정하는 비모수검정 방법으로 **비선형 관계를 포함하여 순위 기반의 관계를 평가**할 때 유용하다.

- 그러나 상관계수는 아래와 같은 한계점이 있다.

① 인과 관계를 증명하지 않음 → 상관관계가 있다고 해서 한 변수가 다른 변수에 영향을 미친다고 단정할 수 없다.

② 비선형 관계 미포착 → 피어슨 상관 계수는 선형 관계만을 측정하므로 비선형 관계는 제대로 평가하지 못할 수 있다.

③ 이상치의 영향 → 이상치가 상관 계수에 큰 영향을 미칠 수 있으므로, 데이터 정제가 필요할 수 있다.

다. 회귀 분석(Regression Analysis)

- 하나나 그 이상의 독립변수들이 종속변수에 미치는 영향을 추정할 수 있는 통계기법이다.

- 변수들 사이의 **인과관계를 밝히고 모형을 적합하여 관심있는 변수를 예측하거나 추론**하기 위한 분석방법이다.

- 단순 선형 회귀분석(Simple Regression)은 하나의 독립변수가 종속변수에 미치는 영향을 추정할 수 있는 통계기법이다.

$$y_i = \beta_0 + \beta_1 x_i + \varepsilon_i, \ i=1,2,...,n, \ \varepsilon_i \overset{iid}{\sim} N(0,\sigma^2)$$

> **비기의 학습팁**
> 독립변수는 실험이나 분석에서 영향을 주는 변수를 말하며, 연구자가 선택하는 요인들이 속합니다. 종속변수는 독립변수의 영향을 받는 변수로, 연구자가 측정하는 결과가 속합니다. 예를 들어 단순선형회귀분석으로 에어컨의 예약대수에 따라 판매대수가 얼마나 팔릴 지 추정하고 싶다면, 종속변수(Y)는 판매대수, 독립변수(X)는 예약대수로 두고 분석을 수행하게 됩니다.

- y_i : i번째 종속변수 값
- x_i : i번째 독립변수 값
- β_0 : 선형 회귀식의 절편
- β_1 : 선형 회귀식의 기울기
- ε_i : 오차항, 독립적이며 $N(0, \sigma^2)$의 분포를 이룬다.

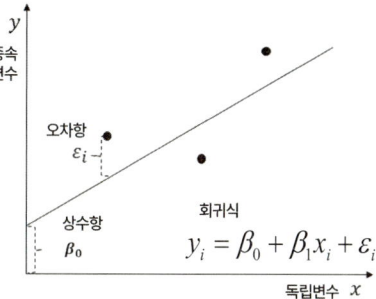

> **비기의 학습팁**
> 회귀분석에서는 독립변수의 개수가 하나이면 단순선형회귀분석, 독립변수의 개수가 두 개 이상이면 다중선형회귀분석으로 구분됩니다.

- 회귀분석은 **최소제곱법**을 통해 회귀계수를 추정하여 분석하며, 단순 선형회귀모형은 아래와 같은 형태로 추정식을 계산한다.

$$y_i = \beta_0 + \beta_1 x_i + \varepsilon_i, \ i = 1, 2, ..., n, \ \varepsilon_i \overset{iid}{\sim} N(0, \sigma^2)$$

$$\sum_{i=1}^{n} \epsilon_i^2 = \sum_{i=1}^{n} [y_i - (\beta_0 + \beta_1 X_i)]^2$$ 식을 각각 β_1과 β_0로 각각 편미분하여 0과 같다고 놓은 후 식을 정리하면 아래와 같다.

$$\sum y_i = n\beta_0 + \beta_1 \sum x_i$$

$$\sum x_i y_i = \beta_0 \sum x_i + \beta_1 \sum x_i^2$$

위의 연립방정식을 풀어 해를 구하면 아래와 같다.

$$\hat{\beta}_0 = \bar{y} - \hat{\beta}_1 \bar{x}$$

$$\hat{\beta}_1 = \frac{\sum (x_i - \bar{x})(y_i - \bar{y})}{\sum (x_i - \bar{x})^2}$$

> **개념+**
>
> **최소제곱법(Least Squares Method)**
>
> 최소제곱법은 회귀 분석에서 사용되는 통계적 방법으로, 각 데이터 포인트에 대해 **잔차를 제곱하여 이들의 합을 최소화하여 회귀 계수를 추정**하는 방법입니다. 여기서 잔차란 각 데이터 포인트의 실제값과 회귀 모델이 예측한 값의 차이를 의미합니다. 잔차의 제곱합을 최소화함으로써 가장 적합한 직선을 찾고, 이를 통해 변수 간의 관계를 모델링합니다.

예시

- 10년간 에어컨 예약대수와 판매대수 (단위 : 1,000대)

예약대수(X)	19	23	26	29	30	38	39	46	49
판매대수(Y)	33	51	40	49	50	69	70	64	89

- 에어컨 판매대수에 대한 예약대수의 추정식 : 판매대수 = 6.41+1.53 * 예약대수

- 회귀 분석은 경제학에서 소비자 행동 및 수요 예측, 의학에서 치료법의 효과 분석 및 환자 회복 예측, 마케팅에서 광고비와 매출 간의 관계 분석 및 시장 조사 결과 예측 등에 활용된다.

✅ 핵심 개념체크

09. 다음 설명 중 옳지 않은 것은 무엇인가?

① 통계는 특정집단을 대상으로 수행한 조사나 실험을 통해 나온 결과에 대한 요약된 형태의 표현이다.
② 조사 또는 실험을 통해 데이터를 확보하고 일반적으로는 총조사 방법을 많이 사용한다.
③ 전수 조사는 대상 집단 모두를 조사하는 것이다.
④ 표본조사는 모집단에서 샘플을 추출하여 진행하는 조사이다.

조사대상에 따라 총조사와 표본조사를 구분하지만 시간과 비용의 문제로 인해 대부분 표본조사를 실시하는 경우가 많다.

10. 다음 중 분산에 대한 설명으로 옳지 않은 것은 무엇인가?

① 분산은 데이터 값들이 평균값으로부터 얼마나 퍼져 있는지를 측정한다.
② 분산은 각 데이터 값에서 평균을 뺀 값을 제곱한 후, 그 평균을 구한 값이다.
③ 분산은 표준편차의 제곱값이다.
④ 분산이 클수록 데이터 값들이 평균값에 더 가까워진다.

분산이 클수록 데이터 값들이 평균값에서 더 멀리 퍼져 있다는 것을 의미한다. 즉, 분산이 클수록 데이터 값들이 평균값에서 더 멀어진다.

11. 다음 중 설명 중 옳지 않은 것은 무엇인가?

① 점 추정은 모집단의 모수를 단일 값으로 추정하는 방법이다.
② 귀무가설은 일반적으로 변화가 없거나 차이가 없다는 가설이다.
③ 신뢰수준은 구간 추정에서 모집단 모수가 신뢰구간 내에 포함될 확률이다.
④ 유의수준은 가설 검정에서 귀무가설을 채택할 기준이 되는 확률이다.

유의수준은 가설 검정에서 귀무가설을 기각할 기준이 되는 확률이다. 즉, 유의수준은 귀무가설이 참인데도 불구하고 이를 기각하는 확률을 나타내며, 보통 α로 표기한다.

정답 09. ② 10. ④ 11. ④

❸ 확률과 확률분포

1. 확률과 확률변수

가. 확률

1) 표본 공간(sample space)
- 어떤 **실험**을 실시할 때 나타날 수 있는 **모든 결과들의 집합**이다.
- 예 동전 1개를 던져서 앞/뒷면이 나오는 실험을 할 때, 표본 공간은 {앞면,뒷면}이다.

2) 사건(event)
- 관찰자가 관심이 있는 사건으로 표본 공간의 부분집합이다.
- 예 앞면이 나오는 것이 관심이 있다면, 사건은 "앞면이 나올 사건"이 된다.

3) 원소(element)
- 나타날 수 있는 개별의 결과들을 의미한다.
- 예 동전 2개를 던져서 앞/뒷면이 나오는 실험을 할 때, 표본 공간을 구성하고 있는 개별 결과물인 "앞면"과 "뒷면"이 각 원소가 된다.

4) 확률(probability)
- 확률(probability)은 특정 사건이 발생할 가능성을 수치적으로 나타내는 개념이다.
- 표본공간 S의 부분집합인 각 사상에 대해 실수값을 가지는 함수의 **확률값이 0과 1사이**에 있고, **전체 확률의 합이 1**인 것을 의미한다.
- 표본공간 Ω의 부분집합인 사건 E의 확률을 P(E)라고 할 때, 확률은 표본공간의 원소의 개수에 대한 사건 E의 개수의 비율로 다음과 같이 정의한다.

$$P(E) = \frac{n(E)}{n(\Omega)}$$

> **출제포인트**
> 확률과 확률분포에서 나오는 개념을 묻는 문제가 출제될 수 있습니다. 각 용어를 정확히 이해한다면 충분히 풀 수 있는 난이도로 출제될 가능성이 높으니 꼭 제대로 암기하고 넘어가시길 바랍니다.

> **비기의 학습팁**
> 조건부 확률: 어떤 사건 A가 이미 발생한 상황에서, 사건 B가 발생할 확률을 의미하며, 0과 1사이의 값을 갖습니다.

> **개념➕**
>
> **배반사건과 독립사건**
>
> - 배반 사건은 두 개의 사건이 동시에 발생할 수 없는 사건을 말합니다. 예를 들어 동전을 던질 때 앞면이 나오는 사 건이 발생하는 경우 뒷면은 절대 발생할 수 없습니다. 이 때 두 사건은 배반 사건이 됩니다.
>
> - 독립 사건은 하나의 사건이 발생하더라도 **다른 사건의 발생 확률에 영향을 주지 않는 것**을 말합니다. 예를 들어 주사위를 던지는 사건과 동전을 던지는 사건이 각각 시행될 때 주사위를 던져서 나올 결과들이 동전의 결과에 영향을 주지 않습니다. 이 때 두 사건은 독립 사건이 됩니다.

참고

확률의 덧셈 정리와 곱셈 정리

- **덧셈 정리** : 사건 A 또는 사건 B 중 어느 한 쪽이라도 일어날 확률 P(A∪B)은 아래와 같다.

$$P(A \cup B) = P(A) + P(B) - P(A \cap B)$$

여기서 P(A∩B)는 사건 A와 사건 B가 동시에 일어날 확률을 의미하며, A와 B가 배반사건(A∩B=∅)일 때, P(A∩B)=0이 된다.

- **곱셈 정리** : 특정 사건(A)가 주어졌을 때, 다른 사건(B)가 발생할 확률(=조건부 확률)의 정의 P(B | A)=P(A∩B)/(P(A)) 로부터 아래의 식이 성립한다.

$$P(A \cap B) = P(A)P(B|A)$$

여기서 A와 B가 독립 사건(A와 B가 서로 무관계)일 때, P(B|A)=P(B)로 사건 A와 사건 B가 동시에 일어날 확률은 두 확률의 곱, 즉 P(A∩B)=P(A)P(B)가 된다.

5) 확률변수(random variable)

- 확률변수는 특정한 실험이나 과정의 결과를 수치로 나타내는 변수로 즉, 정의역(domain)이 표본공간, 치역(range)이 실수 값인 함수이다.
- 예를 들어, 동전을 던졌을 때 나올 수 있는 결과 {앞면, 뒷면}가 있을 때 **확률변수를 하나의 동전을 던졌을 때 앞면이 나온 횟수로 정의**하면, 앞면인 경우는 1, 뒷면인 경우는 0으로 즉, 수치(실수 값)으로 표현할 수 있다.
- 이러한 확률변수는 0이 아닌 확률을 갖는 실수값의 형태에 따라 이산형 확률변수(discrete random variable)와 연속형 확률변수(continuous random variable)로 구분된다.

이산형 확률변수	• 특정한 값들을 가질 수 있는 변수. 즉, 유한하거나 무한하지만 셀 수 있는 (countable infinite)의 결과를 가짐 • 예 - 주사위를 던졌을 때 나오는 눈의 수 (1, 2, 3, 4, 5, 6) - 동전을 던졌을 때 나오는 결과 (앞면, 뒷면)
연속형 확률변수	• 특정 구간 내의 모든 값을 가질 수 있는 변수. 즉, 무한한 수의 결과를 가질 수 있음 • 예 - 사람의 키, 몸무게와 같은 측정값 - 온도, 시간 등 연속적인 값을 가지는 변수

2. 확률 분포

가. 확률 분포

- 확률 분포(Probability Distribution)는 확률변수가 가질 수 있는 모든 값과 그 값이 발생할 확률을 나타내는 함수이다.

> **비기의 학습팁**
>
> 누적확률분포는 특정 구간 내에서 확률을 계산하거나 특정 확률에 위치 하는 값(분위수)를 찾는 데 활용할 수 있습니다. 예를 들어, 구간(a,b)의 확률 P(a<X≤b)는 F(b) - F(a)와 같이 계산되며, 중위수(median)는 F(q)=0.5를 만족하는 q 값을 찾음으로써 구할 수 있습니다.

확률 질량 함수 (PMF)	• 확률 질량 함수(PMF:Probability Mass Function)는 이산 확률변수의 각 이산점에 대한 확률을 나타내는 함수 $$P(X_i) = P(X=x_i), \ i=1,2,\cdots$$ • 예 동전 2개를 던져서 앞/뒷면이 나오는 경우의 수(H:앞면, T: 뒷면) | X	0	1	2	합계
P(X=x_i)	1/4	1/2	1/4	1 | • 조건 ① 각 X_i가 나타날 확률은 0과 1 사이의 값을 가짐 → $0 < P(X_i) < 1$ ② 모든 가능한 경우의 확률의 합은 1 → $\Sigma_{i=1}^{\infty}P(X_i) = 1$
---	---
확률 밀도 함수 (PDF)	• 확률 밀도 함수(PDF: Probability Density Function)는 연속 확률변수의 각 값에서의 **확률의 밀집 정도**를 나타내는 함수 $$f(X) \geq 0$$ • X의 모든 가능한 값의 적분은 항상 1이다. → $\int_{-\infty}^{\infty}f(x)dx = 1$ • 특정 값의 확률은 0이지만, 구간에 대한 확률은 그 구간 아래의 면적으로 계산한다.
누적 분포 함수 (CDF)	• 누적분포함수(Cumulative Distribution Function, CDF)는 확률변수가 특정 값 이하의 값을 가질 확률을 나타내는 함수 • 확률변수의 분포를 이해하는 데 중요한 역할을 함

- 확률변수의 **기대값**은 확률분포에서 **분포의 무게중심을** 말하며, 확률값을 가중치로 하는 확률변수의 가능한 값에 대한 가중평균(weighted average)이라고 할 수 있다.

$$E(X) = \sum_{i=1}^{\infty} x_i P(X_i) \qquad E(X) = \int_{-\infty}^{\infty} x f(x) dx$$

이산형 확률변수   연속형 확률변수

- 확률변수의 **분산**은 확률 분포의 산포(퍼져있는 정도)를 측정하는 것으로 평균이 같은 경우에도 분산의 크기에 따라 산포의 모양이 달라지며, 아래와 같이 계산한다(여기서 $\mu = E(X)$)로 표기

$$Var(X) = E[(X-\mu)^2] = E(X^2) - \mu^2$$

나. 이산확률분포(Discrete Probability Distribution)

1) 베르누이 확률분포(Bernoulli Distribution)

- 성공확률이 p인 베르누이 시행(두 가지 결과만 있는 실험)에서 성공 횟수에 대한 확률 분포이다.

$$P(X=x) = p^x(1-p)^{1-x}, x=0 \text{ or } 1$$
$$X \sim Ber(p), \ E(X) = p, \ Var(X) = p(1-p)$$

> 예 메이저리거인 추신수 선수가 안타를 칠 확률은 베르누이 분포를 따른다.
> (안타를 치는 사건을 x=1이라고 할 때 안타를 칠 확률은 타율로 적용 가능)

2) 이항 분포(Binomial Distribution)

- 성공확률이 p인 베르누이 시행을 n번 반복했을 때 총 성공한 횟수에 대한 확률분포이다.

$$P(X=k) = \binom{n}{k} p^k (1-p)^{n-k}, \ \binom{n}{k} = {}_nC_k = \frac{n!}{k!(n-k)!}$$
$$X \sim Bin(n,p), \ E(X) = np, \ Var(X) = np(1-p)$$

> 예 메이저리거인 추신수 선수가 오늘 경기에서 5번 타석에 들어와서 3번 안타를 칠 확률은 이항분포를 따른다.(n=5, k=3, 안타를 칠 확률 P(x)=타율로 적용 가능)

3) 푸아송 분포(Poisson Distribution)

- 단위 시간 또는 공간 내에서 어떤 사건이 일어날 평균 발생 횟수를 λ라고 했을 때, 그 사건이 발생하는 횟수에 대한 확률분포이다.

$$P(X=y) = \frac{e^{-\lambda} \lambda^y}{y!}$$
$$X \sim Poi(\lambda), \ E(X) = \lambda, \ Var(X) = \lambda$$

비기의 학습팁

베르누이 시행은 결과가 2개만 나오는 실험으로, 성공과 실패, 동전의 앞면과 뒷면, 시험의 합격과 불합격, 제품의 불량품과 양품 등이 모두 해당합니다.

비기의 학습팁

이항 분포는 독립적인 베르누이 시행을 n번 수행했을 때의 확률분포입니다. 즉, 베르누이 분포는 n=1인 이항 분포의 특별한 경우입니다.

개념➕

초기하 분포
(Hyper geometric Distribution)

초기하 분포는 N개 중 비복원추출로 n번 추출했을 때 원하는 것이 k개 포함될 확률의 분포입니다.

비기의 학습팁

푸아송 분포는 사건이 독립적으로 발생하고, 특정 시간 간격 내 평균 발생 횟수가 일정할 때 사용됩니다. 예를 들어, 책에 오타가 5페이지 당 10개씩 나온다고 할 때 한 페이지에 오타가 3개 나올 확률을 계산할 때 사용할 수 있습니다.

> 예) 메이저리거인 추신수 선수가 최근 5경기에서 10개의 홈런을 때렸다고 할 때, 오늘 경기에서 홈런을 못 칠 확률은 포아송분포를 따른다.

4) 기하 분포(Geometric Distribution)
- 성공확률이 p인 베르누이 시행에서 첫 번째 성공이 있기까지 반복 시행한 횟수에 대한 분포

> 예) 메이저리거인 추신수 선수가 오늘 경기에서 첫 번째 안타를 칠 때까지의 타석 수

나. 연속확률분포(Continuous Probability Distribution)

1) 균일분포(일양분포, Uniform Distribution)
- 모든 확률변수 X가 균일한 확률을 가지는 확률분포 (다트의 확률분포)

$$E(X) = \frac{a+b}{2} \quad Var(X) = \frac{(b-a)^2}{12}$$

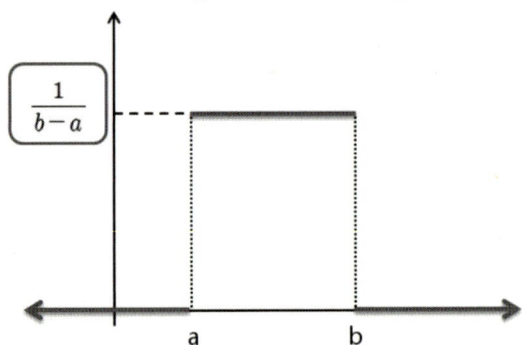

2) 정규 분포(Normal Distribution)
- 종모양의 형태로 평균을 중심으로 대칭적인 분포로 가장 잘 알려진 연속확률분포이다.
- 평균이 μ이고, 표준편차가 σ인 x의 확률밀도함수

$$f(x) = \frac{1}{\sqrt{2\pi}\sigma} e^{-\frac{(x-\mu)^2}{2\sigma^2}}, \quad -\infty < x < \infty$$

- 표준편차가 클 경우 퍼져보이는 그래프가 나타난다.

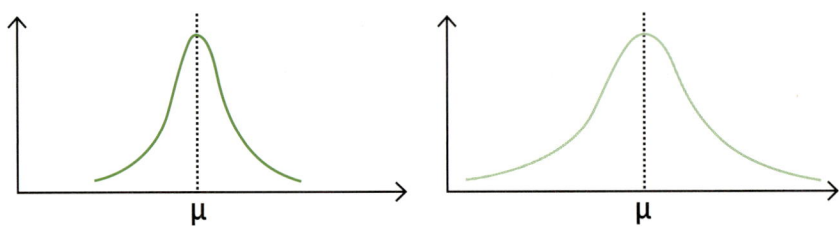

〈표준편차 σ가 작은 경우〉　　　〈표준편차 σ가 큰 경우〉

비기의 학습팁
기하 분포는 시행 횟수가 아닌 실패 횟수로 정의되기도 합니다.

개념 ➕
음이항 분포 (Negative Binomial Distribution)
음이항 분포는 성공확률이 p인 베르누이 시행에서 r번째 성공이 있기까지의 시행 횟수(또는 실패 횟수)로 기하분포는 r=1인 음이항분포의 특별한 경우입니다

비기의 학습팁
표준 균일 분포는 a=0, b=1인 균일 분포의 특별한 경우입니다.

개념 ➕
베타 분포(Beta Distribution)
베타 분포는 균일 분포를 일반화한 분포로 두 매개변수(모수) α와 β에 따라 [0, 1] 구간에서 정의되는 연속확률 분포입니다. 여기서, α=1, β=1인 경우에는 균일 분포가 됩니다.

비기의 학습팁
표준 정규 분포는 평균이 μ=0이고, 표준편차가 σ=1인 정규 분포의 특별한 경우로 표준화 공식을 통해 변환할 수 있습니다.

3) 지수분포(Exponential Distribution)

- 어떤 사건이 발생할 때까지 경과 시간에 대한 연속확률분포이다.

  예 전자레인지의 수명시간, 콜센터에 전화가 걸려올 때까지의 시간, 은행에 고객이 내방하는데 걸리는 시간, 정류소에서 버스가 올 때까지의 시간

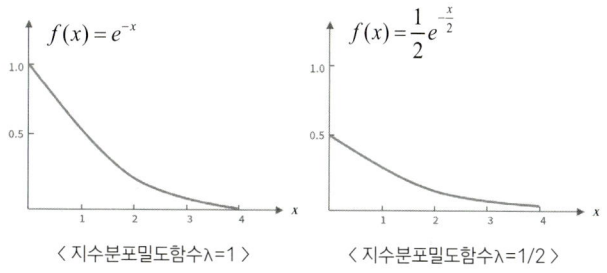

〈 지수분포밀도함수 λ=1 〉   〈 지수분포밀도함수 λ=1/2 〉

개념 ➕

감마 분포(Gamma Distribution)

감마 분포는 a번째 사건이 일어날 때까지 걸리는 시간에 대한 연속확률분포로, 지수 분포는 a=1인 감마 분포의 특별한 경우입니다.

4) t-분포(t-Distribution)

- 표준정규분포와 같이 평균이 0을 중심으로 좌우가 동일한 분포를 따르며, 두 집단의 평균이 동일한지 알고자 할 때 검정통계량으로 활용된다.

- 표본의 크기가 적을 때는 표준정규분포를 위에서 눌러 놓은 것과 같은 형태를 보이지만 표본이 커져서(30개 이상) 자유도(그림에서 Φ에 해당)가 증가하면 표준정규분포와 거의 같은 분포가 된다.

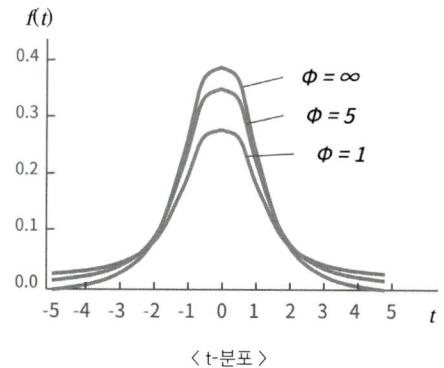

〈 t-분포 〉

비기의 학습팁

자유도(df, degree of freedom)는 통계학에서 사용되는 개념으로, 주어진 데이터 집합에서 독립적으로 변할 수 있는 값의 수를 나타냅니다.

개념 ➕

중심극한정리 (CLT, Central Limit Theorem)

중심극한정리는 확률분포를 알 수 없는 어떠한 변수라도 정해진 횟수 n만큼 독립적으로 추출하는 작업을 반복하면 이 때의 추출된 값들의 평균은 n이 커짐에 따라 정규분포에 근사해진다는 이론입니다.

5) 카이제곱 분포(Chi-Square Distribution)

- 주로 표본의 분산을 추정하거나 적합도 검정, 독립성 검정 등에서 활용된다. 특정한 자유도에 따라 분포의 형태가 정의된다.

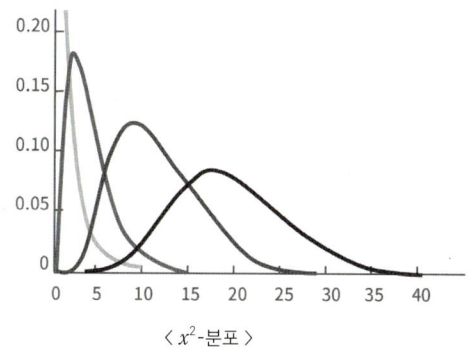

〈 x^2-분포 〉

비기의 학습팁

k개의 서로 독립적인 표준 정규 분포를 제곱하여 합하면 자유도가 k인 카이제곱분포가 됩니다.

비기의 학습팁

카이제곱분포와 F분포는 음수를 가지지 않는 분포입니다.

6) F-분포(F-Distribution)

- 두 개의 독립적인 카이제곱 분포를 기반으로 하는 연속확률분포이다. 주로 분산 분석(ANOVA) 및 회귀 분석에서 사용되며, 두 집단 간의 분산 비율을 비교하는 데 유용하다.

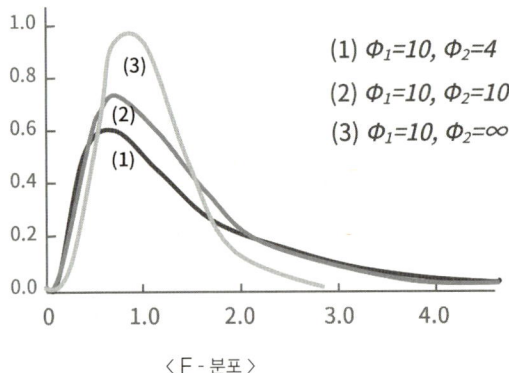

〈 F - 분포 〉

✅ 핵심 개념체크

12. 다음 중 확률변수의 설명으로 옳지 않은 것은?

① 확률변수는 특정한 실험이나 과정의 결과를 수치로 나타내는 변수이다.
② 이산형 확률변수는 특정한 값들을 가질 수 있는 변수이다.
③ 연속형 확률변수는 무한한 수의 결과를 가질 수 있다.
④ 확률변수는 항상 실수 값만 가질 수 있다.

> 확률변수는 실수 값뿐만 아니라 정수, 이산 값 등 다양한 값을 가질 수 있다.

13. 다음 중 연속확률분포가 아닌 것은 무엇인가?

① 지수 분포
② 균일 분포
③ 기하 분포
④ 카이제곱 분포

> 기하 분포는 성공확률이 p인 베르누이 시행에서 첫 번째 성공이 있기까지 x번 실패할 확률로 이산확률분포이다. 예를 들어, 동전 던지기에서 첫 번째 앞면이 나올 때까지의 던지기 횟수가 기하 분포를 따른다.

④ 데이터마이닝

1. 데이터마이닝 개요

- 데이터 마이닝은 대용량 데이터에서 의미 있는 패턴을 파악하거나 예측하여 의사결정에 활용하는 방법이다.
- 통계분석은 가설이나 가정에 따른 분석이나 검정을 하지만 데이터 마이닝은 다양한 수리 알고리즘을 이용해 데이터베이스의 데이터로부터 의미 있는 정보를 찾아내는 방법을 통칭한다.

> **출제포인트**
> 데이터 마이닝의 개요와 특징을 묻거나, 여러 데이터 분석기법을 구별하는 문제가 출제될 수 있으니, 이를 확인해 두셔야 합니다.

가. 데이터마이닝 종류

Supervised Learning(지도학습)	Unsupervised Learning(비지도학습)
• 의사결정나무(Decision Tree) • 인공신경망(Artificial Neural Network, ANN) • 일반화 선형 모형(Generalized Linear Model, GLM) • 선형 회귀분석(Linear Regression Analysis) • 로지스틱 회귀분석(Logistic Regression Analysis) • 사례기반 추론(Case-Based Reasoning) • 최근접 이웃(k-Nearest Neighbors, kNN)	• 연관성 규칙(Association Rule Discovery, Market Basket) • 군집분석(k-Means Clustering) • SOM(Self Organizing Map)

나. 데이터마이닝의 특징

1) 대량의 데이터 처리

- 데이터 마이닝은 **대규모 데이터 세트를 분석하여 숨겨진 패턴이나 관계를 발견하는 데 중점**을 둔다. 그래서 다양한 데이터 소스에서 수집된 방대한 양의 데이터를 포함하여 분석에 활용하게 된다.

2) 자동화된 분석

- 데이터 마이닝 기술은 자동으로 데이터를 분석하고 패턴을 찾는 것을 목표로 알고리즘과 모델을 사용한다. 이러한 방법은 수작업으로 데이터를 분석하는 것보다 훨씬 효율적으로 목표를 달성 할 수 있게 된다.

3) 다양한 기법의 사용

- 데이터 마이닝은 통계학, 기계 학습, 인공지능, 패턴 인식 등의 다양한 기법을 사용한다. 이로 인해 다양한 유형의 데이터와 문제에 적합한 접근 방식을 선택할 수 있다.

4) 예측 및 추론 기능

- 데이터 마이닝은 과거 데이터를 기반으로 미래의 결과를 예측하거나 특정 패턴을 추론하는 능력을 가지고 있다. 이는 비즈니스 전략 수립 및 의사 결정에 매우 유용하게 활용할 수 있다.

5) 비정형 데이터 처리

- 텍스트, 이미지, 비디오 등 **비정형 데이터도 처리**할 수 있다. 이는 소셜 미디어 분석, 고객 리뷰 분석 등 다양한 분야에서 활용할 수 있다.

6) 패턴 발견

- 데이터 마이닝의 핵심은 데이터에서 유의미한 패턴이나 관계를 발견하는 것이다. 이를 통해 숨겨진 인사이트를 얻고, 데이터 기반의 의사 결정을 지원할 수 있다.

7) 피드백 루프

- 데이터 마이닝 과정은 반복적이며, 모델의 성능을 지속적으로 평가하고 개선하는 피드백 루프를 포함하게 된다. 이를 통해 점점 더 정확한 예측과 분석이 가능해 진다.

8) 비즈니스 인사이트 제공

- 데이터 마이닝은 기업이 고객 행동, 시장 트렌드, 운영 효율성을 이해하고 개선하는 데 필요한 인사이트를 제공할 수 있다.

9) 시각화

- 데이터 마이닝 결과는 종종 시각화 도구를 통해 표현된다. 이는 복잡한 데이터를 이해하기 쉽게 만들어 주며, 의사 결정자들이 더 나은 결정을 내리는 데 도움을 주게 된다.

2. 데이터마이닝의 분석 기술과 활용 분야

가. 데이터마이닝의 분석 기술

출제포인트
데이터마이닝의 분석 기법과 정의에 대한 내용이 시험에 출제된 적이 있습니다. 각 기법의 사례와 정의를 꼭 기억하세요.

1) 분류 분석(Classification)

정의	기법
- 데이터가 어떤 그룹에 속하는지 예측하는 데 사용되는 기법 - 클러스터링과 유사하지만, 분류분석은 각 그룹이 정의되어 있음 - 학생들의 여러 가지 정보를 입력하여 수능 점수를 알아맞히는 등에 활용함	- 로지스틱 회귀분석(Logistic Regression) - 의사결정나무(Decision Tree) - 나이브 베이즈 분류(Naive Bayes Classification) - 인공신경망(Artificial Neural Network, ANN) - 서포트 벡터 머신(Support Vector Machine, SVM) - k 최근접 이웃(k-Nearest Neighbors, kNN) - 규칙기반의 분류와 사례기반추론(Case-Based Reasoning)

> **참고**
>
> **의사결정나무(Decision Tree)**
> - 의사결정나무(Decision Tree)는 데이터마이닝에서 사용되는 예측 모델로, 주어진 데이터의 특성에 따라 트리 구조로 분류 또는 회귀를 수행하는 방법이다.

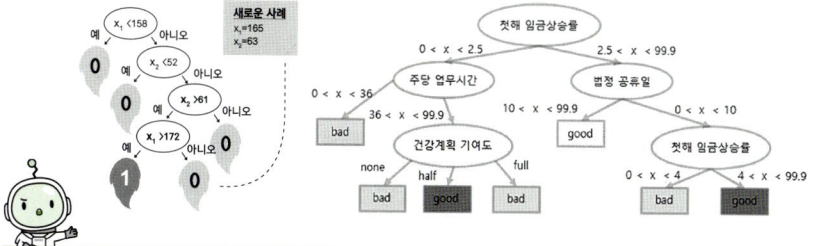

2) 예측 분석(Prediction)

정의	기법
• 과거의 데이터를 기반으로 미래의 사건이나 결과를 예측하는 통계적 기법과 알고리즘의 집합 • 주로 연속형 속성의 값을 예측하게 됨 • 카드회사 회원들의 가입정보를 통해 연 매출액을 알아맞히는 등에 활용함	• 회귀 분석(Linear Regression) • 시계열 분석(Time-series Analysis)

3) 군집분석(Clustering)

정의	기법
• 각 객체(대상)의 유사성을 측정하여 유사성이 높은 대상 집단을 분류 • 군집에 속한 객체들의 유사성과 서로 다른 군집에 속한 객체 간의 상이성을 규명하는 분석 방법 • 주로 고객 세분화를 통해 유사한 특성을 가진 소비자 그룹을 식별하는데 많이 활용함	• k-평균 군집(K-Means Clustering) • 비계층적 군집 (Hierarchical Clustering) • DBSCAN (Density-Based Spatial Clustering of Applications with Noise) • 미리 정의된 군집 (Pre-defined Clusters)

> **비기의 학습팁**
>
> 군집분석은 패턴 발견, 데이터 세분화, 이상치 탐지를 수행하는 데 가장 큰 목적이 있습니다. 목적에 따라 다음과 같은 효과를 얻을 수 있습니다.
> - 패턴 발견 : 데이터 내의 자연스러운 그룹을 찾아내어 숨겨진 패턴이나 관계를 이해할 수 있습니다.
> - 데이터 세분화 : 대량의 데이터를 효과적으로 관리하기 위해 비슷한 특성을 가진 데이터 그룹으로 나누어 분석할 수 있습니다.

> **참고**
>
> **군집분석 더 알아보기**

- K-평균 군집화 (K-Means Clustering): 데이터를 K개의 군집으로 나누는 방법으로 초기 K개의 중심점을 설정하고, 각 데이터 포인트를 가장 가까운 중심점에 할당한 후, 중심점을 업데이트하는 과정을 반복하면서 군집을 찾아나가는 방법론이다.
- 계층적 군집화 (Hierarchical Clustering): 데이터를 계층적으로 그룹화하는 방법으로, 병합 또는 분할 방식으로 군집을 형성하며, 덴드로그램이라는 시각적 도구를 통해 군집 간의 관계를 시각화할 수 있어 한눈에 군집을 구분하기 쉬운 방법론이다.
- DBSCAN (Density-Based Spatial Clustering of Applications with Noise): 밀도 기반 군집화 기법으로, 높은 밀도의 데이터 포인트를 군집으로 식별하고, 저밀도 지역의 데이터를 이상치로 분류할 수 있다.
- 미리 정의된 군집 (Pre-defined Clusters): 특정 분야의 지식이나 전문가의 판단을 바탕으로 미리 정의된 군집을 사용하여 데이터를 분류하는 방법론이다.

4) 연관분석(Association Analysis)

정의	기법
• 데이터에서 변수 간의 관계를 발견하고, 특정 항목이 함께 발생하는 패턴을 찾는 데 사용되는 데이터 마이닝 기법 • 주로 장바구니 분석(Basket Analysis)과 같은 마케팅 분야에서 많이 활용함	• 연관 규칙 학습 (Association Rule Learning) • Apriori 알고리즘 • FP-Growth 알고리즘

> **비기의 학습팁**
>
> 장바구니 분석을 통해 "빵을 구매한 고객이 버터도 구매할 확률이 높다"는 규칙을 발견할 수 있으며, 추천시스템에서는 "고객 A가 상품 X를 구매했다면, 상품 Y도 관심을 가질 가능성이 높다"는 규칙을 활용하여 제품을 추천할 수 있습니다. 또한 의료 분야에서는 "고혈압 환자에서 당뇨병 발생 가능성이 높다"는 규칙을 발견하여, 질병을 조기 예방할 수 있습니다.

> **참고**
>
> **연관 규칙**
>
> - 연관 분석의 핵심은 연관 규칙으로, "A가 발생할 때 B도 발생할 확률"을 나타낸다. 일반적으로 "A → B" 형태로 표현된다.
>   - 지지도(Support): 특정 규칙이 데이터셋에서 얼마나 자주 발생하는지를 나타내는 척도로, A와 B가 동시에 발생하는 비율이다.
>   - 신뢰도(Confidence): A가 발생했을 때 B가 발생할 확률로, "A → B"의 신뢰도를 나타낸다.
>   - 향상도(Lift): A와 B가 독립적일 때의 발생 확률에 비해 A가 발생할 때 B가 발생할 확률이 얼마나 증가했는지를 나타낸다.

나. 데이터마이닝의 활용 분야

1) 분류 분석

구분	활용 분야
금융 분야	• 신용 리스크 평가 　예) 대출 신청자의 신용 점수를 기반으로 신용 리스크를 평가 하여, 대출 승인 여부를 결정함 • 사기 탐지 　예) 거래 데이터를 분석하여 비정상적인 패턴을 가진 거래를 '사기' 또는 '정상'으로 분류함
의료 분야	• 질병 진단 　예) 환자의 증상, 검사 결과 등을 분석하여 특정 질병의 유무를 진단함
소셜미디어	• 감정 분석 　예) 사용자 리뷰나 댓글을 자연어 처리 기술(NLP)을 활용하여 긍정적, 부정적, 중립적인 감정을 분류함
텍스트 분류	• 스팸 필터링 　예) 이메일이나 메시지를 베이즈 정리에 기반한 분류 알고리즘을 사용하여 '스팸' 또는 '정상'으로 분류 • 문서 분류 　예) 대량의 문서를 분석하여 주제나 카테고리에 따라 분류할 수 있음

2) 예측 분석

구분	활용 분야
금융 분야	• 주식 가격 예측 　예) 주식 시장의 과거 데이터 및 외부 변수(경제 지표, 뉴스 등)를 분석하여 주식 가격의 변동성을 예측
마케팅 분야	• 프로모션 효과 예측 　예) 과거 판매 데이터를 바탕으로 시장 트렌드와 계절적 요인을 통해 프로모션의 효과성을 예측
제조 및 물류	• 수요 예측 　예) 과거 판매 데이터를 통해 제품의 수요를 예측하고, 이를 통해 생산 계획 및 재고 관리를 최적화
교육 분야	• 학생 성적 예측 　예) 학생의 학습 데이터를 분석하여 향후 성적을 예측하고, 이를 통해 학습 지원이나 개입이 필요한 학생을 식별

3) 군집분석

구분	활용 분야
마케팅분야	• 고객 세분화 　예 고객의 구매 행동, 선호도, 인구 통계학적 특성 등을 기반으로 고객 군집을 형성하여 맞춤형 마케팅 전략을 수립
의료분야	• 환자 데이터 분석 　예 환자의 증상, 진단 결과, 치료 효과 등을 분석하여 유사한 환자 그룹을 찾고, 맞춤형 치료 계획을 수립 • 질병 패턴 발견 　예 특정 지역 또는 집단에서 질병의 발생 패턴을 분석하여 예방 전략을 개발
금융	• 신용 평가 　예 고객의 신용 기록과 금융 행동을 분석하여 유사한 위험 수준을 가진 고객 군집을 형성 • 사기 탐지 　예 비정상적인 거래 패턴을 식별하여 금융 사기를 조기에 탐지
정보 검색	• 문서 클러스터링 　예 대량의 문서 데이터를 분석하여 유사한 주제를 가진 문서를 그룹화하고, 정보 검색의 효율성을 높임

4) 연관분석

구분	활용 분야
마케팅	• 장바구니 분석 　예 고객이 장바구니에 담는 제품 간의 관계를 분석하여, 함께 구매할 가능성이 높은 제품을 추천 • 프로모션 전략 　예 특정 제품을 구매한 고객에게 관련된 제품의 할인 쿠폰을 제공하는 등의 맞춤형 마케팅 전략을 수립
전자상거래	• 추천 시스템 　예 고객의 구매 이력을 분석하여 개인화된 제품 추천을 제공할 수 있음
의료 분야	• 환자 데이터 분석 　예 특정 질병의 증상 간의 관계를 분석하여 질병의 조기 진단이나 예방에 활용할 수 있음
소셜 미디어	• 소셜 미디어 　예 사용자 간의 상호작용을 분석하여, 특정 주제나 콘텐츠에 대한 관심이 높은 그룹을 식별할 수 있음

✅ 핵심 개념체크

14. 다음 중 데이터 마이닝에 대한 옳은 정의는 무엇인가?

① 데이터 마이닝은 데이터의 물리적 저장소를 효율적으로 관리하기 위해 데이터를 압축하고 정리하는 과정이다.
② 데이터 마이닝은 대용량 데이터에서 의미 있는 패턴을 파악하거나 예측하여 의사결정에 활용하는 방법이다.
③ 데이터 마이닝은 데이터를 수집하고 분석하여 새로운 데이터를 생성하는 소프트웨어 개발 방법론이다.
④ 데이터 마이닝은 데이터의 구조적 형식을 정의하고 데이터베이스를 설계하는 과정이다.

데이터 마이닝은 대용량 데이터에서 의미 있는 패턴을 파악하거나 예측하여 의사결정에 활용하는 방법이다. 예를 들어, 고객 행동 분석, 판매 예측, 사기 탐지 등이 데이터 마이닝의 응용 분야이다.

15. 다음 설명으로 적절한 기법은 무엇인가?

데이터에서 변수 간의 관계를 발견하고, 특정 항목이 함께 발생하는 패턴을 찾아 상품을 추천하거나 상품 진열에 활용되는 데이터 마이닝 기법이다.

① 분류분석　　② 군집분석　　③ 연관분석　　④ 예측분석

연관분석은 데이터에서 변수 간의 관계를 발견하고, 특정 항목이 함께 발생하는 패턴을 찾아내는 데이터 마이닝 기법이다. 이 기법의 주요 목적은 항목 간의 연관성을 식별하는 것으로, 데이터에서 자주 함께 나타나는 항목 쌍이나 그룹을 찾아내는 데 중점을 둔다. 주로 장바구니 분석(Basket Analysis)과 같은 마케팅 분야에서 많이 활용된다.

정답 14. ② 15. ③

PART 02
데이터 해석 및 활용

2장 데이터 파일 시스템

7 DAY

○ 학습 목표

- 파일시스템과 데이터베이스 관리시스템을 이해하고 비교할 수 있다.
- 키의 종류를 구별하고 설명할 수 있다.
- 데이터베이스의 구조와 스키마에 대해 이해한다.

○ 눈높이 체크

✓ **데이터 파일 시스템을 아시나요?**

> 데이터 파일 시스템은 데이터 파일을 효율적인 저장과 관리를 제공하는 시스템입니다. 운영 체제와 하드웨어 간의 데이터 저장 및 접근을 관리하며, 파일시스템과 데이터베이스관리시스템을 통칭합니다.

✓ **슈퍼키와 후보키의 차이점을 이해하시나요?**

> 슈퍼키는 테이블에서 각 행을 유일하게 식별할 수 있는 하나 이상의 속성들의 집합입니다. 슈퍼키는 유일성을 가지지만, 후보키와 달리 최소성을 요구하지 않으므로 중복된 속성이 포함될 수 있어 식별에 필요하지 않은 속성이 함께 포함될 수도 있습니다. 반면 후보키는 슈퍼키 중에서 최소성을 만족하는 키입니다. 즉, 튜플을 유일하게 식별할 수 있는 최소한의 속성들의 조합을 의미하며, 식별에 불필요한 속성은 포함하지 않습니다. 예를 들어 학생 테이블이 있고 학번, 이름, 성별, 전화번호가 있다고 가정했을 때, [학번+이름+전화번호]는 학생을 유일하게 식별할 수 있어 슈퍼키가 될 수 있으나 이 조합에는 불필요한 속성(이름)이 포함되어 있습니다. 반면, [학번]만으로도 학생을 고유하게 식별할 수 있다면, 이는 최소성을 만족하는 후보키가 된다.

✓ **데이터베이스의 구조 중에서 스키마에 대해 아시나요?**

> 스키마는 데이터베이스에서 데이터의 구조와 제약 조건을 정의하는 중요한 요소입니다. 크게 외부 스키마, 개념 스키마, 내부 스키마로 구분되며, 외부 스키마는 사용자나 응용 프로그램의 관점에서 데이터베이스를 정의하고, 사용자가 필요로 하는 데이터만을 제공하여 보안과 효율성을 높입니다. 개념 스키마는 전체 데이터베이스의 논리적 구조를 정의하며, 데이터의 정확성을 보장합니다. 내부 스키마는 데이터가 물리적으로 저장되는 방식과 관련된 스키마로, 데이터가 어떻게 저장되고 접근되는지를 명세하여 성능과 저장의 최적화를 지원합니다.

2장 데이터 파일 시스템

1절 데이터 파일 시스템의 이해

난이도 **중**

출제 포인트: 자료의 계층구조에 대해 묻는 문제가 출제될 수 있습니다. 데이터의 구성단위와 계층구조를 숙지하세요.

❶ 자료의 계층구조

1. 자료의 계층

가. 데이터의 구성 단위

1) 비트(Bit)

- 정의: 컴퓨팅과 디지털 통신에서 가장 기본적인 정보의 단위이며 '이진숫자'라는 뜻의 "binary digit"에서 유래되었다. 0 또는 1의 값을 가진다.
- 역할: 모든 데이터는 비트로 표현되며, 컴퓨터는 비트를 사용하여 정보를 처리한다.

2) 니블(Nibble)

- 정의: 컴퓨팅, 네트워킹, 전기통신 분야에서 4비트(bit)로 구성된 디지털 정보 단위이며 "작게 한 입 먹다"라는 뜻에서 유래했다.
- 역할: 이진법으로 니블 단위를 사용한다면 십진수 0(0000)부터 15(1111)까지 표현할 수 있다.

3) 바이트(Byte)

- 정의: 가장 일반적으로 사용되는 디지털 정보 단위로 컴퓨터에서 단일 문자를 인코딩(부호화)하는데 사용되는 8개의 비트로 구성된 데이터 단위이다. 하나의 바이트는 일반적으로 하나의 문자나 숫자를 표현한다.
- 역할: 바이트는 메모리에서 데이터를 저장하고 처리하는 기본 단위로, 많은 프로그래밍 언어와 파일 포맷에서 사용된다.

4) 워드(Word)

- 정의: 컴퓨터에서 한 번에 처리할 수 있는 데이터의 기본 단위로, 보통 16비트, 32비트, 또는 64비트 크기를 가진다.
- 역할: 워드는 CPU가 한 번에 처리할 수 있는 데이터의 양을 나타내며, 메모리 주소 지정, 데이터 전송, 연산 등에 사용된다. 워드의 크기는 컴퓨터 아키텍처에 따라 다르며, 이는 시스템의 성능과 처리 능력에 영향을 준다.

> **비기의 학습팁**
> 비트→니블→바이트로 갈수록 2배씩 증가한다고 기억해 보시기 바랍니다.

> **비기의 학습팁**
> 책을 예시로 들어 암기해 보시기 바랍니다. 파일은 1권, 레코드는 1문장, 필드는 1단어에 해당합니다.

5) 필드(Field)

- 정의: 데이터베이스나 데이터 구조 내에서 하나의 데이터 항목을 저장하는 단위이다. 각 필드는 특정 타입의 데이터를 포함한다.
- 역할: 필드는 레코드 내에서 개별적인 데이터를 구성하며, 예를 들어, 고객 정보를 저장하는 레코드의 필드에는 이름, 주소, 전화번호 등이 포함될 수 있다. 필드는 데이터의 세부적인 정보를 표현하는 데 필수적이다.

6) 레코드(Record)

- 정의: 관련된 데이터 필드들의 집합으로, 데이터베이스나 파일 시스템에서 하나의 단위로 취급된다. 레코드는 여러 필드로 구성될 수 있으며, 각 필드는 특정 타입의 데이터를 저장한다.
- 역할: 레코드는 데이터베이스 테이블의 한 행(row)으로 생각할 수 있으며, 여러 개의 레코드가 모여 데이터 집합을 형성한다. 예를 들어, 고객 정보를 저장하는 레코드는 이름, 주소, 전화번호 등의 필드를 포함할 수 있다.

7) 파일(File)

- 정의: 관련된 레코드 또는 데이터의 집합으로, 파일 시스템에서 저장되는 단위이다. 파일은 텍스트 파일, 이미지 파일, 비디오 파일 등 다양한 형태로 존재할 수 있다.
- 역할: 파일은 데이터를 영구적으로 저장하는 방식으로, 파일 시스템에서 접근할 수 있는 독립적인 단위이다. 파일은 여러 레코드로 구성되며, 각 레코드는 여러 바이트로 이루어진다.

나. 자료의 계층구조

- 자료의 구조는 데이터를 효율적으로 저장하고 관리하기 위해 계층적으로 조직화한 것이다. 이러한 구조는 데이터의 접근성과 무결성을 향상시키며, 다양한 형태의 데이터를 효과적으로 처리할 수 있도록 지원한다.

> **비기의 학습팁**
> 여러 개의 블록을 쌓아만든 집이 파일이 되고 여러 집이 모여 있는 마을이 디렉토리가 되는 그림을 상상해 보시기 바랍니다.

1) 블록(Block)

- 정의: 블록은 **데이터 저장의 최소 단위**로, 일반적으로 하드 드라이브나 SSD와 같은 저장 매체에서 데이터를 저장하는 고정 크기의 연속적인 공간이다.
- 특징:
- 블록은 파일 시스템의 기본적인 저장 단위로, 파일이 저장될 때 여러 개의 블록에 나누어 저장된다. 블록 크기는 파일 시스템에 따라 다를 수 있으며, 일반적으로 4KB, 8KB 등으로 설정된다.
- 블록은 데이터의 물리적 저장을 최적화하기 위해 연속적으로 할당되는 경우가 많다.

2) 파일(File)

- 정의: 파일은 데이터를 저장하고 관리하기 위한 논리적 단위로, 텍스트, 이미지, 비디오 등 다양한 형태의 데이터를 포함할 수 있다.

- 특징:
- 파일은 여러 블록으로 구성되며, 각 블록은 파일의 일부 데이터를 포함한다.
- 파일에는 메타데이터가 포함되어 있어 파일의 이름, 크기, 생성 날짜, 수정 날짜 등의 정보를 제공한다.
- 파일 시스템에서는 파일의 접근 권한과 속성을 관리하여 데이터의 보안성을 높다.

3) 디렉토리(Directory)

- 정의: 디렉토리는 파일과 다른 디렉토리를 그룹화하여 관리하는 구조로, 파일 시스템 내에서 파일의 위치를 쉽게 찾을 수 있도록 한다.
- 특징:
- 디렉토리는 계층적 구조를 형성하여 파일과 서브 디렉토리를 포함할 수 있다. 이를 통해 사용자는 파일을 조직적으로 관리할 수 있다.
- 각 디렉토리는 메타데이터를 가지고 있어, 디렉토리 내의 파일 목록과 각 파일의 속성을 관리한다.
- 디렉토리를 통해 사용자는 파일 경로를 쉽게 탐색하고, 필요한 파일에 빠르게 접근할 수 있다.

> **비기의 학습팁**
> 파일 경로는 파일을 식별하는 데 사용되는 고유한 식별자입니다. 파일 경로는 파일이 저장된 위치를 나타내며, 디렉토리 구조를 통해 특정 파일에 접근할 수 있도록 도와줍니다. 이를 통해 운영 체제는 파일을 찾고 관리할 수 있습니다.

참고

자료의 계층 구조

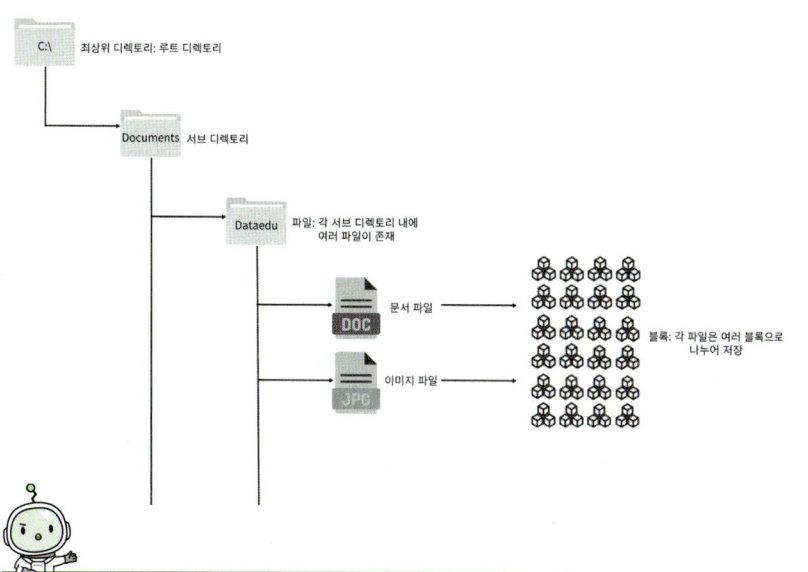

✓ 핵심 개념체크

16. 파일시스템에서 블록의 역할은 무엇인가? 상 중 하

① 파일의 크기를 조절한다.
② 데이터를 저장하는 기본 단위이다.
③ 파일의 경로를 지정한다.
④ 파일의 유형을 결정한다.

블록은 파일시스템에서 데이터를 저장하는 기본 단위이다.

17. 파일시스템에서 파일을 식별하는 데 사용되는 요소는 무엇인가? 상 중 하

① 파일 크기
② 파일 경로
③ 파일 생성 날짜
④ 파일 유형

파일 경로는 파일을 식별하는 데 사용되는 고유한 식별자이다.

18. 파일시스템의 계층구조에서 가장 상위에 위치하는 것은 무엇인가? 상 중 하

① 블록
② 파일
③ 디렉토리
④ 데이터

파일시스템의 계층구조에서 디렉토리가 가장 상위에 위치한다.

정답 16.② 17.② 18.③

❷ 데이터 파일 시스템

> **출제포인트**
> 데이터 파일시스템의 개념을 묻는 문제가 출제될 수 있으므로 이를 주의 깊게 학습해야 합니다.

1. 데이터 파일 시스템(Data File System)

- 데이터 파일 시스템은 데이터 파일을 효율적으로 저장하고 관리하는 방법을 제공하는 시스템이다.
- 운영 체제와 하드웨어 간의 데이터 저장 및 접근을 관리하며, 데이터의 조직화, 검색, 수정, 삭제 등의 기능을 포함한다.
- 데이터파일시스템은 파일시스템과 데이터베이스관리시스템을 통칭한다.(2024년 국가기술자격 경영정보시각화능력 필기 수험가이드북, 대한상공회의소)

2. 파일시스템(File System)

- 파일 시스템은 데이터를 논리적으로 구성하고 저장 장치에 효율적으로 배치하여 파일의 생성, 수정, 삭제, 검색 등의 작업을 수행한다.
- 데이터의 저장, 관리, 접근, 보안 및 성능 최적화를 위한 다양한 기능을 제공하여 사용자가 데이터를 효율적으로 다룰 수 있도록 돕는다.
- 이러한 기능들은 데이터의 안전성과 접근성을 보장하며, 파일 시스템의 효율성과 신뢰성을 높이는 데 기여한다.

가. 파일시스템의 주요 기능

1) 파일 저장 및 관리

- 파일 생성: 사용자가 새로운 파일을 생성할 수 있도록 한다.
- 파일 삭제: 더 이상 필요하지 않은 파일을 삭제하여 저장 공간을 확보하게 된다.
- 파일 이름 지정: 파일에 대한 식별자를 부여하여 쉽게 찾고 식별할 수 있게 한다.

2) 디렉토리 구조 관리

- 디렉토리 생성 및 삭제: 사용자가 디렉토리를 생성하고 불필요한 디렉토리를 삭제할 수 있게 한다.
- 디렉토리 탐색: 파일과 디렉토리의 계층 구조를 탐색하여 필요한 파일을 쉽게 찾을 수 있다.

3) 파일 접근 및 수정

- 순차 접근 및 임의 접근: 파일에 대한 순차적 또는 임의의 접근을 지원하여 사용자가 원하는 방식으로 데이터를 읽고 쓸 수 있게 한다.
- 파일 수정: 기존 파일의 내용을 수정하거나 업데이트할 수 있는 기능을 제공한다.

> **비기의 학습팁**
> 데이터가 불일치되는 문제가 발생하지 않기 위해서는 데이터 무결성을 주기적으로 검사하여 데이터 손상이나 오류를 방지해야 합니다.

4) 보안 및 권한 관리
- 접근 권한 설정: 파일 및 디렉토리에 대한 사용자 접근 권한(읽기, 쓰기, 실행 등)을 설정하여 데이터의 보안을 유지한다.
- 사용자 인증: 시스템에 접근하는 사용자를 인증하여 불법적인 접근을 방지한다.

5) 데이터 무결성 및 복구
- 데이터 무결성 유지: 데이터가 손상되지 않도록 보장하며, 오류가 발생할 경우 이를 감지할 수 있는 기능을 제공한다.
- 백업 및 복구: 정기적인 데이터 백업을 통해 데이터 손실에 대비하고, 필요 시 복구할 수 있는 기능을 포함한다.

6) 성능 최적화
- 캐싱: 자주 접근하는 데이터를 메모리에 저장하여 데이터 접근 속도를 향상시킨다.
- 인덱싱: 파일이나 데이터의 빠른 검색을 위해 인덱스를 생성하여 효율성을 높인다.

7) 데이터 공유 및 네트워킹
- 네트워크 파일 시스템: 여러 사용자가 네트워크를 통해 파일을 공유하고 접근할 수 있도록 지원한다.
- 파일 전송: 파일을 다른 시스템이나 사용자와 전송할 수 있는 기능을 제공한다.

> **개념 ➕**
>
> **파일 시스템의 백업 방식**
>
> **1. 전체 백업**
> - 모든 데이터를 한 번에 백업하는 방식
> - 복원이 가장 간단
> - 백업 데이터의 크기가 커질 수 있음
>
> **2. 증분 백업**
> - 가장 최근 백업 이후 변경된 데이터만 저장
> - 복원 시 여러 개의 증분 백업 데이터를 순차적으로 적용해야 함
>
> **3. 차등 백업**
> - 마지막 전체 백업 이후 변경된 모든 데이터를 백업
> - 복원 시 전체 백업과 최신 차등 백업 파일만 필요

나. 파일시스템의 구성 요소

구성 요소	설 명
파일	• 데이터의 기본 저장 단위로, 텍스트, 이미지, 비디오, 오디오 등 다양한 형태의 정보를 포함 • 파일은 데이터를 영구적으로 저장하며, 사용자가 접근하고 수정할 수 있는 논리적 단위
디렉토리	• 파일을 그룹화하여 관리하는 구조이며, 디렉토리는 다른 파일이나 디렉토리를 포함 • 역할: 디렉토리는 파일의 계층 구조를 제공하여 사용자가 파일을 쉽게 찾고 조직할 수 있도록 도와주는 논리적 단위
메타데이터	• 파일이나 디렉토리에 대한 정보를 저장하는 데이터로, 파일의 이름, 크기, 생성 날짜, 수정 날짜, 파일 형식, 접근 권한 등이 포함 • 메타데이터는 파일 시스템이 파일을 관리하고 접근하는 데 필요한 정보를 제공
파일 관리 시스템	• 운영 체제와 파일 시스템 간의 인터페이스를 제공하는 소프트웨어 모듈 • 파일 시스템 드라이버는 파일 시스템의 기능을 호출하고, 파일 및 디렉토리에 대한 작업을 수행할 수 있도록 지원
드라이브 및 파티션	• 물리적 저장 장치(예 하드 드라이브, SSD)에서 파일 시스템이 데이터 저장을 위해 할당된 영역 • 드라이브와 파티션은 데이터를 물리적으로 저장하고 관리하는 단위로, 각각의 파일 시스템이 독립적으로 운영될 수 있도록 함

다. 파일시스템의 종류

1) 로컬 파일시스템

파일시스템	설 명
FAT (File Allocation Table)	• 특징: Microsoft에서 개발한 파일 시스템으로, FAT12, FAT16, FAT32 등 여러 버전이 있음 • 용도: 플로피 디스크, USB 플래시 드라이브 등에서 널리 사용되며, 호환성이 뛰어남 • 장점: 간단하고 구현이 용이하며, 다양한 운영 체제에서 지원
NTFS (New Technology File System)	• 특징: Windows NT 기반의 운영 체제에서 사용되는 고급 파일 시스템 • 용도: 대용량 하드 드라이브 및 서버 환경에서 주로 사용 • 장점: 파일 권한, 암호화, 데이터 복구, 저널링 등의 기능을 지원하여 안정성과 보안을 강화
Ext (Extended File System)	• 특징: Linux에서 사용되는 파일 시스템으로, ext2, ext3, ext4 버전이 있음 • 용도: Linux 배포판에서 기본 파일 시스템으로 주로 사용 • 장점: ext3와 ext4는 저널링 기능을 지원하여 데이터 무결성을 높임, ext4는 대용량 파일과 파티션을 지원
APFS (Apple File System)	• 특징: macOS 및 iOS에서 사용하는 최신 파일 시스템 • 용도: SSD 및 플래시 드라이브에 최적화 • 장점: 높은 성능, 데이터 암호화, 스냅샷 및 클론 기능을 지원

2) 네트워크 파일시스템

- 네트워크를 통해 여러 컴퓨터가 파일을 공유하고 접근할 수 있도록 하는 시스템이다. 이를 통해 사용자는 로컬 파일 시스템처럼 원격 파일에 접근할 수 있으며, 여러 사용자와 시스템 간에 데이터 공유가 용이해진다.

3) 분산 파일 시스템

- 여러 컴퓨터나 서버에 분산된 데이터를 관리하고 저장하기 위한 시스템으로 사용자에게 로컬 파일 시스템처럼 투명하게 데이터를 제공하며, 네트워크를 통해 여러 노드에서 파일에 접근할 수 있도록 한다.

- 분산 파일 시스템은 데이터의 가용성과 성능을 향상시키기 위해 설계되었으며 하둡HDFS, 구글 클라우드 스토리지 등이 있다.

> **출제포인트**
> 파일시스템의 장단점을 사지선다로 묻는 문제가 출제될 수 있습니다.

라. 파일시스템의 장단점

장점	단점
단순성: 파일 시스템은 구조가 간단하고 사용하기 쉬워, 사용자와 개발자가 쉽게 접근하고 이해할 수 있음	**데이터 무결성 부족**: 파일 간의 관계를 명시적으로 정의하지 않기 때문에 데이터의 일관성을 유지하기 어려움. 여러 파일에서 동일 데이터를 수정할 경우 충돌이 발생할 수 있음
빠른 저장 및 접근: 파일 단위로 데이터를 저장하므로, 작은 파일에 대한 접근이 빠름. 특히, 단순한 파일 작업에서는 성능이 좋음	**검색 및 관리의 비효율성**: 대량의 파일을 저장할 경우, 파일 검색이 비효율적일 수 있음. 인덱스 기능이 부족하여 원하는 파일을 찾는 데 시간이 걸릴 수 있음
유연성: 다양한 형식의 파일을 저장할 수 있으며, 파일 포맷에 대한 제약이 적음. 텍스트, 이미지, 비디오 등 여러 형식의 데이터를 자유롭게 저장할 수 있음	**동시성 문제**: 여러 사용자가 동시에 동일한 파일에 접근할 경우 데이터 손실이나 충돌이 발생할 수 있음. 이를 관리하기 위한 추가적인 메커니즘이 필요함.
낮은 비용: 파일 시스템은 별도의 관리 시스템이 필요하지 않으며, 대부분의 운영 체제에서 기본적으로 제공하므로 추가 비용이 적음	**백업 및 복구의 어려움**: 파일 시스템은 개별 파일을 백업해야 하며, 데이터 손실 시 복구가 복잡할 수 있음. 전체 시스템을 백업하지 않으면 중요한 파일이 누락될 수 있음
물리적 저장 장치 활용: 일반적인 하드 드라이브, SSD 등 물리적 저장 장치를 직접 활용하므로, 저장 장치의 성능을 최대한 활용할 수 있음	**확장성의 한계**: 대규모 데이터 환경에서는 파일 시스템의 구조적 한계로 인해 성능이 저하될 수 있으며, 데이터의 양이 증가함에 따라 관리가 어려워질 수 있음

3. 데이터베이스 관리시스템(DBMS, Database Management System)

가. 데이터베이스 관리시스템의 구성

1) 데이터베이스

- 데이터베이스(database)는 **데이터를 저장하는 구조화된 저장소로, 여러 사람이 공유하여 사용할 목적**으로 체계화해 통합, 관리하는 데이터의 집합이다.

- 1950년대에 데이터베이스라는 용어가 미국에서 처음 사용되었으며, 본래는 군비의 집중적·효율적 관리를 위해 컴퓨터를 활용한 도서관 개념을 개발하면서 이를 '데이터의 기지'라는 뜻의 데이터베이스로 일컬었다.

- 일반적으로 관계형 데이터베이스에서는 테이블 형태로 데이터를 구성하며, 각 테이블은 행(row)과 열(column)로 이루어져 있으며, 데이터베이스는 대량의 데이터를 효율적으로 관리하고, 데이터 간의 관계를 설정할 수 있도록 설계되어 있다.

- 예 고객 정보, 주문 내역, 제품 정보 등을 별도의 테이블로 저장하여 서로 연결할 수 있다.

가) 데이터베이스의 특징

특징	설 명
실시간 접근성	데이터베이스는 사용자가 필요할 때 언제든지 데이터를 빠르게 검색하고 수정할 수 있도록 지원. 이는 실시간으로 정보에 접근할 수 있어 신속한 의사 결정을 가능하게 도와 줌
지속적인 변화	데이터베이스는 데이터가 지속적으로 추가, 수정, 삭제될 수 있는 구조를 가지고 있음. 이는 데이터의 최신성을 유지하고, 변화하는 환경에 맞춰 데이터를 관리
동시 공유	여러 사용자가 동시에 데이터에 접근하고 작업을 수행할 수 있음. 데이터베이스는 동시성 제어 메커니즘을 통해 데이터의 일관성을 유지하면서 여러 사용자의 요청을 처리
내용에 대한 참조	데이터베이스는 데이터를 실제로 저장하는 방식과는 별도로, 데이터를 참조하는 메타데이터를 관리. 이를 통해 사용자는 데이터의 의미와 구조를 이해하고 활용
데이터 논리적 독립성	데이터베이스는 물리적 저장 방식과는 별개로, 데이터의 논리적 구조를 정의하여 사용자가 데이터에 접근하는 방식을 독립적으로 유지. 즉, 데이터베이스 구조가 변경되더라도 애플리케이션이나 사용자 인터페이스에는 영향을 주지 않음

> **출제포인트**
> 데이터베이스의 특징, 장점, 단점 각각이 4지선다 형태로 출제 데이터베이스가 어떻게 구성되고 어떤 구조를 가지고 있는지도 뒤에서 자세히 다룰 예정입니다.

나) 데이터베이스의 장점

장점	설 명
데이터 중복 최소화	데이터베이스는 데이터를 중앙 집중화하여 저장하므로, 동일한 데이터가 여러 곳에 중복 저장되는 것을 방지. 이를 통해 저장 공간을 절약하고 데이터 관리의 효율성을 높임
데이터 공유	데이터베이스는 여러 사용자와 응용 프로그램이 동시에 데이터에 접근할 수 있도록 하여, 정보의 공유를 용이. 이를 통해 협업과 의사 결정이 신속하게 진행
일관성, 무결성, 보안성 유지	데이터베이스는 무결성 제약 조건을 설정하여 데이터의 정확성과 일관성을 유지. 또한, 사용자 권한 관리 및 보안 기능을 통해 데이터에 대한 접근을 제어하고 보호
최신의 데이터 유지	데이터베이스는 지속적으로 업데이트될 수 있어, 항상 최신의 정보에 접근이 가능. 이는 비즈니스 환경에서 신속한 의사 결정을 지원하게 도와 줌
데이터의 표준화 가능	데이터베이스는 통일된 형식으로 데이터를 저장하므로, 데이터 표준화가 가능. 이는 데이터의 일관성을 높이고, 서로 다른 시스템 간의 데이터 통합을 용이하게 해줌
데이터의 논리적, 물리적 독립성	데이터베이스는 데이터의 논리적 구조와 물리적 저장 방식이 독립적으로 관리됨. 이는 데이터베이스 구조의 변경이 애플리케이션에 미치는 영향을 최소화하여 유연성을 제공하게 됨
용이한 데이터 접근	데이터베이스는 SQL과 같은 쿼리 언어를 사용하여 데이터를 쉽게 검색하고 조작할 수 있는 인터페이스를 제공. 이를 통해 사용자는 복잡한 프로그래밍 지식 없이도 데이터를 쉽게 다룰 수 있음
데이터 저장 공간 절약	데이터베이스는 효율적인 데이터 구조를 통해 저장 공간을 최적화함. 중복 데이터가 줄어들고, 데이터 압축 기술을 통해 저장 공간을 더욱 절약할 수 있음

다) 데이터베이스의 단점

단점	설명
데이터베이스 전문가 필요	데이터베이스를 설계하고 관리하기 위해서는 전문적인 지식과 기술이 필요. 따라서 데이터베이스 관리자는 교육과 경험이 풍부해야 하며, 인력 확보가 어려울 수 있음
많은 비용 부담	데이터베이스 시스템 구축 및 유지 관리에는 소프트웨어 라이선스, 하드웨어, 인력 비용 등이 포함되어 상당한 비용이 발생할 수 있음. 특히 대규모 시스템의 경우 초기 투자 비용이 매우 클 수 있음
데이터 백업과 복구가 어려움	데이터베이스에서 발생할 수 있는 데이터 손실에 대비하여 정기적인 백업이 필요하지만, 백업 및 복구 과정이 복잡할 수 있음. 데이터 복구가 어려운 상황에서는 중요한 정보가 손실될 위험이 있음
시스템의 복잡함	데이터베이스 시스템은 구조가 복잡하고 다양한 구성 요소로 이루어져 있어, 이를 이해하고 운영하는 데 어려움이 있을 수 있음. 복잡한 시스템은 유지 보수와 관리에 추가적인 노력이 요구됨
대용량 디스크로 엑세스가 집중되면 과부하 발생	많은 사용자나 애플리케이션이 동시에 데이터베이스에 접근할 경우, 대용량 디스크에 과부하가 발생 가능. 이는 시스템 성능 저하를 초래하고, 데이터 접근이 느려지는 문제를 발생시킬 수 있음

2) 데이터베이스 관리 시스템(DBMS)

- 데이터베이스 관리 시스템(DBMS, Database Management System)은 파일시스템의 단점을 극복하기 위해 등장하였으며 **데이터베이스의 정의, 조작, 제어 등의 관리를 지원하는 소프트웨어**를 의미한다.

- DBMS는 데이터베이스 언어를 사용하여 데이터를 효율적으로 관리, 검색, 수정할 수 있도록 돕는 소프트웨어로 **여러 사용자가 동시에 데이터에 접근하고 조작할 수 있도록 하며, 데이터의 무결성, 보안, 일관성을 유지하는 데 중요**한 역할을 한다.

3) 데이터베이스 스키마(Database Schema)

- 스키마는 데이터베이스의 구조를 정의하는 메타데이터로, 데이터베이스 내의 테이블, 필드, 데이터 타입, 관계 등을 포함한다.

- 스키마는 데이터베이스가 어떻게 구성되고, 데이터 간의 관계가 어떻게 설정되는지를 명확하게 보여준다.

4) 데이터베이스 엔진(Database Engine)

- 데이터베이스 엔진은 실제 데이터를 저장하고 처리하는 시스템으로 데이터를 읽고 쓰는 작업을 수행하며, 쿼리 처리, 인덱스 관리, 데이터 압축 등을 담당한다.

- 엔진마다 성능, 확장성, 안정성에 차이가 있어, 시스템의 요구사항에 따라 적절한 엔진을 선택하여 사용할 수 있다.

비기의 학습팁

데이터베이스 언어(예 SQL)는 데이터를 검색하고 조작하기 위한 주요 도구로, 사용자가 데이터베이스와 상호작용할 수 있도록 합니다. 특히 데이터 정의어(DDL), 데이터 조작어(DML), 데이터 제어어(DCL)는 각각 데이터베이스의 서로 다른 측면을 다루며, 데이터베이스를 구축, 조작 및 제어하는 데 사용됩니다.

비기의 학습팁

고객 테이블의 스키마는 고객 ID, 이름, 이메일, 전화번호 등의 필드로 구성될 수 있습니다.

5) SQL (Structured Query Language)
- SQL은 데이터베이스와 상호작용하기 위한 언어로, 데이터의 정의, 조작, 제어를 위한 표준화된 구문을 제공한다.
- SQL 쿼리를 사용하여 데이터를 삽입(INSERT), 검색(SELECT), 수정(UPDATE), 삭제(DELETE)할 수 있다.

6) 트랜잭션 관리 시스템(Transaction Management System)
- 트랜잭션 관리 시스템은 데이터베이스 내의 트랜잭션을 관리하여 데이터의 무결성을 보장한다.
- 트랜잭션은 데이터베이스의 상태를 변화시키는 한 단위 작업으로, ACID 속성을 통해 안정성을 유지하며, 트랜잭션이 완전하고 신뢰할 수 있는 방식으로 수행되도록 지원한다.

> **비기의 학습팁**
> ACID 원칙은 원자성(Atomicity), 일관성(Consistency), 고립성(Isolation), 지속성(Durability)을 의미하여, 뒤에서 다시 다룰 예정입니다.

7) 보안 관리 시스템(Security Management System)
- 보안 관리 시스템은 데이터베이스의 보안을 유지하는 데 필요한 기능을 제공하며, 사용자 인증, 권한 관리, 데이터 암호화 등이 포함되어 있다.
- 이를 통해 데이터에 대한 접근을 제어하고, 데이터의 무단 접근이나 손실을 방지할 수 있다.
- 보안 관리 시스템은 데이터베이스의 민감한 정보를 보호하고, 사용자에게 필요한 권한만 부여하여 데이터의 안전성을 높인다.

> **비기의 학습팁**
> 보안 관리 시스템은 데이터베이스의 민감한 정보를 보호하고, 사용자에게 필요한 권한만 부여하여 데이터의 안전성을 높이는 역할을 수행합니다.

나. 데이터베이스 관리시스템의 기능

1) 데이터 정의 기능
- **데이터베이스 구조를 정의**하고 수정할 수 있는 기능이다.
- 데이터베이스 스키마를 설계하고, 테이블, 필드, 데이터 타입, 제약 조건 등을 설정하며 **데이터 정의 언어(DDL)**를 사용하여 데이터베이스 객체를 생성(Create), 수정(Alter), 삭제(Drop)하는 작업을 수행할 수 있다.

2) 데이터 조작 기능
- 데이터베이스 내의 **데이터를 검색, 삽입, 수정, 삭제하는 기능**이다.
- **데이터 조작 언어(DML)**를 사용하여 사용자가 데이터를 쉽게 조작할 수 있도록 지원하며, SQL을 통해 복잡한 쿼리 작성 및 실행이 가능하다.

3) 데이터 보안 관리
- 사용자 인증 및 권한 부여를 통해 **데이터베이스의 보안을 유지**하고 관리하는 기능이다.
- 데이터 제어 언어(DCL)를 사용하여 사용자에게 접근 권한을 설정하고, 데이터에 대한 무단 접근을 방지하며, 데이터 암호화 및 감사 로그 기능을 통해 데이터의 안전성을 강화할 수 있다.

출제포인트
데이터의 일관성, 독립성, 무결성은 데이터베이스 관리 시스템에서 출제될 가능성이 높습니다. 반드시 암기해두시기 바랍니다.

4) 트랜잭션 관리

- 데이터베이스의 트랜잭션을 관리하여 **데이터의 일관성과 무결성을 유지하는** 기능이다.
- **ACID 원칙(원자성, 일관성, 고립성, 지속성)** 을 보장하여 트랜잭션의 안정성을 확보하고, 트랜잭션의 커밋(Commit) 및 롤백(Rollback) 기능을 통해 데이터 변경 사항을 안전하게 처리할 수 있다.

ACID원칙	설 명
원자성 (Atomicity)	트랜잭션은 "all or nothing"이라는 원칙을 따름. 즉, 트랜잭션 내의 모든 작업이 성공적으로 완료되어야만 데이터베이스에 반영되며, 하나라도 실패하면 모든 작업이 롤백되어 이전 상태로 돌아감
일관성 (Consistency)	트랜잭션이 수행되기 전과 후에 데이터베이스의 일관성이 유지되어야 함. 즉, 트랜잭션이 완료되면 데이터는 정의된 규칙과 제약 조건을 항상 만족해야 하며, 데이터의 무결성이 보장되어야 함
고립성 (Isolation)	동시에 실행되는 트랜잭션은 서로 독립적으로 처리되어야 함. 즉, 한 트랜잭션의 수행이 다른 트랜잭션에 영향을 미치지 않도록 보장하며, 이를 통해 데이터의 일관성을 유지할 수 있음
지속성 (Durability)	트랜잭션이 성공적으로 완료되면, 그 결과는 영구적으로 데이터베이스에 저장되어야 하고 시스템 오류나 장애가 발생하더라도, 트랜잭션의 결과는 손실되지 않고 복구 가능해야 함

비기의 학습팁
트랜잭션 관리는 트랜잭션의 처리 속도를 최적화하는 데도 중요한 역할을 합니다. 여러 트랜잭션이 병렬로 실행될 때, 동시성 제어를 통해 자원 활용을 극대화하고, 트랜잭션 충돌을 최소화하여 성능을 향상시킬 수 있다.

비기의 학습팁
고립성(Isolation)은 격리성 또는 독립성이라고도 하며, 이는 시스템이나 데이터가 외부의 영향을 받지 않고 독립적으로 운영될 수 있는 특성을 의미합니다. 지속성은 내구성이라고도 하며, 이는 트랜잭션이 성공적으로 완료된 후 그 결과가 영구적으로 저장되어야 함을 나타냅니다.

5) 데이터 무결성 관리

- **데이터의 정확성과 일관성을 유지**하기 위해 **다양한 제약 조건(Primary Key, Foreign Key, Unique, Not Null 등)을 설정**할 수 있는 기능이다.
- 데이터 입력 시 유효성 검사를 통해 잘못된 데이터가 저장되지 않도록 관리할 수 있다.

비기의 학습팁
데이터 무결성은 굉장히 중요한 개념이며, 해당 절에서 계속해서 나오게 될 용어입니다. 2절을 모두 공부한 이후 참고 부분도 꼭 다시 읽고 시험에 대비하시길 바랍니다.

참고
데이터 무결성을 유지하기 위한 주요 고려 사항

구 분	설 명
기본 키 제약	테이블에서 각 행(Row)을 유일하게 식별하도록 설정 (중복 허용 X)
외래 키 제약	다른 테이블의 기본 키를 참조하여 데이터 참조 무결성을 유지
체크 제약 조건	입력 데이터가 사전 정의된 값 범위를 벗어나지 않도록 제한
고유 키 제약	특정 컬럼이 중복되지 않도록 설정 (예 이메일, 전화번호)
트랜잭션 관리	트랜잭션의 ACID 속성보장
트랜잭션 롤백	오류 발생 시 이전 상태로 되돌려 데이터 일관성 유지
데이터 정규화	데이터 중복 최소화를 통해 데이터 일관성을 향상 가능

6) 데이터 백업 및 복구

- 데이터 손실을 방지하기 위해 정기적인 데이터를 백업할 수 있는 기능이다.
- 장애 발생 시 데이터를 복구할 수 있는 기능을 제공하기 위해 다양한 복구 전략(전체 복구, 부분 복구 등)을 지원한다.

7) 데이터베이스 성능 관리

- 데이터베이스의 성능을 모니터링하고 **최적화**하는 기능이다.
- **쿼리 최적화, 인덱스 관리** 등을 통해 **데이터 접근 속도를 향상**시키고, 자원 사용량을 분석하여 필요시 조정하여 시스템의 효율성을 높일 수 있다.

> **비기의 학습팁**
> DBMS에서의 데이터 복구는 시스템 장애, 디스크 장애, 소프트웨어 오류 등 다양한 장애 유형에 따라 그 전략이 달라지며, 대표적인 복구 방식으로는 전체 복구, 부분 복구, 즉시 복구, 시점 복구 등이 있습니다.

참고

데이터베이스 성능 최적화 주요 방법

구 분	설 명
적절한 인덱스 (Index) 사용	검색 성능 향상을 위해 자주 조회되는 컬럼에 인덱스를 생성하되, 불필요한 인덱스 남발은 피해야 함
정규화 및 비정규화 균형 유지	정규화는 데이터 일관성을 위해 필요하지만, 성능을 고려해 비정규화를 적용할 수도 있음
쿼리 실행 계획 최적화	실행 계획(EXPLAIN, ANALYZE) 분석 후, 쿼리 성능을 저하시키는 요소 개선
파티셔닝 (Partitioning) 활용	대량 데이터를 여러 파티션으로 분할하여 검색 속도 향상
캐싱(Cache) 사용	반복 실행되는 쿼리 결과를 캐싱하여 불필요한 데이터베이스 부하 감소

8) 데이터 공유 및 동시성 제어

- 여러 사용자가 동시에 데이터베이스에 접근할 수 있도록 하며, 데이터의 일관성을 유지하는 기능이다.
- 동시성 제어 메커니즘을 사용하여 충돌을 방지하고, 데이터의 무결성을 보장한다.

다. 데이터 종속성

- 데이터 종속성은 데이터베이스에서 **테이블 내 속성들 간의 관계를 설명하는 중요**한 개념이다.
- 특정 속성이 다른 속성에 의해 결정될 때 성립하며, 이를 통해 **데이터의 무결성과 일관성을 유지**할 수 있다.

1) 정의

- 함수적 종속성: 속성 A가 속성 B를 결정하는 경우, A의 값이 주어지면 B의 값이 유일하게 결정되는 관계를 의미하며, 이를 수학적으로 A → B로 표현한다. 예 [학생ID → 이름]은 학생ID가 주어지면 해당 학생의 이름이 유일하게 결정된다는 것을 나타낸다.

> **개념 ✚**
> **동시성 제어**
> DBMS에서의 동시성 제어는 다수의 사용자가 동시에 데이터에 접근하는 환경에서도 데이터의 일관성과 무결성을 유지하기 위한 기능으로, 대표적인 제어 메커니즘에는 잠금(Locking), 타임스탬프 기법, 낙관적 제어, 비관적 제어, 다중 버전 제어(MVCC) 등이 있습니다.

> **비기의 학습팁**
>
> 데이터베이스에서 정규화는 데이터 중복을 줄이고 무결성을 유지하기 위해 **테이블을 더 작은 단위로 분해하는 과정**을 말합니다. 이는 데이터 일관성과 효율성을 높이지만, 과도한 정규화는 조인 증가로 성능 저하를 초래할 수 있습니다.

2) 중요성

- 데이터 종속성은 정규화 과정의 기초가 되며 **정규화를 통해 데이터 중복성을 줄이고, 데이터 무결성을 유지**할 수 있다.
- 데이터 간의 관계를 정의함으로써 잘 설계된 데이터베이스는 종속성을 올바르게 반영하여 데이터 오류를 최소화할 수 있다.
- 데이터 종속성을 이해하면 **데이터베이스 쿼리를 최적화**하는 데 도움이 된다. **불필요한 속성 조회를 줄이고 데이터 접근 방식을 개선**할 수 있다.

3) 데이터 종속성 관리 미흡으로 발생할 수 있는 문제

구분	문제	결과
데이터 중복	데이터 종속성이 제대로 관리되지 않으면 동일한 데이터가 여러 곳에 중복 저장될 수 있음	데이터의 일관성이 깨지고, 데이터 관리가 복잡해진다.
데이터 무결성 저하	데이터 종속성이 명확하지 않으면 데이터의 무결성이 손상될 수 있음	잘못된 데이터가 저장되어 분석 및 의사결정에 영향을 미치고, 신뢰성이 떨어지게 된다.
업데이트 이상	특정 속성이 다른 속성에 종속되어 있을 때, 종속성이 관리되지 않으면 업데이트 과정에서 이상이 발생할 수 있음	데이터의 일관성이 깨지고, 잘못된 정보가 지속적으로 사용될 수 있다.
삭제 이상	데이터 종속성이 명확하지 않으면, 특정 데이터를 삭제할 때 관련된 다른 데이터가 함께 삭제되거나 남아있게 되는 경우가 발생할 수 있음	불필요한 데이터가 남거나, 필요한 데이터가 함께 삭제되어 데이터베이스의 신뢰성이 저하된다.
성능 저하	데이터 종속성이 적절히 관리되지 않으면, 비효율적인 쿼리가 발생할 수 있으며, 중복된 데이터와 복잡한 관계가 많을 경우, 쿼리 성능이 저하될 수 있음	데이터베이스의 응답 시간이 느려지고, 시스템 전반의 성능에 악영향을 미친다.
유지보수의 어려움	데이터 종속성이 명확하지 않으면 데이터베이스 구조가 복잡해져, 나중에 데이터베이스를 수정하거나 확장하는 데 어려움이 발생할 수 있음	개발자나 운영자가 데이터베이스를 이해하고 관리하는 데 더 많은 시간과 노력이 필요하게 된다.

> **비기의 학습팁**
>
> - 데이터 중복의 예 : 고객 정보가 여러 테이블에 중복으로 저장될 경우, 한 곳의 데이터만 수정했을 때 다른 곳의 데이터는 업데이트되지 않아 불일치가 발생할 수 있습니다.
> - 데이터 무결성 저하 예 : 학생 테이블과 성적 테이블 간 무결성의 관계가 불분명할 경우, 잘못된 성적이 저장될 수 있습니다.
> - 업데이트 이상 예 : 학생의 전공이 변경되었을 때, 관련된 여러 테이블에서 수동으로 업데이트 해야 할 경우 실수로 누락될 수 있습니다.
> - 삭제 이상의 예 : 학생 정보를 삭제할 때 해당 학생의 성적 정보가 함께 삭제되지 않는다면, 데이터의 정합성이 깨질 수 있습니다.

4. 파일시스템과 데이터베이스 관리시스템 비교

구분	파일시스템 (File System)	데이터베이스 관리시스템 (DBMS)
데이터 구조	개별 파일 형태로 저장	테이블, 문서, 그래프 등 구조화된 형태로 저장
데이터 접근	파일 경로를 통해 직접 접근	쿼리 언어(SQL 등)를 사용하여 데이터 접근
데이터 무결성	무결성 제약이 없음	무결성(키, 제약 조건 등) 지원
데이터 중복	중복 데이터 발생 가능	정규화를 통해 중복 최소화
데이터 보안	파일 수준의 접근 제어	사용자 권한 관리 및 보안 기능 제공
동시성 제어	동시 접근 시 충돌 가능	트랜잭션 관리 및 동시성 제어 기능 제공
데이터 무결성 관리	수동으로 관리 필요	자동으로 무결성 관리
데이터 검색	파일 이름 또는 경로 기반 검색	복잡한 쿼리와 인덱싱을 통한 고속 검색
백업 및 복구	수동으로 처리	자동 백업 및 복구 기능 제공
확장성	파일 수가 많아질수록 성능 저하	수평 및 수직 확장이 용이
사용자 인터페이스	제한된 사용자 인터페이스	사용자 친화적인 인터페이스 제공

✅ 핵심 개념체크

19. 데이터파일시스템의 개념에 대해 설명한 내용 중 옳지 않은 것은?

① 데이터파일시스템은 파일시스템과 데이터베이스관리시스템을 통칭한다.
② 파일시스템은 데이터를 논리적으로 구성하고 저장장치에 효율적으로 배치하여 파일의 생성, 수정, 삭제, 검색 등의 작업을 수행한다.
③ 데이터베이스관리시스템은 파일의 물리적 저장 위치를 관리하는 시스템이다.
④ 파일시스템은 일반적으로 하드디스크, SSD, 네트워크 드라이브 등의 저장 장치에 적용된다.

데이터베이스관리시스템(DBMS)은 파일의 물리적 저장 위치를 관리하는 시스템이 아니라, 데이터를 효율적으로 저장, 관리, 검색, 수정 삭제하는 시스템이다.

모바일로 풀기

20. 데이터베이스 관리 시스템(DBMS)의 주요 기능이 아닌 것은?

① 데이터 정의   ② 데이터 조작   ③ 데이터 제어   ④ 데이터 백업

DBMS의 주요 기능은 주로 데이터 정의, 데이터 조작, 데이터 제어로 구분됩니다. 데이터 백업은 DBMS가 제공할 수 있는 기능이지만, DBMS의 핵심 기능으로 분류되지는 않습니다.

정답 19. ③ 20. ④

❸ 데이터베이스 관리 시스템의 종류와 특성

1. 데이터베이스 관리시스템의 종류

1) 계층형 DBMS
- 데이터를 트리 구조로 계층적으로 저장하고 부모-자식 관계를 통해 데이터를 조직할 수 있도록 구성된 데이터베이스 시스템이다.
- 예 IBM Information Management System (IMS)

2) 네트워크 DBMS
- 데이터가 망형(Mesh) 구조로 저장되며, 여러 부모와 자식 관계를 가질 수 있으며 관계형 데이터베이스보다 더 유연한 구조를 제공한다.
- 예 Integrated Data Store (IDS), Raima Database Manager

3) 관계형 DBMS(RDBMS)
- 데이터를 테이블 형식으로 저장하며, 테이블 간의 관계를 기반으로 데이터 구조를 정의하는 데이터베이스를 관리하는 시스템이다.
- 예 MySQL, PostgreSQL, Oracle, Microsoft SQL Server

4) 비관계형 DBMS(NoSQL)
- NoSQL 데이터베이스는 관계형 데이터베이스의 제약을 벗어나, 비정형, 반정형, 정형 데이터까지 저장할 수 있는 시스템으로 데이터 저장 방식에 따라 문서형, 키-값 저장소, 컬럼형, 그래프형 등으로 분류된다.
- 예 MongoDB, Redis, HBase, Neo4j, ArangoDB, DynamoDB

5) 객체 지향 DBMS (OODBMS)
- 객체 지향 프로그래밍의 개념을 데이터베이스에 적용하여, 객체를 직접 데이터베이스에 저장하고 관리한다.
- 예 db4o, ObjectDB

6) 분산 DBMS
- 여러 위치에 분산된 데이터베이스로, 데이터가 여러 서버에 분산되어 저장된다.
- 예 Apache Cassandra, Amazon DynamoDB

7) 클라우드 DBMS
- 클라우드 환경에서 제공되는 데이터베이스 서비스로, 사용자가 인프라를 관리하지 않고도 데이터베이스를 운영할 수 있도록 한다.
- 예 Amazon RDS, Google Cloud SQL, Microsoft Azure SQL Database

---

출제포인트
경영정보시각화능력 필기 시험에 NoSQL에 대한 내용이 출제된 적이 있습니다. 데이터베이스 관리시스템의 종류와 정의를 주의 깊게 학습해야 합니다.

비기의 학습팁
분산 데이터베이스는 뒤에서 다시 다룰 예정입니다. 여기서는 분산 데이터베이스의 종류 정도만 알고 넘어가도 좋습니다.

2. 관계형 데이터베이스 관리시스템
   (RDBMS, Relational Database Management System)

가. 관계형 데이터베이스 관리시스템의 특징

- 데이터는 행(row)과 열(column)로 구성된 테이블에 저장되며, 각 테이블은 고유한 키를 가지고 있다.
- 테이블 간의 관계를 정의할 수 있으며, 주로 외래 키(foreign key)를 사용하여 두 테이블 간의 관계를 설정할 수 있다.
- 데이터 중복을 줄이고 무결성을 유지하기 위해 정규화 과정을 거치며, RDBMS는 ACID 속성을 보장하며, 이는 데이터의 안정성과 무결성을 유지하는 데 중요한 역할을 한다.
- RDBMS는 SQL을 통해 데이터 정의(DDL), 데이터 조작(DML), 데이터 제어(DCL) 등의 작업을 수행할 수 있다.

> 비기의 학습팁
>
> 관계형 데이터베이스 관리 시스템의 주요 특징인 테이블 기반 구조, 관계 정의 가능, 정규화 지원, ACID 속성 보장, SQL 지원을 기억해야합니다.

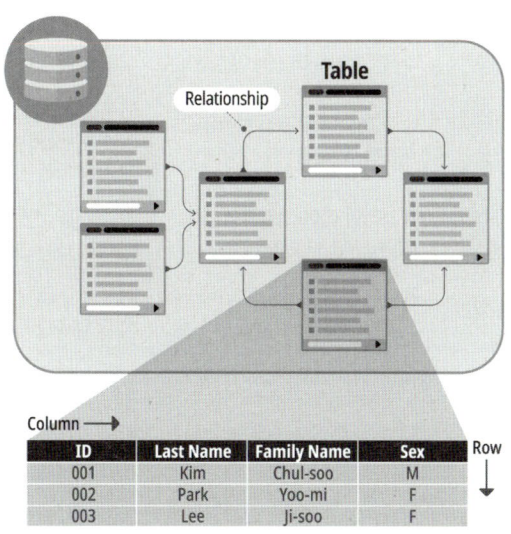

〈출처 : TTA정보통신용어사전〉

나. 관계형 데이터베이스 관리시스템의 장점

구 분	설 명
데이터 무결성	데이터의 일관성과 정확성을 유지하기 위한 여러 제약 조건을 설정할 수 있음
복잡한 쿼리 처리	SQL을 사용하여 복잡한 쿼리를 작성하고, 다양한 조건으로 데이터를 검색할 수 있음
보안	사용자 권한 관리 기능을 통해 데이터에 대한 접근을 제어할 수 있음
동시성 제어	여러 사용자가 동시에 데이터에 접근할 수 있도록 하면서도 데이터의 일관성을 유지함
데이터 백업 및 복구	내장된 백업 및 복구 기능을 통해 데이터 손실을 방지하고 데이터의 안전성을 보장함

> 비기의 학습팁
>
> 관계형 데이터베이스 관리 시스템의 가장 큰 장점은 데이터 무결성과 복잡한 쿼리 처리 기능으로, 이를 통해 데이터의 일관성과 정확성을 유지하며 다양한 조건으로 효율적으로 데이터를 검색할 수 있습니다.

다. 관계형 데이터베이스 관리시스템의 예시

1) MySQL: 오픈 소스 관계형 데이터베이스로, 웹 애플리케이션에서 많이 사용된다.
2) PostgreSQL: 고급 기능과 확장성을 제공하는 오픈 소스 RDBMS이다.
3) Oracle Database: 기업 환경에서 많이 사용되는 상용 RDBMS로, 다양한 고급 기능을 제공한다.
4) Microsoft SQL Server: Microsoft에서 개발한 상용 RDBMS로, 기본적으로 Windows 기반이지만, 최근에는 Linux 및 클라우드 환경(Azure, AWS)에서도 널리 사용된다.

> **비기의 학습팁**
>
> **비관계형 데이터베이스(NoSQL)의 종류**
>
> - **문서형 데이터베이스**: JSON 또는 XML 형식으로 데이터를 저장
>   예 MongoDB, CouchDB
> - **키-값 저장소**: 데이터를 키와 값의 쌍으로 저장
>   예 Redis, DynamoDB
> - **컬럼형 데이터베이스**: 데이터를 컬럼 패밀리 단위로 저장하여 대규모 분산 처리를 지원
>   예 Apache Cassandra, HBase
> - **그래프형 데이터베이스**: 데이터 간의 관계를 그래프 형태로 저장
>   예 Neo4j, ArangoDB

참고

관계형 데이터베이스 vs. NoSQL 데이터베이스

구분	관계형 데이터베이스	NoSQL 데이터베이스
저장방식	테이블(행과 열) 구조를 사용하며, 고정된 스키마가 필요	다양한 형태(JSON, Key-Value 등)로 저장하며, 유연한 스키마 제공
확장성	수직적 확장(서버 성능 업그레이드)	수평적 확장(여러 개의 서버 추가)
데이터 무결성	강한 데이터 무결성 보장(ACID 트랜잭션 지원)	대부분 BASE 모델을 사용하여 성능을 우선하며, 무결성을 약하게 설정 가능
일관성 모델	즉각적인 데이터 일관성 유지 (Strong Consistency)	시간이 지나면 일관성 유지 (Eventually Consistent)
성능과 처리 속도	데이터 무결성 유지로 인해 대량의 데이터 요청 시 속도가 느릴 수 있음	빠른 데이터 처리 가능, 실시간 분석 및 대규모 트래픽에 유리
데이터 모델과 쿼리 방식	SQL 사용, 정형 데이터 기반	데이터 모델에 따라 다양한 쿼리 방식(키-값 저장소, 문서형, 그래프형 등) 활용
사용 사례	금융 시스템, ERP, 전자상거래 주문 관리 등	빅데이터, 실시간 분석, IoT, 소셜 미디어 등

✅ 핵심 개념체크

21. 다음 중 DBMS의 종류에 대한 설명으로 가장 부적절한 것은?

① 관계형 DBMS는 데이터를 테이블 형식으로 저장하며, 테이블 간의 관계를 기반으로 데이터 구조를 정의한다.
② 분산 DBMS는 여러 위치에 분산된 데이터베이스로, 데이터가 여러 서버에 분산되어 저장된다.
③ 네트워크 DBMS는 데이터를 트리 구조로 계층적으로 저장하고 부모-자식 관계를 통해 데이터를 조직할 수 있도록 구성된다.
④ 클라우드 기반 DBMS는 사용자가 인프라를 관리하지 않고도 데이터베이스를 운영할 수 있도록 한다.

> 네트워크 데이터베이스는 망형(Mesh) 구조 저장하며, 여러 부모 노드와 자식 노드 간의 관계를 지원한다. 트리 구조는 계층형 데이터베이스 특성이다.

22. 다음 설명에 해당하는 데이터베이스 관리 시스템(DBMS) 기능은 무엇인가?

( )은/는 ACID(Atomicity, Consistency, Isolation, Durability)을 보장하여 데이터의 일관성과 무결성을 유지하는 기능이다.

① 트랜잭션 관리
② 데이터 사전
③ 데이터베이스 백업
④ 데이터베이스 복구

> 트랜잭션 관리는 ACID(Atomicity, Consistency, Isolation, Durability) 원칙은 데이터의 무결성과 일관성을 유지하는 기능이다. 트랜잭션 단위로 데이터 변경을 처리하고, 오류 발생 시 롤백(Rollback)하여 데이터의 안정성을 유지한다.

23. 다음 중 관계형 데이터베이스 관리 시스템(RDBMS)의 특징이 아닌 것은 무엇인가?

① 테이블 간의 관계를 정의할 수 있다.
② 비정형 데이터를 효율적으로 처리할 수 있다.
③ SQL을 사용하여 데이터를 조작할 수 있다.
④ 데이터 무결성을 유지할 수 있다.

> 비정형 데이터는 주로 NoSQL 데이터베이스에서 더 효율적으로 처리된다.

정답 21.③ 22.① 23.②

2절 데이터베이스의 이해

2장 데이터 파일 시스템

난이도 **상**

❶ 데이터베이스 구성 요소

1. 데이터베이스 구성요소

가. 테이블 (Table)

- 정의: 데이터베이스에서 데이터를 저장하는 기본 단위이다. 테이블은 **행과 열로 구성**되어 있으며, 각 행은 개별 데이터 항목(레코드, 튜플)을 나타내고, 각 열은 데이터의 속성(필드)을 나타낸다.
- 예 고객 정보를 저장하는 "고객" 테이블은 고객 ID, 이름, 이메일, 전화번호 등의 열로 구성될 수 있다.

나. 속성 (Attribute)

- 속성은 테이블의 각 열을 나타내며, 특정 데이터 항목의 특성을 정의할 수 있다. 또한 속성은 데이터의 타입, 제약 조건 등을 포함하고 있다.
- 예 "고객" 테이블에서 "이름" 속성은 문자열 데이터 타입을 가지며, NULL이 아닌 값으로 설정될 수 있다.

다. 레코드 (Record)

- 레코드는 테이블의 각 행을 의미하며, 특정 데이터 항목에 대한 모든 속성 값을 포함한다. 각 레코드는 데이터베이스에서 하나의 개별 항목을 나타낸다.
- 예 "고객" 테이블의 한 레코드는 고객 ID가 1이고, 이름이 "홍길동", 이메일이 "hong@example.com"인 정보를 포함할 수 있다.

> **개념 ➕**
>
> 릴레이션(Relation)
>
> 릴레이션은 관계형 데이터 베이스에서 테이블과 동일한 개념으로 속성과 레코드로 구성됩니다.

> **개념 ➕**
>
> 엔터티(Entity)
>
> 엔터티는 관계형 데이터베이스에서는 릴레이션(Relation)과 동일한 개념(=테이블)으로 사용되지만, 데이터 모델링에서는 관리해야 할 개체를 의미하므로 혼동하지 않도록 유의해야 합니다.

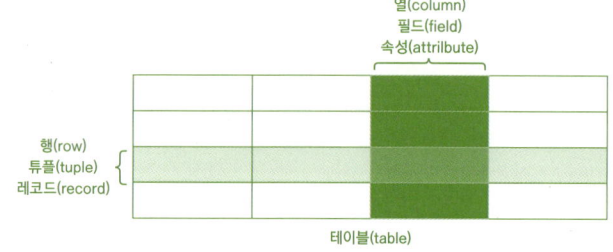

라. 메타데이터 (Metadata)

- 메타데이터는 **데이터에 대한 데이터**로, 데이터베이스의 **구조와 속성**에 대한 정보를 **설명**하고, 이는 데이터베이스의 설계 및 관리에 필요한 정보를 포함한다.
- 예 테이블 이름, 열 이름, 데이터 타입, 제약 조건 등

마. 데이터 딕셔너리 (Data Dictionary)
- 데이터 딕셔너리는 데이터베이스에 저장된 데이터에 대한 메타데이터를 포함하는 시스템 데이터베이스이며, **데이터 구조, 속성, 관계 등을 정의**한다.
- 데이터베이스의 **설계 문서 역할**을 하며, 데이터베이스 관리자가 데이터베이스를 이해하고 관리하는 데 도움을 준다.

바. 트랜잭션 관리자 (Transaction Manager)
- 트랜잭션 관리자는 데이터베이스에서 **트랜잭션의 생성, 실행, 완료 및 롤백을 관리**하는 역할을 하며, 트랜잭션은 데이터베이스의 **일관성을 유지**하기 위해 여러 작업을 하나의 단위로 묶어 처리한다.
- **ACID 속성을 유지**하여 **데이터 무결성**을 보장하며, 이를 통해 데이터베이스의 신뢰성을 높일 수 있다.

사. 저장 데이터 관리자 (Storage Manager)
- 저장 데이터 관리자는 데이터베이스의 **물리적인 저장** 구조를 **관리**하며, 데이터의 저장, 검색, 갱신 및 삭제를 담당한다.
- 디스크 공간을 효율적으로 활용하고, 데이터의 성능을 최적화하는 역할을 하면서 데이터가 어떻게 저장되고 인덱싱 되는지를 관리하게 된다.

아. 질의 처리기 (Query Processor)
- 질의 처리기는 사용자가 작성한 **SQL 쿼리를 해석하고 실행**하는 컴포넌트로 데이터베이스에 대한 요청을 처리하여 결과를 반환하게 된다.
- 쿼리 최적화, 실행 계획 생성, 데이터 검색 등을 수행하여 효율적인 데이터 접근을 지원하고, 이를 통해 사용자는 데이터베이스에 대한 복잡한 질의를 쉽게 처리할 수 있다.

> **개념 ➕**
>
> **인덱스(index)**
>
> 인덱스는 데이터베이스에서 특정 데이터 항목에 빠르게 접근할 수 있도록 도와주는 데이터 구조로, 검색 성능을 향상시키지만 추가적인 저장 공간과 업데이트 비용이 발생할 수 있습니다.

✅ 핵심 개념체크

24. 다음 설명에 해당하는 데이터베이스의 구성요소로 가장 적절한 것은?

( )은/는 데이터베이스에서 정보를 구조화하여 저장하는 단위이다. 일반적으로 행과 열로 구성되며, 각 열은 속성을 나타내고 각 행은 하나의 레코드를 나타낸다.

① 레코드(Record)
② 속성(Attribute)
③ 테이블(Table)
④ 튜플(Tuple)

데이터베이스에서 정보를 구조화하여 저장하는 단위는 테이블이다. 테이블은 행과 열로 구성되며, 각 열은 속성을 나타내고 각 행은 하나의 레코드를 나타낸다.

모바일로 풀기

정답 24. ③

❷ 데이터베이스 구조

1. 데이터베이스 구조

가. 스키마(Schema)

- 스키마(Schema)는 **데이터베이스에서 데이터의 구조와 제약 조건을 정의**하는 중요한 요소이며, **개체, 속성, 관계를 명세**하고 이들이 유지해야 할 제약 조건을 포함한다.
- 데이터베이스 시스템에서 데이터의 **정확성과 일관성을 유지하는 데 중요한** 역할을 한다.
- 각 스키마는 서로 다른 관점에서 데이터 구조를 정의하여, 사용자가 데이터를 효율적으로 접근하고 조작할 수 있도록 돕는다.
- 이를 통해 데이터베이스의 효율성과 보안성을 향상시키고, 데이터 관리의 복잡성을 줄이는 데 기여한다.
- 데이터베이스관리의 관점에서 스키마는 외부 단계, 개념 단계, 내부 단계로 구분되며, 이를 3단계 데이터베이스 구조라고도 한다.

〈3단계 데이터베이스 구조 분류〉

스키마	외부스키마	개념스키마	내부스키마
다른 명칭	서브스키마	스키마	저장스키마
대상	사용자, 응용 프로그래머의 관점	데이터베이스 관리자(DBA)의 관점	시스템 프로그래머, 시스템 설계자 관점
정의	사용자 또는 애플리케이션이 필요로 하는 데이터의 **논리적 구조를 정의**하는 스키마	데이터베이스 전체의 논리적 구조를 정의하고, 외부 스키마를 지원하기 위한 기준 제공	데이터가 물리적으로 저장되는 방식과 저장 구조를 정의
특징	• 여러 개 존재할 수 있으며, 사용자별 맞춤 설계 가능 • 보안과 접근 제어를 강화하기 위해 뷰(View)를 활용하여 특정 사용자 또는 그룹에 필요한 데이터만 제공	• 데이터 간의 관계 및 제약 조건을 정의하여 데이터 무결성 보장 • 데이터베이스 시스템의 전반적인 설계를 담당	• 데이터 저장 방식과 접근 방법을 최적화하여 성능을 향상 • 물리적 저장 장치에서 데이터가 실제로 관리되는 방식 포함
용도	특정 사용자 그룹이 필요로 하는 데이터만 제공(사용자 뷰)	데이터베이스 전체를 통합적으로 관리하는 논리적 구조 제공(전체적인 뷰)	데이터를 실제로 저장하고 관리하는 물리적 구조 제공(레코드의 물리적 구조)

출제포인트

외부 스키마, 개념 스키마, 내부 스키마의 개념과 특징을 구분해서 기억해두셔야 합니다. 이와 관련된 문제가 출제될 가능성이 높습니다.

비기의 학습팁

외부스키마는 보안과 효율성을 강화하며, 개념스키마는 데이터베이스의 구조와 제약 조건을 명확히 정의하여 데이터의 정확성을 보장하고, 내부스키마는 성능 향상과 저장 최적화를 지원합니다. 또한, 논리적 설계에서는 정규화를 수행하여 중복을 제거하고 무결성을 유지하며, 물리적 설계에서는 인덱스 설계, 테이블 파티셔닝, 저장 매체 선정을 통해 데이터베이스의 성능을 최적화합니다.

> **참고**
>
> 데이터베이스 설계
> - 데이터베이스 설계는 개념적 설계 → 논리적 설계 → 물리적 설계 3단계로 구성되며, 궁극적인 목표는 다음과 같다.
>   ① 데이터 중복 최소화 (정규화) → 데이터 구조 최적화
>   ② 데이터 무결성 유지 (참조 무결성) → 데이터의 정확성 및 일관성 보장
>   ③ 효율적인 데이터 검색 성능 확보 (색인, 파티셔닝) → 빠른 데이터 접근 가능

구분	개념적 설계	논리적 설계	물리적 설계
목적	데이터베이스의 전반적인 개념 모델을 설계	개념적 모델을 논리적인 데이터 모델(예 관계형 모델)로 변환	논리적 모델을 실제 데이터베이스 시스템에 맞게 최적화
주요 고려사항	• ERD 작성 • 데이터 구조(엔터티, 속성, 관계) 정의 • 데이터 요구사항 분석 및 구조화	• 관계형 모델 변환 (테이블 설계) • 정규화 수행 (중복 제거 및 데이터 무결성 유지) • 무결성 제약 조건 설정(기본 키, 외래 키 등) • 사용자 권한 및 접근 제어 설계	• 실제 저장소 크기 및 저장 매체 선정 • 색인(Index) 설계 • 테이블 파티셔닝(Partitioning) 결정 • 데이터베이스 파일 구조 최적화

> **개념+**
>
> ERD
> (Entity-Relationship Diagram)
> ERD는 데이터베이스의 개체(Entity), 속성(Attribute), 관계(Relationship)를 시각적으로 표현하여 데이터 구조를 명확하게 이해하고 설계할 수 있도록 돕는 도구입니다.

나. 데이터베이스 언어

- 데이터베이스 언어는 데이터베이스 시스템과 상호작용하기 위해 사용되는 언어로, 주로 데이터의 정의, 조작, 제어 및 질의를 수행하는 데 사용된다.
- 데이터베이스 언어를 통해 데이터베이스를 효율적으로 관리하고, 데이터의 일관성과 안전성을 보장할 수 있다.

〈SQL 문장 종류〉

종류	명령어	설 명
데이터 조작어 (DML)	SELECT	데이터베이스에 저장되어 있는 데이터를 조회하거나 검색하기 위한 명령어
	INSERT UPDATE DELETE	기존 데이터를 변경하거나 새로운 데이터를 추가하기 위해 테이블의 데이터를 삽입(INSERT), 수정(UPDATE), 삭제(DELETE)하는 명령어
데이터 정의어 (DDL)	CREATE ALTER DROP RENAME	객체(테이블, 뷰, 인덱스)의 구조를 정의하고, 생성(CREATE), 수정(ALTER), 삭제(DROP) 등의 작업을 수행하며, 논리적 설계와 제약 조건 설정을 포함하는 명령어
데이터 제어어 (DCL)	GRANT REVOKE	데이터베이스의 보안 및 권한 관리를 담당하며, 사용자에게 객체(테이블, 뷰 등)에 대한 접근 권한을 부여(GRANT)하거나 회수(REVOKE)하는 명령어
트랜잭션 제어어 (TCL)	COMMIT ROLLBACK	트랜잭션의 일관성을 유지하기 위해 DML에 의해 변경된 데이터를 확정(COMMIT)하거나 취소(ROLLBACK)하는 명령어

> **출제포인트**
>
> 데이터베이스 언어는 데이터베이스 구조로, 출제 가능성이 높은 내용입니다. 종류와 정의를 꼭 구분해서 기억해두시는 것을 권장 드립니다.

> **비기의 학습팁**
>
> DELETE(DML)는 특정 데이터만 삭제하고 테이블 구조를 유지하며, DROP(DDL)은 테이블이나 객체를 완전히 제거하여 데이터와 구조를 모두 삭제하는 데 차이가 있습니다.

> **비기의 학습팁**
>
> UPDATE(DML)는 기존 데이터 값을 수정하는 명령어로 테이블 구조는 유지되는 반면, ALTER(DDL)는 테이블 구조를 변경하는 명령어로 열 추가, 삭제, 데이터 형식 변경 등을 수행하는 데 차이가 있습니다.

✓ 핵심 개념체크

25. 사용자나 응용 프로그램이 데이터베이스를 보는 관점을 설명하는 스키마는 무엇인가?

① 개념 스키마
② 내부 스키마
③ 외부 스키마
④ 물리적 스키마

사용자나 응용 프로그램이 데이터베이스를 보는 관점을 설명하는 것은 외부 스키마이다. 외부 스키마는 특정 사용자나 응용 프로그램이 데이터베이스를 어떻게 볼 것인지를 정의한다.

26. 데이터베이스 시스템에서 개념 스키마의 역할은 무엇인가?

① 데이터의 물리적 구조 정의
② 데이터의 논리적 구조 정의
③ 데이터의 저장 위치 정의
④ 데이터의 성능 향상

개념 스키마는 데이터베이스의 전체적인 구조와 데이터 간의 관계를 나타내며, 데이터의 논리적 구조를 정의하는 역할을 한다.

③ 키(key), 변수의 개념

1. 키(key)

- "키(Key)"는 데이터베이스에서 특정 행을 식별하고, 검색 또는 정렬 시 기준이 되는 속성의 집합으로, 다른 행과 구별하는 중요한 역할을 한다.

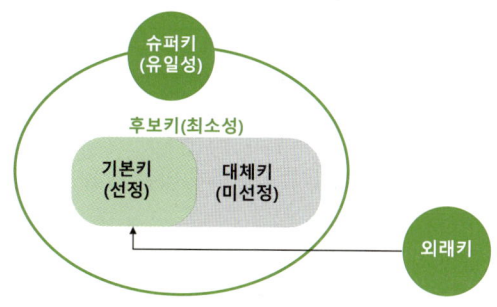

5가지의 키(key)의 관계

가. 슈퍼키(Super Key)

- 테이블에서 각 행(Row)을 유일하게 식별할 수 있는 하나 또는 그 이상의 속성들의 집합이다.
- 슈퍼키는 유일성(uniqueness)을 만족하지만, 최소성을 만족하지 않을 수도 있다. 즉, 불필요한 속성이 포함될 수 있다.
- 특징

① **유일성 만족** → 슈퍼키는 테이블 내에서 중복된 값을 가질 수 없다.

② **조합 가능성 만족** → 여러 속성들을 조합하여 슈퍼키를 만들 수 있다.

나. 후보키 (Candidate Key)

- 테이블에서 각 행을 유일하게 식별할 수 있는 최소한의 속성들의 집합이다.
- 후보키는 슈퍼키의 특징을 가지면서도 최소성 조건을 만족한다.
- 특징

① **유일성 만족** → 테이블 내에서 모든 행을 구별할 수 있어야 한다.

② **최소성 만족** → 불필요한 속성을 포함하지 않아야 한다.

③ 후보키는 테이블 내에서 **기본키(Primary Key)로 선정될 수 있는 후보**가 됨

다. 기본키(Primary Key)

- 후보키들 중에서 하나를 선택한 키로 최소성과 유일성을 만족하는 속성이다.
- 테이블에서 기본키는 오직 1개만 지정할 수 있으며 각 행들을 고유하게 식별하는 데 사용된다.
- 특징 : NULL 값을 절대 가질 수 없고, 중복된 값을 가질 수 없다.

라. 대체키(Alternate Key)

- 후보키가 두 개 이상일 경우 그 중에서 어느 하나를 **기본키로 지정하고 남은 후보키들**을 대체키라 한다.
- 기본키로 선택되지 않았지만 여전히 테이블의 각 레코드를 유일하게 식별할 수 있다.

마. 외래키(Foreign Key)

- 외래키는 한 테이블이 **다른 테이블의 데이터를 참조하여 두 테이블 간의 관계를 연결**하는데 사용되는 키이다.
- 다른 테이블의 기본키와 연결되며, 존재하지 않는 값을 참조할 수 없도록 제약을 준다.
- 이러한 제약은 참조 무결성을 유지하고 테이블 간의 관계를 정의하고 데이터의 일관성을 보장한다.

예제

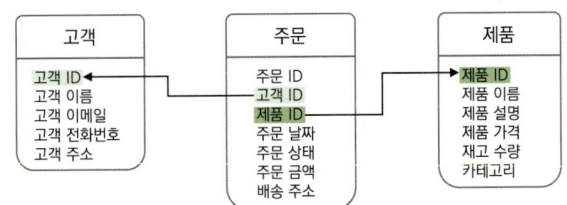

1. 슈퍼키는 테이블에서 각 행을 고유하게 식별할 수 있는 속성 또는 속성들의 조합
    ① {고객 ID} → 고객 ID는 각 고객을 유일하게 식별할 수 있으므로 슈퍼키가 될 수 있음
    ② {이메일} → 이메일은 고객마다 고유한 값이므로 슈퍼키가 될 수 있음
    ③ {고객 ID, 전화번호} → 고객 ID가 이미 유일성을 가지므로, 전화번호를 추가해도 슈퍼키로 인정됨
    ④ {고객 ID, 이메일, 주소} → 고객 ID가 이미 유일성을 가지므로, 다른 속성을 추가해도 슈퍼키가 됨

2. 후보키는 슈퍼키 중에서 최소성을 만족하는 속성들의 조합으로, 기본키가 될 수 있는 후보로 슈퍼키에서 ③ {고객 ID, 전화번호}와 ④ {고객 ID, 이메일, 주소}는 최소성을 만족하지 않음
    ① {고객 ID} → 고객 ID는 중복되지 않으며, 최소성을 만족하므로 후보키가 될 수 있음
    ② {이메일} → 고객마다 고유한 이메일을 사용한다고 가정하면, 이메일도 후보키가 될 수 있음
    → 이 중 하나를 기본키(Primary Key)로 선택, 기본키로 선택되지 않은 나머지 키는 모두 후보키가 됨

3. 기본키는 후보키 중에서 하나를 선택하여, 테이블의 각 행을 고유하게 식별하는 키로 NULL 값과 중복을 허용하지 않음

① {고객 ID}
→ 고객을 유일하게 식별할 수 있으며, NULL 값을 가질 수 없고 중복이 발생하지 않음

4. 대체키
{이메일} → 기본키로 고객 ID가 선택되었기 때문에, 이메일은 대체키가 됨

5. 외래키는 다른 테이블의 기본키를 참조하는 속성으로, 참조 무결성을 유지해야 함
주문 테이블에서 {고객 ID}
→ 주문 테이블에서는 고객 ID가 고객 테이블(Customers)의 기본키를 참조하므로 외래키가 됨. 이를 통해 고객이 존재하지 않는 주문을 생성하지 못하도록 **참조 무결성을 유지할 수 있음**

2. 변수

- 변수(Variable)는 **값을 저장하고 조작할 수 있는 메모리 공간 또는 데이터의 속성**을 의미한다.
- 데이터 분석과 프로그래밍에서 변수는 **특정 값을 저장하고 조작하여 결과를 도출하는 역할**을 한다.

출제포인트
변수의 개념과 특징을 묻는 문제가 출제될 수 있습니다.

가. 특징

특징	설명	예시
용도	변수는 데이터 처리 및 분석에 사용되며, 특정 값을 저장하고 조작하여 원하는 결과를 도출할 수 있음.	• 프로그래밍에서 연산 결과 저장 • 통계 분석에서 데이터 특성을 기록
접근 방법	변수를 사용하려면 이름을 부여해야 하며, 이를 통해 변수의 값을 읽거나 수정할 수 있음.	• int age = 25; (프로그래밍 변수 선언) 고객ID를 기준으로 데이터 검색
변경 가능성	변수는 특정 값을 저장하고 필요에 따라 값을 변경할 수 있음.	• x = 10 → x = 20 (값 변경 가능) 제품 재고량 업데이트
유형 제한	변수는 특정 데이터 유형(예 정수, 실수, 문자열 등)을 가지며, 해당 유형에 따라 저장 가능한 값과 연산이 제한됨.	• 정수형 변수: int count = 5; • 문자열 변수: String name = "홍길동"

나. 역할에 따른 분류

- **독립변수(Independent Variable)**: 실험이나 분석에서 영향을 주는 변수로, 연구자가 조작하거나 선택하는 변수이다. 예 마케팅 캠페인의 예산 등
- **종속변수(Dependent Variable)**: 독립변수의 영향을 받는 변수로, 연구자가 관찰하거나 측정하는 결과이다. 예 마케팅 캠페인 후 등

비기의 학습팁

독립변수와 종속변수의 예시
- **제조업**: 독립변수(원자재 비용), 종속변수(생산량)
- **금융업**: 독립변수(고객신용점수), 종속변수(대출승인율)
- **의료**: 독립변수(치료 방법), 종속변수(치료 효과)
- **교육**: 독립변수(학습 시간), 종속변수(시험 점수)
- **부동산**: 독립변수(위치), 종속변수(주택 가격)

다. 특성에 따른 변수

1) 이산변수

- 정의: 개별적이고 불연속적인 값을 가지며, 주로 셀 수 있는 정수 형태로 나타나는 변수이다.
- 예 학생 수, 주사위를 던져 나온 눈의 수, 가족의 자녀 수 등

2) 연속변수

- 정의: 특정 구간 내의 모든 실수 값을 가질 수 있으며, 값들 사이에 끊김 없이 연속적으로 나타나는 변수이다.
- 예 신장, 체중, 시간, 온도 등

> **비기의 학습팁**
> 이산변수와 연속변수는 "값의 연속성"과 "카운트 가능" 여부에 따라 구분됩니다. 이산변수는 개별적이고 불연속적인 값을 가지며, 값의 개수가 무한하더라도 셀 수 있는 특성을 가집니다 (예 1, 2, 3, …).

라. 측정 수준에 따른 변수

1) 명목 변수

- 정의: 서로 다른 범주를 구분하는 데 사용되며, 순서 없이 단순히 이름이나 분류로만 의미를 가지는 변수이다.
- 예 성별(남/여), 혈액형(A형, B형, O형), 국가(한국, 미국, 일본) 등

2) 순서 변수

- 정의: 범주 간에 순서가 존재하지만, 그 간격의 크기는 일정하지 않은 변수이다.
- 예 교육 수준(고등학교, 대학교, 대학원), 만족도 조사(매우 불만족, 불만족, 보통, 만족, 매우 만족) 등

> **비기의 학습팁**
> 명목변수와 순서변수는 "순위"의 의미 여부에 따라 구분됩니다. 성적이나 학년 등처럼 상위 하위의 의미를 가지면 모두 순서변수에 해당합니다.

3) 구간변수

- 정의: 값들 사이의 간격은 일정하지만, 절대적인 0이 존재하지 않아 비율 비교는 불가능한 변수이다.
- 예 섭씨 온도 (°C), 화씨 온도 (°F), IQ 점수 등

4) 비율변수

- 정의: 값들 사이의 간격이 일정하고 절대적인 0이 존재하여, 사칙연산과 비율 비교가 모두 가능한 변수이다.
- 예 몸무게 (kg), 키 (cm), 소득 (원), 가격 (원), 나이 (년), 거리 (m) 등

> **비기의 학습팁**
> 구간변수와 비율변수는 "절대적인 0의 존재" 여부에 따라 구분됩니다. 비율변수는 절대적인 0이 존재하여 덧셈·뺄셈뿐 아니라 곱셈 나눗셈과 비율 비교까지 가능합니다.

> **비기의 학습팁**
> 절대적인 0이란, '값이 실제로 없음(부재)'을 의미하는 0입니다. 구간변수의 0은 단지 임의의 기준점일 뿐 값이 없는 상태를 뜻하지 않으며(예 온도 0도는 온도가 없음이 아님), 비율변수의 0은 진짜 '없음'을 의미하여, 값이 0이면 해당 속성이 존재하지 않는 상태를 뜻합니다 (예 나이 0세, 소득 0원).

마. 목적에 따른 변수

1) 파생변수

- 파생변수는 기존 변수를 활용하여 새로운 변수를 생성하는 것을 의미한다.
- 분석자가 특정조건을 만족하거나 특정 함수에 의해 값을 만들어 의미를 부여할 수 있으나, 자칫 **주관적**이 될 수 있으므로 **논리적 타당성**을 갖추어 개발해야 한다.
- 파생변수를 분석 목적에 적절히 생성하면 데이터의 특성을 더 잘 설명할 수

> **출제포인트**
> 파생변수와 요약변수는 헷갈리기 쉬운 개념입니다. 출제 가능성이 있으니 혼동하지 않도록 예시와 함께 꼭 학습하시는 것을 권장드립니다.

있어 데이터 해석이 편리해지고 데이터 분석 결과가 개선될 수 있다.
- 파생변수는 사칙연산, 최대/최소, 산술평균 등 다양한 방법으로 만들 수 있다. 또한 다항식 전개 기법을 사용하여 더 다양한 특성을 생성할 수 있다.

예시

구분	설명
주 활동 지역 변수	고객의 정보나 거래내용을 통해 주 활동지역을 예측하여 분석에 활용
주 구매 상품 변수	상품을 추천하는데 활용 (1순위 상품을 구매하고 2순위 상품을 구매하지 않은 고객에게 추천)
선호하는 가격대 변수	각자의 취향, 소득, 서비스 등에 따라 많이 투자하는 상품군이 있는데 주로 패션 분야에 중요하게 적용
라이프스타일 변수	고객의 라이프스타일을 보고 상품구매를 유도하는데 활용

2) 요약변수

- 요약변수는 수집된 데이터를 분석에 맞게 **요약 또는 종합(Aggregate), 집계, 빈도, 횟수** 등을 나타내는 변수이다.
- 요약변수는 많은 모델에 공통으로 사용될 수 있어 재활용성이 높다.
- 합계, 횟수와 같이 **간단한 구조**이므로 자동화하여 상황에 맞게 또는 자동화 프로그램으로 구축이 가능하다.

예시

구분	설명
기간별 구매 금액, 건수 변수	고객의 구매 패턴을 볼 수 있는 변수
상품별 구매 금액, 건수 변수	고객의 라이프 스테이지와 라이프 스타일 등을 이해하는데 크게 도움이 됨
유통 채널별 구매 금액, 건수 변수	온라인과 오프라인 사용 고객에게 모두 사용하도록 유도하는데 활용
초기 행동변수	고객 가입 또는 첫 거래 초기 1개월 간 거래 패턴에 대한 변수로 1년 후에 어떤 행동을 보일지를 평가하는 지표로 활용

3) 시계열 변수

- 일정한 간격이나 시간의 흐름에 따라 순차적으로 측정 또는 관찰된 값을 시계열 데이터라고 한다.
- 시계열 변수는 시계열 데이터에서 추출할 수 있는 다양한 특성을 나타내는 변수이다.
- 시간의 경과에 따른 패턴, 추세, 계절성 등을 파악하거나 예측하는데 사용된다.
- 예 매일의 주가, 매월의 판매량, 연간 기후 데이터 등

✅ 핵심 개념체크

27. 다음 중 기본키(Primary Key)에 대한 설명으로 가장 적절한 것은?

① 기본키는 테이블 내 모든 레코드를 고유하게 식별할 수 있다.
② 기본키는 다른 테이블의 기본키를 참조하는 키이다.
③ 기본키는 후보키 중에서 선택되고 테이블 내에서 중복된 값이 없어야 하며 NULL 값을 가질 수 있다.
④ 기본키는 슈퍼키의 특징을 가지면서 조합 가능성도 함께 고려한다.

기본키는 테이블 내 모든 레코드를 고유하게 식별할 수 있다.

28. 다음 중 슈퍼키(Super Key)에 대한 설명으로 가장 적절한 것은?

① 슈퍼키는 테이블 내 모든 레코드를 고유하게 식별할 수 있으며, 최소성을 만족한다.
② 슈퍼키는 테이블 내 모든 레코드를 고유하게 식별할 수 있지만, 최소성을 만족하지 않을 수 있다.
③ 슈퍼키는 테이블 내 일부 레코드만 고유하게 식별할 수 있다.
④ 슈퍼키는 테이블 내 모든 레코드를 고유하게 식별할 수 없으며, 최소성을 만족하지 않는다.

슈퍼키는 테이블 내 모든 레코드를 고유하게 식별할 수 있지만, 최소성을 만족하지 않을 수 있다.

29. 다음 중 연구 분야에 따른 종속변수와 독립변수를 짝지은 결과로 옳지 않은 것은?

① 제조업 : 종속변수-생산량, 독립변수-원자재 비용
② 의료 : 종속변수-치료 효과, 독립변수-치료 방법
③ 교육 : 종속변수-시험 점수, 독립변수-학습 시간
④ 부동산 : 종속변수-위치, 독립변수-주택 가격

일반적으로 주택 가격은 위치에 따라 결정되는 종속변수로 간주되며, 위치가 독립변수로 작용해야 한다.

정답 27.① 28.② 29.④

④ 분산 데이터베이스 관리 시스템

1. 분산 데이터베이스

가. 분산 데이터베이스(Distributed Database)

- 분산 데이터베이스(Distributed Database)는 **물리적으로 떨어진 여러 개의 데이터베이스를 네트워크로 연결하여 사용자가 논리적으로 하나의 통합된 데이터베이스처럼 운영**하는 시스템이다.
- 데이터의 양이 증가하고, 글로벌 분산 환경에서 빠른 데이터 접근이 필요함에 따라 **분산 데이터베이스 기술이 중요**한 역할이 되었으며, **클라우드 환경, IoT 데이터 관리, 글로벌 서비스 운영**에서 널리 활용된다.

나. 분산 데이터베이스의 특징

구분	설명
논리적 통일성	• 여러 지역에 분산된 데이터베이스가 하나의 데이터베이스처럼 동작 → (효과) 데이터 중복 최소화, 관리 효율성 증가
고가용성	• 데이터가 여러 노드에 복제되어 저장, 단일 장애점(SPoF) 방지 → (효과) 데이터 손실 최소화, 가용성 향상
분산 처리	• 여러 노드에서 병렬로 데이터 처리 가능 → (효과) 처리 속도 향상, 대량 데이터 처리 가능
확장성	• 필요 시 노드 추가를 통해 시스템 확장 가능 → (효과) 데이터 증가 및 트래픽 확장에 유연한 대응

다. 분산 데이터베이스의 한계점

구분	설명
데이터 일관성 문제	• 여러 노드에 데이터가 저장되므로 **트랜잭션 동기화 및 정합성 유지 필요** → (문제점) 네트워크 장애 시 데이터 불일치 가능성이 높아짐
지연 문제	• 데이터가 여러 지역에 분산되어 있어 네트워크 속도에 영향을 받음 → (문제점) 실시간 처리 어려움, 응답 속도 저하
CAP 정리	• CAP 이론에 따라 네트워크 분할이 발생할 경우, 시스템은 일관성(Consistency) 또는 가용성(Availability) 중 하나를 희생해야 함 → (문제점) 시스템 설계 시 우선순위를 정해야 함(Trade-Off 존재)

2. 분산 데이터베이스 관리 시스템

(DDBMS, Distributed Database Management System)

- 분산 데이터베이스 관리 시스템은 **분산된 데이터베이스를 중앙에서 효과적으로 관리**하기 위한 소프트웨어 시스템이다.
- 물리적으로 분산된 데이터베이스를 일관성 있게 운영하기 위해 **트랜잭션 관리, 데이터 동기화, 질의 최적화** 등의 기능을 제공한다.

비기의 학습팁

중앙 집중식 데이터베이스는 네트워크 장애 시 전체 시스템이 마비될 위험이 있지만, 분산 데이터베이스는 여러 노드에 데이터를 저장하여 장애 발생 시에도 서비스가 유지된다는 장점이 있습니다.

비기의 학습팁

분산 데이터베이스에서 데이터를 분산하는 주요 목적은 시스템 성능 최적화와 고가용성 확보입니다. 데이터를 여러 노드에 분산 저장함으로써 병렬 처리 성능을 향상시키고, 부하를 균등하게 분배하며, 확장성을 확보할 수 있습니다.

개념 ➕

CAP 이론에 따른 시스템

- **CP 시스템**: 일관성과 파티션 내성을 유지하지만, 가용성이 낮음 (예 전통적인 SQL 데이터베이스)
- **AP 시스템**: 가용성과 파티션 내성을 유지하지만, 일관성이 낮음 (예 NoSQL 데이터베이스)

가. 주요 구성 요소

구분	설명
분산 처리기 (Distributed Processor)	• 각 지역에서 데이터를 독립적으로 관리하는 로컬 DBMS를 포함
분산데이터베이스 (Distributed Database)	• 각 노드(지역 서버)에 저장된 데이터베이스로, 전체적으로 하나의 시스템처럼 동작
분산 데이터베이스 관리 시스템 (DDBMS)	• 데이터 분산, 복제, 트랜잭션 처리, 질의 최적화 등을 수행하는 소프트웨어
통신 네트워크 (Communication Network)	• 데이터베이스 간 데이터 전송 및 동기화를 담당하는 네트워크 인프라
클라이언트 애플리케이션 (Client Applications)	• 사용자 요청을 처리하는 인터페이스 (예 웹 애플리케이션, BI 툴)
모니터링 및 관리 도구 (Monitoring & Management Tools)	• 성능 모니터링, 장애 관리, 보안 관리 등을 위한 도구

나. 주요 기능

구분	설명
분산 트랜잭션 관리	• 여러 노드에 걸친 트랜잭션을 일관성 있게 처리 (2PC, 3PC 기법 활용)
분산 질의 처리	• 사용자의 질의를 최적화하여, 데이터가 있는 노드에서 결합하여 결과 반환
데이터 일관성 유지	• 데이터 복제 및 변경이 발생할 때 동기화 및 정합성 유지
데이터 보안 및 접근 제어	• 노드별 사용자 권한 설정, 암호화, 접근 제어 기능 제공

다. 장점

구분	설명
확장성 (Scalability)	• 데이터 노드를 추가하여 시스템 용량을 쉽게 확장 가능
가용성 (Availability)	• 데이터 복제 및 분산 저장을 통해 장애 발생 시에도 지속 운영 가능 • 시스템 전체 장애 가능성이 낮아진다
성능 향상 (Performance Improvement)	• 병렬 데이터 처리를 통해 응답 속도 향상
비용 효율성 (Cost Efficiency)	• 범용 하드웨어 사용 가능, 운영 비용 절감

라. 단점

구분	설명
복잡성(Complexity)	• 데이터 동기화, 트랜잭션 관리가 중앙 집중식보다 어려움
데이터 일관 유지 어려움	• 여러 노드에 데이터가 복제되므로 동기화 과정이 복잡
네트워크 의존성	• 네트워크 성능에 크게 영향을 받으며, 네트워크 장애 발생 시 성능 저하
보안 및 프라이버시 문제	• 분산 환경에서는 보안 취약점 증가

개념 +

분산 데이터베이스 복제의 핵심 요소

분산 데이터베이스에서 복제를 구현할 때 가장 중요한 요소는 데이터 일관성, 가용성, 네트워크 지연 시간 관리, 복제 방식, 데이터 동기화 전략입니다. 또한, 복제된 데이터가 최신 상태를 유지하도록 동기식 또는 비동기식 복제 방법을 선택해야 하며, 시스템 성능과 장애 복구 시 데이터 손실 가능성을 고려한 최적의 복제 정책을 수립하는 것이 중요합니다.

> **참고**
>
> **관계형 DBMS vs 분산형 DBMS**
>
> | 구분 | 관계형 데이터베이스 관리 시스템 | 분산형 데이터베이스 관리 시스템 |
> |---|---|---|
> | 저장방식 | 데이터를 단일 중앙 서버에 저장하는 중앙 집중식 구조 | 데이터를 여러 노드에 분산하여 저장하는 분산 구조 |
> | 확장성 | 단일 서버의 용량 한계로 인해 확장성이 제한적 | 노드 추가를 통해 용량 및 성능을 쉽게 확장할 수 있음 |
> | 가용성 | 단일 서버 장애 시 전체 시스템 가용성이 저하 | 데이터 복제로 인해 특정 노드 장애에도 가용성이 높음 |
> | 성능 | 단일 서버에서 모든 처리를 수행하므로 성능 한계 | 분산 처리를 통해 병렬 처리 가능하여 성능이 향상 |
> | 데이터 일관성 | 단일 데이터베이스에서 일관성 유지가 상대적으로 용이 | 분산 환경에서 데이터 복제로 인해 일관성 유지가 어려움 |
> | 관리 복잡성 | 단일 서버 관리가 상대적으로 단순 | 분산 환경에서 데이터 복제, 트랜잭션 관리 등이 복잡 |
> | 보안 및 프라이버시 | 단일 서버에 데이터가 집중되어 있어 보안 관리가 상대적으로 용이 | 데이터가 분산되어 있어 보안 및 프라이버시 관리가 어려움 |

3. 분산 데이터베이스 관리 시스템의 투명성

- 투명성(Transparency)은 분산 데이터베이스 시스템에서 사용자가 데이터가 물리적으로 어디에 저장되어 있는지 신경 쓰지 않고, 하나의 통합된 데이터베이스처럼 사용할 수 있도록 보장하는 특성을 의미한다.
- 또한, 시스템이 데이터 분산을 자동으로 처리하여 관리 효율성을 향상시키고, 분할 투명성과 병행 투명성을 활용해 여러 노드에서 동시에 데이터를 처리함으로써 성능을 최적화할 수 있도록 한다.

> **비기의 학습팁**
>
> 투명성은 사용자가 데이터 저장 위치나 분할 방식을 신경 쓰지 않고 동일한 방식으로 접근할 수 있도록 하여 편의성을 높입니다.

구분	설명
분할 투명성	• 하나의 논리적 관계가 여러 단편으로 분할되어 각 단편의 사본이 여러 사이트에 저장 → (효과) 사용자는 데이터를 어떻게 분할했는지 알 필요 없이 접근 가능
위치 투명성	• 데이터가 물리적으로 어디에 저장되어 있는지 신경 쓰지 않아도 됨 → (효과) 사용자는 데이터의 물리적 위치에 대해 신경 쓸 필요 없이 접근 가능
중복 투명성	• 동일한 데이터가 여러 노드에 중복 저장되어 있어도, 사용자는 하나의 데이터처럼 접근 가능 → (효과) 데이터 중복이 자동으로 관리되므로 사용자는 중복 여부를 고려할 필요 없음
지역사상 투명성	• 지역 DBMS와 물리적 데이터베이스 간의 매핑을 보장하여 시스템이 이를 자동으로 관리 → (효과) 로컬 DB와 전체 시스템 간의 연결성을 유지
장애 투명성	• 특정 노드에서 장애가 발생해도 트랜잭션의 원자성이 유지되며, 전체 시스템이 정상 작동 → (효과) 시스템 안정성이 증가, 장애 발생 시 지속 운영 가능
병행 투명성	• 다수의 트랜잭션이 동시에 수행되더라도, 트랜잭션 결과가 일관성을 유지 → (효과) 동시에 여러 사용자가 접근해도 데이터 무결성 보장

✅ 핵심 개념체크

30. 분산 데이터베이스의 한계점으로 가장 부적절한 것은?

① 네트워크 장애 시 전체 시스템이 마비될 위험이 있다.
② 여러 노드에 데이터가 저장되므로 데이터가 불일치하는 경우도 생길 수 있다.
③ 시스템 설계시 CAP 정리에 따라 우선 순위를 정해야할 수 있다.
④ 데이터가 여러 지역에 분산되어 있어 응답 속도의 저하 가능성을 배제할 수 없다.

분산 데이터베이스는 네트워크 장애가 발생해도 속도의 저하는 있을 수 있으나 전체 시스템이 마비되는 것은 일반적으로 발생하지 않는다.

31. 분산 데이터베이스의 장점으로 가장 적절한 것은?

① 데이터 일관성 유지가 용이하다.
② 네트워크 장애 시 데이터를 완벽하게 차단한다.
③ 시스템의 확장성이 높다.
④ 데이터베이스 설계가 단순하다.

분산 데이터베이스는 필요에 따라 노드를 추가하여 쉽게 시스템을 확장할 수 있다는 장점이 있다.

PART 02 데이터 해석 및 활용

3장 데이터 활용

10 DAY

학습 목표

- 데이터 변환 방법을 이해하고 설명할 수 있다.
- ETL 프로세스의 단계와 처리 방식을 설명할 수 있다.
- 비즈니스 인텔리전스의 개념을 이해한다.

눈높이 체크

✓ **데이터 변환 방법인 정규화와 표준화를 구분하시나요?**

> 정규화는 데이터를 0과 1 사이의 범위로 변환하여 모든 변수를 비슷한 수준으로 맞추는 작업입니다. 데이터의 중복을 최소화 하고, 이상 현상을 방지하기 위한 과정을 의미합니다. 표준화는 변수의 척도를 맞추기 위해 데이터의 평균을 0으로 만들고, 표준 편차를 1로 변환하는 작업입니다. 이를 통해 서로 다른 단위나 범위를 가진 데이터들을 비교할 수 있게 됩니다.

✓ **데이터 웨어하우스와 데이터 마트를 들어보셨나요?**

> 데이터 마트와 데이터웨어하우스는 기업의 데이터 관리와 분석에 필수적인 개념이며, 데이터를 효과적으로 저장하고 활용하는 데 사용됩니다.
> 데이터웨어하우스는 기업의 전사적인 데이터를 통합, 저장, 관리하는 시스템입니다. 기업의 다양한 운영 시스템(ERP, CRM, SCM 등)에서 수집한 데이터를 한 곳에 모아, 분석이나 보고서 작성 등에 활용될 수 있도록 설계됩니다.
> 데이터 마트는 데이터웨어하우스에서 특정 부서나 사용자 그룹이 필요로 하는 데이터만을 모아 제공하는 상대적으로 작은 규모의 데이터 저장소입니다. 데이터 마트는 특정 목적에 맞춰 일부분의 데이터만 저장하고 분석합니다.

✓ **비즈니스 인텔리전스를 어떻게 활용하는지 아시나요?**

> 비즈니스 인텔리전스는 데이터 기반의 의사 결정을 통해 비즈니스 성과를 향상시키는 데에 목표를 둡니다. 비즈니스 인텔리전스 활용의 대표적인 예시로 OTT 기업인 넷플릭스를 들 수 있습니다. 넷플릭스는 고객의 이탈을 방지하고, 사용자의 만족도를 높일 개인화된 콘텐츠 추천 시스템이 필요했고, 이에 비즈니스 인텔리전스 분석 도구를 사용하여 사용자의 시청 기록, 검색 쿼리, 콘텐츠 선호도 등을 분석하고 이를 기반으로 개인 추천 알고리즘을 개발하여 사용자에게 맞춤형 콘텐츠를 제공할 수 있었습니다.

1절 데이터 가공

3장 데이터 활용

난이도 중

❶ 데이터 가공

1. 데이터 오류

- 데이터 오류는 데이터 수집 및 처리 과정에서 발생하는 **잘못되고 부정확한 데이터**나 데이터베이스 내에서 **불완전하게 저장되고 관리되고 있는 데이터** 값을 의미한다.
- 입력 실수, 기술적 결함, 하드웨어 오작동, 데이터 수집, 저장, 전송 과정에서 다양한 원인으로 인해 발생한다.
- 데이터 관리 및 분석에 심각한 오류를 초래할 수 있으며 정확성과 신뢰성을 보장하기 위해 유효성 검사와 검증 프로세스의 도입이 필수적이다.

가. 데이터 오류의 유형

> **비기의 학습팁**
> 데이터의 오류 유형은 예시와 함께 기억해두어야 실제 시험 문제에서 혼동하지 않을 가능성이 높습니다.

오류유형	설 명
오타 오류	• 원인: 데이터를 수동으로 입력할 때 실수로 발생하는 오류 • 해결책: 입력 시 실시간 오타 검증 기능 추가. 자동 완성 기능 도입. 정기적인 데이터 검토 및 정제 • 예시: 고객 이름이 "홍길동" 대신 "홍길돈"으로 입력된 경우
중복 오류	• 원인: 동일한 데이터가 여러 번 입력되거나, 시스템 통합 시 중복 발생 • 해결책: 데이터 입력 시 중복 체크 기능 구현 • 예시: 같은 고객이 두 번 등록되어 있는 경우
데이터 누락	• 원인: 불완전한 데이터 수집 또는 데이터 입력 시 필수 항목을 누락하거나, 시스템 오류로 인해 데이터가 저장되지 않음 • 해결책: 필수 입력 항목에 대한 경고 메시지 제공. 데이터 입력 후 검토 프로세스 도입 • 예시: 고객의 전화번호가 누락된 경우
잘못된 서식	• 원인: 데이터 입력 시 형식이 일관되지 않음 (예 날짜 형식) • 해결책: 입력 형식에 대한 명확한 가이드라인 제공. 입력 시 자동으로 서식을 맞추는 기능 구현 • 예시: 날짜가 "2024-08-23" 대신 "08/23/2024"로 입력된 경우
이상값	• 원인: 데이터 범위를 크게 벗어나는 측정 오류, 데이터 입력 오류, 시스템 오류 등으로 비정상적인 값이 입력됨 • 해결책: 데이터 범위 검증 기능 추가. 이상값 발견 시 경고 알림 시스템 구축 • 예시: 나이가 150세로 입력된 경우

잘못 정렬된 데이터	• 원인: 데이터베이스나 스프레드시트에서 데이터가 잘못 정렬되어 값이 잘못된 범주나 레이블에 연결될 수 있음 • 해결책: 정렬 기준을 명확히 하고, 정렬 후 검증 프로세스 도입. 자동 정렬 기능 사용 • 예시: 고객 리스트가 이름이 아닌 나이 순으로 정렬된 경우
계산 오류	• 원인: 수식 입력 오류, 데이터 입력 오류 등으로 인해 잘못된 계산 결과 • 해결책: 수식 검증 기능 추가. 계산 결과에 대한 이중 확인 프로세스 운영 • 예시: 매출 계산 시 1000원이 아닌 10000원으로 잘못 계산된 경우

2. 데이터 정제

가. 데이터 정제(Data Cleansing 또는 Data Cleaning)

- 데이터 분석 및 관리에서 매우 중요한 과정으로, 데이터의 품질을 향상시키기 위해 **불완전하거나 부정확한 데이터를 수정하거나 제거**하는 작업을 의미한다.

나. 데이터 정제를 위한 품질 검증

1) 정확성 (Accuracy)

- 정의: 데이터가 실제 세계의 사실과 얼마나 일치하는지를 평가한다.
- 검증 방법: 샘플 데이터를 실제 값과 비교하여 정확성을 확인한다. 예를 들어, 고객의 주소가 실제 주소와 일치하는지 확인한다.

2) 일관성 (Consistency)

- 정의: 데이터가 서로 모순되지 않고 일관되는지를 검토한다.
- 검증 방법: 동일한 데이터 항목이 여러 데이터 소스에서 동일하게 기록되어 있는지 확인한다. 예를 들어, 고객의 이름이 여러 데이터베이스에서 동일하게 기록되어 있는지 점검한다.

3) 완전성 (Completeness)

- 정의: 데이터셋에 필요한 모든 정보가 포함되어 있는지를 평가한다.
- 검증 방법: 필수 필드가 모두 채워져 있는지 확인한다. 예를 들어, 고객 데이터에서 이름, 이메일, 전화번호 등의 필드가 모두 존재하는지 점검한다.

4) 유효성 (Validity)

- 정의: 데이터가 정의된 규칙이나 형식에 맞는지를 검토한다.
- 검증 방법: 데이터 형식이 규정된 기준에 맞는지 확인한다. 예를 들어, 날짜 형식이 "YYYY-MM-DD"로 되어 있는지 점검한다.

5) 신뢰성 (Reliability)

- 정의: 데이터가 신뢰할 수 있는 출처에서 수집되었는지를 평가한다.
- 검증 방법: 데이터 출처를 확인하고, 공식적인 기관이나 신뢰할 수 있는 소스에서 수집된 데이터인지 검토한다.

> **출제포인트**
> 데이터 정제를 위한 품질 검증 방법과 정의는 시험에 출제될 수 있습니다. 해당 내용을 꼭 함께 기억해야 합니다.

6) 적시성 (Timeliness)

- 정의: 데이터가 필요한 시점에 적절하게 제공되었는지를 평가한다.
- 검증 방법: 데이터가 최신인지 확인하고, 필요한 시점에 맞춰 업데이트되었는지 점검한다.

7) 중복성 (Duplication)

- 정의: 동일한 데이터가 여러 번 기록되어 있는지를 확인한다.
- 검증 방법: 데이터셋에서 중복된 레코드를 찾아 제거한다. 예를 들어, 동일한 고객이 여러 번 등록되어 있는지 확인한다.

8) 형식 오류 (Format Errors)

- 정의: 데이터가 예상되는 형식에 맞지 않는지를 검토한다.
- 검증 방법: 데이터 항목이 올바른 형식으로 입력되었는지 확인한다. 예를 들어, 전화번호가 숫자만 포함하고 있는지 점검한다.

9) 범위 오류 (Range Errors)

- 정의: 데이터 값이 허용된 범위를 벗어나지 않는지를 확인한다.
- 검증 방법: 수치 데이터가 정의된 최소 및 최대 값 내에 있는지 점검한다. 예를 들어, 나이가 0 이상 120 이하인지 확인한다.

다. 결측값

1) 결측값 유형

> **출제포인트**
> 결측값 유형과 함께 결측값을 인식하고 처리하는 방법은 출제될 가능성이 있습니다. 두 가지는 꼭 함께 숙지해야 합니다.

구분	설 명
완전 무작위 결측 (MCAR : missing completely at random)	• 어떤 변수에서 결측이 발생하였으나 다른 변수들과는 아무런 관련이 없는 결측, 우리가 생각하는 일반적인 결측치를 "완전 무작위 결측"이라고 정의 • 양쪽 변수가 서로 독립적이며, 따라서 분석을 하더라도 편향이 발생하지 않으며, 무작위(random)하게 결측되는 특징이 있음 • 대부분의 결측은 MCAR에 해당되는 것으로 가정되며 이러한 결측치는 완전히 제거하거나 무작위 표본추출을 통해 얻은 데이터값을 결측치 대신 기입하여 처리 • 예 깜박하고 입력을 하지 않거나, 전산 오류로 입력이 저장되지 않아서 NULL이 발생하는 경우 등
무작위 결측 (MAR : missing at random)	• 어떤 변수에 결측이 발생하였지만 결측의 발생 원인이 다른 변수와 관련이 있는 결측을 "무작위 결측"이라고 정의 • 무작위 결측은 결측값의 연관된 다른 변수에 의해 조건부로 발생 • 예 여성이 남성에 비해 체중을 밝히지 않는 경향이 있다고 가정할 때, 어떤 여성이 본인의 신체 프로필에 체중을 기입하지 않았다면, 이는 체중 변수에 결측값이 발생한 것이지만 그 원인은 체중 변수가 아닌, 성별 변수와 관련이 있어서 발생한 것

비무작위 결측 (NMAR : not missing at random)	• 무작위 결측이나 완전 무작위 결측이 아닌 경우의 결측을 총칭함 • 결측이 발생한 변수와 관련이 있으므로 이러한 결측값 발생 시 무시하지 말고 그 원인을 면밀히 파악하는 것이 중요 • 예 대부분의 고객 설문에 좀처럼 자발적으로 응답하지 않기 때문에 만족을 표시하는 고객 비중이 작다고 하더라도 서비스 불만족도가 높다고 평가할 수 없음

2) 결측값 인식

- 결측값은 NA, 99999999, ' '(공백), Unknown, Not Answer 등으로 표현되는 것으로 결측값을 처리하기 위해서 시간을 많이 사용하는 것은 비효율적이다.
- 결측값 자체의 의미가 있는 경우도 있는데 예를 들면 쇼핑몰 가입자 중 특정 거래 자체가 존재하지 않는 경우와 인구통계학적 데이터(Demographic Data)에서 아주 부자이거나 아주 가난한 경우 자신의 정보를 잘 채워 넣지 않기 때문에 가입자의 특성을 유추하여 활용할 수 있다.
- 결측값 처리는 전체 작업속도에 많은 영향을 준다.

3) 결측값 처리방법

가) 삭제(Deletion) - Completes Analysis

- 행 삭제: 결측값이 있는 행을 삭제하는 방법으로 데이터의 양이 많아 행을 삭제해도 데이터 손실이 크지 않을 때 유용하다.
- 열 삭제: 결측값이 많은 열을 삭제하는 방법이나, 일반적으로 50% 이상의 결측값이 있는 열은 삭제하는 것이 좋으며 분석 목적과 데이터의 양에 따라 삭제 기준을 설정한다.

나) 대체(Imputation)

- 평균/중앙값/최빈값 대체:
- 연속형 변수: 결측값을 해당 변수의 평균 또는 중앙값으로 대체한다.
- 범주형 변수: 결측값을 최빈값으로 대체한다.
- 예측 모델 사용: 다른 변수들을 사용하여 결측값을 예측하는 모델을 구축하여 대체한다.
- 조건부평균대치법: 다중 회귀분석을 활용하여 결측값을 예측하는 모델을 개발하여 대치한다.
- 단순확률대치법: hot deck 또는 K-Nearest Neighbor 방법론을 활용해서 모델을 개발하여 대치한다.
- 전방 대체/후방 대체: 시계열 데이터의 경우, 이전 값이나 이후 값으로 결측값을 대체한다.

개념 ➕

빅데이터 시대 이전의 결측치 문제와 해결 방안

빅데이터 시대의 도래 전 데이터의 수집은 비용과도 직결되는 사안이었습니다. 특히 임상 연구나 조사 분야에서는 중도 이탈이나 무응답과 같은 이유로 데이터 수집에 한계가 있어, 결측치 발생의 위험이 컸습니다. 따라서 전통적인 통계 분석 방법론에서는 다양한 결측치를 정의하고 이를 해결하는 여러 방법론이 제시되어 왔습니다.

Y_1	Y_2	Y_3	$\hat{Y}_3$
10	15	20	20
12	25	30	30
15	35	40	40
25	49	57	57
30	49	59	59
35	55	65	65
37	47	70	70
40	60	$?_1$	76.89
42	65	$?_2$	81.67
50	70	$?_3$	92.39

$\hat{Y}_3 = \hat{\beta}_0 + \hat{\beta}_1 y_1 + \hat{\beta}_2 y_2, \ i = 1, 2 \cdots, 7$
$\beta_0 = 3.69, \ \beta_1 = 0.099, \ \beta_2 = 0.56$
$?_1 = 3.69 + 0.099 \times 40 + 0.56 \times 60 = 76.89$

다) 플래그 변수 추가

- 검증 결측값이 있는 경우를 나타내는 새로운 변수를 추가하여 결측값의 존재 여부를 모델에 반영할 수 있다.

라) 고급기법

- 다중 대치법(Multiple Imputation): 여러 번의 대체를 통해 결측값을 여러 가지 방법으로 대체하고, 이를 통해 불확실성을 반영할 수 있다.
- 딥러닝 기법: 결측값 처리를 위해 신경망을 활용하는 방법도 있다.

라. 중복값 제거

1) 중복값 식별

- 특정 변수 또는 변수의 조합을 기준으로 각 행을 비교하여 데이터 세트에 중복된 항목이 있는지 확인한다.

이름	나이	도시
홍길동	30	서울
이순신	40	부산
홍길동	30	서울
강감찬	50	대구

2) 중복값 제거

- 첫 번째 항목 유지, 마지막 항목 유지, 모든 중복 항목 제거 등의 방법을 사용하여 중복값 제거한다.

이름	나이	도시
홍길동	30	서울
이순신	40	부산
강감찬	50	대구

> **비기의 학습팁**
> 중복값(일치 데이터)과 불일치 데이터의 식별방식과 처리 방법의 차이도 함께 학습하면 더 개념이 명확하게 잡힙니다.

마. 불일치 데이터 처리

1) 불일치 데이터 식별

- 불일치 데이터 처리란 데이터셋 내에서 서로 일치하지 않거나 예상과 다른 값을 식별하고 수정하는 과정을 의미한다.
- 데이터의 유형이 일관되지 않으면 불일치가 발생할 수 있다. 예를 들어, 숫자형 데이터가 문자열로 저장되어 있는 경우이다.

이름	나이	도시
홍길동	30	서울
이순신	40	부산
강감찬	오십	서울

2) 불일치 데이터 처리

- 형식 표준화: 데이터 형식을 일관된 표현으로 변환하여 표준화한다.

이름	나이	도시
홍길동	30	서울
이순신	40	부산
강감찬	50	서울

- 오류 수정: 데이터셋에서 발견된 데이터 입력 오류나 불일치를 확인하고 수정한다.

바. 이상값 처리

1) 이상값

- 이상값은 전체 데이터 분포에서 벗어난 값으로, 일반적인 패턴과 크게 다른 특이한 값을 의미한다.
- 데이터 입력 오류, 측정 오류, 특수 상황 등 다양한 원인에 의해 발생한다.

① 의도하지 않게 잘못 입력한 경우(Bad Data)

② 의도하지 않게 입력되었으나 분석 목적에 부합하지 않아 제거해야 하는 경우(Bad Data)

③ 의도하지 않은 현상이지만 분석에 포함해야 하는 경우

④ 의도된 이상값(Fraud, 불량)인 경우

- 이상값은 무조건 제거하는 것은 아니며, 분석 목적에 따라 제거하거나 유지할지를 판단해야 한다.

2) 이상값 인식

- ESD(Extreme Studentized Deviation)
  평균 - 3 * 표준편차 < data < 평균 + 3 * 표준편차의 범위를 벗어나는 데이터

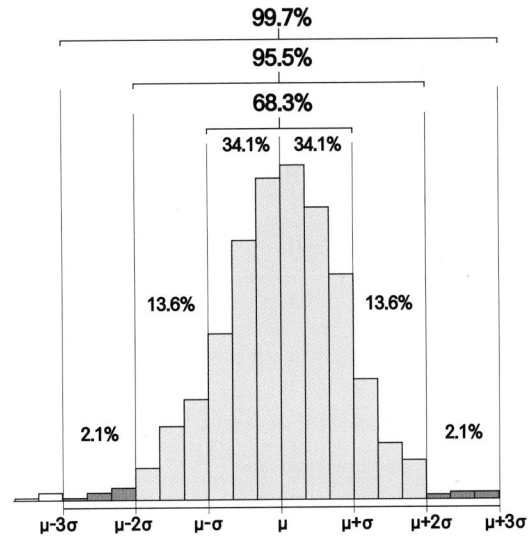

- 사분위수를 이용하여 인식(상자 그림의 outer fence 밖에 있는 값)
  Q1-1.5(Q3-Q1) < data < Q3+1.5(Q3-Q1)를 벗어나는 데이터

- 기하평균을 이용하여 인식
  기하평균 - 2.5 × 표준편차 < data < 기하평균 + 2.5 × 표준편차의 범위를 벗어나는 데이터

3) 이상값 처리

- 극단값 절단(Trimming) 방법 : 하단, 상단 % 이용한 제거

  예 10% 절단(상하위 5%에 해당되는 데이터 제거)

- 극단값 조정(Winsorizing) 방법 : 상한값과 하한값을 벗어나는 값들을 상한, 하한값으로 바꾸어 활용

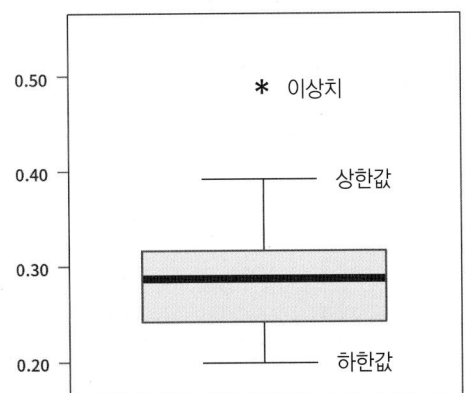

3. 데이터 변환

데이터 변환은 데이터 분석 및 처리 과정에서 매우 중요한 단계로, 데이터를 다른 형식이나 구조로 변경하여 분석에 적합하게 만드는 작업을 의미한다.

가. 정규화/표준화

1) 최소-최대(Min-Max) 정규화

- 서로 다른 배율의 영향을 없애고 모든 변수를 비슷한 수준으로 맞추기 위해 숫자 데이터의 배율을 0과 1 사이의 범위로 재조정하는 작업이다.

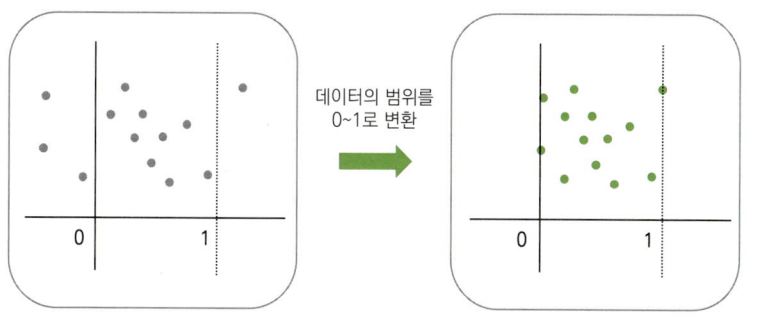

출제포인트

데이터 변환은 데이터분석과 처리 과정에서 매우 중요한 단계입니다. 출제될 가능성이 높으니 데이터 변환 기법은 꼭 숙지해야 합니다.

2) Z-점수(Z-Score) 표준화

- 변수의 단위나 분포가 다른 경우 변수의 척도를 맞추기 위해 숫자 데이터를 평균 0, 표준편차 1이 되도록 변환하는 작업이다

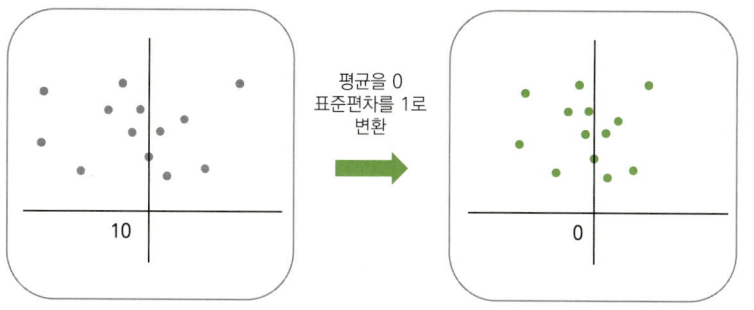

개념+

표준화의 필요성

거리 기반 알고리즘(KNN, SVM, 군집분석)에서는 변수의 스케일이 다르면 모델 성능이 저하되므로 표준화가 필수적입니다. 딥러닝(신경망)에서는 데이터를 평균 0, 표준편차 1로 변환하면 학습 속도가 향상됩니다.

나. 로그 변환

- 데이터 분포가 왜곡된 경우 데이터의 분포를 대칭적으로 만들어 극단적인 값의 영향을 줄이기 위해 데이터에 로그 함수를 적용하는 작업이다.

1) 로그 변환의 목적

- 비대칭성 감소: 데이터가 오른쪽으로 치우쳐 있을 때, 로그 변환을 통해 분포를 더 대칭적으로 만들 수 있다.
- 이상치 영향 감소: 로그 변환은 큰 값의 영향을 줄여주어 모델의 안정성을 높일 수 있다.
- 정규성 향상: 많은 통계 기법이 정규성을 가정하므로, 로그 변환을 통해 데이터가 정규 분포에 가까워질 수 있다.

2) 로그 변환의 방법

- 로그 변환은 일반적으로 자연 로그(ln) 또는 상용 로그($\log_{10}$)를 사용한다.

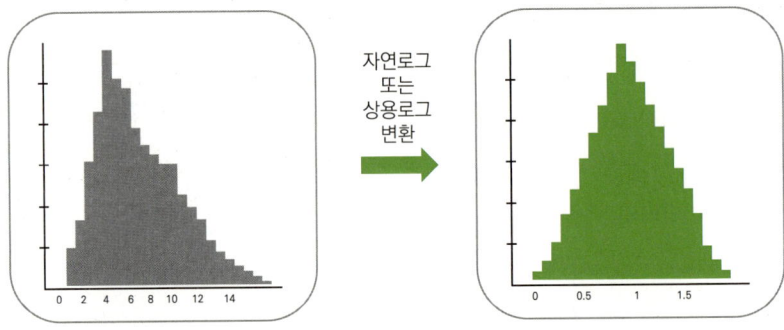

3) 로그 변환의 주의사항

- 0 또는 음수 값 처리: 로그 변환은 0 이하의 값에 대해 정의되지 않으므로 이러한 값을 처리해야 한다. 일반적으로 1을 더한 후 로그를 취하는 방법이 사용된다.
- 해석의 어려움: 로그 변환된 데이터는 원래 데이터와 해석이 다를 수 있으므로, 결과를 해석할 때 주의해야 한다.
- 모델링 시 고려: 로그 변환 후 모델링을 할 경우, 변환된 값을 다시 원래의 스케일로 되돌려야 할 필요가 있을 수 있다.

다. 구간화(Binning)

1) 구간화 목적

- 데이터 요약: 연속형 데이터를 구간으로 나누어 요약할 수 있다.
- 시각화: 구간화된 데이터를 사용하여 히스토그램과 같은 시각화를 통해 데이터의 분포를 쉽게 이해할 수 있다.
- 모델링: 머신러닝 모델에서 연속형 변수를 범주형 변수로 변환하여 모델의 복잡성을 줄일 수 있다.

2) 구간화 방법

- 고정 간격 구간화: 연속형 데이터를 분석자가 설정한 값을 기준으로 고정하여 n개의 구간으로 구간화 하는 방법이다.

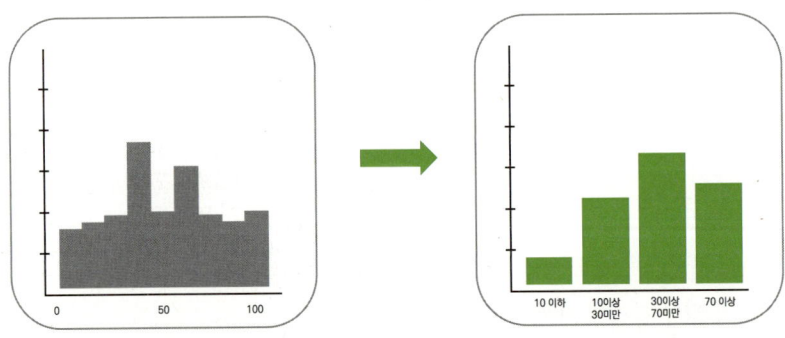

- 분위수 기반 구간화: 연속형 데이터를 4개의 구간으로 나누고자 할 때 4분위수를 활용하여 구간화하는 방법이다.

라. 범주형 변수 인코딩

1) 원-핫 인코딩 (One-Hot Encoding)

- 원-핫 인코딩은 각 범주를 이진 벡터로 변환하는 방법이다. 각 범주에 대해 새로운 열을 만들고, 해당 범주에 속하는 경우 1, 그렇지 않은 경우 0으로 표시한다.

2) 레이블 인코딩 (Label Encoding)

- 레이블 인코딩은 각 범주를 고유한 정수로 변환하는 방법이다.

3) 순서형 인코딩 (Ordinal Encoding)

- 순서형 인코딩은 범주형 변수가 순서를 가질 때 사용하며 각 범주에 대해 순서를 고려하여 정수를 할당한다.

색상	원-핫 인코딩 (One-Hot Encoding)	레이블 인코딩 (Label Encoding)	순서형 인코딩 (Ordinal Encoding)
초등학생	1,0,0	2	1
중학생	0,1,0	1	2
고등학생	0,0,1	0	3

4) 인코딩 방법 선택시 고려사항

- 데이터의 특성: 범주형 변수의 특성과 데이터의 분포를 고려하여 적절한 인코딩 방법을 선택해야 한다.
- 모델의 종류: 사용하는 머신러닝 모델에 따라 인코딩 방법이 달라질 수 있다. 예를 들어, 트리 기반 모델은 레이블 인코딩을 잘 처리할 수 있지만, 선형 모델은 원-핫 인코딩이 더 적합할 수 있다.
- 차원 증가: 원-핫 인코딩은 차원을 증가시킬 수 있으므로, 데이터의 차원이 너무 커지지 않도록 주의해야 한다.

마. 날짜 및 시간 처리

- 분할: 날짜/시간 데이터를 년, 월, 일, 시, 분 등으로 분할하여 분석에 활용한다.
- 파생: 날짜/시간 데이터로부터 시간대(오전, 오후, 저녁), 요일 또는 계절 등의 파생변수를 생성하여 분석에 활용한다.

개념 +

클러스터 기반 구간화
(Cluster Based Binning)

데이터 군집화 기법을 활용해 데이터를 여러 그룹(구간)으로 나누는 방법입니다. 이 방법은 비슷한 특성을 가진 데이터 포인트를 하나의 클러스터(그룹)로 묶어, 데이터의 특성에 따라 서로 다른 구간으로 분류하는 데 유용합니다. 대표적인 클러스터링 알고리즘으로는 K-means, 계층적 군집 분석(hierarchical clustering), DBSCAN 등이 있습니다.

비기의 학습팁

순서형 인코딩은 순서형 변수와 같이 실제로 큰 의미를 가지는 의미대로 숫자를 부여하며, 레이블 인코딩은 크게 순서의 의미를 두지 않으므로 임의대로 부여하되, 일반적으로 프로그래밍에서는 가나다 순으로 0부터 부여합니다.

바. 데이터 집계 및 형태 변환

- 데이터 집계: 특정 변수의 합계, 평균, 최댓값, 최솟값 등을 계산하여 특정 기준에 따라 여러 행 또는 레코드를 단일 요약 행으로 집계한다.
- 데이터 형태 변환: 데이터 세트를 와이드(wide) 또는 롱(long) 포맷으로 변환하여 분석에 활용한다.

사. 차원 축소

1) 주성분 분석(PCA, Principal Component Analysis)

가) 정의

- 데이터의 분포를 최대한 보전하면서 **고차원 데이터를 저차원 데이터로 변환**하는 대표적인 차원 축소 기법이다.

나) 목적

- 차원 축소: 데이터의 차원을 줄여서 계산 효율성을 높이고, 시각화를 용이하게 한다.
- 노이즈 제거: 불필요한 변수를 제거하여 데이터의 노이즈를 줄일 수 있다.
- 데이터 시각화: 2차원 또는 3차원으로 데이터를 시각화하여 패턴을 쉽게 파악할 수 있다.
- 특징 추출: 원래의 변수들로부터 새로운 변수(주성분)를 생성하여 데이터의 주요 특징을 추출한다.

2) 특징 선택(Feature Selection)

가) 장점

- 모델 성능 향상: 불필요한 특징을 제거함으로써 모델의 예측 성능을 높일 수 있다.
- 과적합 방지: 모델이 훈련 데이터에 과도하게 적합되는 것을 방지할 수 있다.
- 해석 용이성: 모델의 해석이 쉬워져, 결과를 이해하고 설명하는 데 도움이 된다.
- 훈련 시간 단축: 특징 수가 줄어들면 모델 훈련 시간이 단축된다.

나) 방법

- 특징 선택 방법은 크게 세 가지로 필터 방법(Filter Methods), 래퍼 방법(Wrapper Methods), 임베디드 방법(Embedded Methods)를 많이 사용한다.

4. 데이터 분리

데이터셋 분할은 머신러닝 모델을 훈련하고 평가하기 위해 데이터를 여러 부분으로 나누는 과정으로 일반적으로 훈련 세트, 검증 세트, 테스트 세트로 나누어진다.

가. 데이터셋 분할

데이터세트	설명
훈련세트 (Training Set)	• 목적: 모델을 학습시키기 위해 사용 • 설명: 훈련 세트는 모델이 패턴을 학습하고 가중치를 조정하는 데 필요한 데이터를 포함
검증세트 (Validation Set)	• 목적: 모델의 하이퍼파라미터를 조정하고 성능을 평가하기 위해 사용 • 설명: 검증 세트는 모델을 학습하는 동안 성능을 모니터링하고, 과적합(overfitting)을 방지하는 데 도움
테스트세트 (Test Set)	• 목적: 최종 모델의 성능을 평가하기 위해 사용 • 설명: 테스트 세트는 모델이 학습되지 않은 데이터로, 모델의 일반화 성능을 측정하는 데 사용

나. 데이터 분리 방법

분리 방법	설명
무작위 분리 (Random Split)	• 설명: 데이터를 무작위로 선택하여 훈련 세트와 검증/테스트 세트를 만들 수 있음. 예를 들어, 1000개의 샘플이 있다면, 무작위로 700개를 훈련 세트로, 나머지 300개를 검증 및 테스트 세트로 선택 • 장점 - 간단하고 구현이 쉬움 - 데이터가 충분히 많고 균일하게 분포되어 있을 경우 효과적 • 단점 - 데이터가 불균형할 경우, 특정 클래스가 한 세트에만 몰릴 수 있어 성능 평가에 문제가 생길 수 있음
계층적 분할 (Stratified Split)	• 설명: 각 클래스의 비율을 유지하면서 데이터를 나누는 방식. 예를 들어, 1000개의 샘플 중 700개가 클래스 A, 300개가 클래스 B인 경우, 훈련 세트와 검증 세트 모두에서 클래스 A와 B의 비율이 유지되도록 데이터를 분할 • 장점 - 각 세트에 클래스 비율이 비슷하게 유지되어, 모델의 성능 평가가 더 정확해짐 • 단점 - 데이터가 적을 경우, 각 클래스에서 충분한 샘플을 확보하기 어려울 수 있음
교차 검증 (Cross-Validation)	• 설명: 데이터를 K개의 폴드(fold)로 나누고, 각 폴드를 테스트 세트로 사용하여 K번 모델을 학습하고 평가하는 방법. 예를 들어, 5-겹 교차 검증의 경우, 데이터를 5개로 나누어 각 폴드에 대해 4개로 훈련하고 1개로 테스트로 사용 • 장점 - 모델의 성능을 보다 안정적으로 평가할 수 있으며, 데이터 활용도가 높아짐 - 과적합을 방지하는 데 유리 • 단점 - 계산 비용이 더 높고 시간이 많이 소요될 수 있음

> **출제포인트**
> 데이터 분할 세트의 역할과 데이터 분리방법들의 정의와 장단점들을 묻는 문제가 출제될 가능성이 높으므로 구분해서 암기해 두어야 합니다.

시간 기반 분할 (Time-Based Split)	• 설명: 시계열 데이터의 경우, 데이터를 시간 순서에 따라 나누어 훈련 세트와 테스트 세트를 생성함. 예를 들어, 과거 데이터로 훈련하고 최신 데이터로 테스트하는 방식 • 장점 미래 예측에 적합하며, 데이터의 시간적 흐름을 고려할 수 있음 • 단점 데이터의 순서가 중요한 경우에만 유효하며, 무작위 분할은 적합하지 않음
고정 분할 (Fixed Split)	• 설명: 데이터의 특정 비율로 고정하여 나누는 방식. 예를 들어, 전체 데이터의 70%를 훈련 세트, 15%를 검증 세트, 15%를 테스트 세트로 설정. 이 방식은 여러 실험 간 비교를 용이하게 함 • 장점 일관된 평가 기준을 제공하여, 모델 성능을 쉽게 비교할 수 있음 • 단점 데이터가 고정되어 있어, 특정 데이터셋에 대한 결과가 다른 데이터셋에 일반화되지 않을 수 있음

5. 데이터 결합

데이터 결합은 여러 데이터셋을 하나의 **통합**된 데이터셋으로 만드는 과정이다.

가. 유니온

- 유니온(Union)은 데이터 결합 방법 중 하나로, 두 개 이상의 데이터셋을 행(row) 기준으로 결합하는 방식으로 유니온을 사용하면 각 데이터셋의 행을 합쳐서 하나의 데이터셋을 생성할 수 있다.
- 예 월별 데이터 통합: 여러 달의 판매 데이터를 하나의 데이터셋으로 합쳐서 분석할 때 유용하다.
- 사용 방법

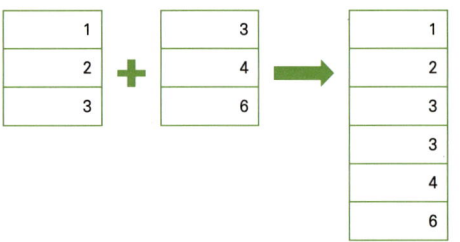

> **개념 +**
>
> **UNION과 UNION ALL**
>
> UNION은 두 개 이상의 데이터셋을 결합하면서 중복된 행을 제거한 후 데이터셋을 합치는 반면, UNION ALL은 중복된 행을 포함하여 모든 결과를 결합하여 하나의 데이터셋을 반환합니다. 즉, UNION은 결과에서 고유한 값을 반환하고, UNION ALL은 모든 값을 반환합니다.

나. 조인

- 조인(Join)은 데이터 결합 방법 중 하나로, 두 개 이상의 데이터셋을 특정 키를 기준으로 결합하는 방법이다.
- 조인을 사용하면 서로 다른 데이터셋 간의 관계를 명확히 하고, 필요한 정보를 통합할 수 있다.

종류		설명
내부 조인 (Inner Join)		두 테이블에 공통으로 있는 칼럼(열)을 활용하는 유형 (공통 칼럼 기반)
	동등 조인	공통으로 있는 칼럼값이 같은 경우에 레코드 추출
	자연 조인	두 테이블에 있는 동일한 칼럼명을 기준으로, 모든 칼럼값이 같은 경우에 레코드 추출
외부 조인 (Outer Join)		특정 테이블의 모든 데이터를 기준으로 다른 테이블의 정보와 비교하여 추출 (단, 다른 테이블에 동일한 값이 없어도 특정한 테이블은 출력됨)
	왼쪽 외부조인 (Left Outer Join)	왼쪽 테이블의 모든 데이터와 오른쪽 테이블의 동일한 데이터를 추출(단, 오른쪽 테이블에 동일한 값이 없어도 왼쪽 테이블의 레코드는 출력됨)
	오른쪽 외부 조인 (Right Outer Join)	오른쪽 테이블의 모든 데이터와 왼쪽 테이블의 동일 데이터를 추출(단, 왼쪽 테이블에 동일한 값이 없어도 오른쪽 테이블의 레코드는 출력됨)
	완전 외부 조인 (Full Outer Join)	양쪽의 모든 데이터를 추출(단, 오른쪽과 왼쪽 테이블에 동일한 값이 없어도 오른쪽, 왼쪽 테이블의 레코드는 출력됨)

> **비기의 학습팁**
> 내부 조인, 왼쪽 외부 조인, 오른쪽 외부 조인, 완전 외부 조인은 간단한 두 개의 표를 예시로 학습하면 쉽게 구분할 수 있습니다. 이를 통해 각 조인의 작동 방식을 직관적으로 이해하면 혼동하지 않고 확실히 구별할 수 있습니다.

> **참고**
>
> **교차 조인(Cross Join)**
> 교차 조인은 조인 조건이 없는 모든 데이터의 조합을 추출한다.

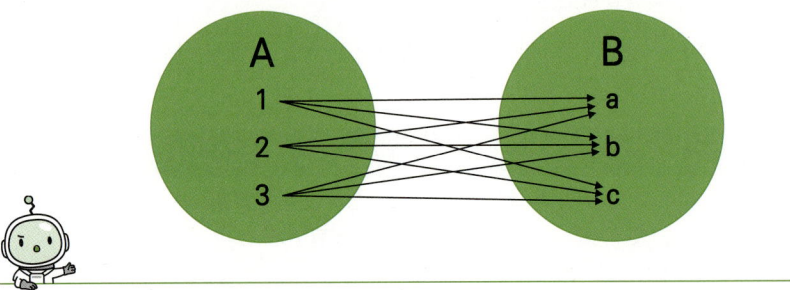

다. 추가

- 기존 데이터셋에서 새로운 관측값이나 변수를 추가하는 방법은 여러 가지가 있다.

1) 새로운 관측값 추가 (행추가)

- 설명: 기존 데이터셋에 새로운 행(관측값)을 추가하는 방법이다.

이름	성별
홍길동	남
이영희	여

이름	성별
홍길동	남
이영희	여
김철수	남

- 방법: 기존 데이터 세트에 새로운 행(관측값)을 추가하는 방법이다.
  - 직접 입력: 데이터베이스나 스프레드시트에서 수동으로 새로운 행을 추가한다.
  - 스크립트 사용: Python, R 등의 프로그래밍 언어를 사용하여 자동으로 데이터를 추가한다.

2) 새로운 변수 추가 (열 추가)

- 설명: 기존 데이터셋에 새로운 열(변수)을 추가하는 방법이다.

이름	성별
홍길동	남
이영희	여

이름	성별	나이
홍길동	남	27
이영희	여	30

- 방법:
  - 수식이나 계산: 기존 변수를 기반으로 새로운 변수를 생성할 수 있다.
  - 고정 값 또는 조건부 값 추가: 특정 기준에 따라 새로운 값을 추가할 수 있다.

✅ 핵심 개념체크

32. 다음은 데이터 오류에 대한 설명이다. 다음 중 옳지 않은 것은 무엇인가? 　상　중　하

① 오타 오류: 데이터를 자동으로 입력할 때 실수로 발생하는 오류
② 중복 오류: 동일한 데이터가 여러 번 입력되거나, 시스템 통합 시 중복 발생
③ 데이터 누락: 불완전한 데이터 수집 또는 데이터 입력 시 필수 항목을 누락하거나, 시스템 오류로 인해 데이터가 저장되지 않음
④ 이상값: 데이터 범위를 크게 벗어나는 측정 오류, 데이터 입력 오류, 시스템 오류 등으로 비정상적인 값이 입력됨

오타 오류는 데이터를 수동으로 입력할 때 실수로 발생하는 오류이다. 해결책으로는 입력 시 실시간 오타 검증 기능 추가, 자동 완성 기능 도입, 정기적인 데이터 검토 및 정제 방법이 있다.

33. 다음 중 데이터 정제에 대한 설명으로 가장 옳은 것은? 　상　중　하

① 데이터를 분석하기 위해 결측값을 제거하는 것이다.
② 데이터를 효율적으로 저장하기 위해 압축하는 것이다.
③ 데이터를 비교하기 위해 일관된 단위로 변환하는 것이다.
④ 데이터를 시각화하기 위해 그래프로 변환하는 것이다.

데이터 정제는 분석을 위해 결측값을 제거하거나 오류를 수정하는 과정을 포함한다.

34. 다음 중 데이터 변환의 예시로 가장 적절한 것은? 　상　중　하

① 결측값을 평균값으로 대체
② 로그 변환을 통해 데이터의 분포를 정규화
③ 데이터의 중복 제거
④ 데이터의 암호화

데이터 변환은 데이터를 다른 형태로 변환하여 분석을 용이하게 하는 과정으로, 로그 변환은 데이터 변환의 한 종류이다.

정답 32. ① 33. ① 34. ②

데이터 관리

3장 데이터 활용

난이도 중

❶ 데이터 관리

1. 데이터 수집 및 변환

- 다양한 소스에서 데이터를 수집 및 구성하고 이를 분석 또는 저장에 적합한 구조화된 형식으로 변환하는 프로세스이다.

가. 데이터 요구사항 정의

- 성공적인 데이터 수집 및 분석의 기초를 다지는 중요한 단계이다. 데이터 요구사항 정의는 특정 데이터가 왜 필요한지, 어떻게 수집할 것인지, 그리고 데이터의 품질과 양에 대한 요구를 명확히 하는 과정이다.
- 즉, 수집해야 하는 구체적인 데이터와 수집 목적을 결정하는 과정이며, 이 과정에서 고려해야 할 주요 사항은 다음과 같다.

1) 목표와 목적 정의

- 비즈니스 목표: 비즈니스에서 무엇을 목적으로 하기 위해 데이터를 수집하는지를 명확히 설정한다. 예를 들어, 고객 행동 분석, 시장 조사를 위한 데이터, 제품 성능 모니터링 등이 있다.
- 분석 목표: 데이터로 무엇을 분석하고자 하는지, 어떤 질문에 답하고자 하는지 명확히 정의한다.

2) 데이터 유형 및 특성 정의

- 수집할 데이터의 종류와 각 데이터 항목이 가지는 속성이나 특성을 정의한다.
- 데이터의 종류에는 정량적 데이터(수치, 수량), 정성적 데이터(설문 응답, 인터뷰 내용), 로그 데이터, 이미지 데이터 등이 있다.
- 데이터 속성에는 예를 들어 날짜, 시간, 위치, 사용자 ID 등이 있다.

3) 데이터 출처 및 수집 방법

- 출처: 데이터를 어디에서 수집할 것인지 결정한다. 예를 들어, 웹사이트, 모바일 앱, 외부 데이터 제공 업체, 내부 시스템 등이 있다.
- 수집 방법: 데이터를 어떻게 수집할 것인지 결정한다. 예를 들어, 자동 수집(센서, 로그), 수동 수집(설문조사, 인터뷰), API 활용 등이 있다.

개념 ➕

데이터 수명 주기(Data Life Cycle)

데이터는 수집 → 저장 → 처리 → 분석 → 보관 → 폐기 순서로 수명 주기를 가집니다.

- 수집 단계는 데이터 출처를 결정하고 데이터 수집 여부를 고려합니다.
- 저장 단계는 저장소 유형을 선택하고 보안 정책을 적용합니다.
- 분석 단계는 기계 학습, 데이터 마이닝, 시각화 기법 등을 적용해 비즈니스 의사결정을 지원합니다.
- 보관 단계는 장기 보관 전략을 수립하고 규제 준수 여부를 검토합니다.
- 폐기 단계는 데이터 삭제 방식을 검토한 후 불필요한 데이터를 삭제하고 민감 정보를 보호합니다.

나. 데이터 소스 식별

- 데이터 소스는 데이터의 출처에 따라 내부 데이터 소스와 외부 데이터 소스로 나누고 데이터의 종류에 따라 다양한 소스를 포함하게 된다.

1) 출처에 따른 데이터 소스

구분	설명	예시
내부 데이터 소스	조직 내부에서 생성되고 관리되는 데이터이다.	기업의 ERP(Enterprise Resource Planning) 시스템, CRM(Customer Relationship Management) 시스템, 재무 데이터베이스, 운영 데이터베이스, 로그 파일, 인트라넷, 사내 보고서 등
외부 데이터 소스	조직 외부에서 제공하는 데이터이다.	소셜 미디어 데이터, 공공 데이터, 제3자 데이터 제공자, 웹 스크래핑 데이터, 산업 리서치 보고서, 뉴스 피드, 오픈 데이터 등

2) 종류에 따른 데이터 소스

구분	설명	예시
구조화된 데이터 소스 (Structured Data)	구조화된 데이터는 행과 열로 구성된 정형화된 형식으로 저장되는 데이터이다.	관계형 데이터베이스(RDBMS), 스프레드시트(Spreadsheet), 데이터 웨어하우스(Data Warehouse)
반구조화된 데이터 소스 (Semi-Structured Data)	반구조화된 데이터는 완전히 구조화되지 않았지만, 일정한 패턴을 가지는 데이터를 의미한다	JSON, XML, 로그파일, 센서데이터, 이메일 등
비구조화된 데이터 소스 (Unstructured Data)	비구조화된 데이터는 고정된 구조나 형식이 없는 데이터를 의미하며, 텍스트, 이미지, 비디오, 오디오 등의 형태를 포함한다.	텍스트 파일(Text Files), 소셜 미디어 데이터(Social Media Data), 이미지와 비디오 데이터(Images and Videos), 오디오 데이터(Audio Data) 등

다. 데이터 수집

- 데이터 추출은 다양한 소스에서 데이터를 가져오는 첫 번째 단계이고, 데이터 통합은 가져온 데이터를 일관된 형식으로 결합하고 통합하는 단계이다. 이 두 단계는 ETL(Extract, Transform, Load) 프로세스에서 데이터 준비의 중요한 구성 요소이다.

1) 데이터 추출(Data Extraction)

- SQL 쿼리: 관계형 데이터베이스에서 데이터를 추출할 때 가장 많이 사용되는 방법이다.
- API 호출: RESTful API, GraphQL API 등을 통해 웹 서비스나 애플리케이션에서 데이터를 가져온다.
- 웹 스크래핑(Web Scraping): 특정 웹 페이지에서 원하는 데이터를 추출하는 방법이다.

> **비기의 학습팁**
>
> **웹 크롤링(Web Crawling)**
>
> 인터넷에 존재하는 웹사이트들을 자동으로 탐색하고, 그 데이터를 수집하는 과정입니다. 웹 크롤러가 페이지를 순차적으로 방문하며, 페이지 내의 텍스트, 이미지, 링크 등을 추출합니다.

- ETL 도구: Talend, Apache NiFi, Microsoft SSIS 등의 ETL 도구를 사용하여 자동화된 데이터 추출을 수행할 수 있다.

2) 데이터 통합(Data Integration)

- ETL 도구: Talend, Informatica, Apache NiFi, Microsoft SSIS와 같은 도구를 사용하여 데이터 통합 프로세스를 자동화하고 효율적으로 수행할 수 있다.
- 데이터 가상화(Data Virtualization): 물리적으로 데이터를 이동하지 않고, 다양한 소스의 데이터를 가상화하여 하나의 통합된 뷰로 제공하는 기술이다.
- 데이터 레이크(Data Lake): 데이터 소스에서 추출한 원시 데이터를 저장하고, 필요할 때마다 처리하여 분석하는 방법이다. AWS S3, Azure Data Lake 등 클라우드 기반의 데이터 레이크가 대표적이다.

라. 데이터 변환

- 데이터 변환은 원본 데이터 소스에서 추출된 데이터를 특정 규칙, 알고리즘, 또는 프로세스를 통해 변환하여 표준화된 데이터 모델로 만드는 과정이다. 이를 통해 데이터는 분석, 비즈니스 인텔리전스(BI), 머신러닝 모델링, 보고서 작성 등에 더 적합한 형태로 준비된다.

1) 데이터 정제(Data Cleaning)

- 데이터의 오류, 이상치(outlier), 결측치(missing value)를 식별하고 제거하거나 수정한다.
- 예를 들어, 잘못된 데이터 포맷을 수정하거나, NULL 값을 평균값이나 중앙값으로 대체하는 방법이 사용된다.

2) 데이터 형식 변환(Data Formatting)

- 서로 다른 형식의 데이터를 일관된 형식으로 변환하는 단계이다. 예를 들어, 날짜 형식을 YYYY-MM-DD 형식으로 통일하거나, 문자열 데이터를 숫자 데이터로 변환하는 경우 등이 있다.
- 데이터 타입 변경(예 문자열에서 숫자 또는 날짜로 변환)도 포함된다.

3) 데이터 집계(Data Aggregation)

- 데이터를 요약하고 집계하는 단계이다. 예를 들어, 일별 판매 데이터를 주별 또는 월별로 집계하여 보다 고차원적인 분석을 할 수 있게 한다.
- 평균, 합계, 최대/최소값 등 집계 함수를 사용하여 데이터의 요약 정보를 생성한다.

4) 데이터 병합(Data Merging) 및 결합(Data Joining)

- 여러 데이터 소스를 결합하여 하나의 일관된 데이터 세트를 만든다. 예를 들어, 고객 데이터와 주문 데이터를 조인하여 고객별 구매 기록을 생성할 수 있다.

- INNER JOIN, LEFT JOIN, RIGHT JOIN과 같은 SQL 연산을 사용하여 데이터를 결합한다.

5) 파생 변수 생성(Feature Engineering)

- 분석 또는 머신러닝 모델에 필요한 새로운 파생 변수를 생성한다. 예를 들어, 날짜 데이터를 기반으로 주말 여부를 나타내는 변수를 생성하거나, 두 변수의 비율을 계산하는 작업이다.
- 파생 변수는 모델 성능을 향상시키고, 데이터에 숨겨진 패턴을 더 잘 이해하는 데 도움이 된다.

마. 데이터 검증 및 품질 보증

- 데이터 검증은 데이터가 사전에 정의된 비즈니스 규칙, 요구사항, 제약 조건, 형식에 적합한지를 확인하는 과정이다. 데이터 검증은 데이터의 유효성, 정확성, 일관성을 확보하기 위해 데이터를 검사하고 오류를 식별, 수정하는 데 중점을 둔다.

1) 데이터 검증의 주요 요소

- 정확성(Accuracy): 데이터가 사실을 반영하고, 오류가 없는지를 확인하는 요소이다. 예를 들어, 고객의 나이가 음수이거나 전화번호가 잘못된 형식인 경우가 없는지 확인한다.
- 완전성(Completeness): 필수 필드나 데이터 항목이 누락되지 않았는지 확인하는 요소이다. 예를 들어, 이름이나 주소와 같은 필수 정보가 빈 값으로 되어 있지 않은지 검사한다.
- 일관성(Consistency): 여러 데이터 세트 간의 데이터가 서로 모순되지 않는지 확인하는 요소이다. 예를 들어, 고객 주문 데이터와 배송 데이터가 일치하는지 확인한다.
- 유효성(Validity): 데이터가 사전에 정의된 형식과 제약 조건을 준수하는지 확인하는 요소이다. 예를 들어, 날짜 형식이 YYYY-MM-DD로 맞춰져 있는지, 이메일 주소 형식이 올바른지 확인한다.

바. 데이터 스토리지

- 변환된 데이터의 볼륨, 구조 및 접근 요구 사항에 따라 적절한 데이터 스토리지 솔루션을 결정해야 한다.
- 대표적인 데이터 스토리지 솔루션: 관계형 데이터베이스, NoSQL 데이터베이스, 데이터 웨어하우스 또는 클라우드 기반 스토리지 솔루션 등이 있다.

2. 데이터 적재 및 저장

- 데이터의 효과적인 적재와 저장은 데이터의 무결성과 효율성을 유지하고 접근성을 향상 하는데 중요한 프로세스이다.

가. 데이터 적재(Data Loading)

1) 추출, 변환, 로드(ETL)

- ETL(Extract, Transform, Load)는 다양한 소스에서 데이터를 추출(Extract)하여, 분석 및 보고서 생성에 적합한 형식으로 변환(Transform)한 다음, 대상 시스템(예 데이터 웨어하우스, 데이터 마트)에 로드(Load)하는 프로세스를 의미한다.

2) 일괄 처리(Batch Processing)

- 일괄 처리는 데이터를 관리 가능한 단위(Chunk, 청크)로 나누어 한 번에 모아서 처리하고 적재하는 방식이다. 이 방식은 대량의 데이터를 한꺼번에 처리하는 데 적합하며, 주로 **주기적으로 실행**된다. (예 매일 밤, 주말 등).

3) 실시간 처리(Real-Time Processing)

- 실시간 처리는 스트리밍 데이터의 발생과 동시에 데이터를 처리하고 적재하는 방식이다. 실시간 처리는 데이터가 생성되는 **즉시** 거의 동시에(밀리초 단위) 데이터를 분석하고 처리하여 실시간 결과를 제공할 수 있도록 한다.

나. 데이터 저장(Data Storage)

- 데이터 저장은 데이터를 장기적으로 보관하여 필요할 때 데이터를 검색하고 사용할 수 있도록 하는 단계이다. 데이터 저장은 데이터 웨어하우스, 데이터 레이크, 데이터베이스와 같은 다양한 형태의 저장소에 데이터를 저장하는 것을 포함한다.

1) 데이터베이스(Database)

- 관계형 데이터베이스(RDBMS): SQL을 사용하여 데이터를 관리하며, 데이터가 테이블 구조로 저장된다.
- 비관계형 데이터베이스(NoSQL): 비정형 데이터나 반정형 데이터를 저장할 때 사용된다. 문서형(Document), 키-값(Key-Value), 그래프(Graph) 등의 다양한 형태가 있다.

2) 데이터 웨어하우스(Data Warehouse)

- 주로 정형 데이터를 구조적으로 저장하고 관리하는 시스템으로, 중앙 집중형 데이터 분석을 가능하게 하며, 주로 비즈니스 인텔리전스(BI)와 분석을 위해 사용된다.
- 데이터 웨어하우스는 OLAP(Online Analytical Processing)를 지원하여 대규모 데이터 집합을 빠르게 분석할 수 있다.

출제포인트

ETL은 데이터 적재와 저장에서 중요한 개념입니다. 특히 처리 방식과 관련된 문제는 출제될 수 있으니 각 단계(추출, 변환, 적재)와 처리 방식(일괄 처리, 실시간 처리)의 정의와 차이점을 정확히 이해하고, 관련된 특징을 구별할 수 있어야 합니다.

개념 ➕

병렬 적재와 증분 적재

- 병렬 적재 : 여러 개의 프로세스를 동시에 실행하여 데이터를 빠르게 적재
- 증분 적재 : CDC(Change Data Capture) 기법을 적용하면 완전 적재(Full Load) 없이 **변경된 데이터만** 효율적으로 반영

비기의 학습팁

- 관계형 데이터베이스 (RDBMS) 예시: MySQL, PostgreSQL, Oracle, Microsoft SQL Server
- 비관계형 데이터베이스 (NoSQL) 예시: MongoDB, Cassandra, Redis, Neo4j
- 데이터 웨어하우스 (Data Warehouse) 예시: Amazon Redshift, Google BigQuery, Snowflake, Microsoft Azure Synapse Analytics

- 데이터 웨어하우스는 **주제 지향성**(Subject-Oriented), **통합성**(Integrated), **시계열성**(Time-Variant), **비휘발성**(Non-Volatile)의 4가지 주요 특성을 가진다.

구분	설명
주제지향성	특정 비즈니스 영역별로 데이터를 분류하고 저장 → (효과) 의사결정 지원을 위한 분석 최적화
통합성	여러 데이터 소스에서 수집된 데이터를 일관된 형식으로 변환하여 저장 → (효과) 데이터 일관성 및 품질 유지
시계열성	데이터가 시간 흐름에 따라 축적되며, 과거 데이터 분석 가능 → (효과) 트렌드 분석 및 장기적인 패턴 파악 가능
비휘발성	데이터가 한 번 저장되면 변경되지 않으며, 새로운 데이터가 추가됨 → (효과) 데이터 분석의 신뢰성 및 데이터 히스토리 유지

> **참고**
>
> OLAP vs OLTP
>
> | 구분 | OLAP
(Online Analytical Processing) | OLTP
(Online Transaction Processing) |
> |---|---|---|
> | 목적 | 다차원 데이터 분석 및 의사결정 지원 | 대규모 실시간 데이터 및 트랜잭션 처리 |
> | 데이터 유형 | 집계 데이터(Aggregated Data) | 운영 데이터(Operational Data) |
> | 처리 속도 | 빠른 조회 및 분석, 실시간이 아닐 수도 있음 | 초당 수천~수백만 건의 트랜잭션을 빠르게 처리 |
> | 데이터 모델 | 다차원 데이터 모델(Multi-Dimensional Model) | 관계형 데이터 모델(Relational Model) |
> | 예시 | 데이터 웨어하우스, BI 시스템 | 온라인 쇼핑몰, 은행 거래 시스템 |

다. 데이터 백업과 복구

1) 데이터 백업(Data Backup)

- 데이터 백업은 데이터를 안전하게 저장하고, 원본 데이터가 손실되거나 손상된 경우에 대비하여 복원할 수 있도록 하는 과정이다.
- 정기적인 백업: 데이터 손실 또는 시스템 장애 발생 시 데이터 가용성과 복구를 보장하기 위해 정기적이고 자동화된 데이터 백업을 수행하여야 한다.

2) 데이터 복구(Data Recovery)

- 데이터 복구는 데이터가 손실되거나 손상된 경우, 백업된 데이터를 사용하여 원래 상태로 복원하는 과정이며, 복구는 재해 발생 후 시스템을 신속히 복구하고, 데이터의 가용성을 보장하는 데 중요하다.
- 복원 테스트: 데이터 복원 프로세스를 주기적으로 테스트하여 백업의 무결성을 검증하고 데이터를 성공적으로 복구할 수 있는지 확인하는 것이 중요하다.

개념 +

네트워크 보안
(Network Security)

- 네트워크 보안은 네트워크 인프라와 그에 연결된 장치들, 데이터, 통신을 보호하기 위해 취하는 모든 기술적, 정책적, 절차적 활동을 말합니다.
- 허가되지 않은 접근, 데이터 유출, 악성 공격 및 서비스 중단을 방지하고, 네트워크가 안전하고 신뢰성 있게 운영되도록 하는 것이 네트워크 보안의 목표입니다.
- 네트워크 보안을 위한 기술적 방법에는 방화벽, 침입 탐지 및 방지 시스템(IDS/IPS), 가상 사설망(VPN), 암호화, 안티바이러스 및 안티멀웨어 소프트웨어 등이 포함됩니다.

비기의 학습팁

암호화 기술은 데이터 접근과 저장의 안전성을 보장하기 위한 데이터 보안 강화 기술입니다.

라. 데이터 보안

1) 접근 제어

개념	내용	예시
인증 (Authentication)	인증은 사용자가 주장하는 신원을 확인하는 과정으로 일반적으로 사용자 이름과 비밀번호를 입력하거나 생체 인식, 스마트 카드 등의 방법을 사용한다.	로그인 시 사용자 이름과 비밀번호 입력, OTP(일회용 비밀번호), 지문 인식
권한 부여 (Authorization)	권한 부여는 인증된 사용자가 어떤 리소스에 접근할 수 있는지, 어떤 작업을 수행할 수 있는지 결정하는 과정으로 사용자의 역할과 권한에 따라 결정된다.	사용자가 특정 파일을 읽기만 할 수 있도록 설정, 관리자만 시스템 설정 변경 가능
권한 관리 (Access Management)	권한 관리는 사용자의 역할, 권한, 접근 수준을 정의하고 관리하는 과정이며 이를 통해 데이터와 시스템 리소스에 대한 접근을 적절히 제어한다.	역할 기반 접근 제어(RBAC), 속성 기반 접근 제어(ABAC)
계정 관리 (Account Management)	계정 관리는 사용자 계정을 생성, 수정, 삭제하며, 계정의 권한을 적절히 설정하고 유지하는 과정이다.	신규 사용자 계정 생성, 사용자 권한 변경, 계정 비활성화

2) 암호화(Encryption)

- 암호화(Encryption)는 데이터의 기밀성을 보호하기 위해 데이터를 변환하여 이해할 수 없는 형태로 만드는 과정이며 암호화는 정보가 무단으로 접근되거나 읽히는 것을 방지하며, 데이터의 무결성과 기밀성을 유지하는 데 필수적인 요소이다.

3) 개인정보 보호 규정 준수

- 개인정보 보호 규정 준수는 개인의 민감한 데이터와 개인정보를 수집, 저장, 처리, 전송 및 삭제하는 과정에서 법적, 윤리적 기준을 충족하는 것을 의미한다.
- 개인정보 보호는 법적 규제, 산업 표준 및 개인의 권리를 보호하기 위한 필수적인 요소이다.
- 이러한 개인정보 보호 규정 준수를 위해서는 데이터 분석 시 개인을 식별할 수 없도록 민감한 정보를 처리하는 개인정보 비식별화 과정이 필요하다.

개념	설명
익명화	• 개인을 식별할 수 있는 모든 정보를 완전히 제거하거나 변형하여, 원본 데이터를 추적하거나 복원할 수 없게 만드는 방법
가명화	• 개인을 식별할 수 있는 정보를 대체 식별자(가명, 코드 등)로 변환하는 방법 • 가명화된 데이터는 원본 데이터와 연결할 수 있는 추가적인 정보나 키를 사용해야만 복원 가능
데이터 마스킹	• 원본 데이터를 숨기기 위해 실제 데이터를 임시 값으로 변환하여 보안성을 유지 하면서도, 데이터를 사용할 수 있도록 하는 방법
데이터 범주화	• 데이터를 범주나 그룹으로 나누어, 개별적인 정보는 제외하고, 넓은 범위로 표현

> **비기의 학습팁**
> 익명화는 완전 제외입니다.
> 예 홍길동, 경영시 정보구 시각동, 32세, 010-1234-5678
> → -, -, -, - (완전 삭제)

> **비기의 학습팁**
> 가명화는 코드로 변환합니다.
> 예 홍길동, 경영시 정보구 시각동, 32세, 010-1234-5678
> → 사용자001, 경영시 정보구 시각동, 32세, 010-1234-5678

> **비기의 학습팁**
> 마스킹은 가려서 표현합니다.
> 예 홍길동, 경영시 정보구 시각동, 32세, 010-1234-5678
> → 홍**, 경영시, 30대, 010-1234-5678

> **비기의 학습팁**
> 범주화는 뭉쳐서 표현합니다.
> 예 홍길동, 경영시 정보구 시각동, 32세, 010-1234-5678
> → 홍길동, 경영시, 30대, 010-1234-5678

- 일반적으로 공개 데이터에서는 준식별자 값들의 조합을 통해 데이터에 포함된 개인을 추론할 수 있는 문제가 발생할 수 있다. 이때, **프라이버시 모델 기반 추론 방지 기술이 필요할 수 있다.**
- 프라이버시 모델 기반 추론 방지 기술은 비식별화의 핵심 원칙 중 하나로, **다양한 추론을 통한 공격에 대해 개인정보 추론 위험 정도**를 확률적, 정량적으로 제한하는 방법론을 의미하며, k-익명성(k-Anonymity), l-다양성(l-Diversity), t-근접성(t-Closeness) 등의 기법이 포함된다

> **참고**
>
> **프라이버시 모델 기반 추론 방지 기술**
>
> 1. **k-익명성(k-Anonymity)**
> - 데이터에서 **준식별자 값들이 최소 k개 이상의 동일한 조합**을 갖도록 변환하여, 특정 개인을 쉽게 식별할 수 없게 하는 기법이다.
>   예 공개데이터의 취약점인 연결 공격(linkage attack) → k-익명성으로 방어
>
> 2. **l-다양성(l-Diversity)**
> - 동일한 준식별자 그룹 내에서 민감한 속성이 최소 l개의 서로 다른 값을 가지도록 설정하는 기법이다.
>   예 k-익명성을 적용했음에도 불구하고 발생할 수 있는 동질성 공격(homogeneity attack), 배경지식 공격(background knowledge attack) → l-다양성으로 방어
>
> 3. **t-근접성(t-Closeness)**
> - 준식별자 그룹 내에서 특정 민감 속성의 분포가 전체 데이터셋의 민감 속성 분포와 유사하도록 조정하는 기법이다..
>   예 l-다양성의 취약점으로 쏠림 공격(skewness attack), 유사성 공격(similarity attack) → t-근접성으로 방어

마. 모니터링 및 유지관리

- 모니터링은 데이터 및 시스템의 상태를 지속적으로 감시하고 분석하여 보안 위협, 이상 징후, 시스템 성능 문제 등을 식별하는 과정이다. 이를 통해 잠재적인 보안 위협을 조기에 발견하고, 적절한 대응을 할 수 있다.
- 유지관리는 보안 체계를 지속적으로 관리하고 개선하여 보안 상태를 안정적으로 유지하는 과정으로 이는 시스템이 최신 상태로 유지되도록 하고, 발생할 수 있는 보안 문제를 사전에 예방하기 위한 조치이다.

✅ 핵심 개념체크

35. 데이터 수집 및 변환 과정에서 데이터 요구사항 정의의 주요 목적은 무엇인가?

① 데이터를 저장하는 방법을 결정하기 위해
② 수집해야 하는 구체적인 데이터와 수집 목적을 결정하기 위해
③ 데이터의 보안을 강화하기 위해
④ 데이터의 시각화를 위해

> 데이터 요구사항 정의의 주요 목적은 수집해야 하는 구체적인 데이터와 수집 목적을 결정하는 것이다.

36. 다음 중 데이터 적재의 목적에 해당하지 않는 것은 무엇인가?

① 데이터의 무결성 유지
② 데이터의 접근성 향상
③ 데이터의 변환 및 추출
④ 데이터의 효율성 유지

> 데이터 적재의 목적은 데이터의 무결성, 접근성, 효율성을 유지하는 것이며, 변환 및 추출은 데이터 적재의 목적이 아니다.

비즈니스 인텔리전스

❶ 비즈니스 인텔리전스

1. 비즈니스 인텔리전스(BI, Business Intelligence)

- 비즈니스 인텔리전스(BI, Business Intelligence)는 조직의 데이터를 분석하고 활용하여 **비즈니스 결정을 지원**하는 기술, 전략, 도구, 프로세스를 총칭하는 개념이다.
- BI는 데이터를 수집, 정리, 분석하여 인사이트를 제공하고, **데이터 기반의 의사 결정을 통해 비즈니스 성과를 향상**시키는 데 목표를 둔다.

2. 비즈니스 인텔리전스의 구성 요소

가. 데이터 수집

- 비즈니스 분석 목적에 맞는 다양한 소스에서 데이터를 수집하며 내부 시스템(예 ERP, CRM)과 외부 데이터 소스(예 소셜 미디어, 시장 조사)에서 데이터를 수집하게 된다.
- 예 고객 거래 기록, 웹 로그, 설문조사 결과

나. 데이터 저장

- 수집된 데이터를 저장하고 관리하는 시스템으로 데이터베이스, 스프레드시트뿐만 아니라 외부 API 등을 통해 수집된 데이터를 데이터웨어하우스, 데이터마트, 클라우드 저장소 등에 저장하게 된다.

다. 데이터 처리 및 변환

- 수집 및 저장되어 통합된 데이터를 분석하기에 적합한 형태로 정제 및 변환하는 과정으로 데이터 정제, 변환, 집계 등을 통해 데이터 분석에 사용할 수 있도록 준비한다.

라. 데이터 분석

- 데이터 처리 및 변환 과정을 거쳐 정제된 데이터를 설명적 분석, 진단적 분석, 예측적 분석, 처방적 분석을 수행하여 인사이트를 도출하는 과정으로 **통계 분석, 데이터 마이닝, 예측 분석** 등이 포함된다.
- 예 상관 분석, 회귀 분석, 군집 분석 등

비기의 학습팁

데이터 수집은 정확한 의사결정을 위한 기초 자료를 제공하는 중요한 단계입니다. 신뢰할 수 있는 데이터가 있어야 분석과 보고가 가능하며, 이를 기반으로 경영진은 올바른 전략을 수립할 수 있습니다.

비기의 학습팁

데이터 웨어하우징(DWH)

데이터웨어하우징은 조직의 여러 출처에서 발생한 대량의 데이터를 통합, 저장, 관리하는 시스템을 의미합니다. 주로 의사결정 지원을 위해 설계된 대규모 데이터 저장소로, 과거와 현재의 데이터를 분석하여 비즈니스 인사이트를 도출하는 데 사용됩니다. 데이터웨어하우스는 이러한 데이터웨어하우징 기술의 결과물로, 데이터를 정제하고 분석하기 위한 구조화된 저장소입니다.

마. 데이터 시각화

- 분석 결과를 **이해하기 쉬운 형태**로 시각화하는 과정으로 대시보드, 차트, 그래프 등을 통해 **데이터의 패턴과 인사이트를 시각적으로 표현**한다.
- 예 대시보드, 파이 차트, 막대 그래프 등

바. 보고 및 대시보드

- 분석 결과를 보고서와 대시보드 형태로 제공하여 사용자에게 필요한 정보를 전달한다.
- 예 매출 보고서, KPI 대시보드

사. 의사 결정 지원

- 분석 결과를 기반으로 전략적 의사 결정을 지원하는 과정으로 비즈니스 전략, 운영 효율성, 마케팅 전략 등을 포함할 수 있다.
- 예 판매 전략 조정, 인벤토리 관리 최적화

아. 데이터 거버넌스

- 데이터 자산의 관리와 제어를 체계적으로 수행하기 위해 **다양한 정책과 표준을 통해 데이터의 보안, 개인정보보호, 정확성, 가용성, 사용성을 보장하기 위해 수행하는 모든 작업**을 의미한다.
- 데이터 거버넌스의 목표는 안전한 방식으로 손쉽게 접근 가능한 고품질 데이터를 유지하고 관리하는 것이다.

> **비기의 학습팁**
> 비즈니스 인텔리전스는 데이터 기반 의사결정에 필요한 프레임워크, 도구 및 통찰을 제공합니다. 이를 통해 조직은 데이터를 효과적으로 활용하고, 의미 있는 통찰을 얻고, 정보에 입각한 의사 결정을 내림으로써 비즈니스 성공과 경쟁력을 높일 수 있습니다.

3. 비즈니스 인텔리전스 구현 단계

1단계: 목표 설정

- BI 시스템의 목표와 요구 사항을 정의하고 비즈니스 목표를 지원하기 위해 필요한 데이터와 분석방법을 결정한다.

2단계: 데이터 수집 및 통합

- 필요한 데이터를 수집하고 통합하여 분석할 준비를 하고 데이터 출처와 형식을 고려하여 데이터를 정리한다.

3단계: 시스템 설계 및 구축

- BI 시스템의 아키텍처를 설계하고 구축한다. 이를 지원할 수 있는 데이터 저장소, 분석 도구, 시각화 도구 등을 설정한다.

4단계: 데이터 분석 및 시각화

- 데이터를 분석하고 시각화하여 인사이트를 도출하고 이를 통해 비즈니스 문제 해결 및 기회 식별을 지원한다.

5단계: 보고서 및 대시보드 배포

- 분석 결과를 사용자 요구에 맞게 커스터마이즈하여 보고서를 작성하고 대시보드 형태로 사용자에게 제공한다.

6단계: 모니터링 및 개선

- BI 시스템의 성과 모니터링을 통해 **목표와 성과를 추적하고 평가**한다.
- 사용자 피드백을 반영하여 시스템을 업데이트하고, 지속적으로 개선한다.

```
목표 설정        시스템 설계 및 구축        보고서 및 대시보드 배포
  ①       ②        ③       ④        ⑤       ⑥
      데이터 수집 및 통합     데이터 분석 및 시각화      모니터링 및 개선
```

개념 ➕

Embedded BI

임베디드 비즈니스 인텔리전스(Embedded BI)는 기존 애플리케이션이나 웹 서비스 내에 BI 기능을 통합하여, 별도의 BI 도구 없이 데이터 분석 및 시각화를 직접 활용할 수 있도록 지원하는 솔루션입니다. CRM, ERP, SaaS 등 다양한 비즈니스 애플리케이션에 내장되어 실시간 데이터 분석 및 시각화 지원하는 특징이 있습니다.

4. 비즈니스 인텔리전스의 종류

가. 대시보드 비즈니스 인텔리전스
(Dashboard Business Intelligence, Dashboard BI)

- **데이터 분석 결과를 시각적으로 표현**하여 한눈에 파악할 수 있도록 제공하는 BI 솔루션이다.
- **KPI(Key Performance Indicator) 및 주요 지표를 직관적으로 모니터링** 가능하다.
- **인터랙티브 차트 및 필터 기능을 활용**하여 데이터 탐색과 의사결정을 지원한다.

비기의 학습팁

대시보드 BI는 단순한 데이터 시각화 도구인 대시보드를 넘어 분석 및 의사결정까지 지원하는 도구입니다. Power BI, Tableau 등과 같은 BI 솔루션이 제공하는 대시보드가 대시보드 BI의 대표적인 예입니다.

나. 셀프서비스 비즈니스 인텔리전스
(Self-Service Business Intelligence, SSBI)

- **IT 부서의 도움 없이** 비즈니스 사용자가 데이터를 직접 분석하고 활용할 수 있도록 지원하는 도구 및 프로세스이다.
- 직관적인 인터페이스를 통해 프로그래밍 없이 **데이터 시각화 및 분석**이 가능하다.
- **데이터 접근성이 향상**되어 다양한 데이터를 자유롭게 탐색하고, **분석 결과를 쉽게 공유**할 수 있다.

다. 클라우드 기반 비즈니스 인텔리전스
(Cloud-based Business Intelligence, Cloud BI)

- 클라우드 환경에서 실행되는 BI 솔루션으로, **언제 어디서나** 데이터 분석이 가능하다.
- **대용량 데이터 처리 및 확장성** 제공으로 유지보수 부담이 감소되는 장점이 있다.
- 다양한 디바이스(PC, 태블릿, 모바일)에서 **실시간 데이터 접근 및 시각화**를 지원한다.

비기의 학습팁

클라우드 BI와 모바일 BI는 인터넷 기반으로 장소 제한 없이 실시간으로 데이터에 접근 가능하다는 장점이 있지만, 다른 BI에 비해 네트워크를 통한 데이터 전송 과정에서 보안 위험이 상대적으로 높습니다.

라. 모바일 비즈니스 인텔리전스
(Mobile Business Intelligence, Mobile BI)

- 스마트폰 및 태블릿과 같은 **모바일 기기**를 통해 데이터 분석 및 시각화를 제공하는 BI 솔루션이다.
- 장소에 구애받지 않고 실시간 데이터 **조회 및 의사결정 지원**이 가능하다.
- **모바일 최적화 UI/UX**를 통해 대시보드, 보고서, 알림 기능 등을 효율적으로 활용할 수 있다.

5. 비즈니스 인텔리전스 활용 사례

〈스타벅스: 고객 경험 개선〉

문제	스타벅스는 고객의 만족도를 높이고, 매장 운영을 최적화하기 위해 다양한 데이터 분석이 필요했다.
BI 솔루션	스타벅스는 BI 도구를 사용하여 고객의 구매 패턴, 주문 빈도, 시간대별 트래픽 데이터를 분석하고 이를 통해 각 매장의 성과를 비교하고, 특정 시간대와 날씨 조건에 따른 고객 행동을 예측할 수 있었다.
성과	• 고객 맞춤형 서비스: 고객의 구매 패턴을 분석하여 맞춤형 프로모션과 제품 추천을 제공할 수 있었다. • 매장 운영 최적화: 시간대별 트래픽 분석을 통해 매장 운영 시간과 직원 배치를 최적화하여 고객 대기 시간을 줄일 수 있었다.

〈넷플릭스: 콘텐츠 추천 및 고객 유지〉

문제	넷플릭스는 고객의 이탈을 방지하고, 사용자 만족도를 높이기 위해 개인화된 콘텐츠 추천이 필요했다.
BI 솔루션	넷플릭스는 BI 분석 도구를 사용하여 사용자의 시청 기록, 검색 쿼리, 콘텐츠 선호도 등을 분석하고 이 데이터를 기반으로 개인화된 추천 알고리즘을 개발하여 사용자에게 맞춤형 콘텐츠를 제공할 수 있었다.
성과	• 개인화된 추천: 사용자의 취향에 맞는 콘텐츠를 추천하여 사용자 경험을 향상시킬 수 있었다. • 고객 유지: 개인화된 콘텐츠 제공을 통해 고객의 이탈을 줄이고, 가입자 수를 증가시킬 수 있었다.

〈월마트: 공급망 최적화〉

문제	월마트는 전 세계에 걸친 방대한 공급망을 효율적으로 관리하기 위해 데이터 분석이 필요했다.
BI 솔루션	월마트는 BI 도구를 활용하여 판매 데이터, 재고 수준, 공급망 효율성을 분석하고 이 데이터는 각 매장의 판매 동향, 재고 회전율, 공급자 성과 등을 실시간으로 모니터링하는 데 사용되었다.
성과	• 재고 관리 최적화: 판매 예측 데이터를 기반으로 재고를 적절히 관리하고, 재고 부족이나 과잉 문제를 예방할 수 있었다. • 비용 절감: 공급망 최적화를 통해 물류 비용을 줄이고, 운영 효율성을 개선할 수 있었다.

⟨아마존: 제품 추천 및 매출 증대⟩

문제	아마존은 방대한 제품 카탈로그와 고객 데이터를 활용하여 매출을 증가시키고, 고객 만족도를 높여야 했다.
BI 솔루션	아마존은 BI와 데이터 분석을 통해 고객의 구매 이력, 검색 기록, 장바구니에 담긴 상품 등을 분석하고 이를 기반으로 '다음에 구매할 가능성이 높은 제품'을 추천하는 시스템을 구축했다.
성과	• 매출 증대: 추천 시스템을 통해 추가 구매를 유도하여 매출을 증가시킬 수 있었다. • 개선된 고객 경험: 개인화된 추천을 통해 고객이 더 만족스럽게 쇼핑할 수 있도록 지원할 수 있었다.

⟨파타고니아: 지속 가능성 목표 관리⟩

문제	아웃도어 의류 브랜드 파타고니아는 지속 가능성을 중요시하며, 환경 영향을 최소화하기 위해 데이터 기반의 의사 결정이 필요했다.
BI 솔루션	파타고니아는 BI 도구를 사용하여 공급망의 환경 영향을 분석하고, 에너지 소비, 탄소 배출량 등의 데이터를 모니터링 하였다. 이를 통해 지속 가능성 목표를 설정하고 성과를 추적했다.
성과	• 지속 가능성 개선: 환경 영향을 줄이기 위한 전략을 수립하고, 지속 가능한 생산 방법을 채택할 수 있었다. • 정확한 목표 설정: 데이터를 기반으로 명확한 목표를 설정하고, 성과를 추적하여 지속 가능성 향상을 도모할 수 있었다.

✅ 핵심 개념체크

37. 비즈니스 인텔리전스의 주요 구성 요소가 아닌 것은?

① 데이터 웨어하우스
② 데이터 마이닝
③ 데이터 암호화
④ 데이터 시각화

비즈니스 인텔리전스는 데이터 웨어하우스, 데이터 마이닝, 데이터 시각화 등의 구성 요소로 이루어지며, 데이터 암호화는 주로 데이터 보안의 영역에 속한다.

38. 비즈니스 인텔리전스를 통해 얻을 수 있는 이점이 아닌것은?

① 실시간 데이터 분석
② 고객 행동 예측
③ 데이터 저장 비용 절감
④ 운영 효율성 향상

비즈니스 인텔리전스는 실시간 데이터 분석, 고객 행동예측, 운영 효율성 향상 등의 이점을 제공하지만, 데이터 저장 비용 절감과는 직접적인 관련이 없다.

PART 02 데이터 해석 및 활용
예상문제 100

모바일로 풀기

001 답 ★★★★☆
다음 중 정보의 특징에 대한 설명으로 가장 적절한 것은?

① 정보는 항상 정확하고 신뢰할 수 있는 것으로, 그 자체로 분석이 필요 없는 최종 결과물이다.
② 정보는 데이터의 양과 관계없이 자동으로 생성되며, 데이터가 많아도 가공 없이 바로 사용할 수 있다.
③ 정보는 특정한 목적을 달성하기 위해 데이터를 분석하고 가공하여 만들어진 결과이며, 의사 결정을 돕는 데 유용하다.
④ 정보는 데이터를 단순히 모은 것보다 항상 더 많은 양을 포함하며, 데이터의 집합체로 볼 수 있다.

002 답 ★★★☆☆
다음 중 DIKI 피라미드의 정보(Information)에 대한 설명으로 가장 옳은 것은?

① 데이터로부터 객관적인 사실을 제외하고 오롯이 숫자, 텍스트, 이미지와 같은 값으로 분리한 산출물이다.
② 데이터에 개인적인 경험을 결합시켜 특정 주제를 해석하고 의미를 도출하고 내재화한 결과물이다.
③ 데이터를 분석하고 가공하여 특정 목적에 맞게 의미를 부여하고 관계 속에서 의미가 도출된 결과물이다.
④ 데이터의 축적을 통해 새로운 아이디어를 결합하여 창의적인 의미를 도출한 산물이다.

003 답 ★★★☆☆
기업에서 자주 분석하고 있는 매출 수치가 해당되는 DIKI 계층과 그 이유로 가장 적절한 것은?

① 매출 수치는 단순히 기록된 숫자 데이터로, 분석이나 가공되기 이전의 원천 데이터에 해당하므로 '데이터'이다.
② 매출액을 기반으로 월별 동향을 비교하고 관계나 패턴을 찾을 수 있기 때문에 지식이다.
③ 매출 수치는 분석 결과로부터 도출된 통찰력으로, 데이터와 정보를 기반으로 상황을 깊이 이해하는 데 사용되므로 '통찰'이다.
④ 매출 수치는 통찰에 대한 검토와 평가 과정을 통해 도출된 결과로, 비판적 사고를 포함하므로 '정보'이다.

004 답 ★★★☆☆
다음 중 빅데이터의 특성에 해당하지 않는 것을 고르시오.

① 빅데이터는 방대한 양의 데이터를 포함하며, 저장과 처리를 위한 대규모 시스템이 필요하다.
② 빅데이터는 데이터를 빠르게 처리하고 분석할 수 있는 고속 처리 기능을 요구한다.
③ 빅데이터는 정형 데이터를 기반으로 하며, 항상 일정한 구조와 형식을 유지한다.
④ 빅데이터는 다양한 데이터 형태와 소스를 포함하여 여러 방식으로 수집되고 활용된다.

005 답 ★★★☆☆
반정형 데이터는 구조가 정해지지 않은 데이터이다. 다음 중 반정형 데이터에 대한 설명으로 가장 적절한 것은?

① 반정형 데이터는 항상 고정된 스키마를 사용하여 데이터를 체계적으로 관리한다.
② 반정형 데이터는 비정형 데이터와 동일한 속성을 가지며, 구조화되지 않은 데이터를 포함한다.
③ 반정형 데이터는 XML, JSON과 같은 특정 형식을 포함하며, 데이터의 일부 구조를 확인할 수 있다.
④ 반정형 데이터는 주로 데이터베이스의 테이블 형식으로만 저장되며, 다른 형식은 사용할 수 없다.

006 난 ★★★☆☆
빅데이터에서 자주 활용되고 있는 비정형 데이터의 주요한 특징을 가장 잘 설명한 것은?

① 행과 열로 구성된 고정된 구조를 가지며, 간단한 형태의 데이터 처리에 주로 사용된다.
② 영상, 음성 데이터와 같이 구조화되지 않은 데이터이다.
③ 명확한 데이터 모델을 기반으로 하여 효율적인 처리가 가능하다.
④ 기본적인 기록 수준의 데이터를 말하며, 분석 없이 바로 활용하기에는 한계가 있다.

007 난 ★★★☆☆
순서형 데이터의 특징에 대한 설명으로 가장 적절한 것은?

① 값들의 순서는 중요하지 않으며, 각 값들은 독립적인 범주로 구분된다.
② 값들 간에 순서가 존재하지만, 간격이나 비율은 알 수 없다.
③ 값에 가중치를 부여할 수 있으며, 연산이 가능한 정량적 수치값을 가진다.
④ 값들이 연속적인 수치로 표현되며, 측정 단위 간의 차이가 일정하다.

008 난 ★★☆☆☆
다양한 특성을 가지는 데이터들에 대한 설명으로 가장 적절한 것은?

① 명목형 데이터는 값들 간의 고유한 순서가 없다.
② 순서형 데이터는 값들 간에는 항상 일정한 간격이 존재한다.
③ 이산형 데이터는 연속적인 값을 가지며 끊임없이 이어진다.
④ 연속형 데이터는 측정 가능한 단절된 값을 표현한다.

009 난 ★★☆☆☆
다음 다양한 유형의 데이터들 중 측정 가능한 실수 값으로 구성되어, 정량적인 크기 비교에 가장 용이한 유형으로 가장 옳은 것은?

① 이산형 데이터
② 명목형 데이터
③ 연속형 데이터
④ 순서형 데이터

010 난 ★★★★☆
다음 중 빅데이터의 속도(Velocity) 측면에서 가장 기여한 기술은 무엇인가?

① 분산 환경에서 대규모 데이터 처리를 가능하게 한 클라우드 컴퓨팅
② 분산 장부 기술로 데이터 무결성과 투명성을 제공하는 블록체인
③ 현실 세계에 가상 정보를 더하여 시각적 경험을 증대시키는 증강 현실
④ 사용자의 활동을 기반으로 데이터를 연결하고 공유하는 소셜 네트워크

011 난 ★☆☆☆☆
다음 중 빅데이터의 다양성(Variety)과 가장 관련 있는 설명은?

① 대량의 데이터를 정해진 간격으로 배치 처리한다.
② 텍스트, 이미지, 동영상 등 다양한 형태의 데이터를 포함한다.
③ 데이터가 얼마나 빠르게 생성되고 처리되는지를 나타낸다.
④ 수집된 데이터가 의사결정에 얼마나 기여하는지를 평가한다.

012 ★★★☆☆

다음은 빅데이터의 도입으로 인한 본질적인 변화들을 나열한 것이다. 올바른 것을 모두 고르시오.

> 가. 정형 데이터의 증가
> 나. 실시간 의사 결정 가능성 확대
> 다. 소비자 맞춤형 서비스 강화
> 라. 데이터 저장 비용 증가

① 가, 나 ② 나, 다
③ 가, 라 ④ 다, 라

013 ★★★☆☆

빅데이터 분석에서 빅데이터의 Value와 가장 밀접한 관련이 있는 설명은 무엇인가?

① 데이터의 양이 방대하여 저장과 처리가 복잡하다.
② 데이터가 다양한 형식으로 존재하기 때문에 분석이 어렵다.
③ 데이터를 실시간으로 처리해야 하므로 속도가 중요하다.
④ 데이터를 통해 비즈니스 인사이트를 도출하여 의사 결정을 지원한다.

014 ★★★★☆

빅데이터가 다양한 형식으로 존재하는 이유를 가장 잘 설명한 것은?

① 데이터를 저장할 때 형식적인 제약이 많기 때문이다.
② 데이터를 여러 소스에서 수집하므로 형식이 다양해지기 때문이다.
③ 데이터 처리 효율성을 높이기 위해 다양한 구조로 변환되기 때문이다.
④ 데이터 분석 과정에서 연산 자원의 요구가 달라지기 때문이다.

015 ★★★★☆

빅데이터 분석을 통해 기업이 얻을 수 있는 가장 큰 이점은 무엇인가?

① 데이터를 저장하는 과정에서 보안성을 높일 수 있다.
② 고객 행동을 예측하여 맞춤형 서비스를 제공할 수 있다.
③ 데이터를 효과적으로 저장하여 비용을 절감할 수 있다.
④ 데이터 수집 과정을 단순화하여 관리가 용이해진다.

016 ★☆☆☆☆

빅데이터 활용 시 발생할 수 있는 윤리적 문제로 옳은 것은 무엇인가?

① 데이터의 신뢰성과 정확성을 높이는 데 필요한 문제
② 개인 데이터가 보호되지 않아 프라이버시가 침해되는 문제
③ 데이터를 수집하는 과정에서 비용이 증가하는 문제
④ 데이터를 처리하는 속도가 느려져 분석이 지연되는 문제

017 ★★★★☆

데이터 분석에서 발생할 수 있는 오류 중 심슨의 역설이 나타날 수 있는 상황으로 가장 적절한 것은 무엇인가?

① 데이터가 비선형적인 특성을 보일 때 발생한다.
② 데이터 간 상관관계가 매우 높을 때 발생한다.
③ 상하위 그룹 간의 경향이 서로 다른 경우 발생한다.
④ 데이터가 정규 분포를 따르는 경우 발생한다.

018 ★★★★★

다음 중 아래 보기의 데이터 분석으로 발생할 수 있는 오류로 가장 적절한 것을 고르시오

> 한 도시에서 설문조사를 실시하여 해당 지역의 주민들이 주로 친환경 제품을 구매한다고 조사되었다. 이 결과를 바탕으로 "전국적으로 소비자들은 친환경 제품을 선호한다."라고 결론을 내렸다.

① 심슨의 역설
② 성급한 일반화
③ 체리피킹
④ 생존자 편향 오류

019 난 ★☆☆☆☆
데이터 분석에서 시각화가 유용하게 쓰이는 이유에 대한 설명으로 가장 적절한 것은?

① 데이터를 물리적 구조로 분석할 수 있기 때문이다.
② 데이터에 보다 다양한 정보를 내재할 수 있기 때문이다.
③ 데이터를 시각적으로 표현하여 직관적으로 이해할 수 있기 때문이다.
④ 데이터를 압축하여 저장 비용을 절감할 수 있기 때문이다.

020 난 ★☆☆☆☆
기술통계에서 사용되는 데이터의 통계량 중 최빈값에 대한 설명으로 가장 적절한 것은?

① 데이터 집합의 모든 값을 더한 후, 데이터의 개수로 나눈 값을 나타낸다.
② 데이터 집합을 크기 순서대로 정렬했을 때, 중앙에 위치한 값을 나타낸다.
③ 데이터에서 가장 자주 나타나는 값을 의미한다.
④ 데이터 값들의 흩어짐 정도를 나타낸다.

021 난 ★★☆☆☆
기술통계에서 가장 많이 사용되는 분산과 표준편차와 같은 통계량이 제공하는 정보로 가장 적절한 것은?

① 데이터 값들의 중앙 위치를 기준으로, 데이터가 얼마나 대칭적인지 또는 비대칭적인지에 대한 정보를 제공한다.
② 데이터 집합의 각 값들이 중심을 기준으로 얼마나 모여있는 지 또는 흩어져있는 지에 대한 정보를 제공한다.
③ 데이터 집합 내에서 가장 자주 발생하는 값을 계산하여 데이터의 치우친 위치에 대한 정보를 제공한다.
④ 데이터 값들이 중심에 집중되어 있는 정도를 계산하여 데이터의 중심 위치에 대한 정보를 제공한다.

022 난 ★★★★☆
통계량(statistics)과 모수(parameter)에 대한 설명으로 가장 적절하지 않은 것은?

① 표본 분산은 표본 평균과 자료들 간의 차이인 편차를 제곱한 후 자유도(degree of freedom)로 나눈 것이다.
② 표본 평균의 기대값은 모평균(μ)이며, 표본 평균은 모평균의 유일한(unique) 통계량이다.
③ 정규 분포 하에서 표본 평균과 표본 분산(s^2)은 서로 독립(independent)이다.
④ 모분산의 추정량 중 표본 분산을 주로 사용하는 이유는 불편추정량(unbiased estimator)이기 때문이다.

023 난 ★★★☆☆
아래의 표본 데이터 집합에 대한 설명으로 올바르지 않은 것은?

> 표본 데이터 집합:
> [22, 14, 10, 18, 16, 18, 20, 18, 26]

① 위 데이터 집합은 평균을 중심으로 좌우가 대칭인 분포이다.
② 위 데이터 집합의 평균, 중앙값, 최빈값은 모두 같다.
③ 위 데이터의 평균은 18이다.
④ 위 데이터 집합의 분산은 21.34이다.

024 난 ★★★☆☆
추론 통계에서는 모집단의 특성을 가장 잘 반영할 수 있도록 대표성이 높은 표본을 구성하는 것이 중요하다. 표본의 대표성과 관련된 설명으로 가장 적절한 것은?

① 표본의 크기를 줄이면 대표성이 증가한다.
② 모집단에서 표본을 무작위로 추출하는 방법을 사용한다.
③ 동일한 특성을 가진 집단을 중심으로 선택하여 표본을 구성한다.
④ 동일한 표본을 여러 번 반복 측정하여 결과를 얻는다.

025 ★★★★☆
추론 통계에서 신뢰구간이 좁아질수록 데이터 추정 결과에 어떤 영향을 끼치는지 옳게 설명한 것은?

① 표본의 크기가 점차적으로 감소하여 데이터 수집의 전체적인 규모가 줄어드는 현상이 나타난다.
② 추정치의 정밀도가 높아지며, 추정치의 분산이 줄어들어 실제 모수에 더 가까워지는 효과를 가져온다.
③ 모집단의 분산이 점점 커지면서 데이터의 전체적인 퍼짐 정도가 증가하는 경향을 보이게 된다.
④ 표본 평균이 지속적으로 변동을 일으키며, 데이터 집합의 중심값이 달라지는 상황이 발생한다.

026 ★★★★☆
두 변수 사이의 상관계수가 0일 때의 관계를 설명하는 것으로 가장 적절한 것은?

① 두 변수는 비선형적인 관계를 가질 가능성이 충분히 존재할 수 있다.
② 두 변수는 서로 독립적이며 영향을 주고받지 않는다고 볼 수 있다.
③ 두 변수는 매우 강한 음의 선형 상관관계를 나타낸다고 할 수 있다.
④ 두 변수 사이에는 어떠한 종류의 관계도 전혀 존재하지 않는다고 판단된다.

027 ★★☆☆☆
아래는 데이터들간의 상관관계를 나타낸 것이다. 가장 올바른 해석은?

> A 집단과 B 집단의 상관계수는 0.78으로 나타났다.
> B 집단과 C 집단의 상관계수는 -0.46으로 나타났다.

① A집단의 수치가 증가하면 B집단의 수치는 감소한다.
② A집단의 수치가 감소하면 C집단의 수치도 감소한다.
③ B집단의 수치가 증가하면 C집단의 수치는 감소한다.
④ A집단과 C집단은 서로 영향이 없다고 단정할 수 있다.

028 ★★☆☆☆
$P(B) = 0.3$이고 $P(C) = 0.5$일 때 $P(B \cup C)$를 계산하면?(단, $P(B \cap C) = 0.1$라고 알려져 있다.)

① 0.6 ② 0.7
③ 0.8 ④ 0.9

029 ★★★☆☆
다음 중 확률 질량 함수(PMF, Probability Mass Function)와 확률 밀도 함수(PDF, Probability Density Function)에 대한 설명 중 옳지 않은 것은 무엇인가?

① PMF는 이산형 확률 변수를 다루고, PDF는 연속형 확률 변수를 다룬다.
② PMF는 각 개별 값에 확률을 할당하며, PDF는 특정 구간의 확률 밀도를 계산한다.
③ PMF는 모든 가능한 값에 대한 확률을 합치면 1이다.
④ PDF는 누적 분포 함수(CDF, Cumulative Distribution Function)와 동일한 역할을 한다.

030 ★★☆☆☆
다음 중 정규분포에 대한 설명으로 가장 적절한 것은?

① 실험이 성공하거나 실패하는 두 가지 가능성을 기반으로 하며, 각 시행에서 성공 확률이 일정한 조건에서 성공 횟수에 대한 분포
② 무한한 연속적인 값을 가질 수 있으며, 확률 밀도 함수가 특정 평균과 분산을 중심으로 종 모양으로 퍼져 있는 분포
③ 단위 시간 또는 공간 내에서 일정한 평균 발생률을 가지며 독립적인 사건의 발생 횟수에 대한 분포
④ 각 시행에서 성공할 확률이 일정한 조건에서, 특정 사건이 처음 발생할 때까지의 시행 횟수에 대한 분포

031 ★★☆☆☆
평균과 분산이 알려지지 않은 정규 모집단에서 소표본을 추출하여 모평균의 신뢰구간을 추정하고자 한다. 이 경우에 가장 적합한 분포는 무엇인가?

① 지수분포 ② t-분포
③ 카이제곱분포 ④ F-분포

032 난 ★★★☆☆
데이터 마이닝에서 회귀 분석의 주요 목적으로 가장 올바른 것은?

① 데이터 간의 연관 규칙을 발견하여 관계를 설명하고자 한다.
② 데이터를 기반으로 연속적인 값을 예측하고 추론하고자 한다.
③ 데이터를 유사한 특성을 가진 집단으로 나누어 분석하고자 한다.
④ 데이터를 분석하여 이상치나 비정상적 값을 탐지하고자 한다.

033 난 ★★☆☆☆
다음 보기의 다양한 데이터의 예시 중 질적 데이터의 예로 옳은 것을 모두 고르시오.

> 가. 제품의 색상
> 나. 학생의 점수
> 다. 고객의 성별
> 라. 사람의 몸무게
> 마. 각 나라별 평균 기온

① 가, 라
② 나, 마
③ 나, 다
④ 가, 다

034 난 ★★★☆☆
다음 중 OLAP(Online Analytical Processing)에 대한 설명으로 가장 적절한 것은?.

① OLAP은 대규모 실시간 데이터 처리를 위한 시스템으로, 트랜잭션 처리에 중점을 둔다.
② OLAP은 다차원 데이터를 분석하기 위해 설계된 기술로, 의사 결정을 지원하는 데 사용된다.
③ OLAP은 호스트 컴퓨터가 데이터베이스를 액세스하고 바로 처리 결과를 돌려보내는 형태를 의미한다.
④ OLAP은 비정형 데이터를 처리하는 데 특화된 기술로, 대표적인 지도학습 방법이다.

035 난 ★★★★★
다음 중 데이터베이스의 설계 단계에 대한 설명으로 옳지 않은 것은 무엇인가?

① 개념적 설계 단계에서는 사용자의 요구 사항을 분석하여 ER 다이어그램과 같은 모델로 데이터를 구조화한다.
② 논리적 설계 단계에서는 개념적 모델을 데이터베이스 시스템의 논리적 구조로 변환하며, 특정 DBMS에 종속될 수 있다.
③ 물리적 설계 단계에서는 논리적 구조를 기반으로 실제 데이터베이스 파일 구조와 저장 방식을 설계한다.
④ 데이터베이스 설계는 반드시 논리적 설계 단계에서 시작하며, 개념적 설계는 생략 가능하다.

036 난 ★★★☆☆
파일 시스템에서 디렉토리와 파일의 차이점으로 옳은 것은?

① 디렉토리는 파일의 일종으로 간주되며 파일 시스템에서 동일한 역할을 수행한다고 볼 수 있다.
② 파일은 데이터를 저장하는 데 사용되며, 디렉토리는 파일을 조직하고 계층적으로 관리하는 데 사용된다.
③ 디렉토리는 파일보다 크기가 크다고 정의되며 파일 시스템에서 더 많은 공간을 차지한다.
④ 파일은 디렉토리 안에 존재할 수 없지만, 디렉토리는 파일 안에 포함될 수 있는 구조이다.

037 난 ★★★★☆
다음 중 데이터베이스 관리 시스템(DBMS)의 보안 기능에 대한 설명으로 가장 적절하지 않은 것은?

① 사용자 인증을 통해 데이터베이스 접근을 제어하고, 권한에 따라 데이터 접근을 제한한다.
② 데이터 암호화를 통해 데이터베이스 내 저장된 데이터의 기밀성을 유지한다.
③ 감사 로그를 생성하여 데이터 접근 및 변경 이력을 추적할 수 있도록 한다.
④ 트랜잭션 처리 속도를 높이기 위해 보안 메커니즘을 비활성화한다.

038 ★★★☆☆
관계형 데이터베이스에서 트랜잭션의 ACID 속성 중 일관성을 설명하는 것은 무엇인가?

① 트랜잭션이 완료되면 데이터베이스가 일관된 상태로 유지된다.
② 트랜잭션은 부분적으로 완료될 수 있다.
③ 트랜잭션은 동시에 실행될 수 없다.
④ 트랜잭션은 실패 시 자동으로 재시작된다.

039 ★★★★★
다음 중 NoSQL 데이터베이스가 적합하지 않은 애플리케이션 사례는?

① 전자상거래 시스템에서 주문 관리와 결제 처리가 필요한 경우
② 소셜 미디어에서 사용자 게시글과 댓글을 저장하는 경우
③ IoT 센서에서 발생하는 대량의 로그 데이터를 저장하는 경우
④ 실시간 채팅 애플리케이션에서 대규모 사용자 메시지를 처리하는 경우

040 ★★★☆☆
파일 시스템과 데이터베이스 시스템의 차이점에 대한 설명으로 가장 적절한 것은?

① 파일 시스템은 데이터베이스 시스템보다 복잡한 쿼리 처리를 지원하여 데이터 검색을 효율적으로 수행한다.
② 데이터베이스 시스템은 데이터를 효율적으로 구조화하고 검색할 수 있도록 설계되어 다양한 쿼리를 지원한다.
③ 파일 시스템은 데이터 무결성을 자동으로 보장하여 데이터의 일관성과 신뢰성을 유지하는 데 사용된다.
④ 데이터베이스 시스템은 단순 파일 저장소 기능만 제공하며 데이터 관리 기능을 포함하지 않는다고 정의된다.

041 ★★★☆☆
관계형 데이터베이스에서 데이터 무결성을 유지하기 위한 방법은 무엇인가?

① 데이터 중복 허용
② 외래키 사용
③ 데이터 삭제 시 무조건 허용
④ 인덱스 사용

042 ★★☆☆☆
다음 중 SQL의 기본키(PRIMARY KEY) 제약 조건에 대한 설명으로 가장 적절하지 않은 것은?

① 테이블 내의 각 행을 고유하게 식별한다.
② NULL 값을 포함할 수 있다.
③ 하나의 테이블에 하나만 정의될 수 있다.
④ 자동으로 UNIQUE 제약 조건을 포함한다.

043 ★★☆☆☆
파일 시스템의 종류 중 윈도우에서 기본적으로 사용하는 파일 시스템은 무엇인가?

① Ext4
② NTFS
③ APFS
④ FAT32

044 ★★★☆☆
파일 시스템에서 데이터 불일치 문제를 해결하기 위한 방법으로 가장 적절한 것은?

① 파일 시스템을 네트워크에 연결한다.
② 파일 시스템의 데이터 무결성을 주기적으로 검사한다.
③ 파일 시스템에 있는 데이터를 여러 파일에 중복으로 저장한다.
④ 파일 시스템의 데이터를 자동으로 업데이트하는 스크립트를 작성한다.

045 난 ★★★☆☆
데이터베이스 시스템에서 데이터의 일관성을 유지하는 기능은 무엇인가?

① 데이터 백업 및 복구
② 데이터 무결성 검사
③ 데이터 암호화
④ 데이터 동기화

046 난 ★★★☆☆
관계형 데이터베이스에서 외래키가 사용되는 주된 이유는 무엇인가?

① 데이터의 무결성을 유지하기 위해
② 데이터의 중복을 허용하기 위해
③ 데이터의 보안을 강화하기 위해
④ 데이터의 저장 공간을 줄이기 위해

047 난 ★★★☆☆
아래 보기는 데이터베이스에서 사용되는 구성요소에 대한 설명이다. 이 요소는 무엇인가?

> 이 요소는 데이터베이스에서 테이블 내 각 행을 유일하게 식별하며, 데이터 중복을 방지하고 데이터의 무결성을 유지하는 데 사용된다.

① 기본 키(Primary Key)
② 외래 키(Foreign Key)
③ 슈퍼 키(Super Key)
④ 참조 키(Reference Key)

048 난 ★★★☆☆
트랜잭션의 특성 중 지속성이 의미하는 것으로 가장 적절한 것은?

① 트랜잭션은 데이터베이스의 상태를 변경해야 하며 이를 통해 데이터베이스를 일관되게 유지한다.
② 트랜잭션이 완료되면 그 결과는 영구적으로 반영되어야 하며 시스템 장애에도 유지된다.
③ 트랜잭션은 다른 트랜잭션과 독립적으로 수행되어야 하며 서로 간섭하지 않는 상태를 보장한다.
④ 트랜잭션은 모든 연산이 완료되거나, 수행되지 않아야 하며 중간 상태가 발생하지 않도록 한다.

049 난 ★★★★★
아래 보기의 그래프 데이터베이스에 대한 설명들 중 옳은 것을 모두 고르시오.

> 가. 그래프 데이터베이스는 데이터를 노드와 엣지로 모델링하여 관계 중심의 데이터를 효과적으로 관리한다.
> 나. 그래프 데이터베이스는 데이터를 키와 값의 쌍으로 저장하며 빠른 조회를 가능하게 한다.
> 다. 그래프 데이터베이스는 데이터를 열의 집합으로 저장하여 데이터의 분석을 용이하게 한다.
> 라. 그래프 데이터베이스는 복잡한 관계를 저장하고 쿼리할 수 있는 유연성을 제공한다.

① 가, 나
② 나, 다
③ 가, 라
④ 다, 라

050 난 ★★★☆☆
분산 데이터베이스의 주요 특징 중 하나인 위치 투명성에 대한 설명으로 가장 적절한 것은?

① 사용자는 데이터의 물리적 저장 위치를 알 필요 없이 데이터에 접근할 수 있다.
② 데이터는 항상 동일한 서버에 저장되어야 하며 분산되지 않는 방식으로 관리된다.
③ 데이터베이스 시스템은 모든 트랜잭션을 수동으로 관리해야 하며 자동 처리가 불가능하다고 가정한다.
④ 데이터의 복제본은 항상 최신 상태를 유지해야 하며 일관성을 보장하는 데 초점이 맞춰진다.

051 난 ★★★★★
다음 중 데이터베이스 트랜잭션의 ACID 속성에 대한 설명으로 가장 적절하지 않은 것은?

① Atomicity(원자성)는 트랜잭션이 완전히 실행되거나 전혀 실행되지 않는 것을 보장한다.
② Consistency(일관성)는 트랜잭션 실행 후 데이터베이스가 항상 유효한 상태를 유지하는 것을 의미한다.
③ Isolation(격리성)은 트랜잭션이 독립적으로 실행되지 않는 경우에도 데이터의 무결성을 유지한다.
④ Durability(내구성)는 트랜잭션 완료 후 데이터가 영구적으로 저장되는 것을 보장한다.

052 난 ★★★★★
분산 데이터베이스에서 복제를 구현할 때 고려해야 할 요소들로 가장 적절한 것은 무엇인가?

① 데이터 무결성, 트랜잭션 처리 속도, 로드 밸런싱
② 단일 장애 지점 제거, 높은 응답 속도, 데이터 백업 관리
③ 데이터 일관성, 가용성, 네트워크 지연 시간 관리
④ 데이터 일관성, 보안 프로토콜, 중앙 집중식 트랜잭션 관리

053 난 ★★★★☆
분산 데이터베이스에서 데이터 분할의 주요 목적은 무엇인가?

① 분산 데이터베이스에서 데이터를 분할하여 일관성을 유지하는 것을 목표로 한다.
② 분산 데이터베이스에서 데이터 분할을 적용하여 가용성을 낮추는 것을 목적으로 한다.
③ 분산 데이터베이스에서 데이터를 분할하여 보안을 강화하는 데 중점을 둔다.
④ 분산 데이터베이스에서 데이터를 분할하여 시스템의 성능을 최적화하는 것이 주요 목적이다.

054 난 ★★★★★
관계형 데이터베이스와 NoSQL 데이터베이스의 데이터 저장 방식의 차이점으로 가장 적절한 것은 무엇인가?

① 관계형 데이터베이스는 고정된 스키마를 사용하고, NoSQL 데이터베이스는 유연한 스키마를 제공한다.
② 관계형 데이터베이스는 데이터 무결성을 보장하지만, NoSQL 데이터베이스는 데이터 무결성을 지원하지 않는다.
③ 관계형 데이터베이스는 데이터 중복을 허용하지 않지만, NoSQL 데이터베이스는 데이터를 중복 저장한다.
④ 관계형 데이터베이스와 NoSQL 데이터베이스는 모두 데이터를 암호화된 형태로 저장한다.

055 난 ★★★★☆
아래는 데이터베이스의 구성요소들과 그 특징들에 대한 설명이다. 이 중 알맞게 짝지어진 것을 모두 고르시오.

> 가. 데이터 딕셔너리 - 데이터의 논리적 구조를 정의하는 설계도이다.
> 나. 데이터 인덱스 - 데이터 검색 속도를 높이기 위해 사용된다.
> 다. 데이터 테이블 - 데이터를 행과 열의 형태로 저장하는 기본 단위이다.
> 라. 데이터 스키마 - 데이터베이스 내에서 데이터의 구체적인 값을 저장한다.

① 가, 나　　② 가, 라
③ 나, 다　　④ 다, 라

056 난 ★★★★☆
다음 중 데이터베이스 설계시 개념적 설계 단계에서 일반적으로 수행되지 않는 작업은?

① 데이터 요구사항을 분석하고 도출하여 데이터베이스가 다룰 정보를 명확히 정의하는 작업이다.
② 데이터베이스에서 다룰 주요 엔터티와 속성을 식별하여 데이터 구조를 설계하는 데 기여한다.
③ 엔터티 간의 관계를 정의하고 다이어그램으로 표현하여 데이터베이스의 개념적 모델을 완성한다.
④ 데이터 저장소의 크기를 추정하여 데이터베이스의 물리적 저장 요구사항을 결정하는 작업을 수행한다.

057 난 ★★★★★
다음 중 데이터베이스의 논리적 설계 단계에서 수행되는 작업으로 가장 적절한 것은?

① 테이블의 파티셔닝(partitioning)을 결정하여 데이터베이스의 성능을 최적화하는 작업을 수행한다.
② 사용자의 권한 및 접근 제어를 설계하여 데이터베이스 보안을 강화하는 데 기여한다.
③ ER(Entity-Relationship) 모델을 설계하여 데이터 구조를 정의하고 관계를 명확히 설정한다.
④ 저장소 크기 및 저장 매체를 선정하여 데이터베이스의 물리적 저장 방식을 결정한다.

058 ★★★☆☆
다음 중 데이터베이스에서 데이터를 검색하고 조작하는 데 가장 중요한 요소는 무엇인가?

① 데이터베이스 모델
② 데이터베이스 언어
③ 데이터베이스 엔진
④ 데이터베이스 스키마

059 ★★★★☆
다음 중 데이터 웨어하우스의 특징으로 가장 적절하지 않은 것은?

① 데이터 웨어하우스는 다차원 분석을 지원하기 위해 설계되어 복잡한 데이터 분석을 가능하게 한다.
② 데이터 웨어하우스는 실시간 트랜잭션 처리를 위해 최적화되어 빠른 데이터 입력과 수정을 지원한다.
③ 데이터 웨어하우스는 주로 의사결정 지원을 목적으로 사용되어 전략적 분석을 제공하는 데 기여한다.
④ 데이터 웨어하우스는 데이터 통합과 변환을 통해 다양한 데이터 소스를 통합하여 일관성을 유지한다.

060 ★★★☆☆
아래 보기는 데이터베이스에서 사용되는 언어에 대한 설명이다. 이 언어는 무엇인가?

> 데이터베이스의 접근 권한을 관리하고,
> 데이터 보안 및 무결성을 유지하기 위해 사용된다.

① 데이터 정의어(DDL, Data Definition Language)
② 데이터 제어어(DCL, Data Control Language)
③ 데이터 조작어(DML, Data Manipulation Language)
④ 데이터 검색어

061 ★★★☆☆
다음 중 외래키(Foreign Key)에 대한 설명으로 가장 적절한 것은?

① 테이블 내의 모든 속성을 포함하여 데이터를 유일하게 식별하는 키이다.
② 데이터베이스에서 하나의 테이블을 유일하게 구분하기 위해 사용하는 최소 속성 집합이다.
③ 데이터 무결성을 보장하기 위해 테이블의 모든 속성이 반드시 기본키로 사용되어야 한다.
④ 특정 테이블의 기본키와 연결되어 참조 무결성을 유지하는 데 사용되는 키이다.

062 ★★★★★
다음 중 슈퍼키(Super Key)와 기본키(Primary Key)의 관계로 가장 적절한 설명은?

① 모든 슈퍼키는 기본키로 사용할 수 있다는 점에서 데이터베이스 설계에 적용된다.
② 기본키는 유일성을 보장하지만, 슈퍼키는 그렇지 않다는 점에서 차별성이 있다고 설명한다.
③ 기본키는 슈퍼키의 부분 집합으로, 최소성을 만족하는 속성 집합으로 선택되는 특징을 가진다.
④ 슈퍼키와 기본키는 테이블에서 동일한 역할을 수행한다는 점에서 데이터베이스에서 혼용될 수 있다.

063 ★★★★★
아래 보기에서 데이터베이스의 명령어와 그 역할이 알맞게 짝지어진 것을 모두 고르시오.

> 가. DELETE - 테이블 전체를 삭제하는 명령어로서 데이터베이스 구조를 완전히 제거하는 데 사용된다.
> 나. DROP - 테이블 또는 데이터베이스 자체를 삭제하는 명령어로 데이터와 구조를 모두 제거한다.
> 다. UPDATE - 테이블의 데이터를 조회하는 명령어로 사용자가 원하는 정보를 검색하는 데 활용된다.
> 라. SELECT - 테이블에서 데이터를 조회하는 명령어로 필요한 데이터를 추출하여 사용자에게 제공한다.

① 가, 나
② 나, 다
③ 다, 라
④ 나, 라

064 ★★★☆☆
다음 중 데이터 무결성을 유지하는 방법으로 가장 적합한 것은?

① 외래키를 사용하여 테이블 간의 관계를 설정함으로써 데이터 무결성을 유지하는 방법을 적용한다.
② 테이블에 중복 데이터를 의도적으로 입력하여 데이터베이스의 일관성을 유지하려는 방식을 사용한다.
③ 기본키 대신 후보키를 사용함으로써 데이터 무결성을 보장하려는 전략을 선택한다.
④ 데이터베이스의 제약 조건을 최소화함으로써 데이터 무결성을 유지하려는 접근 방식을 채택한다.

065 ★★★★★
다음 중 데이터베이스 정규화(Normalization)에 대한 설명으로 적절하지 않은 것은?

① 정규화는 데이터 중복을 줄이고 데이터 무결성을 높이는 데 주요 목적이 있는 프로세스이다.
② 정규화를 통해 관계형 데이터베이스에서 테이블을 더 작은 단위로 분해하는 작업을 수행한다.
③ 정규화를 통해 데이터베이스의 쿼리 성능을 항상 향상시킬 수 있다고 보장한다.
④ 정규화는 데이터베이스의 일관성과 효율성을 유지하기 위한 중요한 방법론으로 사용되는 기술이다.

066 ★★★☆☆
다음 중 데이터 무결성을 유지하는 데이터베이스 관리 시스템(DBMS)의 기본 원칙과 가장 알맞지 않은 것은?

① 데이터베이스에서 제약 조건을 설정함으로써 데이터 무결성을 보장하는 데 중요한 역할을 수행한다.
② 트랜잭션 처리를 통해 데이터베이스의 일관성을 유지하는 기능을 제공하는 것이 기본 원칙이다.
③ 데이터의 중복을 의도적으로 늘려 성능과 데이터 무결성을 동시에 개선하려는 방식을 적용한다.
④ 외래키를 사용함으로써 참조 관계를 유지하고 데이터 간 일관성을 확보하는 데 기여한다.

067 ★★★☆☆
다음 중 데이터베이스 정규화의 주요 목적으로 가장 적절한 것은 무엇인가?

① 데이터 검색 속도를 향상시키기 위해 데이터베이스 구조를 개선하는 데 사용되는 방법이다.
② 데이터 중복을 최소화하기 위해 테이블을 분리하고 데이터를 체계적으로 정리하는 프로세스이다.
③ 데이터 암호화를 강화하기 위해 보안 알고리즘을 적용하는 데 초점을 맞춘 기술이다.
④ 데이터 백업의 용이성을 높이기 위해 데이터베이스의 저장 방식을 최적화하는 데 사용된다.

068 ★☆☆☆☆
데이터 정제에 대한 설명으로 가장 적절하지 않은 것은?

① 분석 결과의 정확성을 높이는 데 기여한다.
② 분석에 필요한 데이터를 선택하거나 부정확한 데이터를 제거한다.
③ 분석 결과를 시각화하는 단계를 포함한다.
④ 결측값을 처리하고 이상치를 제거하는 작업이다.

069 ★★★★☆
데이터 분석에서 모델의 성능을 평가하기 위해 데이터를 훈련 세트와 테스트 세트로 나누는 가장 주된 이유는?

① 데이터를 분산시켜 데이터 양을 줄이기 위해
② 모델 학습 속도를 높이기 위해
③ 모델이 새로운 데이터에 대해 잘 일반화되는지 평가하기 위해
④ 다양한 데이터가 포함되도록 데이터의 다양성을 확보하기 위해

070 난 ★★★☆☆
데이터 분석에서 교차 검증 기법을 사용하는 가장 주된 이유는?

① 모델의 학습 시간을 단축시키기 위해 사용한다.
② 데이터를 여러 번 나누어 데이터 양을 늘리기 위해 사용한다.
③ 모델의 성능을 더 안정적이고 신뢰성 있게 평가하기 위해 사용한다.
④ 데이터 전처리 과정을 단순화하기 위해 사용한다.

071 난 ★★★☆☆
다음 중 데이터 변환 기법인 최소-최대(Min-Max) 정규화와 Z-점수(Z-Score) 표준화의 차이에 대한 설명으로 가장 적절한 것은?

① 정규화는 데이터를 평균 0, 표준편차 1로 변환하고, 표준화는 데이터를 0과 1 사이로 조정한다.
② 정규화는 데이터의 스케일을 조정하고, 표준화는 데이터의 상대적 위치를 유지한다.
③ 정규화는 데이터를 특정 범위로 조정하며, 표준화는 평균과 표준편차를 기준으로 변환한다.
④ 정규화와 표준화는 모두 데이터를 정규분포로 변환하는 데 사용된다.

072 난 ★★☆☆☆
다음 중 무작위 분리(Random Split)와 비교했을 때, 계층적 분할(Stratified Split)이 가지는 장점으로 가장 적절하지 않은 것은?

① 데이터의 클래스 비율을 유지하여 표본의 대표성을 높인다.
② 소수 클래스의 데이터를 적절히 포함시켜 데이터 불균형 문제를 완화한다.
③ 클래스 간 분포가 불균형한 데이터셋에서도 효과적이다.
④ 항상 더 높은 정확도와 성능을 보장한다.

073 난 ★★★★★
다음 중 데이터 비식별화 기술과 그 특징의 연결로 가장 적절하지 않은 것은?

① 데이터 가명화 – 식별 정보를 대체 값으로 변환하며, 추가적인 정보를 사용하면 복원이 가능하다.
② 데이터 마스킹 – 민감한 데이터를 숨기거나 변환하여 보안을 유지하면서도 데이터를 사용할 수 있다.
③ 데이터 범주화 – 데이터를 그룹화하며 넓은 범위로 표현해 분석 가능성과 보안을 동시에 제공한다.
④ 데이터 익명화 – 식별 정보의 일부를 제거하여, 원본 데이터를 추적하거나 복원할 수 없다.

074 난 ★☆☆☆☆
다음 중 데이터 비식별화가 필요한 이유로 가장 적절한 것은?

① 데이터의 처리 속도를 높이기 위해
② 데이터의 저장 공간을 줄이기 위해
③ 개인의 프라이버시를 보호하기 위해
④ 데이터의 전송 속도를 증가시키기 위해

075 난 ★★★★★
결측치 처리에 KNN(K-Nearest Neighbors) 대체 방법을 적용하기 어려운 상황으로 가장 적절한 것을 고르시오.

① 데이터의 차원이 높아 계산량이 많아지는 경우에는 KNN 대체 방법 적용이 어려워질 수 있다.
② 데이터가 군집을 이루며 특정 그룹으로 구분되는 경우 KNN 대체 방법을 적용하기 어려운 상황이다.
③ 결측값이 연속형 변수와 범주형 변수가 혼합되어 있는 경우 KNN 대체 방법이 어려워진다.
④ 데이터가 수치형 데이터로만 구성된 경우에는 KNN 대체 방법을 적용하기 어려운 상황으로 간주된다.

076 ★★★★☆
단순 평균 대체보다 다중 회귀분석을 활용하여 결측치를 대체하는 이유로 가장 적절한 것은?

① 데이터의 비선형성을 처리할 수 있기 때문이다.
② 예측 변수와 결측 변수 간의 관계를 모델링하여 결측값을 예측하기 때문이다.
③ 범주형 변수의 결측값을 처리하는 데 적합하기 때문이다.
④ 데이터의 결측 비율이 높은 경우에도 효과적이기 때문이다.

077 ★★★☆☆
이상값을 탐지하기 위한 통계적 방법으로 가장 적절한 것은 무엇인가?

① 평균과 표준편차를 사용하여 데이터 분포를 분석한다.
② 데이터를 정규화 변환한다.
③ 서로 다른 데이터 소스를 통합한다.
④ 모든 데이터를 면밀히 살펴본다.

078 ★★★☆☆
데이터의 최소-최대(Min-Max) 정규화 변환을 통해 얻을 수 있는 결과로 옳은 것은 무엇인가?

① 데이터의 평균을 0으로 만든다.
② 데이터의 분산을 1로 만든다.
③ 데이터의 범위를 일정하게 만든다.
④ 데이터의 표준편차를 0으로 만든다.

079 ★★★★★
다음 중 클러스터 기반 구간화(Cluster-based Binning)의 장점으로 가장 적절한 것은 무엇인가?

① 데이터의 분포를 반영하여 유사한 값들끼리 묶어 구간을 나눌 수 있다.
② 모든 구간의 크기를 동일하게 유지하기 때문에 데이터 분포에 관계없이 일정하게 나눌 수 있다.
③ 계산이 단순하고 빠르기 때문에 대량의 데이터를 신속하게 처리할 수 있다.
④ 데이터의 평균을 기준으로 정해진 구간 간격을 적용하여 나눈다.

080 ★★★★☆
다음 중 Z-Score(Z점수) 표준화 변환을 사용할 수 있는 예시로 가장 적절하지 않은 것은?

① 데이터가 다양한 범위를 가지고 있어 비교를 위해 사용
② 원 데이터의 분포를 유지한 채 데이터를 변환하기 위해 사용
③ 머신러닝 모델의 학습의 안정성을 위해 사용
④ 데이터의 이상치를 탐지하기 위해 사용

081 ★★★★★
다음 중 교차 검증의 주요 목적으로 가장 적절한 것은?

① 학습 세트에 최대한 많은 데이터를 할당하여 모델의 성능을 높이는 것이다.
② 학습 세트와 테스트 세트를 반복적으로 교체해가며 평가하여 모델이 과적합되지 않도록 하는 것이다.
③ 모든 데이터를 학습 세트로 정의하고 활용하여 최고의 성능을 구현할 수 있도록 하는 것이다.
④ 데이터를 무작위로 섞어 모델이 최적의 하이퍼파라미터를 찾을 수 있도록 하는 것이다.

082 ★★☆☆☆
데이터 분할 시 사용되는 기법으로 가장 적절하지 않은 것은?

① 무작위 추출을 통해 데이터를 랜덤으로 분할한다.
② 시간기반 분할을 통해 데이터를 일정한 순서로 나눈다.
③ 고정 분할로 데이터를 학습 세트, 검증 세트, 테스트 세트로 나눈다.
④ 데이터 분할 전에 모든 데이터를 동일한 값으로 변환하여 나눈다.

083 난 ★★★★★
다음 중 데이터 가공을 위한 계층적 분할(Stratified Split)이 효과적으로 사용되는 상황으로 가장 적합한 것을 고르시오.

① 호불호가 심한 인기 제품 리뷰 데이터를 기반으로 긍부정 분석을 수행할 때
② 주식 시장의 과거 데이터를 기반으로 미래 가격을 예측하는 시계열 분석을 수행할 때
③ 대한민국 지역별 강수량 데이터를 기반으로 강수 확률을 예측하는 예측 분석을 수행할 때
④ 고객의 구매 이력 데이터를 기반으로 다음 구매 시점을 예측하는 추천모델을 수행할 때

084 난 ★★★☆☆
다음 중 오른쪽 외부 조인(Right Outer Join)에 대한 설명으로 가장 적절한 것은?

① 두 데이터 세트 중 하나라도 존재하는 키를 기준으로 결합한다.
② 왼쪽 데이터 세트의 모든 행을 유지하면서 오른쪽 데이터 세트와 결합한다.
③ 오른쪽 데이터 세트의 모든 행을 유지하면서 왼쪽 데이터 세트와 결합한다.
④ 두 데이터 세트에 공통으로 존재하는 키를 기준으로 병합한다

085 난 ★★☆☆☆
아래에서 설명하는 데이터 변환 기법을 고르시오.

> 범주형 데이터를 숫자 데이터로 변환할 때, 각 범주를 고유한 정수로 매핑하는 방법

① 원-핫 인코딩
② 레이블 인코딩
③ 정규 인코딩
④ 로그 인코딩

086 난 ★★★★☆
다음 중 비대칭적이고 오른쪽으로 치우쳐 있는 연속형 데이터를 정규 분포에 가장 가깝게 변환하는 방법은?

① 정규화
② 표준화
③ 로그 변환
④ 원-핫 인코딩

087 난 ★★★★☆
다음 중 데이터 보안 방법과 그 설명으로 가장 옳지 않은 것은?

① 방화벽 - 네트워크의 트래픽을 모니터링하고 제어하여 외부로부터의 무단 접근을 차단해 데이터 유출 가능성을 줄인다.
② 오프사이트 스토리지 - 데이터 유출 시 데이터를 복원할 수 있도록 백업하고 이를 내부의 안전한 서버에 저장한다.
③ 접근 제어 - 다단계 인증, 생체 인증 등을 활용하여 사용자의 신원을 확인하고 민감한 정보에 대한 접근을 제한한다.
④ 침입 탐지 시스템 - 침입 시도, 멀웨어(Malware), 무단 접근 등의 네트워크 공격을 탐지하여 보안 사고를 조기에 감지할 수 있도록 한다.

088 난 ★★★☆☆
데이터 품질 검증을 위해 사용되는 주요 요소인 완전성을 평가할 때 수행하는 작업으로 가장 옳은 것은?

① 데이터의 값에 실제 사실과는 다른 오류가 포함되었는지를 확인한다.
② 모든 필수 데이터 항목이 빠짐없이 포함되어 있는지 확인한다.
③ 서로 다른 데이터베이스에서 동일한 값이 유지되는지 확인한다.
④ 데이터가 사전에 정의된 형식과 제약 조건을 준수하는지 확인한다.

089 ★★★★★

아래 보기는 웹 스크래핑과 웹 크롤링의 특징들을 설명한 것이다. 이 중 가장 적절한 설명만을 모두 고른 것은?

> 가. 웹 스크래핑은 검색 엔진에서 전체 웹 페이지를 색인화하기 위해 사용된다.
> 나. 웹 크롤링은 특정 웹 페이지에서 원하는 정보를 추출하는 데 집중하는 작업이다.
> 다. 웹 크롤링은 여러 페이지를 자동으로 탐색하며, 링크를 따라가면서 데이터를 대규모로 수집하는 작업이다.
> 라. 웹 스크래핑은 비교적 소규모의 데이터를 활용하기 위해 HTML 구조를 분석하여 특정 데이터를 추출하는 작업이다.

① 가, 나
② 나, 라
③ 가, 다
④ 다, 라

090 ★☆☆☆☆

웹 스크래핑을 수행할 때 고려해야 할 법적 문제로 알맞은 것을 고르시오.

① 저작권 침해
② 공정거래 위반
③ 데이터 오용
④ 책임원칙 훼손

091 ★★☆☆☆

다음 중 ETL의 적재 단계에서 여러 프로세스를 동시에 실행하여 데이터를 처리하는 방식으로 가장 옳은 것은?

① 병렬 적재
② 일괄 적재
③ 실시간 적재
④ 순차 적재

092 ★★★★☆

다음 중 데이터 웨어하우스의 주요 기능들과 그 설명이 가장 적절하게 짝지어진 것은?

① 데이터 통합 – 데이터를 중앙에 저장하고 실시간으로 업데이트한다.
② 데이터 분석 – 대량의 데이터를 실시간 처리하여 빠른 분석 결과를 제공한다.
③ 데이터 암호화 – 데이터 웨어하우스의 주요 기능으로 보안을 강화한다.
④ 데이터 저장 – 정형 데이터를 중심으로 중앙 집중형 저장소에 데이터를 구조적으로 저장한다.

093 ★★★☆☆

다음 중 비정형 데이터를 저장하는 데 가장 적합한 저장소는 무엇인가?

① 관계형 데이터베이스
② 데이터 웨어하우스
③ NoSQL 데이터베이스
④ 데이터 마트

094 ★★★☆☆

다음 중 NoSQL 데이터베이스에 해당하는 것을 고르시오.

① Amazon S3
② Google Cloud Storage
③ MongoDB
④ Azure Blob Storage

095 ★★☆☆☆

다음 중 네트워크 보안에 해당하는 기술로 가장 적절한 것은?

① 방화벽
② 데이터 암호화
③ 생체 인증
④ 데이터 백업

096 ★☆☆☆☆

비즈니스 인텔리전스의 주요 기능 중 하나로, 데이터를 이해하기 쉽게 표현하는 방법은 무엇인가?

① 데이터 수집
② 데이터 시각화
③ 데이터 정제
④ 데이터 저장

097 ★★☆☆☆

비즈니스 인텔리전스에서 데이터 마이닝의 주된 목적은 무엇인가?

① 데이터 저장
② 데이터 분석
③ 데이터 수집
④ 데이터 삭제

098 ★☆☆☆☆

비즈니스 인텔리전스에서 성과 모니터링의 주요 목적은 무엇인가?

① 데이터 수집
② 비즈니스 목표 정의
③ 실시간 정보 제공
④ 목표 달성 여부 평가

099 ★★☆☆☆

비즈니스 인텔리전스 시스템에서 데이터 수집의 중요성을 가장 적절하게 설명하는 내용을 고르시오.

① 데이터 수집은 분석보다 중요하게 간주되지 않는다.
② 데이터 수집은 정확한 의사결정을 위한 기초 자료를 제공한다.
③ 데이터 수집은 대시보드 디자인에만 필요하다.
④ 데이터 수집은 성과 모니터링에 영향을 미치지 않는다.

100 ★★★★☆

아래 보기는 다양한 비즈니스 인텔리전스(Business Intelligence)와 그 특징이다. 알맞게 짝지어진 것을 모두 고르시오.

> 가. 셀프서비스 BI - 사용자가 IT 부서의 도움 없이 데이터를 직접 분석하고 시각화할 수 있다.
> 나. 모바일 BI - 모바일 기기를 통해 접근하기 때문에 보안 성능이 우수하다.
> 다. 클라우드 BI - 실시간으로 데이터를 처리하고 대규모 스트리밍 데이터를 분석한다.
> 라. 대시보드 BI - 주요 성과 지표(KPI)를 시각적으로 표현하여 의사결정을 지원한다.

① 가, 나
② 나, 다
③ 가, 라
④ 가, 나, 라

예상문제 100 답안

PART 02 데이터 해석 및 활용 /100

001 ③	011 ②	021 ②	031 ②	041 ②	051 ③	061 ④	071 ③	081 ②	091 ①
002 ③	012 ②	022 ②	032 ②	042 ②	052 ②	062 ③	072 ④	082 ④	092 ④
003 ①	013 ④	023 ④	033 ②	043 ②	053 ②	063 ④	073 ④	083 ①	093 ③
004 ③	014 ②	024 ②	034 ②	044 ②	054 ①	064 ②	074 ③	084 ②	094 ③
005 ②	015 ②	025 ②	035 ④	045 ②	055 ③	065 ③	075 ①	085 ②	095 ①
006 ②	016 ②	026 ①	036 ②	046 ②	056 ④	066 ③	076 ③	086 ②	096 ②
007 ②	017 ③	027 ②	037 ③	047 ①	057 ③	067 ②	077 ①	087 ②	097 ②
008 ②	018 ②	028 ②	038 ①	048 ②	058 ①	068 ③	078 ③	088 ②	098 ①
009 ③	019 ②	029 ④	039 ①	049 ②	059 ②	069 ②	079 ③	089 ④	099 ②
010 ①	020 ③	030 ②	040 ②	050 ①	060 ②	070 ③	080 ②	090 ①	100 ③

모바일로 풀기

001. 정보는 데이터를 목적에 맞게 분석하고 가공하여 의미 있는 결과를 만들어내는 것을 의미한다. 이를 통해 지식과 통찰의 단계를 지나 의사결정 과정에서 활용 가능하다는 점이 특징이다. 정보는 잘못된 데이터나 가공 오류가 포함될 경우 정보의 신뢰성이 낮아질 수 있으며, 가공 없이 바로 정보가 되는 것이 아니라 적절한 분석과 처리 과정이 필요하다. 정보는 단순한 데이터의 집합체이기보다 맥락과 의미를 포함한 가공된 결과물로 반드시 데이터보다 더 많은 양을 포함하는 것은 아니다.

002. 데이터는 숫자, 텍스트, 이미지 등 가공되지 않은 원시 값으로, 객관적인 사실을 포함한다. 정보는 이러한 데이터를 분석하고 가공하여 특정 목적에 맞게 의미를 부여하고, 데이터 간의 관계를 통해 도출된 결과물이다. 정보에 개인적인 경험을 결합하여 특정 주제를 해석하고 의미를 내재화한 결과물이 지식이며, 축적된 지식을 기반으로 새로운 아이디어를 결합하여 창의적인 의미를 도출한 산물이 통찰이다.

003. 매출 수치는 아직 분석되지 않았으므로 단순한 숫자 데이터 즉, 가공되지 않은 원시 값(숫자, 텍스트, 이미지 등)이므로 데이터에 해당한다. 다른 보기는 모두 부적절한 설명이다.

004. 빅데이터는 방대한 양, 고속 처리, 다양한 데이터 형태라는 특성을 가지고 있으며, 반드시 정형 데이터에 국한되지 않는다. 비정형 데이터나 반정형 데이터도 포함되며, 항상 일정한 구조와 형식을 유지하는 것은 빅데이터의 특성이 아니다. 나머지 선택지는 빅데이터의 특성인 대용량 데이터, 고속 처리, 다양한 데이터 소스와 형태를 설명하고 있다.

005. 반정형 데이터는 데이터 구조가 고정되지 않으나, 일정한 형식을 가진 데이터를 포함한다. 예로는 XML, JSON 등이 있으며, 데이터를 부분적으로 체계화할 수 있는 정보를 제공한다. 고정된 스키마를 사용하는 것은 정형 데이터의 특징이며, 비정형 데이터와 동일한 속성을 가진다는 설명은 잘못되었다. 데이터베이스의 테이블 형식만 사용하는 것은 반정형 데이터의 특성과 맞지 않다.

006. 영상과 음성 데이터는 비정형 데이터이며 일정하게 정해져 있는 구조나 고정된 형식이 없고 다양한 형태로 존재한다. 데이터 그 자체만으로 분석에 활용할 수 없고 가공 절차를 거친 다음에 분석에 활용할 수 있다.

007. 순서형 데이터는 범주 간의 상대적인 순서가 있는 데이터로, 간격이 일정한지 알 수 없으며 간격 자체가 의미가 없을 수도 있다. ①번은 순서형 데이터가 아닌 명목형 데이터의 특징이며, ③번과 ④번은 간격이나 연산이 가능한 수치형 데이터(연속형 또는 이산형 데이터)에 해당하므로 적절하지 않다.

008. 명목형 데이터는 값들 간에 순서나 크기의 개념이 없이 단순히 분류나 구분을 목적으로 사용된다. 순서형 데이터는 값들 간에 순서는 존재하지만, 간격이 일정한지 여부를 알 수 없으며, 간격을 정확히 측정할 수도 없다. ③번은 연속형 데이터에 대한 설명이고 ④번은 이산형 데이터에 대한 설명이므로 서로 바꾸어 잘못 설명되고 있다.

009. 연속형 데이터는 온도, 길이, 무게 등과 같이 측정 가능한 실수 값으로 구성되며, 값과 값 사이에 끊어짐 없이 연속적으로 변할 수 있어 크기 비교가 가장 용이하다. 이산형 데이터는 개수를 셀 수 있는 정수 값으로 구성되며, 값과 값 사이가 불연속적이므로 연속형 데이터만큼의 미세한 크기 비교에는 한계가 있다. 명목형 데이터와 순서형 데이터는 정량적인 크기 비교는 불가하다.

010. 빅데이터의 3V 요소 중 속도(Velocity)는 실시간 데이터 처리 및 빠른 연산이 중요한 요소를 의미한다. 클라우드 컴퓨팅은 분산 환경에서 데이터 처리 속도와 효율성을 높이는 데 기여하며, 대규모 데이터 분석을 가능하게 한다. 블록체인은 데이터 무결성과 투명성을 제공하지만, 데이터 처리 속도를 높이는 것과는 관련이 적다. 증강 현실과 소셜 네트워크는 각각 가상 경험 증대와 사용자 간 데이터 공유를 중점으로 하기 때문에 처리 속도 개선과 직접적 연관이 없다.

011. 빅데이터의 속성 중 다양성(Variety)은 텍스트, 이미지, 동영상 등 다양한 형태의 데이터를 포함하는 것을 의미한다. ②번은 이를 정확히 설명하며, Variety와 직접 관련 있으나 ①은 대량의 데이터 처리로 Volume(양), ③은 데이터 생성/처리 속도로 Velocity(속도), ④는 의사결정 기여도로 Value(가치)와 관련 있어 Variety와는 무관하다.

012. 빅데이터는 정형 데이터(예: 테이블 형태)뿐만 아니라 비정형 데이터(예: 텍스트, 이미지, 동영상)와 반정형 데이터(예: 로그 파일)의 증가가 특징이다. 특히, '실시간 의사 결정 가능성 확대'는 빅데이터의 핵심 변화 중 하나다. 속도(Velocity)가 중요한 요소로 작용하며, 실시간 데이터 처리 기술(예: 스트리밍 분석, 클라우드 컴퓨팅)의 발전을 통해 기업은 시장 변화나 고객 요구에 즉각 대응할 수 있게 되었다. 또한, '소비자 맞춤형 서비스 강화' 역시 빅데이터 도입의 대표적인 변화다. 대량 데이터(Volume)와 분석 기술을 활용해 고객의 행동과 선호를 파악하고, 개인화된 서비스(예: 추천 시스템, 타겟 광고)를 제공함으로써 가치(Value)를 창출한다. 한편, 클라우드 컴퓨팅과 분산 저장 시스템(예: Hadoop, NoSQL)의 발전으로 데이터 저장 비용은 감소했다. 따라서 빅데이터의 본질적인 변화는 '실시간 의사 결정 가능성 확대'와 '소비자 맞춤형 서비스 강화'로 볼 수 있으며, 정답은 ②번이다.

013. Value는 데이터에서 유용한 인사이트를 얻어 비즈니스 전략 수립, 문제 해결, 최적화 등에 활용하는 것이다. 따라서 데이터를 통해 비즈니스 인사이트를 도출하여 의사결정을 지원한다는 설명이 Value의 개념과 가장 밀접하게 관련이 있다. 다른 설명은 각각 Volume, Variety, Velocity와 관련 있는 설명이다.

014. 빅데이터가 다양한 형식으로 존재하는 이유는 여러 소스(예: 소셜 미디어, 센서, 로그 등)에서 수집되며, 이로 인해 텍스트, 이미지, 동영상 등 다양한 형식이 포함되기 때문이다. ②번은 이를 정확히 설명합니다. 반면, ①은 저장 제약이 다양성을 줄이는 요인일 수 있어 원인이 아니며, ③은 처리 과정에서 발생하는 결과, ④는 분석 단계의 연산 요구와 관련 있어 다양성의 원인과 무관하다.

015. 빅데이터 분석을 통해 기업이 얻을 수 있는 가장 큰 이점은 대량의 데이터를 효과적으로 처리하고 분석하여 중요한 인사이트를 도출하는 과정으로, 기업의 전략적 의사결정에 큰 영향을 미칩니다. 보기 중 데이터 분석의 가장 큰 이점의 예는 고객의 행동 데이터를 분석함으로써 기업은 고객의 선호도와 요구를 이해하고, 이에 맞춘 맞춤형 서비스를 제공하는 것으로 기업의 경쟁력을 강화할 수 있다.

016. 빅데이터 활용에서 가장 큰 윤리적 문제는 개인 데이터 보호와 관련된 프라이버시 침해이다. 데이터 신뢰성과 정확성은 기술적인 도전 과제이며, 비용 증가와 속도 문제는 윤리적 문제가 아니라 기술적 문제로 분류된다.

017. 심슨의 역설(Simpson's Paradox)은 개별 하위 그룹에서는 특정한 경향성이 나타나지만, 이를 전체 데이터로 합쳤을 때는 반대의 경향이 나타나는 통계적 현상이다. 이는 그룹을 합칠 때 데이터 그룹 간 차이가 반영되지 않아서 발생한다. 데이터가 비선형적이거나 상관관계가 높거나 정규 분포를 따르는 상황은 심슨의 역설과 직접적인 연관이 없다.

018.

> **비기봇 해설**
>
> 이번 문항은 데이터 분석 시 발생할 수 있는 오류 유형에 대한 문제입니다. 특정한 표본을 바탕으로 전체를 해석할 때 오류가 발생할 수 있으며, 이 문제에서는 특정 지역 데이터를 전국적인 소비 패턴으로 확대 해석하는 것이 주요 오류입니다.
>
> 1. **심슨의 역설** : 심슨의 역설은 하위 그룹과 전체 데이터 간의 경향이 반대가 되는 경우 발생하는 오류입니다. 이번 문제는 단순히 특정 지역 데이터를 전국적으로 확대 해석한 것이므로, 데이터 그룹화에 따른 왜곡 현상과는 관련이 없습니다.
>
> 2. **성급한 일반화** : 우연히 나타난 현상이나 상관관계만 있는 현상을 인과관계가 있는 것으로 잘못 해석하면 성급한 일반화로 이어질 수 있으며, 이는 이번 문항과 같이 제한된 표본 데이터를 바탕으로 전체 경향성을 추론할 때도 발생합니다. 표본의 대표성이 보장되지 않은 상황에서 전체 모집단의 특성을 단정 짓는 것은 잘못된 해석을 초래할 수 있습니다.
>
> 3. **체리피킹** : 체리피킹은 자신이 원하는 결론을 내기 위해 특정 데이터만 선택적으로 활용하는 오류를 의미합니다. 이번 문제에서는 의도적으로 특정 데이터를 제외하거나 원하는 데이터만 선택한 것이 아니라, 특정 지역 데이터를 전국적 소비 경향으로 잘못 일반화한 것이므로, 체리피킹과는 다릅니다.
>
> 4. **생존자 편향 오류** : 생존자 편향은 분석 과정에서 일부 데이터가 제외되어 왜곡된 결론이 나오는 경우 발생합니다. 이번 문제에서는 일부 데이터가 누락된 것이 아니라, 특정 지역 데이터가 전체 소비 패턴으로 과도하게 해석된 것이므로 생존자 편향 오류와는 무관합니다.
>
> 최종적으로, 특정 지역에서 수집한 데이터를 전체 모집단의 특성으로 확대 해석하는 것은 잘못된 결과를 초래할 수 있으며, 성급한 일반화의 대표 사례 중 하나입니다.

019. 데이터 분석에서 시각화 방법은 데이터를 그래프나 차트와 같은 시각적 형태로 표현하여 복잡한 데이터를 직관적으로 이해하거나 새로운 통찰력을 얻을 수 있도록 돕는다. 물리적 구조로 데이터를 분석하거나 데이터를 압축하여 저장 비용을 절감하는 것은 시각적 방법의 목적이 아니다. 또한, 데이터에 다양한 정보를 내재하는 것은 데이터의 속성이지 시각적 방법의 유용성에 대한 설명은 아니다.

020. 최빈값은 데이터 집합에서 가장 자주 나타나는 값을 의미한다(예: {1, 2, 2, 3}에서 최빈값은 2). 데이터 집합의 모든 값을 더한 후, 데이터의 개수로 나눈 값은 평균이며, 데이터 집합을 크기 순서대로 정렬했을 때, 중앙에 위치한 값은 중앙값에 대한 설명이다. 데이터의 흩어짐의 정도는 분산, 표준편차와 같은 통계량을 통해 표현된다.

021. 분산과 표준편차는 데이터 값들이 평균(중심)을 기준으로 얼마나 흩어져 있는지를 측정하는 통계량이다. 분산은 편차의 제곱합, 표준편차는 그 제곱근으로 데이터의 산포를 나타냅니다. ②가 이를 정확히 설명한다. 반면, 중심 위치는 평균, 중앙값, 최빈값이 측정하며, ①의 대칭성(또는 비대칭성)은 왜도(skewness)가 제공하는 정보이다.

022. 표본 평균의 기대값은 $E(\overline{X}) = \mu$ 이지만, 중앙값, 최빈값 등 다른 통계량도 모평균을 추정할 수 있으므로 틀린 설명이고, 다른 선택지는 모두 옳은 설명이다.

023. 주어진 표본 데이터 집합을 정렬해 보면 [10, 14, 16, 18, 18, 18, 20, 22, 26]으로 총 9개의 데이터로 구성되어 있다. 표본평균은 $\overline{X} = \frac{1}{n}\sum X_i = \frac{10+14+16+18+18+18+20+22+26}{9} = \frac{162}{9} = 18$ 이다. 중앙값은 데이터를 정렬했을 때 한가운데 값으로 18이며, 최빈값 또한 18임을 알 수 있다. 각 데이터와 평균과의 차이를 제곱한 후 모두 합하면 $\sum(X_i - \overline{X})^2 = 168$ 이므로, 표본분산은 $s^2 = \frac{1}{n-1}\sum(X_i - \overline{X})^2 = \frac{168}{8} = 21$ 가 된다. 또한 데이터는 평균 18을 기준으로 완전히 대칭적이며, 10과 26, 14와 22, 16과 20이 각각 쌍을 이루고, 18이 중심에 위치하여 균형을 이룬다. 따라서 이 데이터는 통계적으로도 대칭적인 분포를 가진다고 볼 수 있다.

024. 표본의 대표성을 높이기 위해 가장 적합한 방법은 무작위 추출을 사용하는 것이다. 무작위 표본 추출은 모든 개체가 사람의 개입 없이 확률적 방식으로 표본을 선택하므로, 연구자의 주관이나 특정 의도가 반영되지 않아 대표성이 높은 표본을 구성할 수 있다. 표본의 크기를 줄이거나 동일한 특성을 가진 집단만 선택하면 편향이 발생할 수 있다. 동일한 표본을 반복 측정하는 것은 대표성 확보와 관련이 없다.

025.

비기봇 해설

추론 통계에서 신뢰구간은 모집단 매개변수(예: 평균)를 표본으로 추정할 때의 범위를 제공하며, 신뢰구간이 좁아지면 추정의 정밀도가 증가하나, 신뢰수준(예: 95%)은 변하지 않습니다.

1. '표본의 크기가 점차적으로 감소하여 데이터 수집의 전체적인 규모가 줄어드는 현상이 나타난다'는 틀렸습니다. 표본 크기(n)가 줄면 신뢰구간이 넓어집니다.

2. '추정치의 정밀도가 높아지며, 추정치의 분산이 줄어들어 실제 모수에 더 가까워지는 효과를 가져온다'는 옳습니다. 신뢰구간이 좁아지면 추정의 정밀도가 증가하며, 이는 표본 평균의 분산이 줄어드는 것과 관련이 있습니다. 예를 들어, n이 커질수록 표본 평균의 분산 $(\mathrm{Var}\overline{X} = \frac{\sigma^2}{n})$이 감소하여 추정치가 모평균에 더 가까워질 가능성이 높아집니다.

3. '모집단의 분산이 점점 커지면서 데이터의 전체적인 퍼짐 정도가 증가하는 경향을 보이게 된다'는 틀렸습니다. 모집단 분산 증가로 표본 분산(s)가 커져 신뢰구간이 넓어집니다.

4. '표본 평균이 지속적으로 변동을 일으키며, 데이터 집합의 중심값이 달라지는 상황이 발생한다'는 틀렸습니다. 신뢰구간은 표본 평균을 중심으로 형성되며, 평균 자체는 변하지 않습니다. 올바른 해석은 '신뢰구간이 좁아지면 추정의 정밀도가 증가한다'이나, 선택지에 없으므로 잘못된 설명입니다.

026. 상관계수(Correlation Coefficient)가 0이라는 것은 두 변수 간에 선형적인 관계가 없음을 의미한다. 하지만 이는 두 변수가 어떠한 관계도 존재하지 않는다는 뜻은 아니며, 비선형적인 관계(예: 곡선 형태의 관계)가 존재할 수도 있다. 두 변수가 서로 독립이면 상관계수가 0일 수 있지만, 역으로 상관계수가 0이라도 두 변수가 서로 독립인지 확인할 수 없다. 강한 양의 상관관계나 음의 상관관계는 상관계수가 각각 1 또는 -1에 가까운 경우를 뜻한다.

027. 상관계수는 두 변수 간의 선형적 관계를 나타내는 지표로, 1에 가까울수록 양의 상관관계, -1에 가까울수록 음의 상관관계를 의미한다. B 집단과 C 집단의 상관계수가 -0.46이므로, B의 수치가 증가하면 C의 수치는 감소하는 경향을 보인다. 반면, A 집단과 B 집단의 상관계수가 0.78로 양의 상관관계이므로, A의 수치가 증가하면 B의 수치도 증가한다. A와 C 간의 직접적인 상관계수가 주어지지 않았으므로, A가 감소할 때 C도 감소한다는 보장은 없으며, A와 C가 서로 영향이 없다고 단정할 수도 없다.

028. 확률의 덧셈 정리에 따르면 P(B∪C) = P(B) + P(C) - P(B∩C)이다. 따라서 0.3 + 0.5 - 0.1 = 0.7로 계산된다.

029. PMF는 이산형 확률 변수에서 각 개별 값의 확률을 제공하며, 가능한 모든 값의 확률을 합하면 1이 된다. PDF는 연속형 확률 변수에서 특정 값에서의 확률 밀도를 나타내며, 전체 구간에서 적분하면 1이 된다. CDF는 특정 값 이하의 확률을 제공하며, PDF를 적분하거나 PDF를 합하면 얻을 수 있다. 따라서 PDF와 CDF는 서로 다른 개념이며, PDF가 CDF와 동일한 역할을 한다는 설명은 옳지 않다.

030. 정규분포(Normal Distribution)는 연속적인 확률 변수를 다루는 가장 대표적인 확률 분포로 대칭적인 종 모양(bell-shaped curve)을 가지며, 특정 평균(μ)과 분산(σ^2)에 따라 결정된다. 다른 선지들은 각각 다른 확률 분포(이항분포, 푸아송 분포, 기하분포)에 대한 설명이다.

031. 평균과 분산이 알려지지 않은 정규 모집단으로부터 추출된 소표본의 경우 t-분포를 사용하여 신뢰구간을 추정하는 것이 적합하다. 카이제곱 분포와 F-분포는 모분산과 관련된 검정에 사용되며, 지수분포는 일반적으로 신뢰구간과는 관련이 적다.

032. 회귀 분석(Regression Analysis)은 연속형 종속 변수의 값을 예측하거나 변수 간의 관계를 분석하는 기법이다. 주어진 데이터로부터 독립 변수와 종속 변수 간의 수학적 관계를 모델링하여 미래 값을 예측하는 데 활용된다. 반면, 연관 규칙 분석은 데이터 간의 규칙을 찾는 기법으로, 대표적인 예로 장바구니 분석이 있다. 군집 분석은 데이터의 유사성을 기준으로 그룹을 나누는 기법으로, 비슷한 특성을 가진 데이터를 그룹화하는 데 사용된다. 이상치 탐지는 데이터에서 비정상적인 패턴을 감지하는 기법이며, 회귀 분석의 주요 목적과는 다르다.

033. 범주형 데이터는 값이 수치로 나타나지 않고, 범주나 속성을 나타내는 데이터로, 제품의 색상과 고객의 성별이 이에 해당한다. 반면 학생의 점수, 사람의 몸무게, 각 나라별 평균 기온은 수치로 표현되므로 수치형 데이터이다.

034. OLAP(Online Analytical Processing)은 다차원 데이터를 기반으로 분석과 의사 결정을 지원하는 기술이다. OLTP(Online Transaction Processing)는 대규모 실시간 데이터 처리와 트랜잭션 처리에 중점을 두며, 호스트 컴퓨터가 데이터베이스를 액세스하고 즉각적으로 처리 결과를 반환하는 방식이다. 따라서 OLAP과 OLTP는 목적과 활용 방식이 다르다. 또한, OLAP은 비정형 데이터보다 정형 데이터를 다차원적으로 분석하는 기술이며, 지도학습이나 비지도학습을 기반으로 모델을 개발하는 것과는 거리가 멀다.

035.

비기봇 해설

1. **개념적 설계 단계에서는 사용자의 요구 사항을 분석하여 ER 다이어그램과 같은 모델로 데이터를 구조화한다** : 이 선택지는 옳습니다. 개념적 설계 단계는 데이터베이스의 초기 단계로, 사용자의 요구 사항을 바탕으로 데이터의 구조를 정의하고 ER 다이어그램 등을 통해 시각적으로 표현합니다.

2. **논리적 설계 단계에서는 개념적 모델을 데이터베이스 시스템의 논리적 구조로 변환하며, 특정 DBMS에 종속될 수 있다** : 이 선택지도 옳습니다. 논리적 설계는 일반적으로 DBMS에 독립적인 개념적 모델을 관계형 데이터베이스(RDBMS)로 변환하는 과정을 의미하며, DBMS 종속성은 물리적 설계 단계에서 더 중요한 고려사항이 됩니다. 그러나 경우에 따라 논리적 설계 단계에서도 DBMS의 특성을 고려할 수도 있습니다.

3. **물리적 설계 단계에서는 논리적 구조를 기반으로 실제 데이터베이스 파일 구조와 저장 방식을 설계한다** : 이 선택지 또한 옳습니다. 물리적 설계 단계에서는 논리적 구조를 바탕으로 데이터가 실제로 어떻게 저장될지를 결정하며, 파일 구조와 저장 방식 등을 구체적으로 설계합니다.

4. **데이터베이스 설계는 반드시 논리적 설계 단계에서 시작하며, 개념적 설계는 생략 가능하다** : 이 선택지는 옳지 않습니다. 데이터베이스 설계는 반드시 개념적 설계 단계에서 시작해야 하며, 이 단계는 사용자 요구를 반영하여 데이터 모델을 정의하는 중요한 과정입니다.

036. 파일은 데이터나 정보를 저장하는 단위이고, 디렉토리는 파일이나 다른 디렉토리를 조직적으로 관리하기 위한 구조이다. 디렉토리는 파일의 일종이 아니며, 크기 또한 디렉토리가 파일보다 클 수 있다는 일반화는 부적절하다. 파일은 디렉토리 안에 존재할 수 있지만, 디렉토리 자체가 파일 안에 존재하는 것은 불가능하다.

037. DBMS는 보안을 위해 사용자 인증, 데이터 암호화, 감사 로그 등의 기능을 제공하며, 이를 통해 데이터의 기밀성, 무결성, 가용성을 보장한다. 트랜잭션 처리 속도를 높이기 위해 보안 메커니즘을 비활성화하는 것은 데이터 보안의 기본 원칙에 반하며, 보안 위협에 노출될 수 있다.

038. 일관성은 트랜잭션이 완료되었을 때 데이터베이스가 항상 일관된 상태를 유지하도록 보장하는 ACID 속성이다. 부분적으로 완료되거나, 동시에 실행되지 않으며, 실패 시 재시작되는 속성은 각각 원자성, 고립성, 지속성에 해당한다.

039. 전자상거래 시스템에서 주문 관리와 결제 처리가 필요한 경우는 NoSQL 데이터베이스에 적합하지 않다. 전자상거래 시스템은 트랜잭션의 일관성과 데이터의 무결성이 중요하기 때문에, 관계형 데이터베이스가 더 적합하다. 주문과 결제 정보는 정형화된 데이터로, ACID 속성을 보장하는 관계형 데이터베이스에서 처리하는 것이 바람직하다.

040. 데이터베이스 시스템은 데이터의 구조화, 검색, 무결성 보장 등의 기능을 제공하며, 파일 시스템에 비해 복잡한 데이터 처리에 적합하다. 파일 시스템은 복잡한 쿼리를 지원하지 않으며, 데이터 무결성을 자동으로 보장하지도 않는다.

041. 외래키는 데이터베이스의 참조 무결성을 보장하는 데 사용되며, 데이터 간의 관계를 정확히 유지한다. 데이터 중복 허용이나 데이터 삭제 시 무조건 허용은 무결성을 저해할 수 있다. 인덱스는 검색 속도를 높이는 역할을 하지만, 무결성을 유지하기 위한 방법은 아니다.

042. PRIMARY KEY는 테이블 내의 각 행을 고유하게 식별하며, NULL 값을 허용하지 않는다. 이는 데이터의 무결성과 고유성을 보장하기 위해 필수적이다. 하나의 테이블에는 하나의 PRIMARY KEY만 정의될 수 있으며, UNIQUE 제약 조건을 자동으로 포함한다.

043. NTFS(New Technology File System)는 윈도우 운영체제에서 기본적으로 사용하는 파일 시스템으로, 보안, 파일 압축, 대용량 저장 장치 지원 등의 기능을 제공한다. Ext4는 리눅스 기반 파일 시스템이고, APFS는 macOS에서 사용된다. FAT32는 과거의 윈도우 및 일부 기기에서 사용되었으나 NTFS로 대체되었다.

044. 데이터 불일치 문제를 해결하려면 데이터 무결성을 주기적으로 검사하여 데이터 손상이나 오류를 방지해야 한다. 데이터를 여러 파일에 중복으로 저장하거나 자동 업데이트 스크립트를 작성하는 것은 불일치를 해결하지 못하고, 네트워크 연결은 이와 관련이 없다.

045. 데이터 무결성 검사는 데이터의 정확성과 일관성을 보장하기 위해 제약 조건이나 규칙을 적용하는 과정이다. 데이터 백업 및 복구는 데이터 손실 방지를, 데이터 암호화는 기밀성을, 데이터 동기화는 데이터 동기 유지에 중점을 둔다.

046. 외래키는 두 테이블 간의 관계를 정의하고, 참조된 데이터가 항상 유효한 상태를 유지하도록 보장하여 데이터의 무결성을 유지한다. 이는 데이터베이스에서 일관성을 보장하는 데 중요한 역할을 한다. 외래키는 데이터 중복을 허용하지 않으며, 보안을 강화하거나 저장 공간을 줄이는 직접적인 역할을 하지 않는다.

047. 기본 키(Primary Key)는 데이터베이스에서 테이블 내 각 행을 유일하게 식별하는 키로, 데이터 중복을 방지하고 무결성을 유지하는 역할을 한다. 기본 키는 NULL 값을 가질 수 없으며, 테이블 내에서 유일해야 한다. 외래 키(Foreign Key)는 다른 테이블의 기본 키를 참조하는 키로, 테이블 간의 관계를 정의하는 데 사용되며, 직접적인 행 식별 목적은 아니다. 슈퍼 키(Super Key)는 한 개 이상의 속성 조합으로 행을 고유하게 식별할 수 있는 키의 집합이지만, 일반적으로 최소 속성 조합인 후보 키가 기본 키로 선택된다. 참조 키라는 개념은 데이터 베이스의 주요 용어가 아니므로 적절하지 않다.

048. 지속성(Durability)은 트랜잭션이 성공적으로 완료되었을 때 그 결과가 영구적으로 데이터베이스에 반영되는 성질을 의미한다. 즉, 트랜잭션이 커밋된 후에는 시스템이 장애가 발생하더라도 변경된 데이터가 손실되지 않고 유지되어야 한다. 데이터베이스의 변경은 지속성이 아닌 원자성과 관련이 있다. 트랜잭션 간의 간섭을 방지하는 개념은 독립성(Isolation)에 대한 설명이다. 트랜잭션이 완전히 수행되거나 전혀 수행되지 않아야 함을 의미하는 것은 원자성(Atomicity)에 대한 설명이다.

049. 그래프 데이터베이스는 데이터를 노드와 엣지로 모델링하여 관계 중심의 데이터 표현과 관리를 효과적으로 수행하며, 복잡한 관계를 유연하게 저장하고 쿼리할 수 있는 특성을 제공한다. 반면, 키-값 저장 방식은 키-값 저장소의 특징이며, 열 기반 저장 방식은 컬럼형 데이터베이스에 해당한다.

050. 위치 투명성(Location Transparency)은 분산 데이터베이스 시스템에서 사용자가 데이터가 물리적으로 어디에 저장되어 있는지 신경 쓰지 않고 동일한 방식으로 접근할 수 있도록 하는 특성을 의미한다. 즉, 사용자는 특정 서버나 노드의 위치를 알지 못해도 데이터베이스를 사용할 수 있다. 분산 데이터베이스에서는 데이터가 여러 서버에 분산 저장될 수 있으며 현대적인 데이터베이스 시스템은 자동으로 트랜잭션을 관리한다. 복제된 데이터가 항상 최신 상태를 유지해야 한다는 것은 필수적인 요구사항이 아니다.

051. 격리성(Isolation)은 트랜잭션이 서로 독립적으로 실행되어야 하며, 동시에 실행되는 다른 트랜잭션의 영향을 받지 않도록 보장하는 속성이다. 격리성이 유지되지 않으면 트랜잭션 간 충돌이 발생할 수 있으며, 이는 데이터 무결성을 해칠 가능성이 있다. 트랜잭션이 모두 실행되거나 전혀 실행되지 않는 것은 원자성(Atomicity)과 관련된 내용이며 트랜잭션 수행 전후에 데이터베이스의 무결성과 규칙이 유지됨을 보장하는 것은 일관성(Consistency)이다. 트랜잭션이 성공적으로 완료되면 그 변경 사항이 영구적으로 저장되어야 함을 의미하는 것은 내구성(Durability)이다.

052. 데이터 일관성, 가용성, 네트워크 지연 시간 관리는 분산 데이터베이스에서 복제를 구현할 때 고려해야할 요소들이다. 데이터 일관성은 복제된 데이터가 항상 동일한 상태를 유지하도록 하는 것이며, 가용성은 시스템이 항상 접근 가능하도록 보장하는 것입니다. 네트워크 지연 시간 관리는 복제 과정에서 데이터 전송의 성능을 높이는 데 중요한 요소이다.

053. 분산 데이터베이스에서 데이터 분할은 데이터를 논리적으로 나누어 여러 노드에 저장함으로써 시스템의 성능을 최적화하는 데 사용된다. 이를 통해 데이터 접근 속도를 높이고, 부하를 분산하여 효율적인 처리와 확장성을 제공한다. 데이터 분할은 일관성을 유지하거나 보안을 강화하는 데 직접적인 목적을 두지 않으며, 가용성을 낮추는 것이 아니라 오히려 높은 가용성을 지원한다.

054. 관계형 데이터베이스는 고정된 스키마를 통해 데이터 구조를 엄격히 정의하는 반면, NoSQL 데이터베이스는 유연한 스키마를 사용하여 다양한 데이터 구조를 저장할 수 있다. NoSQL 데이터베이스도 데이터 무결성을 지원하며, 데이터 중복 여부는 데이터베이스 설계에 따라 다르다. 암호화는 관계형, NoSQL 모두 선택적으로 지원할 수 있다.

055.

> **비기봇 해설**
>
> **가. 데이터 딕셔너리 - 데이터의 논리적 구조를 정의하는 설계도이다** : 데이터 딕셔너리(Data Dictionary)는 데이터베이스의 메타데이터(테이블, 열, 제약 조건, 권한 등)를 저장하며, 데이터의 구조와 속성을 관리합니다. 그러나 "데이터의 논리적 구조를 정의하는 설계도"는 데이터 스키마(Schema)의 역할에 더 가깝습니다. 데이터 딕셔너리는 설계도 자체가 아니라 설계도에 대한 정보를 저장하는 저장소로 간주됩니다. 따라서 이 설명은 데이터 딕셔너리와 정확히 맞지 않습니다.
>
> **나. 데이터 인덱스 - 데이터 검색 속도를 높이기 위해 사용된다** : 데이터 인덱스(Index)는 데이터 검색 속도를 향상시키기 위해 테이블의 특정 열에 생성되는 구조입니다. 예를 들어, B-트리 인덱스는 쿼리 성능을 최적화하며, 데이터베이스에서 널리 사용됩니다. 설명과 정확히 일치합니다.

다. 데이터 테이블 - 데이터를 행과 열의 형태로 저장하는 기본 단위이다 : 데이터 테이블(Table)은 관계형 데이터베이스에서 데이터를 행(Row)과 열(Column)로 저장하는 기본 단위입니다. 이는 데이터베이스의 핵심 구성 요소로, 설명과 정확히 일치합니다.

라. 데이터 스키마 - 데이터베이스 내에서 데이터의 구체적인 값을 저장한다 : 데이터 스키마(Schema)는 데이터베이스의 논리적 구조(테이블, 열, 관계 등)를 정의하는 설계도입니다. 데이터의 구체적인 값은 테이블에 저장되며, 스키마는 값을 저장하는 것이 아니라 구조를 정의합니다. 따라서 "데이터의 구체적인 값을 저장한다"는 설명은 스키마의 특징과 맞지 않습니다.

056. 데이터베이스 설계의 개념적 설계 단계는 데이터 요구사항을 분석하고 주요 엔터티와 속성을 식별하며, 엔터티 간의 관계를 정의하고 ER 다이어그램으로 표현하는 작업을 포함한다. 데이터 저장소의 크기 추정은 물리적 설계 단계에서 수행되는 작업으로, 개념적 설계 단계에서는 일반적으로 다루지 않는다.

057. 논리적 설계 단계에서는 ER 모델을 기반으로 데이터베이스 구조를 정의하며, 테이블 간의 관계와 속성들을 구체화한다. 파티셔닝 결정과 저장 매체 선정은 물리적 설계 단계에서 이루어지며, 권한 및 접근 제어는 데이터베이스 보안 설계와 관련이 있다.

058. 데이터베이스 언어(예: SQL)는 데이터를 검색하고 조작하기 위한 주요 도구이다. 데이터베이스 모델은 데이터 구조를 정의하며, 데이터베이스 엔진은 데이터 처리와 저장을 관리하고, 데이터베이스 스키마는 데이터베이스의 구조를 정의한다.

059. 데이터 웨어하우스는 대량의 데이터를 분석하고 의사결정을 지원하기 위해 설계된 시스템으로, 주로 다차원 분석과 데이터 마이닝을 수행하는 데 사용된다. 실시간 트랜잭션 처리를 위해 최적화된 것이 아니라, 정형화된 데이터를 저장하고 분석하는 데 중점을 둔다.

060. 데이터 제어어(DCL)는 데이터베이스의 접근 권한을 관리하고, 데이터 보안, 무결성, 권한 부여 및 회수 등의 작업을 수행하는 데 사용된다. 데이터 정의어(DDL)는 데이터베이스의 구조를 정의하고 수정하는 데 사용되며, 데이터 조작어(DML)는 데이터를 조회, 삽입, 수정, 삭제하는 데 사용된다. 데이터 검색어는 별도의 데이터베이스 언어로 정의되지 않는다. 따라서 정답은 데이터 제어어이다.

061. 외래키는 특정 테이블에서 다른 테이블의 기본키를 참조하여 두 테이블 간의 관계를 정의하며, 데이터베이스의 참조 무결성을 유지하는 데 중요한 역할을 한다. 모든 속성을 포함하거나 기본키로 모든 속성을 사용할 필요는 없으며, 외래키는 기본키와 직접 연결된다.

062. 슈퍼키는 테이블에서 유일성을 보장하는 속성 집합이며, 기본키는 최소성을 만족하는 슈퍼키이다. 즉, 기본키는 필요 최소한의 속성으로 구성된 슈퍼키이다. 모든 슈퍼키가 기본키로 사용되지는 않으며, 두 키는 동일한 역할을 수행하지 않는다.

063. DROP은 테이블이나 데이터베이스 자체를 삭제하는 명령어로, 데이터뿐 아니라 구조까지 삭제하는데 사용된다. SELECT는 테이블에서 데이터를 조회하는 명령어로, 정확한 역할을 설명하고 있다. 반면, DELETE는 테이블의 특정 데이터를 삭제하는 명령어로, 가의 설명이 잘못되었다. 다)에서 UPDATE는 테이블의 데이터를 수정하는 명령어이지, 데이터를 조회하는 명령어가 아니다.

064. 외래키는 참조 무결성을 유지하고, 데이터 간의 일관성을 보장하는 데 중요한 역할을 한다. 중복 데이터를 허용하거나 기본키 대신 후보키를 사용하는 것은 무결성을 보장하지 못하며, 제약 조건을 최소화하면 오히려 무결성을 저해할 수 있다.

065. 정규화는 데이터 중복을 줄이고 무결성을 높이며, 테이블을 작은 단위로 분해하여 데이터베이스의 일관성과 효율성을 유지한다. 하지만 정규화가 데이터베이스의 쿼리 성능을 항상 향상시키는 것은 아니다. 경우에 따라서는 지나치게 분할된 테이블로 인해 성능이 저하될 수 있다.

066. 데이터 무결성을 유지하기 위해서는 중복을 최소화하는 것이 중요하다. 데이터 중복을 늘리면 저장 공간이 증가하고, 일관성을 유지하기 위한 추가적인 관리가 필요해 오히려 무결성이 저하될 수 있다. 데이터 무결성을 유지하기 위해 무결성 제약 조건(기본키, 외래키, 고유성 제약 등)을 설정하고 트랜잭션 처리(ACID 원칙)를 통해 데이터베이스의 일관성을 유지한다. 외래키(Foreign Key)를 사용하여 참조 무결성을 보장하는 기법은 데이터 간의 연관성을 유지하는 데 필수적이다.

067. 데이터베이스 정규화는 데이터 중복과 불일치를 최소화하여 데이터의 일관성을 유지하고 저장 공간을 효율적으로 사용하기 위해 수행된다. 정규화는 또한 데이터베이스의 설계 품질을 향상시키는 데 중요한 역할을 한다. 데이터 검색 속도를 향상시키는 것은 주로 인덱스와 관련된 작업이며, 데이터 암호화는 보안과 관련된 기술로 정규화의 목적과는 다르다. 데이터 백업의 용이성은 정규화와 직접적으로 연관되지 않는다.

068. 데이터 정제는 데이터 분석 및 관리에서 매우 중요한 과정으로, 데이터의 품질을 향상시키기 위해 불완전하거나 부정확한 데이터를 수정하거나 제거하는 작업을 의미한다. 그러나 분석 결과를 시각화하는 것은 데이터 전처리 후 분석 단계에서 이루어지는 작업으로 일반적으로 정제 과정에 포함되지 않는다.

069. 데이터를 훈련 세트와 테스트 세트로 나누는 이유는 모델이 새로운 데이터에서도 일관되게 좋은 성능을 발휘할 수 있는지 확인하기 위함이다. 데이터 분산이나 학습 속도를 높이기 위한 작업은 훈련-테스트 데이터 분리에 의해 직접적으로 해결되지 않으며, 데이터의 다양성을 확보하는 작업도 별도의 샘플링 방법으로 처리된다.

070. 교차 검증은 데이터를 여러 번 나누어 다양한 훈련 및 테스트 데이터셋을 생성하고, 이를 통해 모델의 성능을 평가하여 과적합을 방지한다. 학습 시간을 단축하거나 데이터 양을 늘리는 것은 교차 검증의 주된 목적이 아니며, 전처리 과정을 단순화하는 역할도 하지 않는다.

071.

 비기봇 해설

1. 정규화는 데이터를 평균 0, 표준편차 1로 변환하고, 표준화는 데이터를 0과 1 사이로 조정한다 : 이 선택지는 잘못된 설명입니다. 정규화는 일반적으로 데이터를 0과 1 사이의 범위로 조정하는 것이고, 표준화는 데이터를 평균 0, 표준편차 1로 변환하는 과정입니다.

2. 정규화는 데이터의 스케일을 조정하고, 표준화는 데이터의 상대적 위치를 유지한다 : 이 선택지도 부정확합니다. 정규화는 데이터의 스케일을 조정하는 것이 맞지만, 표준화는 상대적 위치를 유지하기보다는 평균과 표준편차를 기반으로 데이터를 변환합니다.

3. 정규화는 데이터를 특정 범위로 조정하며, 표준화는 평균과 표준편차를 기준으로 변환한다 : 이 선택지는 적절한 설명입니다. 정규화는 데이터를 0과 1 사이로 조정하거나 다른 특정 범위로 변환하는 것이고, 표준화는 데이터를 평균 0과 표준편차 1로 변환하는 방법을 의미합니다.

4. 정규화와 표준화는 모두 데이터를 정규분포로 변환하는 데 사용된다 : 이 선택지는 잘못된 설명입니다. 정규화와 표준화는 데이터의 스케일을 조정하는 방법이며, 표준화는 데이터가 정규분포를 따르도록 하는 효과가 있을 수 있지만, 정규화는 정규분포와 직접적인 관련이 없습니다.

최종 정리하자면, 정규화는 데이터를 특정 범위로 조정하고, 표준화는 평균과 표준편차를 기준으로 변환하는 것입니다.

072. 계층적 분리는 데이터의 클래스 비율을 유지하며 표본의 대표성을 높이는 장점이 있다. 이는 특히 클래스 간 데이터 분포가 불균형한 경우 소수 클래스를 포함시켜 데이터 불균형 문제를 완화하는 데 유용하다. 그러나 계층적 분리가 항상 더 높은 정확도와 성능을 보장하는 것은 아니다. 정확도와 성능은 데이터 특성과 분석 방법에 따라 달라질 수 있다.

073. 데이터 익명화는 개인 데이터를 식별할 수 없도록 변환하며, 복원이 불가능한 특징이 있지만, 일부 익명화 방식은 재식별 위험이 높기 때문에 원본 데이터를 추적하거나 복원할 수 있는 위협이 있다. 다른 선지들은 모두 옳은 설명이다.

074. 데이터 비식별화는 데이터에서 개인을 식별할 수 있는 정보를 제거하여 개인의 프라이버시를 보호하는 것이 주된 목적이다. 처리 속도 향상이나 저장 공간 절약, 전송 속도 증가와는 직접적인 관련이 없다.

075. KNN(K-Nearest Neighbors) 대체 방법은 결측치를 채울 때 데이터 간 거리를 계산하여 가장 가까운 이웃을 참고하는 방식이므로, 차원이 높아질수록 계산량이 급격히 증가하여 적용이 어려울 수 있다. 데이터가 특정 그룹을 이루는 경우 KNN이 효과적으로 적용될 수 있으며 연속형 변수와 범주형 변수가 혼합되어 있어도 적절한 거리 측정 방법을 선택하면 KNN을 사용할 수 있다.

076. 다중 회귀분석을 활용하여 결측치를 대체하는 방법은 예측 변수와 결측값 간의 관계를 모델링하여 결측값을 예측하기 위함이다. 이 방법은 데이터의 상관관계를 활용하기 때문에 결측값을 보다 정확히 대체할 수 있다. 데이터의 비선형성은 회귀 대체 방법의 핵심 목적이 아니며, 범주형 변수의 결측값 처리에는 다른 기법이 적합하다. 또한, 결측 비율이 높은 경우에는 이 방법의 성능이 제한될 수 있다.

077. 이상값을 탐지하는 통계적 방법 중 하나는 평균과 표준편차를 활용하여 데이터 분포를 분석하는 것이다. 정규 분포를 가정할 경우, 평균에서 일정 수준 벗어난 데이터를 이상값으로 간주할 수 있다. 데이터 정규화는 이상값 탐지 방법과는 직접적인 관련이 없으며 데이터 통합 또한 이상값 탐지와는 무관하다. 수작업으로 모든 데이터를 일일이 검토하는 것은 비효율적이며, 통계적 방법을 사용한다고 보기도 어렵다.

078. 최소-최대(Min-Max) 정규화 변환은 데이터의 범위를 일정한 범위로 변환하는 과정으로, 변수 간 스케일 차이를 줄여 분석을 용이하게 한다. 평균을 0으로 만들거나 분산을 1로 만드는 것은 Z-Score(Z점수) 표준화 변환에 해당하는 개념이다.

079. 클러스터 기반 구간화는 데이터를 군집화하여 데이터의 분포를 반영하는 구간을 설정하므로, 데이터의 특성을 보다 잘 반영한다. 구간의 크기가 항상 동일하거나 계산이 간단한 방식은 등간 구간화(Equal Interval Binning)에 해당하며, 평균을 기준으로 구간을 나누는 것은 클러스터 기반 구간화의 특징이 아니다.

080. Z-Score(Z점수) 표준화 변환은 데이터의 평균을 0, 표준편차를 1로 변환하므로 원래 데이터의 분포를 유지할 수 없다. 또한 Z-Score 표준화는 데이터 비교, 머신러닝 학습 안정화, 이상치 탐색 등에서 사용될 수 있다.

081. 교차 검증(Cross-Validation)은 학습 세트와 테스트 세트를 반복적으로 교차하여 모델을 평가하는 방법으로, 이를 통해 모델이 특정 데이터에 과적합되지 않도록 방지하고 일반화 성능을 향상시키는 데 목적이 있다. 학습 세트에 최대한 많은 데이터를 할당한다는 것과 모든 데이터를 학습 세트로 정의하고 학습하는 것은 교차 검증의 목적과는 다소 거리가 먼 설명이며, 하이퍼파라미터 최적화에 그리드 서치(Grid Search)와 함께 교차 검증이 활용될 수 있지만, 교차 검증 자체의 목적은 하이퍼파라미터 최적화가 아니라 모델의 일반화 성능을 평가하는 것이다.

082. 시간 기반 분할은 시계열 데이터에서 주로 사용되며, 과거 데이터를 기반으로 모델을 훈련하고 미래 데이터를 예측하는 방식으로 일정한 순서로 나눈다고 할 수 있다. 데이터 분할 시 무작위 추출을 통해 랜덤하게 데이터를 분할하는 것이 일반적이고 데이터마이닝이나 머신러닝 학습을 위해서는 고정 분할로 데이터를 학습 세트, 검증 세트, 테스트 세트로 나누어 학습에 활용한다. 데이터 분할은 모델 학습과 평가를 위해 데이터의 다양성과 대표성을 유지하며 나누는 과정이다. 데이터를 동일한 값으로 변환한 후 나누는 것은 데이터의 특성과 정보를 잃게 만들어 모델 학습에 부적합하므로 데이터 분할 기법으로 가장 적절하지 않다.

083. 계층적 분할은 불균형 데이터의 각 클래스(범주형)의 비율을 유지할 수 있는 장점이 있으나 데이터 수가 충분하지 못한 경우 효과가 낮을 수 있다. 따라서 호불호(긍정/부정)의 클래스가 불균형이면서 충분한 수량을 가지고 있는 데이터에서 모델을 만들 때 균형 있게 학습이 가능하다. 주식 시장의 과거 데이터를 기반으로 미래 가격을 예측하는 시계열 분석이나 고객의 구매 이력 데이터를 기반으로 다음 구매 시점을 예측하는 추천모델은 시간 기반 분할이 더 적절하다. 그리고 강수량 데이터는 연속형이거나 지역별 특성을 가질 수 있지만, 클래스 비율(예: 강수/비강수)을 유지할 필요성이 낮을 수 있습니다. 무작위 분할이나 지역 기반 분할이 더 적합하다.

084. 오른쪽 외부 병합은 오른쪽 데이터 세트의 모든 행을 유지하면서, 공통 키를 기준으로 왼쪽 데이터 세트를 결합하는 방식이다. 왼쪽 데이터 세트의 모든 행을 유지하는 것은 왼쪽 외부 조인이며, 공통 키를 기준으로 결합하는 것은 내부 조인이다.

085. 레이블 인코딩은 범주형 데이터를 숫자 데이터로 변환하는 방법으로, 각 범주에 고유한 정수를 매핑한다. 원-핫 인코딩은 각 범주를 이진 벡터로 변환하고, 정규 인코딩, 로그 인코딩은 일반적으로 존재하지 않는 데이터 변환 방법이므로 적절한 선택지가 아니다.

086. 로그 변환은 비대칭적이고 오른쪽으로 치우쳐 있는 연속형 데이터를 정규 분포에 가깝게 변환하여 데이터의 분포를 개선하는 데 사용된다. 한편 정규화는 최소-최대를 사용하여 특정 범위(예:0~1)로 조정하는 것이 목적이며, 정규 분포로 변환하는 것과는 관련이 없다. 원-핫 인코딩은 범주형 데이터를 변환하는 방법으로 연속형 데이터 변환과 관련이 없다. 표준화는 평균 0, 표준편차 1로 변환하는 방법이지만 데이터의 왜도(Skewness)를 해결하지 않기 때문에 비대칭인 데이터에서는 정규 분포로 변환되지 않을 가능성이 높다.

087. 오프사이트 스토리지는 데이터 유출이 아니라, 물리적 재해 또는 시스템 장애 발생 시 데이터를 복구하는 용도로 사용된다. 또한 백업 데이터를 내부 서버에 저장하는 것이 아니라, 외부의 안전한 위치에 저장해야 한다. 나머지 선택지는 모두 옳은 설명이다.

088. 데이터의 완전성(Completeness)은 모든 필수 데이터가 누락되지 않고 포함되어 있는지를 평가하는 과정이다. 예를 들어, 고객 정보 데이터에서 필수적인 이름, 연락처, 주소 등이 비어 있지 않은지를 확인하는 것이 이에 해당한다. 다른 선택지들은 각각 정확성, 일관성, 유효성과 관련된 내용이다.

089.

비기봇 해설

이번 문항은 웹 스크래핑과 웹 크롤링의 특징을 설명하는 내용으로, 옳은 것을 모두 고르는 문제입니다. 웹 스크래핑과 웹 크롤링은 웹에서 데이터를 수집하는 두 가지 방법으로, 각각의 목적과 작업 방식이 다릅니다. 웹 크롤링은 웹 페이지를 탐색하여 데이터를 수집하는 과정이고, 웹 스크래핑은 특정 웹 페이지에서 필요한 정보를 추출하는 작업입니다.

가. 웹 스크래핑은 검색 엔진에서 전체 웹 페이지를 색인화하기 위해 사용된다 : 이 선택지는 부정확합니다. 웹 스크래핑은 특정 웹 페이지에서 필요한 정보를 추출하는 작업으로, 검색 엔진의 색인화는 웹 크롤링의 역할입니다. 따라서 이 설명은 잘못되었습니다.

나. 웹 크롤링은 특정 웹 페이지에서 원하는 정보를 추출하는 데 집중하는 작업이다 : 이 선택지도 잘못된 설명입니다. 웹 크롤링은 웹 페이지를 탐색하며 여러 페이지의 데이터를 수집하는 작업이지, 특정 페이지에서 정보를 추출하는 것이 아닙니다. 정보 추출은 웹 스크래핑의 범주에 해당합니다.

다. 웹 크롤링은 여러 페이지를 자동으로 탐색하며, 링크를 따라가면서 데이터를 대규모로 수집하는 작업이다 : 이 선택지는 옳습니다. 웹 크롤링은 링크를 따라가며 여러 웹 페이지를 탐색하고, 이 과정에서 대규모로 수집하는 방식입니다.

라. 웹 스크래핑은 비교적 소규모의 데이터를 활용하기 위해 HTML 구조를 분석하여 특정 데이터를 추출하는 작업이다 : 이 선택지도 옳습니다. 웹 스크래핑은 웹 페이지의 HTML 구조를 분석하여 필요한 정보를 추출하는 작업으로, 특정 웹페이지에서 데이터를 선택적으로 수집하는 데 활용되며, 크롤링보다는 비교적 소규모의 데이터 추출이 주된 목적입니다.

최종적으로, 웹 스크래핑과 웹 크롤링의 특징을 고려할 때 올바른 조합은 다, 라입니다.

090. 웹 스크래핑은 데이터를 수집하는 과정에서 저작권 침해 문제가 발생할 수 있다. 따라서 수집한 데이터의 사용 목적과 법적 권리를 검토해야 한다. 데이터의 정확성, 양, 형식은 기술적 문제와 관련이 있으며 법적 문제의 핵심은 아니다.

091. 병렬 적재는 여러 프로세스를 동시에 실행하여 데이터를 병렬로 처리하는 방식이다. 이는 데이터 처리 속도를 높이고 대량 데이터를 효율적으로 다룰 수 있도록 한다. 일괄 적재는 데이터를 한꺼번에 처리하는 방식이고, 실시간 적재는 데이터가 발생할 때마다 처리하며, 순차 적재는 데이터를 순서대로 처리하는 방식이다.

092. 데이터 웨어하우스는 주로 정형 데이터를 구조적으로 저장하여 중앙 집중형 데이터 분석을 가능하게 한다. 데이터 통합은 데이터를 주기적으로 적재하는 것이 일반적이며, 실시간 데이터 분석보다는 OLAP을 이용한 심층 분석과 의사결정을 지원하는 역할을 한다. 데이터 암호화는 보안의 기능이며, 데이터 웨어하우스의 주요 기능은 아니다.

093. NoSQL 데이터베이스는 비정형 데이터를 유연하게 저장하고 처리하는 데 적합한 구조를 제공한다. 관계형 데이터베이스와 데이터 웨어하우스는 주로 정형 데이터에 적합하며, 데이터 마트는 특정 비즈니스 기능에 최적화된 정형 데이터를 다룬다.

094. MongoDB는 문서 지향적인 NoSQL 데이터베이스로, 비정형 데이터나 대규모 데이터를 처리하기 위해 설계되었다. Amazon S3, Google Cloud Storage, Azure Blob Storage는 주로 객체 스토리지 솔루션에 해당하며, 데이터베이스로 분류되지 않는다.

095. 네트워크 보안은 외부의 불법적인 접근이나 공격으로부터 네트워크를 보호하는 기술을 의미한다. 방화벽(Firewall)은 네트워크 보안 기술 중 하나로, 네트워크의 내부와 외부 간 트래픽을 모니터링하고 특정 규칙에 따라 허용하거나 차단하는 역할을 한다. 블록체인은 데이터의 무결성과 분산 저장을 보장하지만, 네트워크 보안 기술로 직접적으로 분류되지는 않는다. 생체 인증은 사용자 접근 제어를 위한 기술이며, 데이터 백업은 데이터 보호를 위한 방법이지만 네트워크 보안과는 거리가 있다.

096. 데이터 시각화는 복잡한 데이터를 이해하기 쉽도록 그래프, 차트, 대시보드 등의 형태로 표현하는 방법이다. 데이터 수집은 분석의 기초 데이터를 얻는 과정이고, 데이터 정제는 데이터를 분석에 적합한 상태로 만드는 작업이며, 데이터 저장은 데이터를 보관하는 기능이다.

097. 데이터 마이닝(Data Mining)의 주된 목적은 대량의 데이터에서 숨겨진 패턴과 유용한 정보를 발견하는 것이다. 이를 통해 비즈니스 의사결정, 예측 분석, 고객 세분화 등 다양한 분석 작업이 가능하다. 데이터를 저장하는 것은 데이터베이스 관리의 역할이지 데이터 마이닝의 목적이 아니다. 데이터를 수집하는 것은 데이터 웨어하우스나 ETL 과정과 관련이 있다. 데이터를 삭제하는 것은 데이터 마이닝과는 무관하다.

098. 성과 모니터링의 주된 목적은 설정된 비즈니스 목표의 달성 여부를 평가하고, 목표 달성을 위한 진행 상황을 지속적으로 추적하는 것이다. 데이터 수집이나 실시간 정보 제공은 성과 모니터링을 지원하는 작업이며, 비즈니스 목표 정의는 성과 모니터링 이전 단계에서 이루어진다.

099. 데이터 수집은 비즈니스 인텔리전스 시스템에서 정확한 의사결정을 위한 기초 자료를 제공하는 중요한 과정이다. 신뢰할 수 있는 데이터가 있어야 분석과 보고가 가능하며, 이를 기반으로 경영진은 올바른 전략을 수립할 수 있다. 데이터 수집이 없으면 정확한 분석도 불가능하므로 중요도를 판단하기 어렵다. 또한 데이터 수집은 대시보드 디자인에만 필요하지 않고 데이터 분석, 예측, 보고 등 다양한 분야 뿐만 아니라 정확한 성과 평가를 위해서 필수적이다.

100. 셀프서비스 BI는 사용자가 IT 부서의 도움 없이 데이터를 직접 분석하고 시각화할 수 있는 도구를 제공하며, 대시보드 BI는 KPI를 시각적으로 표현하여 의사결정을 지원한다. 모바일 BI는 보안 성능보다 접근성에 중점을 두고 있으며, 클라우드 BI는 확장성과 접근성에 강점이 있으며 실시간으로 데이터 분석도 가능하다.

PART
03

경영정보시각화 디자인

- 1장 시각화 디자인 기본 원리 이해
- 2장 시각화 도구 활용
- 3장 시각화 요소 디자인

03

Learning Map
어떤 것을 학습하게 될지 살펴보자!

1장 | **시각화 디자인 기본 원리 이해**
- 정보 시각화의 각 기능의 역할과 중요성을 이해한다.
- 경영정보시각화 프로세스를 이해한다.
- 색의 3속성을 구분하고, 내용을 설명할 수 있다.
- 디자인의 기본 원리의 개념을 이해한다.
- 인포그래픽의 특징과 원리를 이해한다.

2장 | **시각화 도구 활용**
- 사무자동화 프로그램을 활용한 시각화를 이해하고 설명할 수 있다.
- 데이터 시각화 도구의 특징을 설명할 수 있다.
- 대시보드의 개념과 특징을 이해한다.
- 시각화 요소의 상호 작용을 이해한다.

3장 | **시각화 요소 디자인**
- 시각화종류에 따른 목적과 그에 해당하는 차트 디자인을 이해할 수 있다.
- 관계 시각화를 이해한다.
- 테이블 디자인의 개념을 이해한다.

PART 03
경영정보시각화
디자인

1장 시각화 디자인 기본 원리 이해

12 DAY

○ 학습 목표

- 정보 시각화의 각 기능의 역할과 중요성을 이해한다.
- 경영정보시각화 프로세스를 이해한다.
- 색의 3속성을 구분하고, 내용을 설명할 수 있다.
- 디자인의 기본 원리의 개념을 이해한다.
- 인포그래픽의 특징과 원리를 이해한다.

○ 눈높이 체크

✓ **경영정보시각화 프로세스에 따라 분석을 진행할 수 있나요?**

경영정보시각화는 데이터를 시각적으로 표현하여 경영 의사결정을 지원하는 중요한 도구입니다. 이 과정은 데이터를 수집하고 분석한 후, 이를 경영진이 직관적으로 이해할 수 있도록 시각적으로 표현하는 프로세스로 진행됩니다. 경영정보시각화 프로세스는 목표 설정 → 데이터 수집 → 데이터 전처리 → 시각화 디자인 → 시각화 구현 → 시각화 분석 → 결과 전달의 단계를 따릅니다. 이 과정에서 가장 중요한 부분은 명확한 목표 설정입니다. 목표가 명확하지 않으면 아무리 정교한 데이터 분석과 시각화도 경영 의사결정에 실질적인 도움을 주지 못할 수 있습니다.

✓ **색의 3속성을 구분할 수 있나요?**

색의 3속성인 색상, 채도, 명도는 색상환을 통해 쉽게 구분할 수 있습니다.
색상은 빨강, 파랑, 노랑과 같은 색의 종류를 나타내며, 색상환으로 각 색의 위치를 확인해 구별할 수 있습니다. 채도는 색의 선명도를 의미하며, 같은 색상에서 회색이 섞인 정도에 따라 채도가 낮아지므로 선명한 색과 흐릿한 색을 비교해 볼 수 있습니다. 명도는 색의 밝기를 나타내며, 흰색이나 검은색을 섞어서 밝기 차이를 비교하면 쉽게 구분할 수 있습니다.

✓ **인포그래픽이 어떻게 생성되는지 아시나요?**

인포그래픽은 정보와 그래픽의 합성어로, 시각적으로 전달하기 위해 데이터를 정리하고 디자인하는 방법입니다. 주로 Canva, Adobe Illustrator, Piktochart, Visme, Infogram과 같은 프로그램을 사용하여 작성합니다. 인포그래픽은 복잡한 데이터를 간단하고 명확하게 전달해야 하며, 일관된 스토리텔링, 효과적인 디자인 원칙(색상, 폰트, 아이콘 등), 그리고 간결성을 강조합니다.

1절 경영정보 시각화 개요

1장 시각화 디자인 기본 원리 이해

난이도 **중**

> **비기의 학습팁**
> 정보 시각화의 목적은 효율적인 정보 전달과 시각적 이해를 돕는 것입니다. 이를 염두해서 보면 다양한 그래픽 요소(차트, 그래프, 다이어그램 등)를 사용하는 이유를 더 쉽게 이해할 수 있습니다.

1 정보 시각화 개요

1. 정보 시각화의 개념

경영 정보를 시각화할 때는 데이터의 정확성과 신뢰성을 강조하며, 에드워드 터프티의 시각화 방법이 적합하다. 터프티는 시각적 산만함을 최소화하고 정보 전달의 효율성을 극대화한다.

- **데이터 표현과 이해**: 효율적인 정보전달을 위해 그래픽 요소를 활용하여 데이터를 형상화하고 한정된 공간에 많은 정보를 보여주거나, 데이터를 차별적으로 보여주어 데이터에 대한 이해와 설득을 돕는다.

- **기하학 요소를 활용한 정보인식**: 도형, 선, 텍스트, 색상 등의 그래픽 요소와 크기, 여백 등의 조형적 요인을 활용하여 상호적으로 데이터를 표현하고 정보를 전달한다.

- **데이터 분석 결과의 예술적 시각 전달**: 정보 시각화는 데이터 분석의 과학적 측면과 분석 결과를 시각적으로 디자인하고 표현하는 예술적 측면을 동시에 포함한다

- **인지적 속성을 활용한 의사결정 지원도구**: 인간의 시각, 지각 능력을 기반으로 데이터를 이해하고 내재된 의미와 인사이트를 발견하는 데 도움을 준다. 이를 통해 정보 시각화는 객관적인 정보에 입각한 합리적인 의사결정을 내릴 수 있도록 지원한다.

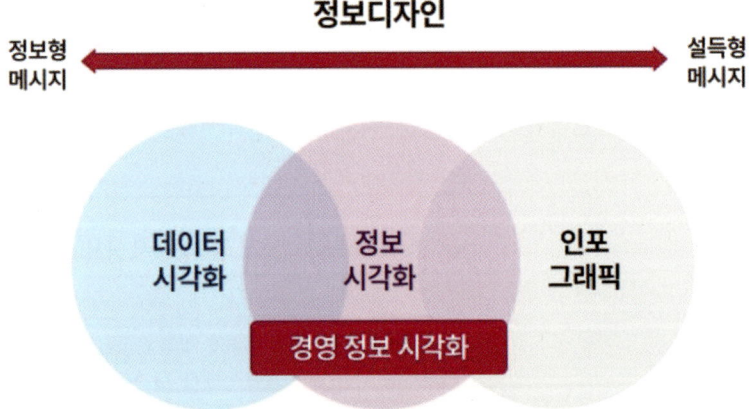

2. 정보시각화를 위한 디자인의 관계

- 특정 정보 체계를 쉽고 명확하게 이해할 수 있도록 시각화는 다양한 연출 방식의 정보디자인을 활용한다.
- 데이터: 의미체계로 연결되기 이전의 개별적 정보단서로서 정량데이터, 정성데이터로 구성된다.
- 정보: 데이터들 중 서로 연관된 것을 선별하여 의미체계로 만든 구조이다.
- 지식: 정보가 축적이 되어 타 정보 및 연결 정보 체계의 생성 및 유추, 파악을 가능하게 하는 의미 체계이다.
- 경영정보 시각화를 목표로 할 때는 설득형 메시지를 담고 있어 주관적 경향과 스토리텔링이 강한 인포그래픽보다는 터프티 관점으로 정보형 메시지를 담은 데이터시각화 방법이 더 적합하다.
- 반면 경영정보 시각화 디자인을 이용하여 보고서나 제안서를 작성할 때는 설득적 메시지를 전달하는 목적이 강해지므로 인포그래픽으로 시각화하는 것이 필요하다.

3. 정보 시각화의 기능

- 정보 시각화의 기능은 설명, 탐색, 표현으로 구성된다. 데이터를 설명하고 이해하기 쉽도록 돕고, 데이터를 탐색해 인사이트를 발견할 수 있게 지원하며 이를 시각적으로 표현해 사용자에게 전달해 준다.

가. 설명

- 복잡한 데이터를 시각적인 요소를 활용하여 단순하고도 명확하게 표현함으로써, 데이터의 의미를 명확하게 전달한다.
- 막대그래프나 선그래프 등 다양한 그래프로 데이터의 결과물을 시각적으로 **설명**할 수 있다.
- 예를 들어 A 기업의 2023년 월별 평균 매출 추이를 볼 때, 표 형태보다 차트를 사용하면 값의 분포와 추세를 한눈에 파악할 수 있다.

> **출제포인트**
> "정보 시각화의 기능"의 3종류를 구분하는 문제가 출제될 수 있습니다.

> **비기의 학습팁**
> 설명(Explanation): 정보를 명확하게 전달하고, 데이터의 의미를 쉽게 이해할 수 있도록 돕는 역할입니다.

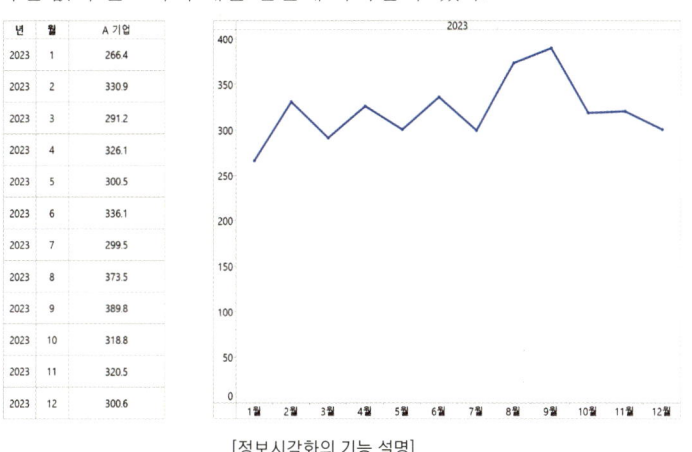

[정보시각화의 기능 설명]

> **비기의 학습팁**
>
> 탐색(Exploration): 사용자가 데이터를 분석하고 새로운 인사이트를 발견할 수 있도록 돕는 기능입니다.

나. 탐색

- 사용자가 데이터를 탐색하고 특정 패턴, 상관관계, 이상치를 찾기 위한 시각적 분석 기능으로써 사용자가 유의미한 데이터를 직접 **탐색**하는 것이다.
- 상호작용할 수 있는 도구를 사용해 데이터를 필터링하고 집계하는 등의 작업을 수행할 수 있다.
- 다양한 차원의 데이터를 3D 그래프나 히트맵으로 시각화하여 데이터 간의 상호작용을 살필 수 있다.
- 영국의 통계학자인 프랭크 앤스컴(Frank Anscombe)이 시각화의 중요성을 보여주기 위해 만든 '앤스컴 콰르텟(Anscombe's Quartet)'은 4개의 집합을 포함한 차트로 구성되어 있다.
- 이 집합들은 동일한 통계적 속성을 갖고 있지만 서로 다른 분포 모양을 가지며, 앤스컴 콰르텟을 사용하면 여러 데이터 집합의 다양성을 탐색해 데이터의 특성과 패턴을 이해하고 유의미한 관계를 발견할 수 있다. 또한, 이상치의 존재를 시각적으로 파악하는 데 도움을 준다.

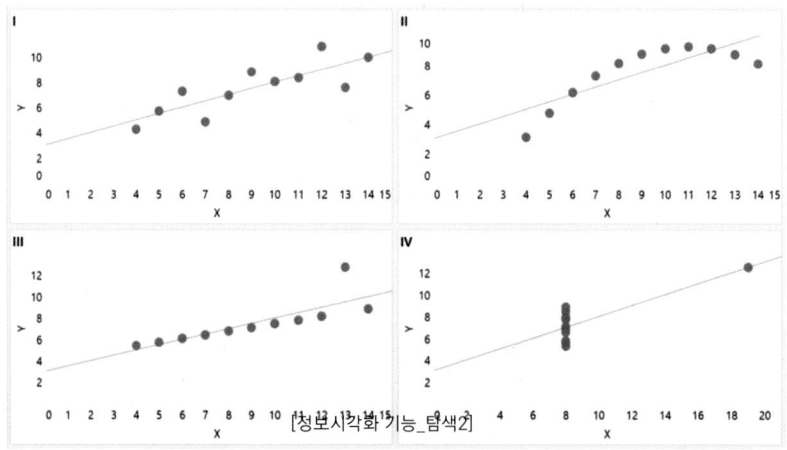

[정보시각화 기능_탐색1]

[정보시각화 기능_탐색2]

다. 표현

- 정보 시각화는 정보를 시각적으로 표현하여 시인성과 심미성을 높이고, 내용을 흥미롭게 만들며 전하고자 하는 메시지를 강조하여 효과적인 커뮤니케이션을 가능하게 한다.
- 데이터의 복잡성을 개인의 창의적이고 예술적 표현을 통해 적절한 디자인과 색상을 사용하여 이야기가 잘 전달될 수 있도록 **표현**한다.
- 아래 그림은 현대 간호학의 창시자인 플로렌스 나이팅게일(Florence Nightingale)이 병실 위생의 중요성을 설득하기 위해 만든 장미 다이어그램(Rose Diagram)이다. 크림전쟁에서 전투로 사망한 사람보다 열악한 위생으로 죽는 사람이 많다는 것을 알리고 개선하고자 고안했다.
- 각 부채꼴의 반지름 길이는 부상자 수를 나타내고, 붉은색은 부상으로 인한 사망, 파란색은 비위생적 환경으로 인한 사망, 검은색은 그 외를 나타낸다. 그래프를 보면 파란색 비율이 상당히 높다는 것을 확인할 수 있다.

> **비기의 학습팁**
> 정보시각화는 그래프, 지도, 인포그래픽 등 다양한 형식을 통해 데이터를 "표현"하고 복잡한 데이터를 명확하게 "설명"해 중요한 메시지를 전달합니다.

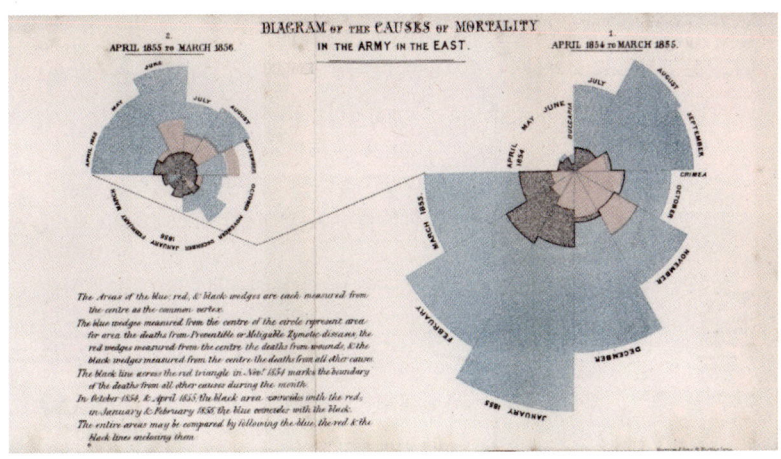

[정보시각화 기능_표현]

4. 정보 시각화 목적

- 정보 시각화의 목적은 복잡한 데이터를 구조화 및 단순화하는 것으로 크게 '**정보 전달**'과 '**설득**'이 있다.
- **정보 전달**: 정보 시각화의 실용적, 과학적 측면으로 복잡한 데이터나 정보를 이해하기 쉬운 형태로 가공하여 정확하고 명확하게 전달한다. 사용자는 정보 시각화를 활용하여 인사이트를 얻을 수 있으며, 데이터에 입각한 객관적이고 합리적인 의사결정을 내릴 수 있다.
- **설득**: 정보 시각화의 심미적인 측면으로 데이터를 통해 전달하고자 하는 메시지를 심미적이고 창의적으로 표현하여, 보는 사람으로 하여금 흥미를 유발하고, 해당 정보를 설득력 있게 전달하는 역할을 한다.

> **출제포인트**
> 정보시각화의 두 목적을 비교하는 문제가 출제될 수 있습니다. 두 목적의 차이를 명확히 이해해야 합니다.

5. 정보 시각화의 효과 및 유의점

가. 효과

- 인간의 정보 처리 능력을 확장해 정보를 직관적인 동시에 차별적으로 보여줄 수 있다.
- 다른 방식으로는 어려운 지각적 추론을 가능하게 하며, 난해한 과학 원리를 다양한 기호나 다이어그램으로 시각화할 수 있다.
- 시각화된 정보는 주목성이 높고, 문자보다 쉽게 정보를 전달한다.

나. 유의점

- 정보 시각화는 정보를 재가공한 것으로 지적 능력이 요구되고, 시각화하는 과정에서 정보의 왜곡이 생길 수 있다.
- 지나치게 시각화된 정보는 오히려 효율을 떨어뜨릴 수 있다.
- 문화적 요인이 작용하며 인종, 언어, 지역, 종교 등에 따라 다르게 해석될 수 있다.

✓ 핵심 개념체크

01. 다음 중 정보시각화의 설명 중 옳지 않은 것은 무엇인가?

① 도형, 선, 텍스트 등의 그래픽 요소와 조형적 요인을 활용하여 데이터를 표현하고 정보를 전달한다.
② 데이터 분석의 과학적 측면과 분석 결과를 시각적으로 디자인한다.
③ 인간의 시각, 지각 능력을 기반으로 데이터를 이해하고 내재된 의미와 인사이트를 발견하는데 도움을 준다.
④ 한정된 공간에 많은 정보를 보여주거나, 데이터를 일관적으로 보여 주고자 할 때 사용한다.

> 정보시각화는 한정된 공간에 많은 정보를 보여주거나, 데이터를 차별적으로 보여 주고자 할 때 사용된다.

02. 다음 정보 시각화 목적에 대한 설명 중 설득에 해당하는 것은 무엇인가?

① 정보 시각화의 실용적, 과학적 측면으로 복잡한 데이터나 정보를 이해하기 쉬운 형태로 가공하여 전달한다.
② 사용자는 정보 시각화를 활용하여 인사이트를 얻을 수 있다.
③ 정보 시각화의 심미적인 측면으로 데이터를 통해 전달하고자 하는 메시지를 창의적으로 표현하여 해당 정보를 전달하는 역할을 한다.
④ 데이터에 입각한 객관적이고 합리적인 의사결정을 내릴 수 있다.

> 정보 시각화 목적 중 설득은 시각화의 심미적인 측면으로 데이터를 통해 전달하고자 하는 메시지를 심미적이고 창의적으로 표현하여, 보는 사람으로 하여금 흥미를 유발하고, 해당 정보를 설득력 있게 전달하는 역할을 한다.

03. 다음 중 정보 시각화의 효과 및 유의점 중 옳지 않은 것은 무엇인가?

① 인간의 정보 처리 능력을 확장해 정보를 직관적인 동시에 차별적으로 보여줄 수 있다.
② 시각화된 정보는 주목성이 높고, 문자보다 쉽게 정보를 전달한다.
③ 정보를 재가공한 것으로 지적 능력이 요구되고, 시각화하는 과정에서 정보의 왜곡이 생기지 않는다.
④ 지나치게 시각화된 정보는 오히려 효율을 떨어뜨릴 수 있다.

> 정보 시각화는 정보를 재가공한 것으로 지적 능력이 요구되고, 시각화하는 과정에서 정보의 왜곡이 생길 수 있다.

❷ 경영정보 시각화 프로세스

1. 경영정보 시각화의 프로세스

단계	내용	수행업무
데이터의 이해	• 시각화 프로세스 전체의 방향성을 결정짓는 중요한 단계	• 문제 이해: 해결하고자 하는 문제나 질문에 대한 명확한 이해 • 사용자 이해: 정보 시각화의 최종 사용자가 가진 필요나 기대에 대한 이해
목표 설정	• 정보 시각화를 통해 어떤 정보를 전달하고자 하는지, 달성하고자 하는 목표를 명확하게 정의	• 이 데이터로 무엇을 알고 싶은지의 목표질문 설정 • 결과 예측: 시각화를 통해 얻고자 하는 결과(문제 해결, 정보 전달 등)를 예측 • 관련 영역에 대한 배경지식 습득
데이터 수집	• 정보 시각화에 필요한 데이터를 식별, 수집하고 정리하는 단계 • 데이터 소스를 식별, 데이터 수집 방법 결정, 데이터 수집, 수집한 데이터를 검토하는 일련의 과정을 포함	• 데이터 소스 식별: 필요한 데이터를 어디서 수집할지 결정 • 데이터 수집 방법 결정: 데이터를 어떻게 수집할지 결정 • 데이터 수집: 데이터를 수집하는 과정 • 데이터 검토: 데이터 전처리 단계를 위한 사전작업, 수집한 데이터를 검토해 데이터의 품질, 정확성, 적절성 등을 확인
데이터 전처리	• 수집한 원시 데이터를 분석과 시각화에 적합한 형태로 변환하는 단계	• 데이터 정제: 수집된 데이터의 무결성을 위해 불완전한 요소 제거 및 정리(데이터 결측치와 이상치 처리) • 데이터 변환: 데이터를 분석이나 시각화에 적합한 형태로 변환하는 과정 (데이터 유형 변환, 표준화, 정규화, 인코딩) • 데이터 구조 변경: 피벗 테이블이나 재구조화 등 필요에 따라 데이터 구조 자체를 변경
시각화 디자인	• 정제된 데이터를 시각화하는 형식과 디자인을 결정하는 단계 • 데이터의 이해를 돕고 효과적인 정보 전달을 위한 과정	• 시각화 유형 결정: 데이터 특성과 전달하고자 하는 내용에 따라 적절한 시각화 유형 결정(막대, 파이, 라인 차트 등) • 시각화 디자인 요소 결정: 색상, 형태, 크기 등 데이터를 가장 효과적으로 표현할 수 있는 디자인 요소 결정 • 레이아웃 및 구조 결정: 정보 시각화의 시인성, 심미성을 높일 수 있도록 시각화 요소들의 전체적인 배치, 구성 결정 • 사용자 상호작용 결정: 사용자 경험을 통해 데이터를 더욱 심도 있게 이해할 수 있도록 상호작용 결정
시각화 구현	• 앞서 결정한 시각화 목표, 디자인을 실제 구현하는 과정	• 시각화 기술 선택: 프로그래밍 언어, 사무자동화 프로그램, 시각화 툴 등 정보 시각화를 구현할 기술 선택 • 시각화 구현: 선택한 기술을 사용해 시각화 구현

> **출제포인트**
> 경영정보 시각화 프로세스의 단계별 개념과 수행업무를 물어보는 문제는 출제가능성이 높습니다.

> **비기의 학습팁**
> '경영정보 시각화의 프로세스'는 데이터를 효과적으로 시각화하기 위해 필요한 단계들을 체계적으로 이해하는 것이 중요합니다.

시각화 구현		• 상호작용 기능 추가: 필요에 따라 사용자가 시각화 결과물과 상호작용하며 데이터를 심도 있게 탐색할 수 있도록 기능 추가 • 결과물 테스트: 시각화 결과물을 테스트하며 정확한 데이터를 표현하는지, 사용자 친화적인지, 실제로 데이터 이해에 도움이 되는지 확인하고 검증
시각화 분석	• 제작한 정보 시각화를 활용해 데이터를 분석함으로써 인사이트를 발견하고 문제를 해결하는 단계	• 데이터 분석: 데이터의 분포, 패턴, 추이, 상관관계 등을 탐색 • 인사이트 발견: 시각화 분석을 통해 유의미한 정보, 결론 도출
결과 전달	• 완성된 정보 시각화 결과물을 사용자에게 제공하고, 사용하는 방법을 안내하는 단계	• 시각화 결과물 공유: 보고서, 프레젠테이션, 웹페이지, 대시보드 등 여러 형태로 결과물을 제공 • 가이드 제공: 설명, 가이드를 제공하여 시각화 결과물을 바르게 이해할 수 있도록 안내 • 사용자 피드백 및 고도화: 사용자의 피드백을 수집하고, 이를 바탕으로 수정과 개선을 반복하여 시각화 결과물의 퀄리티를 높임

데이터의 이해 → 목표 설정 → 데이터 수집 → 데이터 전처리 → 시각화 디자인 → 시각화 구현 → 시각화 분석 → 결과 전달

[경영정보시각화의 프로세스]

2. 경영정보시각화의 원칙과 시각적 속성

가. 기본 원칙

- 효과적인 정보 전달과 설득이라는 정보 시각화의 목적을 달성하기 위해 다음과 같은 원칙들을 준수해야 한다.
- **사용자를 고려한 단순한 시각화**: 사용자의 주의를 데이터에 집중시키는 이외의 불필요한 요소는 최대한 배제하여 '인지 부하'를 낮춘다.
- **목적에 맞는 시각화 요소 선택**: 데이터의 특성과 전달하고자 하는 메시지에 맞는 막대차트, 파이차트, 꺾은선 차트 등의 시각화 유형을 선택한다.
- **독자의 관심과 참여유도**: 색상, 형태, 애니메이션 등을 활용하여 독자의 관심을 끌고, 시각적으로 흥미를 유발시킬 수 있다. 여러가지 인터랙티브 요소적인 기능을 통해 사용자가 시각화와 상호작용을 할 수 있다.

1) 데이터-잉크 비율(Data-ink Ratio)

- 인지 부하를 낮추는 데 참고할 수 있는 개념으로, 데이터 시각화 분야 선구자인 에드워드 터프티(Edward Tufte)가 제창한 개념이다.

- **데이터 표현을 간소화** - 데이터를 시각적으로 표현할 때, 불필요한 잉크나 요소를 최소화한다.
- **비교 가능성 강조** - 데이터를 비교하기 쉽도록 설계한다.
- **색상 사용 최적화** - 색상을 사용할 때 주의하여 다른 데이터 요소와의 대비를 강화하고 중요한 정보를 부각시킨다.
- 데이터 자체를 표현하기 위해 사용한 잉크(Data-ink)의 양을, 차트 전체를 표시하기 위해 사용한 잉크(Data-ink + Non Data-ink)의 양으로 나눈 비율로, 이 비율이 높을수록 좋은 차트가 된다.

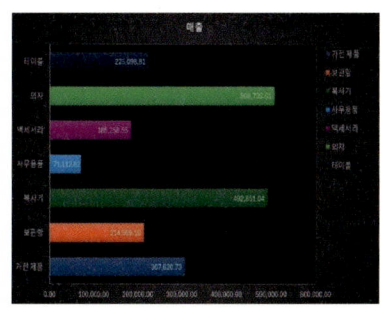

[Data-ink Ratio가 낮은 막대차트]   [Data-ink Ratio가 높은 막대차트]

2) 클러터(Clutter)

- 어지럽게 흩어져 있어 정리되지 않은 상태를 말하는 단어로, 사용자의 이해를 돕는 정보 시각화를 위해서는 시각화 결과물의 클러터를 없애는 것이 중요하다.
- 목적에 맞는 시각화 요소 선택: 데이터의 유형과 함께 전달하고자 하는 메시지를 고려하여 차트 유형, 색상, 크기 등 시각화 요소를 적절히 선택해야 한다.

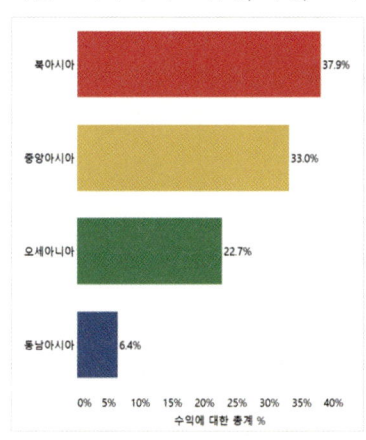 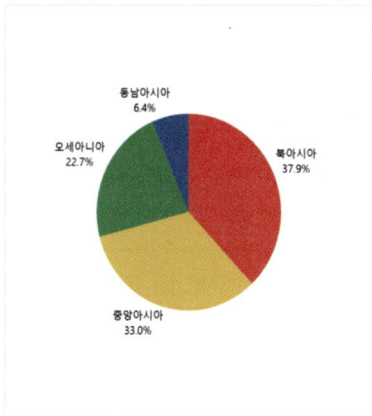

[비율 데이터의 부적절한(좌) /적절한(우) 시각화]

> **출제포인트**
> 경영 정보 시각화의 6가지 속성을 구분하는 문제가 출제될 수 있습니다

3) 클라우스 윌케(Claus O. Wilke)의 시각적 속성

가) 정의

- 데이터 시각화는 데이터값을 '정량화할 수 있는 속성'으로 나타내 그래픽으로 표현한 결과물로 이를 시각적 속성이라 한다.
- 차트, 그래프 등 데이터를 표현하고, 시각화를 구성하는 모든 요소를 일컫는다.
- 주요 시각적 속성 6가지 : 위치, 모양, 크기, 색상, 선굵기, 선 유형
- 모든 시각적 속성을 연속형 데이터와 이산형 데이터로 나눈다.

나) 시각적 속성

- 위치(Position): 가장 중요한 속성으로, 데이터의 위치는 즉각적으로 인식되며 정확한 비교를 가능하게 한다.
- 모양(Shape): 카테고리를 구별하는 데 유용하지만, 너무 많은 모양을 사용하면 혼란을 줄 수 있다.
- 크기(Size): 데이터의 양이나 중요성을 시각적으로 나타내며, 예를 들어 버블 차트에서 데이터 포인트의 크기를 통해 비교할 수 있다.
- 색상(Color): 카테고리 구분 또는 수치형 데이터를 나타낼 때 사용됩니다. 연속형 데이터는 색상의 명암을 이용하고, 이산형 데이터는 색상을 구별하여 사용한다.
- 선 굵기(Line Width): 강조하고자 하는 선이나 데이터 라인을 두껍게 표시하여 시각적 주목도를 높인다.
- 선 유형(Line Type): 실선, 점선 등으로 데이터의 차이점을 시각적으로 구분할 때 사용된다.

> **개념 ➕**
>
> 자크 베르탱의 색의 3속성
> . 색상 : 색이름과 종류
> . 명도 : 색의 밝고 어두운 정도
> . 채도 : 색의 순수성과 강도

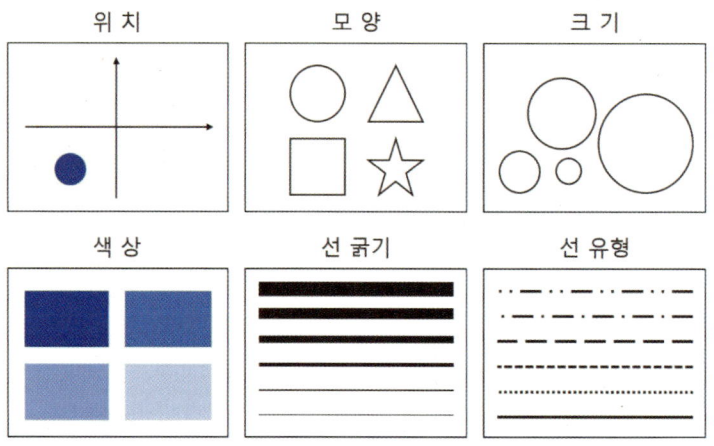

[시각화 주요 시각적 속성]

✅ 핵심 개념체크

04. 경영정보시각화 프로세스 중 제작한 정보 시각화를 활용해 데이터를 분석함으로써 인사이트를 발견하고 문제를 해결하는 단계는 무엇인가?

① 데이터 전처리 ② 시각화 디자인
③ 시각화 구현 ④ 시각화 분석

상 중 하

시각화 분석은 데이터 분석과 인사이트를 발견을 통해 문제를 해결하는 단계이다.

05. 경영정보시각화에서 주로 사용하는 요소가 아닌 것은?

① 위치 ② 공간
③ 크기 ④ 색상

상 중 하

경영정보시각화에서는 위치, 모양, 크기, 색상, 선 굵기, 선 유형 등의 6가지 요소를 자주 사용한다.

정답 04. ④ 05. ②

2절 디자인의 기본 원리

1장 시각화 디자인 기본원리 이해

난이도 **상**

출제포인트
게슈탈트의 법칙을 구분하는 문제가 출제될 수 있습니다.

개념 ➕

디자인의 기본 원리
디자인의 기본 원리는 시각화를 구성하는 여러 요소의 시각 효과를 극대화하는 방법입니다. 정보 시각화가 데이터를 이해하기 쉽게 표현하고, 핵심 메시지를 효과적으로 전달하는 것이 매우 중요한 만큼 디자인의 기본 원리는 시각적 커뮤니케이션을 구현하기 위한 중요한 기반을 제공합니다.

비기의 학습팁
근접성의 법칙을 공부할 때 "가까이 있으면 한 팀처럼 보인다"라는 문장과 함께 식당에서 가까이 앉아 있는 사람들을 한 그룹으로 인식하는 것을 떠올려 봅시다.

❶ 게슈탈트 법칙(Gestalt Laws)

- 1900년대 초 독일의 심리학파인 게슈탈트(Gestalt) 학파에 의해 정립된 이론으로 형태 또는 양식, 일부 요소들이 일정한 관계에 의한 전체로서의 형태를 뜻하며 인간이 형태를 어떻게 인지하는지를 게슈탈트의 4가지 법칙으로 이론적인 설명을 하고 있다.
- 게슈탈트 법칙을 이해하고 적용하면 사용자가 시각 정보를 더 자연스레 받아들이고, 데이터를 더욱 쉽게 이해할 수 있는 디자인 또는 시각화를 구현할 수 있다.

1. 근접성 법칙 (Law of Proximity)

- 형태를 실제 있는 그대로가 아니라 수정된 형태로 인식하려는 경향이 있다.
- 시간 및 공간 차원에서 근접한 요소들을 묶어서 그룹으로 지각한다.
- 멀리 떨어져 있는 요소보다 가까운 요소들에 대해 집단화해서 지각하는 경향성이다.
- 정보 시각화의 측면에서 막대 사이의 공간을 충분히 떨어뜨려 서로 다른 범주에 속한다는 것을 표현하거나, 히트맵에서 색상이 비슷한 데이터를 가까이 배치하여 사용자가 패턴을 더욱 쉽게 인식하도록 도움을 준다.
- 레이아웃 내 정보 전달 요소의 구분 및 강조 등에 활용하여 정보 전달을 좀 더 쉽게 할 수 있다.

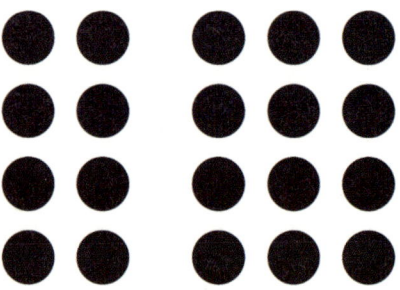

[근접성의 법칙]

2. 유사성 법칙(Law of Similarity)

- 유사한 자극 요소(모양, 색상, 크기, 밝기)들을 함께 묶어서 하나의 집합이나 전체로 인식한다.
- 막대 차트에서 특정 범주별로 막대 색상을 같게 설정하거나, 산점도에서 각 점들의 색상이나 형태를 유사하게 그룹 지어 표현해 정보 시각화 측면에서 유사성 법칙을 활용해 사용자의 이해를 도울 수 있다.

> **비기의 학습팁**
> 유사성 법칙을 공부할 때 "비슷한 것들은 함께 묶인다."라는 문장과 함께 같은 교복을 입은 학생들끼리 묶여보이는 것을 떠올려봅시다.

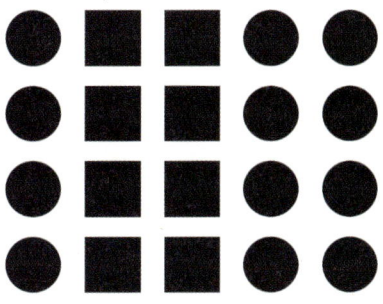

[유사성의 법칙]

3. 폐쇄성 법칙(Law of Closure)

- 불완전한 라인이나 형태를 기존의 지식을 토대로 하여 완전한 형태로 인식한다. 아래 그림을 보면, 우리는 완전히 구성되지 않은 삼각형과 사각형, 원을 완전한 도형으로 인식한다.
- 정보 시각화 측면에서, 산점도의 경우 점들의 집합으로 전체적인 구도나 트렌드를 파악할 수 있으며, 이를 보조하는 색상, 모양 또는 추세선 등으로 데이터 이해를 도울 수 있다

> **비기의 학습팁**
> 폐쇄성 법칙을 공부할 때 "불완전한 형태도 완전하게 본다."라는 문장과 함께 퍼즐 조각이 완전히 맞지 않더라도, 전체 그림을 예상할 수 있는 것을 떠올려봅시다.

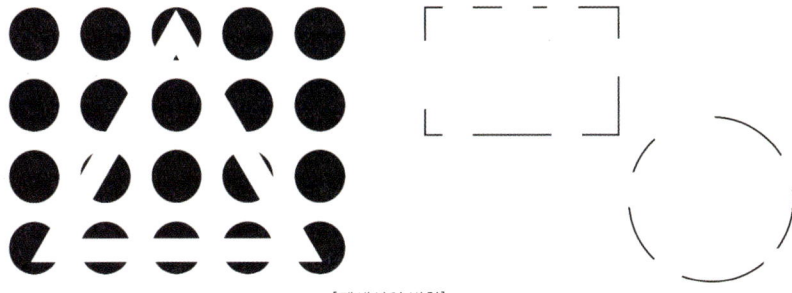

[폐쇄성의 법칙]

4. 연속성 법칙(Law of Continuity)

- 특정한 형태를 구성하는 요소들이 급격한 움직임의 변화가 아닌 부드러운 연속성을 따라 함께 묶어서 인식한다. 아래 그림을 보면 x 자를 이루는 원들에 대하여, 주황색 부분처럼 2개의 끊어진 구성의 합보다 연두색 부분처럼 2개의 선형 결합으로 인식하는 것이 더 자연스럽다는 것이다.
- 대시보드의 사용자 인터페이스 디자인에서 필터나 매개변수, 버튼 등의 상호작용 요소를 사용자가 연속성 있게 작동할 수 있도록 배치하거나, 시선을 연속성 있게 가져가도록 배치하여 사용자 친화적인 인터페이스를 구축할 수 있다.

> **비기의 학습팁**
> 연속성 법칙을 공부할 때 "끊어진 선보다 부드럽게 이어지는 선을 좋아한다." 라는 문장과 함께 도로의 굽은 선이나 흐르는 강물, 연속적으로 이어지는 물방울을 떠올려봅시다.

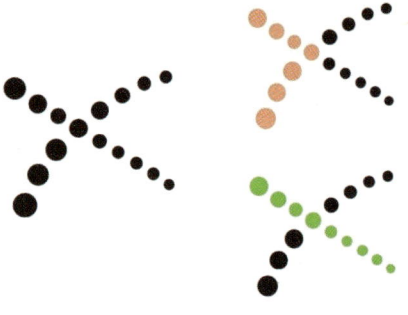

[연속성의 법칙]

> **개념 ➕**
>
> A사의 사과 로고, 정지 표지판, 전화 아이콘 등은 단순성 법칙을 활용한 예시입니다.

5. 단순성 법칙(Law of Simplicity)

- 특정 대상을 주어진 조건에서 최대한 단순하고 간결하게 인식하며, 아래 그림을 우리는 1개의 원과 2개의 잘린 원이 결합한 형태가 아니라 3개의 원이 겹친 것으로 단순하게 인식한다.

- 파이 차트는 전체에 대한 각 카테고리의 비율을 단순하게 나타낸 차트로서, 각 부채꼴의 크기를 전체 원에 대한 부분으로 자연스럽게 인지하여 데이터의 비율을 파악하게 된다

[단순성의 법칙]

6. 공통성 법칙(Law of Common Fate)

- 같은 속도의 방향으로 함께 움직이는 것들은 같은 공통적 그룹으로 인식하는 것을 말한다. 이를 박스나 음영으로 물리적으로 묶어 놓으면 운명을 같이 하는 공통적인 요소로 인식하게 된다.

- 예를 들어 버블차트의 버블들이 같은 각각의 속도나 흐름으로 상향하거나 하향을 하며 움직이는 무리를 박스나 음영으로 구분하면 구간별 성과를 한눈에 알 수 있다.

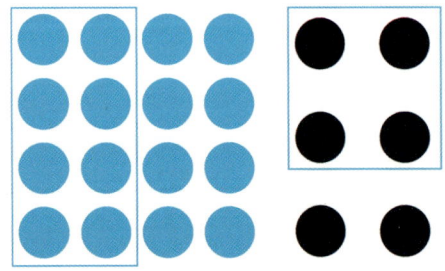

[공통성의 법칙]

7. 전경과 배경의 법칙(Law of Figure-Ground)

- 한눈에 이미지를 봤을 때 관심의 초점이 되는 부분을 전경(Figure)이라고 하고 관심 밖에 놓이는 부분을 배경(Ground)이라고 부른다.
- 덴마크 심리학자 루빈이 바탕 배경과 앞면 형상의 관계를 규정한 '루빈의 컵'의 사례가 대표적이다. 서로 마주보는 사람의 얼굴형태와 가운데 있는 컵의 형태 중 어떤 모습을 먼저 보느냐에 따라 우리의 인식이 달라질 수 있다는 것으로, 사람은 동시에 두 그림을 볼 수 없는 인지적 사고를 그림으로 설명했다.

[루빈의 컵]

✓ 핵심 개념체크

06. 아래 게슈탈트의 법칙에 관한 설명으로 옳은 것은 무엇인가?

- 불완전한 라인이나 형태를 기존의 지식을 토대로 하여 완전한 형태로 인식한다.
- 정보 시각화 측면에서, 산점도의 경우 점들의 집합으로 전체적인 구도나 트렌드를 파악할 수 있으며, 이를 보조하는 색상, 모양 또는 추세선 등으로 데이터 이해를 도울 수 있다.

① 근접성 법칙　　② 폐쇄성 법칙
③ 유사성 법칙　　④ 연속성 법칙

불안전한 라인이나 형태를 완전한 형태로 인식하는 것은 이미 우리가 알고 있는 형태로 인지하는 것으로 폐쇄성 법칙을 설명하는 것입니다.

07. 게슈탈트 법칙 중 히트맵에서 색상이 비슷한 데이터를 가까이 배치하여 사용자가 패턴을 더욱 쉽게 인식하도록 도움을 주는 법칙은 무엇인가?

① 근접성 법칙　　② 유사성 법칙
③ 폐쇄성 법칙　　④ 단순성 법칙

근접성 법칙은 정보 시각화의 측면에서 막대 사이의 공간을 충분히 떨어뜨려 서로 다른 범주에 속한다는 것을 표현하거나, 히트맵에서 색상이 비슷한 데이터를 가까이 배치하여 사용자가 패턴을 더욱 쉽게 인식하도록 도움을 준다.

정답 06. ② 07. ①

> **출제포인트**
> 자크 베르탱이 정의한 그래픽 7 요소를 구분하고 요소별 특징을 묻는 문제가 출제될 수 있습니다.

❷ 자크 베르탱의 그래픽 7요소

- 현대 정보 그래픽의 아버지라 불리는 프랑스의 지도 제작자인 자크 베르탱(Jacques Bertin)은 1969년에 출간한 '기호의 그래픽'(Semiology of Graphics)에서 시각적 정보 전달을 목적으로 표현하는 시각 변수를 7가지로 정의했다.
- 이러한 시각 변수들은 데이터를 표현하는 시각 기호와 적절히 조합하여 사용자가 정보를 시각적으로 지각하고 이해할 수 있도록 한다.

1. 크기 (Size)

- 같은 크기를 가진 기하적 요소들이 있는 경우, 하나의 크기만 상대적으로 크거나 작게 표시하면 같이 있는 요소 간의 관계에 따라 크기가 다른 한 요소만 눈에 띈다.

> **비기의 학습팁**
> 크기는 도형의 크기가 클수록 더 큰 값의 의미를 가지도록 표현할 수도 있지만 중요한 값을 강조하는 데도 사용할 수 있습니다.

2. 모양 (Shape)

- 하나의 모양을 완전히 다른 완전히 다른 형태로 변경하면 그것이 강조되어 눈에 띈다.

> **비기의 학습팁**
> 모양은 대상을 강조하는 데 효과적인 요소입니다. 범주를 구분하는데도 사용되기도 하지만 형태만으로는 대비 효과를 보기 어렵습니다.

3. 색 (Hue)

- 색상은 전경과 배경을 구분하는 주된 요소로, 같은 색상을 사용한 요소 중 다른 색상을 사용한 요소가 돋보이게 된다.

> **비기의 학습팁**
> 색상은 다른 색으로 표현함으로써 범주나 상태를 시각적으로 구별할 수 있게 합니다. 주로 강조를 위해 보색을 사용하는 경우가 많습니다.

4. 명도 (Value)

- 동일한 색, 동일한 수준의 명도(밝기)를 가진 요소 중 일부가 다른 밝기를 띨 때 돋보인다.

> **비기의 학습팁**
> 색상은 순서를 나타내기에는 적합하지 않은 요소입니다.

개념 +

색상 요소 사용시 주의사항

다른 요소에 비해 색상은 문화적 배경에 따라 특정 색상이 다른 의미로 인식이 될 수 있으므로 사용시 가장 주의해야 하는 요소입니다.

> **비기의 학습팁**
> 명도는 더 밝거나 더 어두운 색을 사용해 데이터의 차이를 강조할 수 있어 데이터의 양이나 질을 표현하는데 활용할 수 있습니다.

5. 방향 (Orientation)

- 모두 한 방향일 때, 다른 방향인 하나의 요소에 시선이 끌리게 된다. 특정 방향의 변화를 이용해 다른 데이터를 나타낼 수 있다.

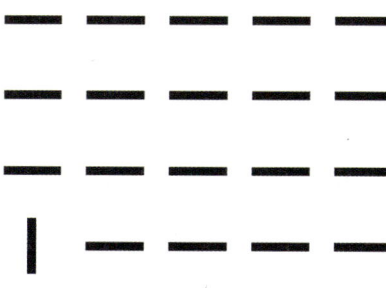

> **비기의 학습팁**
> 방향은 움직임이나 흐름을 나타내는 데 적합한 요소입니다.

6. 위치 (Position)

- 특정 요소의 상대적인 위치를 겹치거나, 인접하게 혹은 멀리 떨어지게 배치함으로써 강조할 수 있으며, 이를 통해 데이터의 양이나 비교 등을 효과적으로 시각화할 수 있다.

> **비기의 학습팁**
>
> 특정 요소를 좌표축 상의 상대적인 위치를 다르게 함으로써 주어진 주변 요소와의 관계를 비교하고 분석할 수 있습니다.

> **비기의 학습팁**
>
> 질감은 데이터의 범주나 계층을 표현하기에 적합하지만, 과하게 사용하면 인지부조화를 높일 수 있으므로 사용에 주의해야 합니다.

7. 질감 (Texture)

- 같은 색상과 모양이지만 질감을 다르게 함으로써 강조할 수 있으며, 시각적 질감은 정보를 효과적으로 전달하고 시각적으로 구분할 수 있도록 도와준다. 따라서 정보 표현에서 질감을 활용하여 데이터의 특성이나 속성을 시각적으로 나타내는 것은 중요한 디자인 요소이다.

개념 ➕

질감과 인지부조화

인지부조화란 개인이 가지고 있는 신념이나 태도가 서로 충돌할 때 발생하는 심리적 불편함을 뜻합니다.

특정 질감이 주는 느낌이나 경험이 개인의 신념이나 기대와 충돌하게 되면 이로 인해 인지부조화를 높일 수 있게 됩니다.

예를 들어 친환경 제품을 소개하는 이미지에서 가죽 질감을 사용하는 경우가 이에 해당될 수 있습니다.

모바일로 풀기

> ✅ **핵심 개념체크**
>
> **08.** 자크 베르탱의 요소 중 대상을 강조하는 데 효과적이며, 주로 범주를 구분하는데 사용되지만, 형태만으로는 큰 대비효과를 얻기 어려운 것은 무엇인가?   상 중 **하**
>
> ① 크기   ② 색   ③ 모양   ④ 명도
>
> 모양은 하나의 모양을 완전히 다른 완전히 다른 형태로 변경하면 그것이 강조되어 눈에 띈다. 대상을 강조하는 데 효과적이며, 주로 범주를 구분하는 데 사용되지만, 형태만으로는 큰 대비효과를 얻기 어렵다.
>
> **09.** 자크 베르탱의 요소 중 주로 데이터의 양이나 질을 표현하는데 활용할 수 있는 요소는 무엇인가?   상 **중** 하
>
> ① 색   ② 명도   ③ 크기   ④ 질감
>
> 명도는 동일한 색, 동일한 수준의 명도(밝기)를 가진 요소 중 일부가 다른 밝기를 띨 때 돋보이며, 명도는 주로 데이터의 양이나 질을 표현하는 데 활용할 수 있다.

❸ 디자인의 기본 원리

- 디자인의 기본 원리는 여러 그래픽 요소를 활용해 전체적인 시각적 효과를 만드는 방법을 제시한다.
정보 시각화 측면에서, 사용자는 리포트나 보고서의 시인성과 심미성을 높이면서, 정보를 명확하게 이해시키는 데 디자인의 기본 원리를 활용할 수 있다.

1. 색의 3속성

- 자크 베르탱은 색의 세 가지 주요 속성을 색상(Hue), 명도(Value), 채도(Saturation)로 설명한다.
현재 대부분의 프로그램에서도 이러한 방식으로 색을 표현하며, 사용자는 이 세 가지 색의 속성을 조절하여 다양한 색을 표현할 수 있다.

> **출제포인트**
> 색의 3속성에 해당하는 색상, 명도, 채도 문제가 2024년 1회 시험에 출제되었습니다. 한번 더 확실히 하고 넘어가시기 바랍니다.

> **비기의 학습팁**
> 디자인의 기본 원리 11가지
> 색상, 통일, 강조, 균형, 비례, 반복, 변화, 조화, 대비, 리듬, 대칭

[색의 3속성 색상/명도/채도]

가. 색상(Hue)

- 빛의 파장으로 인식되는 색의 기본 속성으로 색조, 색채, 빛깔이라고도 불리며, '빨강', '파랑', '노랑' 등 일반적으로 부르는 고유한 색이름은 모두 색상을 나타냄.
- 색상은 주로 색상환 안에서 연속적으로 변화하듯 표현함
- 색상은 디자인 전반의 느낌에 큰 영향을 미치며, 특정 대상을 강조하거나 구분할 뿐 아니라 대상에 감정을 부여할 수 있으므로 정보 시각화에서 중요한 역할을 함
- 색상의 변화를 고리 모양으로 배열한 것을 '색상환'이라고 한다.
- 색상환에서 서로 가까이 있는 색을 유사색, 거리가 먼 색은 반대색(보색)이라고 한다.

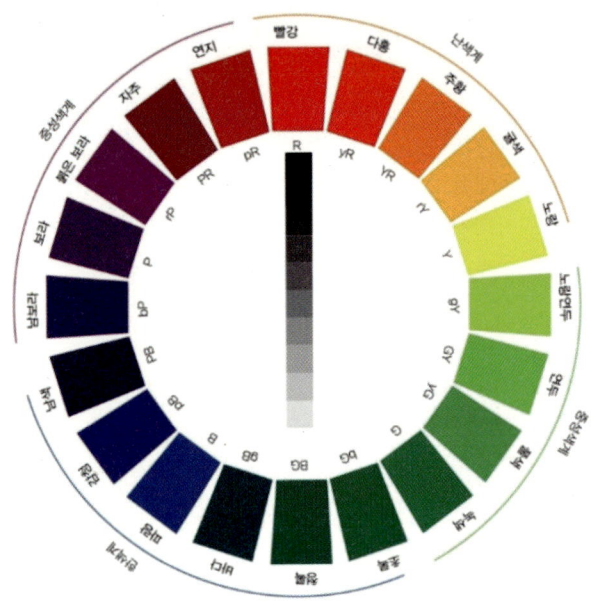

[교육부제정 20 색상환]

> **참고**
>
> - **색상환의 기본 구성 요소**
>   색상환은 색의 관계를 시각적으로 표현한 도구입니다.
>   - 주색 : 다른 색상을 만들기 위한 기본 색상(빨강, 파란, 노랑)
>   - 부색 : 주색을 혼합하여 만든 색상 (초록=노랑+파랑, 보라=파랑+빨강, 주황=빨강+노랑)
>   - 3차 색상 : 주색과 부색을 혼합하여 만든 색상 (노랑+초록=연두색)
>   - 명도와 채도 : 색상환에서 색의 밝기(명도)와 선명함(채도)를 조절함으로써 다양한 색조합을 만들 수 있음
>   - 보색 : 색상환에서 서로 반대편에 위치한 색상(ex. 파랑과 주황, 빨강과 초록)

나. 명도(Value)

- 색상의 밝기를 나타내는 측정치로, 높은 명도를 가진 색상은 밝고 낮은 명도를 가진 색상은 어두움
- 명도의 단계를 그레이 스케일(Gray Scale)이라고 한다.
- 색채의 무게감과 가장 관계가 있다.
- 명도는 가장 어두운 측색 명도를 0, 백색을 10으로 총 11단계로 나눈다.
- 높은 명도를 가진 색상은 가볍고 눈에 띄는 경향이 있다.
- 낮은 명도를 가진 색상은 무게감 있고 차분한 느낌을 준다.
- 디자인 측면에서, 명도의 변화로 특정 요소를 강조하거나, 공간에 깊이를 주는 등 다양한 방식으로 활용할 수 있다.

다. 채도(Saturation)

- 색의 선명도를 의미하며 색의 맑기, 탁함, 흐림 등을 채도라고 한다.
- 색이 더 선명할수록 채도가 높고 검정이나 회색 등 무채색에 가까울수록 채도가 낮다.
- 동일 색상 중에서 가장 채도가 높은 색을 순색이라고 한다.
- 채도는 색상마다 차이가 있는데 채도가 가장 높은 14단계의 색은 빨강과 노랑이다.
- 높은 채도를 가진 색상은 선명하고 활기차며, 눈에 띄며, 낮은 채도를 가진 색상은 탁하고 차분하며, 눈에 덜 띈다.
- 디자인 전체의 분위기를 바꾸거나 요소를 강조하는 등 여러 방법으로 활용할 수 있다.

2. 통일 (Unity)

- 여러 가지 요소들이 조화롭게 어우러져 일관성을 띄거나 하나의 작품으로 완성된 느낌을 주는 상태를 말하며, 변화와 상반되는 개념이다.
- 시각적인 안정감과 질서를 주지만 지나친 경우 단조로운 느낌을 준다.

일관된 색상	색상들이 조화를 이루고, 색상 팔레트의 채도, 명도, 휘도가 일관성이 있는 구성이며 디자인의 분위기와 감정을 일관되게 전달함
일관된 폰트	사용한 폰트가 조화를 이루거나 일관된 구성을 말하며 가독성과 일관성을 유지할 수 있게 도와줌
일관된 스타일	모양, 선 굵기 등 디자인 요소들이 어우러져 일관된 스타일 구성을 말함

개념 ➕

휘도

빛의 밝기 중에서 표면이 보이는 밝기를 말하며, 예를 들어 TV나 스마트폰 화면을 볼 때, 화면이 얼마나 밝게 보이는지를 말합니다.

3. 강조 (Emphasis)

- 특정 부분을 돋보이게 표현하여 주목성을 높이는 것을 말하며, 강조된 내용에 흥미를 유발하고 시선을 집중시킨다.
  색상, 크기, 형태, 위치, 명도 등 다양한 요소를 활용할 수 있다.
  또한 경우에 따라 강조를 통해 강한 통일감을 끌어내 표현할 수 있다.
- 강조의 방법으로는 대비, 분리, 색채에 의한 강조가 있다.

> **출제포인트**
> 디자인의 기본원리 각 개념의 정의를 묻거나, 그 특징들을 묻는 문제는 출제가능성이 높으므로 각 개념의 정의와 특징들을 잘 암기해야 합니다.

크기	요소의 크기를 줄이거나 키워 형태를 강조
색상	요소 간의 색상 대비를 활용하여 강조
형태	독특한 패턴이나 특이한 형태로 강조
위치	특정 위치에 요소를 배치하여 강조
명암	명암을 조절하여 대비를 주거나 배경과 대비를 주며 강조

4. 균형 (Balance)

- 디자인 요소의 배치, 무게 등을 적절히 조절하여 어느 한 쪽으로 기울어지지 않은 시각적인 안정감을 형성하는 것을 말하며, 균형의 종류로 대칭적 균형, 비대칭적 균형, 방사형적 균형 등이 있다.

대칭적 균형	중심축 또는 중심점을 기준으로 요소들을 대칭적으로 배치하는 형태로 안정적이고 고전적인 느낌을 전달할 수 있지만, 독립성이 강해 요소들과의 조화가 제한적일 수 있음
비대칭적 균형	서로 다른 크기, 형태, 색상을 가진 요소들이 중심축 없이 전개되거나, 대칭 형태가 아니지만 비중이 안정된 형태임
방사형적 균형	요소의 균형 또는 모양이 균형을 갖지 않지만, 안정적으로 배치하는 형태이며, 강조나 움직임을 표현하는 데 사용할 수 있음

- 이외에 색상 균형, 명암 균형, 모양 균형, 질감 균형 등 다양한 방식으로 균형을 구성할 수 있다.

5. 비례 (Proportion)

- 디자인 요소들의 부분과 부분, 부분과 전체의 관계에서 일정한 비율을 갖도록 조합하는 것을 말하며, 각 요소의 크기, 색상, 형태 등이 조화롭게 어우러지게 하여 심미성을 높인다.
- 황금비: 그리스 수학자 피타고라스(Pythagoras)가 발견한 자연의 비례 법칙 중 하나로, 정오각형에서 짧은 변과 긴 변의 길이의 비는 1:1.618인 구성으로, 균형감 있고 아름답다고 여겨져 예술, 기성품 등에서 흔히 활용한다.

개념 +

황금비의 역사

황금 비율은 기원전 300년경 수학과 기하학에 관한 고전 그리스 서적인 《유클리드 원론》에서 처음 언급되었다고 알려져 있습니다.

1509년 이탈리아 수학자 루카 파치올리는 레오나르도 다빈치의 삽화와 함께 단순성과 정연함의 상징인 이 비율을 칭송하며 서적 《신성한 비례》(De divina proportione)를 출간했습니다.

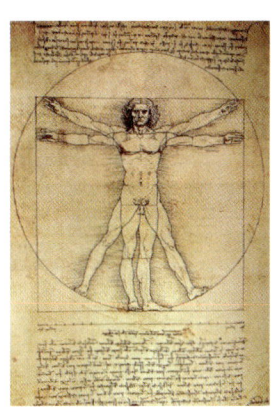
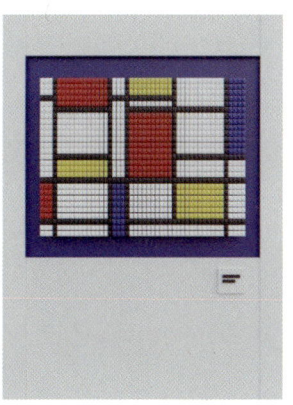

6. 반복 (Repetition)

- 색상, 형태, 레이아웃 등 디자인 요소가 구조적으로 되풀이되며 시각적인 통일감을 주는 원리로써, 디자인의 유기성을 높이고, 예측할 수 있는 패턴으로 사용자 이해를 돕는다.
- 반복성이 지나치면 단조로운 느낌을 유발할 수 있음을 주의해야 한다.

7. 변화 (Variety)

- 통일과 상반된 원리로 색상, 모양, 크기, 질감 등 디자인 요소들의 변형을 통해 다양성, 새로움과 생동감을 나타내고 흥미와 독창성을 유발한다.
- 이러한 변화의 원리와 통일성의 원리를 조화롭게 적용하면 좀 더 생동감 있게 보일 수 있다.

개념 ➕

변화와 통일성의 상호 작용

변화의 원리와 통일성의 원리는 디자인에서 상호 보완적인 관계를 가지고 있습니다.

변화가 없으면 디자인이 단조롭게 느껴질 수 있으며, 통일성이 결여되면 디자인이 혼란스럽게 보일 수 있습니다.

따라서, 실제 디자인에서 두 원리를 적절히 조화시켜 디자인을 구성합니다.

구 분	설 명
모양 변화	요소의 기하학적 형태 변화
색상 변화	색상의 밝기, 채도 등을 조절하거나 다른 색상으로 변화
크기 변화	크기를 줄이거나 키워서 디자인의 균형, 조화 등의 시각적인 효과를 부여
배치 변화	요소의 위치, 간격, 방향 등을 조절하여 디자인의 구조나 조화를 변경
패턴 변화	패턴의 반복, 회전, 대칭 등을 조절해 디자인의 독특한 효과 부여
텍스처 변화	요소의 질감, 표면의 변화로 텍스처의 거침, 광택, 부드러움을 조절해 색다른 시각적인 효과 부여

8. 조화 (Harmony)

- 성질이 다른 디자인의 각 요소가 서로 어울리며 전체적으로 균형 잡힌 시각적 효과를 만들어 내는 원리로, 요소 간 일관성과 변화의 조화로 수준 높은 디자인을 구성할 수 있다.
- 글꼴, 텍스처, 색상 팔레트 등을 일관되게 사용하여 디자인 전체 통일감을 부여한다.
- 크기나 레이아웃 사이 비례 관계를 유지하며 시각적인 균형을 이룬다.
- 성질이 서로 대조적이거나 혹은 대립적인 요소를 묶어 상반된 요소끼리 조화를 이루어 표현한다.

9. 대비 (Contrast)

- 디자인 요소 간의 질적, 양적으로 반대되는 특성을 서로 대립하거나 대조적으로 사용하여 차이를 강조하고 강한 시각적 효과를 주는 것을 말한다.

- 이는 흥미, 긴장감, 강조 등을 표현할 때 사용되며, 디자인 요소 간 조화와 균형을 조절하는 역할을 한다.

색상 대비	서로 다른 색상 간의 차이로 강렬한 색상 대비는 시선을 끌고 강조
명도 및 정도의 대비	서로 다른 색상이나 요소 간의 밝기 차이를 의미하며, 주로 배경과 텍스트 사이에서 중요한 역할을 함
크기 대비	서로 다른 방향의 요소 간의 차이로 주로 패턴, 선, 형태 등에서 나타남. 시선을 유도하거나 디자인 요소 간의 구분을 도움
방향 대비	특정 위치에 요소를 배치하여 강조

개념 ➕

대비를 활용한 흥미와 긴장감을 주는 다른 예

이미지나 텍스트에서 서로 다른 감정을 표현하는 형태로도 흥미와 긴장감을 유발할 수 있습니다.

행복한 장면에 슬픈 얼굴을 나타내는 형태나 긍정적 이미지에 부정적인 텍스트를 배치하는 형태가 대표적인 예입니다.

밝고 화사한 배경에 슬픈 표정을 한 사람의 이미지를 배치하면, 두 가지 감정이 극명하게 대조되어 만들어낸 불협화음이 깊은 인상을 남길 수 있습니다.

아름다운 풍경 사진 위에 "이곳을 다시 볼 수 없습니다"와 같은 텍스트를 추가하면, 부정적인 메시지가 강한 충격을 남겨 텍스트의 전달력을 높일 수 있습니다.

10. 리듬 (Rhythm)

- 디자인 요소의 패턴, 크기, 비율 등의 변화가 생동감과 리듬감을 형성하는 것으로, 움직임과 패턴을 통해 디자인 요소의 조화로운 운율감을 구성하는 원리이다.

규칙적인 리듬	요소들이 동일한 패턴으로 일정하게 반복하여 시각적 율동성 및 공간감을 연출
대체 리듬	두 개 이상의 요소 패턴이 번갈아 가며 반복되어 표현됨
점진적 리듬	요소의 크기나 색상 등이 점차 변화하는 패턴을 가지고 있음
무질서한 리듬	일정한 패턴 없이 요소가 배치된 경우로, 예측 불가의 독특한 시각적 효과를 만듦

11. 대칭 (Symmetry)

- 디자인 요소들이 중심을 기준으로 상하 또는 좌우로 똑같은 모습을 갖도록 구성하는 원리로, 시각적인 조화와 안정감을 띤다.
- 디자인 요소 간의 연결과 일관성을 형성하는 데 도움을 주고, 시각적인 균형과 안정성을 조절하여 시선 집중을 유도할 수 있다.
- 대칭을 조절하여 강조하고자 하는 요소를 강조하거나 특정 분위기나 느낌을 전달할 수 있다.

 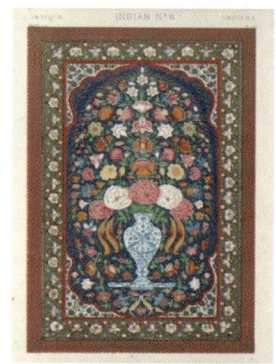

개념 ➕

대칭의 대표적인 건축물 - 파르테논 신전

파르테논 신전은 고대 그리스 아테네에 위치한 대표적인 도리스 양식의 신전으로, 대칭성이 매우 두드러진 건축물입니다. 신전의 기본 구조는 정사각형에 가까운 직사각형 형태로, 앞면과 뒷면이 동일하게 설계되어 시각적인 안정감을 제공하고 신전의 8개 기둥(앞면)과 17개 기둥(측면)은 정교하게 배열되어 있어 대칭적인 느낌을 줍니다.

신전의 양 끝에는 삼각형 형태의 페디먼트가 있으며 이 부분 또한 대칭적으로 설계되어 있습니다. 또한, 외부에 장식된 조각도 대칭적으로 배열되어 있어 전체적인 통일감을 줍니다.

이처럼 파르테논 신전은 시각적 안정감과 조화를 이루며, '황금 비율'을 적용하여 대칭성뿐 아니라 비례의 아름다움도 동시에 제공하여, 고대 그리스 건축의 뛰어난 예를 보여줍니다.

✅ 핵심 개념체크

10. 다음 중 기초 디자인 원리 중 색의 3속성에 대한 내용으로 가장 옳지 않은 것은?

① 색상은 색의 이름이나 종류를 말한다.
② 채도는 색상에 다른 색이 혼합된 정도를 말한다.
③ 높은 명도 값은 색이 어둡고 낮은 명도 값은 색이 밝은 것을 의미한다.
④ 높은 채도를 가진 색상은 선명하고 낮은 채도를 가진 색상은 탁하다.

> 높은 명도 값은 색이 밝고, 낮은 명도 값은 색이 어두운 것을 의미한다.

11. 다음 중 대비의 종류로 옳지 않은 것은 무엇인가?

① 색상 대비
② 명도 및 정도의 대비
③ 크기 대비
④ 채도 대비

> 대비는 색상 대비, 명도 및 정도의 대비, 크기 대비, 방향 대비로 구성된다. 따라서 채도 대비가 아닌 방향 대비가 옳다.

12. 디자인 요소의 설명 중 옳지 않은 것은 무엇인가?

① 규칙적인 리듬: 요소들이 다양한 패턴으로 일정하게 반복하여 시각적 율동성 및 공간감을 연출한다.
② 대체 리듬: 두 개 이상의 요소 패턴이 번갈아 가며 반복되어 표현된다.
③ 점진적 리듬: 요소의 크기나 색상 등이 점차 변화하는 패턴을 가지고 있다.
④ 무질서한 리듬: 일정한 패턴 없이 요소가 배치된 경우로, 예측 불가의 독특한 시각적 효과를 만든다.

> 규칙적인 리듬은 요소들이 다양한 패턴이 아닌 동일한 패턴으로 일정하게 반복하여 시각적 율동성 및 공간감을 연출한다.

13. 디자인에서 리듬에 대한 설명 중 옳은 것은 무엇인가?

① 색의 밝고 어두운 정도
② 요소의 패턴, 도형, 이미지, 색상 등이 일정한 간격이나 규칙에 따라 반복되어 배치된 것
③ 색의 순수성이나 강도
④ 디자인에서 사용되는 색의 조합

> 디자인에서 리듬은 시각적 요소들이 일정한 간격이나 규칙에 따라 반복되어 배치된 것을 의미합니다.

정답 10. ③ 11. ④ 12. ① 13. ②

3절 인포그래픽 디자인

1장 시각화 디자인 기본원리 이해

난이도 **상**

> **출제포인트**
> 인포그래픽의 특징과 정의에 대한 문제가 출제될 가능성이 높습니다.

❶ 인포그래픽 유형과 원리

1. 인포그래픽(Infographic)

- 정의 : 정보(Information)와 그래픽(Graphic)의 합성어로 디자인 요소를 활용하여 시각적으로 표현한 것을 말하며, 정보의 가시성과 이해성을 향상하고, 사용자의 관심과 참여를 유도한다.

- 차트, 지도, 순서도, 일러스트레이션 등의 시각적 요소를 사용해 데이터의 상관관계, 패턴, 비교 등을 표현한다. 비즈니스, 교육, 과학, 마케팅 등 여러 분야에서 보고서, 프레젠테이션, 광고, 웹사이트 등 여러 매체에 활용된다.

효과적인 정보전달	복잡한 데이터의 패턴, 상관관계, 통계량 등을 시각적인 요소를 사용하여 이해하기 쉽게 표현하고 정보를 효과적으로 전달함
효율적인 커뮤니케이션	데이터나 정보를 더욱 쉽게 이해하고 기억할 수 있으며, 이해 당사자 간 빠르고 명확한 의사소통이 가능함
호기심 유발	정보를 다양한 디자인 요소로 시각화하고, 스토리를 구성하여 사용자에게 정보에 대한 호기심과 흥미를 유발함

> **출제포인트**
> 인포그래픽의 유형을 구분하고 유형별 특징을 묻는 문제가 출제될 수 있습니다.

2. 인포그래픽의 유형

가. 통계형(그래프 및 차트) 인포그래픽

- 데이터와 통계를 중심으로 하여 차트, 그래프, 표 등으로 숫자와 정보를 시각화한 가장 대표적인 유형이다. 아래 대시보드는 각각 데이터 분석 결과를 막대 차트, 라인 차트, 표 등의 형식으로 시각화한 인포그래픽이다.

- 숫자가 많거나 데이터가 복잡할수록 이해가 어려울 수 있지만 도표, 차트, 그래프를 활용하면 숫자 간의 비교와 데이터를 한눈에 이해 할 수 있다.

- 예 : 막대그래프는 범주형 데이터를 비교하는데 사용한다.
  차트는 전체에 대한 각 부분의 비율을 시각적으로 나타낼 때 사용한다.
  주로 회사의 매출 변화그래프, 설문조사 결과분석 등에 사용한다.

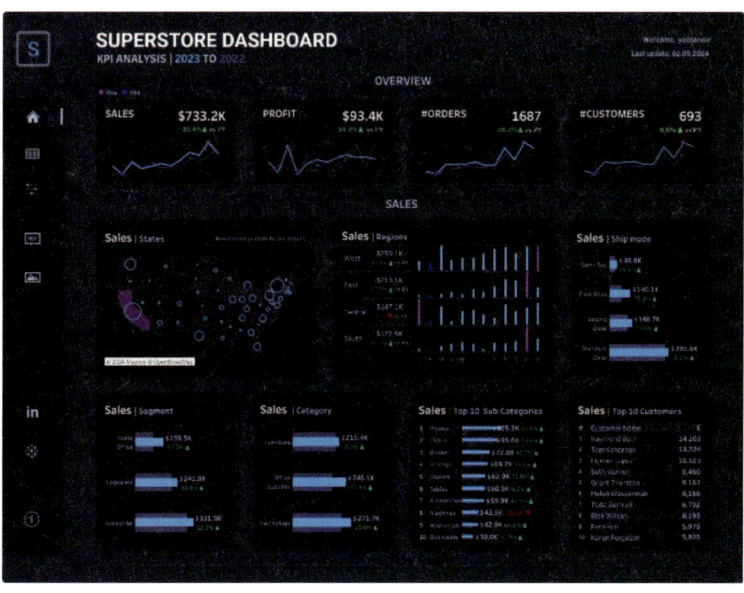

개념 +

디지털 인포그래픽

- 디지털 인포그래픽은 데이터를 시각적으로 표현하여 정보를 쉽게 전달하는 그래픽 디자인입니다.

- 텍스트, 이미지, 아이콘, 그래프 등을 결합해 복잡한 정보를 직관적으로 이해할 수 있도록 도와줍니다.

- 웹사이트, 소셜 미디어, 프레젠테이션 등 다양한 디지털 플랫폼에서 사용됩니다.

- 정보를 시각적으로 강조해 더 빠르고 효과적으로 전달하며, 사용자의 행동(마우스 오버, 클릭, 드래그 등)과 상호작용하는 요소를 포함하여 사용자에게 더 흥미로운 경험을 선사할 수 있습니다.

나. 지도 및 지리적 인포그래픽

- 지도 등 지리적 요소 등을 통해 정보를 시각화하는 유형이다.
- 국가별 혹은 지역별로 비교할 때나, 건물 층별 안내도를 보여줄 때, 학문 영역 범위를 나타낼 때 등 다양한 경우에 사용한다.
- 선거 때 지역별 지지율을 나타내거나 인구분포 등을 나타낼 경우에도 유용하다.
- 아래 그림은 지리적 정보에 관련된 데이터 분석 결과를 시각화한 것으로써, 지도 위에 색상, 기호, 라인 등으로 데이터를 표현한 대시보드이다.

> **비기의 학습팁**
> 프로세스 인포그래픽은 매뉴얼, 가이드라인 등에서 사용되어 특정 작업이나 절차의 순서를 단계별로 보여주는 데 중점을 둡니다.

> **비기의 학습팁**
> 플로우 인포그래픽은 복잡한 프로세스나 시스템작동 방식 등을 설명하는 데 중점을 둡니다.

다. 프로세스 및 플로우 인포그래픽

- 프로세스를 설명하고 단계별로 시각화하는 유형으로, 화살표나 라인 등으로 순서와 데이터 흐름 등을 나타낸다.
- 프로세스 인포그래픽은 특정 작업이나 절차의 순서를 단계별로 보여주는 디자인으로 주로 숫자, 아이콘, 화살표 등을 사용해 각 단계를 쉽게 이해할 수 있도록 구성한다.
- 플로우 인포그래픽은 정보나 작업의 흐름을 나타내며, 종종 의사결정 트리, 워크 플로우, 시스템의 작동 방식 등을 설명하는 데 사용되어, 흐름을 명확하게 나타내기 위해 다이어그램, 화살표, 선 등을 활용하여 연결 관계를 강조한다.

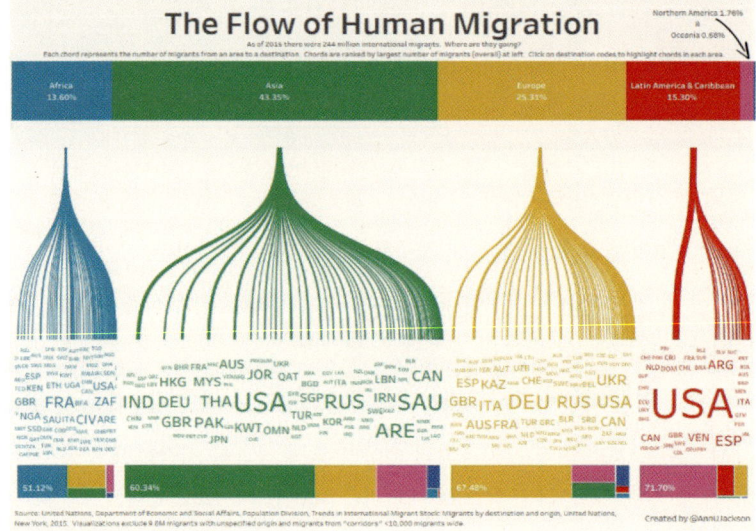

라. 아이콘 인포그래픽

- 아이콘, 이미지 등을 활용해서 개념이나 객체에 대한 통계 등을 표현하여 나타낸 유형이다.

> **참고**
> - 프로세스 인포그래픽 예시(신제품 출시 절차) :
>   - 단계 1: 아이디어 개발 - 브레인스토밍을 통해 제품 아이디어를 생성.
>   - 단계 2: 시장 조사 - 경쟁 제품 분석 및 타깃 시장 확인.
>   - 단계 3: 프로토타입 제작 - 초기 모델 제작 및 테스트.
>   - 단계 4: 생산 계획 - 생산 일정과 자원 배분 결정.
>   - 단계 5: 출시 및 마케팅 - 제품 출시와 함께 마케팅 캠페인 진행.
> - 플로우 인포그래픽 예시 :
>   - 고객 지원 흐름:
>   시작: 고객 문의 접수 - 이메일, 전화, 채팅 등 다양한 경로로 문의 접수.
>   단계 1: 문제 분류 - 문제 유형에 따라 카테고리 분류 (예: 기술적 문제, 배송 관련).
>   단계 2: 문제 해결 - 문제 유형에 맞는 팀에 할당, 해결 방법 제안.
>   단계 3: 해결 확인 - 고객에게 해결 여부 확인 및 추가 지원 필요 시 재접수.
>   종료: 지원 종료 - 문제 해결 시 고객 만족도 조사 후 지원 종료.

- 아래 그림은 사람과 동물들의 두뇌 크기, 신체에서 두뇌가 차지하는 비율을 뇌 그림 크기 등을 활용해 표현한 인포그래픽이다.

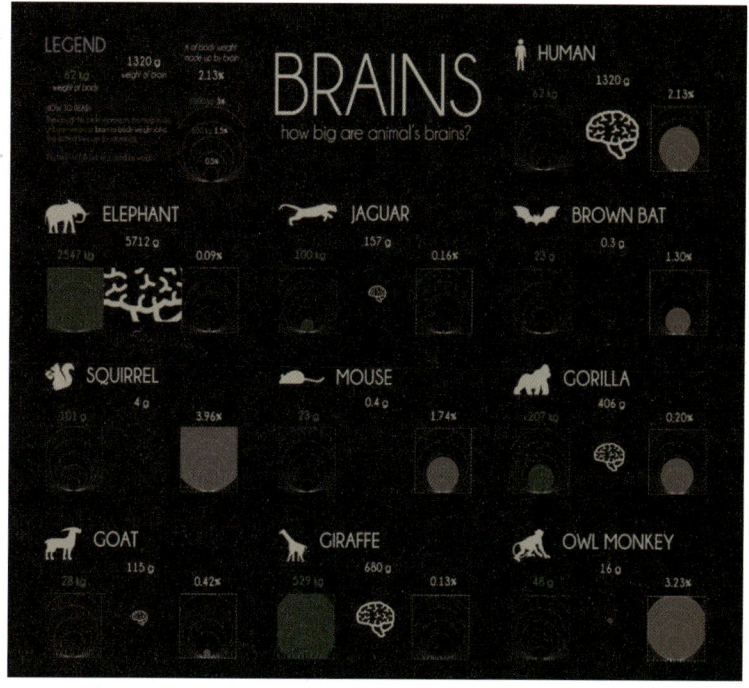

마. 타임라인 및 역사적 인포그래픽

- 시간에 따른 변화, 발전 추이 등을 시각화로 역사적 사건이나 프로젝트의 단계별 진행상황을 나타낸 유형이다.
- 정보를 시간대별로 나누어 이해하기 쉽게 구성할 수 있어, 특정 사건의 진행 상황을 명확하게 설명할 때 많이 쓰인다.
- 예 : 기업의 연혁, 성장과정, 프로젝트 일정 등

> **비기의 학습팁**
>
> 타임라인 인포그래픽은 사건의 시간적 순서를 강조해 단순하고 명확한 정보를 전달하는 데 중점을 둡니다. 역사적 인포그래픽은 다양한 형태의 데이터를 포함할 수 있기 때문에 사건이나 주제의 맥락을 더욱 풍부하게 설명할 수 있습니다.

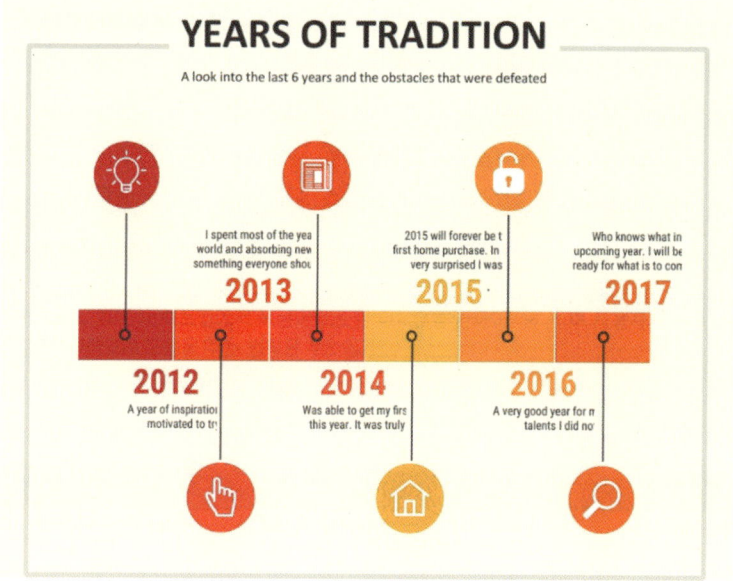

> **비기의 학습팁**
> 비교 및 대조 인포그래픽은 주요 비교 항목이 어떤 면에서 더 우수하거나 열등한지 쉽게 알 수 있는 인포그래픽입니다.

바. 비교 및 대조 인포그래픽

- 두 개 이상의 항목을 비교, 대조하는 유형으로 다양한 분야에서 데이터를 비교, 대조하여 분석 결과를 시각화한다.
- 두 개 이상의 아이템 (제품, 서비스, 개념 등)을 나란히 배치하며, 테이블, 벤다이어그램, 막대그래프 등을 사용해 비교 항목 간의 차이나 공통점을 강조한다.
- 아래 대시보드는 각각 축구선수 호날두와 메시의 능력치를 감성분석을 하여 비교하여 나타낸 인포그래픽이다.

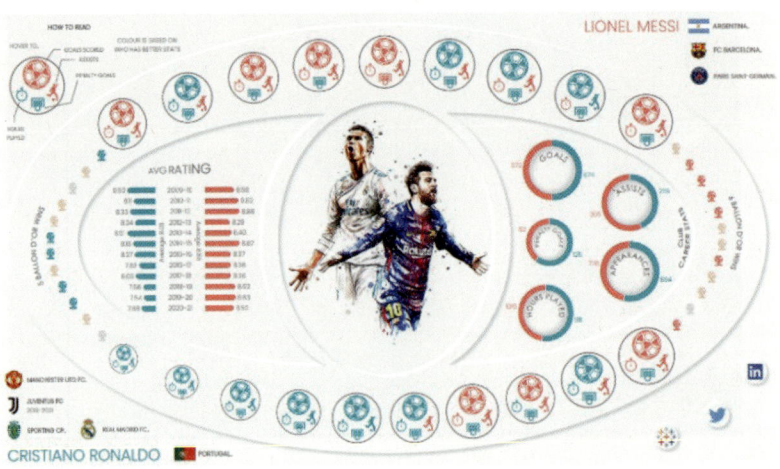

사. 설명적 인포그래픽

> **비기의 학습팁**
> 설명적 인포그래픽은 교육, 매뉴얼, 가이드라인 등을 핵심 정보를 강조하여 내용을 쉽게 이해하고 기억할 수 있게 하는 데 매우 효과적입니다. 예를 들어 생물학의 세포 구조를 설명하는 인포그래픽이 여기에 해당합니다.

- 특정 주제나 개념에 대한 설명을 위해 차트, 텍스트 등 디자인 요소를 조합하여 시각화한 유형이다.
- 아래는 지구 온난화에 대한 데이터 시각화로, 1880년부터 2020년까지 평균 기온의 변화 등 온난화와 관련한 여러 차트들을 구성한 인포그래픽이다.

3. 인포그래픽의 원리

요소	내용
단순성 (Simplicity)	• 복잡한 요소를 배제하고, 필요한 내용을 단순하고 명확히 전달해야 함 • Ink-ratio를 높이는 것과 일맥상통하는 것으로, 과한 디테일이나 복잡한 레이아웃은 사용자가 정보를 이해하는 것을 방해할 수 있음
명확성 (Clarity)	• 전달하고자 하는 내용을 직관적으로 파악할 수 있도록 차트, 아이콘 등 적절한 시각적 요소로 명확하게 표현해야 함
중요성 (Importance)	• 중요한 핵심 정보를 부각하고 사용자의 시선을 끌 수 있어야 함
일관성 (Consistency)	• 색상, 폰트, 아이콘 등의 요소를 일관되게 사용하고, 전체적인 디자인 톤이 어우러져야 함
가독성 (Readability)	• 인포그래픽의 텍스트, 색상 배경들을 사용자가 쉽게 읽고 이해할 수 있도록 구성해야 함
효과성 (Effectiveness)	• 인포그래픽을 이루는 요소들은 데이터를 효과적으로 이해할 수 있도록 목적에 맞게 선택 및 배치해야 함
대상 독자 (Target Audience)	• 대상 독자의 관심사, 수준, 배경 등을 고려해 디자인해야 함

개념 +

컬러 유니버설 디자인

대상 독자를 고려한 디자인의 대표적인 예는 컬러 유니버설 디자인(Color Universal Design, CUD)입니다. CUD는 색각 이상(색맹)을 포함하여 다양한 색각을 가진 사람들 모두가 정보를 쉽게 인식할 수 있도록 색상을 사용하는 디자인 접근법입니다.

4. 인포그래픽 제작

1) 디자인 기획

- 인포그래픽을 만들 때, 디자인 능력보다도 더 중요한 것은 데이터를 해석하고 기획하는 능력이다.
- '디자인 기획'은 디자인을 하기 위한 계획을 세우는 일이고, '인포그래픽 기획'은 인포그래픽을 만들기 위해 계획을 세우는 일이다.
- 전달하고자 하는 핵심 메시지 분석, 목표를 명확하게 설정한다.

2) 인포그래픽 제작 주요사항

- 명확하고 간결한 텍스트 : 텍스트는 읽기 쉽고 이해하기 쉬워야 하며, 제한적으로 사용해야 한다.
- 시각 자료의 효과적인 사용 : 시각 자료는 주제와 관련이 있어야 하며 정보를 전달하는 데 도움이 되어야 한다.
- 일관적 디자인 : 색상 구성표, 레이아웃, 글꼴 스타일은 일관적이어야 한다.
- 강력한 계층 구조 : 가장 중요한 정보가 가장 눈에 띄게 제공되어야 한다.
- 행동 촉구 : 보는 이에게 다음에 무엇을 하기를 원하는지 알려주는 명확한 행동 촉구가 있어야 한다.

개념 ➕

오컴의 면도날

오컴의 면도날은 14세기 신학자이자 사상가인 윌리엄 오컴(William of Ockham)이 제시한 것으로, 현상을 설명할 때 불필요한 가정을 해서는 안 된다는 것이다. "많은 것들을 필요 없이 가정해서는 안 된다.", "더 적은 수의 논리로 설명이 가능한 경우, 많은 수의 논리를 세우지 말라"라 주장했다.

5. 오컴의 면도날(Occam's Razor)

1) 정의

- 오컴의 면도날은 같은 현상을 설명하는 2개의 주장이 있다면, 간단한 쪽을 선택하라는 뜻이며, 가정이 많아질수록 현상을 이해하기 어려워지기 때문에 불필요한 가정을 제거하는 것을 오컴의 면도날이라고 부르는 것이다. 가정은 최대한 적어야 하며 최대한 피해야 한다고 주장한다.

2) 오컴의 면도날을 적용한 인포그래픽

- 인포그래픽 디자인에 오컴의 면도날 원칙을 적용하는 것은 앞서 이야기한 Ink-ratio를 높이거나 클러터를 제거하는 것과 일맥상통한다. 다만 이것은 모든 요소가 없는 것이 가장 좋다는 것을 의미하지 않는다.

- 핵심 메시지를 간결하게 정의하고 시각적으로 강조하며, 정보를 단순화하여 주제와 하위 주제 간 계층구조를 명확하게 정의할 수 있다.

- 과도한 세부 정보를 배제함으로써 단순하고 직접적으로 만들고, 간단명료한 문구를 사용하고 필요한 경우 그래픽 요소를 활용하여 텍스트를 대체할 수 있다.

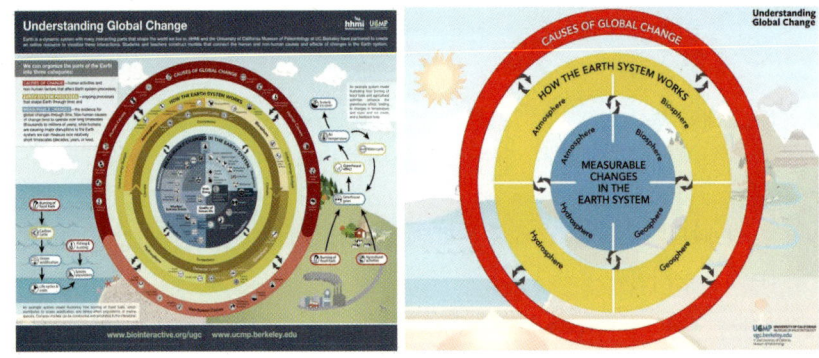

[오컴의 면도날이 적용된 간결한 인포그래픽 디자인]

✅ 핵심 개념체크

14. 인포그래픽에 해당하는 설명 중 가장 옳지 않은 것은 무엇인가?

① 차드, 지도, 순시도, 일러스트레이션 등의 시각적 요소를 사용해 데이터의 상관관계, 패턴, 비교 등을 표현한다.
② 복잡한 데이터의 패턴, 상관관계, 통계량 등은 시각적으로 표현하지 못한다.
③ 효율적인 커뮤니케이션이 가능하다.
④ 스토리를 구성하여 사용자에게 정보에 대한 호기심과 흥미를 유발할 수 있다.

> 인포그래픽은 효과적인 정보전달이 가능하므로 복잡한 데이터의 패턴, 상관관계, 통계량 등을 시각적인 요소를 사용하여 이해하기 쉽게 표현하고 정보를 효과적으로 전달한다.

모바일로 풀기

15. 인포그래픽의 정의에 대해 올바르게 설명한 것은 무엇인가?

① 인포그래픽은 텍스트만 사용하여 정보를 전달하는 도구이다.
② 인포그래픽은 시각적 요소를 사용하여 데이터를 쉽게 이해할 수 있게 전달하는 도구이다.
③ 인포그래픽은 오디오 요소를 사용하여 정보를 전달하는 도구이다.
④ 인포그래픽은 데이터의 패턴과 비교를 텍스트로만 표현하는 도구이다.

> 인포그래픽은 복잡한 정보를 시각적으로 표현하여 쉽게 이해할 수 있도록 돕는 도구이다.

16. 인포그래픽의 원리 중 '명확성(Clarity)'에 해당하는 설명으로 가장 적절한 것은 무엇인가?

① 중요한 데이터 핵심 메시지를 시각적으로 부각시키고, 사용자의 주목을 끌 수 있도록 해야 함
② 그래프, 차트, 아이콘 등의 시각적 요소는 데이터와 목적에 맞게 명확하게 표현해야 함
③ 텍스트의 크기, 텍스트의 배경 간의 대비, 그래프나 차트의 축 레이블 등을 사용자가 정보를 쉽게 읽고 이해할 수 있도록 디자인해야 함
④ 시각적 요소는 데이터와 목적에 맞게 선택되고 배치되어 사용자가 데이터를 이해하고 해석할 수 있도록 해야 함

> '명확성(Clarity)'은 인포그래픽에서 정보를 쉽게 읽고 이해할 수 있도록 하는 것을 의미한다. 이는 텍스트의 크기, 배경과의 대비, 그래프나 차트의 축 레이블 등을 통해 사용자가 정보를 명확하게 파악할 수 있도록 디자인하는 것을 포함한다.

정답 14. ② 15. ② 16. ②

❷ 그래픽 디자인 기본 원리

> **출제포인트**
> 타이포그래피의 특징과 디자인 구성 요소를 구분하는 문제가 출제될 수 있습니다.

1. 타이포그래피 (Typography)

- 타이포그래피는 활자의 서체나 글자 배치 등을 구성하고 표현해 가독성을 높이고 상호작용하는 데 도움을 준다. 또한, 단독으로 사용되기보다 다른 그래픽 요소와 결합하여 전달한다.
- 그래픽과 타이포그래피 간의 균형이 중요하며, 그래픽의 주목성을 높이고 정보의 문맥을 이해할 수 있게 둘 사이의 균형을 맞추는 게 중요하다.

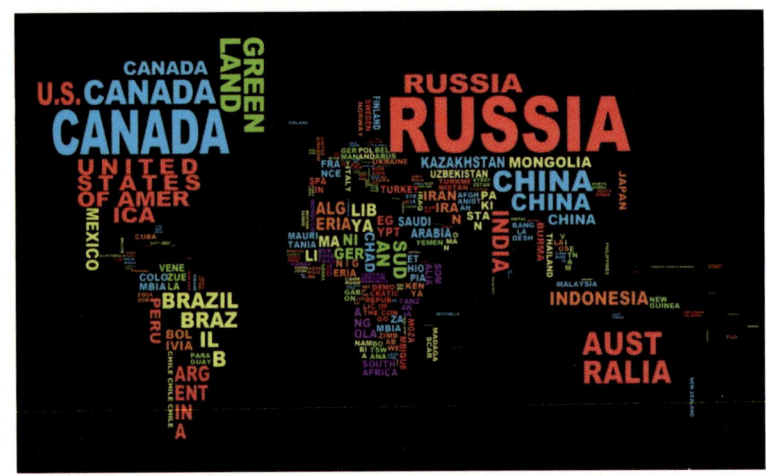

[타이포그래피 예시]

가. 타이포그래피의 기능적 특징

- 조형적 기능
  - 소리의 언어를 시각적으로 표현 전달하는 것
  - 객관적으로 이해할 수 있는 시각적 형태로 표현하여 높은 지각 반응을 기대
- 언어적 기능
  - 전달 메시지와 수신자 사이에 장애가 없는 논리적인 구성의 문자로 표현하는 것
  - 시각적인 가독성에 영향을 미치는 요소들의 일관성 있는 스타일을 적용하여 정확한 정보전달을 하는 역할

나. 타이포그래피의 심미적 특징

- 심미적 경험을 전달
  - 구성요소들의 추상적 상징적 표현
  - 역동적이면서 자유로운 표현은 수용자 측면에서 자각의 반응을 다양화
- 언어적 전달 기능과 이미지 역할을 동시에 수행

- 실험적인 시각전달 언어 이미지로 미적 긴장감을 유도
- 문자를 조형적인 도구로 사용하여 이미지를 표현하므로 다양한 시각적 표현으로 자유로운 정보를 전달

서체	시각 디자인에서 3가지보다는 1~2가지 서체에 크기나 스타일의 변화를 주어 사용하는 것이 중요함
무게	글자를 구성하는 획의 두께를 의미한다. 무게감에 따라 정보의 위계 표현이 가능함
크기	실제 글자의 크기가 아니라 글자가 배치되는 금속 활자판의 높이를 의미한다. 같은 크기여도 서체에 따라 실제 글자 크기가 달라짐
스타일	가로 세로의 비율, 각도에 따라 그 스타일이 달라지게 되지만, 이탤릭체, 장체, 평체처럼 글자의 폭을 좁히거나 넓히는 방법도 있음
색채	명도, 채도, 색상의 색채 속성을 활용해 정보를 분류할 수 있으며, 정보의 중요도나 종속의 관계 표현이 가능함

2. 색상

- 색은 거의 모든 정보 디자인 분야에서 필수적이라 할 수 있으며, 색채의 특성을 이용해 정보로써 의미를 만드는 요인으로 활용한다.
- 두 가지 색을 쓰는 경우 보색을 이용하고 명도와 채도를 같게 하면 효과적으로 정보를 전달할 수 있다.

구분표현	• 색상을 구분하고 묶는 데 이용됨 • 지나치게 많은 색의 사용은 정보를 식별하는 데 도움을 주지 못하며, 보통 사람들이 분명하게 구분할 수 있는 색상은 대략 8가지임
순서표현	• 순서나 위계가 필요한 정보는 색의 단계로 표현이 가능함 • 명암 단계, 채도 단계, 톤, 스펙트럼 단계를 사용하면 위계를 명확히 구분할 수 있음
비율표현	• 비율의 연속은 0을 중심으로 0을 중립적인 명도로 표시함 • 위아래 수치들은 상반되는 두 가지 색을 사용해 표현할 수 있음
색 사용과 인지	• 색을 통해 정보를 이해할 때, 인간의 지각과 인지 작용이 관여하게 됨 • 지각된 색채 정보들이 서로 충돌 없이 인지될 때 정보의 해석이 빠르고 수행 결과도 최적화하여 시각화할 수 있음

개념 ➕

효과적인 서체 사용 방법

가급적 영문, 한글 각 한 가지 서체를 쓰거나 한글 서체를 한 가지 정하고, 이를 변화해 쓰는 것이 효과적이며 한글 서체와 영문 서체를 비슷한 느낌으로 사용하는 것이 더 효과적입니다.

효과적인 색채 사용 방법

색채는 바탕색에 크게 영향을 받으며, 빛으로 글자를 표현하는 경우 청색은 후퇴되어 보이기 때문에 자제해야 합니다.

비기의 학습팁

- 크기 : 글자의 크기는 정보의 중요성 및 위계를 보여줄 수 있습니다.
- 스타일 : 정보의 차별화나 강조 등을 위해 선택적으로 사용할 수 있습니다.
- 색채 : 바탕색에 크게 영향을 받으며, 빛으로 글자를 표현하는 경우 청색은 후퇴되어 보이기 때문에 자제해야 합니다.

비기의 학습팁

구분 표현의 대표적인 예는 지하철 노선입니다. 각 노선이 서로 다른 색상으로 표시되어 노선 간의 구분을 명확히 합니다.

비기의 학습팁

색채 사용과 인지의 대표적인 예는 일기 예보입니다. 파란색은 차가운 날씨, 빨간색은 더운 날씨를 나타내는 일기 예보를 떠올려 보세요.

개념 ➕

F-Shaped Pattern

F-Shaped Pattern은 사용자가 웹페이지나 문서를 읽을 때 주로 F자 형태로 정보를 읽는다는 말로, 이 패턴은 페이지 상단에서 왼쪽에서 가로로 읽다가, 왼쪽에서 수직으로 아래로 스크롤하며 정보를 인식하는 방식입니다.

3. 그리드(Grid)

- 데이터만 제시하는 단순 시각화를 할 때는 잘 적용되지 않지만, 여러 요소를 복합적으로 배치할 때는 반드시 그리드를 계획하고 지켜야 시각적으로 우수한 디자인이 된다.

화면을 읽는 방식	• 레이아웃에 요소들을 배치할 때 사람의 눈이 움직이는 방향을 생각해야 함 • 인간의 눈은 습관적으로 좌측 상단에서 우측 하단으로 내려가게 되며, 이 원리를 이용해 주요 요소를 두드러지게 배치할 수 있음
정보의 역피라미드	• 가장 중요하고 강력한 정보가 맨 위, 일반적인 정보는 마지막에 오도록 배치하는 것이 좋음 • 독자가 모든 텍스트를 읽지 않으려는 경향이 있으므로 가장 중요한 정보가 맨 위에 있고, 중요도가 떨어지는 순서대로 정보를 배치하는 게 효과적임
망 그리드	• 개략적인 그리드를 갖고 작업하면 배치할 때 선택안이 줄어들겠지만, 일관성이 생기고 실험의 여지도 남겨놓기 때문에 역설적으로 디자인이 쉬워진다.
3등분의 법칙	• 하나의 화면에 3X3 그리드를 포개 그리드 선이 교차하는 곳을 적극적 핫스팟으로 삼아 역동적인 결과를 배치하게 된다.

❸ 인포그래픽 디자인 시 고려해야 할 요소

1. 제목

- 인포그래픽에서 가장 중요한 메시지를 요약하여 독자의 시선을 가장 먼저 끌 수 있는 요소이다. 이 부분은 간결하면서도 강렬해야 하며, 디자인 전체의 주제를 한눈에 전달하는 역할을 한다. 크기, 색상, 배치를 통해 다른 시각적 요소들과 차별화하여 명확히 강조해야 한다.
- 핵심 메시지를 강조하고 정보의 카테고리화 및 구조화에 도움이 되어, 전반적인 주제를 파악할 수 있도록 도와준다.
- 사용자의 시선을 끌고 정보를 요약하거나 강조하여 목적을 명확하게 나타내어 사용자에게 유용한 정보를 제공한다.
- 인포그래픽 전체와 일관성 있는 디자인을 유지하며 전체적인 통일감이 있어야 한다.
- 사용자가 디자인 요소를 선택하거나 참고할 때 적절한 정보를 신속하게 파악할 수 있도록 한다.

2. 서체

- 서체란 글자의 형태를 뜻하며, 정형화된 활자의 모양을 지칭한다. 서체는 가독성과 사용자 경험에 직접적인 영향을 미친다.
- 정보디자인에 있어 다양한 서체를 사용하면 시각적 혼란이 유발되므로 제한적으로 사용하는 것이 좋다.
- 동일한 성격과 위계를 갖는 정보에는 일관적으로 적용해야 효율성을 높일 수 있으며, 변화를 주고자 할 때는 동일한 서체 내에서 색상, 크기, 무게, 스타일 등의 변화를 주는 것이 효과적이다.
- 서체의 크기와 스타일을 통해 중요한 내용과 부가적인 내용을 구분할 수 있다. 정보 제시, 특정 부분 강조, 계층구조에 대한 시각적 표현 등에 활용된다.

3. 주석

- 중요한 정보를 설명하고 추가적인 정보를 제공한다. 특정 부분을 강조하기 위한 화살표나 색상과 같은 그래픽 요소와 같이 사용되기도 한다.
- 전문 용어나 약어를 설명하거나 해석하는 데 사용되며, 사용자가 이해하기 쉽도록 주석을 통해 추가적인 문맥이나 배경 정보를 제공하기도 한다.
- 정보의 명확성과 신뢰도를 높이기 위해 사용될 수 있다.

> **출제포인트**
> 인포그래픽 디자인 시 고려해야 할 요소에 대해 각 요소별로 정의와 특징을 묻는 문제가 출제될 가능성이 높습니다.

> **비기의 학습팁**
> 제목은 핵심 메시지를 강조하며 정보를 구조화하고, 사용자 시선을 끌어 주요 내용을 명확히 전달해야 합니다.

4. 격자선

> **비기의 학습팁**
> 격자선은 데이터 비교와 패턴 파악을 돕고, 그래프 요소들을 정렬하여 일관성을 유지해야합니다.

- 차트의 구조를 명확하게 나타내는 데 사용된다. 데이터의 비교, 패턴 파악, 정확한 위치 파악하는 데 도움을 준다.
- 가로, 세로선으로 이루어진 격자 선은 그래프의 요소를 정렬하고 조직화하고 일관되게 배치하고 정렬하는 데 도움을 준다.
- 패턴이나 추세를 파악하는 데 도움이 되고, 데이터값의 상대적인 크기나 위치를 시각적으로 인식할 수 있도록 한다.

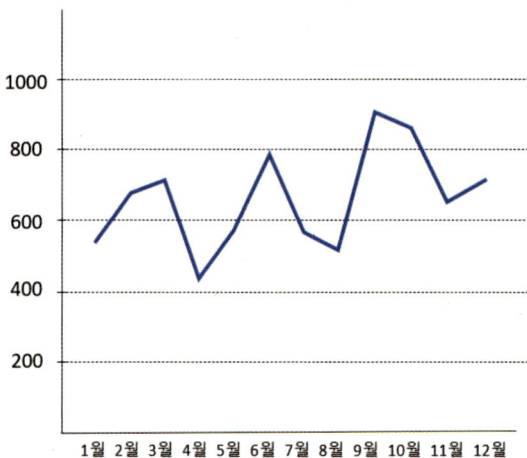

5. 클립아트

> **비기의 학습팁**
> 클립아트는 정보를 시각적으로 보완하고 이해를 돕기 위해 간단한 이미지나 아이콘을 사용하며, 저작권을 고려해야 합니다.

- 정보를 시각적으로 나타내거나 보충하는 데 사용되며 주로 간단한 형태의 이미지나 아이콘으로 사용자의 이해를 돕는다.
- 특정 개념이나 사물을 시각화해 정보를 생동감 있게 전달한다.
- 저작권에 주의해야 하며, 저작권이 없거나 공개적으로 이용할 수 있는 클립아트를 사용해야 한다.
- 일관된 디자인 스타일과 색상 팔레트를 사용해 클립아트를 선택하면 인포그래픽의 일관성을 높일 수 있다.

6. 두 번째 축

> **비기의 학습팁**
> 두 번째 축은 차트에서 서로 다른 데이터를 동시에 비교하기 위해 사용되며, 데이터 왜곡을 방지하도록 주의합니다.

- 주로 차트에서 사용되며, 추가적인 정보를 나타내는 데 사용되는 보조 축이다. 기존 축과는 다른 데이터를 나타낸다.
- 서로 다른 단위의 데이터를 동시에 비교하고 이들 간의 상대적인 크기와 관계, 상호작용을 시각화하는 데 활용된다. 서로 다른 단위의 데이터를 비교할 때는 데이터가 왜곡되지 않게 하는 것이 중요하다
- 시각화의 목적과 대상을 고려하여 적용해야 하며, 필요한 경우에만 적절하게 사용되어야 한다.

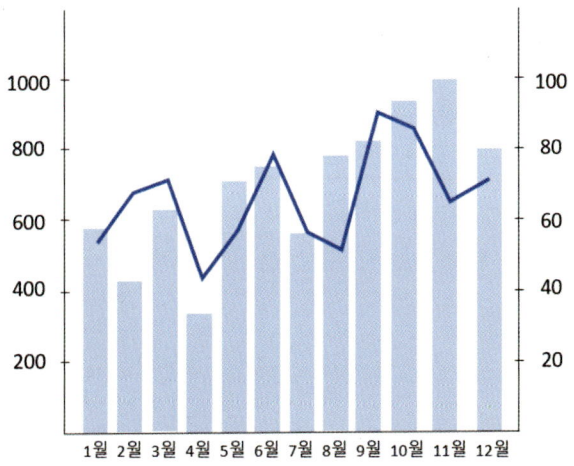

7. 범례

- 차트에 사용된 색상, 패턴 또는 기호 등이 나타내는 데이터 또는 카테고리 간의 대응 관계를 설명하는 요소이다.
- 차트를 해석하고 데이터 요소의 의미를 명확하게 전달한다.
- 차트의 레이아웃을 고려하여 효과적으로 배치되어야 하며, 너무 크거나 작은 범례는 사용자에게 혼란을 줄 수 있으므로 적절한 크기와 위치를 선택해야 한다.
- 차트의 가독성을 향상해 사용자가 쉽게 차트를 이해하고 데이터를 비교할 수 있다.

> **비기의 학습팁**
> 범례는 차트 요소의 의미를 설명하며, 효과적으로 배치해 사용자가 데이터를 쉽게 이해할 수 있도록 합니다.

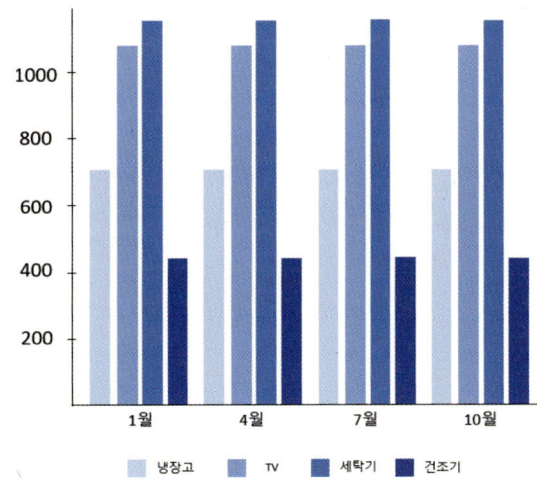

8. 질감

- 질감은 텍스처나 패턴을 시각적으로 나타내는 것을 의미한다. **실제 객체나 재료의 특성을 시각적으로 나타낼 수 있으며**, 나무나 돌과 같은 질감을 시각화해 관련 정보를 나타낼 수 있다.
- 특정 요소를 강조하거나 구분하는 데 사용할 수 있으며, 다른 요소와 대조되는 질감으로 사용자의 시선을 끌고 정보를 강조할 수 있다.

> **비기의 학습팁**
> 질감은 특정 요소를 강조하거나 구분하며, 감정이나 분위기를 전달할 때 사용되지만 과도한 사용은 피해야 합니다.

- 감정이나 분위기 전달에도 사용될 수 있으며, 부드러운 질감은 안정적인 느낌을 주며, 거친 질감은 강인한 느낌을 준다.
- 너무 복잡하거나 혼란스러운 질감은 정보 전달에 방해되므로 적절한 질감을 선택해야 하며, 과하게 사용할 경우 가독성이 저하되거나 데이터 해석을 어렵게 만들 수 있다.

9. 배경

> **비기의 학습팁**
> 배경은 주요 요소를 감싸며 시각적 톤을 형성하고, 중요한 내용을 강조할 수 있도록 단순하고 명확하게 설정합니다.

- 차트, 표 등의 주요 요소를 감싸는 영역으로 전반적인 시각적인 톤과 미적 요소를 형성하는 역할을 한다.
- 주제에 맞는 색상을 선택하여 사용자의 시선을 집중시키고, 적절한 패턴을 사용해 디자인을 더욱 풍부하고 흥미롭게 만든다.
- 주요 내용을 강조하기 위해 중요한 텍스트나 그래픽 요소들에 대한 대비를 제공한다. 목적과 대상을 고려해 선택해야 하며, 일관성과 가독성을 유지하는 것이 중요하다.
- 너무 복잡하거나 혼란스러운 배경은 사용자의 주의를 산만하게 할 수 있으므로, 단순하면서 명확한 배경을 선택하는 것이 좋다.

✅ 핵심 개념체크

17. 인포그래픽 디자인 시 제목을 고려할 때 중요한 요소가 아닌 것은 무엇인가?

① 주요 메시지를 강조하고, 친절히 주제를 파악할 수 있도록 도움
② 사용자 주의를 끌고 최적의 중요성을 전달하는 역할
③ 시각적으로 무겁게 디자인하여 사용자에게 강한 인상을 주는 것
④ 디자인 요소와 일관성을 유지하여 전체적인 통일감을 제공

시각적으로 무겁게 디자인하여 사용자에게 강한 인상을 주는 것은 오히려 정보 전달을 방해할 수 있으며, 제목의 본래 목적과는 맞지 않다.

18. 인포그래픽 디자인 시 서체를 선택할 때 고려해야 할 요소가 아닌 것은 무엇인가?

① 서체의 가독성
② 서체의 스타일
③ 서체의 다양함
④ 서체의 크기

서체가 다양하면 시각적 혼란이 유발되므로 제한적으로 사용하는 것이 좋다.

PART 03
경영정보시각화 디자인

2장 시각화 도구 활용

15 DAY

○ **학습 목표**
- 사무자동화 프로그램을 활용한 시각화를 이해하고 설명할 수 있다.
- 데이터 시각화 도구의 특징을 설명할 수 있다.
- 대시보드의 개념과 특징을 이해한다.
- 시각화 요소의 상호 작용을 이해한다.

○ **눈높이 체크**

✓ 사무자동화 프로그램을 활용한 시각화와 BI소프트웨어를 활용한 시각화의 차이점을 아시나요?

> 사무자동화 프로그램은 데이터 입력, 계산 및 기본적인 시각화 도구(그래프, 차트 등)를 제공하여 사용자가 데이터를 수동으로 분석하고 시각화할 수 있도록 돕습니다. 이 프로그램은 소규모 데이터셋에 적합하며, 사용자 친화적이지만 복잡한 데이터 분석이나 대시보드 기능은 제한적입니다.
> 반면 BI소프트웨어는 대량의 데이터를 실시간으로 분석하고 시각화하는 데 특화되어 있습니다. BI 도구는 데이터 연결, 대시보드 구성, 다양한 시각적 요소를 제공하여 사용자들이 데이터를 보다 깊이 이해할 수 있도록 지원합니다. 또한, BI 소프트웨어는 여러 데이터 소스를 통합하고 복잡한 분석을 수행할 수 있는 기능이 뛰어나며, 비즈니스 의사결정에 보다 직접적으로 기여할 수 있습니다.

✓ 대시보드의 종류를 구분할 수 있나요?

> 대시보드의 종류에는 탐색형, 설명형이 있습니다.
> 탐색형 대시보드는 일일 성과지표나 일상적인 경영지표를 모니터링하거나, 패턴이나 트렌드를 발견하는 데 중점을 둡니다. 예를 들어, 판매 데이터를 지역별, 제품별로 필터링하여 성과를 비교할 수 있는 대시보드가 해당됩니다.
> 반면, 설명형 대시보드는 정부 기관 및 여러 기관에서 특정 지표나 성과를 명확하게 전달하고 해석하여 의사결정자가 데이터를 빠르게 이해하도록 돕습니다. 일반적으로 고정된 시각화를 사용하며, 월별 수익이나 고객 만족도와 같은 KPI를 요약하여 보여주는 대시보드를 예시로 들 수 있습니다.

✓ 시각화 요소의 어떤 상호 작용이 사용자의 데이터 탐색에 가장 도움될까요?

> 사용자의 요구와 데이터 유형에 따라 다를 수 있지만, 클릭, 슬라이더, 드롭다운 메뉴는 특히 효과적입니다. 이 외에도 마우스 오버, 확대/축소와 같은 기능은 추가 정보를 제공해 사용자가 더 깊이 있게 이해를 할 수 있도록 도와줍니다.

2장 시각화 도구 활용

1절 사무자동화 프로그램을 활용한 시각화

난이도 하

❶ 사무자동화 프로그램의 시각화 관련 주요 기능

1. 엑셀 (Excel)

가. 차트

- 데이터를 원, 선, 막대 등으로 시각화할 때 많이 사용되며, 데이터만 있으면 원하는 셀 영역을 선택해 차트를 생성할 수 있다.
- 막대차트, 히트맵, 꺾은선차트, 도넛차트, 영역차트, 분산형차트, 방사형차트를 생성할 수 있다.
- 차트의 구성요소

> **출제포인트**
> 각 프로그램의 시각화 관련 기능의 정의와 특징을 묻는 문제가 출제될 가능성이 있으므로, 개념별 정의를 잘 기억해야 합니다.

구성요소	설 명
차트 제목	차트의 제목을 표시함
차트 영역	차트의 전체 영역을 의미하며 모든 구성 요소를 포함함
그림 영역	X축과 Y축으로 형성된 영역으로 서식을 설정함
범례	데이터 항목의 이름을 나타내는 것으로 색상, 무늬를 구분함
데이터 계열	각 항목의 데이터 값을 선과 막대로 표시함
X축	데이터 항목을 나타내는 축
Y축	데이터 값을 나타내는 축
X축 제목	X축 항목들의 전체 의미를 나타내는 제목
Y축 제목	Y축에 표현되는 숫자들의 전체 의미를 나타내는 제목
눈금선	X축과 Y축 모두 눈금선을 그릴 수 있음
데이터 레이블	데이터 계열의 값이나 항목을 이름표 형식으로 표현함

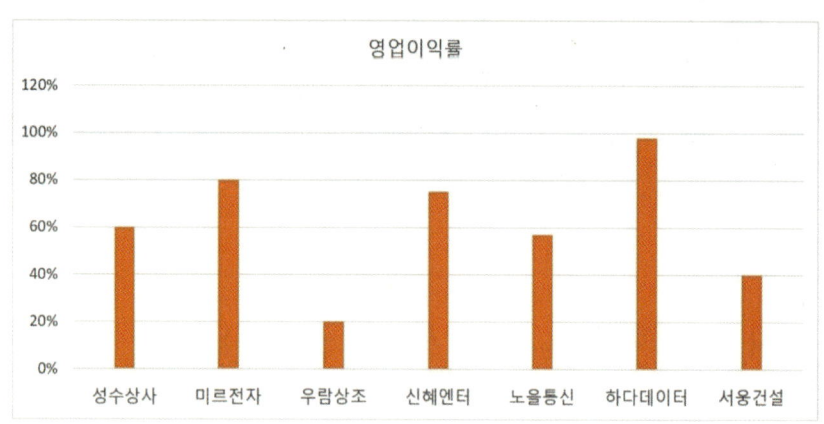

나. 조건부 서식

- 엑셀에서 셀에 적용할 수 있는 서식 중 하나로, 조건에 따라 서식을 자동으로 적용해 주는 기능이다. 예를 들어 특정 조건을 만족할 때 글씨 색상을 파란색 또는 빨간색으로 표시하게 서식을 지정할 수 있다.
- 조건부서식을 사용하여 데이터의 패턴이나 예외를 신속하게 파악할 수 있다.

1) 조건부 서식의 종류

- 기본 조건부 서식: 조건에 따라 셀의 서식을 변경해 주는 서식 설정 기능이며, 특정 조건을 만족할 경우 셀의 배경, 글꼴, 테두리 등 서식 변경이 가능하다.

비기의 학습팁

조건부 서식은 셀의 내용에 따라 자동으로 서식을 변경할 수 있는 기능입니다. 예를 들어, 특정 조건을 만족하는 셀의 배경색을 변경하거나 글꼴을 강조하여 중요 데이터를 한눈에 식별할 수 있도록 돕습니다.

- 색조 조건부 서식 : 값의 범위에 따라 서식을 다르게 표시하는 기능이다.

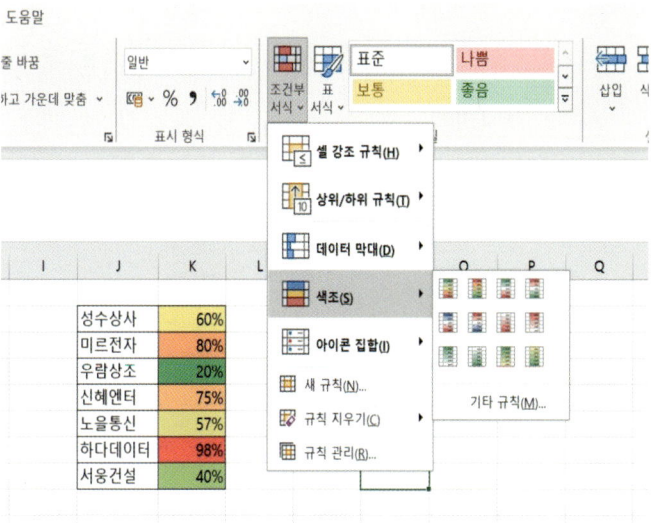

- 아이콘 집합 조건부 서식: 특정 범위의 데이터에 대해 특정한 아이콘을 적용하는 서식이다. 데이터의 상대적인 크기, 중요도를 빠르게 파악할 수 있다.

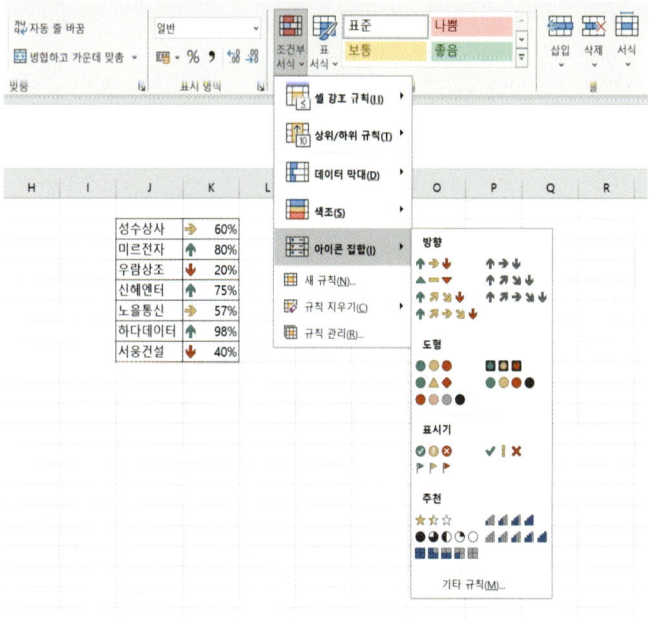

개념 ➕

다양한 조건부 서식

- 특정 범위 내에서 최솟값과 최댓값을 자동으로 계산하여 색상으로 표현하고, 막대그래프로도 표현할 수 있으며, 데이터의 패턴을 빠르게 파악하고, 특정 조건에 따라 서식을 적용하여 작업을 효율적으로 수행할 수 있습니다.

- 그 외에도 사용자가 원하는 서식을 직접 설정할 수도 있습니다. 예를 들어 특정 문자열이 포함된 셀 강조하기, 특정한 값을 벗어난 셀만 강조하기 등 조건부 서식을 설정할 수 있습니다.

비기의 학습팁

스파크라인은 셀 안에 작은 그래프를 삽입하여 데이터의 변동 추세를 간단하게 시각화하는 기능입니다. 긴 데이터 시리즈의 추세를 간편하게 확인할 수 있으며, 비교와 분석이 용이합니다.

- 데이터 막대 조건부 서식: 데이터 크기에 따라 셀 내 막대그래프를 생성하여 시각적으로 표현하는 기능이다.

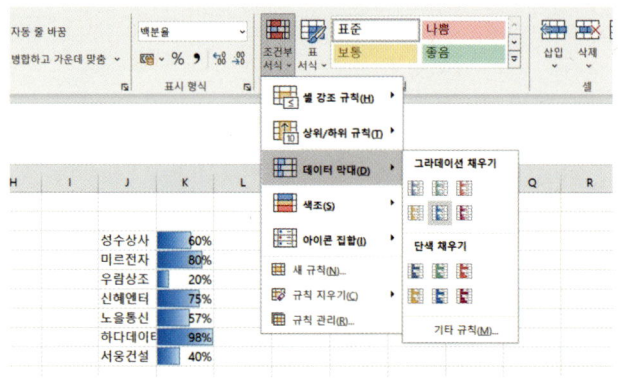

다. 스파크라인

- 단일 워크시트 셀 안의 작은 차트로서, 데이터의 추세를 시각적으로 표현하는 데 사용된다.

1) 스파크 라인 장점

- 시각적 요약: 데이터의 추세, 변동성 등을 셀 내에 직관적으로 표현할 수 있고, 전체 데이터 세트를 빠르게 이해할 수 있다.

- 공간 효율성: 일반 차트와 달리 매우 적은 공간을 차지하기 때문에 정보 밀도를 높이고 보고서나 대시보드에서 효율적으로 사용할 수 있다.

- 데이터 비교 용이: 서로 다른 데이터 세트 간의 추세를 쉽게 비교할 수 있다.

2) 스파크 라인 단점

- 세부 정보 부족: 스파크 라인은 단순히 추세 및 패턴을 보여주는 데 초점이 맞춰져 있기 때문에 세부적인 데이터의 값을 표현하는데 한계가 있다.

- 복잡한 데이터에 부적합: 데이터가 복잡하거나 다양한 변수를 포함할 때는 스파크 라인을 통해 충분한 정보를 제공받지 못할 수 있다.

3) 스파크라인 유형

- 라인: 선 형태로 나타나며, 값의 차이를 높낮이로 나타낸다. 데이터의 추세를 확인할 수 있다.

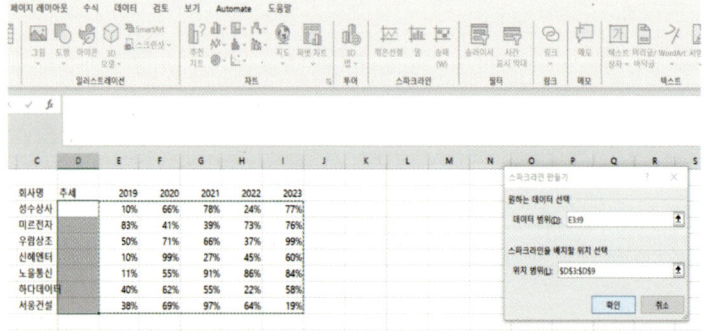

회사명	추세	2019	2020	2021	2022	2023
성수상사	∿	10%	66%	78%	24%	77%
미르전자	∿	83%	41%	39%	73%	76%
우람상조	∿	50%	71%	66%	37%	99%
신혜엔터	∿	10%	99%	27%	45%	60%
노을통신	∿	11%	55%	91%	86%	84%
하다데이터	∿	40%	62%	55%	22%	58%
서웅건설	∿	38%	69%	97%	64%	19%

- 기둥(열): 막대차트 형태로 사용되며, 각 막대는 데이터와 일대일로 대응된다.

회사명	추세	2019	2020	2021	2022	2023
성수상사		10%	66%	78%	24%	77%
미르전자		83%	41%	39%	73%	76%
우람상조		50%	71%	66%	37%	99%
신혜엔터		10%	99%	27%	45%	60%
노을통신		11%	55%	91%	86%	84%
하다데이터		40%	62%	55%	22%	58%
서웅건설		38%	69%	97%	64%	19%

- 승패: 유동비용의 등락과 같은 음의 값을 표시할 때 주로 사용된다.

회사명	추세	2019	2020	2021	2022	2023
성수상사		154106	-73313	-90049	116695	17382
미르전자		3135	371056	168675	461360	149369
우람상조		423434	574955	567707	82488	22273
신혜엔터		219350	-89396	5732	340039	191981
노을통신		86159	413583	-13979	67177	-29152
하다데이터		470934	-111706	184350	426335	201219
서웅건설		173434	411787	541866	-67030	-121561

라. 피벗테이블

- 데이터를 요약, 분석할 수 있는 통계표이다. 특정 열, 행을 기준으로 데이터를 그룹화하고, 집계해 보고서를 생성할 수 있다.
- 필드를 조작하고 시각화를 유연하게 구현할 수 있는 필터 및 그룹 기능으로 사용자의 편의성을 제공한다.

1) 피벗 테이블 장점

- 데이터 분석 및 요약 용이성: 피벗 테이블 사용 시 복잡한 데이터를 쉽게 분류, 정렬, 요약할 수 있고, 몇 번의 클릭만으로 다양한 측면의 분석이 가능하다.
- 동적인 데이터 상호 작용: 피벗 테이블 내 요소를 드래그 앤 드롭하여 다양한 분석 및 탐색이 가능하다.

비기의 학습팁

피벗테이블은 대량의 데이터를 요약하고 분석하기 위해 데이터를 동적으로 집계할 수 있는 도구입니다. 필드 드래그 앤 드롭 방식으로 데이터의 다양한 측면을 쉽게 분석하고 보고서 형태로 정리할 수 있습니다.

- 시각화 용이성: 피벗 차트와 결합될 경우, 데이터 분석 결과를 시각적으로 표현할 수 있고, 데이터 추세와 패턴을 명확하게 파악하기 쉽다.

2) 피벗테이블 단점

- 대량 데이터 처리 시 성능 저하: 매우 큰 데이터 세트를 다룰 때 피벗 테이블의 성능이 저하될 수 있으며 전반적인 엑셀 성능에 영향을 줄 수 있다.
- 정적 데이터 분석: 피벗 테이블은 정적 분석에 더 적합하며 실시간 데이터 처리나 분석에는 한계가 있다.

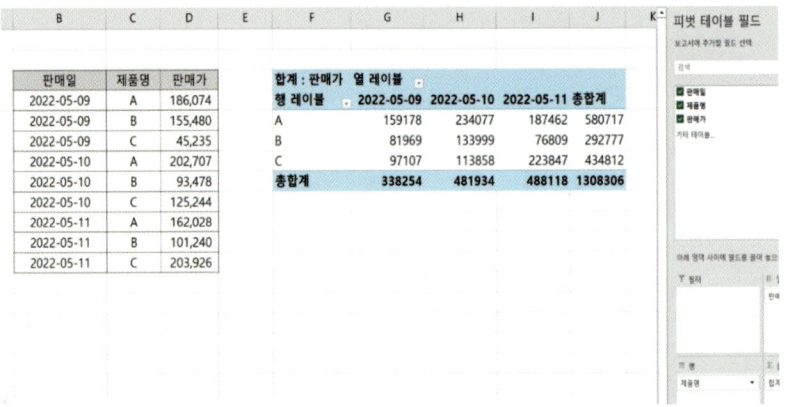

2. 워드프로세서 (Word Processor)

가. 이미지 삽입

- 문서에 그림, 사진 또는 다른 이미지를 추가하는 기능이다. 이는 문서를 시각적으로 풍부하게 하고 필요한 정보를 시각적으로 전달하는 데 도움을 준다.

> **비기의 학습팁**
>
> 워드프로세서의 시각화 관련 주요 기능은 이미지 삽입, 차트 및 그래픽 편집, 다이어그램이 있다는 정도만 기억하고 넘어갑시다.

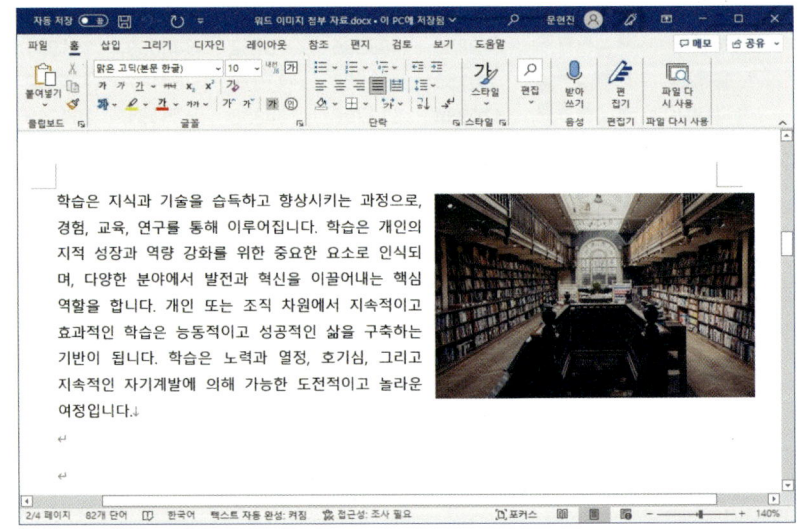

나. 차트 및 그래픽 편집

- 차트를 생성하는 기능이 내장되어 있어 라인차트, 막대차트, 원그래프 등 다양한 형태의 차트 중 원하는 것을 선택할 수 있다.

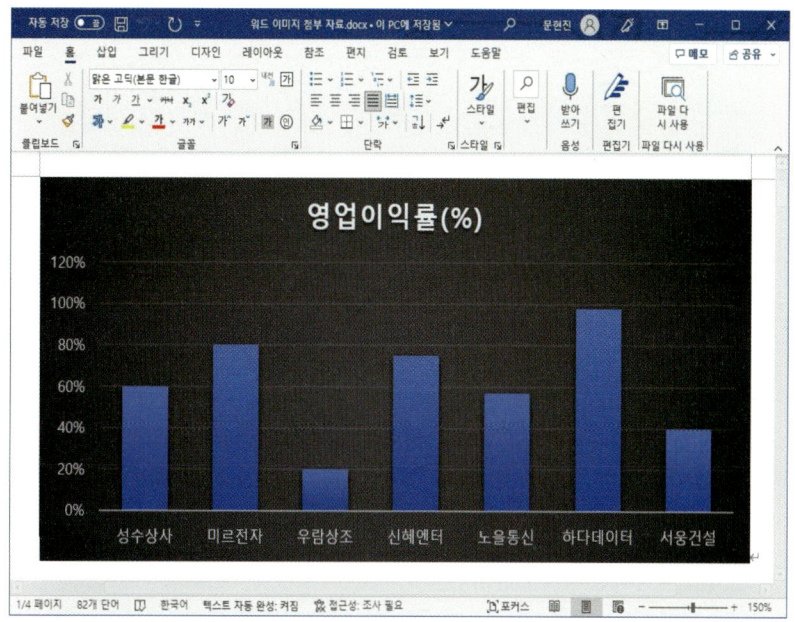

다. 다이어그램

- 주로 흐름도, 조직도와 같은 관계, 구조, 프로세스 등을 시각적으로 보여주며 복잡한 정보를 명확하게 전달한다.

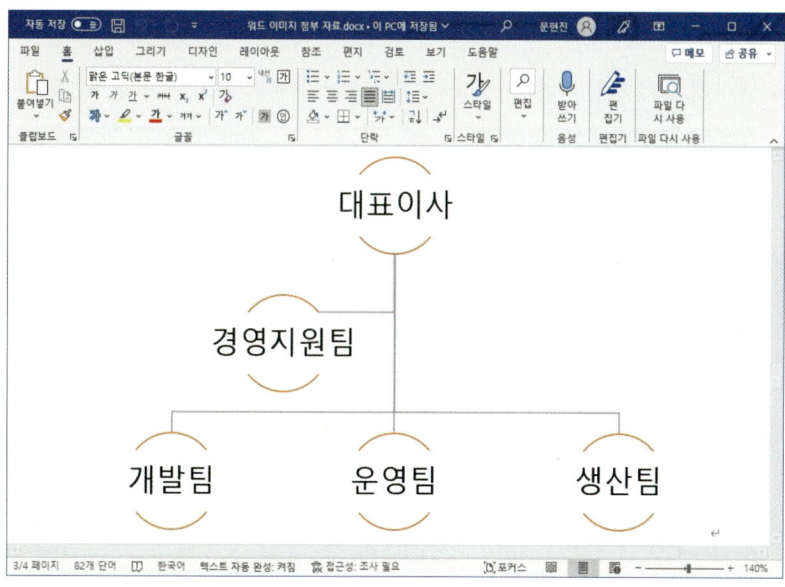

- 데이터를 구조화하고 시각적으로 나타내는 데 사용된다. 행, 열로 구성되며 각 셀에는 텍스트, 숫자 또는 다른 유형의 데이터가 들어갈 수 있다.
- 표를 사용해 데이터를 구조화하고 시각적으로 표현함으로써 문서의 가독성을 높이고 정보를 효과적으로 전달할 수 있다.

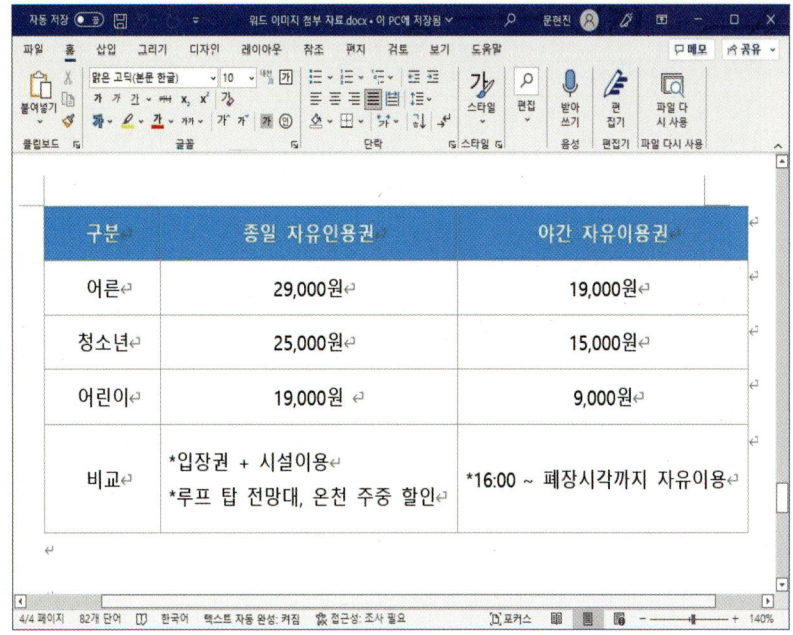

3. 프레젠테이션 (PowerPoint)

가. 디자인 및 배치

- 슬라이드의 외관과 레이아웃을 조정해 일관된 디자인과 깔끔한 배치를 구현한다.
- 다양한 디자인 요소를 선택하여 전반적인 디자인을 결정할 수 있다.

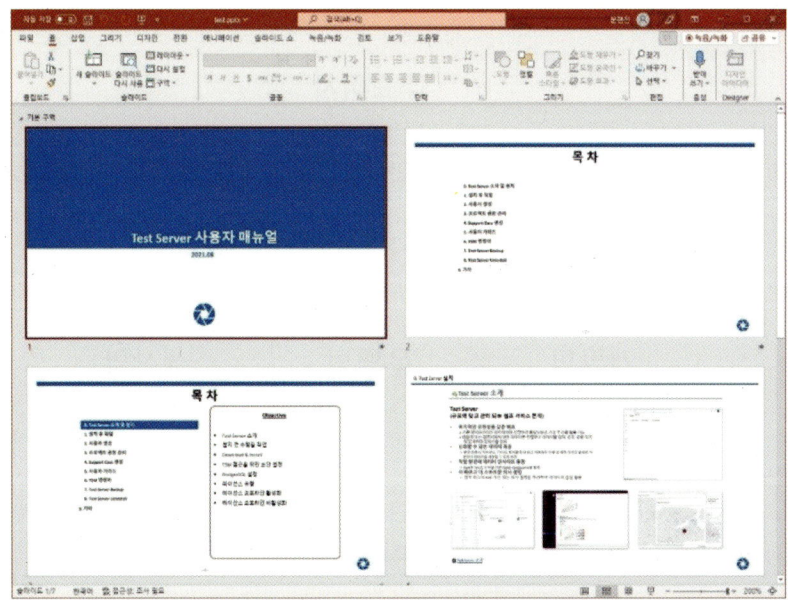

나. 그림 및 도형 삽입

- 프레젠테이션에 이미지, 아이콘, 도형 및 그래픽 요소를 삽입하여 동적이고 효과적인 시각화를 구현할 수 있다.

> **비기의 학습팁**
> 프레젠테이션 시각화 관련 주요 기능은 디자인 및 배치, 그림 및 도형 삽입, 트랜지션과 애니메이션, 노트 및 주석 추가 등이 있다는 정도만 기억하고 넘어갑시다.

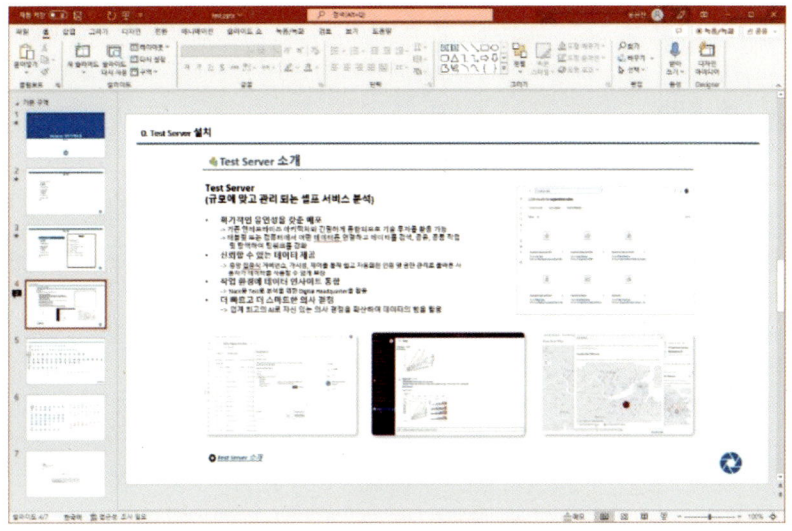

다. 트랜지션과 애니메이션

- 슬라이드 간의 전환 효과 및 콘텐츠의 동적인 움직임을 추가하여 프레젠테이션을 더욱 생동감 있게 만들어준다.
- 트랜지션: 한 슬라이드에서 다음 슬라이드로 전환될 때의 효과를 말한다. 이는 프레젠테이션의 흐름을 부드럽게 만들고, 관심을 집중시키는 데 도움이 된다.
- 애니메이션: 슬라이드 내의 텍스트, 이미지, 도형 등 콘텐츠에 동적인 움직임을 부여하여 프레젠테이션을 더욱 생동감 있게 만든다.

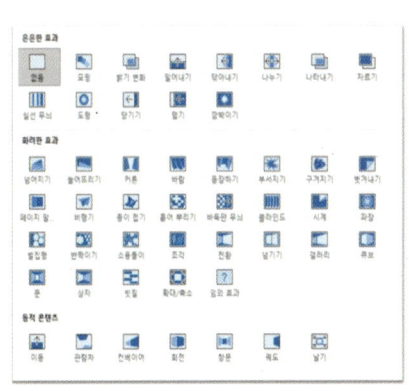
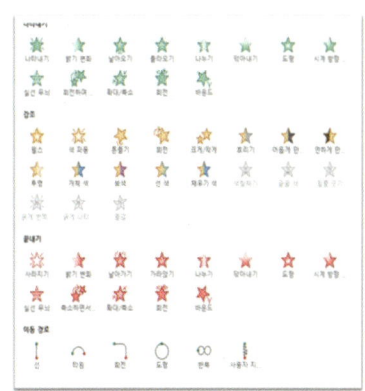

라. 노트 및 주석 추가

- 정보에 대한 추가 정보나 설명을 포함할 수 있다.
- 노트: 각 슬라이드에 추가적인 설명이나 발표자의 발표 퀄리티를 올릴 수 있는 참고 자료가 될 수 있다.

- 주석: 특정 슬라이드나 콘텐츠에 대한 추가 설명이나 메모를 포함한다.

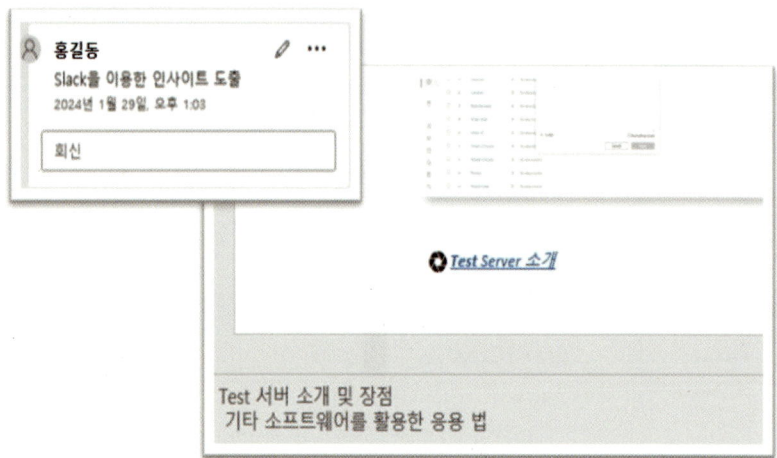

4. 액세스 (Access)

가. 레이아웃 디자인

- 명확하고 직관적인 레이아웃 디자인은 사용자가 데이터베이스를 혼돈 없이 사용하도록 도와준다.
- 간편한 데이터 입력과 함께 입력 오류를 감소시키고 데이터 정확성을 향상시킬 수 있다.

> **비기의 학습팁**
> 액세스 시각화 관련 주요 기능은 레이아웃 디자인, 표와 차트 삽입 등이 있다는 정도만 기억하고 넘어갑시다.

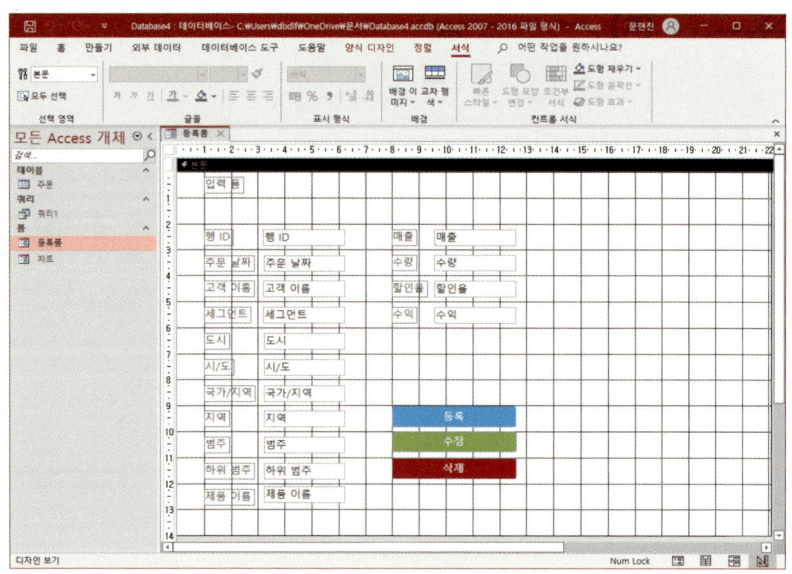

나. 표와 차트 삽입

- 표와 차트를 삽입함으로 데이터에 대한 패턴이나 트렌드를 쉽게 이해할 수 있다.

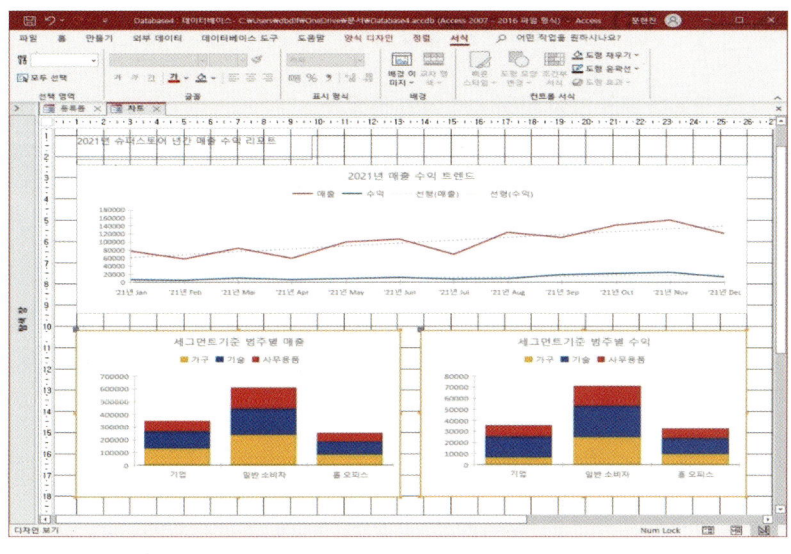

✓ 핵심 개념체크

19. 사무자동화 프로그램의 시각화 관련 주요 기능 중 차트의 역할로 옳지 않은 것은 무엇인가?

① 데이터를 시각적으로 표현하여 이해를 돕는다.
② 데이터를 분석하여 자동으로 보고서를 작성한다.
③ 여러 종류의 차트를 생성할 수 있다.
④ 데이터를 비교하여 차이를 명확히 보여준다.

차트 자체는 데이터를 분석하여 자동으로 보고서를 작성하는 기능을 하지는 않는다.

20. 다음 중 사무자동화 프로그램의 시각화 기능에 포함되지 않는 것은 무엇인가?

① 막대그래프
② 선그래프
③ 히스토그램
④ 데이터 암호화

사무자동화 프로그램의 시각화 기능은 데이터를 시각적으로 표현하여 이해하기 쉽게 만드는 기능을 포함한다. 데이터 암호화는 데이터를 보호하기 위한 보안 기능으로, 시각화와는 관련이 없다.

정답 19. ② 20. ④

❷ 사무자동화 프로그램 활용 시각화의 장단점

> **출제포인트**
> 사무자동화 프로그램 활용 시각화의 장점과 단점을 묻는 문제가 출제될 가능성이 높습니다.

1. 사무자동화 프로그램 활용 시각화의 장점

장 점	설 명
다양한 시각화 옵션	다양한 옵션을 활용하여 효과적으로 시각화함
익숙한 인터페이스	인터페이스가 직관적이고, 시각화 요소의 생성 및 데이터 조작이 용이함
데이터 분석, 통합	• 데이터 필터링, 정렬, 피벗 테이블 등의 기능을 활용하여 데이터를 가공하고 분석하는 데 편리함 • 부가적인 기능을 활용하여 간편하게 보고서 작성 가능

2. 사무자동화 프로그램 활용 시각화의 단점

단 점	설 명
기능 및 유연성의 제한	• 특정 시각화 유형이나 고급 기능 구현이 어려움 • 대규모 또는 복잡한 데이터를 처리할 때 제약이 있음
수동 작업의 불편함	대량의 데이터를 다룰 때, 수동적인 입력과 편집 작업은 작업 시간을 증가시킬 수 있음
제한된 대시보드 기능	대규모, 복잡한 대시보드를 구성하기 위해 수작업과 복잡한 수식을 활용해 시각화 요소와 데이터를 결합해야 하므로 번거로움
대화형 시각화의 한계	• 대화형 시각화의 제약이 있음 • 실시간 데이터를 활용하기엔 적합하지 않음
협업 및 공유의 제한	• 동시 편집이 어렵고 파일 공유 및 업데이트 관리가 번거로움 • 여러 사람과 협업하거나 데이터를 실시간으로 공유하는 데 한계가 있음

2장 시각화 도구 활용

2절 데이터 시각화 도구의 특징

난이도 **상**

❶ 데이터 시각화 도구(BI 소프트웨어)의 특징

출제포인트
데이터 시각화 도구의 특징은 주요한 출제기준에 해당합니다. 각 특징들을 숙지하세요.

1. 비즈니스 인텔리전스(BI, Business Intelligence) 소프트웨어 개념

- 비즈니스 인텔리전스는 기업이 수집한 데이터를 효율적으로 관리하며 분석하는 데 유용한 도구이다.
- 데이터 분석을 통해 시각화 및 대시보드를 구현하여 분석된 데이터를 근거로 전략적인 의사결정 및 인사이트를 도출하여 기업의 성과 및 생산성을 극대화할 수 있는 중요한 역할을 한다.

2. 시각화도구(BI소프트웨어)의 특징

- 시각화 도구는 데이터 분석, 예측 협업 등 다양한 기능을 제공하여 사용자가 데이터를 효율적으로 활용할 수 있는 환경을 조성하여, 이를 통해 데이터에 대한 접근성 및 비즈니스 의사결정에 도움을 준다.
- 사용자가 데이터소스(데이터 원본)를 추출, 변환, 로드(ETL)하여 데이터 원본을 효과적으로 관리하고 데이터를 정제할 수 있는 기능을 제공하여 분석을 위한 과정을 더 간결하게 해준다.
- CSV, 스프레드시트, 데이터베이스 등 여러 데이터 소스를 연결하고, 데이터를 정제하며 모델링하여 품질을 향상하고 의미 있는 분석을 수행할 수 있다.
- 다양한 차트, 그래프, 지도, 테이블 등의 시각화 기능을 제공하여 사용자가 원하는 데이터를 직관적이고 효과적인 시각적 표현을 할 수 있는 환경을 제공한다. 또한 필터링 기능을 적용하거나 줌인/줌아웃 등의 기능을 활용하여 세밀하고 복잡한 데이터를 간결하게 정리하고 인사이트를 도출할 수 있다.
- 상호작용적인 기능은 사용자가 데이터를 실시간으로 탐색하고 분석할 뿐만 아니라, 차트 조작, 대시보드 구성 등을 통해 데이터에 동적으로 접근하고 조작할 수 있어, 사용자에게 효과적인 의사결정 환경을 제공한다.

개념 ➕

BI가 중요한 이유

비즈니스 인텔리전스는 해당 비즈니스의 맥락에서 현재 데이터와 과거 데이터를 보여줌으로써 기업이 더 정확한 의사 결정을 내리도록 돕습니다. 분석가는 BI를 활용하여 실적 및 경쟁자 벤치마크를 제공할 수 있어서, 조직의 더 원활하고 효율적인 운영을 지원할 수 있습니다.

> **출제포인트**
> 데이터 시각화 도구의 장점과 단점은 중요 출제 대상이므로, 장단점이 무엇인지, 그 내용이 무엇인지를 이해하고 숙지합시다.

❷ 데이터 시각화 도구의 장단점

1. 데이터 시각화 도구의 장점

구 분	내 용
강력한 시각화 기능	• 다양한 차트 및 그래프 옵션 제공하고, 편집할 수 있음 • 실시간 데이터 업데이트, 상호작용 가능한 기능이 탑재된 동적인 대시보드를 통해 실시간으로 데이터 모니터링 가능
데이터의 탐색적 분석	• 다양한 시각화 방법을 신속하게 적용할 수 있는 기능을 제공해 탐색적 데이터 분석을 용이하게 함 • 데이터 세트 구조, 특성 및 패턴을 체계적으로 탐색해 통찰력을 높일 수 있음 • 사용자는 데이터를 직관적으로 이해하고 복잡한 관계를 시각적으로 파악하는 데 도움이 되며, 데이터에 내재하여 있는 의미를 빠르게 파악할 수 있음
다양한 데이터 소스 지원	• 시각화 도구는 사용자가 다양한 데이터를 한 곳에서 효율적으로 관리할 수 있는 환경을 제공함 • 관계형 데이터베이스, 엑셀, CSV 파일, 클라우드 데이터 등 다양한 형태의 데이터와 원활하게 연동할 수 있으며, 연동된 데이터를 손쉽게 추출 및 시각화할 수 있음
실시간 업데이트	• 정확하고 신뢰성 있는 데이터 기반으로 의사결정이 가능하며, 빠르게 변화하는 비즈니스 환경에 대응해 트렌드나 주요 이벤트에 신속히 대응할 수 있음 • 사용자의 최신 인사이트를 기반으로 전략 수립 및 문제 해결에 유리한 환경 조성
실시간 협업	• 사용자들이 실시간 공동 작업이 가능한 플랫폼을 제공함으로써 여러 사용자가 대시보드를 공동으로 개발하고, 수정할 수 있음 • 협업 기능을 적극 활용해 업무 프로세스를 향상하고 팀원 간 신속한 소통과 협업이 가능하여 업무 효율성을 증가시킴
데이터 품질 향상	• 데이터의 일관성, 정확성, 일치성을 시각적으로 확인하고 향상할 수 있음 • 데이터의 특이점이나 이상치를 신속히 파악하고 조치할 수 있음 • 중복된 정보나 불일치한 형식을 시각적으로 검토하여 데이터 품질을 높일 수 있음

2. 데이터 시각화 도구의 단점

구 분	내 용
재현 가능성	• 시각화 결과를 다른 사람이나 미래의 자신이 재현할 수 있는 능력 • 재현의 어려움은 일괄된 결과물은 얻기 어렵기 때문에 효율적인 협업과 의사소통에 제약이 발생함 • 의사결정에 필요한 정보를 분석 방법 등을 충분히 기술해 재현 가능성을 높여야 함

반복 가능성	• 동일한 조건에서 동일한 시각화 결과를 얻을 수 있는 능력 • 협업이나 대규모 프로젝트에서 동일한 시각화를 재현하는 것에 어려움이 있어 기존의 작업물을 활용해 반복 작업을 최소화할 수 있음 • 무작위 데이터를 다룰 때는 난수 생성기의 기록을 명시해 대응할 수 있음
유지보수의 어려움	• 여러 사용자가 동시 작업하는 환경에서 변경 사항을 효과적으로 관리하기 어렵고 유지보수를 위해 기존 템플릿 또는 작업물을 활용할 수 있지만, 요구사항이나 데이터 구조 변경으로 한계가 있음 • 시각화 도구는 지속해서 업데이트되기 때문에 구버전과 신버전 간의 호환성, 기능적인 제한이 발생할 수 있음
호환성	• 특정 운영체제나 브라우저에서 시각화 도구를 사용하는 데 호환성으로 인해 제한이 발생할 수 있음 • 사용자 간 소프트웨어 버전이 상이해 도구 자체의 호환성으로 인한 안전성 문제가 발생하면 분석 및 의사결정 프로세스에 영향을 미칠 수 있음 • 팀원, 사용자 간의 소통을 통해 사용 버전 및 권장 스펙에 대한 합의점을 찾는 것이 중요
의존성	• 시각화 도구를 통한 분석 및 의사결정에 대한 의존성이 크다는 점은 도구 자체의 안정성에 영향을 미칠 수 있음 • 의존성 문제에 대비해 백업 계획을 수립하고 시각화 도구의 안전성과 업데이트 정책을 고려해야 함

❸ 시각화도구 소개

1. 태블로(Tableau)

- 태블로는(Tableau)는 세일즈 포스에서 제공하는 비즈니스 인텔리전스(Business Intelligence) 도구로, 사용자가 데이터를 직관적이고 효과적으로 이해할 수 있도록 도와주는 높은 확장성과 성능을 지닌 플랫폼이다.
- 다양한 데이터소스와의 연동이 가능하며 대용량 데이터를 빠르게 처리하여 실시간 데이터 분석을 지원하고 있다.
- 또한, 사용자들은 드래그 앤 드롭 방식을 활용하여 간단한 차트부터 고급 시각화까지 다양한 옵션을 탐색할 수 있으며, 대화형 대시보드와 대화식 분석을 통해 데이터를 필터링하고 분석하는 편리한 환경을 제공하여 비전문가도 데이터를 시각화하여 인사이트를 발견할 수 있다.

가. 장점

- 고급 데이터 시각화 기능과 높은 사용자 인터랙티브성을 제공한다.
- 커뮤니티와 리소스가 풍부하여 다양한 지원을 받을 수 있다.

나. 단점

- 복잡한 계산이나 데이터 변환, 시각화 작업에서는 추가적인 기술적 지식이 필요하다.

> **출제포인트**
> 태블로와 파워BI는 가장 주요한 BI 소프트웨어이자, 실기 시험에서 활용되므로 두 시각화 도구의 특징을 묻는 문제도 출제될 수 있습니다.

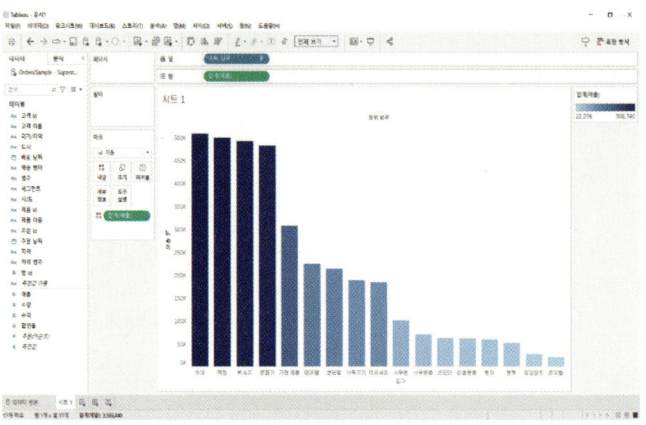

[태블로 화면]

2. 파워BI(Power BI)

- 파워BI는 마이크로소프트에서 개발한 비즈니스 인텔리전스(Business Intelligence) 도구로, 클라우드 기반의 서비스를 통해 별도의 서버나 인프라를 따로 구축할 필요가 없고 보안 및 업데이트를 마이크로소프트가 관리하여 안정적인 서비스 운영을 할 수 있다.
- 데스크톱 버전을 통해 다양한 플랫폼에서 활용이 가능하며, 사용자 친화적인 인터페이스를 통해 데이터를 가시화하고 쉽게 차트나 표를 만들 수 있다.
- 실시간으로 업데이트되는 대화형 대시보드를 통해 신속한 데이터 분석이 가능하며, 강력한 쿼리 기능을 활용하여 데이터의 세부 사항을 탐색하고 다양한 데이터 관리 작업을 수행할 수 있다.

가. 장점

- 마이크로소프트 제품군과의 높은 호환성(Excel, Azure 등)이다.
- 친숙한 UX/UI, 사용이 비교적 쉬워 비전문가도 빠르게 습득 가능하다.

나. 단점

- 고급 분석 기능에서는 데이터를 변환할 때 M 언어를 사용하고, 계산과 분석에 DAX 함수를 사용한다.

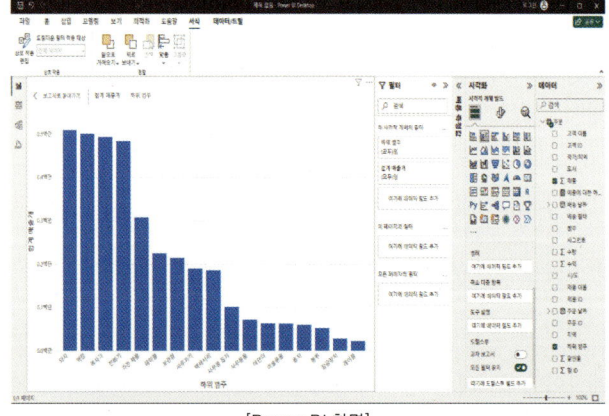

[Power BI 화면]

❹ 시각화도구에 활용되는 기본 함수

1. 시각화도구별 함수 특징

가. 태블로 계산식 함수

- 함수의 기능설명과 활용 방법이 포함된 사용자 친화적인 인터페이스를 통해 사용자에게 편리성을 제공한다.
- 함수를 활용하여 필드를 생성하지 않고, 신속하게 시각적으로 확인할 수 있다.

나. 파워BI DAX함수

- DAX함수는 Excel함수와 유사하여 사용자가 쉽게 접근하여 익숙하게 사용할 수 있다.
- 다양하고 세분화된 함수를 포함하여, 상황에 맞게 선택하고 정교한 계산식을 작성하는데 용이하다.

```
1  기업매출 = IF('주문'[세그먼트] = "기업",SUM('주문'[매출]))
```

2. 시각화도구별 함수 예시

※ 실기시험에서 출제되는 함수의 목록이 다를 수 있음

구 분	기 능	태블로	파워BI
숫자/ 집계/ 통계함수	절댓값 반환	ABS	ABS
	나누기	DIV	DIVDE
	반올림	ROUND	ROUND
	모든 값의 평균 반환	AVG	AVERAGE
	열에서 비어 있지 않은 행의 수 반환	COUNT	COUNT
	최댓값 반환	MAX	MAX
	최솟값 반환	MIN	MIN
	합계반환	SUM	SUM
	중앙값 반환	MEDIAN	MEDIAN
	샘플집단을 기준으로 모든 값의 통계적 표준편차 반환	STDEV	STDEV.S

> **출제포인트**
> 태블로와 파워BI에서 사용되는 기본 함수는 출제될 가능성이 매우 높으므로 반드시 기억해야 합니다.

	샘플집단을 기준으로 모든 값의 통계적 분산 반환	VAR	VAR.S
문자열 함수	주어진 문자열에 지정한 부분 문자열이 포함되었으면 TRUE 반환	CONTAINS	CONTAINS
	텍스트 문자열의 시작 부분부터 지정된 문자 수 반환	LEFT	LEFT
	지정한 위치에서 지정된 문자 수 반환	MID	MID
	텍스트 문자열의 문자 수 반환	LEN	LEN
	텍스트 문자열로 전환	SUBSTITUTE	REPLACE
	문자열 앞/뒤의 공백 제거	TRIM	TRIM
	소문자를 모두 대문자로 변환	UPPER	UPPER
논리 함수	소문자를 모두 소문자로 변환	LOWER	LOWER
	조건을 확인하여 TRUE면 첫번째 값, 그렇지 않으면 두번째 값 반환	IF	IF
	두 인수 중 하나 이상 TRUE인지 확인	OR	OR
	일련의 식을 테스트하여 TRUE인 경우 THEN 값을 반환	IF … THEN… (ELSE …) END	-
	논리 테스트를 수행하여 적합한 값 반환	CASE…WHEN… THEN… ELSE … END	-

모바일로 풀기

✅ **핵심 개념체크**

21. 비즈니스 인텔리전스(BI) 소프트웨어의 주요 기능이 아닌 것은 무엇인가?

① 데이터 수집　　　　② 데이터 저장
③ 데이터 분석　　　　④ 데이터 삭제

> 데이터 삭제는 데이터 관리나 데이터베이스 관리 시스템(DBMS)의 기능에 더 가깝습니다.

22. 시각화도구(BI 소프트웨어)의 특징으로 옳지 않은 것은?

① 데이터 시각화를 통해 데이터를 쉽게 이해할 수 있다.
② 다양한 데이터 소스에서 데이터를 추출할 수 있다.
③ 데이터 시각화는 데이터의 정확성을 보장한다.
④ 사용자가 데이터를 효율적으로 활용할 수 있도록 지원한다.

> 시각화도구는 데이터의 정확성을 보장하지 않습니다.

23. 시각화도구(BI 소프트웨어)의 장점 중 하나로 올바른 것은 무엇인가?

① 데이터의 구조와 통계적 요구사항을 자동으로 분석한다.
② 데이터의 합목적적 분석을 위해 다양한 시각화 방법을 제공한다.
③ 데이터의 통합과 분석을 위해 프로그래밍 기술이 필요하다.
④ 데이터의 시각적 표현만을 제공한다.

> 시각화도구(BI 소프트웨어)의 주요 장점 중 하나는 사용자가 데이터를 더 쉽게 이해하고 분석할 수 있도록 다양한 시각화 방법을 제공하는 것입니다.

2장 시각화 도구 활용

3절 데이터 시각화 도구의 주요 기능

난이도 중

❶ 대시보드 구현

1. 대시보드

- 특정 목적에 따라 체계화된 정보를 차트, 그래프, 표, 지도 등 다양한 시각적 요소를 활용하여 표현한다.
- 사용자는 여러 데이터 소스로부터 수집된 정보를 기반으로 목적과 요구에 따라 상호작용하여 필요한 정보를 세부적으로 탐색하거나 원하는 대로 필터링하여 맞춤형 서비스를 제공할 수 있다.
- 이를 통해 사용자는 정보를 더욱 심층적으로 이해하고 분석하여, 비즈니스 의사결정 및 업무 효율성에 도움을 주는 도구이다.

> **출제포인트**
> 시각화 도구의 주요기능 중 대시보드의 개념과 특징에 대한 문제는 출제 가능성이 높으므로, 이를 숙지하시기 바랍니다.

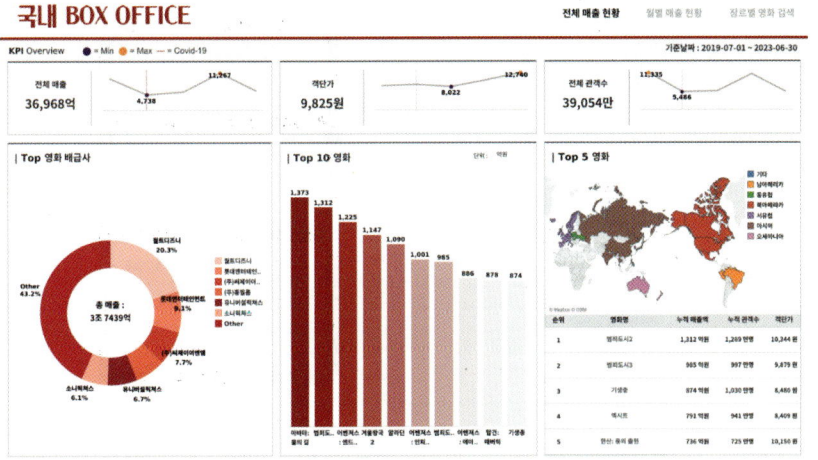

2. 대시보드의 종류

가. 탐색형 대시보드(Exploratory)

- 탐색형 대시보드는 일일 성과지표나 일상적인 경영지표를 확인하고 모니터링하는 대시보드 유형이다.
- 이 유형의 대시보드에서 디자인 요소인 색상, 폰트, 레이아웃 등의 사용을 최소화하여 전달될 지표나 메시지가 사용자의 생각이나 감정에 영향을 주지 않는 중립적인 형태가 되도록 해야 한다.

나. 설명형 대시보드(Explanatory)

- 설명형 대시보드는 명확하고 직관적으로 메시지를 전달하기 위해 개발된 도구이다.
- 이는 데이터 시각화의 공모전 출품작이나 정부 기관 및 여러 기관에서 명확한 메시지 전달을 위해 개발된다.

> **참고**
>
> - 대시보드의 예시 :
>   - 매일 아침 관리자나 임원들에게 메일로 공유되는 주요 경영 지표
>
>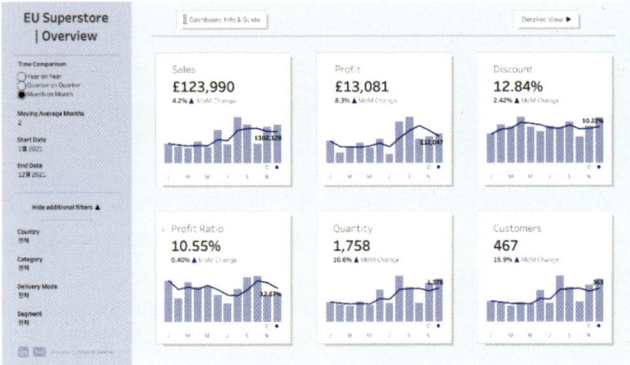
>
>   - 부서 전원이 업무 중 실시간으로 볼 수 있는 클레임 KPI
>
>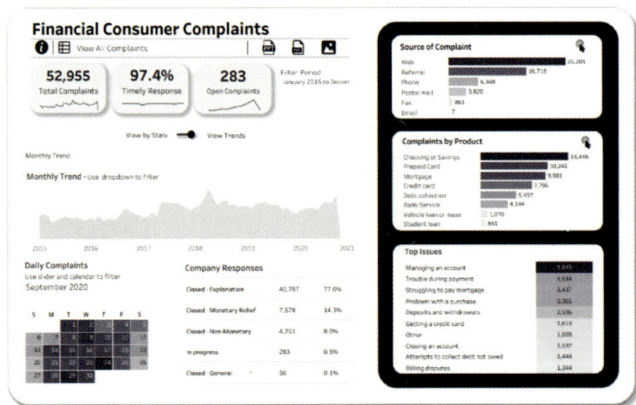
>
>   - 마케팅 정보 제공, 경쟁사 성과 비교 및 고객 요구사항 분석
>
>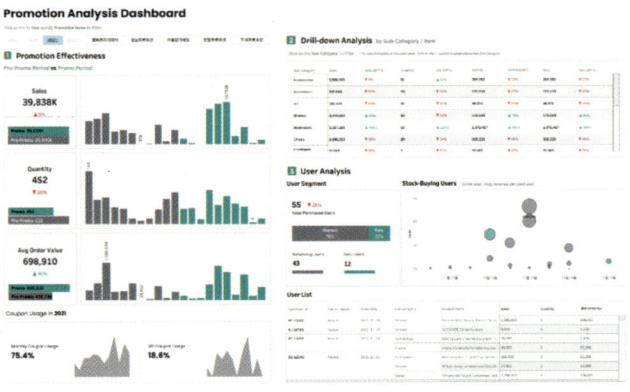

참고 - 영업 담당자가 고객에게 보여주는 전년 대비 성과

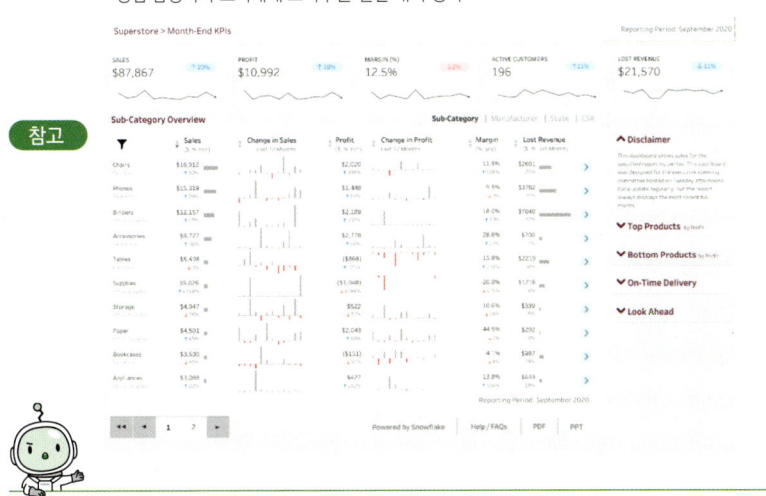

3. 좋은 대시보드의 특징

- 좋은 대시보드는 데이터 중심의 의사결정을 신속하게 지원하고, 사용자가 쉽게 통찰력을 얻을 수 있도록 설계되어야 한다.
- 사용자가 알고 싶어하는 정보, 사용하고자 하는 목적에 대한 요구분석을 기반으로 설계되어야 한다.
- 전체 상황을 파악하고, 사용자가 이해하기 쉬운 보고서 및 시각화 기능을 활용하여 보고 내용을 공유하고, 효과적으로 상호작용이 이루어지도록 해야 한다.
- 최신 정보 기반의 효과적인 의사결정을 위해서는 대시보드가 실시간 데이터를 지속해서 갱신되도록 구성되어야 한다.
- 다양한 기기에서도 원활한 사용이 가능하게 하여 사용자는 언제 어디서나 필요한 정보에 접근할 수 있어야 한다.
- 민감한 데이터를 안전하게 다루기 위해 철저한 권한 관리 및 강력한 보안관리가 필수적이어야 한다.

❷ 기본 기능

출제포인트: BI의 기본 기능들의 종류와 내용을 구분하는 형태로 문제가 출제될 수 있습니다. 해당 내용은 반드시 숙지해야 합니다.

구 분	내 용
그래프 및 차트	• 막대 그래프, 라인 그래프, 원 그래프, 히트맵, 파이차트 등 다양한 차트 제공 • 레이블 색상, 축 라벨, 범례, 도구설명 등 사용자의 취향과 목적에 맞게 조정 가능
대시보드	• 다양한 시각화 요소를 조합해 대시보드 생성 및 공유 가능 • 협업을 통해 효율적인 정보 공유로 비즈니스 성과를 극대화하고 신속한 의사결정 지원

데이터 필터링	• 사용자가 원하는 데이터를 선택적으로 표시/ 숨김 처리 • 다양한 필터 옵션을 제공해 데이터를 세분화하고 관심있는 부분에 집중할 수 있음 • 사용자가 필터를 추가하거나 수정해 데이터를 동적으로 변경할 수 있음
상호작용 및 탐색	• 시각화 요소와 상호작용할 수 있는 기능 제공 • 마우스 커서 움직임, 클릭, 드래그 등의 동작을 통해 데이터를 탐색하고 상세 정보를 확인할 수 있음
데이터 연결 및 통합	• 사용자들이 실시간 공동 작업이 가능한 플랫폼을 제공함으로써 여러 사용자가 대시보드를 공동으로 개발하고, 수정할 수 있음 • 협업 기능을 적극 활용해 업무 프로세스를 향상하고 팀원 간 신속한 소통과 협업이 가능하여 업무 효율성을 증가시킴
알림과 경고	• 정의된 조건에 따라 알림과 경고를 전달하여 특정 상황을 인지하고 대응할 수 있음 • 다양한 통지 방법을 제공하여 사용자의 환경에 맞게 알림 전달
데이터 분석	• 시간에 따른 패턴이나 경향을 파악하는 추세분석, 과거 기반으로 미래의 추세나 패턴을 예측할 수 있는 기능 제공 • 평균, 중앙값, 최빈값, 표준편차 등과 같은 통계 지표를 통해 데이터 흐름 파악

❸ 상호 작용

1. 사용자와의 상호작용

가. 대화형 기능 추가

- 사용자들은 대시보드에서 필터를 설정하고 변수를 활용하여 결과를 동적으로 변경할 수 있다.
- 상호작용 기능을 통해 시각화 요소를 클릭하거나 다른 시트나 대시보드로 이동하거나 외부 URL로 이동하는 동작을 수행할 수 있으며, 이러한 기능을 활용하여 사용자는 대시보드를 더욱 적극적으로 활용하며, 데이터에 대한 이해도를 높일 수 있다.

나. 개인화된 대시보드

- 사용자의 역할, 선호도, 관심사에 맞게 데이터를 필터링하고 필요한 정보와 지표를 선택하여 개인화된 대시보드를 제공함으로써 사용자의 편의성과 생산성을 향상하고, 데이터를 효과적으로 분석하고 의사결정을 내릴 수 있다.

다. 추적과 개선

- 대시보드가 사용자에 의해 지속해서 활용되고 있는지 추적하여 대시보드의 효과성을 평가할 수 있다.
- 활용량이 낮은 경우 사용자의 요구사항을 파악하여 대시보드를 개선함으로써 사용자의 만족도와 활용성을 향상할 수 있다.

라. 사용자 지정 알림 서비스

- 사용자는 설정한 조건에 따라 특정 상황이 발생하면 사용자에게 알림을 전송할 수 있으며, 이를 통해 대시보드 밖에서도 데이터의 상태 및 상황을 파악할 수 있고 그에 대한 조치를 할 수 있다.
- 이러한 알림 서비스를 통해 비즈니스에 영향을 미치는 중요한 사건에 빠르게 대응할 수 있으며, 사용자와의 상호작용을 촉진하고 데이터 기반의 의사결정을 내리는 데 도움을 준다.

2. 시각화 요소의 상호 작용

> **출제포인트**
> 시각화 요소별 상호 작용을 비교하는 형태로 문제가 출제될 수 있습니다. 각 요소별 내용을 잘 숙지해야 합니다.

요소	내용
클릭 (Click)	· 그래프나 차트의 요소를 클릭해 데이터의 세부 정보를 확인할 수 있음 · 데이터에 직접 접근해 더 자세한 정보를 확인하고 필요한 경우 관련 차트로 이동할 수 있음
드래그 (Drag)	· 그래프나 차트의 범위를 드래그해 특정 시간대나 범위를 강조할 수 있음 · 데이터의 특정 부분에 대해 더 깊이 탐색하고 관련 정보를 시각화할 수 있음
마우스 오버 (Mouse Over)	· 마우스를 그래프나 차트의 요소 위에 올리면 해당 요소에 대한 추가 정보가 표시됨 · 마우스를 움직이면서 데이터에 대한 간단한 정보를 즉시 확인할 수 있음
선택 (Select)	· 그래프나 차트에서 특정 데이터 포인트를 선택하여 세부 정보를 확인하거나 필터링할 수 있음 · 사용자가 원하는 데이터를 선택하여 관련 정보를 자세히 분석하고 필요한 데이터를 추출할 수 있음 · 그래프나 차트의 범위를 드래그해 특정 시간대나 범위를 강조할 수 있음
드롭다운 메뉴 (Drop/Down)	· 드롭다운 메뉴를 통해 데이터의 다른 측면을 선택하거나 필터링할 수 있음 · 데이터를 다양한 관점에서 살펴볼 수 있으며 필요에 따라 데이터를 재구성할 수 있음
슬라이더 (Slider)	· 범위를 선택하기 위해 슬라이더를 사용하여 데이터를 필터링하거나 조정할 수 있음 · 사용자는 데이터를 원하는 조건에 맞게 필터링하고 관련 정보를 추출할 수 있음
확대/축소 (Zoom in/out)	· 그래프나 차트를 확대 또는 축소하여 세부 정보를 더 자세히 살펴볼 수 있음 · 데이터의 특정 부분에 집중하여 관련 정보를 자세히 분석하고 시각화할 수 있음

✅ 핵심 개념체크

상 중 **하**

24. 다음 중 시각화 도구(BI 소프트웨어)의 주요 기능에 해당하지 않는 것은 무엇인가?

① 데이터를 시각적으로 표시하여 상황을 모니터링하고 이해하는 데 도움을 준다.
② 여러 시각화 요소를 배치하여 데이터를 쉽게 탐색할 수 있는 디자인을 제공한다.
③ 데이터를 이해하는 데 필요한 적절하고 창의적인 아이디어를 제시한다.
④ 데이터를 수집하고 저장하는 기능을 제공한다.

데이터를 수집하고 저장하는 기능은 시각화 도구의 주요 기능에 해당하지 않는다.

상 **중** 하

25. 시각화 도구(BI 소프트웨어)의 주요 기능 중 '대시보드 구현'에 대한 설명으로 옳지 않은 것은?

① 데이터를 시각적으로 표시하여 상황을 모니터링하고 이해하는 데 도움을 준다.
② 여러 시각화 요소를 배치하여 데이터를 쉽게 탐색할 수 있는 디자인을 제공한다.
③ 데이터를 분석하고 예측하는 기능을 제공한다.
④ 최종 사용자 모두에게 유용한 도움을 줄 수 있어야 한다.

데이터를 분석하고 예측하는 기능은 대시보드의 기본 기능이라기보다는 BI 소프트웨어의 다른 분석 도구들이 제공하는 기능입니다.

PART 03
경영정보시각화 디자인

3장

시각화 요소 디자인

15 DAY

○ 학습 목표

- 시각화종류에 따른 목적과 그에 해당하는 차트 디자인을 이해할 수 있다.
- 관계 시각화를 이해한다.
- 테이블 디자인의 개념을 이해한다.

○ 눈높이 체크

✔ **차트 디자인 중 히트맵을 해석하고 작성할 수 있으신가요?**

> 히트맵은 데이터를 시각적으로 표현할 때 색상을 사용하여 값의 크기나 빈도를 나타내는 차트 디자인입니다. 일반적으로 색상은 데이터 값에 따라 변화하며, 짙은 색은 높은 값이나 빈도를 나타내고, 연한 색은 낮은 값이나 빈도를 나타냅니다.
>
> 히트맵은 복잡한 데이터 세트를 빠르게 파악하는 데 효과적이고, 데이터 간의 패턴이나 트렌드를 시각적으로 쉽게 보여줍니다. 예를 들어, 웹사이트 분석에서 페이지 방문 빈도를 나타내는 히트맵을 사용하면, 어떤 페이지가 가장 많이 방문되었는지 쉽게 알 수 있습니다.

✔ **관계시각화의 중요성을 아시나요?**

> 관계 시각화는 데이터 간의 상호작용이나 연관성을 시각적으로 표현하는 방식으로, 복잡한 데이터 간의 관계를 이해하는 데 중요한 역할을 합니다.
>
> 단순한 수치나 분포를 보여주는 시각화와 달리, 관계 시각화는 여러 변수 간의 상관관계나 인과관계를 시각적으로 표현하여 더 깊이 데이터를 통찰할 수 있습니다.
>
> 특히 산점도나 네트워크 그래프를 사용하면 두 변수 사이의 상관관계를 직관적으로 확인할 수 있을 뿐만 아니라 숨겨진 패턴이나 비정상적인 데이터 포인트를 발견하는 데도 유용합니다.

✔ **테이블 디자인과 차트 디자인의 활용은 어떻게 다를까요?**

> 테이블 디자인은 데이터를 행과 열로 구조화 하여 개별 값의 정확한 비교나 세부적인 분석에 적합합니다. 테이블을 사용하면 모든 데이터 포인트를 직접 확인할 수 있어 데이터의 패턴, 관계 및 추세를 쉽게 파악할 수 있습니다.
>
> 반면, 차트 디자인은 데이터를 시각적으로 요약해 한눈에 트렌드나 비율, 상관관계를 파악하는 데 용이합니다. 차트는 중요한 정보나 변화, 비교를 직관적으로 전달하는 데 효과적이며, 데이터의 전체적인 흐름을 빠르게 이해할 수 있게 해줍니다.

1절 테이블 디자인

3장 시각화 요소 디자인

난이도 **하**

> **출제포인트**
> 테이블과 캘린더 차트의 개념과 특징 또한 출제가능성이 높으니 숙지합시다.

❶ 테이블 디자인

1. 테이블(Table)

- 테이블 차트는 행과 열로 구성된 격자 형태의 표로써 데이터를 구조화하고 정렬하여 보여준다.
- 각 셀에는 숫자, 텍스트 또는 다른 유형의 데이터가 포함될 수 있으며, 이를 통해 데이터의 패턴, 관계 및 추세를 쉽게 파악할 수 있다.

연도	월	매출	수익
2024	1	54,954	67,162
2024	2	51,056	-1,440
2024	3	49,848	28,516
2024	4	65,751	48,504
2024	5	18,870	24,519
2024	6	63,742	2,694
2024	7	36,644	-4,000
2024	8	61,629	66,576
2024	9	47,567	65,328
2024	10	57,617	18,864
2024	11	40,276	22,577
2024	12	7,905	6,728
총합계		**555,859**	**346,028**

(열, 머리글, 행, 셀)

구분	내용
행	• 테이블 차트에서 가로로 나타나는 부분을 행이라고 한다. • 각 행은 해당 테이블의 레코드 또는 항목을 나타낸다. • 예를 들어, 고객 정보를 담은 테이블이 있다면, 각 행은 각각의 고객에 대한 정보를 담고 있다. • 행은 일련의 데이터를 포함하며, 각 열에 해당하는 속성이나 특징을 가지고 있다.
열	• 테이블 차트에서 세로로 나타나는 부분을 열이라고 한다. • 각 열은 해당 테이블의 속성이나 특징을 나타낸다. • 예를 들어, 고객 정보를 담은 테이블에서 "이름", "나이", "성별" 등의 열은 각각 고객의 이름, 나이, 성별에 대한 정보를 담고 있다. • 열은 특정 유형의 데이터를 포함하며, 해당 데이터의 특성을 설명한다.
레이아웃	• 테이블 차트의 디자인은 시각적 효과를 통해 데이터를 강조하거나 비교할 수 있는 기능을 제공할 수 있다. • 예를 들어, 표의 제목 행이나 열 헤더에 색상이나 굵은 글씨체를 사용하여 주목성을 높일 수 있다. • 또한, 데이터값의 크기에 따라 배경색이나 글꼴 색상을 변경하여 차이점을 시각적으로 표현할 수도 있다.

2. 캘린더차트(Calendar Chart)

- 캘린더 차트는 시간과 날짜에 기반하여 데이터를 시각적으로 표현하는 차트다.
- 캘린더 차트는 달력과 유사한 형태로 구성되어 있으며, 각 날짜에 해당하는 셀에 데이터를 표시한다.
- 이를 통해 시간에 따른 패턴, 트렌드, 이벤트 등을 쉽게 파악할 수 있다.

> **출제포인트**
> 캘린더차트의 세 가지 요소를 묻는 문제가 출제될 수 있습니다.

> **개념 +**
> 캘린더 차트 사용 가능 도구
> 캘린더 차트를 사용할 수 있는 도구는 Salesforce, 태블로, 먼데이닷컴이 있다.

> **비기의 학습팁**
> 캘린더차트는 '차트'이지만 '테이블' 디자인에 속합니다.

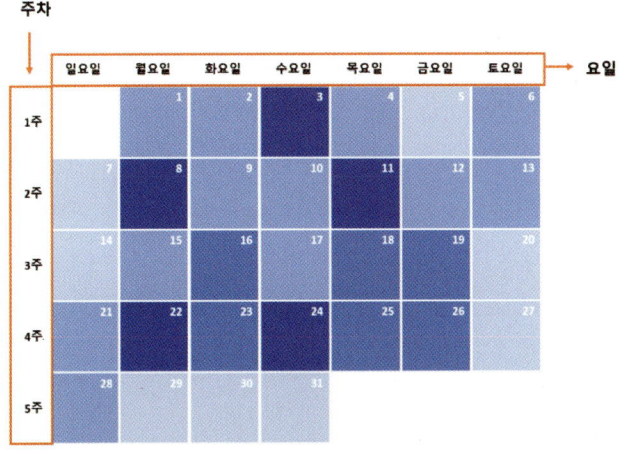

구분	내용
날짜 기반 표현	• 각 날짜에 해당하는 셀에 데이터를 배치하여 특정 기간의 변화를 시각적으로 보여줌 • 캘린더 차트는 일, 주, 월, 연도 등 다양한 시간 단위로 데이터를 표현할 수 있으며, 이를 통해 시간의 흐름에 따른 데이터의 변화를 확인할 수 있음
색상과 표시 방법	• 캘린더 차트는 셀의 색상, 그라데이션, 아이콘, 텍스트 등을 활용하여 데이터를 시각적으로 표현함 • 예를 들어, 특정 날짜의 데이터가 높을수록 색상이 진하게 표시되거나, 아이콘을 이용하여 특정 이벤트를 나타낼 수 있음
이벤트 및 스케줄 관리	• 캘린더 차트는 이벤트, 예약, 일정 등과 관련된 데이터를 효과적으로 관리할 수 있음 • 특정 날짜에 일어나는 이벤트를 표시하거나, 예약할 수 있는 시간대를 표현하는 등의 용도로 활용됨

✓ 핵심 개념체크

26. 캘린더차트는 어떤 요소를 통해 데이터를 시각적으로 제공할 수 있는가?
① 차트의 크기와 모양　　② 차트의 색상과 레이블
③ 차트의 제목과 축　　　④ 차트의 배경과 테두리

캘린더차트는 칸의 색상과 레이블을 통해 데이터에 대한 정보를 시각적으로 제공할 수 있다.

정답 26. ②

2절 차트 디자인

3장 시각화 요소 디자인

난이도 중

출제포인트

목적에 걸맞은 차트 디자인이 무엇인지를 묻는 문제나 제시된 차트 중에서 목적이 다른 차트 디자인을 묻는 문제로 출제될 수 있습니다. 따라서 목적에 따른 차트의 종류를 정확히 구분할 수 있어야 합니다.

❶ 차트 디자인의 개요

- 차트 디자인 요소에는 차트 유형, 색상, 레이아웃 및 배치, 텍스트 사용, 인터랙션 기능이 있으며, 이 요소들을 통해 데이터를 명확하고 효과적으로 전달할 수 있다.
- 데이터의 유형과 특성을 고려하여 디자인을 해야 데이터를 이해하고 활용하는 데 도움을 줄 수 있으며 이를 통해 의사결정에 기여할 수 있다.
- 시각화 도구(BI 소프트웨어)는 만들 수 있는 차트의 종류가 셀 수 없이 많다. 그러나 실제로 비즈니스에서 사용하는 차트의 용도나 목적은 한정되어 있고, 그 목적에 따라 적합한 차트가 결정된다.
- 데이터 유형에 따라 수량 시각화, 비율 시각화, 분포 시각화, 관계 시각화, 공간 시각화, 시간 시각화, 불확실성 시각화로 나누어지며, 이 기준은 네이선 야우(Nathan Yau)의 「비주얼라이즈 디스(Visualize This)」에서 인용한 것이다.
- 어떤 차트들은 다수의 특징을 가지고 있어 여러 시각화 방법에 속할 수 있으며, 이 분류 방법이 유일한 기준이 아니라는 것을 유념해야 한다. 시각화 방법으로 차트나 그래프를 선택할 때, 차트의 용도와 특성을 먼저 이해하고 목적에 적합한 것을 선택해야 한다.

구 분	목 적	차트 디자인
수량 시각화	데이터의 양, 수치를 시각화	막대차트, 묶은 막대차트, 누적 막대차트, 히트맵 차트, 폭포수 차트, 점, 레이더 차트, 롤리팝 차트 등
비율 시각화	데이터의 상대적인 비율을 시각화	파이 차트, 막대차트, 묶은 막대차트, 모자이크 차트, 트리맵, 도넛 차트, 와플 차트, 폭포수 차트 등
분포 시각화	데이터 분포를 시각화하여 데이터의 패턴과 특성을 파악	히스토그램, 밀도분포, 도트 플롯, 박스 플롯, 누적 밀도, QQ 도표, 바이올린 차트, 스트립 차트, 시나 플롯, 누적 히스토그램, 중첩 밀도분포 등
관계 시각화	두 개 이상 변수 간의 관계를 시각화해 상호작용과 패턴을 이해	분산형 차트, 버블차트, 경사 차트, 밀도 등고선, 2차원 상자, 상관도표, 연결 산점도 등
공간 시각화	지리적 정보를 맵으로 표현하여 시각화	지도, 단계구분도, 카토그램, 카토그램 히트맵 등

시간 시각화	시간적 변화와 추이를 나타낸 시각화	라인 차트, 막대차트, 경사 차트, 영역차트 등
불확실성 시각화	데이터의 불확실성과 오차를 포함해 시각화하여 데이터 신뢰도를 이해	오차막대, 단계별 오차막대, 신뢰 도스 트랩, 신뢰 대역, 분위수 점도표 등
기타 시각화	흐름을 표현하여 시각화 순위를 나타내어 시각화	생키 차트, 랭크 차트, 폭포 차트, 간트 차트, 결합형 차트, 덴드로그램, 그리드, 캘린더 차트, 스트립 차트 등

〈목적에 따른 차트 디자인〉

❷ 수량 시각화

- 수량 시각화는 데이터의 양을 시각적으로 표현하며 수치상으로 정보를 이해하기 쉽게 만드는 방법이다.
- 이를 통해 데이터의 수량적 특성을 효과적으로 표현할 수 있고, 항목별 상대적인 크기를 직관적으로 비교할 수 있다.
- 둘 이상의 범주로 막대차트를 수식할 때는 그룹으로 묶인 범주끼리 비교하거나, 각 그룹 내에서만 범주를 비교할 수 있다.
- 또한 각 범주의 값을 쌓아 올려서 전체를 표현하여 전체와 각 범주의 부분을 한 번에 비교할 수 있다.
- 사용 예시 : 자치구별 거주 인구, 영화 관객 수, 국가별 연간 수출액

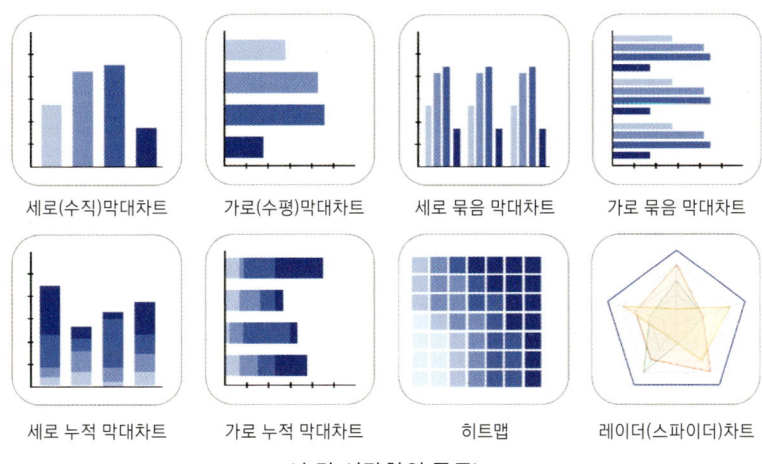

〈수량 시각화의 종류〉

1. 세로막대차트

가. 차트의 특징

> **비기의 학습팁**
> 세로막대차트는 단순 크기 비교 외에도 추세를 파악하는 데도 사용됩니다.

- 세로 막대차트의 각각의 세로막대는 범주형 데이터를 나타내며, 막대의 높이는 해당 범주의 값을 의미한다.
- 이러한 특성을 통해 각 범주 별 값의 상대적 크기를 시각적으로 파악할 수 있어서 범주 간 비교나 추세 파악에 효과적이다.
- 양을 비교할 때 주로 사용하며, 일반적으로 계산된 비율이나 퍼센트보다는 숫자 그대로 사용해 표현한다.
- 막대차트에는 세로 막대차트와 가로 막대차트가 있으며, 세로 막대차트는 수치를 표현하는 동시에 추이도 확인할 수 있다.
- 세로 막대차트는 레이블이 가로로 나타나기 때문에 공간을 많이 차지하는 단점이 있어서, 이럴 경우, 가로 막대차트를 사용하면 편리하게 사용할 수 있다.
- 특정한 순서가 없을 때는 막대 순서를 오름차순 또는 내림차순으로 정렬한다.

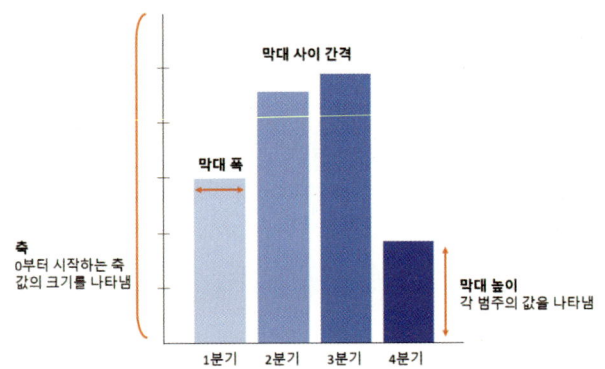

나. 차트 작성시 주의사항

> **비기의 학습팁**
> 세로막대차트는 공간을 많이 차지한다는 단점이 있어, 가로막대차트를 사용하기도 합니다.

- 위 막대차트에서 Y축은 값의 크기를 의미하며, Y축은 0부터 시작해야 정확한 정보를 전달할 수 있다.
- 막대의 길이로 상대적인 비교를 하므로 세로축에 생략 물결선을 사용하지 않는 것이 좋다.
- 세로 막대차트는 복잡한 데이터세트에 대한 정보 전달력이 제한될 수 있으며, 막대가 많을 때 시각적 혼란을 초래할 수 있다.
- 또한 상대적 크기를 시각적으로 비교하는 데 효과적이지만, 정확한 수치를 비교하기에는 적합하지 않을 수 있으며, 이 경우 차트 상단에 수치를 표시하여 보완할 수 있다.

다. 세로막대차트의 장점

- 트렌드를 파악할 때 유용하다.
- 순위를 비교할 때 유용하다.

라. 세로막대차트의 예

- 매출하락 원인 분석을 함에 있어 사원별 판매실적을 비교할 수 있다.
- 국회의원 선거 결과 정당별 의석수를 막대그래프로 작성하면 정당별 상대적의 의석수를 시각적으로 비교하는데 유용하다.

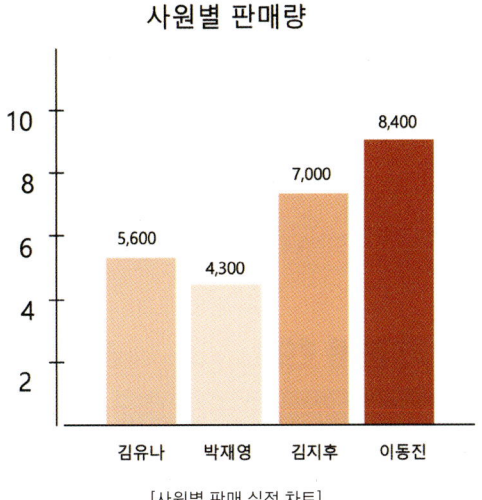

[사원별 판매 실적 차트]

2. 가로막대차트

가. 차트의 특징

- 세로 막대차트와 마찬가지로 2개 이상의 값을 비교할 때 효과적이며, 수평으로 나타낸 차트이다.
- 음수가 포함된 값을 나타낼 때, 카테고리별 레이블이 긴 경우, 가로 막대차트가 적합하다.
- 특정한 순서가 없을 때는 막대 순서를 오름차순 또는 내림차순으로 정렬한다.

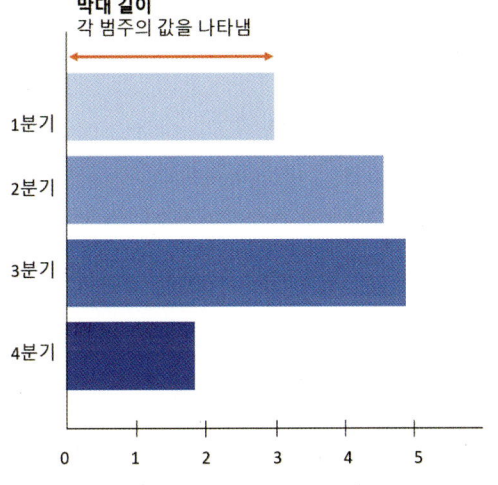

나. 차트 작성시 주의사항

- 데이터값을 표시할 경우, 막대의 끝 혹은 바깥쪽 인근에 기재하는 것이 좋다.
- X축을 0부터 시작해야 정확하게 값을 표현할 수 있으며, 음수가 있을 경우 기준선의 중심으로 왼쪽에 음수, 오른쪽에 양수를 표현한다.

다. 가로막대차트의 장점

- 가로 막대 차트는 목표치에 대한 달성도를 확인할 때 유용하다.
- 항목이 많다면 가로막대차트가 더 용이하다.

라. 가로막대차트의 예

- 영업팀 판매목표를 정하고 사원별 판매실적이 얼마나 도달했는지를 알고 싶을 때 유용하다.

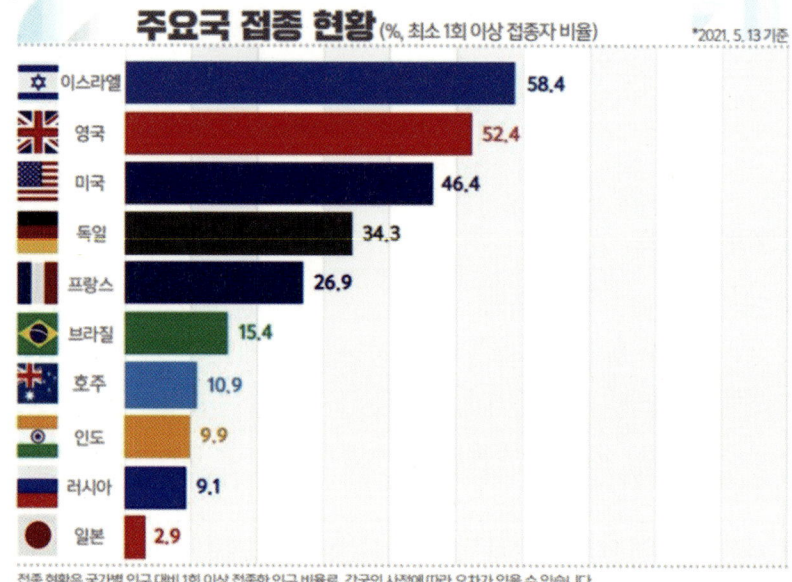

[가로막대차트 예시　출처 : WHO 각국보건당국]

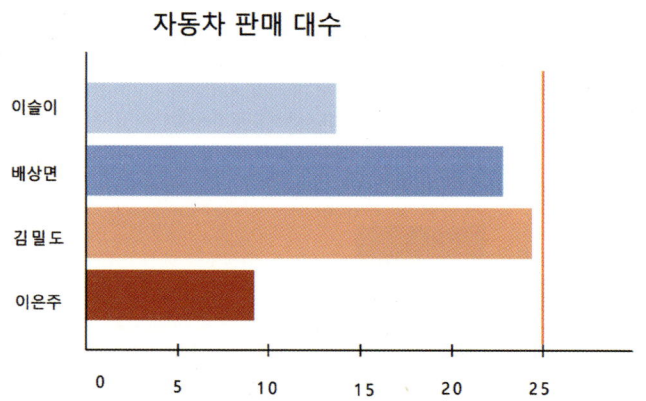

3. 묶은 막대차트

가. 차트의 특징

- 묶은 막대차트는 범주형 데이터 두 가지를 동시에 다룰 때 사용된다.
- 막대를 그룹으로 묶어 X축을 따라 그리고 이 묶음 안에 막대마다 나머지 다른 하나의 범주에 따른 데이터 값을 표시한다.
- 여러 항목의 값을 한눈에 비교할 수 있으며, 각 항목의 상대적 크기나 패턴을 파악하기 용이하다.

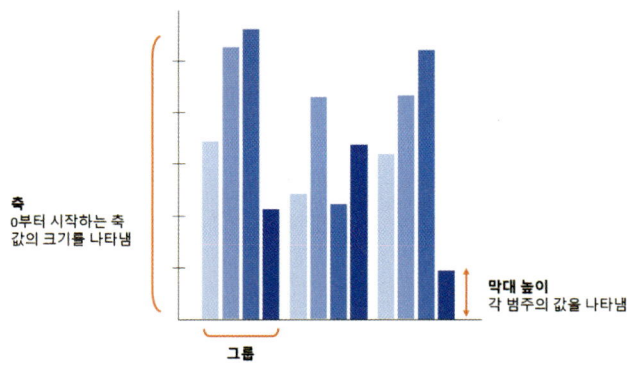

나. 차트 작성시 주의사항

- 각 그룹을 명확하게 구분하기 위해 색상, 패턴 또는 레이블을 사용해야 한다.
- 각 그룹 내 막대의 너비는 동일해야 한다. 동일한 범위 내에서 값을 비교하는 것이 중요하기 때문에 일관된 너비를 유지해야 한다.
- 너무 많은 범주나 항목을 한 번에 표시하면 차트가 혼잡해지고 가독성이 떨어질 수 있으며, 필요한 경우 주요 범주나 항목에 중점을 두고 나머지는 생략하거나 요약하여 표시하는 것이 좋다.

다. 묶은 막대 차트의 장점

- 색상을 통해 항목을 구분하기 용이하다.

라. 묶은 막대 차트의 예

- 2016년 미국의 연령별 연간 중위가계소득을 연령대와 인종별로 구분하는 시각화이다. x축에 인종을 놓고 인종마다 막대를 7개씩 그려서 7개 연령대의 소득 값을 나타냈다.
- 인종의 학력과 소득의 관계그래프를 알아보는데 학사이상의 학력을 가진 사람을 남녀로 구분하여 묶고, 4종류의 인종의 소득 값을 4개의 막대로 나타냈다.

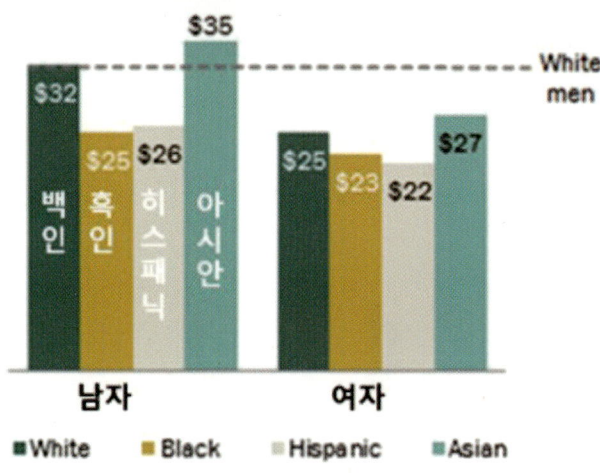

[자료출저 : 자유기업원과 미국 통계국]

4. 누적막대차트

가. 차트의 특징

- 다중 항목 간의 비교를 위해 사용되는 누적 막대차트는 여러 항목의 값을 동시에 다루기 때문에 각 항목의 상대적 크기를 비교하기 쉽다. 이는 범주형 데이터의 두 가지 측면을 표현하므로 데이터를 쉽게 이해할 수 있다.

- 각 항목의 개별 값과 전체적인 합계 값을 표현하는 특성으로 인해 데이터의 상대적인 크기와 전체적인 구성을 동시에 파악하는 데 적합하다.
특히 여러 항목의 합이 중요한 의미를 가지는 경우, 각 항목의 기여도와 전체적인 추이도 파악할 수 있어 유용하게 활용할 수 있다.

- 한 범주 간 세부 항목별로 색상, 질감을 다르게 구분하여 값의 크기를 표현할 수 있다.

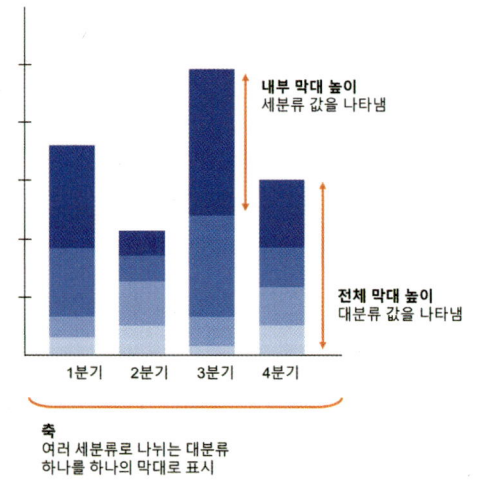

나. 차트 작성시 주의사항

- 일반적으로 누적막대차트는 세분류 값을 같은 순서로 정렬한다.
- 내부 막대에 데이터 값을 표시할 경우, 막대의 안쪽에 기입한다.

다. 누적막대차트의 예

- 농수산물 도매거래를 온라인으로 할 수 있는 온라인도매시장 거래액을 추정하는 차트이다. 청과, 양곡, 축산, 수산물을 판매된 거래액을 월별 누적막대차트로 시각화하였다.

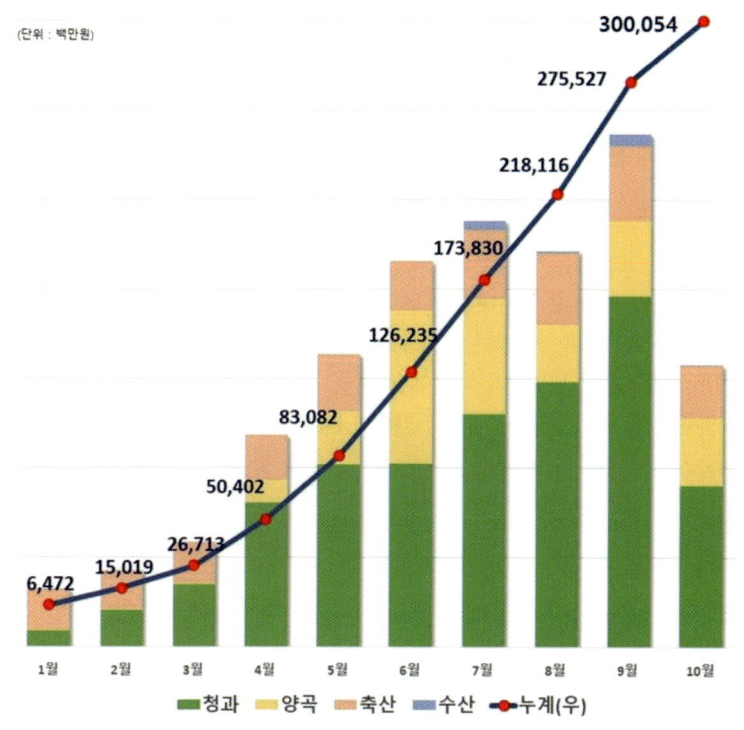

[2024년 농수산물 온라인도매시장 거래액   자료 출처 : 농림축산 식품부 한국경제신문사]

5. 히스토그램

가. 차트의 특징

- 연속형 데이터를 일정한 구간으로 나누어 표현하는 방식이다.
- 연속형 데이터의 분포를 구간별로 나누어 시각화하기 때문에 데이터의 분포 형태나 밀집도를 이해하는 데 유용하다.
- 히스트그램에서 빈도와 간격은 데이터 분석에 있어 매우 중요한 요소이다. 빈도는 각 구간에 포함된 데이터의 개수를 나타내며, 이는 데이터 분포의 주요 패턴을 이해하는 데 핵심적인 역할을 한다.

나. 히스토그램과 막대 그래프의 차이점

- 히스토그램과 막대 그래프는 데이터를 시각적으로 표현하는 데 모두 중요한 도구이지만, 그 용도와 활용 방식에는 큰 차이가 있다. 이 두 그래프의 차이를 이해하면, 데이터 분석에서 보다 정확한 결과를 도출할 수 있다.

1) 히스토그램:

- 히스토그램은 연속형 데이터의 빈도 분포를 시각화하는 데 사용된다. 예를 들어, 온도, 시간, 키, 체중과 같이 연속적으로 변화하는 데이터를 분석할 때 유용하다. 히스토그램에서는 데이터를 일정한 구간(구간 간격)으로 나누고, 각 구간에 포함된 데이터의 빈도를 막대의 높이로 나타낸다. 중요한 특징은 막대들이 서로 인접하거나 맞닿아 있다는 점으로, 이는 연속적인 데이터의 흐름을 강조하고, 데이터의 분포나 경향을 한눈에 파악할 수 있게 해준다. 히스토그램을 사용하면 데이터의 분포, 밀도, 중심 경향, 산포 등을 시각적으로 확인할 수 있다.

2) 막대 그래프:

- 반면, 막대 그래프는 범주형 데이터를 비교하는 데 사용된다. 예를 들어, 제품별 판매량, 국가별 GDP, 연령대별 인구 수 등과 같이 각 항목이 독립적인 범주로 나뉘어 있는 데이터를 시각화할 때 적합하다. 막대 그래프의 큰 특징은 각 범주가 독립적으로 구분되어 있기 때문에 막대들 사이에 간격이 존재한다. 이 간격은 각 범주 간의 독립성을 나타내며, 범주별 차이나 비율을 명확하게 비교할 수 있도록 돕는다. 범주형 데이터 간의 관계나 순위를 비교하는 데 유용하며, 각 범주가 차지하는 수치나 비율을 직관적으로 파악할 수 있다.

4) 차이점 요약:

- 히스토그램은 연속형 데이터를 다룰 때 사용되며, 데이터의 빈도를 구간별로 나타내기 위해 막대들이 인접한다.
- 막대 그래프는 범주형 데이터를 비교할 때 사용되며, 각 범주가 독립적이므로 막대들 사이에 간격이 존재한다.
- 이 두 그래프는 각각 다른 데이터 유형과 분석 목적에 최적화되어 있기 때문에, 데이터를 시각화할 때 어떤 그래프를 사용할지 선택하는 것이 중요하다. 데이터를 보다 효과적으로 이해하고 분석하기 위해서는 이 차이를 명확히 이해하고 활용하는 것이 필요하다.

6. 히트맵

가. 차트의 특징

- 색상을 사용해 데이터의 밀도 또는 값의 상대적 크기를 표현하며, 색상의 밝기 또는 진함으로 구분한다.
- 데이터를 2차원 그리드로 표현한다. 이는 행과 열에 대응하는 데이터 값의 상대적 크기를 시각적으로 비교할 수 있게 도와준다.

- 정확한 데이터 값을 표현하기 어렵지만 패턴의 특징을 볼 때 유용하다.
- 색상과 숫자 값의 매핑을 나타내기 위해 색상 눈금 범례가 포함되며, 범례를 참고해 히트맵 해석이 가능하다.

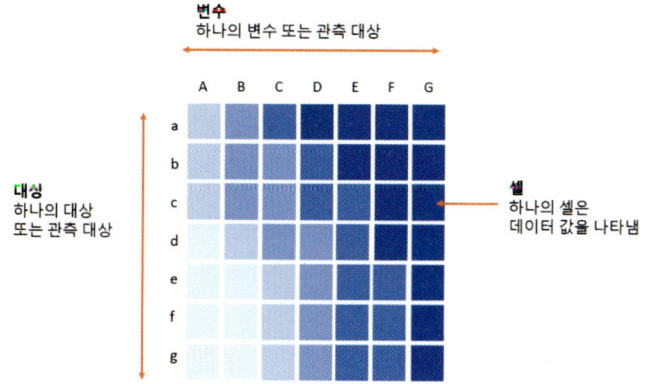

나. 차트 작성시 주의사항

- 데이터값의 의미를 명확하게 전달하고, 시각적으로 편안한 색상을 사용하는 것이 중요하다.
- 히트맵의 색상 척도는 범례를 통해 명확하게 해석되어야 한다.
- 히트맵에 너무 많은 데이터를 표시하면 시각적으로 혼란을 일으킬 수 있으며, 필요한 경우 데이터를 요약하거나 필터링하여 오버 로딩을 방지해야 한다.

다. 히트맵의 예

- HEI는 1990년부터 2015년까지 5년 단위로 수집된 세계 각국의 미세먼지와 오존 등 대기오염 실태와 이로 인한 사망자 증감 추이 등에 관한 데이터를 히트맵으로 시각화하였다.

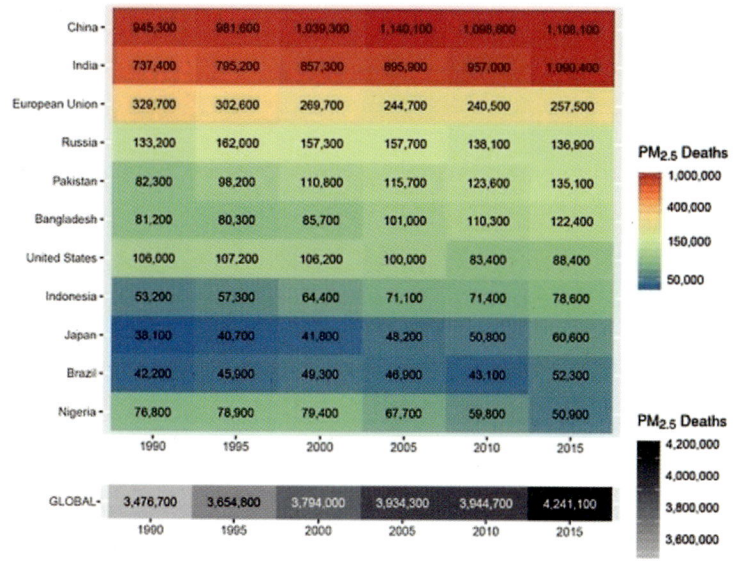

[자료 출처 : DB 사이트(www.stateofglobalair.org HEI의 '세계대기상태' 자료]

7. 레이더차트(Radar Chart, Spider Chart)

가. 차트의 특징

- 레이더 차트는 다중 변수의 상대적인 크기와 패턴을 시각적으로 나타내는 데 사용된다.
- 각 변수의 크기나 값의 상대적인 중요성을 시각적으로 비교할 수 있으며, 이는 각 항목의 중요도나 성능을 파악하는 데 도움을 준다.
- 패턴이나 추세를 감지할 수 있다. 특히 여러 변수 간의 관계나 균형을 시각적으로 파악할 수 있다.
- 원형 또는 다각형 형태로 그려지며, 중앙에서 여러 개의 축이 방사형으로 뻗어 나와 변수의 크기를 나타낸다.

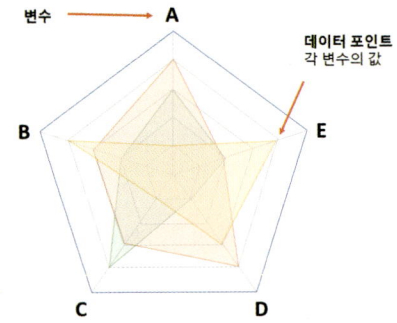

나. 차트 작성시 주의사항

- **모든 축이 동일한 스케일로 표시되어야 하며**, 각 변수의 중요성이나 범위가 다를 경우 축의 스케일을 조정하여 균형을 유지해야 한다.
- 너무 많은 변수를 레이더 차트에 포함하면 시각적 혼란을 줄 수 있다.
- **각 꼭짓점에 해당하는 변수나 항목을 명확하게** 나타내야 하며, 독자는 이를 통해 차트를 쉽게 해석할 수 있다.

다. 레이더차트의 예

- 표준직업분류(KSCO)에서 추출된 주요 직업행동 중에서 성격적 선호가 나타나는 요소를 추출하여 실행형, 창의형, 모험형, 탐구형, 규범형 및 관계형의 6가지의 성격유형이 도출되어 직업성격검사의 결과물을 시각화하였다.

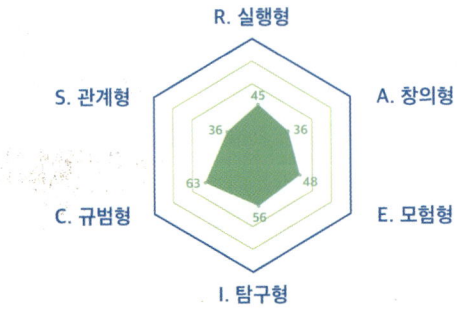

[자료출처 : 모티브앤]

핵심 개념체크

27. 수량 시각화의 개념에 대한 설명으로 옳지 않은 것은 무엇인가?

① 사람의 비교, 양의 많고 적음을 표현하는 일반적인 방법이다.
② 정확한 변수값을 숫자 값이 아닌 시각적으로 표현한다.
③ 막대 그래프는 수량 시각화의 대표적인 예시이다.
④ 수량 시각화는 주로 질적 데이터를 표현하는 데 사용된다.

질적 데이터는 주로 범주형 데이터로, 수량 시각화보다는 다른 형태의 시각화 방법이 더 적합합니다.

28. 다음 중 대표적인 수량 시각화 차트에 해당하지 않는 것은 무엇인가?

① 막대 차트
② 히스토그램
③ 레이더 차트
④ 산점도

산점도는 두 변수 간의 관계를 시각화하는 데 사용되며, 수량 시각화 차트로는 간주되지 않습니다.

정답 27. ④ 28. ④

❸ 비율 시각화

- 비율 시각화는 범주 간의 비율을 시각적으로 표현하는 것을 의미하고 이를 통해 데이터의 구성을 이해하고 관련된 패턴이나 트렌드를 파악하는 데 도움을 주며, 또한 시계열 데이터의 비율 변화를 보여주는 데 사용될 수 있다.

- 사용 예시: 부서별 성비, 쇼핑몰에서의 상품별 매출 비율, 도시 간 인구 비율

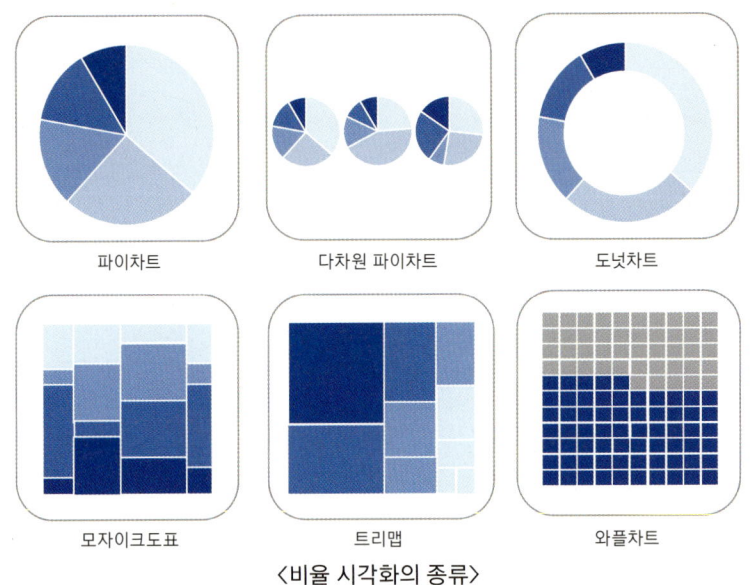

〈비율 시각화의 종류〉

1. 파이차트

가. 차트의 특징

- 원 전체 크기는 데이터 전체 총합에 해당하는 수량을 나타내며, 파이 조각의 크기는 특정 차원이 차지하는 비율을 나타낸다.

- 파이차트는 보통 단순한 분수(1/2, 1/3)를 강조할 때 효과적이며, 데이터 셋이 적을 때에도 유용하다.

- 파이차트는 데이터의 상대적인 크기를 직관적으로 이해할 수 있게 도와주고, 간단한 형태를 가지고 있어 데이터를 요약하고 대중에게 쉽게 전달할 수 있다.

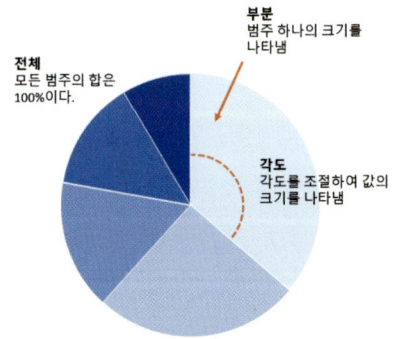

나. 차트 작성시 주의사항

- 파이 차트에 너무 많은 부분이 포함되면 시각적 혼란을 가져올 수 있으며, 일반적으로 5개 이상의 부분을 표시할 때는 다른 차트를 고려하는 것이 좋다.
- 상대적인 비율은 잘 보여주지만, 각 부분의 절대적인 크기는 파악하기 어렵다.
- 크기를 명확하게 비교하려면 조각을 큰 순서대로 나열해야 한다.
- 정확한 정보를 보여주고 싶다면 핵심 정보만 담아야 한다.
- 각 섹션에는 명확한 레이블을 제공해 어떤 항목이나 범주를 나타내는지 명확하게 해야 한다.

2. 도넛차트

가. 차트의 특징

- 전체 데이터를 여러 부분으로 나누어 상대적 비율을 시각적으로 나타낸다.
- 파이 차트와 다르게 중앙에 공백이 있다. 이는 추가 정보를 표현하는 데 활용할 수 있으며, 주요 특징이나 제목 등을 나타낼 수 있다.

> **비기의 학습팁**
>
> 파이차트와 도넛차트는 둘 다 데이터를 비율로 표현하는 원형의 파트이지만, 도넛차트는 원형 차트에 비해 중앙의 빈 공간을 활용하여 추가 정보를 제공하거나 가독성을 높이는 데 유리하다는 차이가 있습니다.

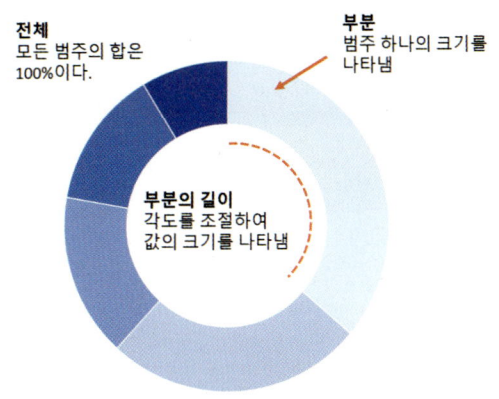

나. 차트 작성시 주의사항

- 도넛 차트에 너무 많은 부분을 표시하면 시각적 혼란을 초래할 수 있다.
- 상대적인 비율은 잘 보여주지만, 각 부분의 정확한 비교를 하기 어렵다.
- 각 섹션에는 명확한 레이블을 제공해 어떤 항목이나 범주를 나타내는지 명확하게 해야 한다.

비기의 학습팁
모자이크 도표는 주로 보통 두 개 이상의 변수를 사용하여 구분된 영역을 만들어 비율과 함께 두 변수의 관계도 동시에 파악할 수 있습니다.

3. 모자이크 도표

가. 차트의 특징

- 2개 이상의 범주형 변수 간의 관계를 동시에 시각화할 수 있으며, 이를 통해 다양한 요인들 간의 상호작용을 쉽게 파악할 수 있다.
- 각 범주형 변수의 수준은 사각형의 크기로 표시되며, 각 사각형의 면적은 해당 범주의 상대적인 빈도를 나타낸다.
- 사각형이 아닌, 각 셀은 범주별로 높이가 다르고 너비는 같은 모양을 가지며, 각 셀의 크기가 해당 조합의 빈도를 나타낸다.

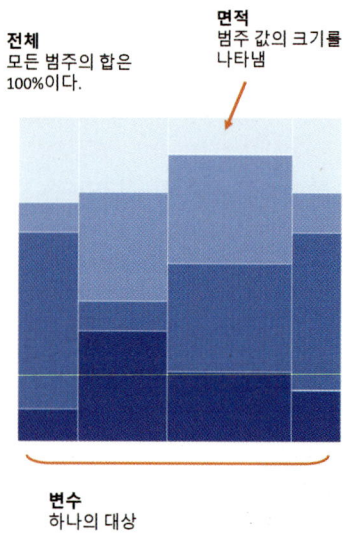

나. 차트 작성시 주의사항

- 변수들의 수준이 높을수록 해석이 어려워지기 때문에 범주 수준을 적절히 축소하거나 그룹화해야 한다.
- 모자이크 도표를 해석할 때는 각 범주형 변수 간 관계가 직관적으로 이해되어야 하며, 비대칭적 구조나 의미 없는 패턴이 나타나지 않게 주의해야 한다.
- 음수 값을 표현하기 어렵고, 이웃하지 않은 범주 값을 비교하기 어렵다.

비기의 학습팁
트리맵은 상위 카테고리와 하위 카테고리의 관계와 같이 계층적 데이터를 시각적으로 표현하는 데 중점을 둡니다.

4. 트리맵(Treemap Chart)

가. 차트의 특징

- 계층적인 구조를 가진 데이터를 효과적으로 시각화하는 데 유용하며, 상위 범주는 전체 사각형을 차지하고, 하위 범주는 상위 범주 내에서 사각형을 분할해 표시된다.
- 각각의 사각형에 다른 색상을 부여하여 다양한 데이터를 구분하고, 색상의 진하기로 추가 정보를 전달할 수 있다.

- 각 사각형의 면적은 해당 데이터 범주의 상대적 크기를 나타내며, 이를 통해 데이터 간 상대적 비율을 시각적으로 비교할 수 있다.

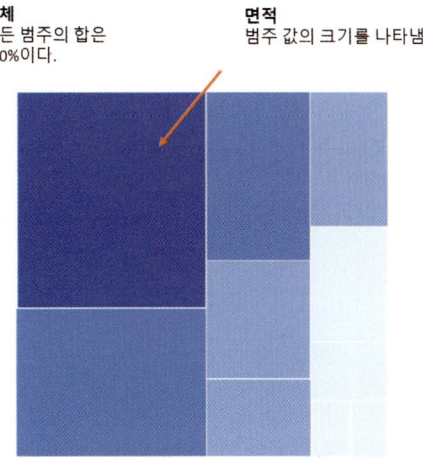

나. 차트 작성시 주의사항

- 사각형의 면적을 범주의 상대적 비율에 맞게 유지해야 하며, 너무 작은 사각형이나 큰 사각형은 다른 범주와의 비교를 어렵게 할 수 있다.
- 각 사각형에 적절한 레이블을 제공해 데이터를 명확하게 식별할 수 있게 해야 한다.
- 무리한 색상 사용은 시각적 혼란을 일으킬 수 있으므로 적절한 색상 팔레트를 사용해야 한다.
- 음수 값을 표현하기 어렵고, 이웃하지 않은 범주 값을 비교하기 어렵다.

다. 차트 적용 사례

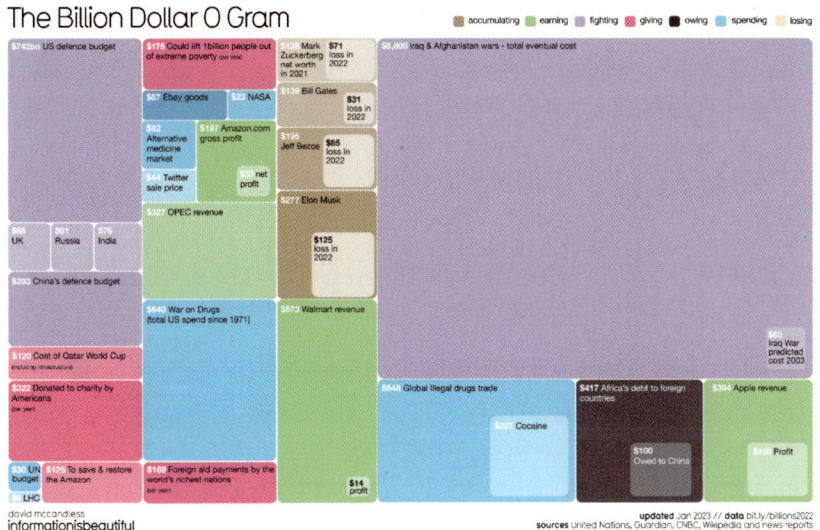

비기의 학습팁

와플 차트는 보통 10x10 정사각형 그리드를 사용하여 백분율을 표현하는 차트로 시장 점유율 등을 표현하는데 적합한 차트입니다.

5. 와플차트

가. 차트의 특징

- 와플 차트는 사각형이나 와플의 개수를 세어 비율을 이해하기 쉽게 한다. 일반적으로 하나의 사각형은 1% 나 5%를 나타낸다.

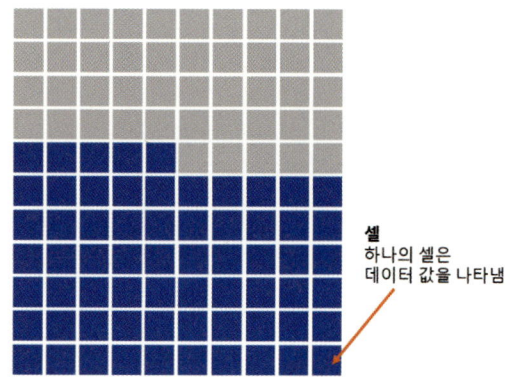

나. 차트 작성시 유의사항

- 각각의 사각형은 동일한 크기여야 하며, 간격도 일정해야 한다. 또한, 각 사각형이 나타내는 비율을 명확하게 라벨링 해야 하며, 특히 작은 비율의 경우, 라벨링이 없으면 해석이 어려울 수 있다.

- 비교적 간단한 데이터를 시각화하는 데 적합하고 정확한 값을 보기에 어려움이 있다.

모바일로 풀기

✓ 핵심 개념체크

29. 다음 중 비율 시각화에 해당하지 않는 차트는 무엇인가? 상 중 **하**

① 원형(파이)차트
② 누적막대차트
③ 스캐터플롯
④ 트리맵

스캐터플롯(산점도)은 두 변수 간의 관계를 점으로 표현하는 차트로, 비율 시각화와는 관련이 없습니다.

30. 모자이크 차트의 장점으로 옳은 것은 무엇인가? 상 **중** 하

① 비율을 시각적으로 이해하기 어려움
② 복잡한 데이터의 경우 시각적으로 이해하기 어려움
③ 여러 범주(자원)의 차이와 비율 변화를 표현하기에 적합함
④ 데이터 전체의 총합에 해당하는 수량을 표현

모자이크 차트는 여러 범주(자원) 간의 차이와 비율 변화를 시각적으로 표현하는 데 매우 유용합니다.

정답 29. ③ 30. ③

❹ 분포 시각화

- 분포 시각화는 데이터값이 어떻게 분포 되어있는지 시각적으로 나타내는 과정이며, 이를 통해 데이터의 형태나 분포를 파악하여 통계적 모델을 선택하거나 데이터 분석 방법을 결정하는 과정에서 중요한 역할을 한다.
- 데이터의 빈도와 밀도를 파악하여 분포를 이해하고, 중심 경향성과 퍼짐 정도를 확인하여 데이터의 패턴을 확인할 수 있다.
- 데이터의 분포를 이해하고 이상치를 감지하거나 데이터의 특성을 분석할 수 있다.
- 사용 예시: 자치구별 연령 분포도, 소득 분포도

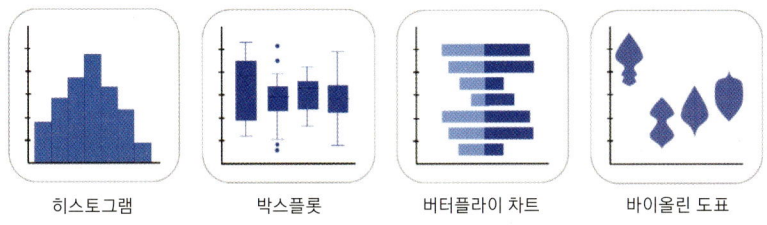

〈분포 시각화의 종류〉

1. 히스토그램

가. 차트의 특징

- 데이터의 분포를 시각적으로 보여준다. 각 막대는 데이터의 구간을 나타내며, 해당 구간에 속하는 데이터의 빈도를 나타낸다.
- 히스토그램은 데이터의 분포 패턴을 파악하는 데 도움을 준다. 대칭성, 왜도, 첨도 등을 시각적으로 확인할 수 있다.
- 연속형 데이터를 구간으로 나누어 범주화하여 표현함으로써 데이터를 더 잘 이해할 수 있다.

> **비기의 학습팁**
>
> 히스토그램과 막대그래프는 헷갈리기 쉬운 차트입니다. X축에 사용되는 데이터가 연속형이면 히스토그램, 범주형이면 막대그래프입니다.

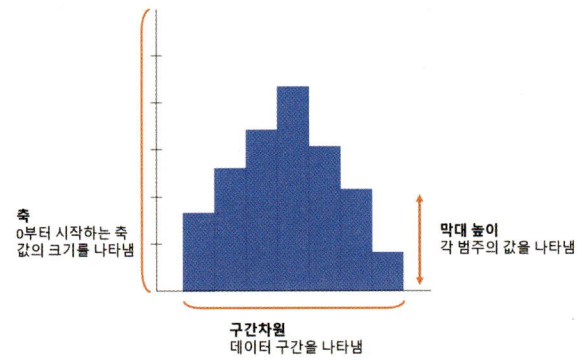

나. 차트 작성시 유의사항

- 구간을 설정해서 데이터를 나타내기 때문에, 구간의 폭을 정확하게 설정해야 정확한 결과물을 도출할 수 있다. 폭이 너무 좁으면 대략적인 경향을 보기 어렵고, 너무 넓으면 세세한 경향을 보기 어렵다.

2. 박스플롯

- 박스의 길이는 데이터의 1사분위수(Q1)와 3사분위수(Q3) 간의 범위를 나타내며, 이를 사분위수 범위(IQR)라 한다.
- 박스플롯은 데이터의 이상값을 명확히 식별할 수 있는 장점을 가지고 있지만, 개별 데이터 포인트를 확인하는 데는 한계가 있다.

가. 차트의 특징

- 박스 플롯은 데이터의 중심 경향성을 나타내는 데 사용되며, 중앙에 있는 상자는 데이터의 중앙값을 나타내며, 중심 경향성을 중시하는 통계량이다.
- 데이터의 분산과 이상치를 시각화하며, 이상치로 간주되는 데이터는 상자수염 밖에 있다.

> **비기의 학습팁**
> 상자그림에서 사용되는 통계량은 최댓값, 최솟값, 사분위수로 평균은 사용되지 않습니다.

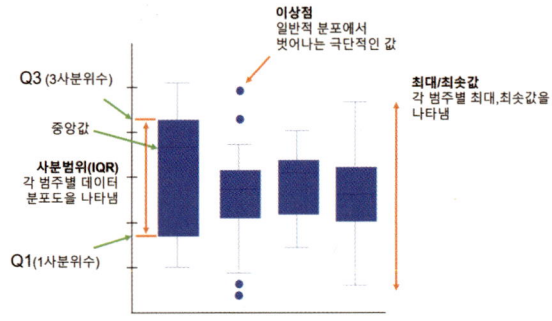

나. 차트 작성시 유의사항

- 이상치는 데이터의 특잇값이나 오류를 나타낼 수 있으므로, 이를 정확하게 파악하고 적절히 처리해야 한다.
- 작은 크기의 데이터셋에는 박스 플롯이 적합하지 않을 수 있다.

3. 버터플라이 차트

가. 차트의 특징

- 두 그룹 간의 데이터를 직접적으로 비교할 수 있고, 각 그룹의 막대가 차트의 중앙에서 뻗어 나가기 때문에 직관적으로 비교할 수 있다.
- 보통 인구 분포 및 제품 비교, 경쟁사 분석 등으로 활용되며 상대적인 경쟁 우위를 시각적으로 확인할 수 있다.

> **비기의 학습팁**
> 버터플라이 차트를 공부할 때 나비(버터플라이)의 날개 형태와 대칭적인 차트의 모습을 떠올려 봅시다.

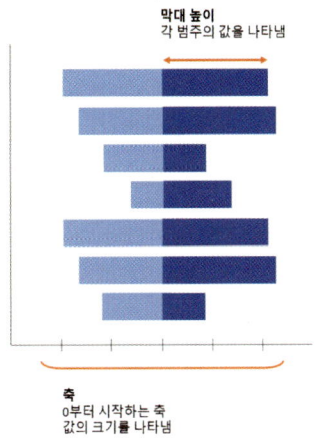

> **비기의 학습팁**
> 박스플롯이 분포의 정확한 모양을 알 수 없다는 단점이 있는데 반해 바이올린 도표는 박스플롯에 밀도를 추가한 형태로 분포의 모양까지 확인이 가능하다는 특징이 있습니다.

나. 차트 작성시 유의사항

- 데이터를 올바르게 표현하고 비교하기 위해 차트의 축과 범위를 적절하게 설정해야 한다. 축의 간격, 눈금을 조정하여 데이터를 정확하게 표현하는 것이 중요하다.
- 차트를 해석하기 쉽게 축에 레이블을 명확하게 표시하고, 각 그룹의 막대에 대한 레이블을 추가하는 것이 좋다.

4. 바이올린 도표

가. 차트의 특징

- 데이터의 분포를 시각적으로 나타낸다. 각 범주 또는 그룹의 데이터가 어떻게 분포되어 있는지를 바이올린 모양의 곡선을 통해 파악할 수 있다.
- 바이올린 도표는 중앙값, 사분위수, 극단치 등 데이터의 요약 통계량을 시각적으로 표현한다. 바이올린 몸통의 중심 부분은 주로 중앙값을 나타내며, 바이올린 꼬리 부분은 데이터의 분산을 나타냄
- 주로 꼬리 부분에 위치한 값들은 이상치로 간주되며, 데이터의 전체적인 분포를 고려하여 이상치를 식별할 수 있다.

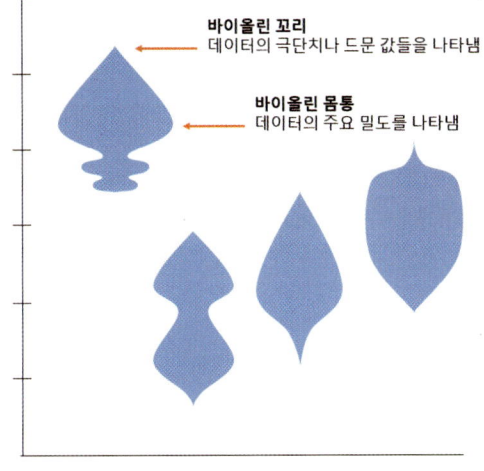

나. 차트 작성시 유의사항

- 바이올린 도표를 작성하기 전 데이터 전처리를 해야 한다. 이상치나 결측치 등의 데이터 처리가 필요하며, 데이터 분포를 정확하게 파악하기 위해 데이터의 정규성을 확인하는 것이 좋다.

✅ 핵심 개념체크

31. 다음 중 분포 시각화에 해당하는 차트는 무엇인가?

① 산포도　　　　　　　　　　② 지도
③ 시간표　　　　　　　　　　④ 히스토그램

> 히스토그램은 데이터의 분포를 시각화하는 데 사용되는 차트입니다. 이는 데이터가 특정 범위 내에 얼마나 자주 나타나는지를 보여줍니다.

32. 히스토그램의 특징으로 옳지 않은 것은 무엇인가?

① 가로축에 범주형 데이터 혹은 구간, 세로축에 측정값의 정도를 표현하는 그래프
② 특정 변수의 분포를 표시할 수 있음
③ 데이터의 범위를 구간 혹은 범주로 나누어 각 구간의 빈도를 나타냄
④ 데이터의 중앙값을 정확하게 보여줌

> 중앙값은 데이터의 중간값을 의미하며, 히스토그램을 통해 간접적으로 추정할 수는 있지만, 정확하게 보여주지는 않습니다.

33. 다음 중 분포 시각화 도구로 사용되지 않는 것은?

① 히스토그램　　　　　　　　② 박스 플롯
③ 바이올린 차트　　　　　　　④ 간트 차트

> 간트 차트는 프로젝트 관리에서 작업 일정과 진척도를 시각화하는 도구로, 데이터의 분포를 시각화하는 데 사용되지 않습니다.

❺ 관계 시각화

> **출제포인트**
> 관계 시각화의 경우 출제가능성이 높은 부분이므로 그림과 개념들을 잘 숙지해야 합니다.

- 데이터 셋에 존재하는 변수 사이의 연관성, 분포와 패턴을 표현할 수 있다.
- 변수 사이의 연관성인 상관관계는 한 변수의 변화가 다른 변수의 변화와 관련이 있는지를 표현하는 것이다. 한 변수에서 수치 변화를 통해 다른 변수의 변화를 예측할 수 있다.
- 사용 예시: 키와 몸무게 사이의 관계

1. 산점도

가. 차트의 특징

- 두 변수 간의 관계를 시각적으로 파악할 수 있는 차트이다. 점들의 분포 패턴을 통해 두 변수 간의 선형적인 관계, 군집 형성, 이상치 등을 파악할 수 있다.
- 여러 개의 변수를 함께 시각화할 때 산점도 행렬을 사용하여 다변량 데이터를 효과적으로 시각화할 수 있다.
- 항목 간 관계를 명확하게 표현하고 싶다면 추세선을 사용할 수 있다.
- 카테고리가 2개 이상이라면 색상으로 구분할 수 있다.

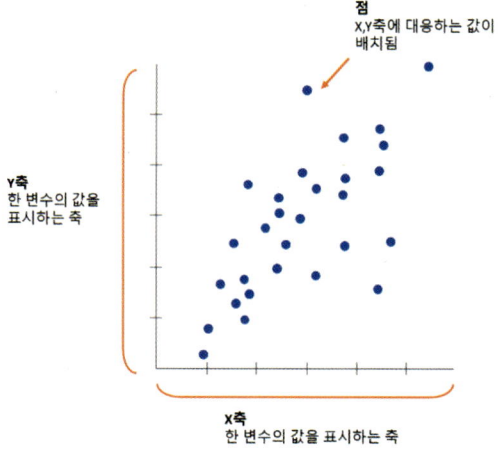

나. 차트 작성시 유의사항

- 축의 척도를 적절하게 설정해야 하며, 축의 범위가 너무 작거나 큰 경우 데이터 패턴을 올바르게 파악하기 어렵다.
- 이상치가 존재할 경우, 산점도에서도 이를 파악하고 적절한 처리가 필요하다. 이상치가 분석에 영향을 미칠 수 있으므로 주의가 필요하다.

> **비기의 학습팁**
> 두 변수 간의 관계를 단순하게 보여주는 산점도와 달리 버블차트는 세 번째 변수의 정보를 추가적으로 제공해 더 복잡한 데이터 관계를 시각화할 수 있습니다.

2. 버블차트

가. 차트의 특징

- 산점도의 점에 크기를 표현한 것으로 3개의 변수를 다룬다. 버블이 넓게 퍼지지 않고 밀집되어 있다.
- 지름이 아닌 면적으로 값을 비교한다.
- 도형의 형태를 바꿔서도 사용 가능하다.

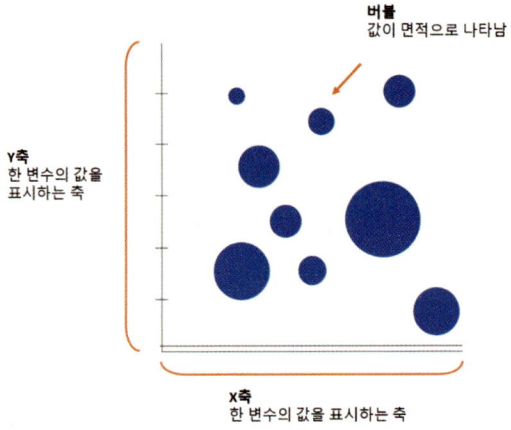

나. 차트 작성시 유의사항

- 대량의 데이터를 표시할 순 있지만 값의 세세한 차이를 보기에 적합하지 않다.
- 동일한 유형의 변수를 각기 다른 스케일인 위치와 크기를 통해 보여줘 여러 변수가 어떤 영향을 미치는지 확인하기 어렵다.

3. 경사(기울기)차트

가. 차트의 특징

- 두 지점 간의 값을 선으로 연결하여 변화를 시각적으로 비교하는 그래프이다.
- 변화의 기울기를 통해 데이터 간의 관계를 직관적으로 이해 가능하다.
- 시간 추이 등 특정 두 점 사이의 변화를 비교하지만 추이 외에도 두 범주 간 정량적 변수 차이 비교도 가능하다.

나. 차트 작성시 유의사항

- 변화율을 비교하여 강조하기 위함으로 표현 비율이 절대적인 양으로 오해해서는 안된다.
- 단점은 복잡한 데이터셋을 나타내기엔 부적합하다는 점이다.
- 장점은 두 시점 간의 성장률, 감소율 등을 파악할 수 있는 점이며, 전후 데이터의 변화를 시각적으로 명확히 보여주고자 할 때 유용하다.

✅ **핵심 개념체크**

34. 관계 시각화의 개념에 대한 설명으로 옳지 않은 것은 무엇인가? 상 중 하

① 두 개 이상의 정량적 변수의 관계를 시각화한다.
② 정성적 변수의 관계를 시각화한다.
③ 상관관계를 포함할 수 있다.
④ 매출과 수익의 관계를 시각화할 수 있다.

정성적 변수는 숫자로 표현되지 않는 특성이나 범주를 의미하며, 관계 시각화의 주된 대상이 아닙니다.

35. 관계 시각화에서 산점도의 주요 용도는 무엇인가? 상 중 하

① 데이터의 분포를 확인하기 위해 사용된다.
② 시간에 따른 데이터의 변화를 시각화하기 위해 사용된다.
③ 두 변수 간의 관계를 시각적으로 표현하기 위해 사용된다.
④ 데이터의 계층 구조를 나타내기 위해 사용된다.

산점도(Scatter Plot)는 두 변수 간의 관계를 시각적으로 표현하는 데 주로 사용됩니다.

정답 34. ② 35. ③

> **개념 +**
>
> **GIS(지리 정보 시스템)**
>
> GIS(Geographic Information System)는 공간 데이터를 수집, 저장, 분석, 관리 및 시각화하는 기술 및 시스템으로, 벡터(점, 선, 면)와 래스터(격자 형태의 데이터) 형식의 공간 데이터를 사용합니다. 이러한 데이터는 지리적 위치와 관련된 정보를 포함합니다.

❻ 공간 시각화

- 지리-공간 데이터를 활용해 시각화한 것으로 지리적 분포, 공간 패턴 등을 시각적으로 파악할 수 있다.
- 지도는 x, y 좌표 대신 경도와 위도를 사용하며, 일부 시각화 도구에는 위치정보가 내재되어 있기도 하다.

1. 단계구분도

가. 차트의 특징

- 지리적인 영역에 특정 데이터를 시각적으로 나타낸다. 각 영역은 색상 또는 패턴을 통해 해당 데이터 값을 나타낸다.
- 여러 지역 간의 데이터 값을 쉽게 비교할 수 있다. 각 지역의 색상 또는 패턴으로 상대적인 값의 크기를 시각적으로 파악할 수 있다.

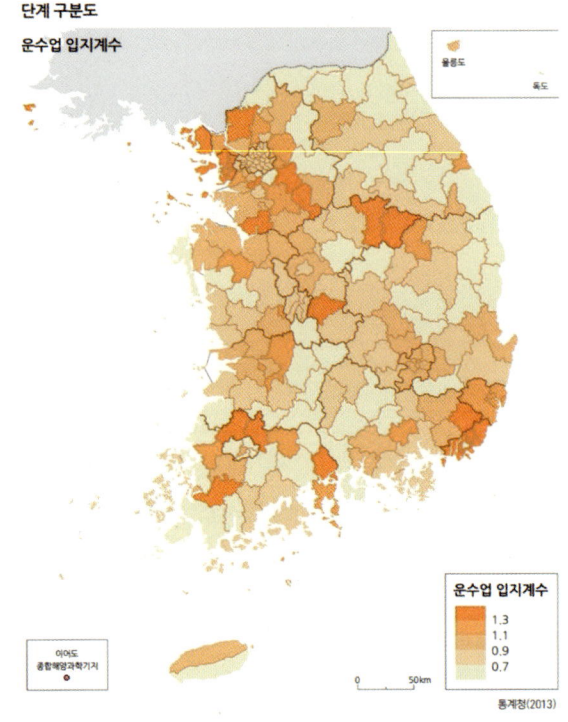

나. 차트 작성시 유의사항

- 단계구분도를 해석할 때는 인접한 영역 간의 경계가 데이터의 차이를 나타내는 것이 아닐 수 있다.
- 지도 상의 각 영역의 크기와 형태는 실제 데이터 값과는 무관하게 지리적 특성에 따라 결정된다. 따라서 영역의 크기나 형태가 데이터 값의 해석에 영향을 줄 수 있다.

2. 카토그램

가. 차트의 특징

- 카토그램은 지리적 공간을 왜곡시킴으로써 지리적 단위의 크기를 다른 변수의 값에 따라 조정해, 지도 상에 특정 지역이 더 크게 나타낼 수 있다.
- 지리적 분포에 따른 데이터 차이를 시각적으로 파악하여 정책 수립에 도움을 줄 수 있다.
- 인구, GDP, 환경 지표 등 다양한 지표를 카토그램으로 지리적 분포를 비교하고 이해할 수 있다.

> **비기의 학습팁**
> 카토그램은 특정 지역의 데이터가 두드러지게 나타나므로, 사용자가 빠르게 통찰을 얻을 수 있다는 장점과 왜곡된 형태로 실제 위치와 지리적 관계를 이해하기 어려워진다는 단점이 있다는 걸 기억합시다.

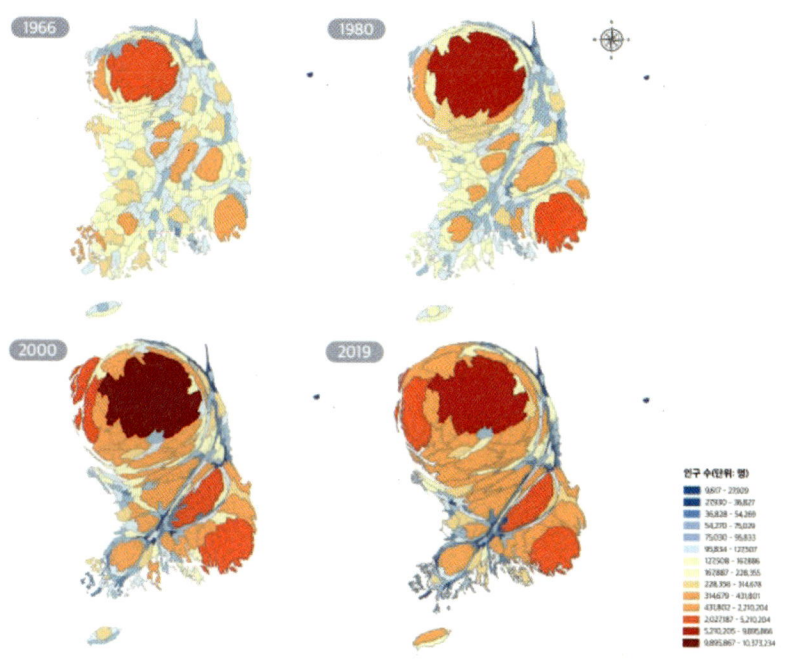

나. 차트 작성시 유의사항

- 차트 해석 시, 지리적 크기의 왜곡이 발생하기 때문에 주의가 필요하다. 지도 상에 크기가 큰 지역이 더 많은 데이터를 가지고 있다는 것을 의미하지 않을 수 있으므로 주의해야 한다.

3. 카토그램 히트맵

가. 차트의 특징

- 지도상의 지리적 공간에 따른 데이터의 밀도나 인기도를 시각적으로 보여준다. 이를 통해 지리적 패턴과 트렌드를 파악할 수 있다.
- 지도의 크기를 조정함으로써 지리적으로 넓은 영역과 좁은 영역 간의 데이터 비교를 쉽게 할 수 있다.

> **비기의 학습팁**
> 카토그램 히트맵은 카토그램의 왜곡된 형태를 유지하면서 각 영역의 데이터 강도를 색상으로 표현합니다. 따라서 두 가지 정보(양, 강도)를 동시에 제공할 수 있습니다.

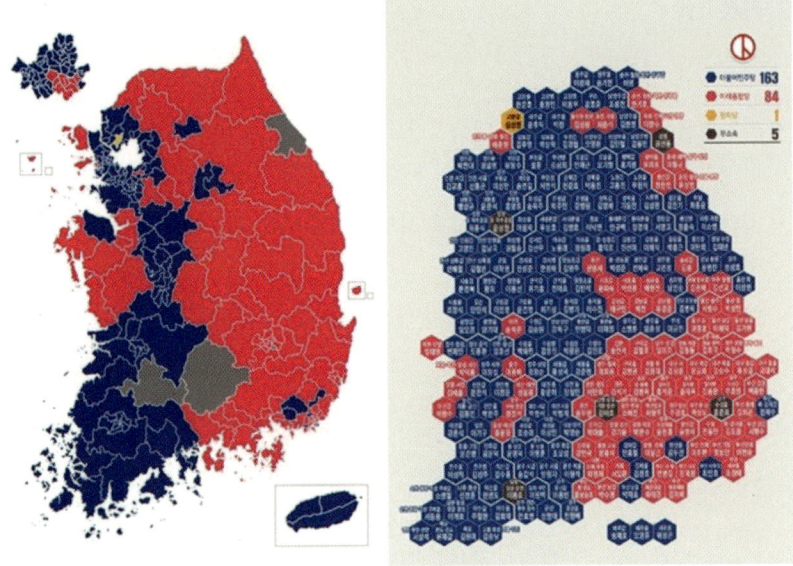

출처:https://gonggam.korea.kr/newsContentView.es?mid=a10204000000&section_id=NCCD_PUBLISH&content
=NC002&code_cd=&nPage=188&b_list=10&news_id=EBC6D4011AB24203E0540021F662AC5F

✅ 핵심 개념체크

36. 공간 시각화에서 지도에 포함되어야 하는 필수 정보는 무엇인가?

① 위도와 경도 정보　　　　　　② 색상 정보
③ 텍스트 정보　　　　　　　　④ 이미지 정보

공간 시각화는 지리공간 데이터를 활용하여 지도로 표현하는 시각화로, 데이터에 위도와 경도 정보가 포함되어야 합니다.

❼ 시간 시각화

> **비기의 학습팁**
> 시간 시각화는 이산형 데이터와 연속형 데이터에 모두 사용 가능하다는 것을 꼭 기억해야 합니다.

- 시간 시각화는 데이터에서 시간에 따른 변화를 시각적으로 보여주는 과정으로 이를 통해 데이터의 추이, 패턴, 주기성 등을 이해하고 분석할 수 있다.
- 시간 시각화를 통해 데이터의 변화를 직관적으로 파악할 수 있어서, 트렌드 발견, 이상치 탐지, 패턴 분석 등 다양한 분석 작업에 유용하게 활용된다.
- 시간 데이터는 특정 시간의 구간 값인 이산형 데이터와 구간이 끊임없이 지속해서 변화하는 값인 연속형 데이터로 구분된다.
- 사용 예시: 년/월/일별 매출 추이

1. 라인차트

가. 차트의 특징

- 시간, 순서 또는 다른 연속적인 변수에 따른 데이터의 변화를 시각적으로 표현한다.
- 라인 차트를 통해 데이터의 추세를 파악할 수 있다. 데이터의 증감 또는 일정한 패턴을 보이는지 시각적으로 확인할 수 있다.
- 여러 변수 간의 변화를 비교할 수 있다. 여러 개의 라인을 한 차트에 표시하여 서로 다른 변수의 추이를 동시에 파악할 수 있다.
- 시간의 흐름에 따른 데이터 변화를 보여 줄 때 유용하다.
- 라인 차트는 항목 간 트렌드 변화를 비교할 때 유용하다.

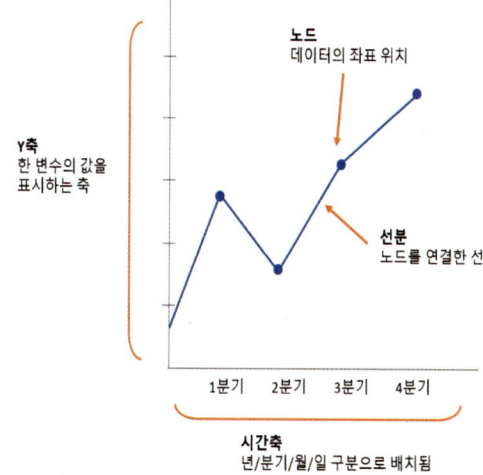

1) 차트 강조

- 특정 데이터나 패턴을 시각적으로 강조하여 데이터의 특성이나 핵심을 강조하는 기법이다.
- 이를 통해 데이터를 더 쉽게 이해하고 분석할 수 있다.

2) 스파이크 라인으로 표시
- 라인 차트에서 특정 데이터 포인트나 값의 급격한 변화를 강조하기 위해 사용되는 선이다.
- 스파이크 라인은 해당 값이나 데이터 포인트가 다른 데이터들과 비교했을 때 독특하게 돌출된 형태로 표시된다.

나. 차트 작성시 유의사항
- 라인 차트를 작성할 때는 축의 범위를 적절하게 설정해야 한다. 축의 범위가 너무 크거나 작으면 데이터의 추이를 올바르게 파악하기 어렵다.
- 라인의 두께와 색상은 데이터 가시성에 영향을 준다. 라인이 너무 얇거나 색상이 구분하기 어렵다면 데이터를 이해하기 어려울 수 있으므로 적절한 라인의 두께와 색상을 선택해야 한다.
- 너무 많은 데이터를 한 차트에 표시하려면 라인이 서로 겹쳐서 가독성이 저하될 수 있다. 필요한 경우 데이터를 그룹화하거나 여러 개의 차트를 사용해 오버로딩을 방지해야 한다.
- 항목을 차별화하고 싶다면 색상을 사용하여 구분하자.

2. 영역차트

가. 차트의 특징
- 영역차트는 데이터의 분포를 시각적으로 나타내며, 라인 아래의 영역이 색상으로 채워지므로 데이터의 상대적 크기와 변동을 직관적으로 이해할 수 있다.
- 데이터의 추세를 확인할 수 있고, 영역의 크기를 비교하여 전체적인 데이터의 크기나 비율을 쉽게 파악할 수 있다.
- 시간에 따라 변하는 데이터의 패턴을 확인하기 적합하다.

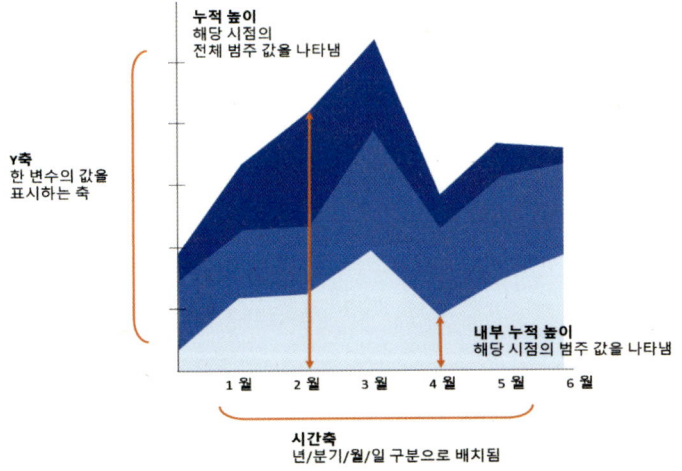

나. 차트 작성시 유의사항

- 영역차트를 작성할 때는 각 변수의 데이터 스케일을 고려해야 한다. 다른 스케일의 데이터를 함께 표시할 경우 영역의 크기가 왜곡되어 데이터를 잘못 이해할 수 있다.
- 너무 많은 영역을 한 차트에 표시할 경우 영역이 겹쳐서 가독성이 저하될 수 있다. 필요한 경우 데이터를 그룹화하거나 필요 없는 변수를 제거하여 오버로딩을 방지해야 한다

> **비기의 학습팁**
> 영역 차트는 누적 데이터나 시간에 따른 변화를 보여주는 데 적합하지만, 비율이나 분포를 나타내는 데는 적합하지 않을 수 있습니다.

핵심 개념체크

37. 시간 데이터의 연속형 데이터에 대한 설명으로 옳은 것은?

① 특정 시점의 값을 나타낸다.
② 특정 시간 구간의 값을 나타낸다.
③ 특정 사건의 발생 여부를 나타낸다.
④ 특정 공간의 값을 나타낸다.

연속형 데이터는 특정 시간 구간 동안의 값을 나타내며, 이는 시간의 흐름에 따라 연속적으로 변하는 데이터를 의미합니다.

38. 시간 시각화에 주로 사용되지 않는 그래프는?

① 막대그래프
② 누적 막대그래프
③ 간트 차트
④ 파이 차트

파이 차트는 전체에 대한 부분의 비율을 나타내는 데 적합하며, 시간의 흐름을 시각화하는 데는 적절하지 않습니다.

정답 37. ② 38. ④

> **출제포인트**
> 2024년 1회 기출문제에 출제되었으니 차트의 종류를 구분할 줄 알아야합니다.

❽ 불확실성 시각화

- 불확실성 시각화는 데이터의 불확실성(오차 표현)을 시각적으로 표현한다.
- 데이터나 정보의 정확성, 신뢰성, 혹은 불확실한 성격을 효과적으로 전달한다. 이는 불확실성이 높은 환경에서 의사결정을 내리거나 예측을 수행할 때 유용하다.
- 사용 예시: 실험 결과값에서 표준편차의 범위를 표현, 금융 예측모델의 신뢰도

1. 오차막대

> **비기의 학습팁**
> 오차막대는 신뢰 구간이나 표준편차 등을 함께 표현함으로써 다른 시각화에 비해 데이터를 보다 명확하게 이해하고, 비교 및 분석을 용이하게 할 수 있습니다.

가. 차트의 특징

- 각 데이터 포인트의 평균값 주변에 오차 막대를 표시하여 평균값의 변동성을 시각적으로 나타낸다. 이를 통해 불확실한 데이터의 변동성을 시각화하는데 사용한다.
- 오차 막대는 주로 신뢰 구간을 나타내는 데 사용된다. 신뢰 구간은 데이터 평균값이 존재할 가능성을 나타내며, 오차막대를 통해 신뢰 구간의 범위를 확인할 수 있다.
- 표준 오차를 나타내는 데도 사용된다. 표준 오차는 평균값 주변의 데이터 변동성을 나타낸다.
- 오차막대를 사용해 여러 그룹 간의 데이터를 비교할 수 있다. 각 그룹의 오차 막대를 비교해 각 그룹의 변동성을 비교할 수 있다.

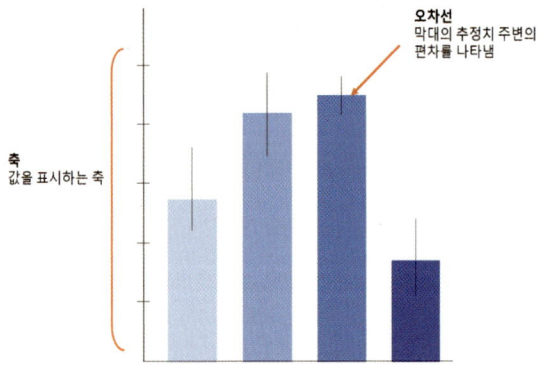

나. 차트 작성시 유의사항

- 오차막대를 작성할 때 어떤 종류의 오차를 표시할 것인지 명확히 해야 한다. 신뢰 구간, 표준 오차, 표준 편차 등 여러 종류의 오차를 고려할 수 있다.
- 오차 막대가 데이터 포인트를 넘어서거나 다른 오차 막대와 겹치지 않도록 주의해야 한다. 너무 많은 데이터 포인트를 한 차트에 표시하면 가독성이 저하될 수 있다.

1) 수직오차막대

- 데이터 값을 나타내기 위해 수직으로 막대를 사용하는 차트이다.
- 각 막대는 특정 범주의 값을 나타내며, 막대의 높이는 데이터 값의 크기를 표현한다.
- 범주형 데이터와 수량을 비교하는 데 유용하다.

2) 수평오차막대

- 데이터의 불확실성을 시각화하는 차트로, 데이터 포인트에 수평 또는 수직으로 불확실성 범위를 나타낸다.
- 실험과학의 그래프에서 하나의 실험 결과값에 대해 하나의 표준편차의 범위를 나타낸다.
- 두 값의 차이가 통계학적으로 유의수준 내에 있는지 시각적으로 나타낸다.

3) 단계별 오차막대

- 시간 경과에 따른 변화나 단계별 분석에 사용한다.
- 여러 단계의 데이터에 대해 각각의 오차범위를 표현한다.
- 각 단계의 신뢰구간을 비교할 수 있다.
- 데이터의 변동성과 불확실성을 동시에 표현한다.

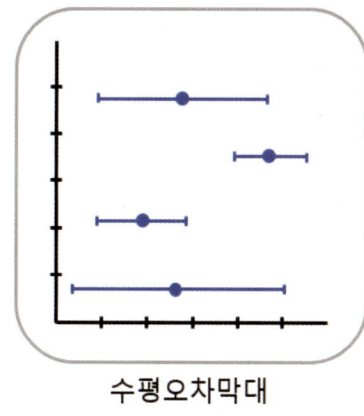
수평오차막대

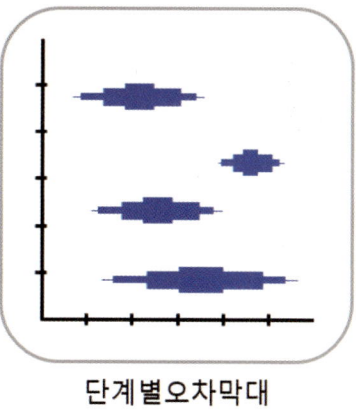
단계별오차막대

4) 2D 오차 막대

- 2D 차트에 표시되는 오차 막대로, 데이터의 변동성과 불확실성을 동시에 시각적으로 표현할 수 있다.
- "x/y - 음의 오차값"에서 "x/y + 양의 오차값" 사이의 영역을 표시하는 선이다.
- X/Y 오차 막대 메뉴는 2차원 차트에서만 쓸 수 있다.

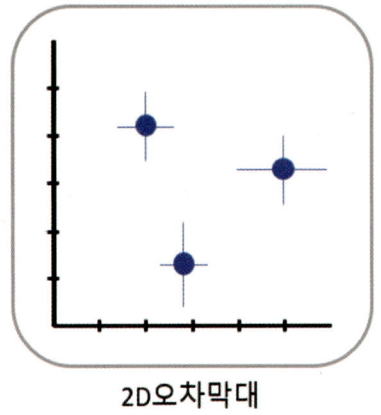

2D오차막대

2. 눈모양 도표

- 눈모양을 통해 중앙값과 그 주변의 변동성을 나타낸다.
- 데이터의 분포와 변동성을 직관적으로 파악 가능하다.
- 감은 눈모양도표는 눈을 감은 형태로 데이터의 신뢰 구간을 표현한다.

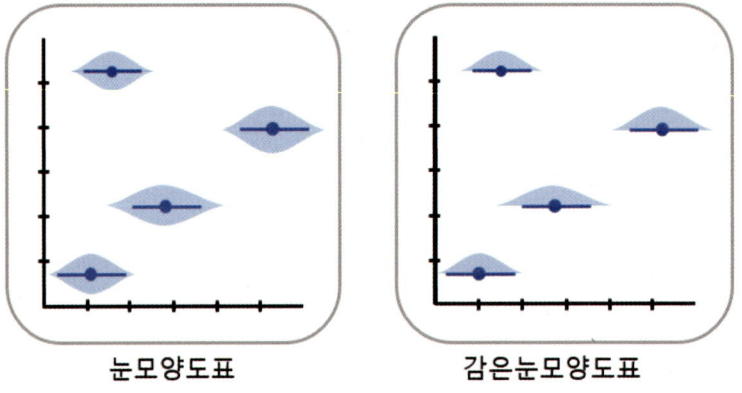

눈모양도표   감은눈모양도표

3. 분위수점도표

- 데이터의 분포를 점으로 표현한 차트로, 데이터 분포의 다양한 분위수를 점으로 표현한다.
- 중앙값, 사분위수 등 데이터의 다양한 위치를 시각화한다.
- 데이터의 분포와 불확실성을 한눈에 볼 수 있다.

4. 신뢰도스트랩

- 데이터의 신뢰도를 스트랩 형태로 시각적으로 나타낸다.
- 데이터의 변동성과 신뢰 구간을 직관적으로 전달한다.
- 여러 신뢰 구간을 동시에 비교 가능하다.

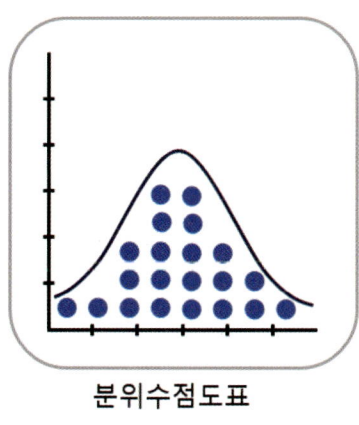
분위수점도표

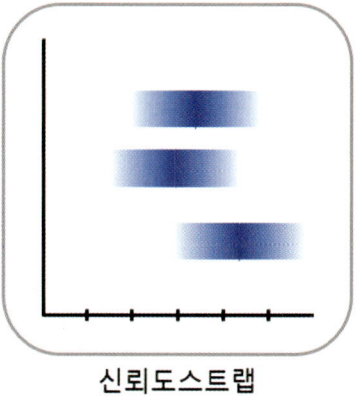
신뢰도스트랩

5. 신뢰대역

- 확률도나 적합선 그림에서 데이터 범위 내 적합선의 신뢰 상한과 하한을 나타낸다.
- 회귀 분석 결과의 그래픽 표현의 일부로 사용된다.
- 여러 데이터세트를 동시에 비교할 때 유용하다.

6. 개별신뢰대역(단계별)

- 신뢰구간 비교에서 개별 신뢰대역은 연구를 여러 번 반복했을 때 신뢰구간이 실제 모수를 포함할 확률을 나타낸다.

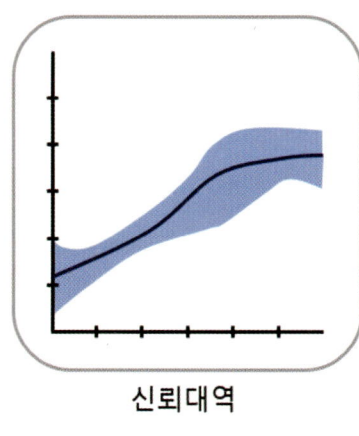
신뢰대역

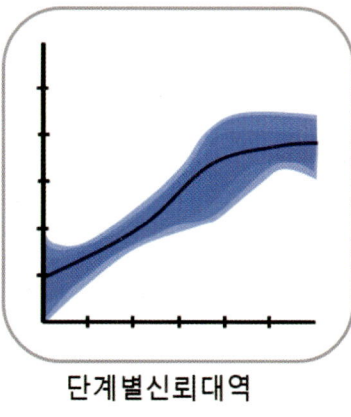
단계별신뢰대역

7. 적합선

- 추세선과 신뢰 구간을 시각적으로 표현할 수 있다.
- 많은 데이터 포인트 시 복잡해질 수 있다.
- 추세선 위 아래로 신뢰구간을 표시할 수 있다.

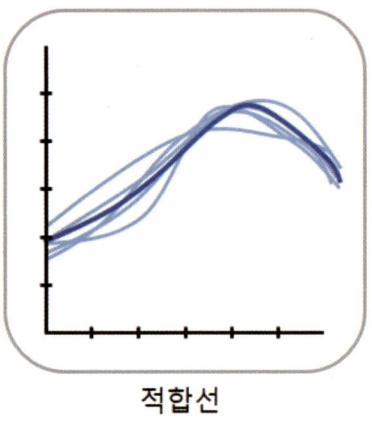

적합선

✓ 핵심 개념체크

39. 불확실성 시각화의 개념에 대해 설명한 내용으로 옳지 않은 것은?

① 오차 표현을 포함하는 시각화
② 데이터의 불확실성이 존재할 때, 불확실성을 표시하는 시각화
③ 불확실성을 제거하는 시각화
④ 불확실성을 포함한 데이터를 시각적으로 표현하는 방법

불확실성 시각화는 불확실성을 제거하는 것이 아니라, 불확실성을 포함한 데이터를 시각적으로 표현하는 방법입니다.

40. 대표적인 불확실성 시각화 차트 중 하나로, 막대 그래프를 사용하여 수치형 자료를 표현하는 방법은 무엇인가?

① 히스토그램
② 오차막대
③ 상자 그림
④ 산점도

오차막대(Error Bar)는 막대 그래프를 사용하여 수치형 자료를 표현하는 방법 중 하나로, 데이터의 불확실성을 시각적으로 나타내는 데 사용됩니다.

❾ 기타 시각화

1. 생키차트

- 데이터의 이동이나 흐름의 비율을 보여주며, 항목의 기여도를 파악하는 데 효과적이다.
- 단계별 변화를 한 눈에 표현하기 위해 사용되며, 어떤 단계에서 얼마나 이탈하는지 한 눈에 파악할 수 있다.
- 생키차트는 다양한 변수를 한 번에 시각화하기 때문에 그 복잡성을 관리하는 것이 중요하다. 너무 많은 변수를 시각화하면 차트가 혼란스러워지므로 주의해야 한다.

> **비기의 학습팁**
> 생키(Sankey) 차트는 흐름(Flow)의 변화를 표현하는 것이 가장 큰 특징입니다.

> **개념 ➕**
> 생키차트의 역사
> - 생키차트는 1898년에 열손실에 비례하는 폭을 가진 화살표를 사용하여 증기 엔진의 효율을 나타내는 최초의 다이어그램을 만든 아일랜드 대위 매튜 헨리 피니어스 리얼 '샌키'의 이름을 따서 명명했다.
> - 1812년 나폴레옹의 러시아 모스크바 원정을 도표로 작성하여 전투, 지리적 영향, 영하의 온도가 군대 인력 축소에 미치는 영향을 시각화하여 생키차트를 만들였다.
> - 1858년 미나드의 세계이주지도 생키차트

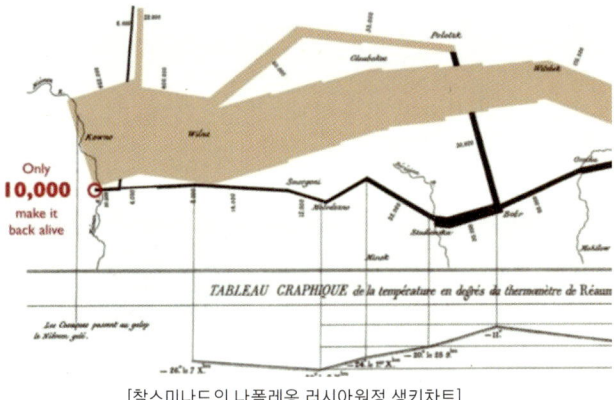

[찰스미나드의 나폴레옹 러시아원정 생키차트]

2. 범프차트

- 범프차트는 각 항목의 순위 변화를 시각적으로 보여주며, 시간에 따라 각 항목의 상대적인 위치를 추적하여 순위 변화를 쉽게 파악할 수 있다.
- 시간에 따른 데이터의 트렌드나 패턴을 파악할 수 있을 뿐 아니라, 각 항목의 상대적인 위치를 추적하여 순위 변화를 쉽게 파악할 수 있다. 상대적인 위치 변화를 통해 어떤 항목이 상승하고 하락하는지를 시각적으로 확인할 수 있다.
- 항목의 수가 많을수록 혼잡해지고 가독성이 저하될 수 있다.

> **비기의 학습팁**
> 범프(Bump) 차트는 순위(Rank)의 변화를 표현하는 것이 가장 큰 특징입니다.

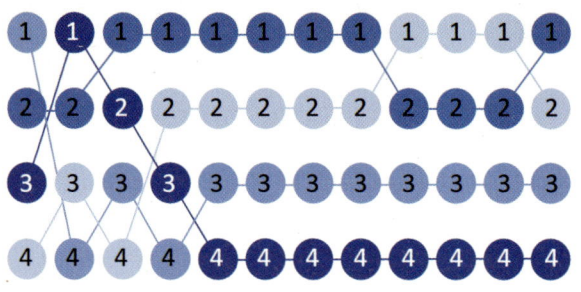

> **비기의 학습팁**
> 폭포수(Waterfall) 차트는 누적 변화를 단계별로 표현하는 것이 가장 큰 특징입니다.

3. 폭포수 차트

- 폭포수 차트는 초기 값에서 최종 값까지의 변화를 시각적으로 표현하며, 중간 단계에서 증가 및 감소 요인을 명확히 보여준다. 이를 통해 각 요인이 최종 결과에 어떻게 기여했는지 쉽게 파악할 수 있다. 재무 분석, 성과 관리, 비용 분석 등에서 변화 과정을 파악하는 데 자주 사용된다.

- 폭포수 차트는 시간뿐 아니라 요인별 변화를 효과적으로 표현할 수 있다.

- 재무분석, 성과 관리와 같은 변화 과정을 파악할 수 있는 시각화에 사용된다.

- 연속적인 과정에서의 변화를 시각적으로 보여준다. 각 단계마다 값의 증가 또는 감소를 나타내는 막대를 사용하여 데이터의 변화를 명확하게 시각화한다.

- 폭포수 차트는 각 단계의 누적 값을 표시하여 전체적인 합계를 파악할 수 있다. 이를 통해 각 단계의 기여도와 전체 변화량을 이해할 수 있다.

- 각 단계의 합계와 이전 단계와의 차이를 명확하게 표시한다. 이를 통해 데이터의 변화 및 요인을 이해하기 쉽다.

- 폭포수 차트의 시작 값은 첫 번째 단계의 값으로 설정된다. 따라서 시작 값이 정확하게 설정되어야 한다. 시작 값의 오류는 모든 단계에 영향을 미칠 수 있다.

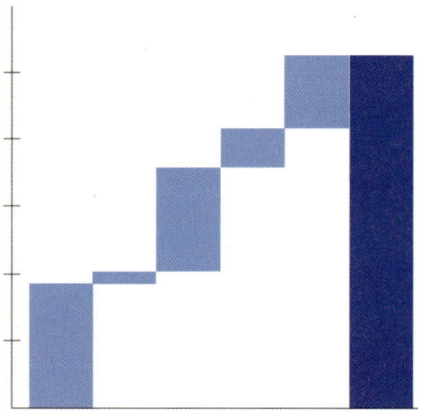

> **비기의 학습팁**
> 간트(Gantt) 차트는 프로젝트 관리에서 사용되는 것이 가장 큰 특징입니다.

4. 간트 차트

- 간트차트는 각 작업의 시작 및 종료일과 작업 간의 관계를 시각적으로 보여주는 차트이다. 작업 간의 선행 관계를 표시하거나, 작업 간의 의존성을 시각적으로 파악할 수 있어 프로젝트 일정을 조정하는 데 도움이 된다.

- 차트를 작성할 때, 시작일과 종료일을 정확하게 설정해야 하며, 잘못된 일정은 프로젝트 일정을 혼란스럽게 할 수 있다.
- 작업이 진행 중에는 간트차트를 주기적으로 업데이트 하여 작업의 진행 상황을 반영해야 한다. 업데이트 되지 않은 차트는 프로젝트 관리에 혼란을 초래할 수 있다.

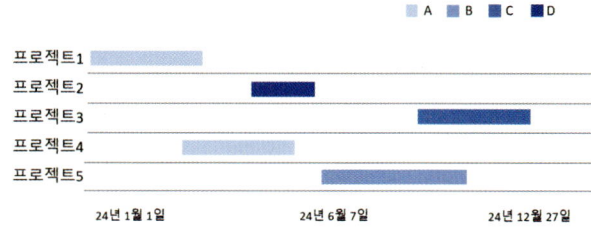

5. 결합형 차트

- 서로 다른 종류의 숫자를 비교하기 위해 2개 이상의 차트를 결합할 수 있다. 단일 축을 활용하기도 하지만, 이중축을 활용할 경우 복합적인 정보를 제공할 수 있다.
- 결합형 차트를 사용할 때 인지부하가 높고 이해하는 데 시간이 소요된다는 단점이 있다.

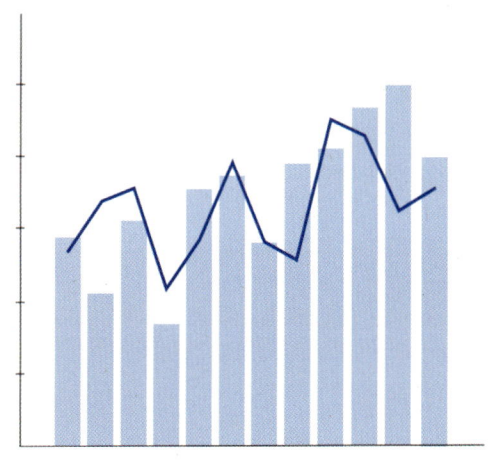

6. 덴드로그램

- 계층적 군집 분석에 사용되며, 유사성이 높은 개체나 변수들을 계층적으로 그룹화하는 데 사용된다. 주로 데이터의 유사성 및 거리를 보여주는 트리 구조를 표현한다.
- 덴드로그램은 분기점을 통해 개체나 변수들이 어떻게 그룹화 되었는지를 이해할 수 있다. 분기점이 나타나는 지점에서 그룹이 세분화되거나 합쳐지는 과정을 표현한다.

출제포인트

덴드로그램은 2024년 1회 기출문제에 출제되었으니 특징을 꼭 짚고 넘어가세요.

비기의 학습팁

덴드로그램(Dendrogram)은 계층적 데이터의 구조를 시각적으로 표현한 트리 형태의 차트라는 특징이 있습니다.

- 덴드로그램을 해석하기 위해서는 적절한 군집 수를 결정해야 한다. 군집 수가 너무 많거나 적으면 해석이 어려울 수 있다.

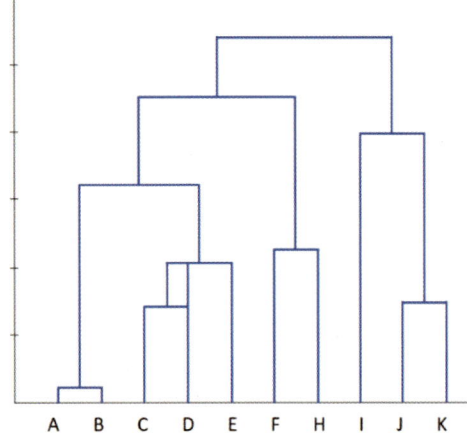

7. 스트립 차트

- 데이터의 분포를 나열하여 시각화하며, 특정 값의 빈도나 패턴을 파악하는 데 유용한 차트로 각각의 범주에 대한 데이터 점을 나타내기 위해 가로 축에 따라 위치를 배치한다.
- 점 플롯과 유사하지만, 여러 범주로 구분되며 각 범주에 대한 데이터를 보여준다. 이를 통해 각 범주의 데이터 분포를 비교하고, 이상치나 패턴을 쉽게 식별할 수 있다.
- 데이터를 점 또는 선의 형태로 나타내어 순서나 경향을 확인할 수 있다.

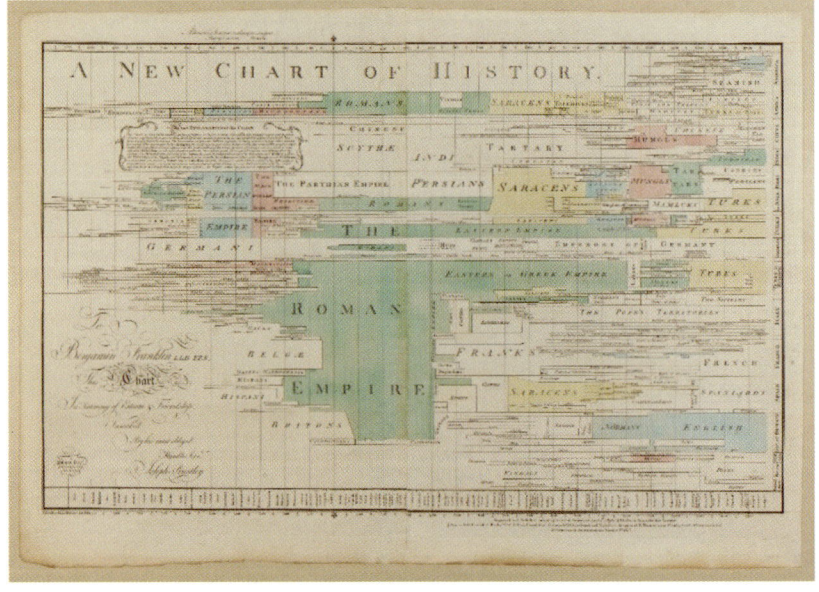

출처:https://en.wikipedia.org/wiki/A_New_Chart_of_History#/media/File:A_New_Chart_of_History_color.jpg

8. 로즈다이어그램

- 크림 전쟁의 영국군 사상자를 나타낸 플로렌스 나이팅게일의의 '콕스콤 차트(Coxcomb chart)'로 병사들이 전쟁 중 사망원인을 총상보다 질병에 걸려 목숨을 잃는 경우가 더 많은 것을 시각적으로 분석하고 보고하여 병원의 위생 상태를 개선하는데 한 몫했다고 인정받는 그래프이다.
- 원형의 형태를 가지며, 이 원 안에 데이터를 시각적으로 표현한다. 시간, 카테고리, 비율 등을 나타낼 수 있다.
- 각 세부 항목은 색상으로 구분되며, 중요도나 비율에 따라 원의 반경과 각도를 조절해 표현한다.
- 아래 그림은 전쟁 중 부상자들의 사망원인을 시각적으로 분석하고 보고하기 위해 사용되었다.

> **비기의 학습팁**
>
> 로즈 다이어그램은 방향 또는 각도에 따른 데이터의 분포를 시각화하는 데 사용되는 원형 차트로 일반적으로 풍향, 지리적 데이터, 또는 주기적인 현상을 나타내는 데 쓰입니다.

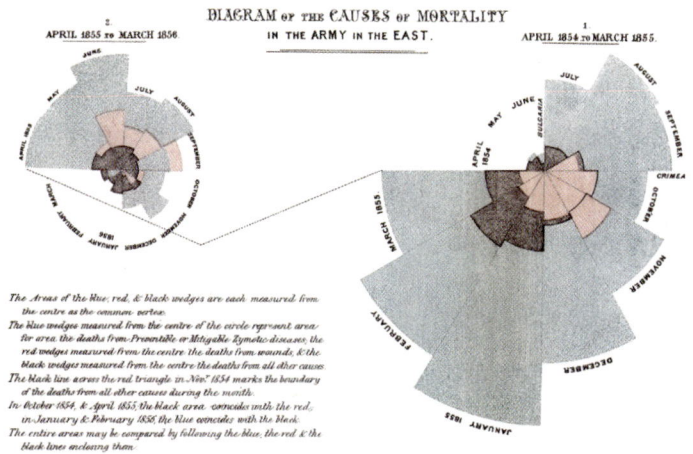

9. 평행좌표차트

- 하나의 시각화 내에서 유형이나 크기가 전혀 다른 데이터 값을 비교하는 데 사용된다.
- 컬럼들을 비교하여 유사성을 찾는데 사용한다.
- x축에는 대상 컬럼들이 들어가고 지정한 컬럼들의 값이 y축에는 퍼센트로 가장 낮은 값은 0%, 가장 높은 값은 100%로 설정된다.
- 중요한 축은 선 지정 기준 축과 색 지정 기준 축이다.

✅ 핵심 개념체크

41. 다음 중 비율 시각화에 해당하지 않는 차트는 무엇인가?   상 중 하
 ① 파이차트   ② 트리맵
 ③ 모자이크 도표   ④ 라인차트

비율 시각화에는 파이차트, 도넛차트, 모자이크도표, 트리맵, 와플차트 등이 있다. 라인차트는 시간 시각화에 해당한다.

정답 41. ④

PART 03. 경영정보시각화 디자인

한 눈에 보는 시각화 8가지 분류

구분	목적	종류
수량 시각화	데이터의 양, 수치를 시각화	막대차트, 묶은 막대차트, 누적 막대차트, 히트맵 차트, 폭포수 차트, 점, 레이더 차트, 롤리팝 차트 등
비율 시각화	데이터의 상대적인 비율을 시각화	파이 차트, 막대차트, 묶은 막대차트, 모자이크 차트, 트리맵, 도넛 차트, 와플 차트, 폭포수 차트 등
분포 시각화	데이터 분포를 시각화하여 데이터의 패턴과 특성을 파악	히스토그램, 밀도분포, 도트 플롯, 박스 플롯, 누적 밀도, QQ 도표, 바이올린 차트, 스트립 차트, 시나 플롯, 누적 히스토그램, 중첩 밀도분포 등
관계 시각화	두 개 이상 변수 간의 관계를 시각화해 상호작용과 패턴을 이해	분산형 차트, 버블차트, 경사 차트, 밀도 등고선, 2차원 상자, 상관도표, 연결 산점도 등
공간 시각화	지리적 정보를 맵으로 표현하여 시각화	지도, 단계구분도, 카토그램, 카토그램 히트맵 등
시간 시각화	시간적 변화와 추이를 나타내 시각화	라인 차트, 막대차트, 경사 차트, 영역차트 등
불확실성 시각화	데이터의 불확실성과 오차를 포함해 시각화하여 데이터 신뢰도를 이해	오차막대, 단계별 오차막대, 신뢰 도스 트랩, 신뢰 대역, 분위수 점도표 등
기타 시각화	흐름을 표현하여 시각화 순위를 나타내어 시각화	생키 차트, 랭크 차트, 폭포 차트, 간트 차트, 결합형 차트, 덴드로그램, 그리드, 캘린더 차트, 스트립 차트 등

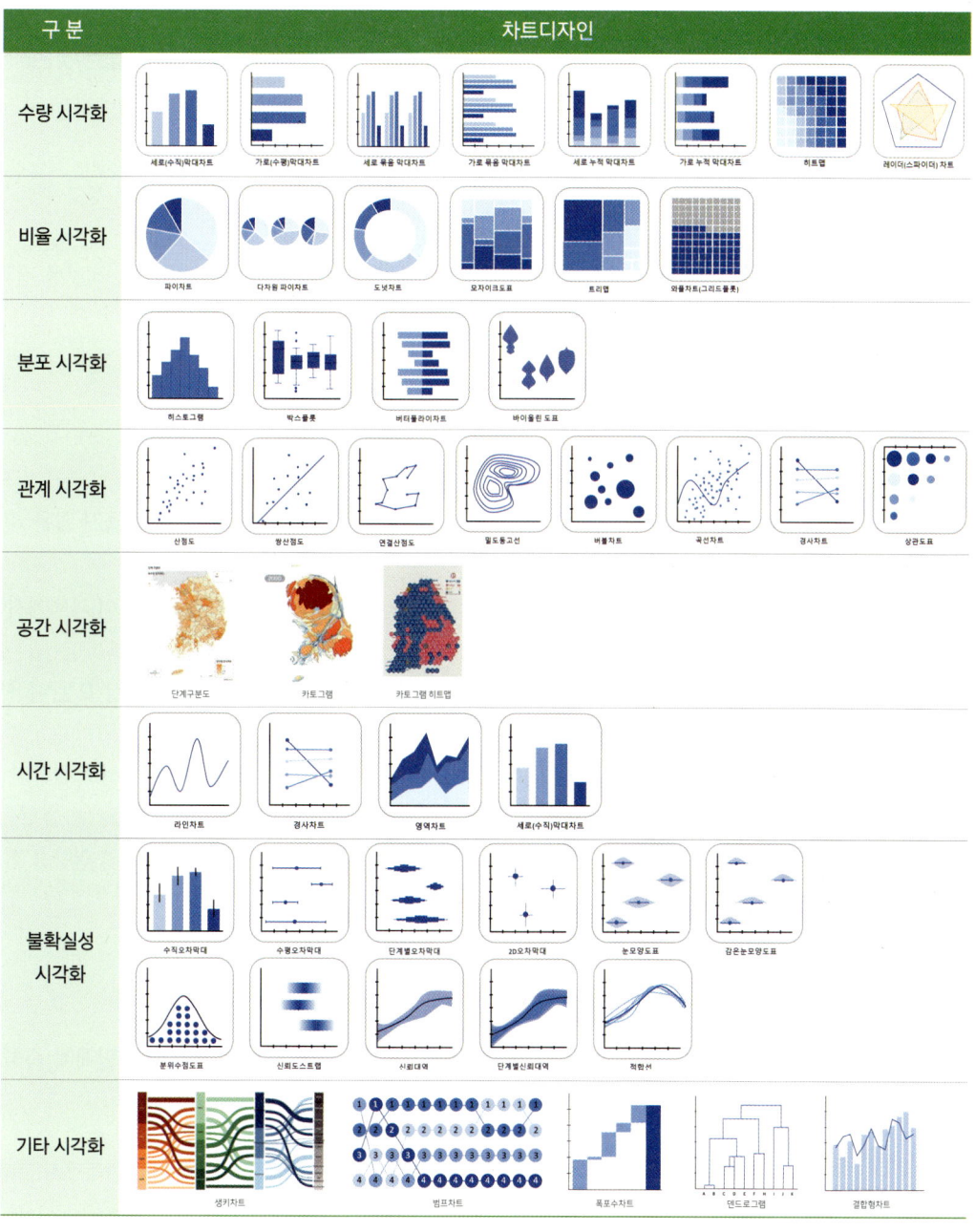

PART 3 경영정보시각화 디자인
예상문제 100

001 난 ★★☆☆☆
다음 중 정보 시각화의 개념으로 옳은 것은?

① 그래픽 요소와 조형적 요인을 활용하여 데이터를 형상화하고 정보를 효과적으로 전달한다.
② 데이터의 원본 형태를 유지하며 추가적인 가공 없이 그대로 보여주는 것을 의미한다.
③ 예술적 표현만 강조하며, 데이터 분석의 과학적 측면은 포함하지 않는다.
④ 인간의 시각적 능력을 배제하고 통계적 데이터를 텍스트로만 제공하는 데 초점이 있다.

002 난 ★★★☆☆
정보 시각화 기능 중 탐색에 대한 설명으로 옳지 않은 것은?

① 사용자가 데이터를 탐색하면서 특정 패턴, 상관관계, 이상치를 발견할 수 있도록 돕는다.
② 상호작용 가능한 도구를 사용해 데이터를 필터링하거나 집계하여 유의미한 정보를 도출할 수 있다.
③ 앤스컴 콰르텟은 동일한 통계적 속성을 가지면서도 다른 분포를 보여줌으로써 시각화의 중요성을 강조한 사례이다.
④ 탐색 기능은 데이터 분석 과정에서 주어진 결과를 단순히 시각적으로 나타내는 데 초점이 맞춰져 있다.

003 난 ★★☆☆☆
다음 중 정보 시각화의 목적으로 가장 옳은 것은?

① 복잡한 데이터를 단순화하고 시각적으로 표현하여 정보를 전달하거나 설득력을 높이는 데 사용된다.
② 데이터를 시각화하여 사용자가 모든 정보를 정량적으로 분석할 수 있도록 돕는다.
③ 데이터의 양을 최대한 많이 보여주는 데 목적을 둔다.
④ 데이터 분석의 심미적 측면보다 실시간 업데이트와 정확성만을 강조한다.

004 난 ★★☆☆☆
다음 중 정보 시각화의 효과로 가장 옳은 것은?

① 데이터를 단순히 표로 변환하여 전달하는 데 목적이 있다.
② 데이터를 정량적으로 표현하기보다 정성적으로 설명하는 데 중점을 둔다.
③ 인간의 정보 처리 능력을 확장하고, 정보를 직관적이면서 차별적으로 보여줄 수 있다.
④ 데이터를 강조하기 위해 반드시 복잡한 그래픽 요소를 추가해야 한다.

005 난 ★★☆☆☆
다음 중 정보 시각화의 유의점으로 옳지 않은 것을 고르시오.

① 데이터를 재가공하여 표현하므로, 이 과정에서 정보 왜곡이 발생할 수 있다.
② 데이터를 시각적으로 변환하면 항상 모든 사용자에게 동일하게 해석된다.
③ 지나치게 시각화된 정보는 오히려 정보 전달의 효율성을 떨어뜨릴 수 있다.
④ 데이터 시각적 해석은 문화적 요인의 영향을 받아, 인종, 언어, 지역, 종교 등에 따라 다르게 해석될 수 있다.

006 난 ★★★☆☆
다음 중 경영정보 시각화 프로세스 단계에 속하지 않는 것은?

① 목표 설정
② 데이터 수집
③ 데이터 전처리
④ 데이터 분석

007 난★★★★★
다음 중 데이터-잉크 비율(Data-ink Ratio)에 대한 설명으로 가장 옳지 않은 것은?

① 데이터-잉크 비율은 데이터 자체를 표현하기 위해 사용된 잉크의 양을 차트 전체 잉크의 양으로 나눈 비율이다.
② 에드워드 터프티(Edward Tufte)가 제창한 개념으로, 데이터 시각화에서 효율성을 높이기 위해 고안되었다.
③ 데이터-잉크 비율은 비율이 낮을수록 정보 전달력이 높아지고, 데이터 해석이 명확해진다.
④ 색상을 사용할 때, 다른 데이터 요소와의 대비를 강화하고 중요한 정보를 부각시킨다.

008 난★★★★☆
경영정보시각화의 원칙 중 클러터(Clutter)에 대한 설명으로 적절한 것은?

① 사용자의 이해를 돕기 위해 불필요한 시각화 요소를 제거하고, 목적에 맞는 요소를 선택해 정보 전달을 명확히 한다.
② 클러터는 데이터를 보다 정밀하게 표현하기 위해 추가적인 시각화 요소를 적극적으로 활용하는 것을 의미한다.
③ 복잡한 시각적 요소를 추가하여 사용자의 주의를 분산시키는 것이 클러터를 줄이는 주요 방법이다.
④ 클러터는 데이터 시각화를 단순화하기보다, 다중 데이터를 표현하기 위해 다층적 시각화 방식을 사용하는 것이다.

009 난★★☆☆☆
아래 그림은 클라우스 윌케(Claus O. Wilke)의 시각적 속성을 나타낸 것이다. 각각의 유형을 바르게 연결한 것은?

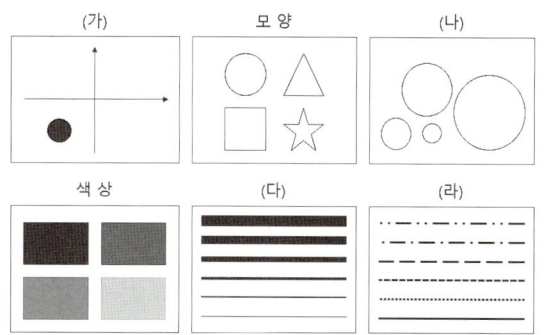

① (가)선 굵기 (나)선 유형 (다)위치 (라)크기
② (가)위치 (나)크기 (다)선 굵기 (라)선 유형
③ (가)크기 (나)위치 (다)선 유형 (라)선 굵기
④ (가)선 유형 (나)선 굵기 (다)크기 (라)위치

010 난★★★☆☆
다음 보기를 읽고 빈칸에 들어갈 내용으로 알맞은 것을 고르시오.

> ( )은/는 클라우스 윌케(Claus O. Wilke)가 정의한 시각적 속성 중 가장 중요한 속성으로, 데이터의 ( )은/는 즉각적으로 인식되며 정확한 비교를 가능하게 한다.

① 위치
② 모양
③ 크기
④ 색상

011 난★★★☆☆
다음 중 게슈탈트 법칙에 포함되지 않는 것은 무엇인가?

① 근접성 법칙
② 유사성 법칙
③ 직관성 법칙
④ 폐쇄성 법칙

012 난★★★★★
다음 중 게슈탈트 법칙에 대한 설명이 가장 적절하지 않은 것은?

① 근접성의 법칙은 물체가 가까이 있으면 하나의 그룹으로 인식된다는 것으로, 시각적 거리가 중요하다.
② 유사성의 법칙은 색상이나 모양이 비슷한 요소들이 서로 관련 있다고 인식된다는 원리다.
③ 연속성의 법칙은 선이나 패턴이 중단되더라도 자연스럽게 이어진다고 느끼게 하는 경향을 말한다.
④ 폐쇄성의 법칙은 모든 시각적 요소가 완전한 형태여야만 인식된다는 것을 강조한다.

013 난★★★☆☆
아래 그림이 나타내는 게슈탈트 법칙으로 알맞은 것을 고르시오.

① 단순성 법칙
② 폐쇄성 법칙
③ 유사성 법칙
④ 연속성 법칙

014 난★★★★☆
아래 그림과 보기를 참고하여 연관된 게슈탈트 법칙을 고르시오.

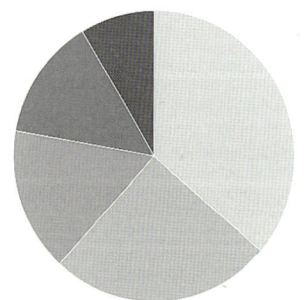

> 파이 차트는 전체에 대한 각 카테고리의 비율을 차트로서, 각 부채꼴의 크기를 전체 원에 대한 부분으로 자연스럽게 인지하여 데이터의 비율을 파악하게 된다.

① 근접성 법칙   ② 연속성 법칙
③ 단순성 법칙   ④ 폐쇄성 법칙

015 난★★★☆☆
자크 베르탱(Jacques Bertin)의 7가지 시각적 변수 중 '모양'에 대한 설명으로 옳지 않은 것은?

① 데이터의 패턴을 시각적으로 더 명확하게 인식할 수 있도록 도와주는 역할을 한다.
② 데이터의 유형을 구분하거나 범주형 데이터를 표현할 때 다양하게 사용될 수 있다.
③ 데이터의 크기와 항상 비례하여 변화하며, 크기를 통해 추가적인 정보를 전달한다.
④ 단조로운 시각적 표현을 보완하고, 시각적 흥미와 주의를 끌기 위해 활용될 수 있다.

016 난★★★☆☆
자크 베르탱(Jacques Bertin)의 7가지 시각적 변수 중 '위치'에 대한 설명으로 옳지 않은 것은?

① 데이터를 시각적으로 배치하여 데이터의 순서를 직관적으로 나타내는 데 유용한 역할을 한다.
② 데이터를 일정한 기준에 따라 배치함으로써, 서로 다른 데이터 간의 비교를 명확하고 쉽게 해준다.
③ 그래프나 차트 상에서 데이터 간의 관계를 시각적으로 표현하며, 상호 간의 연관성을 파악할 수 있도록 도와준다.
④ 항상 색상과 결합하여 사용해야만 데이터를 효과적으로 시각화할 수 있는 필수적인 속성이다.

017 난 ★★★★☆
다음 보기를 읽고 빈칸에 들어갈 내용으로 알맞은 것을 고르시오.

> 인지부조화란 개인이 가지고 있는 신념이나 태도가 서로 충돌할 때 발생하는 심리적 불편함을 뜻한다. 특정 (　　)이/가 주는 느낌이나 경험이 개인의 신념이나 기대와 충돌하게 되면 이로 인해 인지부조화를 높일 수 있게 된다. 예를 들어 친환경 제품을 소개하는 이미지에서 가죽 (　　)을/를 사용하는 경우가 이에 해당될 수 있다.

① 색　　　　② 질감
③ 모양　　　④ 명도

018 난 ★★★☆☆
다음 중 색의 3속성에 대한 설명으로 가장 옳지 않은 것은?

① 색상은 색의 기본 속성으로, 빨강, 파랑, 노랑 등의 고유한 색을 나타내며, 색상환에서 연속적으로 표현된다.
② 명도는 색상의 밝기를 나타내며, 높은 명도의 색상은 밝고 눈에 띠며, 낮은 명도의 색상은 무게감 있고 차분한 느낌을 준다.
③ 채도는 색의 선명도를 나타내며, 높은 채도의 색상은 활기차고 선명하며, 낮은 채도의 색상은 탁하고 차분한 느낌을 준다.
④ 채도는 색상의 밝기와 직접적으로 연관되어 있으며, 명도가 낮아질수록 채도도 자동으로 낮아진다.

019 난 ★★★★★
아래 보기는 디자인의 기본 원리를 설명한 것이다. 보기를 읽고 빈칸에 들어갈 내용으로 알맞은 것을 고르시오.

> 특정 부분을 돋보이게 표현하여 주목성을 높이는 것을 말하며, (　　)된 내용에 흥미를 유발하고 시선을 집중시킨다. (　　)의 방법으로는 대비, 분리, 색채에 의한 (　　)가 있다.

① 통일　　　② 비례
③ 강조　　　④ 변화

020 난 ★★★★☆
아래 그림은 브리젯 라일리의 작품이다. 디자인의 기본 원리 중 어떤 것을 나타내는가?

① 리듬　　　② 크기
③ 변화　　　④ 균형

021 난 ★★★☆☆
다음 보기를 읽고 빈칸에 들어갈 내용으로 알맞은 것을 고르시오.

> (　　)의 원리와 통일성의 원리는 디자인에서 상호 보완적인 관계를 가지고 있다.
> (　　)이/가 없으면 디자인이 단조롭게 느껴질 수 있으며, 통일성이 결여되면 디자인이 혼란스럽게 보일 수 있다. 따라서, 실제 디자인에서 두 원리를 적절히 조화시켜 디자인을 구성한다.

① 균형　　　② 변화
③ 강조　　　④ 조화

022 난 ★★★★☆
다음 중 인포그래픽에 대한 설명으로 가장 옳지 않은 것은?

① 인포그래픽은 차트, 지도, 일러스트레이션 등 다양한 시각적 요소를 사용하여 복잡한 데이터를 간결하고 명확하게 전달하는 데 사용된다.
② 사용자의 관심을 유도하고 정보를 쉽게 이해하도록 돕기 위해 스토리텔링 기법을 활용하며, 디자인과 데이터를 결합한 형태를 갖춘다.
③ 비즈니스, 교육, 마케팅 등 다양한 분야에서 정보를 효과적으로 전달하기 위해 활용되며, 보고서나 프레젠테이션 자료로도 자주 사용된다.
④ 인포그래픽은 주로 정적인 형식으로만 제공되며, 인터랙티브 기능을 포함하지 않아 사용자와의 상호작용이 제한적이다.

023 난 ★★★☆☆
다음 그림과 같은 인포그래픽의 유형으로 가장 옳은 것은?

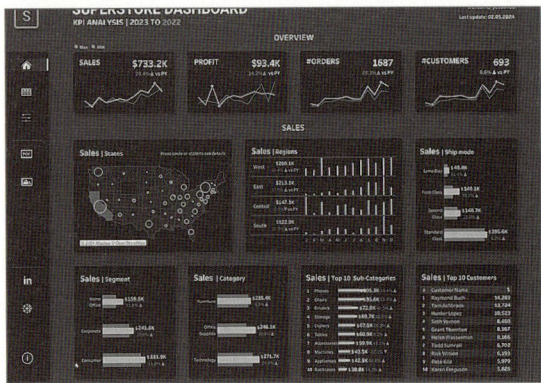

① 지리적 인포그래픽
② 통계형 인포그래픽
③ 프로세스 인포그래픽
④ 설명적 인포그래픽

024 난 ★★★★☆
다음 그림과 같은 인포그래픽 유형의 특징으로 옳지 않은 것을 고르시오.

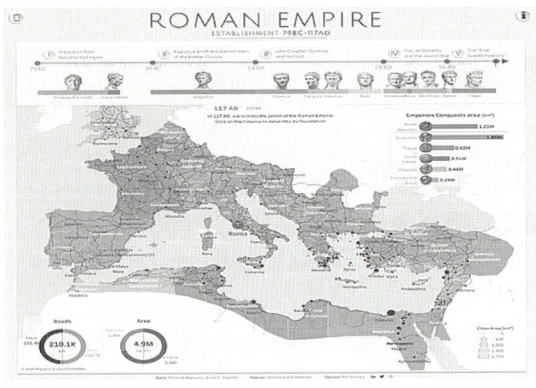

① 시간의 흐름에 따른 사건이나 발전 과정을 시각적으로 표현하며, 연대순 배열을 통해 시간적 맥락을 강조한다.
② 선형 타임라인, 화살표, 아이콘 등을 활용하여 특정 사건이나 단계를 명확히 표시한다.
③ 시간의 흐름보다는 공간적 배치와 비율을 강조하며 지리적 변화를 시각화한다.
④ 과거부터 현재까지의 변화 추이나 발전 과정을 시각적으로 이해하기 쉽게 제공한다.

025 난 ★★☆☆☆
과거부터 현재까지의 변화 추이나 발전 과정을 시각적으로 이해하기 쉽게 제공한다. 다음 중 해당 설명에 가장 적절한 것은?

① 전달하고자 하는 내용을 직관적으로 파악할 수 있도록 차트, 아이콘 등 적절한 시각적 요소로 명확하게 표현한다.
② 중요한 핵심 정보를 부각하고 사용자의 시선을 끌기 위해 다양한 색상과 폰트를 사용한다.
③ 인포그래픽의 텍스트와 색상을 다양하게 배치하여 시각적으로 흥미를 유발하고 복잡한 정보를 강조한다.
④ 복잡한 요소를 배제하고, 필요한 내용을 단순하고 명확히 전달하며, 과한 디테일이나 복잡한 레이아웃을 지양한다.

026 난 ★★★☆☆
다음은 그래픽 디자인 기본 원리에 대한 설명이다. 빈 칸에 들어갈 내용으로 알맞은 것은?

> 데이터만 제시하는 단순 시각화를 할 때는 잘 적용되지 않지만, 여러 요소를 복합적으로 배치할 때는 반드시 (   )을/를 계획하고 지켜야 시각적으로 우수한 디자인이 된다.

① 스타일   ② 색채
③ 순서   ④ 그리드

027 난 ★★☆☆☆
인포그래픽 디자인 시 주석을 사용하는 주요 목적으로 옳은 것은 무엇인가?

① 사용자가 시각적 요소를 더 세밀하게 수정하거나 디자인을 재구성할 수 있도록 돕는다.
② 중요한 정보를 보완하고 사용자가 내용을 쉽게 이해할 수 있도록 추가적인 문맥을 제공한다.
③ 시각적 복잡성을 높여 데이터를 더욱 상세하게 표현하고 강조한다.
④ 정보의 정확성보다는 디자인의 미적 요소를 더욱 강조하는 데 사용한다.

028 난 ★★☆☆☆
다음 그림에서 표시된 부분으로 알맞은 것을 고르시오.

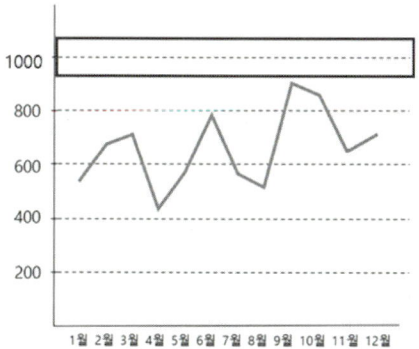

① 오차선　　② 점선
③ 격자선　　④ 추세선

029 난 ★★☆☆☆
다음 중 범례에 대한 설명으로 옳지 않은 것은?

① 차트에 사용된 색상, 패턴 또는 기호가 나타내는 데이터 또는 카테고리 간의 대응 관계를 설명하는 데 사용된다.
② 차트를 해석하고 데이터 요소의 의미를 명확히 전달하며, 사용자에게 데이터를 쉽게 이해하도록 돕는다.
③ 차트의 중심부에 배치되어야 하며, 데이터와의 시각적 거리가 가까울수록 좋다.
④ 차트의 가독성을 향상시키고 데이터를 비교하거나 해석하는 데 도움을 준다.

030 난 ★★★☆☆
인포그래픽 디자인 시 고려해야 할 요소 중 질감에 대한 설명으로 옳은 것은?

① 질감은 특정 요소를 강조하거나 구분하는 데 사용되며, 대조를 통해 사용자 시선을 유도할 수 있다.
② 질감은 인포그래픽에서 정보의 양을 증가시켜 데이터의 복잡성을 강조한다.
③ 질감은 주로 색상과 결합하여 데이터의 수량적 관계를 보여주는 데 적합하다.
④ 질감은 인포그래픽의 구조적 요소를 대체하며 텍스트 없이도 데이터를 완벽히 전달한다.

031 난 ★★☆☆☆
다음 중 차트의 주요 기능이 아닌 것은?

① 차트는 데이터를 시각화하고 데이터의 모든 세부 정보를 포함하여 전달하는 데에 적합하다.
② 차트는 데이터를 시각적으로 표현하여 특정 패턴이나 경향을 한눈에 이해할 수 있도록 돕는다.
③ 차트는 다양한 데이터를 비교할 수 있게 해주며, 각 데이터 항목 간의 관계를 쉽게 파악할 수 있다.
④ 차트는 데이터의 시간적 변화나 추세를 직관적으로 보여주어 사용자가 데이터를 빠르게 이해할 수 있게 한다.

032 난 ★★★☆☆
엑셀(Excel) 조건부 서식을 통해 적용할 수 없는 기능은 무엇인가?

① 데이터의 특정 조건에 따라 셀의 색상을 변경한다.
② 데이터의 특정 조건에 따라 셀의 글꼴을 변경한다.
③ 데이터의 특정 조건에 따라 셀의 크기를 변경한다.
④ 데이터의 특정 조건에 따라 셀의 테두리를 변경한다.

033 난 ★★☆☆☆
다음 중 엑셀 조건부 서식을 사용하는 주요 목적으로 옳은 것은 무엇인가?

① 데이터를 정렬하고 요약하여 보고서를 자동으로 생성한다.
② 특정 셀 값을 기준으로 행과 열의 레이아웃을 자동으로 변경한다.
③ 특정 조건을 만족하는 데이터를 강조하여 패턴이나 예외를 쉽게 식별하도록 돕는다.
④ 데이터 값을 기준으로 셀 크기(높이와 너비)를 자동으로 조정한다.

034 난 ★★★☆☆
다음 중 데이터 막대의 기능이 아닌 것을 고르시오.

① 데이터를 시각적으로 비교할 수 있도록 도와주며, 다양한 데이터 값 간의 차이를 명확하게 파악할 수 있다.
② 데이터 집합 내의 개별 값을 빠르게 비교할 수 있는 효율적인 방법을 제공한다.
③ 데이터의 상대적인 크기를 쉽게 파악할 수 있도록 막대 길이로 값을 시각화한다.
④ 데이터를 그래프로 표현할 때, 데이터의 절대적인 크기를 정확히 측정하여 분석에 활용한다.

035 난 ★★★★☆
다음 중 스파크라인의 특징에 대한 설명으로 옳지 않은 것은?

① 단일 셀 내에서 데이터의 추세와 변동성을 직관적으로 표현할 수 있어, 전체 데이터 세트를 빠르게 이해할 수 있다.
② 세부적인 데이터 값을 상세히 표시하며, 복잡한 데이터 분석에 적합하다.
③ 공간을 적게 차지하면서도 효율적으로 데이터를 시각적으로 요약할 수 있다.
④ 서로 다른 데이터 세트 간의 추세를 비교하기에 유용한 시각적 도구이다.

036 난 ★★★☆☆
아래 그림에 표현된 스파크라인의 유형으로 옳은 것은?

회사명	추세	2019	2020	2021	2022	2023
성수상사		154106	-73313	-90049	116695	17382
미르전자		3135	371056	168675	461360	149369
우람상조		423434	574955	567707	82488	22273
신혜엔터		219350	-89396	5732	340039	191981
노을통신		86159	413583	-13979	67177	-29152
하다데이터		470934	-111706	184350	426335	201219
서웅건설		173434	411787	541866	-67030	-121561

① 라인   ② 블록
③ 기둥(열)   ④ 승패

037 난 ★★★★☆
다음 중 피벗테이블의 특징에 대한 설명으로 옳지 않은 것은?

① 피벗테이블은 데이터를 요약하고 특정 열과 행을 기준으로 그룹화하여 통계적으로 분석할 수 있는 기능을 제공한다.
② 필터와 그룹 기능을 사용해 데이터를 유연하게 분석하며, 드래그 앤 드롭으로 손쉽게 다양한 데이터 조작이 가능하다.
③ 피벗테이블은 실시간 데이터 처리에 강점을 가지고 있어, 동적 데이터 분석이 가능하다.
④ 피벗테이블은 피벗 차트와 결합하면 데이터 추세와 패턴을 시각적으로 표현하기에 유용하다.

038 난 ★★☆☆☆
아래 그림은 워드프로세서의 다이어그램을 나타낸 것이다. 이에 대한 설명으로 옳지 않은 것은?

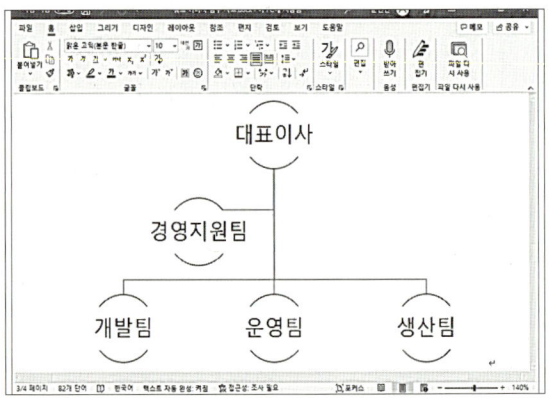

① 워드프로세서는 복잡한 정보를 다이어그램을 사용해 구조화하고 명확하게 전달할 수 있다.
② 워드프로세서는 데이터를 분석하거나 통계적으로 요약하기 위해 주로 사용된다.
③ 표를 활용하여 데이터를 정리하고 시각적으로 표현함으로써 문서의 가독성을 높일 수 있다.
④ 조직도나 흐름도를 통해 관계나 구조를 시각적으로 나타내는 데 활용된다.

039 난 ★★☆☆☆
사무자동화 프로그램의 주요 기능으로 적절한 것은?

① 데이터 백업
② 네트워크 보안
③ 하드웨어 관리
④ 데이터 정렬 및 필터링

040 난 ★★★☆☆
다음 중 사무자동화 프로그램 활용 시각화의 장점으로 옳지 않은 것은?

① 다양한 시각화 옵션을 통해 데이터를 효과적으로 표현할 수 있다.
② 실시간 협업 기능을 제공하여 여러 사용자가 동시에 데이터를 분석하고 결과를 공유할 수 있다.
③ 직관적이고 익숙한 인터페이스로 시각화 요소를 쉽게 생성하고 데이터를 조작할 수 있다.
④ 데이터 필터링, 정렬, 피벗 테이블 등을 통해 데이터를 가공하고 분석할 수 있다.

041 난 ★★☆☆☆
다음 중 비즈니스 인텔리전스(BI, Business Intelligence) 소프트웨어 개념에 대한 설명으로 적절한 것은?

① 기업이 수집한 데이터를 효율적으로 관리하고 분석하여 시각화 및 대시보드로 구현하고, 이를 통해 전략적인 의사결정과 인사이트 도출을 지원한다.
② 기업의 데이터를 수동으로 정리하여 보고서를 작성하는데 초점을 맞추며, 자동화된 분석 도구는 포함하지 않는다.
③ 비즈니스 인텔리전스는 주로 개인 사용자가 데이터를 공유하기 위한 협업 도구로 사용된다.
④ 비즈니스 인텔리전스는 데이터베이스의 설계 및 저장 용량을 늘리기 위한 기술로, 시각화나 대시보드는 지원하지 않는다.

042 난 ★★★☆☆
다음 중 비즈니스 인텔리전스(BI, Business Intelligence) 소프트웨어의 특징으로 옳지 않은 것은?

① 시각화도구는 데이터 분석, 예측, 협업 등 다양한 기능을 제공하며, 데이터 접근성과 비즈니스 의사결정에 도움을 준다.
② 여러 데이터 소스를 연결하고 데이터를 정제하여 모델링함으로써 품질을 향상하고 의미 있는 분석을 수행할 수 있다.
③ 시각화도구는 단일 데이터베이스만 지원하며, 데이터 변환이나 정제 기능을 제공하지 않는다.
④ 사용자가 데이터를 실시간으로 탐색하고 대시보드를 구성하며 동적으로 조작할 수 있어 효과적인 의사결정 환경을 제공한다.

043 난 ★★★★★
43. 다음 중 데이터 시각화 도구의 장점으로 옳지 않은 것은?

① 데이터를 시각적으로 분석하고 이해할 수 있도록 다양한 차트와 그래프 옵션을 제공하여, 데이터의 핵심 정보를 직관적으로 전달할 수 있다.
② 실시간 데이터 분석과 대시보드 업데이트 기능을 통해 데이터를 즉각적으로 반영하여 빠르게 변화하는 비즈니스 상황에 대처할 수 있다.
③ 여러 데이터 소스를 한 곳에서 통합하고, 손쉽게 데이터를 정제하고 시각화할 수 있는 기능을 지원하여 사용자의 편의성을 높인다.
④ 대규모 파일의 저장 및 문서의 버전 관리를 효율적으로 수행하고, 공동 작업 환경에서 문서 편집 기능을 제공한다.

044 ★★★★☆
아래 보기는 데이터 시각화 도구의 단점을 설명한 것이다. 빈칸에 들어갈 내용으로 알맞은 것은?

> 특정 운영체제나 브라우저에서 시각화 도구를 사용하는 데 (　　)으로 인해 제한이 발생할 수 있다. 또한 사용자 간 소프트웨어 버전이 상이해 도구 자체의 (　　)으로 인한 안전성 문제가 발생하면 분석 및 의사결정 프로세스에 영향 미칠 수 있으며 팀원, 사용자 간의 소통을 통해 사용 버전 및 권장 스펙에 대한 합의점을 찾는 것이 중요하다.

① 재현 가능성
② 호환성
③ 반복 가능성
④ 의존성

045 ★★★☆☆
다음 중 데이터 시각화 도구의 특징 중 하나인 재현가능성에 대한 설명으로 옳지 않은 것은?

① 재현 가능성을 높이기 위해서는 코드, 데이터, 분석 방법 등을 명확히 기술해야 한다.
② 동일한 데이터와 방법을 사용하면 차트의 세부 스타일이 다르더라도 동일한 메시지를 전달할 수 있다.
③ 차트의 데이터와 표시 방식이 명확히 명시되면, 다른 사람이 비슷한 차트를 생성할 수 있다.
④ 재현 가능성은 데이터와 방법이 동일하면 항상 동일한 차트 결과를 보장한다.

046 ★★★☆☆
다음 중 태블로(Tableau)에 대한 설명으로 옳은 것은?

① 태블로는 단일 데이터소스만 지원하며, 대용량 데이터 처리에 제약이 있다.
② 태블로는 프로그래밍 지식이 필요한 전문 도구로, 비전문가가 사용하기 어렵다.
③ 태블로는 다양한 데이터소스와 연동 가능하며, 드래그 앤 드롭 방식으로 대화형 시각화와 분석을 제공한다.
④ 태블로는 실시간 데이터 분석을 지원하지 않으며, 정적 보고서 작성에 주로 사용된다.

047 ★★★☆☆
보기를 읽고 빈칸에 들어갈 내용으로 알맞은 것을 고르시오.

> (　　)은/는 마이크로소프트에서 개발한 비즈니스 인텔리전스(Business Intelligence) 도구로, 클라우드 기반의 서비스를 통해 별도의 서버나 인프라를 따로 구축할 필요가 없고 보안 및 업데이트를 마이크로소프트가 관리하여 안정적인 서비스 운영을 할 수 있다.

① 태블로(Tableau)
② 클릭 센스(Qlik Sense)
③ 파워BI(Power BI)
④ 액세스 (Access)

048 ★★★☆☆
보기에서 설명하는 파워 BI 기능으로 옳은 것을 고르시오.

> 목표 값과 실제 값의 비교를 통해 목표 달성 상태를 간단하고 명확하게 표현한다. 상태(성과 달성 여부), 추세(변화 양상), 목표(기준값) 등 세 가지 주요 요소를 기반으로 구성된다. 대시보드에서 실시간 데이터를 활용하여 성과를 모니터링하고, 경영 의사결정을 지원한다.

① CSV
② KPI
③ Filter
④ Query

049 ★★★★☆
다음 중 시각화도구별 함수 특징에 대한 설명으로 옳은 것은?

① 태블로 계산식 함수는 Excel 함수와 매우 유사하여 사용자가 처음 접해도 쉽게 활용할 수 있다.
② 파워BI DAX 함수는 Excel 함수와 유사한 구조로, 사용자가 익숙하게 접근할 수 있으며 정교한 계산식을 작성하는 데 유리하다.
③ 파워BI DAX 함수는 사용자 인터페이스가 복잡하여, 익숙해지기까지 많은 학습이 필요하다.
④ 태블로 계산식 함수는 사용자 인터페이스가 제한적이며, 계산식을 적용한 결과를 즉시 확인하기 어렵다.

050 ★★★★★
다음 중 좋은 대시보드의 특징으로 가장 적절하지 않은 것은?

① 좋은 대시보드는 사용자가 원하는 정보를 빠르게 파악하고 의사결정을 지원하도록 설계되어야 한다.
② 대시보드는 실시간 데이터 갱신을 통해 최신 정보를 기반으로 의사결정을 가능하게 해야 한다.
③ 대시보드는 복잡한 데이터를 단순히 나열하며, 사용자가 직접 분석하도록 유도해야 한다.
④ 좋은 대시보드는 다양한 기기에서 접근 가능하며, 보안과 권한 관리를 철저히 해야 한다.

051 ★★☆☆☆
다음 중 Power BI와 태블로에서 텍스트 문자열의 시작 부분부터 지정된 문자 수를 반환하는 함수로 옳은 것은?

① REPLACE
② CONTAINS
③ LEFT
④ TRIM

052 ★★★☆☆
다음은 태블로 문자열 함수이다. 이에 대한 결과값으로 옳은 것은?

```
SUBSTITUTE("Hello World", "World", "Universe")
```

① Hello Universe
② Hello World Universe
③ Hello World
④ World Universe

053 ★★☆☆☆
시각화 도구(BI 소프트웨어)의 주요 기능 중 대시보드 구현에 대한 설명으로 옳은 것은?

① 단일 데이터 소스만을 기반으로 정보를 제공하며, 사용자와의 상호작용 없이 데이터를 정적으로 보여준다.
② 다양한 시각적 요소를 활용해 체계화된 정보를 표현하고, 사용자가 상호작용하여 필요한 데이터를 탐색하고 필터링할 수 있도록 한다.
③ 주로 데이터 수집에 중점을 둔 도구로, 시각적 요소는 부가적인 기능으로 제공된다.
④ 데이터를 단순히 저장하고 공유하는 기능에 초점을 맞춘 플랫폼으로, 비즈니스 의사결정에는 적합하지 않다.

054 ★★★★☆
탐색형 대시보드에 대한 설명으로 옳은 것은?

① 사용자가 다양한 데이터 세트를 직접 필터링하고 분석하여 숨겨진 패턴이나 상관관계를 탐색할 수 있는 대시보드로, 사용자의 상호작용을 통해 데이터를 세부적으로 탐구할 수 있다.
② 사전 정의된 고정된 지표만을 보여주며, 사용자가 데이터를 필터링하거나 추가 분석을 수행할 수 없는 제한된 기능의 대시보드이다.
③ 단순히 일일 보고서나 요약된 정보를 시각화하는 데 초점을 맞추고, 사용자에게 데이터를 조작하거나 세부적으로 분석할 수 있는 기능을 제공하지 않는다.
④ 시각화 요소가 복잡하고 색상이 화려하여 감각적인 디자인을 강조하며, 데이터 탐색보다는 시각적 흥미를 유발하는 데 더 중점을 둔 대시보드이다.

055 ★★☆☆☆
다음 중 대시보드의 예시로 옳지 않은 것은?

① 매일 아침 관리자나 임원들에게 메일로 공유되는 주요 경영 지표
② 부서 전원이 업무 중 실시간으로 볼 수 있는 클레임 KPI
③ 특정 데이터를 출력하기 위해 복잡한 코드를 수작업으로 실행해야 하는 콘솔 화면
④ 마케팅 정보 제공, 경쟁사 성과 비교 및 고객 요구사항 분석

056 ★★☆☆☆
다음 중 좋은 대시보드의 특징으로 가장 적절한 것은?

① 데이터를 한 번 입력하면 수정이 불가능하도록 하여 데이터 무결성을 유지한다.
② 대시보드 설계 시 사용자 요구를 고려하지 않고, 모든 데이터를 한 화면에 보여주는 방식으로 구성한다.
③ 최신 정보보다는 과거 데이터를 강조하여 의사결정을 지원한다.
④ 사용자가 필요로 하는 정보를 실시간으로 갱신하며, 다양한 기기에서 접근 가능하도록 설계한다.

057 ★★☆☆☆
다음 중 대시보드의 기본기능으로 옳지 않은 것은?

① 다양한 시각화 요소를 조합하여 대시보드를 생성하고, 공유하며 협업을 통해 신속한 의사결정을 지원한다.
② 데이터를 자동으로 그룹화하여 사용자 개입 없이 분석 결과를 도출한다.
③ 사용자가 원하는 데이터를 선택적으로 표시하거나 숨길 수 있는 필터 기능을 제공한다.
④ 정의된 조건에 따라 알림과 경고를 전달하여 특정 상황을 신속히 인지하고 대응할 수 있도록 지원한다.

058 ★☆☆☆☆
다음 중 아래 보기에서 설명하는 대시보드의 기본기능으로 옳은 것은?

> • 사용자가 원하는 데이터를 선택적으로 표시/숨김 처리
> • 다양한 필터 옵션을 제공해 데이터를 세분화하고 관심 있는 부분에 집중할 수 있음
> • 사용자가 필터를 추가하거나 수정해 데이터를 동적으로 변경할 수 있음

① 데이터 연결 및 통합
② 상호작용 및 탐색
③ 데이터 필터링
④ 데이터 분석

059 ★★★☆☆
다음 중 시각화 도구를 이용할 때 상호작용에 대한 설명으로 옳지 않은 것은?

① 사용자가 대시보드의 모든 데이터를 변경할 수 있으며, 이를 통해 원본 데이터 자체를 수정할 수 있다.
② 대시보드에서 필터를 설정하거나 변수를 활용해 동적으로 데이터를 변경할 수 있다.
③ 사용자 맞춤형 대시보드를 제공하여 데이터 분석과 의사결정의 편의성을 높일 수 있다.
④ 설정된 조건에 따라 사용자 지정 알림을 제공해 중요한 사건에 빠르게 대응할 수 있다.

060 ★★☆☆☆
다음 중 보기에서 설명하는 시각화 요소는 무엇인가?

> • 그래프나 차트의 범위를 드래그해 특정 시간대나 범위를 강조할 수 있음
> • 데이터의 특정 부분에 대해 더 깊이 탐색하고 관련 정보를 시각화할 수 있음

① 클릭(Click)
② 마우스 오버(Mouse Over)
③ 선택(Select)
④ 드래그(Drag)

061 ★★☆☆☆
테이블 디자인 중 테이블 차트에 대한 설명으로 적절한 것은?

① 테이블 차트는 행과 열을 활용해 데이터를 구조화하며, 각 셀에는 숫자, 텍스트 또는 다른 유형의 데이터가 포함될 수 있다.
② 테이블 차트는 데이터의 시각화를 위한 도구로, 데이터를 그래프 형태로 표현하고 추세를 강조하는 데 주로 사용된다.
③ 테이블 차트는 데이터를 정렬하지 않고 단순히 나열하여 데이터를 시각적으로 구분하지 않는다.
④ 테이블 차트는 열과 행의 구분 없이 데이터를 연속적으로 보여주는 시각적 표현 방법이다.

062 난 ★★★☆☆

아래 보기는 테이블 차트의 구성요소에 대해 설명한 것이다. 빈칸에 들어갈 내용으로 적절한 것은?

> 각 (　)은/는 해당 테이블의 속성이나 특징을 나타낸다. 예를 들어, 고객 정보를 담은 테이블에서 "이름", "나이", "성별" 등의 (　)은/는 각각 고객의 이름, 나이, 성별에 대한 정보를 담고 있다. 또한 (　)은/는 특정 유형의 데이터를 포함하며, 해당 데이터의 특성을 설명한다.

① 행
② 엔티티
③ 열
④ 레이아웃

063 난 ★★☆☆☆

다음 중 캘린더 차트에 대한 설명으로 옳지 않은 것은?

① 캘린더 차트는 시간과 날짜를 기반으로 데이터를 시각적으로 표현하며, 각 날짜에 해당하는 셀에 데이터를 배치한다.
② 시간 단위는 일, 주, 월, 연도 등 다양하게 설정할 수 있어 시간의 흐름에 따른 데이터 변화를 확인할 수 있다.
③ 셀의 색상이나 아이콘 등을 활용해 데이터의 패턴과 특정 이벤트를 직관적으로 표현할 수 있다.
④ 캘린더 차트는 시간 단위별 데이터 분석보다는 개별 데이터 값의 통계적 계산에 더 적합하다.

064 난 ★☆☆☆☆

다음 중 차트 디자인 요소가 아닌 것은?

① 색상
② 데이터 입력 방식
③ 레이아웃 및 배치
④ 텍스트 사용

065 난 ★★☆☆☆

다음 중 차트 디자인에 대한 설명으로 옳은 것은?

① 데이터 유형과 특성을 고려하여 디자인함으로써 데이터를 이해하고 활용하는 데 도움을 줄 수 있다.
② 시각화 도구에서 제공하는 모든 차트 유형은 비즈니스 의사결정에 적합하다.
③ 차트는 반드시 하나의 시각화 방법에만 속해야 한다.
④ 차트의 디자인은 데이터의 유형보다 시각적 복잡성을 우선시해야 한다.

066 난 ★★☆☆☆

다음 중 수량 시각화 기법을 사용하는 목적으로 옳은 것은?

① 데이터의 복잡한 상관관계를 시각적으로 표현하고 해석하기 위함이다.
② 시간에 따른 데이터의 변화를 추적하여 예측 모델을 개발하기 위함이다.
③ 데이터의 양을 시각적으로 표현하고, 항목별 상대적인 크기를 직관적으로 비교하기 위함이다.
④ 지리적 데이터를 시각화하여 특정 위치나 지역 간의 차이를 이해하기 위함이다.

067 난 ★★★☆☆

아래 그림과 같은 그래프를 작성할 때 주의사항으로 옳지 않은 것은?

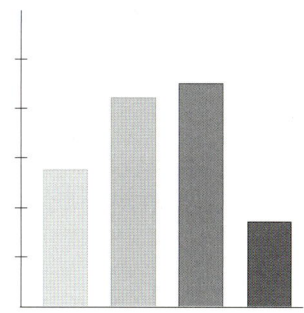

① 세로축(Y축)은 0부터 시작해야 정확한 정보를 전달할 수 있다.
② 세로축에 생략 물결선을 사용하는 것은 데이터의 왜곡을 초래하므로 피해야 한다.
③ 세로 막대가 많을 경우 시각적 혼란을 줄 수 있으므로 데이터 범위를 적절히 제한해야 한다.
④ 막대의 색상을 범주별로 다르게 지정해 누적된 데이터를 구분하는 데 유용하다.

068 ★★★☆☆
다음 중 누적막대차트에 대한 특징으로 옳지 않은 것은?

① 여러 항목의 개별 값과 전체적인 합계를 동시에 표현할 수 있다.
② 모든 데이터의 비교를 위해 각 항목을 개별적으로 나열하며 범주 간 독립적인 비교를 강조한다.
③ 각 항목의 상대적 크기와 전체적인 구성을 동시에 파악하기에 적합하다.
④ 세부 항목을 색상이나 질감으로 구분해 시각적으로 쉽게 비교할 수 있다.

069 ★★★★☆
다음 중 히트맵을 작성하는 주요 목적으로 옳은 것은?

① 데이터의 상대적인 크기와 밀도를 시각적으로 비교하고, 패턴과 특징을 쉽게 파악하기 위해 작성한다.
② 정확한 데이터 값을 전달하고 개별 항목 간의 미세한 차이를 수치적으로 나타내기 위해 작성한다.
③ 데이터 값을 세부적으로 나열하여 각 값의 개별적인 의미를 강조하기 위해 작성한다.
④ 시간에 따른 데이터의 추세를 선으로 연결하여 변화를 표현하기 위해 작성한다.

070 ★★★☆☆
다음 중 그림과 같은 차트 유형에 대한 설명으로 옳지 않은 것은?

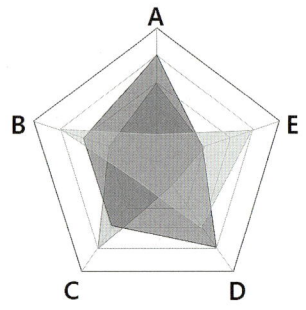

① 다중 변수의 상대적인 크기와 패턴을 시각적으로 비교하는 데 사용된다.
② 여러 변수 간의 관계나 균형을 파악할 수 있으며, 패턴이나 추세를 감지하는 데 적합하다.
③ 축이 원형으로 배열되지 않고, 직선 형태로 표시되며 데이터 간의 비교를 수행한다.
④ 원형 또는 다각형 형태로 그려지며, 각 축은 변수의 크기나 값을 나타낸다.

071 ★★☆☆☆
다음 중 비율 시각화의 개념에 대한 설명으로 옳은 것은 무엇인가?

① 시간에 따른 데이터의 변화를 강조하며, 시간 축을 기준으로 데이터를 비교한다.
② 데이터의 분포를 나타내고, 특정 값들이 전체 데이터에서 차지하는 위치를 강조한다.
③ 전체 데이터에서 각 항목이 차지하는 부분의 크기와 비율을 시각적으로 나타낸다.
④ 데이터 간의 상관관계를 강조하며, 변수 간의 연관성을 시각적으로 표현한다.

072 ★★☆☆☆
다음 중 비율 시각화 사용 예시로 적절하지 않은 것을 고르시오.

① 쇼핑몰에서의 상품별 매출 비율을 나타내는 차트
② 월별 매출 추이를 나타내는 그래프
③ 부서별 성비를 시각화한 그래프
④ 도시 간 인구 비율을 비교하는 그래프

073 ★★★★☆
다음 중 파이차트 작성 시 주의사항으로 옳지 않은 것은?

① 파이차트는 너무 많은 범주를 포함하면 시각적 혼란을 가져올 수 있다.
② 파이차트는 상대적인 비율을 보여주는 데 효과적이지만, 각 부분의 절대적인 크기를 파악하기는 어렵다.
③ 다양한 범주를 동시에 비교하기 때문에 특정 범주를 강조하여 작성할 수 없다.
④ 각 섹션에는 명확한 레이블을 제공하여 어떤 항목이나 범주를 나타내는지 명확하게 해야 한다.

074 ★★★★☆
아래 그림과 같은 차트 시각화 기법을 사용하는 주요 목적으로 가장 적절한 것은?

[출처]https://www.nytimes.com/2022/04/07/learning/whats-going-on-in-this-graph-april-13-2022.html

① 데이터를 시간 축에 따라 추세와 계절성을 분석하여 시간의 흐름에 따른 변화를 확인하기 위해 사용된다.
② 공간 데이터를 활용하여 특정 지리적 위치의 데이터 분포와 패턴을 파악하고 지역 간 비교를 수행하기 위해 사용된다.
③ 두 변수 간의 상관관계와 연속적인 데이터 포인트의 관계를 시각적으로 분석하기 위해 사용된다.
④ 계층적 구조 데이터를 시각화하여 각 계층의 비율과 상대적 크기를 직관적으로 비교하고, 공간을 효율적으로 활용하여 대량의 데이터를 표시하기 위해 사용된다.

075 ★★★★☆
다음 중 모자이크 도표의 특징으로 옳지 않은 것은?

① 2개 이상의 범주형 변수 간의 관계를 동시에 시각화 할 수 있다.
② 각 범주의 상대적인 빈도를 사각형의 면적으로 표현한다.
③ 범주 간 관계를 나타내기 위해 각 사각형의 크기를 높이만 조절하여 나타낸다.
④ 범주형 변수의 수준이 높아질수록 해석이 어려워질 수 있다.

076 ★★★★☆
다음 비율시각화 차트들에 대한 특징으로 가장 적절하지 않은 것을 고르시오.

① 와플차트는 복잡한 데이터를 시각화하는데 유용하며 보다 정확한 비율을 표시해준다.
② 도넛차트는 파이차트에 비해 추가 정보를 제공하기 용이하다.
③ 모자이크 도표는 2개 이상의 범주형 변수간의 관계를 동시에 시각화 할 수 있다.
④ 트리맵 차트는 계층적인 구조를 가진 데이터를 시각화하는데 사용된다.

077 ★★★☆☆
아래 그림과 보기 설명을 참고하여 빈칸에 들어갈 내용을 고르시오.

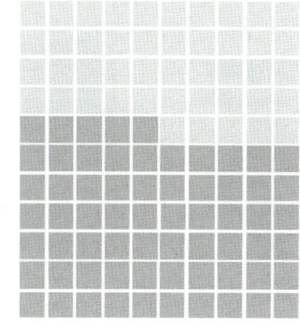

( )은/는 일반적으로 10x10 정사각형 그리드를 사용하여 백분율을 표현하는 차트로 시장 점유율 등을 표현하는데 적합한 차트이다.

① 트리맵
② 히트맵
③ 와플차트
④ 모자이크 도표

078 ★★★☆☆
다음 중 분포 시각화 개념에 대한 설명으로 옳지 않은 것을 고르시오.

① 데이터의 빈도와 밀도를 바탕으로 시각화하여 분석을 돕는다.
② 데이터값을 시각적으로 나타내어 데이터의 퍼짐 정도를 파악하고, 이를 통해 통계적 모델 선택과 데이터 분석 방법 결정에 도움을 준다.
③ 대표적인 예시로 라인차트나 영역차트가 존재하며, 데이터의 변동을 잘 표현한다.
④ 데이터를 공간적으로 나타내어 이상치를 감지하거나 데이터의 특성을 분석한다.

079 ★★★★☆
다음 중 분포 시각화의 예시로 맞는 차트를 고르시오.

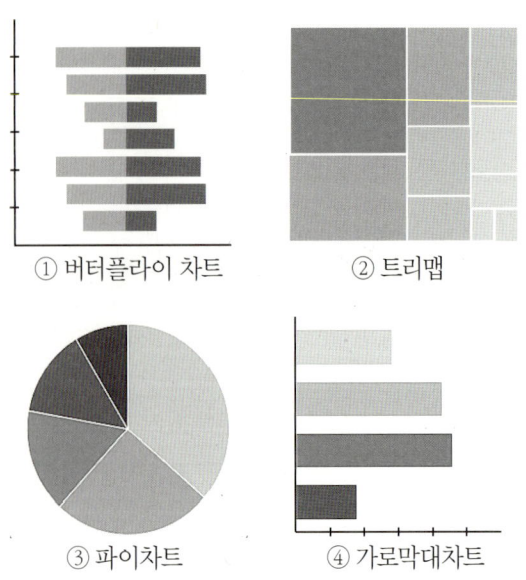

① 버터플라이 차트
② 트리맵
③ 파이차트
④ 가로막대차트

080 ★★★☆☆
다음 중 히스토그램과 막대 그래프의 차이점으로 옳은 것은 무엇인가?

① X축 데이터가 연속형이면 히스토그램, 범주형이면 막대그래프를 사용한다.
② 히스토그램과 막대그래프 모두 특정 데이터를 강조하기에는 부적합한 시각화 기법이다.
③ 히스토그램과 막대그래프 모두 음수 데이터를 시각화할 수 없다.
④ 히스토그램은 이산형 데이터를, 막대그래프는 연속형 데이터를 표현한다.

081 ★★★☆☆
다음 그림은 박스플롯차트를 나타낸 것이다. 빈칸에 들어갈 내용으로 알맞은 것은?

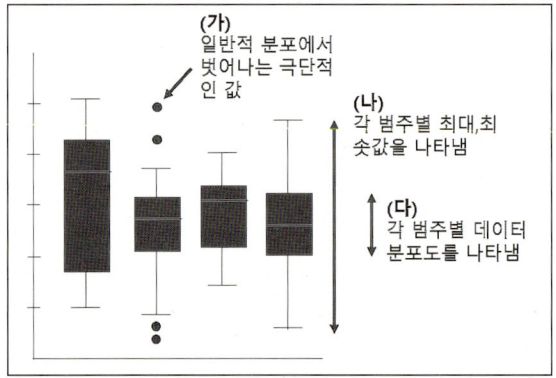

① (가)최대/최솟값 (나)사분범위 (다)이상값
② (가)이상값   (나)사분범위 (다)최대/최솟값
③ (가)사분범위   (나)최대/최솟값 (다)이상값
④ (가)이상값   (나)최대/최솟값 (다)사분범위

082 난 ★★★★☆
다음 중 박스플롯의 특징으로 옳지 않은 것은?

① 박스플롯은 데이터의 중심 경향성과 분포를 시각화하며, 중앙값과 사분위수를 사용한다.
② 데이터의 이상치를 시각적으로 나타내며, 상자수염 밖에 위치한 값은 이상치로 간주된다.
③ 박스플롯은 평균값을 기반으로 데이터의 분포를 표현하며, 이상치의 영향을 줄인다.
④ 데이터의 최댓값, 최솟값, 사분위수 등을 시각적으로 나타내어 데이터의 분포를 파악할 수 있다.

083 난 ★★★☆☆
다음 중 버터플라이 차트의 사용 예시로 가장 적절한 것은?

① 연령대별 성별 분포를 비교하여 각 성별의 연령 분포를 시각적으로 나타낸다.
② 국가별 연간 수출액과 수입액의 비율을 나타낸다.
③ 지역별 주택 가격의 상승률을 시각화하여 시간에 따른 변화를 분석한다.
④ 매장별 월간 매출액의 합계를 시각화하여 매장 간 비교를 제공한다.

084 난 ★★★★☆
아래 보기는 분포 시각화 기법 중 하나에 대한 설명이다. 보기를 참고하여 빈칸에 들어갈 내용을 고르시오.

> 박스플롯이 분포의 정확한 모양을 알 수 없다는 단점이 있는데 반해 (   )은/는 박스플롯에 밀도를 추가한 형태로 분포의 모양까지 확인이 가능하다는 특징이 있다.

① 눈모양 도표
② 결합형 차트
③ 바이올린 도표
④ 버블 차트

085 난 ★★★★★
그림과 같은 차트를 사용하는 주요 목적으로 옳은 것은?

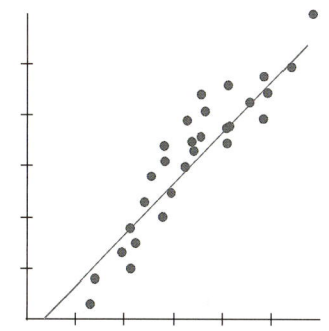

① 데이터의 빈도 분포를 히스토그램으로 나타내기 위해 사용된다.
② 두 범주형 변수 간의 관계를 시각적으로 비교하기 위해 사용된다.
③ 데이터가 특정 분포(예: 정규분포)를 따르는지 시각적으로 확인하기 위해 사용된다.
④ 시간에 따른 데이터의 추세와 계절성을 분석하기 위해 사용된다.

086 난 ★★★☆☆
다음 중 산점도의 특징으로 옳지 않은 것은?

① 두 변수 간의 관계를 시각적으로 파악할 수 있으며, 데이터 분포 패턴을 통해 변수 간의 선형적 관계를 확인할 수 있다.
② 범주형 변수 간의 관계를 시각적으로 파악하는 데 주로 사용된다.
③ 산점도 행렬은 다변량 데이터를 시각화하는 데 효과적인 도구로 활용될 수 있다.
④ 이상치를 파악하고, 필요에 따라 적절히 처리하여 분석의 신뢰성을 높일 수 있다.

087 난★★★☆☆
다음 중 두 차트 A,B의 차이점으로 옳은 것을 고르시오.

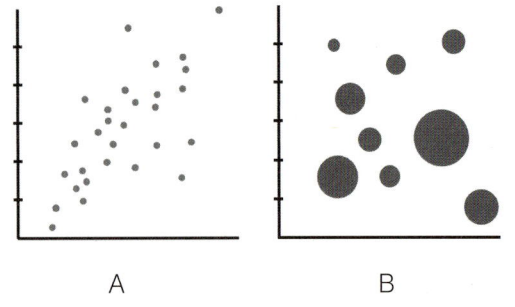

① A차트는 산점도이지만 B차트는 산점도라 할 수 없다.
② A차트는 두 가지, B차트는 세가지 변수에 관한 데이터를 시각화 할 수 있다.
③ A차트는 두 변수간의 선형적인 관계를, B차트는 두 변수간의 비선형적인 관계를 시각화한다.
④ A차트는 변수들의 분포패턴을, B차트는 데이터의 이상치를 찾아내는데 유용하다.

088 난★★☆☆☆
다음 중 공간시각화 개념에 대한 설명으로 옳지 않은 것은?

① 규격화된 지도를 활용하므로 지리적 공간이 변화되면 안된다.
② 지리공간 데이터를 활용하여 지도로 표현하는 시각화 방법이다.
③ 위도와 경도 정보가 포함되어야 하며, 이를 기반으로 데이터를 시각화할 수 있다.
④ 일부 시각화 도구(BI 소프트웨어)는 위치정보(위도, 경도)가 내재되어 있어 쉽게 활용할 수 있다.

089 난★★★☆☆
아래 보기는 공간 시각화 중 하나에 대한 설명이다. 다음 중 옳은 것을 고르시오.

> 지리적 공간을 왜곡 시킴으로써 지리적 단위의 크기를 다른 변수의 값에 따라 조정해, 지도 상에 특정 지역이 더 크게 표현 될 수 있는 시각화 기법이다.

① 보기에서 설명하는 시각화 기법은 단계구분도이다.
② 지리적 분포에 따른 데이터 차이를 시각적으로 파악할 수 있다.
③ 지리적으로 가장 크기가 큰 지역이 차트상에서도 가장 데이터가 많다고 할 수 있다.
④ 지역별 인구나 GDP보다는 기온이나 강수량 데이터를 전달하는데 활용된다.

090 난★★★☆☆
아래 그림과 같은 차트의 유형으로 옳은 것은?

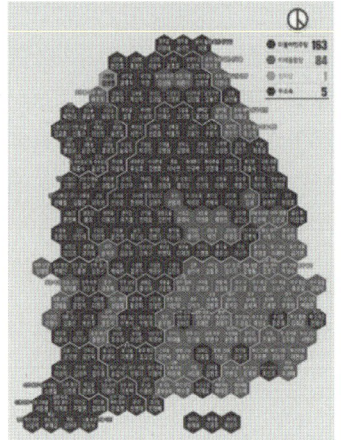

① 단계구분도
② 카토그램
③ 카토그램 히트맵
④ 등치선도

091 난 ★★★☆☆
다음 중 시간 시각화 개념에 대한 설명으로 옳지 않은 것은?

① 시간 시각화는 데이터에서 시간에 따른 변화를 시각적으로 보여주며, 데이터의 추이와 패턴을 이해하는 데 도움을 준다.
② 시간 시각화는 여러가지 시간 단위를 혼합하여 사용할 수 있다.
③ 시간 시각화는 트렌드 발견, 이상치 탐지, 패턴 분석 등 다양한 분석 작업에 활용될 수 있다.
④ 시간 데이터는 특정 시간의 구간 값(이산형 데이터)과 지속적으로 변화하는 값(연속형 데이터)으로 나뉜다.

092 난 ★★★☆☆
다음 보기에서 설명하는 시각화 개념은 무엇인가?

> 변수들 간의 군집 형성 및 이상치를 파악하는데 가장 유용하게 쓰이는 시각화 기법이다.

① 시간 시각화
② 분포 시각화
③ 관계 시각화
④ 불확실성 시각화

093 난 ★★★☆☆
다음 그림과 같은 차트를 작성하는 주요 목적으로 가장 옳은 것은?

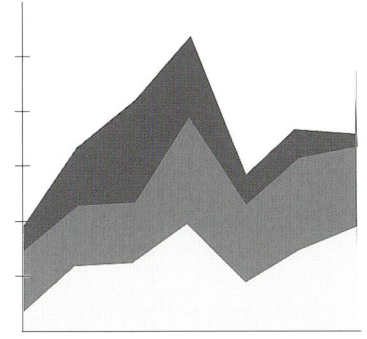

① 여러 범주형 데이터를 서로 비교하기 위해 사용한다.
② 데이터의 개별 값에 대한 정확한 비교를 수행하기 위해 사용한다.
③ 복잡한 데이터의 상관관계를 분석하고 이상치를 발견하기 위해 사용한다.
④ 시간에 따른 데이터의 변화를 시각적으로 나타내고, 데이터의 추세와 상대적 크기를 이해하기 위해 사용한다.

094 난 ★★★☆☆
아래 그림과 같은 경사차트의 특징으로 옳지 않은 것은?

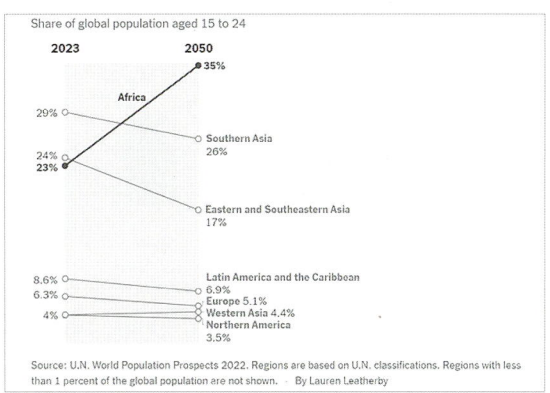

https://www.nytimes.com/2024/03/14/learning/whats-going-on-in-this-graph-march-27-2024.html

① 두 시점 간 데이터의 변화를 직선으로 연결하여 증감 추세를 쉽게 파악할 수 있다.
② 시간이나 범주 간의 값을 비교하며, 증가와 감소를 명확하게 시각화할 수 있다.
③ 두 시점의 모든 데이터 값을 표시하여 개별 항목의 세부적인 비교가 가능하다.
④ 데이터의 증감 방향과 크기를 직관적으로 이해하기 쉽도록 설계된 차트이다.

095 난 ★★★★★
다음 중 불확실성 시각화에 대한 특징으로 옳지 않은 것은?

① 데이터의 신뢰 구간, 오차 범위, 표준 오차 등을 시각적으로 표현하여 데이터의 변동성을 이해할 수 있도록 돕는다.
② 다양한 시각적 요소(예: 투명도, 음영, 색상)를 사용하여 불확실성의 정도를 효과적으로 나타낼 수 있다.
③ 예측 결과의 신뢰성을 높이는 데 도움을 주며, 분석 결과를 해석할 때 중요한 참고 자료가 된다.
④ 주로 데이터의 절대적 크기를 강조하여 변동성보다는 정확한 값을 전달하는 데 초점을 맞춘다.

096 난 ★★★☆☆
다음 중 아래와 같은 시각화 기법을 활용할 때 유의사항으로 적절하지 않은 것은?

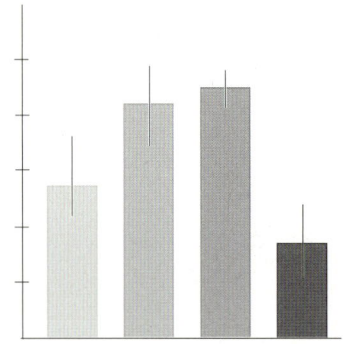

① 데이터가 너무 많을 경우, 영역을 그룹화하거나 일부 데이터를 제거하여 오버로딩을 방지한다.
② 축의 척도를 일관되게 설정하여 데이터의 상대적 차이를 왜곡 없이 시각화한다.
③ 어떤 종류의 오차를 표시할 것인지 명확히 하고, 신뢰 구간, 표준 오차, 표준 편차 등 다양한 오차 유형을 고려해야 한다.
④ 데이터를 필터링하거나 색상 코드를 활용하여 복잡한 데이터를 시각적으로 단순화한다.

097 난 ★★★★☆
다음 중 아래와 같은 차트에 대한 설명으로 옳지 않은 것은?

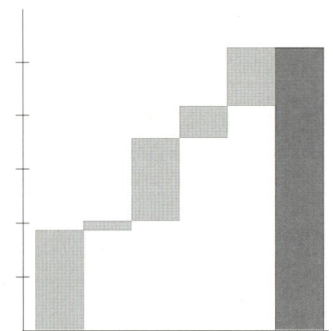

① 폭포수 차트는 각 단계의 누적 값을 표시하여 전체적인 합계를 파악할 수 있다.
② 각 단계마다 값의 증가 또는 감소를 나타내는 막대를 사용하여 데이터의 변화를 시각적으로 보여준다.
③ 데이터의 변화와 요인을 명확히 파악할 수 있도록 각 단계의 합계와 이전 단계와의 차이를 표시한다.
④ 폭포수 차트는 모든 단계가 개별적으로 독립적이며, 누적 값이 전체 데이터에 영향을 미치지 않는다.

098 난 ★★★☆☆
아래 보기가 설명하는 시각화 유형에 대한 설명으로 옳지 않은 것을 고르시오.

> 각 작업의 시작 및 종료일과 작업 간의 관계를 시각적으로 보여주는 차트이다.

① 같은 시간내에 여러 작업이 진행될 수 없다.
② 작업의 시작일과 종료일을 정확하게 설정해야 한다.
③ 각 작업별 우선순위를 파악하는데 유용한 시각화 유형이다.
④ 작업이 진행중이라도 실시간으로 진행상황을 업데이트하여 데이터를 변경할 수 있다.

099 난 ★★★★☆
아래 보기에 해당하는 시각화 유형으로 적절한 것을 고르시오.

> 계층적 군집 분석에 사용되며, 유사성이 높은 개체나 변수들을 계층적으로 그룹화하는 데 사용된다. 주로 데이터의 유사성 및 거리를 보여주는 트리 구조를 표현한다.

① 랭크 차트
② 상관도표
③ 덴드로그램
④ 단계별 오차막대

100 난 ★★★★☆

아래 그림은 프로렌스 나이팅게일의 '칵스콤 도표'이다. 설명이 가장 부적절한 것은?

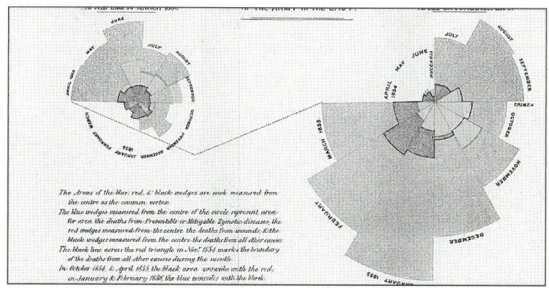

① 이 도표는 크림 전쟁(1854-1856)에서 영국군 사망 원인을 월별로 시각화하여 보여준다.
② 병사들이 전쟁 중 사망원인을 총상보다 질병에 걸려 목숨을 잃는 경우가 더 많은 것을 시각적으로 표현한다.
③ 원형의 형태를 가지며, 이 원 안에 데이터를 시각적으로 표현한다. 시간, 카테고리, 비율 등을 나타낼 수 있다.
④ 각 세부 항목은 무늬와 질감으로 구분되며, 중요도나 비율에 따라 원에 데이터 값을 직접 표시하여 정확한 정보를 제공한다.

예상문제 100 답안

PART 03 경영정보시각화 디자인 /100

001	①	011	③	021	②	031	①	041	①	051	③	061	①	071	③	081	④	091	②
002	④	012	④	022	④	032	③	042	③	052	①	062	③	072	①	082	③	092	③
003	③	013	①	023	③	033	①	043	③	053	②	063	④	073	①	083	①	093	①
004	③	014	①	024	③	034	④	044	②	054	①	064	②	074	①	084	③	094	③
005	②	015	①	025	③	035	②	045	②	055	③	065	①	075	③	085	③	095	③
006	④	016	①	026	④	036	④	046	②	056	①	066	③	076	①	086	①	096	①
007	③	017	②	027	②	037	③	047	②	057	③	067	④	077	③	087	②	097	④
008	①	018	①	028	③	038	②	048	②	058	③	068	②	078	②	088	①	098	①
009	②	019	①	029	③	039	④	049	②	059	①	069	②	079	①	089	②	099	③
010	①	020	①	030	①	040	②	050	③	060	④	070	③	080	①	090	③	100	④

모바일로 풀기

001. 정보 시각화는 그래픽 요소와 조형적 요인을 활용하여 데이터를 형상화하고, 복잡한 정보를 효과적으로 전달하는 기법이다. 데이터의 구조와 패턴을 시각적으로 표현하여 이해도를 높이는 것이 목적이다. 또한 데이터를 가공하고 재구성하여 보다 명확하게 전달하는 과정이 포함되며 예술적 표현을 강조하는 것 뿐만 아니라, 실제로는 데이터 분석과 시각적 표현이 함께 이루어진다. 정보 시각화는 인간의 시각적 능력을 배제하지 않고, 오히려 정보 시각화는 인간의 시각적 인지 능력을 활용하여 정보를 효과적으로 전달하는 것이 목적이다.

002. 정보 시각화에서 탐색 기능은 데이터를 단순히 보여주는 것이 아니라, 사용자가 데이터를 직접 조작하고 분석할 수 있도록 돕는 역할을 한다. 탐색 기능은 특정 패턴, 상관관계, 이상치를 발견하는 데 도움을 주며, 상호작용 가능한 도구를 활용하여 데이터를 필터링하고 집계한다. 앤스컴 쿼르텟의 예시 또한 시각화를 통한 데이터 탐색의 대표적인 사례로 적절하다. 탐색 기능은 단순한 시각화가 아니라 데이터를 능동적으로 탐색하고 분석할 수 있도록 돕는 것이다.

003. 정보 시각화는 복잡한 데이터를 단순화하여 시각적으로 표현하고, 정보를 효과적으로 전달하거나 설득력을 높이는 데 목적을 둔다. 데이터의 패턴을 명확히 보여주어 이해도를 높이는 것이 핵심이다. 정보 시각화는 정량적 분석뿐만 아니라 직관적인 해석도 포함되며 핵심적인 정보만 효과적으로 전달하는 것이 중요하다. 실시간 업데이트와 정확성을 강조하는 것은 정보 시각화의 한 요소일 뿐, 시각적 표현을 활용한 정보 전달이라는 본래 목적을 충분히 반영하지 못하고 있다.

004. 정보 시각화는 인간의 정보 처리 능력을 확장하고, 복잡한 데이터를 직관적으로 이해할 수 있도록 돕는다. 효과적인 시각화는 데이터의 주요 패턴과 차이를 강조하여 보다 명확한 분석을 가능하게 한다. 표는 시각화 기법 중 하나일 뿐, 정보 시각화의 핵심은 보다 직관적인 전달 방식이다. 정보 시각화는 정량적 분석을 보완하는 역할을 하며 단순하면서도 효과적인 표현이 중요하므로 복잡한 그래픽 요소가 항상 필요한 것은 아니다.

005. 정보 시각화는 데이터를 재가공하여 표현하기 때문에, 표현 과정에서 정보 왜곡이 발생할 가능성이 있다. 또한, 과도한 시각화는 효율성을 저하시킬 수 있으며, 문화적 요인에 따라 정보가 다르게 해석될 수 있다는 점도 유의해야 한다. 하지만 정보 시각화는 항상 동일하게 해석되지 않는다. 사용자의 배경, 문화, 경험에 따라 해석이 달라질 수 있다는 점이 중요하다.

006. 경영정보 시각화 프로세스 단계는 데이터이해, 목표 설정, 데이터 수집, 데이터 전처리, 시각화 디자인, 시각화 구현, 시각화 분석, 결과 전달의 순서로 이루어진다. 이 과정은 데이터의 시각적 표현과 전달에 초점을 맞추고 있으며, 데이터 분석은 프로세스 자체에 포함되지 않는다. 데이터 분석은 시각화를 위한 준비 단계 이전에 수행되는 별도의 과정으로, 시각화 결과를 활용하거나 데이터를 준비하는 데 필요한 작업이다. 따라서 데이터 분석은 경영정보 시각화 프로세스 단계에 포함되지 않아 틀린 선택지로 적합하다.

007. 데이터-잉크 비율(Data-ink Ratio)은 차트에서 데이터를 표현하는 데 사용된 잉크의 양을 차트 전체에 사용된 잉크의 양으로 나눈 비율을 의미한다. 이 개념은 에드워드 터프티(Edward Tufte)에 의해 제창되었으며, 데이터 시각화에서 불필요한 시각적 요소를 제거하여 정보 전달을 극대화하는 것이 목적이다. 또한 색상 사용 최적화를 위해 색상을 사용할 때, 다른 데이터 요소와의 대비를 강화하고 중요한 정보를 부각시키는 것이 중요하다. 데이터-잉크 비율이 높아질수록 불필요한 장식 요소가 줄어들고, 차트의 정보 전달력이 향상된다. 그래서 3번 보기는 잘못 설명하고 있다.

008.

비기봇 해설

이번 문항은 경영정보시각화의 원칙 중 클러터(Clutter)에 대한 설명입니다. 클러터는 시각화에서 불필요한 요소나 복잡성을 의미하며, 정보 전달의 명확성을 저해할 수 있습니다. 따라서 효과적인 데이터 시각화를 위해 클러터를 최소화하는 것이 중요합니다.

1. 사용자의 이해를 돕기 위해 불필요한 시각화요소를 제거하고, 목적에 맞는 요소를 선택해 정보전달을 명확히 한다 : 옳은 설명입니다. 불필요한 요소를 제거함으로써 사용자가 정보를 더 쉽게 이해할 수 있도록 돕는 것이 클러터를 줄이는 방법입니다.

2. 클러터는 데이터를 보다 정밀하게 표현하기 위해 추가적인 시각화요소를 적극적으로 활용하는 것을 의미한다 : 옳지 않은 설명입니다. 클러터는 오히려 불필요한 요소의 추가로 인해 정보의 명확성이 저해되는 상황을 나타내므로, 추가적인 시각화요소를 사용하는 것이 클러터를 형성하는 원인입니다.

3. 복잡한 시각적 요소를 추가하여 사용자의 주의를 분산시키는 것이 클러터를 줄이는 주요방법이다 : 옳지 않은 설명입니다. 복잡한 요소를 추가하는 것은 클러터를 줄이는 것이 아니라 오히려 증가시키는 결과를 초래합니다. 사용자의 주의를 분산시키는 것은 클러터의 정의와 정반대의 행동입니다.

4. 클러터는 데이터시각화를 단순화하기보다, 다중데이터를 표현하기 위해 다층적 시각화방식을 사용하는 것이다 : 옳지 않은 설명입니다. 클러터는 시각화의 단순화가 아니라 불필요한복잡성을 뜻하며, 다층적 시각화방식은 오히려 클러터를 증가시킬 수 있습니다.

최종정리하자면, 클러터는 데이터시각화에서 불필요한 요소의 추가로 인해 정보전달이 방해받는 상황을 의미합니다. 따라서 클러터를 줄이기 위해서는 사용자 이해를 돕는 방향으로 불필요한 요소를 제거하고, 목적에 맞는 요소를 사용하는 것이 중요합니다.

009. 클라우스 윌케(Claus O. Wilke)의 시각적 속성(visual properties)은 데이터 시각화에서 변수를 표현하는 다양한 방식으로, 대표적으로 위치, 크기, 색상, 선 굵기, 선 유형 등이 포함된다. (가)는 좌표평면 내에서 특정 지점에 데이터를 배치하는 방식으로, 이는 위치에 해당한다. (나)는 원의 크기가 다르게 표현되어 있으며, 이는 크기 속성을 나타낸다. (다)는 선의 굵기가 다른 형태로 표현되어 있어 선 굵기에 해당한다. (라)는 다양한 점선 및 실선 패턴을 활용한 방식으로, 이는 선 유형을 의미한다.

010. 클라우스 윌케가 정의한 시각적 속성 중 위치는 가장 중요한 속성으로 간주된다. 위치는 데이터를 표현할 때 가장 정확하고 즉각적인 비교를 가능하게 하며, 사용자는 데이터를 한눈에 파악할 수 있다. 특히 차트나 그래프에서 데이터의 좌표는 데이터 간의 관계와 분포를 명확히 전달한다. 반면, 모양은 그룹을 구분하는 데 효과적이지만 정확한 비교를 지원하지 못하며, 크기는 데이터의 상대적 크기를 나타내지만 위치만큼 즉각적인 비교를 제공하지 못한다. 색상은 데이터를 구분하거나 강조하는 데 적합하지만, 정량적 비교에는 한계가 있다.

011. 게슈탈트 법칙은 인간의 시각적 인지 과정을 설명하는 원리로, 특정 요소들이 하나의 전체로 인식되도록 만드는 심리적 규칙을 포함한다. 주요 법칙으로는 근접성 법칙(공간적으로 가까운 요소를 하나의 그룹으로 인식), 유사성 법칙(비슷한 색상이나 모양이 관련 있다고 인지), 폐쇄성 법칙(불완전한 형태라도 완성된 형태로 인지) 등이 있다. 반면, 직관성 법칙은 게슈탈트 법칙에 포함되지 않는 개념으로, 게슈탈트 법칙의 공식적인 구성 요소가 아니다.

012. 게슈탈트의 4법칙은 근접성의 법칙, 유사성의 법칙, 연속성의 법칙, 폐쇄성의 법칙이다. 근접성의 법칙은 가까이 있는 물체를 하나의 그룹으로 인식하는 법칙이고, 유사성의 법칙은 비슷한 색상이나 모양이 관련 있다고 인식하는 법칙이며, 연속성의 법칙은 중단된 패턴도 연속적으로 보인다는 법칙으로 설명이 모두 적절하다. 폐쇄성의 법칙은 불완전한 형태라도 사람들이 그것을 완전한 전체로 보충해서 인식하려는 경향이 있다는 법칙이지만 4번 보기는 "모든 시각적 요소가 완전한 형태여야만 인식된다"고 잘 못 설명하고 있다.

013. 폐쇄성 법칙은 인간이 불완전한 형태나 윤곽선을 볼 때, 이를 자동으로 완전한 형태로 인지하려는 심리적 경향을 설명한다. 예를 들어, 그림에서 선이나 도형이 완전히 연결되어 있지 않아도 우리는 이를 시각적으로 보완하여 전체적인 그림을 완성된 것으로 해석한다. 폐쇄성 법칙은 이러한 특징을 활용하여 시각적으로 결합되지 않은 요소들을 하나의 전체로 인식하도록 만든다.

014. 파이 차트는 전체를 단순한 원으로 표현하며, 각 부채꼴의 크기를 통해 비율을 쉽게 이해할 수 있도록 설계된다. 이 차트는 복잡한 데이터 비율을 단순화하여 시각적으로 전달하므로, 단순성 법칙과 관련이 있다.

015. 모양은 시각적 변수 중 하나로, 데이터를 분류하거나 특정 패턴을 시각적으로 인식하기 쉽게 만든다. 모양은 주로 범주형 데이터를 구분하거나 데이터의 특성을 강조하는 데 유용하며, 시각적 흥미를 유발하여 데이터에 대한 주의를 끄는 데 효과적이다. 하지만 모양은 크기와 비례하여 변화하지 않으며, 크기와 모양은 독립적으로 작동한다.

016. 자크 베르탱(Jacques Bertin)의 7가지 시각적 변수 중 위치(Position)는 데이터를 그래프나 차트 내에서 배치하여 정보를 효과적으로 전달하는 역할을 한다. 위치는 데이터의 순서를 직관적으로 나타내는 데 유용하며, 특히 축을 기준으로 데이터를 정렬하면 비교가 쉬워진다. 또한, 데이터를 일정한 기준에 따라 배치하면 서로 다른 데이터 간의 비교가 더욱 명확해진다. 그래프에서 데이터 간의 상대적 위치를 활용하면 상호 연관성을 시각적으로 파악하는 것이 가능하다. 위치는 독립적으로도 효과적인 시각적 변수로 작용할 수 있으며, 색상 없이도 데이터를 효과적으로 전달할 수 있다.

017. 선택지 모두 자크 베르탱의 7가지 시각적 변수인 색, 질감, 모양, 명도에 해당하며, 이 중 정답은 2번 질감이다. 예시에서 가죽 질감이 친환경 제품이라는 신념과 충돌하는 사례를 통해, 질감이 신념과 기대를 불편하게 만드는 요소로 작용할 수 있음을 알 수 있다. 나머지 선택지인 색, 모양, 명도는 시각적 속성으로서 특정 의미를 전달할 수 있지만, 해당 사례에서 핵심적 영향을 미치는 요소는 질감이다.

018. 색의 3속성은 색상(Hue), 명도(Value), 채도(Saturation)로 구성된다. 색상은 빨강, 파랑, 노랑 등 특정한 고유의 색을 의미하며, 색상환에서 연속적인 스펙트럼으로 표현된다. 명도는 색의 밝기를 나타내며, 높은 명도의 색은 밝고 가벼운 느낌을 주고, 낮은 명도의 색은 어둡고 차분한 느낌을 준다. 채도는 색의 선명도나 순도를 의미하며, 높은 채도는 선명하고 강렬한 색을, 낮은 채도는 탁하고 중립적인 색을 나타낸다. 채도는 색의 순도와 관련이 있으며, 명도와 독립적으로 조절될 수 있다.

019. 보기에서 설명하는 내용은 디자인의 기본 원리 중 강조에 해당한다. 특정 부분을 돋보이게 표현하여 주목성을 높이는 것을 말하며, 강조된 내용에 흥미를 유발하고 시선을 집중시킨다. 강조의 방법으로는 대비, 분리, 색채에 의한 강조가 있다.

020. 보기에서 설명된 그림은 디자인의 기본 원리 중 '리듬'에 해당한다. 리듬은 반복되는 요소를 활용하여 디자인에 일정한 흐름이나 움직임을 만들어내는 원리이다. 위 이미지는 요소들이 동일한 패턴으로 일정하게 반복하여 시각적 율동성 및 공간감을 연출하는 규칙적인 리듬에 해당한다. 크기는 디자인의 기본 원리가 아니라 시각적 속성 중 하나로, 데이터의 크기를 표현하거나 강조할 때 사용된다. 변화는 다양한 디자인 요소를 활용하여 생동감을 주는 원리지만, 보기의 설명과는 관련이 없다. 균형은 요소들의 배치로 안정감을 형성하는 원리로, 보기의 리듬과는 다르다.

021. 디자인에서 변화는 단조로운 구성을 방지하고 흥미를 유발하며, 통일성은 전체적인 일관성과 조화를 유지하는 데 중요하다. 변화가 없으면 디자인이 지루하고 단조롭게 느껴질 수 있으며, 통일성이 없으면 혼란스럽고 무질서하게 보일 수 있다. 따라서 두 원리를 적절히 조화시켜 디자인의 미적, 기능적 균형을 이룬다.

022. 인포그래픽은 정적인 형식으로만 제공되는 것이 아니라 인터랙티브 기능을 포함할 수도 있으며, 웹 기반이나 디지털 미디어에서는 사용자가 데이터를 직접 조작하고 탐색할 수 있도록 동적인 요소를 추가하는 경우가 많다. 인포그래픽은 차트, 지도, 아이콘, 일러스트레이션 등 다양한 시각적 요소를 활용하여 복잡한 정보를 간결하고 효과적으로 전달하는 데 사용된다. 또한, 사용자의 이해를 돕고 관심을 유도하기 위해 스토리텔링 기법을 활용하며, 데이터와 디자인을 결합하여 직관적인 시각 자료를 제공한다. 인포그래픽은 비즈니스, 교육, 마케팅 등 다양한 분야에서 활용되며, 보고서나 프레젠테이션에서도 효과적인 정보 전달 수단으로 사용된다.

023. 제공된 인포그래픽은 대시보드 형태의 통계형 인포그래픽으로, 매출(Sales), 이익(Profit), 주문 수(Orders), 고객 수(Customers) 등의 핵심 성과 지표(KPI)를 시각적으로 표현하고 있다. 여러 차트(선 그래프, 바 차트, 지도 기반 데이터 등)를 활용하여 데이터의 변화를 분석하고 비교할 수 있도록 구성되어 있다. 지리적 인포그래픽은 주로 지도를 활용하여 지리적 위치 기반 데이터를 시각화하는 유형이다. 프로세스 인포그래픽은 특정 절차나 단계별 흐름을 설명하는 데 사용된다. 설명적 인포그래픽은 특정 개념이나 정보를 설명하는 데 초점을 맞춘다.

024. 제공된 인포그래픽은 로마 제국의 확장 과정을 지도 기반으로 시각화한 지리적 인포그래픽 유형에 해당한다. 시간의 흐름에 따른 사건과 발전 과정을 시각적으로 표현하는 특징은 이미지 상단의 타임라인(연대표)을 보면 로마 제국의 발전 과정이 연대순으로 나열되어 있어 적절하다. 타임라인, 화살표, 아이콘을 활용한 사건 표시들은 실제로 인포그래픽 내에서 다양한 아이콘과 타임라인이 활용되고 있다. 과거부터 현재까지의 변화 추이를 시각적으로 제공하는 특징 또한 로마 제국의 확장 과정과 시대별 정복 지역을 강조하고 있어 적절하다. 또한 공간적 배치(지도)뿐만 아니라 타임라인을 활용하여 시간의 흐름도 강조하고 있다.

025. 인포그래픽 디자인의 기본 원칙 중 하나인 '단순성의 원칙'을 정확히 이해하고 있는지를 평가한다. ④번 보기가 단순성의 원칙을 가장 명확하게 설명하고 있으며, 복잡성을 배제하고 명확한 전달을 강조하는 내용을 포함하고 있다.

026. 그래픽 디자인에서 그리드(Grid)는 요소들을 체계적으로 배치하여 균형을 유지하고 일관성을 부여하는 중요한 원칙이다. 특히 복합적인 시각적 요소가 포함된 인포그래픽에서는 그리드를 사용하여 정렬과 배치를 계획해야 시각적으로 우수한 디자인을 만들 수 있다. 스타일과 색채는 디자인의 개별적인 요소일 뿐, 전체적인 배치를 계획하는 개념과는 다르고 순서는 정보의 흐름을 의미하지만, 디자인 배치와 관련된 핵심 개념은 아니다.

027. 주석(Annotation)은 인포그래픽에서 보충 설명을 제공하여 사용자가 정보를 쉽게 이해할 수 있도록 돕는 역할을 한다. 데이터의 의미를 명확하게 전달하거나 특정 지점을 강조할 때 사용된다. 디자인 수정이나 시각적 복잡성을 높이는 방향은 주석의 목적과 다르며 미적 요소 강조에 초점을 맞춘다는 표현도 부적절하다.

028. 제공된 그래프에서 점선으로 표시된 가로선들은 격자선(Grid Line)에 해당한다. 격자선은 그래프 내의 데이터를 쉽게 해석할 수 있도록 돕는 역할을 하며, 눈금 표시와 함께 축을 따라 배치되어 값을 가늠하는 데 사용된다. 오차선(Error Bar)은 데이터의 변동 범위나 신뢰 구간을 나타낼 때 사용된다. 점선(Dotted Line)은 선의 스타일을 의미하는 용어이며, 그래프 내에서 특정한 의미를 갖지는 않는다. 추세선(Trend Line)은 데이터의 전반적인 흐름을 나타내는 선인데, 이 그래프에는 개별 데이터 포인트를 연결한 선만 있고, 추세를 요약하는 선은 포함되지 않았다.

029.

비기봇 해설

이번 문항은 범례에 대한 설명으로 옳지 않은 선택지를 찾는 것입니다. 범례는 차트에서 사용된 색상, 패턴 또는 기호가 나타내는 데이터 또는 카테고리 간의 대응 관계를 설명하며, 이를 통해 사용자가 데이터를 쉽게 이해할 수 있도록 돕습니다.

1. 차트에 사용된 색상, 패턴 또는 기호가 나타내는 데이터 또는 카테고리 간의 대응 관계를 설명하는 데 사용된다 : 이 설명은 정확합니다. 범례는 다양한 데이터 요소를 시각적으로 구분하기 위한 키 역할을 하며, 각 요소가 무엇을 의미하는지를 명확히 전달합니다.

2. 차트를 해석하고 데이터 요소의 의미를 명확히 전달하며, 사용자에게 데이터를 쉽게 이해하도록 돕는다 : 이 설명도 맞습니다. 범례는 차트에서 사용된 데이터의 의미를 해석하는 데 매우 중요한 역할을 하여, 사용자가 데이터를 더 쉽게 이해할 수 있도록 돕습니다.

3. 차트의 중심부에 배치되어야 하며, 데이터와의 시각적 거리가 가까울수록 좋다 : 이 설명은 옳지 않습니다. 범례는 차트의 디자인에 따라 위치가 달라질 수 있으며, 반드시 중심부에 배치될 필요는 없습니다. 오히려 범례는 데이터와의 시각적 거리가 적당히 유지되어야 가독성이 높아집니다.

4. 차트의 가독성을 향상시키고 데이터를 비교하거나 해석하는 데 도움을 준다 : 이 설명은 맞습니다. 범례는 차트의 가독성을 높이고, 사용자들이 데이터 간의 비교를 쉽게 할 수 있도록 해줍니다.

030. 질감(Texture)은 특정 요소를 강조하거나 구분하는 데 사용되며, 대조를 통해 사용자 시선을 유도할 수 있는 시각적 속성이다. 질감은 표면의 느낌을 시각적으로 표현하는 방법으로, 인포그래픽에서 중요 요소를 구별하거나 특정 패턴을 강조하는 데 활용된다. 질감의 역할은 정보 전달을 돕는 것이며, 반드시 복잡성을 강조하는 것은 아니다. 또한 질감은 주로 구분과 강조에 활용되며, 색상의 명도나 채도 변화와 같은 역할을 하지는 않는다. 질감은 보조적 역할을 하며, 완전한 정보 전달을 위해서는 추가적인 요소가 필요하므로 인포그래픽의 구조적 요소를 대체하고 텍스트 없이는 데이터를 완벽히 전달하지 못한다.

031. 차트는 데이터를 시각화하여 패턴, 비교, 추세를 한눈에 이해할 수 있도록 돕는 역할을 한다. 하지만 차트는 데이터의 모든 세부 정보를 포함하여 전달하는 데 적합하지 않다. 데이터의 전체적인 개요와 주요 특징을 강조하는 데 중점을 두며, 너무 많은 정보를 포함하면 오히려 가독성이 떨어질 수 있다. 차트는 특정 패턴과 경향을 시각적으로 이해하도록 돕고 다양한 데이터를 비교하고 관계를 파악하는 기능을 제공하며 데이터의 시간적 변화나 추세를 직관적으로 보여준다.

032. 엑셀의 조건부 서식은 특정 조건에 따라 셀의 시각적 속성을 변경하는 강력한 도구이다. 이를 통해 데이터의 특정 조건을 만족하는 경우 셀의 색상, 글꼴, 테두리 등을 변경할 수 있어 데이터를 강조하거나 시각적으로 구분하기 편리하다. 그러나 조건부 서식을 통해 셀의 크기(셀의 높이나 너비)를 직접적으로 변경할 수는 없다. 셀 크기 조정은 수동으로 또는 VBA를 통해서만 가능하다.

033. 엑셀 조건부 서식은 데이터의 특정 조건을 기준으로 셀의 서식을 자동으로 변경하는 기능이다. 이 기능은 데이터의 패턴이나 이상값을 신속히 파악하거나 중요 데이터를 강조하여 사용자가 데이터를 쉽게 분석할 수 있도록 돕는다. 예를 들어, 특정 값 이상의 데이터에 배경색을 설정하거나, 특정 조건에 해당하는 글씨를 굵게 표시할 수 있다. 반면, 보고서 생성이나 레이아웃 변경, 셀 크기 조정은 조건부 서식의 주요 목적이 아니다.

034. 데이터 막대는 데이터 값의 크기나 비교를 시각적으로 표현하기 위한 효과적인 도구로, 데이터 값 간의 차이를 명확하게 나타내는 데 유용하다. 막대의 길이를 활용해 데이터의 상대적인 크기를 직관적으로 파악할 수 있으며, 데이터 집합 내 개별 값을 빠르게 비교할 수 있는 효율적인 방법을 제공한다. 하지만 데이터 막대는 데이터의 절대적인 크기를 정확히 측정하거나 세부 값을 제공하는 데 초점이 맞춰지지 않는다.

035.

비기봇 해설

이번 문항은 스파크라인의 특징에 대한 설명을 묻고 있습니다. 스파크라인은 주로 작은 공간에서 데이터를 간략하게 시각화하여 추세와 변동성을 표현하는 데 사용됩니다.

1. 단일 셀 내에서 데이터의 추세와 변동성을 직관적으로 표현할 수 있어, 전체 데이터 세트를 빠르게 이해할 수 있다 : 이 선택지는 스파크라인의 핵심 기능을 잘 설명하고 있습니다. 스파크라인은 작은 공간에서 데이터의 추세와 변동성을 효과적으로 나타내어 사용자가 전체 데이터를 빠르게 이해할 수 있도록 돕습니다.

2. 세부적인 데이터 값을 상세히 표시하며, 복잡한 데이터 분석에 적합하다 : 이 선택지는 스파크라인의 본질을 잘못 설명하고 있습니다. 스파크라인은 일반적으로 세부적인 데이터 값을 상세히 표시하기보다는 데이터의 전반적인 추세를 간략하게 나타내는 것이 목적입니다. 따라서 복잡한 데이터 분석에는 적합하지 않습니다.

3. 공간을 적게 차지하면서도 효율적으로 데이터를 시각적으로 요약할 수 있다 : 이 선택지는 스파크라인의 주요 장점을 잘 설명하고 있습니다. 스파크라인은 매우 작은 공간을 차지하면서도 중요한 데이터를 시각적으로 요약하여 전달할 수 있는 효과적인 방법입니다.

4. 서로 다른 데이터 세트 간의 추세를 비교하기에 유용한 시각적 도구이다 : 이 선택지도 스파크라인의 특성을 정확하게 설명하고 있습니다. 스파크라인은 여러 데이터 세트를 나란히 배치하여 추세를 비교하는 데 유용하게 사용될 수 있습니다.

최종 정리하자면, 스파크라인은 작은 공간에서 데이터의 추세와 변동성을 효과적으로 나타내는 시각적 도구입니다. 그러나 세부 데이터를 상세히 표시하는 데 적합하지 않으며, 전체 데이터 분석보다는 추세를 간략하게 표현하는 데 중점을 둡니다.

036. 엑셀 스파크라인의 유형에는 라인, 기둥(열), 승패가 있으며, 블록이라는 유형은 존재하지 않는다. 라인은 데이터의 연속적인 변화를 선형 그래프로 나타내며, 기둥(열)은 각 데이터 값을 막대 그래프로 표시해 상대적인 크기를 보여준다. 승패는 데이터가 기준선을 기준으로 긍정적(승) 또는 부정적(패) 결과를 나타내는 데 사용된다. 그림에 표현된 스파크라인 유형은 데이터의 승리와 패배를 명확히 구분한다.

037. 피벗테이블은 데이터를 요약하고 분석하는 데 탁월하며, 데이터를 그룹화하거나 필터링하여 직관적인 분석을 돕는다. 또한, 드래그 앤 드롭으로 구성 요소를 조작할 수 있어 동적인 데이터 상호작용이 가능하다. 피벗 차트와 결합할 경우 분석 결과를 시각적으로 표현하여 데이터를 더 쉽게 이해할 수 있다. 하지만, 피벗테이블은 정적 데이터 분석에 적합하며, 실시간 데이터 처리에는 한계가 있다.

038. 워드프로세서는 주로 문서를 작성하고 데이터를 시각적으로 정리하며, 다이어그램, 표, 또는 그래픽 요소를 활용해 정보를 명확하게 전달할 수 있다. 특히 표는 데이터를 체계적으로 정리하여 가독성을 높이는 데 효과적이며, 다이어그램은 복잡한 구조나 관계를 시각적으로 표현하는 데 유용하다. 하지만 워드프로세서는 데이터 분석이나 통계 요약을 주된 목적으로 사용되지는 않으며, 그러한 작업은 주로 엑셀과 같은 데이터 분석 도구에서 수행된다.

039. 사무자동화 프로그램은 주로 데이터를 정렬하고 필터링하는 기능을 포함하여 데이터의 가공과 분석을 지원한다. 이를 통해 사용자는 원하는 조건에 맞는 데이터를 빠르게 추출하고, 효과적으로 분석할 수 있다. 반면, 데이터 백업과 네트워크 보안은 사무자동화 프로그램의 기본적인 기능이 아니며, 주로 IT 인프라나 보안 소프트웨어에서 제공하는 기능이다. 하드웨어 관리는 사무자동화 프로그램의 역할과는 무관하다. 데이터 정렬 및 필터링은 사무자동화 프로그램의 주요 기능에 해당한다.

040. 사무자동화 프로그램은 사용자가 데이터를 직관적으로 시각화할 수 있도록 다양한 옵션과 친숙한 인터페이스를 제공하며, 데이터를 필터링하거나 정렬하여 분석하기 쉽다. 또한, 피벗 테이블 등을 활용해 데이터를 효과적으로 가공하고 보고서를 작성할 수 있다. 하지만 실시간 협업 기능은 주로 클라우드 기반의 고급 시각화 도구나 협업 플랫폼에서 제공되는 기능으로, 전통적인 사무자동화 프로그램에서는 지원하지 않는 경우가 많다.

041. 비즈니스 인텔리전스(BI, Business Intelligence) 소프트웨어는 기업이 수집한 데이터를 효율적으로 관리하고 분석하여, 이를 시각화 및 대시보드로 구현하고, 전략적 의사결정과 인사이트 도출을 지원하는 도구이다. BI 도구는 데이터 통합, 분석, 보고서 생성 및 시각화를 통해 경영진이 데이터 기반 결정을 내릴 수 있도록 돕는다. BI 도구는 자동화된 데이터 분석과 대시보드 기능을 제공하고 개인보다는 기업 및 조직에서 데이터 기반 의사결정을 지원하는 시스템이며 데이터 저장보다는 데이터 분석 및 시각화에 중점을 둔다.

042. BI 도구는 다양한 데이터 소스를 연결하고 데이터를 정제하여 분석하는 기능을 제공한다. BI 도구는 데이터 분석, 예측, 협업 기능을 제공하며, 데이터 접근성을 높여 비즈니스 의사결정에 도움을 준다. 또한 BI는 여러 데이터 소스를 연결하고 데이터를 정제 및 모델링하여 품질을 향상시키는 기능을 제공하고 실시간 데이터 탐색과 대시보드 구성을 지원하여 동적 데이터 분석을 가능하게 한다. 그러나 BI 도구가 단일 데이터베이스만 지원하며, 데이터 변환이나 정제 기능을 제공하지 않는다는 설명은 BI의 핵심 기능을 무시한 잘못된 설명이다.

043. 데이터 시각화 도구는 데이터를 시각적으로 분석하고, 이해하기 쉽게 표현할 수 있도록 다양한 차트와 그래프 옵션을 제공하는 것이 핵심 기능이다. 이를 통해 데이터의 핵심 정보를 직관적으로 전달할 수 있으며 BI 도구 및 데이터 시각화 플랫폼은 실시간 데이터 분석과 대시보드 업데이트 기능을 제공하고, 빠르게 변화하는 비즈니스 환경에서 신속한 의사결정을 지원한다. 여러 데이터 소스를 통합하고, 데이터 정제 및 시각화를 손쉽게 수행할 수 있도록 돕는 기능도 데이터 시각화 도구의 중요한 장점 중 하나이다. 그러나 대규모 파일 저장, 문서의 버전 관리, 공동 작업 환경에서 문서 편집 기능은 클라우드 기반 협업 도구의 주요 기능이다.

044. 보기에서 설명하는 데이터 시각화 도구의 단점은 호환성 문제를 의미한다. 이는 특정 운영체제나 브라우저에서 사용 제한이 발생하거나, 소프트웨어 버전 차이로 안전성에 문제가 생길 수 있는 상황을 말한다. 이러한 문제는 분석 및 의사결정에 영향을 줄 수 있으며, 팀원 간 권장 스펙에 대한 합의가 필요하다. 재현 가능성, 반복 가능성, 의존성은 본 문맥과 관련이 없다.

045. 데이터 시각화에서 재현 가능성은 동일한 데이터와 방법을 사용하여 유사한 결과를 생성할 수 있도록 보장하는 것을 의미한다. 이를 위해 코드, 데이터, 분석 방법 등을 명확히 기술하고, 차트의 데이터와 표시 방식이 명확히 명시되어야 한다. 그러나 차트 결과는 시각화 도구나 사용자의 설정(예: 색상, 스타일, 축 레이아웃 등)에 따라 약간 달라질 수 있으므로 항상 동일한 차트 결과를 보장하지는 않는다.

046. 태블로(Tableau)는 다양한 데이터 소스(SQL, Excel, 클라우드 데이터베이스 등)와 연동할 수 있으며, 드래그 앤 드롭 방식으로 대화형 시각화와 분석을 제공하는 대표적인 BI(Business Intelligence) 도구이다. 사용자가 프로그래밍 없이도 쉽게 데이터를 시각적으로 탐색하고 분석할 수 있도록 설계되었다. 태블로는 다양한 데이터 소스를 연결할 수 있으며, 대용량 데이터도 처리할 수 있도록 설계되어 있으며 코드 작성 없이도 시각화를 구현할 수 있도록 GUI 기반의 인터페이스를 제공한다. 또한 태블로는 실시간 데이터 연동 및 자동 업데이트 기능을 제공한다.

047. 파워BI(Power BI)는 마이크로소프트에서 개발한 비즈니스 인텔리전스 도구로, 클라우드 기반 서비스를 통해 별도의 서버나 인프라 없이 데이터를 관리하고 분석할 수 있다. 보안과 업데이트를 마이크로소프트가 관리해 안정적인 환경을 제공한다. 반면, 태블로는 세일즈포스, 클릭 센스는 Qlik,에서 개발하였고, 마이크로소프트에서 개발한 액세스는 데이터베이스 관리 도구로 각각 다른 기능에 초점이 맞춰져 있다.

048. 파워 BI의 KPI(Key Performance Indicator) 기능은 목표 값과 실제 값을 비교하여 성과 달성 상태를 간단하고 명확하게 표현하는 도구이다. 상태(성과 달성 여부), 추세(변화 양상), 목표(기준값) 등 세 가지 주요 요소를 기반으로 구성되며, 대시보드에서 실시간 데이터를 활용해 성과를 모니터링하고 경영 의사결정을 지원한다. 반면, CSV는 데이터 파일 형식이며, Filter는 데이터를 조건에 따라 필터링하는 기능이고, Query는 데이터를 추출, 변환, 로드하는 작업에 사용된다.

049. Power BI의 DAX(Data Analysis Expressions) 함수는 Excel 함수와 유사한 구조를 가지고 있어, Excel 사용자들이 쉽게 접근할 수 있다. 또한, DAX는 W데이터 모델링 및 집계 연산을 수행하는 데 강력한 기능을 제공하며, 정교한 계산식을 작성하는 데 유리하다. 태블로의 계산식 함수는 SQL 기반의 로직을 많이 따르며, Excel과 완전히 동일한 방식은 아니다. DAX는 Excel과 유사한 접근 방식을 제공하여 비교적 익숙하게 활용할 수 있다. 또한 태블로에서는 계산식을 적용한 후 결과를 대시보드에서 즉시 확인할 수 있다.

050. 좋은 대시보드는 사용자에게 데이터 중심의 통찰력을 제공하며, 신속하고 효과적인 결정을 돕는 것이 핵심이다. 실시간 데이터 갱신을 통해 최신 정보를 기반으로 의사결정을 가능하게 해야 하고 다양한 기기에서 접근 가능하며, 보안과 권한 관리를 철저히 해야 한다. 3번 보기에서 "데이터를 단순히 나열하고" 라는 표현은 적절하지만 시각화와 보고서 기능을 활용해 사용자가 쉽게 이해하고 통찰력을 얻도록 해야지 대시보드의 데이터를 다시 분석해서 새로운 통찰력을 찾는 과정을 되풀이 하는 것은 좋은 대시보드라고 할 수 없다.

051. LEFT 함수가 문자열의 시작 부분부터 지정된 개수만큼 문자를 반환하는 함수이다. Power BI와 태블로 모두에서 사용되며, 특정 길이의 문자열을 추출할 때 활용된다. REPLACE 함수는 문자열의 특정 부분을 다른 문자열로 바꾸는 함수이고, CONTAINS는 특정 문자열이 포함되어 있는지를 확인하는 논리 함수이다. TRIM 함수는 문자열의 앞뒤 공백을 제거하는 함수로, 텍스트의 특정 부분을 반환하는 기능과는 다르다.

052. SUBSTITUTE 함수는 특정 문자열을 다른 문자열로 대체하는 함수이다. "Hello World"에서 "World"를 "Universe"로 변경하면 "Hello Universe"가 된다.

053. 대시보드는 데이터를 시각적으로 표현하여 사용자들이 직관적으로 정보를 파악할 수 있도록 돕는 도구이다. 다양한 차트, 그래프, 테이블 등을 활용하며, 사용자 인터랙션을 지원하여 데이터 필터링, 탐색, 심층 분석이 가능하다. 반면, 단일 데이터 소스만을 사용하거나 정적인 방식으로만 정보를 제공하는 것은 대시보드의 주요 기능과 맞지 않는다. 대시보드의 핵심 목적은 데이터 수집이 아니라 데이터 분석 및 시각화이며 의사결정을 돕는 핵심 도구로 활용된다.

054. 탐색형 대시보드는 사용자가 데이터를 필터링하고 조작하며 패턴과 상관관계를 분석할 수 있도록 설계된 대시보드이다. 이를 통해 사용자는 특정 시점의 데이터뿐만 아니라, 다양한 조건에 따른 데이터 변화를 실시간으로 탐색하고, 필요한 인사이트를 도출할 수 있다. 반면, 두 번째 선택지는 고정된 지표만을 제공하는 정적인 대시보드를 설명하며, 탐색형 대시보드와는 거리가 멀다. 세 번째 선택지는 주로 요약 보고서 형태로 제공되는 기본적인 리포트형 대시보드를 의미하며, 데이터 분석 기능이 제한적이다. 네 번째 선택지는 시각적 디자인에 초점을 맞추었지만 복잡하고 색상을 화려하게 쓰진 않는다.

055. 대시보드는 데이터를 시각적으로 표현하고, 사용자가 직관적으로 정보를 분석할 수 있도록 설계된 도구이다. 주요 경영 지표를 메일로 공유하는 것은 정적인 방식이지만, 여전히 대시보드의 개념을 일부 포함한다. 실시간으로 KPI를 확인하는 대시보드는 전형적인 대시보드의 예이며, 마케팅 정보 제공, 경쟁사 성과 비교 및 고객 요구사항 분석도 대시보드를 통해 가능하다. 하지만 특정 데이터를 얻기 위해 복잡한 코드를 직접 실행해야 하는 콘솔 화면은 대시보드가 아니라, 개발자나 데이터 분석가가 사용하는 수작업 기반의 데이터 처리 환경에 가깝다.

056. 좋은 대시보드는 사용자 친화적인 인터페이스를 제공하며, 실시간 데이터 업데이트와 다양한 접근성을 보장해야 한다. 데이터를 수정할 수 없도록 제한하는 것은 데이터 무결성을 유지하는 한 방법이지만, 대시보드의 핵심 기능과는 관련이 적다. 사용자 요구를 고려하지 않고 모든 데이터를 한 화면에 나열하는 방식은 오히려 정보 과부하를 초래할 수 있고 최신 데이터가 아닌 과거 데이터를 강조할 경우 시의성 있는 분석과 의사결정을 지원하는 대시보드의 역할과 어긋난다.

057. 대시보드는 사용자가 데이터를 시각적으로 분석하고 인사이트를 도출할 수 있도록 돕는 도구이다. 다양한 차트와 그래프를 활용하여 데이터를 조합하고 공유하며, 협업을 지원하는 기능이 포함된다. 또한, 필터 기능을 제공하여 사용자가 원하는 데이터를 선택적으로 표시하거나 숨길 수 있으며, 특정 조건에 따라 알림을 제공하여 신속한 대응이 가능하다. 그러나 데이터를 자동으로 그룹화하고 분석 결과를 도출하는 것은 대시보드의 기능이 아니라, 머신러닝 기반의 자동 분석 기능에 가깝다.

058. 보기에서 제시된 기능들은 사용자가 데이터를 선택적으로 표시하거나 숨기고, 다양한 필터 옵션을 제공하여 데이터를 세분화하는 기능을 설명하고 있다. 또한, 사용자가 필터를 추가하거나 수정하여 데이터를 동적으로 변경하는 기능은 데이터 필터링의 대표적인 특징이다. 반면, 데이터 연결 및 통합은 서로 다른 데이터 소스를 결합하는 기능이고, 상호작용 및 탐색은 사용자가 직접 데이터와 인터랙션하며 분석하는 기능이다. 데이터 분석은 데이터를 활용해 인사이트를 도출하는 과정으로 보기와는 거리가 멀다.

059. 시각화 도구의 상호작용 기능은 주로 필터 적용, 데이터 탐색, 사용자 맞춤형 대시보드 제공, 조건부 알림 설정 등을 포함한다. 사용자는 필터를 활용하여 특정 데이터를 조회하고 분석할 수 있으며, 개인화된 대시보드를 통해 더욱 편리하게 데이터를 해석할 수 있다. 또한, 중요한 변화나 이상값을 실시간으로 감지하여 알림을 제공하는 기능도 포함된다. 그러나 원본 데이터를 직접 수정하는 것은 일반적인 시각화 도구의 기능이 아니다. 대부분의 BI 도구는 원본 데이터에 영향을 주지 않으며, 데이터베이스에 저장된 데이터를 조회하고 시각화하는 역할만 수행한다.

060. 보기에서 설명하는 시각화 요소는 사용자가 그래프나 차트에서 특정 범위를 선택하여 데이터를 강조하거나 탐색하는 기능으로 드래그(Drag)에 해당한다. 사용자는 마우스를 이용해 범위를 드래그하여 특정 시간대나 데이터 구간을 강조하거나 확대해 관련 정보를 자세히 확인할 수 있다. 클릭(Click)은 단순히 특정 지점이나 데이터를 선택하는 동작을, 마우스 오버(Mouse Over)는 커서를 올렸을 때 정보를 표시하는 동작을, 선택(Select)은 개별 항목이나 요소를 지정하는 기능을 말하며, 보기의 설명과는 관련이 없다.

061. 테이블 차트는 데이터를 행과 열의 구조로 정리하여 명확하게 전달하는 시각화 방식이다. 각 셀에는 숫자, 텍스트, 날짜 등 다양한 유형의 데이터가 포함될 수 있으며, 데이터 정렬 및 필터링 기능을 통해 분석을 용이하게 한다. 테이블 차트는 그래프 형태로 표현하는 도구가 아니며 정렬 기능을 제공하며 데이터 시각화를 지원한다. 행과 열의 구분 없이 연속적으로 데이터를 보여주는 것은 리스트형 데이터 표현 방식에 가까워 테이블 차트의 개념과 맞지 않는다.

062. 테이블 차트에서 열은 각 속성이나 특징을 나타내며, 특정 유형의 데이터를 포함하고 있다. 예를 들어, 고객 정보를 담은 테이블에서 "이름", "나이", "성별" 등은 각각 고객의 특정 정보를 의미하는 열에 해당한다. 열은 테이블의 속성을 정의하며, 해당 데이터의 특성을 설명하는 역할을 한다. 반면, 행은 개별 데이터를 나타내는 요소이며, 엔티티는 데이터베이스 개념에서 하나의 객체를 의미한다. 레이아웃은 테이블의 디자인과 배치와 관련된 용어이다.

063. 캘린더 차트는 시간과 날짜를 기반으로 데이터를 시각적으로 표현하는 차트 유형으로, 각 날짜별 데이터를 셀에 배치하여 특정 패턴이나 트렌드를 직관적으로 확인할 수 있다. 날짜별 데이터는 일, 주, 월, 연도 등 다양한 단위로 설정할 수 있으며, 색상이나 아이콘을 활용하여 특정 이벤트나 트렌드를 강조하는 것이 가능하다. 하지만 개별 데이터의 통계적 분석보다는 전체적인 추세 파악에 더 적합하다.

064. 차트 디자인 요소에는 차트 유형, 색상, 레이아웃 및 배치, 텍스트 사용, 인터랙션 기능 등이 포함된다. 이 요소들은 데이터를 명확하고 효과적으로 전달하는 데 도움을 준다. 반면, 데이터 입력 방식은 차트 디자인 요소에 포함되지 않으며 데이터 준비나 전처리와 관련된 단계로 볼 수 있다.

065. 차트 디자인은 데이터의 유형과 특성을 고려하여 적절한 시각화 기법을 선택하는 것이 중요하다. 이를 통해 데이터의 의미를 명확히 전달하고, 사용자가 정보를 효과적으로 해석할 수 있도록 돕는다. 모든 차트 유형이 비즈니스 의사결정에 적합한 것은 아니며 일부 차트는 단순한 시각적 효과만을 제공하거나 특정 유형의 데이터에는 부적합하다. 또한 일부 차트는 여러 유형의 데이터를 표현할 수 있고, 혼합된 시각화 기법이 활용될 수 있다. 마지막으로 차트의 목적은 데이터 전달의 명확성이지, 복잡한 디자인을 강조하는 것이 아니다.

066. 수량 시각화 기법은 데이터의 크기, 비율, 상대적 차이를 시각적으로 표현하는 데 사용된다. 이를 통해 각 항목 간의 차이를 쉽게 비교하고, 데이터의 규모를 직관적으로 이해할 수 있다. 바 차트, 파이 차트, 트리맵 등이 대표적인 수량 시각화 기법에 해당한다. 반면, 데이터의 복잡한 상관 관계를 분석하는 것은 네트워크 그래프나 상관 행렬 등이 더 적절한 예시이다. 시계열 데이터를 활용한 예측 모델 개발과 관련된 것은 시계열 차트나 추세선을 포함한 시각화가 더 적합하며, 지리적 데이터의 시각화는 지도 기반의 차트에 해당한다.

067. 막대 그래프에서 색상을 범주별로 다르게 지정하는 것은 누적 막대 그래프(stacked bar chart)와 같은 특정 유형에서 유용할 수 있다. 그러나 일반적인 단순 막대 그래프에서는 범주별로 색상을 다르게 지정하는 것이 필수적이지 않으며, 오히려 시각적 복잡성을 증가시킬 수 있다. 세로축(Y축)을 0부터 시작해야 하는 이유는 상대적 크기를 올바르게 전달하기 위함이며 생략 물결선을 사용하는 것은 시각적 오류를 유발할 수 있으므로 피하는 것이 좋다. 마지막으로, 세로 막대가 너무 많으면 가독성이 떨어지므로 데이터의 범위를 적절히 조정하는 것이 중요하다.

068. 누적막대차트는 여러 항목의 값을 누적하여 하나의 막대 안에 표현하며, 각 항목의 상대적 크기와 전체적인 합계를 동시에 파악할 수 있게 한다. 데이터 간 독립적인 비교를 강조하는 것은 일반 막대차트의 특징이며, 누적막대차트는 항목 간의 독립적인 비교보다는 전체적인 구성과 상대적인 크기를 시각화하는 데 적합하다.

069. 히트맵은 데이터를 색상으로 표현하여 값의 크기와 밀도를 시각적으로 비교하고, 데이터 간의 패턴과 특징을 쉽게 파악하는 데 사용된다. 정확한 데이터 값을 전달하거나 세부적인 개별 항목의 의미를 강조하거나 시간에 따른 추세를 표현하는 것은 히트맵의 주된 목적이 아니다.

070. 제시된 이미지는 레이더 차트(혹은 스파이더 차트, 방사형 차트)로, 다중 변수의 상대적인 크기와 패턴을 시각적으로 비교하는 데 사용된다. 이 차트는 여러 개의 축이 방사형으로 배치되며, 각 축은 특정 변수의 값을 나타낸다. 이를 통해 여러 변수 간의 관계나 균형을 한눈에 파악할 수 있으며, 특정 패턴이나 추세를 감지하는 데 유용하다. 반면, 축이 원형으로 배열되지 않고 직선 형태로 표시되는 차트는 평행좌표 그래프(Parallel Coordinates Plot) 같은 시각화 유형에 해당한다.

071. 비율 시각화는 전체 데이터를 기준으로 개별 항목이 차지하는 상대적인 비율을 효과적으로 나타내는 시각화 기법이다. 주로 파이차트, 도넛차트, 누적형 차트 등이 사용된다. 시간에 따른 변화를 강조하거나 데이터의 분포나 상관관계를 나타내는 것은 비율 시각화의 주요 목적과는 다르다.

072. 비율 시각화는 전체 중 각 항목이 차지하는 상대적 비율을 표현하는 데 적합하다. 예를 들어, 상품별 매출 비율, 부서별 성비, 도시 간 인구 비율 등을 나타낼 때 효과적이다. 하지만 월별 매출 추이는 시간 축을 기반으로 데이터를 비교하는 것으로, 추세 분석에 적합한 선형 그래프나 영역 차트를 사용하는 것이 적절하다.

073. 이 문제는 파이차트 작성의 주요 원칙과 주의사항에 대한 이해를 평가한다. ③번 보기는 파이차트에서 특정 범주를 강조할 수 없다는 잘못된 가정을 하고 있다. 실제로 파이차트에서는 다양한 시각적 기법을 통해 특정 범주를 효과적으로 강조할 수 있다.

074. 제시된 이미지는 트리맵(Treemap) 차트로, 데이터의 계층적 구조를 시각적으로 표현하는 데 사용된다. 트리맵은 각 데이터 항목을 면적을 기반으로 표현하며, 상대적인 크기 비교가 용이하다. 특히, 대량의 데이터를 한 화면에서 효과적으로 표현할 수 있어, 개별 요소의 비율을 직관적으로 파악하는 데 유용하다. 반면, 첫 번째 선택지는 선 그래프나 시계열 차트가 적합하다. 두 번째 선택지는 지리적 데이터 시각화를 설명하는 것으로, 지도나 히트맵이 활용된다. 세 번째 선택지는 변수 간의 관계 분석을 설명하는 것으로, 산점도나 버블 차트가 적절한 시각화 방식이다.

075

비기봇 해설

이번 문항은 모자이크 도표의 특징으로 옳지 않은 선택지를 찾는 것입니다. 모자이크 도표는 범주형 변수 간의 관계를 시각적으로 표현하는 데 유용한 도구입니다.

1. **2개 이상의 범주형 변수 간의 관계를 동시에 시각화할 수 있다** : 이 설명은 정확합니다. 모자이크 도표는 두 개 이상의 범주형 변수를 동시에 나타낼 수 있어, 변수 간의 관계를 명확하게 시각화할 수 있습니다.

2. **각 범주의 상대적인 빈도를 사각형의 면적으로 표현한다** : 이 설명도 맞습니다. 모자이크 도표에서 각 범주의 상대적인 빈도는 사각형의 면적으로 표현되며, 이를 통해 데이터의 분포를 쉽게 파악할 수 있습니다.

3. **범주 간 관계를 나타내기 위해 각 사각형의 크기를 높이만 조절하여 나타낸다** : 이 설명은 옳지 않습니다. 모자이크 도표에서는 사각형의 크기를 높이와 너비 모두 조절하여 표현합니다. 즉, 범주 간의 관계를 나타내기 위해 높이만 조절하는 것이 아니라, 면적의 비율로 나타내는 것이 특징입니다.

4. **범주형 변수의 수준이 높아질수록 해석이 어려워질 수 있다** : 이 설명은 맞습니다. 범주형 변수의 수준이 많아질수록 모자이크 도표의 복잡성이 증가하여 해석이 어려워질 수 있습니다.

최종 정리하자면, 모자이크 도표는 두 개 이상의 범주형 변수 간의 관계를 시각화하며, 각 범주의 빈도를 면적으로 표현합니다. 그러나 범주 간의 관계를 높이만 조절하여 나타내지는 않으며, 면적의 비율로 표현됩니다.

076. 와플차트(Waffle Chart)는 n x n 형태의 격자로 구성되어 데이터를 백분율 형태로 표현하는 차트이다. 정확한 비율이 아닌 단순한 비율 비교에는 효과적이며, 복잡한 데이터 분석에는 적합하지 않으며, 작은 차이를 정밀하게 표현하는 데도 한계가 있다. 반면, 도넛차트(Donut Chart)는 파이차트와 유사하지만 중심이 비어 있어 추가적인 정보를 표시하기 용이하다. 모자이크 도표(Mosaic Plot)는 2개 이상의 범주형 변수 간 관계를 시각화하는 데 사용되며, 각 블록의 크기로 빈도를 표현할 수 있다. 트리맵(Treemap) 차트는 계층적인 데이터를 면적 기반으로 시각화하여 비율 비교와 계층 구조를 직관적으로 표현하는 데 적합하다.

077. 와플차트는 일반적으로 10x10 정사각형 그리드를 사용하여 백분율을 표현하는 차트로, 데이터의 비율을 직관적으로 이해할 수 있도록 돕는 시각화 기법이다. 이는 시장 점유율, 인구 통계 비율 등 비율을 시각화하는 데 적합하다. 트리맵은 계층 구조 데이터를 면적으로 표현하며, 히트맵은 색상으로 데이터 밀도나 크기를 나타내고, 모자이크 도표는 범주형 변수 간의 관계를 시각화하는 데 사용된다.

078. 분포 시각화는 데이터의 빈도, 밀도, 퍼짐 정도 등을 시각적으로 표현하는 기법으로, 히스토그램(Histogram), 박스플롯(Box Plot), 커널 밀도 추정(KDE Plot), 바이올린 차트(Violin Plot) 등이 대표적인 예시이다. 이러한 차트들은 데이터가 어떻게 분포되어 있는지, 이상치가 존재하는지, 특정 구간에 데이터가 몰려 있는지 등을 분석하는 데 도움을 준다. 반면, 라인차트(Line Chart)와 영역차트(Area Chart)는 시간에 따른 데이터 변화를 보여주는 시계열 분석에 주로 사용되며, 데이터의 분포를 분석하는 데 최적화된 차트는 아니다.

079. 버터플라이 차트는 주로 분포 시각화에 사용되며, 두 개의 데이터를 중앙선을 기준으로 좌우 대칭으로 배치하여 데이터의 분포를 비교하거나 특정 집단 간 차이를 시각적으로 이해하는 데 적합하다. 트리맵은 계층적 데이터의 비율을 시각화하는 데 사용되는 기법이며, 파이차트는 비율 시각화에 사용되어 전체에 대한 각 부분의 크기를 나타낸다. 가로막대차트는 수량 시각화로 범주형 데이터의 값을 비교하는 데 적합하다.

080. 히스토그램(Histogram)과 막대그래프(Bar Chart)는 시각적으로 유사하지만 데이터 유형과 목적이 다르다. 히스토그램은 연속형(continuous) 데이터의 분포를 시각화하는 데 사용되며, X축이 연속적인 구간(빈, bin)으로 나뉜다. 각 막대는 특정 구간 내 데이터의 빈도를 나타낸다. 막대그래프는 범주형(categorical) 데이터를 시각화하는 데 사용되며, X축이 개별적인 범주로 구성된다. 각 막대는 특정 범주의 개수를 나타낸다. 히스토그램과 막대그래프 모두 특정 데이터를 강조하는 것이 가능하며, 음수 데이터를 표현할 수 있다.

081. 박스플롯은 데이터의 분포와 이상값을 시각적으로 나타내는 데 사용되는 도구이다. (가)는 이상값을 나타내며, 데이터의 범위를 벗어난 값들을 시각적으로 구분한다. 이상값은 IQR(사분범위)의 1.5배보다 크거나 작은 값으로 정의된다. (나)는 최댓값과 최솟값을 의미하며, 박스플롯의 수염 끝부분에 해당한다. 이는 데이터 분포의 경계를 나타낸다. (다)는 사분범위(IQR)로, 데이터의 중간 50%를 포함하는 구간이며, Q3(3사분위수)에서 Q1(1사분위수)을 뺀 값이다. IQR은 박스의 위아래 길이 혹은 높이로 나타난다.

082. 박스플롯(Box Plot)은 데이터의 중심 경향성과 분포를 시각적으로 표현하는 기법으로, 중앙값(Median)과 사분위수(Quartiles)를 중심으로 데이터의 퍼짐 정도를 나타낸다. 또한, 이상치(Outliers)를 감지하는 데 유용하며, 상자수염 밖에 위치한 점들은 이상치로 간주된다. 그러나 박스플롯은 평균값(Mean)이 아니라 중앙값(Median)을 기준으로 데이터 분포를 표현한다. 평균값은 이상치의 영향을 쉽게 받을 수 있지만, 중앙값은 데이터의 중간값을 나타내므로 이상치의 영향을 상대적으로 덜 받는다.

083. 버터플라이 차트(Butterfly Chart)는 인구 피라미드처럼 두 개의 대칭적인 막대 그래프를 사용하여 성별, 연령대 등의 분포를 비교할 때 유용하다. 연령대별 성별 분포를 비교하는 것은 버터플라이 차트의 대표적인 활용 사례이다. 반면, 국가별 연간 수출액과 수입액의 비율을 나타내는 것은 비율 비교이므로 파이 차트나 누적 막대그래프가 더 적절하다. 지역별 주택 가격 상승률을 시각화하여 시간에 따른 변화를 분석하는 것은 시계열 분석에 적합하며, 매장별 월간 매출액을 비교하는 것은 단순 비교 차트(예: 막대그래프)가 더 적절하다.

084. 바이올린 도표(Violin Plot)는 박스플롯의 구조를 포함하면서도 데이터의 밀도를 표현할 수 있는 시각화 기법이다. 이를 통해 분포의 모양까지 확인할 수 있어 박스플롯보다 더 상세한 정보를 제공한다. 눈모양 도표는 일반적으로 사용되지 않는 용어이며, 결합형 차트는 서로 다른 차트 유형을 조합한 형태로 분포 시각화에 특화된 것이 아니다. 버블 차트는 두 개 이상의 연속형 변수를 나타낼 때 사용하는 것으로, 분포 시각화에는 적합하지 않다.

085.

비기봇 해설

이번 문항은 Q-Q 도표(Q-Q Plot)를 사용하는 주요 목적을 찾는 것입니다. Q-Q 도표는 주어진 데이터가 특정 이론적 분포를 따르는지를 시각적으로 확인하는 데 유용한 도구입니다.

1. 데이터의 빈도 분포를 히스토그램으로 나타내기 위해 사용된다 : 이 설명은 옳지 않습니다. 히스토그램은 데이터의 빈도 분포를 시각화하는 데 사용되며, Q-Q 도표는 빈도 분포를 나타내지 않습니다.

2. 두 범주형 변수 간의 관계를 시각적으로 비교하기 위해 사용된다 : 이 설명도 맞지 않습니다. 두 범주형 변수 간의 관계를 비교하기 위해서는 주로 막대 그래프나 모자이크 도표가 사용됩니다. Q-Q 도표는 범주형 변수를 다루지 않습니다.

3. 데이터가 특정 분포(예: 정규분포)를 따르는지 시각적으로 확인하기 위해 사용된다 : 이 설명은 정확합니다. Q-Q 도표는 주어진 데이터가 특정 이론적 분포(예: 정규분포)에 얼마나 잘 맞는지를 시각적으로 평가하는 데 매우 유용합니다.

4. 시간에 따른 데이터의 추세와 계절성을 분석하기 위해 사용된다 : 이 설명은 옳지 않습니다. 시간에 따른 데이터의 추세와 계절성을 분석하기 위해서는 주로 선 그래프나 시계열 분석 기법이 사용됩니다. Q-Q 도표는 이러한 목적에 적합하지 않습니다.

최종 정리하자면, Q-Q 도표는 데이터의 분포가 특정 이론적 분포를 따르는지를 시각적으로 확인하는 데 사용됩니다.

086. 산점도는 연속형 변수 간의 관계를 시각적으로 표현하며, 점의 분포를 통해 선형 관계, 군집 형성, 이상치 등을 확인할 수 있다. 산점도 행렬은 다변량 데이터를 시각화하는 데 유용하며, 이상치를 시각적으로 식별하는 데도 효과적이다. 범주형 변수는 막대차트나 모자이크 도표와 같은 다른 시각화 차트가 더 적합하다.

087. A차트는 일반적인 산점도(Scatter Plot)로, 두 개의 연속형 변수 간의 관계를 점으로 나타낸다. B차트는 버블 차트(Bubble Chart)로, 산점도와 유사하지만 점의 크기를 통해 세 번째 변수를 추가적으로 표현할 수 있다. 버블차트는 산점도의 확장형이므로 산점도가 아니라고 볼 수 없으며, A차트와 B차트 모두 선형 및 비선형 관계를 시각화할 수 있다. 변수들의 분포 패턴과 이상치 탐색 모두 산점도와 버블 차트에서 가능하지만, 이상치 탐색은 일반적으로 산점도가 더 직관적이다.

088. 공간 시각화는 지리적 데이터를 활용하여 시각적으로 표현하는 방법으로, 지도상의 데이터 패턴을 분석하는 데 유용하다. 일반적으로 위도와 경도 정보를 포함하며, 이를 기반으로 데이터를 시각화할 수 있다. 또한, BI 소프트웨어 등 일부 시각화 도구는 위치 정보를 내재하고 있어 쉽게 활용할 수 있다. 그러나 지리적 공간은 시각화 목적에 따라 왜곡되어 표현될 수 있으며, 이를 통해 특정 지역의 데이터를 강조할 수 있다.

089. 보기에 설명된 시각화 기법은 카토그램(Cartogram)으로, 지리적 공간을 왜곡하여 특정 변수(예: 인구, 경제 규모 등)에 따라 지역의 크기를 조정하는 기법이다. 이를 통해 데이터의 지리적 분포를 직관적으로 파악할 수 있다. 단계구분도(Choropleth Map)는 색상으로 데이터를 표현하는 방식이다. 또한, 카토그램에서는 실제 지리적 크기가 아니라 데이터 값에 따라 지역 크기가 결정되므로, 가장 지리적으로 큰 지역이 반드시 가장 많은 데이터를 가진 것은 아니다. 마지막으로, 카토그램은 인구나 GDP 같은 변수 표현에 주로 사용되며, 기온이나 강수량 같은 기후 데이터는 단계구분도가 적합하다.

090. 해당 차트는 카토그램 히트맵(Cartogram Heatmap)으로, 지리적 위치를 유지하면서도 각 지역을 동일한 크기의 셀로 변환하여 표현하는 시각화 기법이다. 카토그램은 원래 지리적 영역의 크기를 데이터 값에 따라 변형하는 방식이지만, 히트맵과 결합된 경우 지역별 중요도를 균등한 공간 내에서 강조하는 특징이 있다. 단계구분도(Choropleth Map)는 지역의 실제 경계를 유지하며 색상 강도를 사용해 데이터를 표현하는 기법이다. 카토그램(Cartogram)도 공간 왜곡을 활용하지만, 히트맵 요소 없이 특정 값에 따라 지역 크기가 변하는 방식이다. 등치선도(Isoline Map)는 기온이나 고도처럼 연속적인 값을 표현하는 데 사용되므로 해당 차트와 맞지 않는다.

091. 시간 시각화는 데이터의 시간에 따른 변화를 직관적으로 보여주며, 데이터의 추이와 패턴을 분석하는 데 유용하다. 이를 통해 트렌드 발견, 이상치 탐지, 패턴 분석 등 다양한 분석 작업에 활용될 수 있다. 또한, 시간 데이터는 특정 시점에서의 값을 나타내는 이산형 데이터(예: 특정 날짜의 매출)와 지속적으로 변화하는 연속형 데이터(예: 온도의 변화)로 구분된다. 그러나 여러 가지 시간 단위를 혼합하여 사용하는 것은 일반적으로 권장되지 않는다. 예를 들어, 연 단위, 월 단위, 일 단위 데이터를 동일한 그래프에서 혼합하면 데이터 해석이 어려워질 수 있다.

092. 변수들 간의 군집 형성 및 이상치 탐지를 목적으로 하는 시각화 기법은 관계 시각화(Relationship Visualization)에 해당한다. 대표적인 관계 시각화 방법으로는 산점도(Scatter Plot), 버블 차트(Bubble Chart), 상관 행렬(Correlation Matrix) 등이 있으며, 이를 통해 변수 간의 관계를 분석하고 데이터의 패턴을 파악할 수 있다. 시간 시각화는 시간에 따른 변화를 분석하는 데 초점을 맞추며, 분포 시각화는 데이터의 분포를 나타내는 데 사용된다. 불확실성 시각화는 예측값과 실제값 간의 차이, 신뢰구간 등을 표현하는 기법이므로 군집 형성과 이상치 탐지와 직접적인 관련이 없다.

093. 문제의 차트는 영역 차트(Area Chart)로, 시간에 따른 데이터의 변화를 시각적으로 나타내는 데 사용된다. 일반적으로 누적 영역 차트는 여러 변수의 값을 함께 표현하여 데이터 간의 상대적 크기를 쉽게 비교할 수 있도록 한다. 범주형 데이터 비교는 막대그래프(Bar Chart)나 히스토그램이 더 적절하며, 개별 값 비교는 산점도나 테이블이 더 적합하다. 또한, 이상치 탐지 및 상관관계 분석은 산점도나 상관 행렬이 주로 사용되므로 영역 차트의 목적과 맞지 않는다.

094. 경사차트(Slope Chart)는 두 개의 시점 간 데이터 변화를 직선으로 연결하여 증감 추세를 명확하게 시각화하는 차트이다. 이는 시간이나 범주 간의 값을 비교할 때 유용하며, 데이터의 증가와 감소를 직관적으로 보여준다. 그러나 경사차트는 모든 개별 항목의 세부적인 비교보다는 전체적인 증감 방향과 패턴을 강조하는 데 초점을 맞춘다. 개별 값의 정확한 차이를 분석하기에는 한계가 있으며, 많은 데이터가 포함될 경우 가독성이 떨어질 수 있다.

095.

> **비기봇 해설**
>
> 이번 문항은 불확실성 시각화의 특징에 대한 문제입니다. 불확실성 시각화는 데이터의 변동성과 신뢰성을 시각적으로 표현하여, 사용자가 데이터를 더 잘 이해하고 해석할 수 있도록 돕는 중요한 도구입니다.
>
> 1. **불확실성 시각화는 데이터의 신뢰 구간, 오차 범위, 표준 오차 등을 시각적으로 표현하여 데이터의 변동성을 이해할 수 있도록 돕는다** : 이 선택지는 불확실성 시각화의 기본 개념을 정확히 설명하고 있습니다. 신뢰 구간이나 오차 범위는 데이터의 변동성을 나타내는 중요한 요소로, 이를 시각적으로 표현함으로써 사용자가 데이터의 불확실성을 직관적으로 이해할 수 있게 됩니다.
>
> 2. **다양한 시각적 요소 (예 : 투명도, 음영, 색상)를 사용하여 불확실성의 정도를 효과적으로 나타낼 수 있다** : 이 선택지도 불확실성 시각화의 특징을 잘 설명하고 있습니다. 투명도나 음영, 색상을 활용하여 불확실성의 정도를 효과적으로 나타내는 것은 데이터를 더욱 직관적으로 이해하는 데 도움이 됩니다.
>
> 3. **불확실성 시각화는 예측 결과의 신뢰성을 높이는 데 도움을 주며, 분석 결과를 해석할 때 중요한 참고 자료가 된다** : 이 선택지는 불확실성 시각화의 또 다른 중요한 역할을 설명합니다. 예측 결과의 신뢰성을 높이는 것은 데이터 분석의 중요한 부분이며, 이를 통해 사용자는 더욱 신뢰할 수 있는 결정을 내릴 수 있습니다.
>
> 4. **불확실성 시각화는 주로 데이터의 절대적 크기를 강조하여 변동성보다는 정확한 값을 전달하는 데 초점을 맞춘다** : 이 선택지는 불확실성 시각화의 개념에 반하는 내용입니다. 불확실성 시각화의 주목적은 데이터의 변동성을 강조하는 것이지, 절대적 크기를 강조하는 것이 아닙니다.
>
> 최종 정리하자면, 불확실성 시각화는 데이터의 변동성을 이해하는 데 도움을 주고, 다양한 시각적 요소를 통해 불확실성을 효과적으로 전달하며, 예측 결과의 신뢰성을 높이는 중요한 도구입니다. 그러나 절대적 크기를 강조하는 것은 불확실성 시각화의 본래 목적과는 다릅니다.

096. 오차막대는 데이터의 변동성을 나타내는 도구로, 데이터의 신뢰도를 시각적으로 표현하는 역할을 한다. 따라서 정확성을 유지하는 것이 중요하며, 데이터를 그룹화하거나 일부 제거하는 것은 정보의 왜곡을 초래할 수 있다. 반면, 축의 척도를 일관되게 설정하는 것은 데이터의 상대적 차이를 올바르게 전달하기 위해 필수적이며, 적절한 오차 유형(신뢰 구간, 표준 오차, 표준 편차 등)을 명확히 설정하는 것도 필수적인 과정이다. 또한, 데이터가 복잡할 경우 필터링이나 색상 코드를 활용하여 가독성을 높이는 것은 효과적인 방법이다.

097. 폭포수 차트(Waterfall Chart)는 각 단계의 누적 값을 표시하여 전체적인 합계를 파악할 수 있도록 설계된 차트이다. 데이터의 증감 변화를 막대 그래프로 시각화하여, 특정 항목이 전체 값에 어떻게 영향을 미치는지 쉽게 이해할 수 있다. 각 단계의 값이 누적되거나 차감되면서 총합에 영향을 미치는 것이 폭포수 차트의 핵심적인 특징이다. 폭포수 차트는 이전 단계와의 차이를 명확히 보여주며, 데이터의 변화 요인을 직관적으로 파악하는 데 유용하다.

098. 보기가 설명하는 시각화 유형은 간트 차트(Gantt Chart) 이다. 간트 차트는 프로젝트 관리에서 각 작업의 시작 및 종료일, 진행 상황, 우선순위, 작업 간의 관계(종속성)를 시각적으로 표현하는 도구이다. 간트 차트에서는 동시에 여러 작업이 진행될 수 있으며, 병렬 작업을 시각적으로 쉽게 파악할 수 있다. 또한 작업의 시작일과 종료일을 설정해야 하며, 우선순위를 파악하는 데 유용하고, 실시간으로 업데이트가 가능하다.

099. 덴드로그램(Dendrogram)은 계층적 군집 분석(Hierarchical Clustering Analysis, HCA) 결과를 시각적으로 표현하는 트리 구조의 차트이다. 이는 데이터 간의 유사도를 기반으로 계층적으로 그룹화하여 유사성이 높은 개체들을 그룹으로 묶어주는 역할을 한다. 랭크 차트(Rank Chart)는 데이터의 순위를 비교하는 차트이며, 상관도표(Correlation Matrix)는 변수 간의 상관관계를 나타내는 데 사용된다. 단계별 오차막대(Stepwise Error Bar)는 데이터의 변동성을 시각화하는 방법으로, 계층적 군집 분석과는 무관하다.

100. 프로렌스 나이팅게일의 '칵스콤 도표'는 크림 전쟁에서 영국군 사망 원인을 월별로 시각화한 도표이며, 질병으로 인한 사망이 총상보다 많았고 위생 개선으로 사망률 감소했다는 것을 표현했다. 칵스콤 도표는 원형 구조로, 월(시간), 사망 원인(카테고리), 사망 수(비율)를 면적으로 표현하고, 색상(예: 파란색, 빨간색, 검정색)으로 사망 원인을 구분하며 중요도나 비율 등을 데이터 숫자가 아니라 원의 반경과 각도를 조절해 표현했다. 4번 보기는 부정확한 설명이다.

국가기술자격

경영정보시각화능력 필기
기출변형문제

I 2024년 제 1회 기출변형문제
I 2024년 제 2회 기출변형문제

2024년 1회 기출
경영정보시각화능력 필기 제 1회 기출변형문제

⏱ 제한시간 60분　　　　　　　✓ 해설집 496P

모바일로 풀기

PART 01　경영정보 일반
문항 수(20문항) / 배점(문항 당 5점)

난 ★★★★☆
01. 다음 중 종업원 복지제도에 대한 설명으로 가장 적절하지 않은 것은?

① 종업원의 업무 만족도를 높이기 위해 유연 근무제를 도입하는 것이 복지제도에 포함될 수 있다.
② 퇴직금 제도와 같이 법적으로 필수로 요구되는 복리후생은 선택적으로 제공할 수 있다.
③ 사내 체육시설이나 문화 활동 지원은 비법정 복리후생의 일환으로 제공될 수 있다.
④ 복리후생 제도는 회사의 재정 상태와 종업원의 기대 사이에서 균형을 맞추어 설계되어야 한다.

난 ★★☆☆☆
02. 아래 보기에 해당하는 감가상각 방법으로 가장 올바른 것은?

- 자산의 사용량에 비례하여 감가상각 비용을 계산한다.
- 자산의 실제 사용 정도에 따른 감가상각 비용을 반영할 수 있다는 장점이 있다.
- 사용량 예측이 어려울 경우 적용이 까다롭다는 단점이 있다.

① 정액법　　　② 정률법
③ 생산량비례법　　④ 연수합계법

난 ★★★☆☆
03. 직무 상황에서 피평가자의 행동과 역량을 평가하기 위해 복수의 평가자가 구조화된 인터뷰와 과제 수행을 통해 평가하는 방법으로 가장 적합한 것은?

① 평가센터법　　　② 행태관찰척도법
③ 서열법　　　　　④ 행태기준평정법

난 ★★★☆☆
04. 다음 중 전환율(Conversion Rate)에 대한 정의로 가장 올바른 것은?

① 전환율은 마케팅 캠페인에 참여한 사용자 중 특정 목표 행동을 완료한 사용자의 비율을 말한다.
② 전환율은 웹사이트를 방문한 사용자 중 제품을 구매한 사용자의 비율만을 계산한다.
③ 전환율은 단순히 클릭 수와 노출 수의 비율을 나타내는 지표이다.
④ 전환율은 광고비 대비 수익을 나타내는 지표로, ROAS와 유사한 개념이다.

난 ★★★★☆
05. 다음 중 고객 행동 데이터를 수집하는 방법으로 가장 적절하지 않은 것은?

① 고객의 구매 이력을 분석하여 특정 상품에 대한 선호도를 파악한다.
② 소셜 미디어에서 고객이 브랜드를 언급한 빈도를 모니터링한다.
③ 웹사이트 방문 기록을 통해 고객의 탐색 경로를 분석한다.
④ 고객의 감정 상태를 추정하기 위해 직접적인 인터뷰나 설문 조사를 실시한다.

난 ★★★★☆
06. 다음 중 공급사슬관리(Supply Chain Management)에 대한 설명으로 가장 적절하지 않은 것은?

① 공급사슬관리는 공급자, 제조업체, 물류업체, 판매업체 등 여러 조직 간의 활동을 최적화하는 데 초점을 맞춘다.
② 공급사슬관리는 재고 관리와 유통 과정을 통합적으로 설계하여 효율성을 극대화한다.
③ 공급사슬관리는 단일 조직 내에서 발생하는 생산 및 물류 프로세스를 주로 다룬다.

④ 정보 흐름, 자재 흐름, 자금 흐름의 상호작용을 관리하여 수익성과 고객 만족도를 향상시킨다.

난 ★★★★☆

07. 다음 중 재무제표에 대한 설명으로 가장 옳지 않은 것은?

① 재무상태표는 특정 시점의 자산, 부채, 자본의 상태를 나타낸다.
② 손익계산서는 일정 기간 동안 기업의 수익과 비용을 기록한다.
③ 현금흐름표는 기업의 현금 유입과 유출을 기록하며 재무 건전성을 평가하는 데 사용된다.
④ 자본변동표는 기업의 자산 유동성을 분석하고 현금 흐름을 예측하는 데 중점을 둔다.

난 ★★★☆☆

08. 다음 중 다양한 재무비율의 정의와 관련된 설명으로 가장 부적절한 것은?

① 부채비율은 기업의 부채가 자본에 비해 얼마나 큰 비중을 차지하는지 나타낸다.
② 투자수익률은 투자한 자본에 대한 수익률을 측정하여 기업의 수익성을 평가한다.
③ 유동비율은 장기적 재무 안정성을 평가하는 데 사용된다.
④ 총자산이익률은 기업의 총자산을 활용한 이익 창출 능력을 나타낸다.

난 ★★★☆☆

09. 다음 중 공급사슬에서 일반적으로 관리되는 주요 이동 유형으로 가장 부적절한 것은?

① 물류 과정을 통해 발생하는 물리적 이동
② 공급망 내 각 주체 간의 정보 교환
③ 재무적 거래를 포함하는 현금 흐름
④ 조직 간 경영진의 인사 이동

난 ★★☆☆☆

10. 아래에서 설명하는 데이터 유형의 사례로 적절한 것은?

> 비즈니스 활동과 의도적 조사 등을 통해 생성되며, 데이터에 대한 산술 연산과 통계적 분석에 사용된다.

① 직원 만족도를 1~5점 척도로 평가한 설문 데이터
② 매장에서 발생하는 요일별 메뉴의 판매수량과 금액 데이터
③ 설문 응답자가 "매우 만족", "보통", "불만족" 중 하나를 선택한 데이터
④ 브랜드 인지도를 측정하기 위해 설문에서 '예', '아니요'로 응답한 데이터

난 ★★★★★

11. 다음 중 생산 공정의 각 단계에서 샘플 데이터를 추출하여 품질 관리를 수행하는 목적과 가장 관련이 적은 것은?

① 초기 자원 검사로 불량 자재의 투입을 방지한다.
② 생산 과정에서 제품의 규격 준수 여부를 지속적으로 확인한다.
③ 최종 제품 검사를 통해 고객 인도 시 품질을 보장한다.
④ 생산 공정 외부의 경쟁사 품질 수준을 비교하여 내부 기준을 설정한다.

난 ★★★★☆

12. 다음 중 옵션계약에서 사용되는 용어에 대한 설명으로 가장 적절하지 않은 것은?

① 옵션매도는 매수자에게 옵션을 강제로 행사하도록 요구하는 계약 조건이다.
② 행사가격은 옵션이 행사될 경우 기초자산을 매수하거나 매도할 수 있는 가격을 의미한다.
③ 프리미엄은 옵션 매수자가 옵션 매도자에게 권리 대가로 지급하는 금액이다.
④ 기초자산은 옵션의 가치가 결정되는 기준이 되는 자산을 지칭한다.

13. 다음 중 국가통계포털에서 제공하는 지표의 주요 활용 사례로 가장 부적절한 것은?

① E-지방지표를 통해 특정 지역의 재정 건전성과 생활 수준을 평가한다.
② 문화/여가지표를 활용해 지역 주민의 문화 활동 참여도를 분석한다.
③ 소득/소비/자산지표를 통해 지역별 재정 지출과 소득 불평등을 비교한다.
④ 국민계정지표를 이용해 개별 지역의 행정 효율성과 예산 집행을 분석한다.

14. 다음 중 아래 보기에서 설명하는 지표로 가장 적절한 것은?

> · 특정 기업이 시장 내에서 얼마나 큰 비중을 차지하고 있는지를 나타낸다.
> · 기업의 연간 매출을 전체 시장 규모로 나누어 계산한다.
> · 이 지표가 높을수록 해당 기업은 시장에서 더 큰 경쟁 우위를 가질 가능성이 높다.

① 시장점유율　② 성장률
③ 투자수익률　④ 시장포화도

15. 다음 중 ROAS(Return on Ad Spend)에 대한 설명으로 가장 적절하지 않은 것은?

① ROAS는 광고비 대비 발생한 매출액을 나타내는 지표이다.
② ROAS는 광고의 효과를 측정하여 광고 투자 효율성을 평가하는 데 사용된다.
③ ROAS는 클릭률(CTR)과 같은 광고 참여도를 평가하는 데 초점을 둔다.
④ ROAS는 "매출액 ÷ 광고비"로 계산된다.

16. 다음 직원평가 방식 중 직급, 직위 또는 역할의 변화를 포함하지 않고, 정기적으로 임금을 인상하는 방식은 무엇인가?

① 승급　② 승진
③ 베이스업　④ 승격

17. 다음 중 품질관리 기법 중 하나로, 문제의 원인을 빈도에 따라 정렬하여 가장 중요한 원인을 식별하는 데 사용되는 기법은?

① 체크리스트 기법　② 파레토 분석 기법
③ 히스토그램 기법　④ 산점도 기법

18. 다음 중 경력개발 프로그램 중 개인의 기술 개발과 조직의 전략적 목표를 동시에 달성하기 위해 설계된 것으로 가장 적합한 것은?

① 리스킬링　② 핵심인재육성
③ 종업원지원 프로그램　④ 이중경력제도

19. 다음 중 채권투자에서 시장위험의 주요 원인으로 가장 적절한 것은?

① 금리 상승으로 인해 채권 가격이 하락하는 금리 위험
② 발행자의 신용등급 하락으로 인한 신용위험
③ 인플레이션 상승으로 인한 실질 구매력 감소
④ 발행자가 자본 예산 부족으로 상환을 지연하는 위험

20. 다음 중 신규고객 판매를 효과적으로 늘리기 위한 주요 전략으로 가장 적합하지 않은 것은?

① 개인화된 이메일 마케팅을 통해 신규 고객의 관심을 끈다.
② 신규 고객 유입을 위해 한정된 기간 동안 할인 혜택을 제공한다.
③ 기존 고객의 추천을 활용하여 새로운 고객을 유치한다.
④ 고객 충성도를 강화하기 위한 멤버십 프로그램을 설계한다.

PART 02 데이터 해석 및 활용

문항 수(20문항) / 배점(문항 당 5점)

난 ★★★★★

21. 다음 중 수치형 데이터 분석에서 활용 가능한 방법으로 가장 적합하지 않은 것은?

① 회귀 분석을 통해 독립 변수와 종속 변수 간의 관계를 파악한다.
② 상관분석을 통해 두 변수 간의 관계 강도와 방향을 측정한다.
③ 머신러닝 모델을 사용하여 데이터를 군집화하고 패턴을 식별한다.
④ 시계열 데이터는 분할하여 범주형 데이터로 변환해 분석한다.

난 ★★★★★

22. 다음 중 백업 방법에 대한 설명으로 가장 적절하지 않은 것은?

① 전체 백업은 모든 데이터를 백업하며 복원 시 가장 간단한 방식이다.
② 증분 백업은 가장 최근 백업 이후 변경된 데이터만 백업하여 저장 공간을 절약한다.
③ 차등 백업은 마지막 전체 백업 이후 변경된 모든 데이터를 백업하며, 복원 시 마지막 전체 백업 파일과 가장 최근의 차등 백업 파일이 모두 필요하다.
④ 순차적 백업은 데이터를 시간 순서대로 백업하며, 증분 백업의 효율성을 극대화한다.

난 ★★★★☆

23. 다음 중 데이터 마이닝 기법과 그 활용 사례의 연결로 가장 부적절한 것은?

① 분류분석 – 신용카드 부정 사용 탐지
② 군집분석 – 고객 세분화를 통한 맞춤형 마케팅
③ 회귀분석 – 서로 다른 데이터 그룹 간의 상호 관계 발견
④ 연관분석 – 상품 구매 패턴 분석

난 ★★★★☆

24. 다음 중 데이터 웨어하우징에 대한 설명으로 가장 적절하지 않은 것은?

① 데이터 웨어하우징은 다양한 출처의 데이터를 중앙 저장소에 통합하여 관리한다.
② 데이터 웨어하우징은 복잡한 패턴을 발견하기 위해 데이터 분석 알고리즘을 실행하는 기술이다.
③ 데이터 웨어하우징은 데이터의 일관성과 무결성을 보장하며 의사결정을 지원한다.
④ 데이터 웨어하우징은 OLAP와 같은 분석 도구와 함께 사용되어 효율적인 데이터 분석을 가능하게 한다.

난 ★☆☆☆☆

25. 다음 보기에 제시된 자료에서 최빈값은 무엇인가?

3, NULL, 5, NULL, 5, NULL, 7

① 3　　　　　　② 5
③ NULL　　　　④ 7

난 ★★☆☆☆

26. 다음 중 데이터 분리 방법과 그 특징의 연결로 가장 적절하지 않은 것은?

① 교차 검증 – 데이터를 여러 폴드로 나누어 모델의 일반화 성능 평가
② 계층적 분리 – 데이터 클래스 비율을 유지하며 훈련 및 검증 세트를 분리
③ 무작위 분리 – 데이터를 훈련, 검증, 테스트 세트로 고정 분리
④ 시간 기반 분할 – 데이터를 무작위로 섞은 후 임의의 폴드로 나눔

27. 다음 중 데이터베이스 관리 시스템(DBMS)의 주요 특징과 관련된 설명으로 가장 적절하지 않은 것은?

① 데이터 모델링은 응용 프로그램과 데이터 간의 연결을 최소화하는 것을 주된 목표로 하며, 데이터의 구조를 정의하는 데는 큰 중요성이 없다.
② 데이터 일관성은 여러 사용자가 동시에 데이터를 수정해도 데이터가 충돌하지 않도록 보장한다.
③ 데이터 무결성은 데이터의 정확성과 유효성을 유지하기 위해 제약 조건을 적용한다.
④ 데이터 독립성은 논리적 및 물리적 데이터 구조 변경이 응용 프로그램에 영향을 미치지 않도록 한다.

28. 다음 중 정보를 통해 도출할 수 있는 인사이트로 가장 적절하지 않은 것은?

① 지난달 판매된 베스트 상품을 기반으로 인기 제품을 예측한다.
② 대리점별 매출 데이터를 분석해 각 지역의 성과를 비교한다.
③ 고객이 로그인한 시간을 분석하지 않고 바로 서비스 운영에 활용한다.
④ 가입 고객의 연령별 분포도를 사용해 마케팅 전략을 수립한다.

29. 다음 중 비식별화 기술 중 데이터 마스킹의 장점으로 가장 적합한 것은?

① 데이터가 원본과 동일한 값을 유지하여 비식별화 이후에도 분석 정확도를 높일 수 있다.
② 데이터에 대한 접근 권한을 설정하는 것이므로 보안이 강화된다.
③ 데이터를 변형하여 외부 노출을 방지하면서도 특정 작업에서는 원본 데이터처럼 사용할 수 있다.
④ 암호화 기법과 동일하게 데이터를 완전히 변환하여 복호화 없이는 사용할 수 없도록 한다.

30. 아래 보기가 설명하는 스키마 유형은 무엇인가?

> 데이터베이스의 논리적 설계를 나타내며, 데이터 구조와 제약 조건을 정의하는 스키마

① 개념 스키마
② 외부 스키마
③ 내부 스키마
④ 내용 스키마

31. 다음 중 셀프서비스 BI(Self-Service BI)의 장점으로 가장 적절하지 않은 것은?

① 비즈니스 사용자가 IT 부서의 지원 없이 데이터를 직접 분석할 수 있다.
② 실시간으로 데이터를 시각화하여 의사결정 속도를 높일 수 있다.
③ 데이터 탐색과 분석 과정이 간소화되어 사용자 경험을 개선한다.
④ 분석 프로세스를 표준화하여 기술 전문가만 데이터 접근이 가능하도록 제한한다.

32. 다음 중 Z-점수(Z-Score) 표준화의 주요 목적에 대한 설명으로 가장 적절한 것은?

① 데이터 세트에 결측값이 있는 원인을 파악한다.
② 변수의 단위가 다른 경우 변수의 척도를 맞춘다.
③ 데이터 세트를 최대한 보전하면서 차원을 축소한다.
④ 데이터 세트를 와이드(wide) 포맷에서 롱(long) 포맷으로 변경한다.

33. 다음 중 데이터 분석 모델의 오류와 그 원인에 대한 연결로 가장 적합하지 않은 것은?

① 과소 적합 – 모델이 충분히 복잡하지 않아 데이터의 패턴을 학습하지 못함
② 표본 편향 – 모델이 데이터의 과도한 복잡성을 학습하여 일반화 성능이 저하
③ 과대 적합 – 모델이 지나치게 복잡하여 학습 데이터에 과도하게 적응

④ 확증 편향 – 모델이 기존 가설에 맞는 데이터만 선택적으로 학습

난 ★★☆☆☆

34. 다음 중 데이터베이스 키(Key)의 속성에 대한 설명으로 가장 적합하지 않은 것은?

① 기본키는 NULL 값을 허용하지 않고 고유해야 한다.
② 후보키는 유일성과 최소성을 만족하며 기본키로 선택될 수 있다.
③ 외래키는 테이블 간의 관계를 설정하지만 NULL 값을 허용할 수 있다.
④ 슈퍼키는 테이블의 각 열을 포함하며 항상 기본키로 사용된다.

난 ★★★☆☆

35. 아래 보기에서 설명하는 데이터베이스 구성요소로 가장 적합한 것은?

- 테이블의 열을 나타내며, 각 열은 특정 데이터 유형에 대한 정보를 기술한다.
- 고유한 이름을 가지며, 데이터의 유형과 제약 조건을 정의한다.

① 속성(Attribute)　　② 레코드(Record)
③ 엔터티(Entity)　　④ 릴레이션(Relation)

난 ★★☆☆☆

36. 다음 중 파일 시스템의 한계와 그 원인에 대한 설명으로 가장 적절하지 않은 것은?

① 데이터 중복 – 파일 시스템은 데이터 중복을 방지하기 위한 고급 기능이 부족하다.
② 동시성 제어 부족 – 여러 사용자가 동시에 파일에 접근할 때 충돌 가능성이 높다.
③ 검색 비효율성 – 파일 시스템은 대규모 데이터 검색을 위해 최적화되어 있다.
④ 데이터 무결성 부족 – 파일 시스템은 데이터의 정확성과 일관성을 보장하는 메커니즘이 부족하다.

난 ★★★★★

37. 다음 중 공분산(Covariance)과 상관계수(Correlation Coefficient)의 차이에 대한 설명으로 가장 적절하지 않은 것은?

① 공분산은 두 변수 간의 방향성을 나타내지만 크기의 단위에 의존한다.
② 상관계수는 공분산을 두 변수의 표준편차로 나눈 값으로, 단위와 무관하게 계산된다.
③ 공분산은 모든 실수 구간에서 정의되며, 변수가 많을 경우 일정한 숫자의 범위를 가지는 상관계수가 더 해석이 용이하다.
④ 상관계수는 0에서 1 사이의 값을 가지며 관계의 강도와 방향을 나타낸다.

난 ★☆☆☆☆

38. 아래 보기에서 설명하는 데이터베이스 언어로 가장 적합한 것을 고르시오.

- 해당 언어는 데이터베이스의 구조를 정의하고 관리하는 데 사용된다.
- 데이터베이스 객체의 생성(CREATE), 수정(ALTER), 삭제(DROP) 등을 포함한다.

① 데이터 관리어(Data Management Language)
② 데이터 조작어(Data Manipulation Language)
③ 데이터 정의어(Data Definition Language)
④ 데이터 제어어(Data Control Language)

난 ★★★★☆

39. 다음 중 NoSQL 데이터베이스의 장점으로 가장 적절하지 않은 것은?

① 관계형 데이터베이스와 동일한 정규화를 지원하여 데이터 중복을 줄인다.
② 유연한 스키마를 통해 비정형 데이터를 효율적으로 처리할 수 있다.
③ 수평적 확장성이 뛰어나 대규모 데이터 처리가 가능하다.
④ 높은 읽기 및 쓰기 성능으로 실시간 애플리케이션에 적합하다.

난 ★★★★☆

40. 다음 중 데이터의 형식과 그 특성에 대한 설명으로 가장 적절하지 않은 것은?

① 정형 데이터는 표 형식으로 정렬된 데이터로, 관계형 데이터베이스에서 사용된다.
② 비정형 데이터는 주로 텍스트, 비디오, 오디오 등의 형식으로 저장되며 구조화되지 않는다.
③ 반정형 데이터는 데이터 내부에 태그와 같은 구조 정보를 포함하며, 정형 데이터에 비해 분석하기 어렵다.
④ 정형 데이터는 데이터 내용보다 데이터 구조 설명에 중점을 둔다.

PART 03   경영정보시각화디자인
문항 수(20문항) / 배점(문항 당 5점)

난 ★★☆☆☆

41. 시각 이해 위계의 피라미드에서 '지식' 단계는 어떤 과정을 통해 형성되는가?

① 원시 자료를 수집하는 과정
② 데이터를 가공하여 의미를 부여하는 과정
③ 정보를 바탕으로 이해를 형성하는 과정
④ 지식을 응용하여 문제를 해결하는 과정

난 ★★★★☆

42. 다음 그림과 같은 차트의 주요 용도는 무엇인가?

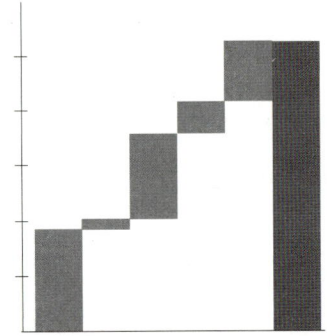

① 프로젝트 일정 관리
② 누적 효과와 세그먼트 기여도 시각화
③ 데이터의 분포 시각화
④ 계층적 군집 분석

난 ★★★★☆

43. 다음과 같은 차트의 유형에 대한 설명으로 옳지 않은 것은?

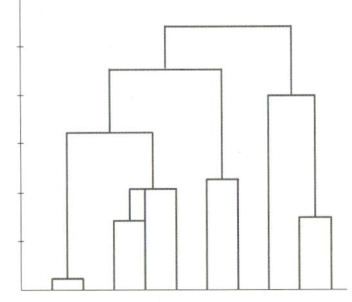

① 데이터의 분포를 시각화하는 데 사용된다.
② 계층적 군집 분석에 사용된다.
③ 트리 구조로 데이터를 표현한다.
④ 데이터의 유사성을 시각적으로 확인할 수 있다.

난 ★★★☆☆

44. 시각화 도구(BI 소프트웨어)의 주요 기능으로 옳지 않은 것은?

① 데이터의 시각적 표현을 통해 인사이트를 제공한다.
② 데이터의 실시간 분석을 지원한다.
③ 데이터의 추출 및 변환을 지원한다.
④ 데이터의 보안을 강화한다.

난 ★★☆☆☆

45. 캘린더차트의 구성 요소로 옳지 않은 것은?

① 날짜 데이터
② 요일과 주차
③ X, Y, Z축
④ 색상과 레이블

46. 분포 시각화 유형 중 다음과 같은 박스플롯(Boxplot)에 대한 설명으로 옳지 않은 것은?

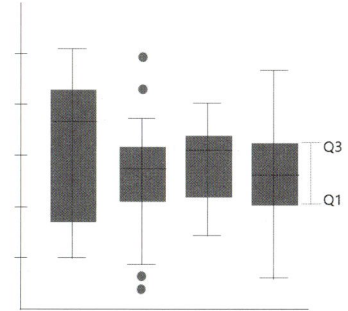

① 박스플롯은 데이터의 중앙값, 사분위수 및 이상값을 한눈에 파악할 수 있도록 설계된 시각화 기법이다.
② 중앙값은 박스의 상단 또는 하단 경계로 표시되며, 데이터 분포의 대칭성을 보여준다.
③ 박스의 길이는 데이터의 1사분위수(Q1)와 3사분위수(Q3) 간의 범위를 나타내며, 이를 사분위수 범위(IQR)라 한다.
④ 박스플롯은 데이터의 이상값을 명확히 식별할 수 있는 장점을 가지고 있지만, 개별 데이터 포인트를 확인하는 데는 한계가 있다.

47. 다음 제시된 이미지는 게슈탈트의 7법칙 중 하나의 예시이다. 관련이 있는 법칙으로 가장 옳은 것은?

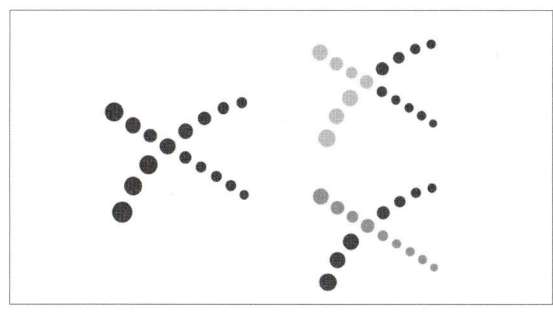

① 근접성 법칙　　② 단순성 법칙
③ 폐쇄성의 법칙　④ 연속성 법칙

48. 다음 중 공간 시각화에 해당하지 않는 것은?

① 트리맵　　② 지도
③ 카토그램　④ 단계구분도

49. 다음과 같은 차트의 특징으로 가장 옳지 않은 것은?

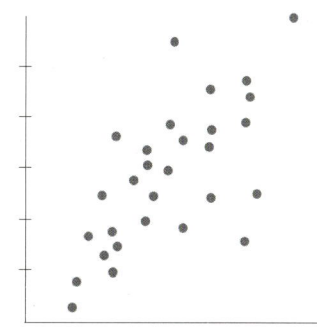

① 두 변수 간의 관계를 시각적으로 나타내며, 상관관계를 확인하는 데 유용하다.
② 데이터를 군집화하거나 그룹 간 차이를 확인하기에 가장 적합한 도구이다.
③ 각 점은 관측치의 값으로 표현되며, x축과 y축에 따라 해당 값의 위치가 결정된다.
④ 변수 간의 패턴이나 이상값을 발견하는 데 효과적으로 사용될 수 있다.

50. 디자인 원리 중 색의 3속성에 대한 내용으로 가장 부적절한 것을 고르시오.

① 색의 3속성은 색상, 명도, 채도를 의미하며, 색의 기본적인 특성을 정의한다.
② 색상은 빨강, 파랑, 노랑 등 색의 종류를 나타내는 속성이다.
③ 채도는 색의 밝고 어두운 정도를 나타내며, 명도는 색의 선명함을 결정한다.
④ 명도는 색의 밝기를 나타내며, 채도는 색의 순도를 표현한다.

난 ★★☆☆☆

51. 다음 중 인포그래픽에 대한 설명으로 가장 옳지 않은 것은?

① 인포그래픽은 정보와 그래픽을 결합하여 데이터를 시각적으로 표현하고, 사용자의 이해와 관심을 높이는 데 도움을 준다.
② 차트, 지도, 순서도, 일러스트레이션 등을 활용하여 데이터를 직관적으로 표현하며, 여러 분야에서 다양하게 활용된다.
③ 인포그래픽은 단순히 정보를 시각적으로 정리하는 것에 초점이 있으며, 사용자와의 상호작용 요소는 포함되지 않는다.
④ 디지털 인포그래픽은 웹사이트, 소셜 미디어 등에서 사용되며, 사용자의 행동을 유도하는 상호작용 요소를 포함할 수 있다.

난 ★★☆☆☆

52. 다음 중 보기에서 설명하고 있는 도표를 찾으시오.

( )은/는 공간 데이터를 왜곡하여 특정 속성을 강조하면서 색상으로 강도나 분포를 나타내는 시각화 기법이다. 이를 통해 지역별 데이터 패턴과 공간적 특성을 직관적으로 이해할 수 있다.

① 카토그램 히트맵
② 카토그램
③ 지도맵
④ 단계구분도

난 ★★★★☆

53. 다음과 같은 차트 유형에 대한 설명으로 가장 옳지 않은 것은?

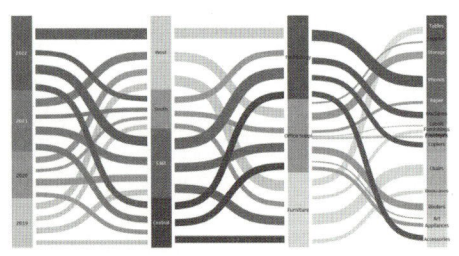

① 각 흐름의 너비로 데이터의 양을 비례적으로 보여준다.
② 에너지, 자원, 비용 등과 같은 데이터를 시각적으로 표현할 때 유용하다.
③ 서로 다른 흐름을 비교하고 분석하기 용이한 시각화 도구이다.
④ 데이터가 복잡할 경우 추천하지 않는 시각화 도구이다.

난 ★★★☆☆

54. 다음과 같은 차트에 대한 특징으로 가장 옳지 않은 것은?

① 색상을 활용하여 데이터의 강도나 분포를 시각적으로 나타내는 차트이다.
② 정확한 데이터 수치를 한눈에 파악할 수 있다.
③ 데이터를 비교하거나 패턴을 발견하는 데 유용하며, 복잡한 데이터 세트를 간단하게 표현할 수 있다.
④ 행과 열로 구성된 격자 형태를 통해 두 변수 간의 관계를 직관적으로 확인할 수 있다.

난 ★★★☆☆

55. 다음 보기에서 설명하고 있는 인포그래픽 디자인 구성요소로 가장 적절한 것은?

( )은/는 인포그래픽에서 가장 중요한 메시지를 요약하여 독자의 시선을 가장 먼저 끌 수 있는 요소이다. 이 부분은 간결하면서도 강렬해야 하며, 디자인 전체의 주제를 한눈에 전달하는 역할을 한다. 크기, 색상, 배치를 통해 다른 시각적 요소들과 차별화하여 명확히 강조해야 한다.

① 범례
② 서체
③ 제목
④ 주석

56. 다음 중 수평오차막대에 대한 설명으로 가장 옳지 않은 것은?

① 수평오차막대는 데이터의 평균값을 중심으로 상하 방향의 불확실성을 나타내는 도구이다.
② 수평오차막대는 가로축을 기준으로 데이터의 오차 범위를 시각적으로 표현한다.
③ 오차 범위를 통해 측정값의 신뢰도를 파악하거나 데이터 간의 차이를 비교할 수 있다.
④ 과학적 실험이나 통계 데이터에서 측정값의 변동성을 표현하는 데 자주 사용된다.

57. 다음 중 그림과 같은 차트에 대한 설명으로 가장 옳지 않은 것은?

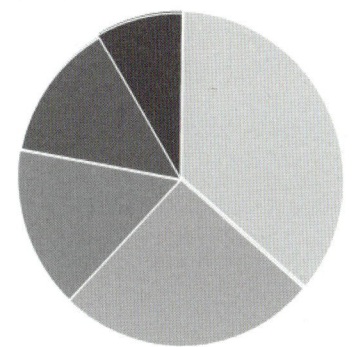

① 전체와 각 부분의 비율을 비교하는 데 효과적이다.
② 구성 요소의 비율을 직관적으로 이해할 수 있도록 시각화하여 원 형태로 표현한다.
③ 데이터를 상세하게 비교하거나 많은 카테고리를 포함하는 경우 가장 적합한 도구이다.
④ 각 섹션의 크기는 데이터 값에 따라 비례적으로 표현되며, 상대적인 비율을 보여준다.

58. 다음 보기에서 설명하는 시각화 기능으로 가장 옳은 것은?

> 데이터를 요약, 분석, 비교, 정렬할 수 있는 엑셀의 강력한 도구이다.
>
> 사용자는 드래그 앤 드롭 방식으로 데이터를 재구성하여 원하는 정보를 쉽게 도출할 수 있다.

① 아이콘 세트
② 데이터 막대
③ 스파크라인
④ 피벗 테이블

59. 아래 보기는 파워 BI의 기능에 대한 설명이다. 빈 칸에 들어갈 내용으로 가장 옳은 것은?

> Power BI의 ( ) 기능은 데이터를 가져오고 변환하며, 통합된 데이터 모델을 구축하는 데 사용된다.
>
> 데이터를 정리하고 변환하는 ETL(Extract, Transform, Load) 과정을 시각적인 인터페이스에서 쉽게 수행할 수 있다.
>
> 다양한 데이터 소스를 연결하여 데이터를 병합하거나 필터링, 계산 열 추가 등의 작업을 수행할 수 있다.
>
> ( ) 편집기는 원본 데이터를 손상시키지 않고, 필요한 형태로 데이터를 변환하여 분석에 적합한 상태로 준비한다.

① CSV
② Query
③ KPI
④ Filter

60. 다음 그림과 같은 차트에 대한 특징으로 옳지 않은 것은?

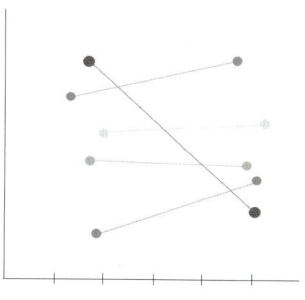

① 여러 시점에 걸친 데이터의 세부 추세를 표현하는 데 가장 효과적인 도구로 사용된다.
② 두 시점 간의 변화를 강조하기 위해 데이터의 시작점과 끝점을 연결하여 시각적으로 표현한다.
③ 주요 데이터의 경향성을 간략하게 나타내며, 시각적으로 데이터 간의 차이를 비교하기 적합하다.
④ 직관적인 디자인으로 복잡한 데이터 대신 단순한 변화량을 보여주는 데 초점이 맞춰져 있다.

2024년 2회 기출
경영정보시각화능력 필기 제 2회 기출변형문제

⏱ 제한시간 60분   📖 해설집 504P   모바일로 풀기

PART 01 경영정보 일반
문항 수(20문항) / 배점(문항 당 5점)

난 ★★☆☆☆

01. 다음 설명이 나타내는 SERVQUAL의 구성요인으로 옳은 것을 고르시오.

> 서비스 제공자의 전문성, 태도, 지식이 고객이 신뢰감과 안심을 느낄 수 있도록 돕는 능력을 의미한다.

① 응답성(Responsiveness)
② 신뢰성(Reliability)
③ 확신성(Assurance)
④ 공감성(Empathy)

난 ★★★☆☆

02. 다음 중 크로스셀링(Cross Selling)에 해당하는 사례로 가장 적절한 것은?

① 고객이 노트북을 구매할 때 더 고사양의 모델을 추천하는 것이다.
② 고객이 노트북을 구매할 때, 해당 노트북에 적합한 가방이나 보조 배터리를 함께 추천하는 것이다.
③ 고객이 스마트폰을 구매한 후, 더 나은 기능을 제공하는 상위 모델로 교체하도록 제안하는 것이다.
④ 고객이 서비스 이용 중, 추가 요금을 지불하면 프리미엄 서비스를 받을 수 있다고 권장하는 것이다.

난 ★★☆☆☆

03. 다음 중 데이터(Data), 정보(Information), 지식(Knowledge)의 관계를 가장 정확히 설명한 것은?

① 데이터는 지식으로 변환되고, 지식은 정보로 해석된다.
② 정보는 데이터를 기반으로 분석하여 생성되며, 지식은 정보의 해석을 통해 얻어진다.
③ 데이터는 지식을 포함하며, 정보는 데이터의 하위 개념이다.
④ 정보는 데이터의 해석 없이도 생성되며, 지식은 정보를 결합하여 얻어진다.

난 ★★★★☆

04. 다음 중 직무 평가 방법과 그 설명이 올바르게 연결된 것은 무엇인가?

① 서열법: 외부 직무와의 비교를 통해 임금을 결정하는 방법이다.
② 분류법: 미리 정의된 직무 등급을 기준으로 직무를 그룹화하여 평가하는 방법이다.
③ 점수법: 직무 간의 중요도를 주관적으로 나열하는 방식이다.
④ 시장임금조사법: 직무를 기준으로 내부적으로만 평가하여 보상 수준을 결정하는 방법이다.

난 ★★★★☆

05. 다음 중 채권의 만기에 따른 구분으로 가장 옳은 것은?

① 장기채는 만기가 5년 이하인 채권을 의미하며, 안정성이 가장 높다.
② 단기채는 만기가 1년 이내인 채권을 의미하며, 유동성이 낮다.
③ 중기채는 1년 이하의 단기 만기를 가지며, 유동성이 높은 채권이다.
④ 중기채는 만기가 1년에서 5년 사이인 채권을 의미하며, 단기채보다 높은 이율을 제공한다.

난 ★★☆☆☆
06. 다음 중 재무비율과 그에 따른 설명이 가장 잘못 짝지어진 것은?

① 부채비율은 안정성을 측정하기 위해 사용된다.
② 매출총이익률은 단기 지급 능력을 평가하는 유동성을 측정하기 위해 사용된다.
③ 자기자본이익률은 수익성을 측정하기 위해 사용된다.
④ 총자산회전율은 자산의 효율성을 측정하기 위해 사용된다.

난 ★★★☆☆
07. 다음 중 품질관리 데이터를 활용한 활동으로 가장 적절한 것은 무엇인가?

① 생산 공정에서 발생하는 불량률을 분석하여 개선 방안을 마련한다.
② 고객 주문 이행 시간을 단축한다.
③ 물류 네트워크를 최적화하여 배송 비용을 절감한다.
④ 공급망 파트너 간 협업을 통해 재고를 최적화한다.

난 ★★★☆☆
08. 다음 중 효과적인 핵심성과지표(KPI) 설정의 조건으로 가장 부적절한 것은?

① KPI는 조직의 장기적인 전략 목표와 일치해야 한다.
② KPI는 달성 가능하며, 조직의 자원과 역량을 고려하여 설정해야 한다.
③ KPI는 정량화할 수 없는 요소를 포함해 조직의 감성적인 목표를 측정해야 한다.
④ KPI는 조직 내 구성원들이 이해하고 공감할 수 있도록 명확하게 정의되어야 한다.

난 ★★★☆☆
09. 다음 중 연평균수익률과 가장 관련이 깊은 설명을 고르시오.

① 투자 원금에 대한 단기 수익률을 측정한다.
② 채권의 표면 이자율을 기준으로 수익률을 계산한다.
③ 물가 상승률을 고려하여 실질 수익률을 산출한다.
④ 일정 기간 동안의 총수익률을 매년 동일한 비율로 환산한다.

난 ★★★☆☆
10. 다음 중 고객생애가치(LTV)를 계산할 때 가장 중요하게 고려해야 할 요소로 적절한 것은?

① 고객의 추천 활동 빈도와 영향력
② 고객의 연간 지출액과 고객 관계 유지 기간
③ 고객과의 관계 동안 발생한 불만 사례
④ 고객의 서비스 이용 후 피드백 점수

난 ★★★☆☆
11. 다음 중 손익계산서에서 확인할 수 있는 정보로 가장 적절한 것은?

① 특정 시점의 자산과 부채 현황을 확인할 수 있다.
② 일정 기간 동안 발생한 수익과 비용의 세부 내역을 확인할 수 있다.
③ 현금 유입과 유출의 세부 흐름을 파악할 수 있다.
④ 자본 변동 상황과 주식 발행 내역을 파악할 수 있다.

난 ★★★☆☆
12. 아래 보기는 행동 기반 평가 척도(BARS)의 장점들에 대한 설명이다. 이 중 옳은 것을 모두 고르시오.

> 가. 평가 항목이 주관적이므로 기업 및 부서에 맞게 평가를 변형할 수 있다.
> 나. 특정 직무에 맞춘 행동 기준을 개발하여 직무별로 적합한 평가를 제공한다.
> 다. 척도 개발이 간단하고 비용이 낮다.
> 라. 직무와 관련된 구체적인 행동을 기반으로 평가 결과를 도출한다.

① 가, 나   ② 가, 다
③ 나, 다   ④ 나, 라

난 ★★☆☆☆
13. 다음 중 직무분석의 주요 목적에 대한 설명으로 가장 적절하지 않은 것은?

① 직무의 주요 과업과 책임을 파악하여 업무의 명확성을 높인다.
② 직무의 중요도와 난이도를 평가하여 적절한 급여 수준을 설정한다.
③ 조직 내 모든 직무를 동일한 방식으로 평가하여 급여를 평등하게 분배한다.
④ 직무에 필요한 역량과 자격 요건을 정의하여 채용 및 교육에 활용한다.

난 ★★☆☆☆
14. 다음 중 국가통계 마이크로데이터 통합서비스(MDIS)의 주요 기능으로 가장 적절한 것은?

① 국가통계 데이터의 작성 및 수정 권한을 제공한다.
② 다양한 기관의 마이크로데이터를 통합하여 분석 및 다운로드 서비스를 제공한다.
③ 마이크로데이터의 원시 데이터를 일반 대중에게 공개한다.
④ 국제 통계 표준을 수립하고 관리하는 주요 기구 역할을 수행한다.

난 ★★★☆☆
15. 다음 중 황소채찍효과(Bullwhip Effect)를 완화하기 위한 방안으로 가장 적절한 것은?

① 수요 데이터를 공급사슬 내 모든 단계에서 실시간으로 공유한다.
② 상위 단계로 갈수록 더 많은 안전재고를 유지한다.
③ 최종 고객의 수요 예측 데이터를 폐기한다.
④ 공급사슬 상의 각 단계에서 독립적으로 재고를 관리한다.

난 ★★★☆☆
16. 다음 중 월간 활성 사용자(MAU)를 분석할 때 가장 적절하지 않은 활용 방법은?

① 사용자 활동 데이터를 기반으로 고객 세그먼트를 구분한다.
② 제품 사용 빈도를 파악하여 사용자 충성도를 평가한다.
③ 고객당 평균 구매액을 계산하여 매출 성과를 예측한다.
④ 특정 세그먼트의 사용 감소율을 파악하여 이탈 방지 전략을 수립한다.

난 ★★★☆☆
17. 다음 중 자본변동표의 주요 기능으로 가장 적절하지 않은 것은?

① 자본의 구성 항목별 변동 상황을 보여준다.
② 배당금 지급 내역을 확인할 수 있다.
③ 자본과 관련된 모든 수익과 비용을 보여준다.
④ 기업의 유동성을 평가하는 데 주요 지표로 활용된다.

난 ★★★☆☆
18. 다음 중 고객만족도를 측정하기 위해 사용하는 방법으로 가장 적절하지 않은 것은?

① Likert 척도를 사용한 설문조사
② 순추천지수(NPS)를 활용한 만족도 평가
③ 표적집단면접을 통한 만족도 심층 조사
④ 고객 구매 데이터를 활용한 만족도 간접 분석

난 ★★★★☆
19. 다음 중 수요 예측 방법에 대한 설명으로 가장 옳지 않은 것은?

① 시계열 분석은 과거 데이터를 기반으로 시간에 따른 수요 패턴을 예측한다.
② 회귀분석은 설명 변수와 종속 변수 간의 관계를 모델링하여 수요를 분석한다.
③ 몬테카를로 시뮬레이션은 수요 데이터가 부족한 경우에도 확률적 예측이 가능하다.
④ 신경망 모델은 비선형적인 수요 패턴을 학습하여 복잡한 수요 데이터를 분석한다.

난 ★★★★☆
20. 다음 중 CTR(Click-Through Rate)을 분석하여 높은 CTR 값을 얻었다. 이와 가장 관련이 없는 예시를 고르시오.

① 광고의 타겟팅이 매우 적절하다.
② 광고 콘텐츠가 사용자의 관심을 끌기에 충분히 매력적이다.
③ 제품을 구매한 구매자의 수가 많다.
④ 광고가 사용자에게 잘 노출되고 있다.

PART 02 데이터 해석 및 활용
문항 수(20문항) / 배점(문항 당 5점)

난 ★★☆☆☆
21. 다음 중 데이터 변환에 사용되는 Z-점수(Z-Score) 표준화에 대한 설명으로 가장 적절한 것은?

① 숫자 데이터의 배율을 0과 1 사이의 범위로 재조정하는 작업이다.
② 연속형 데이터를 불연속인 간격으로 변환하는 작업이다.
③ 숫자 데이터를 평균 0, 표준편차 1이 되도록 변환하는 작업이다.
④ 고차원 데이터를 저차원 데이터로 변환하는 작업이다.

난 ★★★★☆
22. 다음 중 OLAP(Online Analytical Processing) 시스템의 장점으로 가장 적절하지 않은 것은?

① 사용자가 대화식으로 데이터를 분석할 수 있다.
② 다차원 데이터 분석을 통해 다양한 관점에서 데이터를 볼 수 있다.
③ 실시간 데이터 삽입과 처리를 효율적으로 처리한다.
④ 의사결정을 위한 데이터 집계 및 분석이 가능하다.

난 ★★★☆☆
23. 다음 중 데이터베이스의 설계 단계 중 물리적 설계 단계에서 수행되는 작업으로 가장 적절하지 않은 것은?

① 저장소 크기 및 저장 매체 선정
② 데이터베이스의 색인(index) 설계
③ 사용자 권한 및 접근 제어 설계
④ 테이블의 파티셔닝(partitioning) 결정

난 ★★★★☆
24. 다음 중 스키마 변경 작업 시 고려해야 할 사항으로 가장 적절하지 않은 것은?

① 모든 데이터 타입을 텍스트로 변환하여 처리해야 한다.
② 기존 응용 프로그램과의 호환성을 유지해야 한다.
③ 데이터 무결성을 보장해야 한다.
④ 변경된 스키마가 쿼리 성능에 미치는 영향을 평가해야 한다.

난 ★★☆☆☆
25. 다음 중 범주형 데이터와 수치형 데이터를 모두 포함하는 데이터셋을 분석할 때 가장 먼저 수행해야 할 작업으로 가장 적절한 것은?

① 범주형 데이터를 평균과 표준편차로 요약한다.
② 수치형 데이터를 빈도 수로 요약한다.
③ 각 데이터 유형에 맞는 적절한 기술통계를 적용한다.
④ 모든 데이터를 범주형으로 변환하여 분석을 단순화한다.

난 ★★★☆☆
26. 다음 중 확률변수에 대한 설명으로 가장 옳지 않은 것은?

① 확률변수는 표본공간의 각 원소에 하나의 실수값을 할당하는 함수이다.
② 이산형 확률변수는 확률밀도함수에서 특정 범위의 면적으로 확률을 계산한다.
③ 연속형 확률변수는 확률밀도함수를 통해 구간 내 확률을 계산한다.
④ 확률변수는 이산형이든 연속형이든 각각의 확률분포에 따라 값을 나타낸다.

난 ★★☆☆☆

27. 다음 중 모바일 비즈니스 인텔리전스(Mobile BI)의 주요 특징으로 가장 적절하지 않은 것은?

① 이동 중에도 데이터 접근이 가능하다.
② 실시간 데이터 업데이트와 분석을 제공한다.
③ 개인정보 해킹 관련 데이터 보안 위협이 줄어든다.
④ 사용자 친화적인 모바일 인터페이스를 제공한다.

난 ★★★★☆

28. 다음 중 데이터베이스 관리 시스템(DBMS)의 주요 역할로 가장 적절하지 않은 것은?

① 데이터 저장 및 검색을 위한 효율적인 구조를 제공하며, 대량의 데이터를 처리하는 데 필요한 최적화된 알고리즘을 포함한다.
② 사용자 및 애플리케이션으로부터의 데이터 접근 요청을 관리하고, 불법적인 접근을 방지하기 위해 인증 및 권한 제어 기능을 제공한다.
③ 데이터 무결성을 유지하기 위해 외래키 및 제약 조건을 설정하며, 트랜잭션 중단 시 데이터 복구를 자동화한다.
④ 소프트웨어 애플리케이션의 실행을 관리하며, 코드 최적화를 통해 프로그램 성능을 향상시킨다.

난 ★★★★★

29. 아래 보기는 다양한 데이터 적재 방식의 특징들을 설명하고 있다. 이 중 옳은 것을 모두 고르시오.

> 가. 실시간 적재 - 데이터 변경이 발생하면 즉시 데이터베이스에 반영하는 방식이다.
> 나. 병렬 적재 - 적재 작업을 하나의 프로세스로 통일한 뒤 여러 번 실행하는 방식이다.
> 다. 증분 적재 - 기존 데이터를 유지하며 새로운 데이터만 추가하는 방식이다.
> 라. 일괄 적재 - 대량의 데이터를 한 번에 처리하며 작업중에도 데이터를 계속 추가할 수 있다.

① 가, 나
② 나, 라
③ 가, 다
④ 다, 라

난 ★★★☆☆

30. 다음 중 빅데이터의 특징 중 하나인 다양성(Variety)과 관련된 문제를 해결하기 위한 접근법으로 가장 적절하지 않은 것은?

① 다양한 데이터 소스를 통합하여 데이터를 분석할 수 있는 플랫폼을 도입한다.
② 비정형 데이터를 처리하기 위해 텍스트 마이닝과 이미지 분석 기술을 활용한다.
③ 데이터의 크기를 줄이기 위해 모든 데이터를 정형 데이터로 변환한다.
④ 정형 데이터와 비정형 데이터를 함께 처리할 수 있는 분산 처리 시스템을 구축한다.

난 ★★☆☆☆

31. 다음 중 데이터베이스의 참조 무결성을 유지하기 위해 반드시 필요한 요소는?

① 기본 키와 외래 키
② 데이터 암호화와 트랜잭션
③ 트리거와 인덱스
④ 메타데이터와 쿼리 최적화

난 ★★☆☆☆

32. 다음 중 탐색적 데이터 분석(EDA)의 주요 목적에 해당하지 않는 것은?

① 데이터의 분포와 특성을 이해한다.
② 데이터 이상치와 결측치를 식별하고 처리한다.
③ 데이터의 예측 성능을 테스트한다.
④ 데이터 간의 상관관계를 파악한다.

난 ★★★☆☆

33. 다음 중 계층적 분리(Stratified Sampling)를 사용하는 것이 가장 적절한 경우는?

① 데이터의 클래스 분포가 균등한 경우
② 분류 문제에서 클래스 비율이 불균형한 경우
③ 비지도 학습 문제에서 데이터의 클러스터를 찾고자 하는 경우
④ 시간 순서가 중요한 시계열 데이터를 샘플링하는 경우

난 ★★★★☆
34. 다음 중 관계형 데이터베이스와 NoSQL 데이터베이스의 주요 차이점으로 가장 적절하지 않은 것은?

① 관계형 데이터베이스는 고정된 스키마를 사용하지만, NoSQL은 유연한 스키마를 제공한다.
② 관계형 데이터베이스는 트랜잭션 관리가 뛰어나며, NoSQL은 트랜잭션을 지원하지 않는다.
③ NoSQL은 대규모 데이터와 높은 처리량을 처리하는 데 더 적합하다.
④ 관계형 데이터베이스는 SQL 쿼리 언어를 사용하고, NoSQL은 다양한 쿼리 언어를 지원한다.

난 ★★☆☆☆
35. 다음 중 데이터 웨어하우스의 주요 특징으로 가장 적절하지 않은 것은?

① 데이터를 통합하고 분석 작업에 최적화한다.
② 데이터를 주제별로 구조화하고 시계열적으로 관리한다.
③ 분석 작업의 성능을 최적화하기 위해 읽기 전용으로 설계된다.
④ 데이터 변경이 자주 발생하는 운영 시스템의 역할을 수행한다.

난 ★★★☆☆
36. 다음 중 데이터 비식별화(Data Anonymization) 기술에 대한 설명으로 가장 옳지 않은 것은?

① 데이터 비식별화는 개인정보를 보호하기 위해 데이터의 특정 식별 정보를 삭제하거나 변환하는 기술이다.
② 프라이버시 모델 기반 추론 방지 기술에는 k-익명화, l-다양성, t-근접성 등이 포함된다.
③ 비식별화된 데이터는 원 데이터로 완전히 복원할 수 있다.
④ 비식별화는 데이터의 개인정보 보호와 동시에 분석 가능성을 유지하는 것을 목표로 한다.

난 ★☆☆☆☆
37. 다음 중 연관 분석을 적용하기에 가장 적절한 사례는?

① 특정 제품의 최적 가격 설정
② 고객의 생애 가치를 예측
③ 온라인 쇼핑몰에서 함께 구매되는 제품 세트를 분석
④ 신규 고객의 가입 경로 파악

난 ★★★☆☆
38. 다음 중 SQL 명령어와 그 설명이 올바르게 연결되지 않은 것은?

① SELECT - 테이블에서 데이터를 조회하는 명령어
② DELETE - 테이블을 삭제하는 명령어
③ ALTER - 테이블 구조를 수정하는 명령어
④ INSERT - 테이블에 데이터를 추가하는 명령어

난 ★★★★★
39. 다음 보기의 데이터 수명 주기 관련 내용을 올바르게 나열하시오.

| 가. 보관 | 나. 폐기 | 다. 분석 |
| 라. 저장 | 마. 처리 | 바. 수집 |

① 바-라-마-다-가-나
② 바-마-라-가-다-나
③ 바-다-마-라-가-나
④ 바-가-다-마-라-나

난 ★★★☆☆
40. (주)데이터에듀에서 새로운 복지 제도를 도입한 후 직원들의 생산성이 증가하였다. 이 결과에 대한 결론으로 가장 적절하지 않은 것은?

① 새로운 복지 제도가 직원들의 동기 부여에 긍정적인 영향을 미쳤을 가능성이 있다.
② 복지 제도의 도입이 생산성 증가의 가장 큰 요인이라고 결론내릴 수 있다.
③ 복지 제도와 생산성 간의 관계를 더 검증하기 위한 추가 데이터가 필요하다.
④ 생산성 증가는 복지 제도가 도입된 이후 발생한 변화이다.

PART 03 경영정보시각화디자인

문항 수(20문항) / 배점(문항 당 5점)

난 ★★★★☆

41. 다음 중 오컴의 면도날 원칙에 따른 인포그래픽 디자인 방법으로 적절하지 않은 것은 무엇인가?

① 과도한 장식과 불필요한 세부 요소를 배제하고, 필요한 시각적 요소만 효율적으로 사용한다.
② 정보 전달을 명확히 하기 위해 텍스트 대신 적절한 그래픽 요소를 활용할 수 있는 경우 이를 적극적으로 고려한다.
③ 핵심 메시지를 강조하기 위해 다양한 그래프와 복잡한 도표를 최대한 활용한다.
④ 간단하고 명료한 문구를 통해 정보를 직관적으로 전달할 수 있도록 표현한다.

난 ★★★☆☆

42. 공간 시각화 유형 중 카토그램에 대한 특징으로 옳지 않은 것을 고르시오.

① 지리적 크기를 왜곡하지 않고 원래의 지도를 유지하며 데이터를 시각화한다.
② 지리적 단위의 크기를 다른 변수의 값에 따라 조정하여 특정 지역이 더 크게 나타날 수 있다.
③ 지리적 분포에 따른 데이터 차이를 시각적으로 파악하고 정책 수립에 도움을 줄 수 있다.
④ 인구, GDP, 환경 지표 등 다양한 지표를 비교하고 이해하는 데 활용할 수 있다.

난 ★★★★☆

43. 다음과 같은 그림 차트 유형에 대한 설명 중 가장 부적절한 것은?

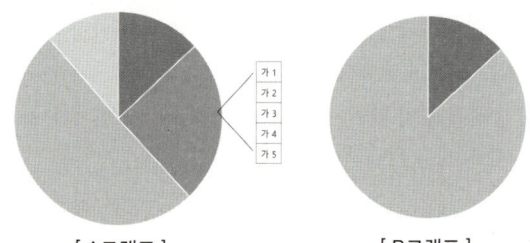

[A그래프]   [B그래프]

① 전체 대비 각 항목의 비율을 보여주는 데 효과적이다.
② 위 차트는 데이터의 종류가 다양할수록 정보파악에 용이하다.
③ 이 차트는 A 그래프와 같이 수직이나 수평 막대를 활용하여 한 부분을 나눈 뒤 다중 정보를 제공할 수 있다.
④ 강조하고자 하는 부분의 크기를 키우거나 색을 다르게 하는 방식으로 특정 데이터를 강조할 수 있다.

난 ★★★★☆

44. 비율 시각화 유형 중 트리맵에 대한 설명으로 가장 부적절한 것은?

① 계층적인 구조를 가진 데이터를 시각화하는 데 유용하며, 상위 범주는 전체 사각형을 차지하고, 하위 범주는 상위 범주 내에서 분할되어 표시된다.
② 각 사각형의 면적은 해당 데이터 범주의 상대적 크기를 나타내며, 데이터를 비교하기 쉽게 해준다.
③ 음수 값과 이웃하지 않은 범주 값을 명확히 비교할 수 있는 시각적 도구로 적합하다.
④ 적절한 색상 팔레트를 사용하여 데이터를 구분하고, 색상의 농도로 추가 정보를 전달할 수 있다.

난 ★★★★★

45. 다음 A, B, C 차트는 관계형 그래프를 표현한 것이다. 각 차트의 특징에 대한 설명으로 부적절한 것은?

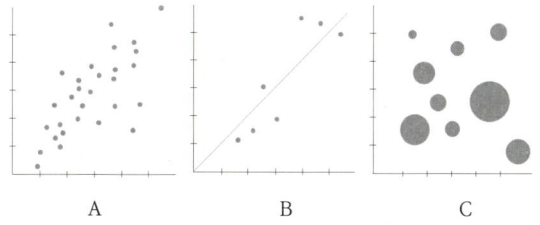

① A 차트는 데이터 간의 분포와 관계를 시각적으로 나타내는 데 적합하다.
② B, C차트는 3개 이상의 변수를 표현할 수 있다.
③ C 차트에서 버블의 크기는 종속변수를 나타내며, 이는 정량적 데이터를 표현한다.
④ B 차트는 산점도와 참조선을 결합하여 데이터의 경향성을 시각적으로 보여준다.

난 ★★★☆☆

46. 다음 중 생키 차트의 사용 목적에 대한 설명으로 가장 적합한 것은?

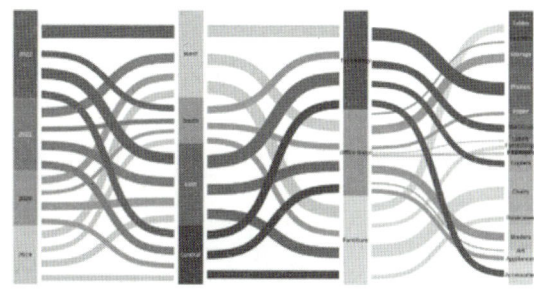

① 특정 데이터의 시간적 변화를 강조하기 위해 사용된다.
② 변수 간 상관관계를 시각적으로 표현하는 데 주로 사용된다.
③ 자원이나 데이터의 흐름과 비율 변화를 시각적으로 나타내는 데 활용된다.
④ 독립적이고 분리된 데이터를 강조하기 위한 도구로 사용된다.

난 ★★★★★

47. 다음 중 평행좌표계에 대한 설명으로 옳지 않은 것은?

① 평행좌표계에서는 하이퍼파라미터와 여러 평가 지표를 서로 직교하는 축으로 나타낸다.
② 평행좌표계는 다차원 데이터인 하이퍼파라미터 조합과 평가 지표(정확도, 정밀도, 재현율, F1 점수 등)를 시각화하는 데 유용하다.
③ 각 모델의 조합은 평행한 축을 연결하는 선으로 표현되며, 여러 평가 지표 간의 관계를 직관적으로 확인할 수 있다.
④ 평가 지표의 패턴이나 실행 시간 등 이상값을 시각적으로 식별하는 데 적합하다.

난 ★★★★★

48. 다음 중 캘린더 차트의 특징에 대한 설명으로 가장 적절한 것은?

① 캘린더 차트는 데이터의 양이 많아질수록 날짜별로 구분하기 어려워지는 단점이 있다.
② 캘린더 차트는 셀의 색상만으로 데이터를 강조하며, 텍스트나 아이콘을 사용하여 특정 이벤트를 강조할 수는 없다.
③ 캘린더 차트는 특정 날짜의 데이터가 높을수록 셀의 크기를 자동으로 조정하여 강조한다.
④ 캘린더 차트는 날짜 기반의 데이터를 셀에 배치하여, 시간에 따른 패턴, 트렌드 및 이벤트를 효과적으로 파악할 수 있다.

난 ★★★★☆

49. 다음 중 나단 셰드로프의 DIKW 정보 디자인에 대한 설명으로 옳지 않은 것은?

① 데이터는 단순한 사실이나 수치이며, 정보는 데이터에 의미를 부여해 맥락을 이해하는 단계이다.
② DIKW 모델에서 지식 단계는 체계화된 정보가 문제 해결을 위한 구체적인 지침으로 활용되는 과정을 의미한다.
③ 지혜 단계에서는 미래 예측과 문제 해결을 위해 경험과 스토리텔링이 중요한 역할을 한다.
④ DIKW 모델에서는 데이터를 지혜로 전환하는 과정에서 동일한 시각화 방법을 일관되게 사용하는 것이 핵심이다.

난 ★★★☆☆

50. 다음 중 비즈니스 인텔리전스(BI)에 대한 설명으로 가장 부적절한 것은?

① BI 도구는 데이터를 분석하고 시각화하여 사용자가 의사결정에 필요한 정보를 얻을 수 있도록 지원한다.
② BI 도구는 데이터의 통합, 분석, 보고서를 생성하며 데이터 기반의 비즈니스 전략 수립에 기여한다.
③ BI 도구는 단순히 보고서를 생성하는 기능만 제공하며 상호작용이 불가능하다.
④ BI 도구는 기업이 데이터 기반으로 경쟁력을 강화하고, 의사결정을 개선할 수 있도록 돕는다.

난 ★★★★★

51. 다음 그래프는 국가별 독감 누적 감염자 수를 나타낸 막대 그래프 유형이다. 이 그래프 유형에 대한 설명으로 가장 옳지 않은 것은?

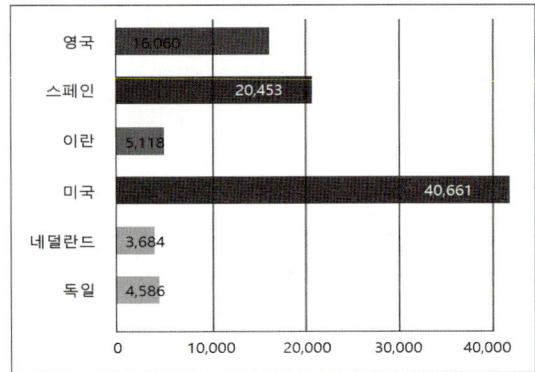

① 막대 그래프는 세로형과 가로형으로 표현될 수 있으며, 위의 그래프는 가로 막대 그래프이다.
② 위 차트에서 가로 축의 단위 기준을 높이면 그래프를 해석하기 쉬워진다.
③ 데이터 값은 막대 끝 부분에 기입하거나 근처에 표시하여 직관성을 높인다.
④ 막대 그래프의 순서는 의도에 따라 특정 기준으로 나열할 수 있으며, 반드시 오름차순이나 내림차순일 필요는 없다.

난 ★★★☆☆

52. 다음 중 시각화 유형이 다른 그래프 하나를 고르시오.

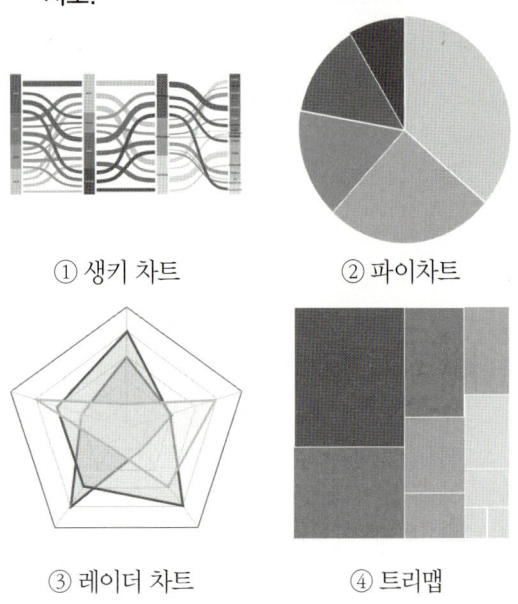

① 생키 차트　　② 파이차트
③ 레이더 차트　　④ 트리맵

난 ★★★★★

53. 다음 그림은 누적 막대그래프이다. 이 그래프에 대한 설명으로 가장 부적절한 것은?

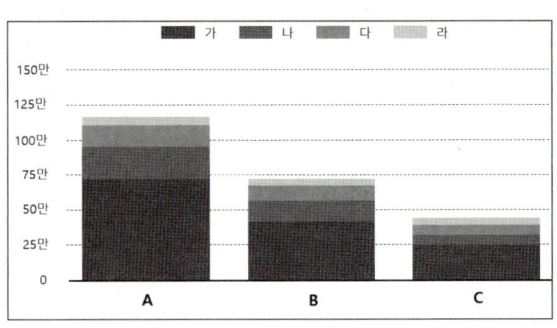

① '가' 데이터가 모든 범주에서 가장 많은 부분을 차지하고 있다.
② 누적 막대그래프는 여러 범주나 변수를 동시에 시각적으로 표현하는 데 적합하다.
③ 누적 막대그래프는 상대적 비율을 시각화할 때 유용하나, 세부 값은 바로 파악하기 어렵다.
④ 각 항목별 수치 표기를 추가할 경우 차트가 간단해져 데이터간 비교가 쉬워진다.

54. 사무자동화 프로그램 중 엑셀(Excel)의 조건부 서식에 대한 설명으로 옳은 것을 고르시오.

① 조건부 서식은 특정 조건에 따라 셀의 서식을 동적으로 변경하여 데이터를 시각적으로 강조한다.
② 조건부 서식은 한 번 설정된 규칙을 수정하거나 우선순위를 변경할 수 없다.
③ 조건부 서식은 숫자 비교와 텍스트 조건만 사용할 수 있으며, 사용자 정의 수식은 지원하지 않는다.
④ 조건부 서식은 설정된 범위의 데이터가 변경되어도 서식이 자동으로 업데이트되지 않는다.

55. 자크 베르탱(Jacques Bertin)은 효과적인 데이터 시각화를 위해 정보를 전달하는 데 사용되는 7가지 시각적 변수(Visual Variables)를 정의하였다. 다음 중 옳지 않은 것을 고르시오.

① 위치는 X축과 Y축의 배치를 통해 데이터 간의 관계를 직관적으로 표현하는 변수이다.
② 색상은 범주형 데이터와 연속형 데이터를 구분하거나 강조하는 데 활용된다.
③ 크기는 데이터 값의 크기에 따라 시각적 요소의 면적이나 길이를 조절하여 비교를 돕는 변수이다.
④ 결합은 데이터 간의 상관관계를 강조하기 위해 다양한 기호나 아이콘을 사용하는 변수이다.

56. 다음 그림은 정보 디자인의 세 가지 범주를 나타내고 있다. 그림에 대한 설명으로 가장 적합한 것은?

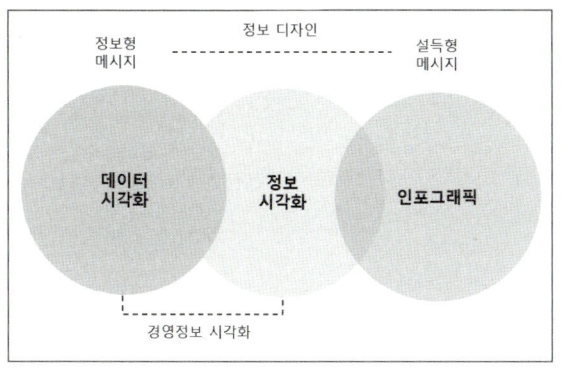

① 인포그래픽은 기존의 정보 시각화와는 달리 삽화, 장식 등의 요소들을 최대한 적게 사용하며 정보 전달보다는 눈길을 끌기 위한 목적으로 사용된다.
② 나단 셰드로프의 인포그래픽은 사용자 경험과 감성적인 측면보다 데이터 중심의 효과를 강조한다.
③ 경영 정보 시각화는 설득력 있는 스토리텔링을 통해 메시지를 전달해야 하므로 에디토리얼 인포그래픽 디자인이 더 적합하다.
④ 데이터 중심의 정확한 정보 전달을 목적으로 하는 경영정보시각화에서는 에드워드 터프티의 시각화 방법이 가장 적합하다.

57. 다음은 어느 한 기업의 캠페인 예산 분기별 벤치마크를 불렛 그래프를 이용하여 시각적으로 표현한 것이다. 이에 대한 설명으로 가장 적절하지 않은 것은?

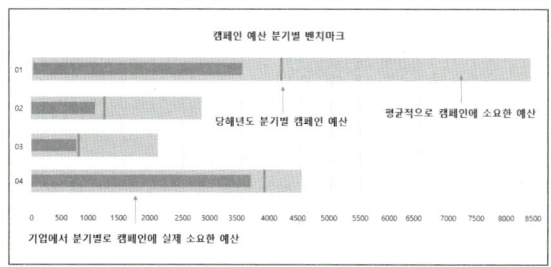

① 분기별 목표 예산은 세로선으로 표시되고, 실제 소요된 예산은 진한 가로 막대로 표현되어 비교가 가능하다.
② 목표와 실제 성과를 시각적으로 비교하여 의사결정에 유용한 정보를 제공한다.
③ 가장 많은 예산을 사용한 4분기가 제일 비효율적으로 사용했다고 해석할 수 있다.
④ 이 그래프는 예산 집행 현황을 명확히 나타내며, 3분기의 성과는 목표 예산에 근접함을 보여준다.

난 ★★★☆☆

58. 다음 아래 보기에서 설명하는 디자인의 기본 원리는 무엇인가?

> • 여러 가지 요소들이 조화롭게 어우러져 일관성을 띄거나 하나의 작품으로 완성된 느낌을 주는 상태를 말하며, 변화와 상반되는 개념이다.
> • 시각적인 안정감과 질서를 주지만 지나친 경우 단조로운 느낌을 준다.

① 균형 ② 대비
③ 통일 ④ 조화

난 ★★★☆☆

59. 다음 중 지도의 주요 사용 목적에 대한 설명으로 가장 적절하지 않은 것은?

① 지리적 데이터를 시각적으로 표현하여 위치 정보를 이해하기 쉽게 제공한다.
② 복잡한 데이터 분석 결과를 시각화하여 통계적 추세를 명확히 보여준다.
③ 공간적 패턴과 분포를 효과적으로 보여주어 특정 지역의 특성을 분석할 수 있게 한다.
④ 특정 지역의 이동 경로나 거리 등을 명확히 나타내어 경로 설계에 도움을 준다.

난 ★★★☆☆

60. 다음 중 비즈니스 인텔리전스(BI) 소프트웨어의 특징으로 가장 부적절한 것은?

① 다양한 데이터 소스를 연결하고 데이터를 정제하며 품질을 향상시켜 의미 있는 분석을 수행할 수 있다.
② 데이터를 추출, 변환, 로드(ETL)하여 데이터 원본을 관리하고 분석 과정을 간결하게 만들어준다.
③ 데이터를 수집하여 저장하는 데 초점을 맞추며 시각화 및 분석 기능은 제공하지 않는다.
④ 상호작용적인 기능을 통해 실시간 탐색 및 분석, 대시보드 구성 등 데이터에 동적으로 접근할 수 있다.

경영정보시각화능력 필기
모의고사

ㅣ출제　데이터에듀
ㅣ문항수　객관식 : 60

경영정보시각화 모의고사 1회

출제 데이터에듀 문항수 객관식 : 60

모바일로 풀기

⏱ 제한시간 60분   ✓ 해설집 513P

PART 01 경영정보 일반
문항 수(20문항) / 배점(문항 당 5점)

난 ★★★☆☆

01. VRIO 모형에서 자원의 경쟁우위를 평가하기 위한 요소에 해당하는 내용을 모두 고르시오.

> 가. 가치(Value)
> 나. 희소성(Rarity)
> 다. 시장 점유율(Market Share)
> 라. 모방 가능성(Imitability)
> 마. 실행 가능성(Feasibility)

① 가, 나, 라   ② 나, 다, 라
③ 다, 라, 마   ④ 가, 다, 마

난 ★★★☆☆

02. 다음 중 업셀링(Up Selling)의 정의로 가장 적절한 것은?

① 고객이 이미 구매한 제품에 관련된 추가적인 상품을 제안하여 구매를 유도하는 전략이다.
② 고객이 특정 제품을 구매할 때, 동일한 카테고리 내에서 상위 모델을 추천하여 구매를 유도하는 것이다.
③ 고객이 구매하려는 제품과 동일한 가격대이지만 최신 모델로 업그레이드할 것을 권유하는 것이다.
④ 고객이 특정 제품을 구매하려 할 때, 더 합리적인 가격의 상품을 제안하여 가격 경쟁력을 강조하는 것이다.

난 ★★★★☆

03. DIKI 피라미드 중 정보(Information)에 대한 예시로 가장 적절한 것을 고르시오.

① 특정 지역의 날씨 데이터를 수집하고 월별 평균 기온과 강수량을 정리하여 폭우가 자주 발생하는 달을 기록한 데이터 리포트
② 고객 리뷰 데이터를 수집하고 리뷰에서 가장 많이 언급된 단어를 정리하여 고객이 제품에서 가장 중요하게 생각하는 요소를 도출한 분석 자료
③ 직원 출퇴근 데이터를 정리하고 평균 출근 시간과 퇴근 시간을 도출하여 가장 업무 생산성이 높은 시간대를 분석한 연구 결과
④ 회사의 매출 데이터를 기반으로 각 매장의 평균 매출과 매장별 매출 편차를 계산하여 매장 간 성과 차이를 분석하고 비효율적인 매장을 식별한 리포트

난 ★★★★☆

04. 다음 중 BCG 매트릭스를 활용한 의사결정 중 비효율적일 가능성이 가장 높은 사례는?

① 스포츠 브랜드가 성장 중인 피트니스 웨어 시장에서 목표 점유율 도달 후 투자를 줄이고, 점유율이 낮은 신발 사업을 집중 육성하기로 결정함.
② 가전업체가 성장 가능성이 낮은 전통 오디오 시장에서 철수하고, 점유율 15%의 성장가능성이 높은 고급 오디오 브랜드를 인수하기로 결정함.
③ 식품회사가 점유율은 낮지만 빠르게 성장 중인 대체육 시장에서 공격적 마케팅을 통해 점유율 확대에 집중하기로 결정함.
④ 자동차 제조사가 전기차 시장 성장률이 25%를 넘는 상황에서 내연기관 차량 수익성을 유지하며 전기차 R&D 투자를 점진적으로 늘려가기로 결정함.

05. 다음 중 경영계획 수립과 리스크 관리에 대한 설명으로 가장 적절하지 않은 것은?

① 중장기 경영계획은 기업의 지속적인 목표를 설정하는 과정이며, 외부 환경 변화가 발생하더라도 전략적 방향성이 급격히 변하는 것을 방지해야 한다.
② 연간 사업계획은 조직의 단기 실행 전략을 수립하는 과정으로, 중장기 경영계획과 연계되지만 경영 환경 변화에 따라 유연하게 조정될 수도 있다.
③ 리스크 관리 계획은 예상 가능한 위험 요소를 중심으로 수립하며, 불확실성이 높은 요소들은 사전 대응이 어려워 계획에서 제외되기도 한다.
④ 리스크 관리는 기업 운영 과정에서 지속적으로 반영되어야 하며, 단기적인 위기 대응뿐만 아니라 장기적인 리스크 예측과 대비 전략이 포함될 수 있다.

06. 다음 보기에서 설명하는 재무비율과 가장 거리가 먼 지표를 고르시오.

① 이자보상비율: 기업의 영업이익이 이자비용을 얼마나 충당할 수 있는지를 나타내는 비율로 1 미만이면 잠재적 부실 기업으로 판단할 수 있다.
② 총자산이익률: 기업이 보유한 모든 자산을 활용하여 어느 정도의 이익을 창출하는지를 측정하는 지표로 영업이익을 자기자본으로 나누어 계산한다.
③ 유동비율: 기업의 단기 부채를 상환할 수 있는 능력을 평가하는 지표이고 유동비율이 높을수록 유동성이 우수하며, 통상 200% 이상이 이상적이다.
④ 부채비율: 기업의 자기자본에 대비한 타인자본의 비율을 나타내며, 기업의 자본구조의 건전성을 평가하는 지표로 부채비율이 높을수록 채권자 및 투자자에게 불리할 수 있다.

07. 다음 중 고객의 행동 데이터를 수집하는 방법으로 가장 적절하지 않은 것은?

① 오프라인 매장에서 고객의 동선을 추적하기 위해 비식별화된 Wi-Fi 접속 로그를 활용하여 인기 상품 구역을 분석한다.
② 비식별화된 사용자의 브라우저 쿠키와 세션 데이터를 활용하여 개별 고객을 식별하고 행동 패턴을 추적한다.
③ 구매 데이터와 방문 기록을 활용하여 개인화 추천 알고리즘을 개선하고, 맞춤형 상품을 제안한다.
④ 소셜 미디어에서 특정 키워드 언급 빈도와 해시태그 사용량을 분석하여 트렌드와 브랜드 인식을 측정한다.

08. 다음 중 경영정보시스템(MIS)의 역할과 가장 거리가 먼 것은?

① SCM은 공급망 내 조달과 생산 프로세스를 최적화하며, 시장 변화에 따른 고객 맞춤형 수요 예측과 생산 계획 조정을 수행한다.
② ERP는 기업의 핵심 업무를 통합 관리하며, 조직 내외부 데이터를 실시간으로 연계하여 의사결정 및 고객 관계 관리를 포함한 경영 활동을 지원한다.
③ KM은 조직의 내부 데이터를 체계적으로 저장하고 공유하며, 외부 데이터를 수집·분석하여 경쟁사의 경영 전략과 시장 동향을 파악하는 데 활용된다.
④ CRM은 고객 데이터를 분석하여 맞춤형 마케팅 전략을 수립하며, 고객과의 거래 기록을 기반으로 서비스를 개선하여 고객의 만족도를 높인다.

09. 정률법 감가상각의 계산 공식으로 올바른 것은?

① (매기 감가상각비) = {(취득원가) - (잔존가치)} ÷ (내용연수)
② (매기 감가상각비) = {(취득원가) - (잔존가치)} × {(당기초 잔존내용연수) ÷ (내용연수합계)}
③ (매기 감가상각비) = (기초 장부금액) × (상각률)
④ (매기 감가상각비) = {(취득원가) - (잔존가치)} × {(당기 생산량) ÷ (총생산량)}

10. 다음 중 고객 생애가치(LTV, Customer Lifetime Value)가 가장 높은 고객은?

① 구매 금액은 높지 않지만, 브랜드에 대한 높은 관심을 가지고 장기간 반복적으로 제품을 구매하는 고객
② 단기적으로는 높은 금액을 지출하지만, 브랜드 경험을 중시하고 향후 재구매 가능성이 높은 고객
③ 제품을 정기적으로 구매하며, 브랜드의 서비스나 프로모션에 대한 기대치가 높아 기업과의 상호작용이 활발한 고객
④ 특정 브랜드에 대한 충성도는 높지 않지만, 다양한 브랜드의 제품을 구매하며 트렌드 변화에 민감하여 업계 내에서 높은 소비력을 보이는 고객

11. 다음 중 수요 변화의 형태에 대한 설명으로 가장 적절하지 않은 것은?

① 수평적 수요는 개별 소비자의 구매 습관이 달라져도 전체 시장에서 장기적인 수요 패턴은 안정적으로 유지되는 경향이 있다.
② 추세적 수요의 급격한 변화에 대응하기 위해 주로 단기적인 수요 변동 예측에 활용된다.
③ 계절적 수요는 특정한 주기를 따라 반복되며, 장기적으로 예측 가능성이 높은 반면 단기적인 시장 변동성에는 민감하지 않다.
④ 순환적 수요는 일정한 주기를 가지는 경우도 있지만 반드시 고정된 주기를 따르는 것은 아니다.

12. 다음 중 클릭당 비용(CPC)을 계산하는 수식으로 가장 적절한 것은?

① (총 광고비 ÷ 클릭 수)
② (클릭 수 ÷ 총 광고비)
③ (총 광고비 × 클릭 수)
④ (총 광고비 + 클릭 수)

13. 다음 중 경제적 주문량 모형(EOQ)의 기본 가정과 가장 일치하지 않는 설명은?

① EOQ는 오직 하나의 제품만을 대상으로 하는 주문 최적화 모형이며, 개별 제품마다 각각의 EOQ를 계산해야 한다.
② EOQ 모델은 일정한 리드타임을 가정하므로, 공급망 차질이나 긴급 주문이 발생하더라도 EOQ에 의해 계산된 주문량 자체는 변동되지 않는다.
③ EOQ 모델은 일정한 수요율을 가정하므로, 계절적 변동이 있는 제품을 포함하여 다양한 수요 패턴을 가진 제품에도 적용될 수 있다.
④ EOQ는 주문 비용과 재고 유지 비용이 균형을 이루는 지점에서 최적 주문량을 결정하며, 주문량을 변경할 경우 특정 비용이 증가하면 다른 비용은 감소하는 효과가 나타날 수 있다.

14. 다음 중 AOA(Activity on Arrow)와 AON(Activity on Node) 네트워크 다이어그램의 차이점에 대한 설명으로 가장 적절하지 않은 것은?

① AOA 방식에서는 노드가 이벤트를 나타내고 화살표가 활동을 나타내며, AON 방식에서는 하나의 노드가 항상 하나의 활동만을 나타낸다.
② AON 방식은 네트워크 다이어그램을 해석하는 과정에서 활동 간의 의존 관계를 더 직관적으로 파악할 수 있으며, AOA 방식은 더미 활동을 통해 활동 간 관계를 명확히 정의해야 한다.
③ AOA 방식에서는 활동의 시작과 종료를 나타내기 위해 이벤트를 노드로 표현하며, AON 방식에서는 활동 자체를 노드로 표현하여 활동의 시작과 종료가 자동적으로 정의된다.
④ AOA 방식에서는 활동 간의 관계를 직접적으로 나타내기 어렵기 때문에, 선후 관계가 복잡한 프로젝트에서는 AON 방식보다 더 적합한 경우가 많다.

15. 옵션의 종류에 대한 설명으로 가장 적절하지 않은 것은?

① 콜옵션은 특정 기초자산을 미리 정한 가격에 매수할 수 있는 권리를 의미한다.
② 풋옵션은 특정 기초자산을 미리 정한 가격에 매도할 수 있는 권리를 의미한다.
③ 콜옵션 매수자는 기초자산 가격이 상승할 경우 손실을 보게 된다.
④ 풋옵션 매도자는 기초자산 가격이 하락하면 손실이 발생할 수 있다.

16. 다음 중 자본변동표 작성 시 필수적으로 포함되지 않아도 되는 항목은 무엇인가?

① 납입자본의 증감 내역
② 재평가잉여금의 변동
③ 배당금 지급 내역
④ 투자자의 정확한 인적사항

17. 다음 중 ROAS(Return on Ad Spend, 광고비 대비 매출) 해석에 대해 가장 적절하지 않은 설명은?

① ROAS가 높다고 해서 광고가 효율적이라고 할 수 없다. 예를 들어, ROAS가 300%라도 고객의 재구매율이 낮거나 유치 비용이 높다면 손실을 볼 수 있다.
② ROAS 200%는 광고비의 두 배가 매출로 발생한 것이지만, 고객 획득 비용(CAC)이 고려되지 않아 ROAS만으로 효율성을 평가할 수 없다.
③ ROAS는 단기적인 성과를 보여주지만, 광고 효율성 판단엔 LTV나 브랜딩 효과 등도 고려해야 하므로 ROAS만으로 광고비를 결정하는 것은 위험하다.
④ ROAS는 마케팅 전략에 따라 광고비가 일정 수준 이상으로 증가하면 ROAS가 급격히 하락한다.

18. A기업은 최근 제품의 품질 문제로 인해 고객 클레임이 증가하고 있다. 품질팀은 문제 해결을 위해 데이터 분석을 진행했으며, 불량 유형별 발생 빈도를 분석하여 가장 빈번한 원인을 선정한 후, 이 원인과 관련된 변수 간의 관계를 파악하고, 최종적으로 품질 점검을 진행하려 한다. 이 과정에서 가장 적절한 분석 기법의 조합은 무엇인가?

① 그래프 기법 → 히스토그램 기법 → 산점도
② 파레토 분석 기법 → 히스토그램 기법 → 체크리스트 기법
③ 그래프 기법 → 산점도 기법 → 서브퀼
④ 파레토 분석 기법 → 그래프 기법 → 서브퀼

19. 다음 중 피평가자의 행동을 구체적인 사례에 따라 정리하고, 해당 행동이 얼마나 자주 발생하는지를 평가하는 방법으로, 평가자의 주관적 판단을 줄이고 행동 빈도를 기반으로 측정하는 평가 방법으로 가장 옳은 것은?

① 평가센터법
② 행태관찰척도법
③ 서열법
④ 행태기준평정법

20. 다음 중 통계청 국가통계포털(KOSIS)에 대한 설명으로 가장 적절하지 않은 것을 고르시오.

① KOSIS는 통계청뿐만 아니라 중앙부처, 지방자치단체, 공공기관 등에서 생산한 데이터를 포함하며, 일부 국제기구 통계도 제공한다.
② KOSIS에서 제공하는 데이터는 정부 및 공공기관에서 승인한 공식 통계이며, 모두 원자료(Raw Data) 형태로도 제공된다.
③ KOSIS는 데이터 검색 및 활용의 편의성을 높이기 위해 다양한 시각화 도구를 제공하지만, 특정 데이터는 열람이 제한적이다.
④ KOSIS에서 제공하는 통계는 대부분 무료로 공개된다. 다만, 데이터의 신뢰성을 보장하기 위해 실시간 통계는 제공되지 않는다.

PART 02 데이터 해석 및 활용

문항 수(20문항) / 배점(문항 당 5점)

난 ★★★☆☆

21. 아래는 확률과 관련된 개념 중 하나에 대한 설명이다. 해당 개념을 무엇이라 하는가?

> 이 개념은 실험의 모든 가능한 결과를 포함하며, 각 결과는 상호 배타적이다. 또한, 단일 결과뿐만 아니라 복합적인 결과도 포함할 수 있다.

① 확률분포(Probability Distribution)
② 표본공간(Sample Space)
③ 사건(Event)
④ 확률변수(Random Variable)

난 ★★★☆☆

22. 데이터를 해석할 때 데이터가 수집된 시간, 장소 등의 배경과 상황을 고려하는 관점은 무엇인가?

① 비교 분석 관점
② 맥락적 해석 관점
③ 통계적 접근 관점
④ 패턴 인식 관점

난 ★★★★☆

23. 아래는 특정 범주형 변수을 인코딩한 결과를 정리한 것이다. (A)~(C)에 들어갈 적절한 용어를 알맞게 고른 것은?

학년	(A)	(B)	(C)
1	1, 0, 0	0	1
2	0, 1, 0	2	2
3	0, 0, 1	1	3

① (A) 원-핫 인코딩 / (B) 순서형 인코딩 / (C) 레이블 인코딩
② (A) 레이블 인코딩 / (B) 원-핫 인코딩 / (C) 순서형 인코딩
③ (A) 원-핫 인코딩 / (B) 레이블 인코딩 / (C) 순서형 인코딩
④ (A) 순서형 인코딩 / (B) 원-핫 인코딩 / (C) 레이블 인코딩

난 ★★☆☆☆

24. 다음 중 데이터 시각화의 주요 이점으로 적절하지 않은 것은?

① 데이터 시각화는 복잡하고 방대한 데이터를 시각적으로 표현하여 사람들이 더 쉽게 이해할 수 있도록 돕는다.
② 데이터 시각화는 데이터를 저장하는 비용을 절감하는 데 중점을 두며, 저장 공간 문제를 해결한다.
③ 데이터 시각화는 데이터를 바탕으로 의사 결정을 효과적으로 지원하고, 명확한 결론을 도출할 수 있게 한다.
④ 데이터 시각화는 데이터를 분석하여 내재된 패턴과 트렌드를 식별하고 이를 활용할 수 있도록 한다.

난 ★★★☆☆

25. 다음 중 SQL에서 ALTER TABLE 명령어로 수행할 수 없는 작업은?

① 새로운 필드(컬럼)를 추가한다.
② 기존 필드의 데이터 유형을 변경한다.
③ 테이블 이름을 변경한다.
④ 기존 필드에 기본 키 제약 조건을 추가한다.

난 ★☆☆☆☆

26. 비즈니스 인텔리전스에서 데이터 기반 의사결정이 비즈니스에 미치는 영향으로 가장 적절한 것은

① 의사결정의 신뢰성 감소
② 의사결정의 속도 증가
③ 의사결정의 주관성 증가
④ 의사결정의 비용 증가

난 ★★★☆☆
27. 다음 중 빅데이터에 대한 요소들의 중요성에 대한 설명으로 가장 적절하지 않은 것은?

① Volume은 데이터 양이 많아질수록 저장, 처리, 분석을 위한 고급 기술(예: 분산 시스템, 클라우드 컴퓨팅)이 필요하다.

② Variety은 소셜 미디어, 센서, 로그 파일 등 다양한 소스를 빠른 속도로 처리할 수 있는 중요한 환경이 필요하다.

③ Velocity는 빠른 속도로 데이터를 처리하지 않으면 실시간 의사결정이나 대응이 어려워지므로, 스트리밍 기술과 실시간 분석 도구가 필수이다.

④ Veracity는 부정확한 데이터는 잘못된 분석 결과와 의사결정을 초래할 수 있으므로, 데이터 정제와 검증 과정이 중요하다.

난 ★★☆☆☆
28. 웹 스크래핑을 수행할 때 발생할 수 있는 법적 문제에 대한 설명으로 가장 옳지 않은 것은?

① 웹사이트의 로봇 배제 표준(robots.txt) 정책을 무시하고 데이터를 수집하는 경우 법적 분쟁이 발생할 수 있다.

② 특정 웹사이트에서 제공하는 데이터가 저작권으로 보호되는 경우 무단 수집 시 저작권 침해가 될 수 있다.

③ 스크래핑한 데이터를 상업적 목적으로 재사용하는 경우 해당 사이트의 이용 약관을 위반할 가능성이 있다.

④ 모든 공공 데이터는 반드시 웹사이트 운영자의 사전 허가가 필요하기 때문에 이를 어긴다면 법적 처벌을 받을 수 있다.

난 ★★★★☆
29. 다음 중 NoSQL 데이터베이스의 특징을 기반으로 설계된 시스템으로 가장 적합하지 않은 것은?

① 실시간 분석이 필요한 로그 데이터 처리 시스템

② JSON 기반 문서 저장을 지원하는 애플리케이션

③ 다중 트랜잭션 처리와 관계형 데이터 모델이 필수적인 금융 시스템

④ 수평적 확장이 필요한 대규모 IoT 센서 데이터 저장소

난 ★★★★★
30. 추론 통계에서는 귀무가설이 참이라는 가정 하에 특정한 확률 분포를 사용하여 검정 통계량을 계산하고 가설 검정을 수행한다. 이 때 사용되는 분포와 그 설명이 가장 올바르게 짝지어진 것은?

① 정규분포 – 평균을 중심으로 대칭인 형태를 가지는 연속 확률 분포로, 모평균을 검정할 때 분산이 알려진 경우에만 제한적으로 사용한다.

② t-분포 – 정규분포와 비슷하지만 꼬리가 더 얇은 확률 분포로, 모평균을 검정할 때 분산이 알려지지 않고 표본의 크기가 작을 때 사용한다.

③ 카이제곱 분포 – 항상 0보다 큰 값을 가지는 비대칭적인 분포로, 모분산 검정, 적합도 검정, 동질성 검정, 독립성 검정에 사용한다.

④ F분포 – 두 개의 독립인 카이제곱 분포를 결합하여 만들어진 분포로, 등분산 검정과 회귀분석, 분산분석 등 다양한 통계 분석에 사용한다.

난 ★★★★☆
31. 다음 중 개체 무결성(Entity Integrity)을 위반하는 사례로 가장 적절한 것은?

① 데이터베이스의 기본 키 값이 null로 설정되어 특정 행을 식별할 수 없다.

② 외래 키가 참조하는 테이블에 존재하지 않는 값을 포함하여 데이터 일관성을 해친다.

③ 동일한 값이 여러 행의 외래 키로 사용되어 참조 관계를 형성한다.

④ 허용되지 않은 데이터 타입의 값이 열에 입력되어 데이터베이스 규칙을 위반한다.

난 ★★★☆☆

32. 다음 중 데이터베이스 설계의 단계별 작업과 가장 적합하지 않은 연결은 무엇인가?

① 개념적 설계 – 사용자의 다양한 요구사항을 분석하여 데이터 구조를 정의한다.
② 논리적 설계 – 데이터 모델링과 정규화를 통해 데이터베이스 구조를 설계한다.
③ 물리적 설계 – 저장 매체를 선택하고 색인을 설계하여 성능을 최적화한다.
④ 데이터베이스 구현 – 데이터 모델의 다이어그램을 작성하는 작업을 수행한다.

난 ★★★★★

33. 아래의 프라이버시 모델 기반 추론 방지 기술에 해당하는 개념에 대한 설명으로 옳은 것은?

> 일반적으로 활용하는 공개 데이터에서는 이름, 주민등록번호 등과 같은 식별자를 삭제하고 공개하지만, 준식별자 값들의 조합(연령, 성별, 우편번호 등의 조합)을 통해 배포된 데이터의 개인이 추론되어 민감정보가 노출되는 연결 공격(Linkage Attack)의 문제를 방어하기 위해 제안된 기법이다.

① 데이터 집합에서 구별되지 않는 레코드들의 민감한 정보의 분포와 전체 데이터의 민감한 정보의 분포의 차이를 t이하로 만든다.
② 정보가 충분히 다양해질 수 있도록 민감 속성을 쉽게 추론할 수 없게 각 블록이 적어도 l개의 다양한 민감정보를 가지고 있어야 한다.
③ 주어진 데이터 집합에서 같은 값이 적어도 k개 이상 존재하여, 쉽게 다른 정보로 결합할 수 없도록 데이터를 구성한다.
④ 완벽하게 익명 처리된 데이터셋에서는 원본 데이터셋의 모든 부분 속성집합이 최소 m개의 레코드에서만 유일하게 나타나도록 보장해야 한다.

난 ★★★★★

34. 아래의 [예시 테이블] exam에서 나이가 25 이상인 사람의 이름을 조회하고자 할 때 사용할 수 있는 SQL 구문으로 가장 옳은 것은?

ID	name	age
1	김경영	25
2	이정보	30
3	박시각	22

① SELECT * FROM exam WHERE age > 25;
② SELECT * FROM exam WHERE age >= 25;
③ SELECT age FROM exam WHERE age > 25;
④ SELECT age FROM exam WHERE age >= 25;

난 ★★★☆☆

35. 다음 중 데이터 웨어하우스의 주요 활용 사례로 가장 적절하지 않은 것은?

① 대규모 IoT 센서에서 발생하는 데이터를 실시간으로 수집하고 처리하는 작업
② 경영진이 필요로 하는 보고서를 생성하기 위해 데이터를 분석하는 작업
③ 과거에 수집된 데이터를 기반으로 의사결정을 지원하는 분석 작업
④ 조직 내 다양한 데이터를 주제별로 통합하고 관리하는 저장 시스템

난 ★★☆☆☆

36. 다음 중 셀프 서비스 비즈니스 인텔리전스의 특징으로 가장 적절한 것은 무엇인가?

① IT 부서의 기술적 지원 없이도 사용자가 스스로 데이터를 분석할 수 있다.
② 데이터의 저장과 분석 작업을 클라우드 환경에서 실행하는 시스템을 사용한다.
③ 대규모 기업에서 전사적 성과를 관리하는 것을 목적으로 설계된 도구이다.
④ 실시간으로 데이터를 시각화하는 기능을 제공할 수 없는 도구로 제한된다.

37. 다음 중 데이터 무결성을 유지하기 위한 DBMS의 기능으로 가장 적절하지 않은 것은?

① 기본키와 외래키 제약 조건을 설정하여 데이터의 참조 무결성을 보장한다.
② 입력된 데이터가 사전 정의된 데이터 형식 및 값 범위 내에 있는지 확인한다.
③ 데이터 중복 허용을 통해 데이터 검색 속도를 향상시킨다.
④ 트랜잭션 롤백 기능을 제공하여 데이터베이스의 일관성을 유지한다.

38. 다음 중 분산 데이터베이스의 정의로 가장 올바른 것은?

① 물리적으로 분산된 데이터베이스 시스템을 네트워크로 연결하여, 데이터의 일관성을 보장하는 분산 트랜잭션을 기반으로 분산 관리 방식으로 관리된다.
② 여러 물리적 위치에 저장된 데이터들이 각기 독립적인 데이터베이스로 운영되며, 데이터 접근은 독립적으로 이루어진다.
③ 데이터를 여러 서버에 분산 저장하지만, 데이터베이스의 통합적 처리를 위해 분산 처리 시스템을 필요로 하지 않으며 단일 시스템으로 동작한다.
④ 데이터를 여러 지역에 분산시켜 저장하되, 중앙 집중식 관리 방식에 따라 각 지역의 데이터베이스가 독립적으로 관리되며, 네트워크 장애에 대한 자동 복구 기능이 포함된다.

39. 아래의 세 가지 조건을 활용하여, 사건 A와 사건 B가 동시에 발생하지 않을 확률을 구하시오.

> 조건1. 사건 A가 발생할 확률은 0.3이다.
> 조건2. 사건 B가 발생하지 않을 확률은 0.4이다.
> 조건3. 사건 A와 사건 B는 서로 독립이다.

① 0.09
② 0.18
③ 0.82
④ 0.91

40. 다음 중 데이터의 보안을 강화하기 위해 사용되는 기술 중, 데이터 접근과 저장의 안전성을 보장하는 데 가장 밀접하게 관련이 있는 기술은?

① 패턴 학습과 자동화를 통해 데이터를 처리하는 인공지능
② 데이터를 암호화하여 외부 공격으로부터 보호하는 암호화 기술
③ 가상 환경을 통해 사용자 경험을 확장하는 가상 현실
④ 사물 간의 데이터를 연결하여 네트워크를 형성하는 사물 인터넷

PART 03   경영정보시각화디자인

문항 수(20문항) / 배점(문항 당 5점)

41. 다음 중 정보 시각화에 대한 설명으로 옳지 않은 것은?

① 정보 시각화는 인간의 정보 처리 능력을 확장하여 정보를 직관적으로 전달할 수 있으며, 복잡한 과학 원리를 다양한 기호나 다이어그램을 통해 표현할 수 있다.
② 시각화된 정보는 주목성이 높아 문자보다 쉽게 정보를 전달할 수 있으며, 복잡한 데이터의 패턴을 효과적으로 파악하는 데 도움을 준다.
③ 정보 시각화는 항상 객관적이며, 데이터의 왜곡 없이 동일한 방식으로 해석될 수 있다.
④ 정보 시각화는 정보를 재가공하는 과정에서 왜곡이 발생할 가능성이 있으며, 문화적 요인에 따라 다르게 해석될 수도 있다.

42. 아래 보기는 정보 시각화 목적 중 하나에 대한 설명이다. 보기의 내용에 가장 적절한 것을 고르시오.

> 정보 시각화의 실용적, 과학적 측면으로 복잡한 데이터나 정보를 이해하기 쉬운 형태로 가공하여 정확하고 명확하게 전달하며, 사용자는 이를 활용하여 인사이트를 얻고 데이터에 입각한 객관적이고 합리적인 의사결정을 내릴 수 있다.

① 정보 인식
② 설득
③ 인사이트
④ 정보 전달

43. 다음은 비율시각화 기법 중 한 가지에 대한 설명이다. 빈칸에 들어갈 내용으로 가장 알맞은 것을 고르시오.

> (   )는 두 개 이상의 범주형 변수 간의 관계를 시각적으로 나타내는 차트이다. 각 범주 조합의 빈도는 사각형의 면적으로 표현되며, 크기가 클수록 해당 조합의 빈도가 높음을 나타낸다. 데이터를 비율적으로 비교할 수 있어 변수 간의 상호작용을 시각적으로 분석하는 데 유용하다. 하지만 변수가 많거나 범주가 많을 경우, 해석이 어려워질 수 있으므로 주의가 필요하다.

① 모자이크 도표
② 트리맵
③ 파이차트
④ 도넛차트

44. 다음 중 그림과 같은 차트 유형에 대한 설명으로 적절한 것은?

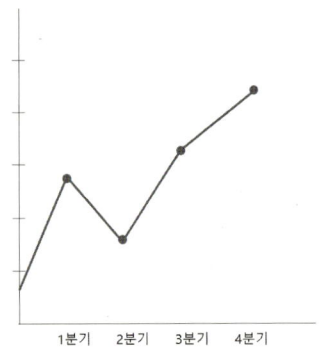

① 범주형 데이터를 시각화하는 데 사용되며, 데이터 간 비율을 막대의 높이로 나타낸다.
② 데이터의 변화를 시간 순서와 무관하게 보여주며, 개별 데이터 포인트 간의 관계를 강조한다.
③ 여러 데이터 세트를 시각화할 때 각 라인을 색상 없이 동일한 스타일로 표시하여 비교를 용이하게 한다.
④ 시간에 따라 변화하는 데이터를 시각적으로 표현하며, 데이터의 추세와 패턴을 한눈에 파악할 수 있다.

45. 다음 중 자크 베르탱의 그래픽 7요소에 대한 설명으로 옳지 않은 것은?

① 프랑스의 지리학자이자 정보 디자이너인 자크 베르탱은 데이터의 시각적 표현과 관련하여 그래픽 7요소를 정의하고 이를 시각화의 기본 원리로 제시하였다.
② 그래픽 7요소는 시각적 표현을 이해하고 설계하는 데 도움을 주기 위해 제안되었으며, 시각화 디자인의 기초를 제공한다.
③ 그래픽 7요소는 크기, 모양, 색, 명도(밝기), 방향, 위치, 질감으로 구성되며, 각 요소는 데이터를 시각적으로 표현하는 데 중요한 역할을 한다.
④ 그래픽 7요소는 데이터를 설계하는 과정에서 데이터를 구조화하고 시각적으로 이해하기 쉬운 형태로 만들기 위한 도구로 정의되었다.

46. 다음 중 디자인의 기본 원리 중 조화에 대한 내용으로 옳지 않은 것은?

① 글꼴, 텍스쳐, 색상 등을 일관되지 않게 배치하더라도 디자인의 조화를 유지할 수 있도록 구성한다.
② 성질이 서로 다른 디자인 요소들이 적절히 어우러져 전체적으로 균형 잡힌 시각적 효과를 만들어내는 것을 목표로 한다.
③ 크기나 레이아웃 사이 비례 관계를 유지하며, 시각적으로 안정감을 주는 균형을 이루는 것을 중요시한다.
④ 성질이 대조적이거나 대립적인 요소를 함께 배치하여 상반된 요소끼리 어울리게 하여 조화를 이루는 방법으로 표현할 수 있다.

난 ★★☆☆☆
47. 다음 중 오컴의 면도날에 대한 설명으로 옳은 것은?

① 적은 수의 논리로 설명이 가능하더라도, 가능한 많은 수의 논리를 세워야 한다는 의미를 내포한다.
② 인포그래픽 디자인에 오컴의 면도날 원칙을 적용하는 것은 가능한 단순한 색을 사용하고 시각적 혼란 요소를 제거하는 것과 같은 맥락을 가진다.
③ 가정이 많아질수록 복잡한 현상을 명확히 정의하는 데 도움이 되므로, 불필요한 가정을 최대한 제거하지 않는 것이 중요하다는 의미를 담고 있다.
④ 동일한 형상을 설명하는 두 가지 주장이 있을 경우, 더 자세하고 복잡한 주장을 선택하라는 뜻으로 해석할 수 있다.

난 ★☆☆☆☆
48. 다음 인포그래픽 디자인 요소 중 차트에 반영되지 않은 것은?

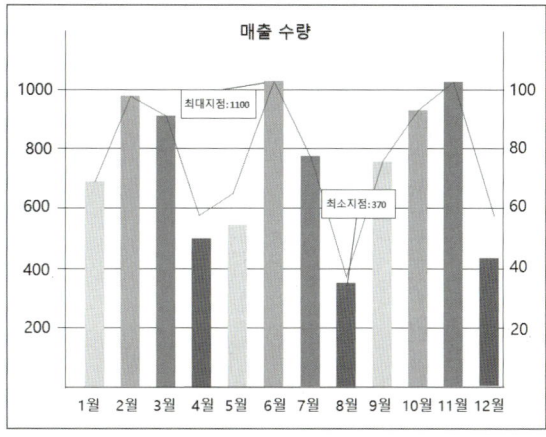

① 격자선
② 범례
③ 주석
④ 두 번째 축

난 ★★★★☆
49. 다음 중 데이터 시각화 도구의 단점에 대한 설명으로 옳지 않은 것은?

① 재현 가능성: 의사결정에 필요한 정보를 분석 방법을 충분히 기술하여 재현 가능성의 구현도를 높여야 한다.
② 의존성: 데이터를 직관적으로 이해하고 복잡한 관계를 시각적으로 파악할 수 있다.
③ 호환성: 운영체제나 브라우저에서 시각화 도구를 사용함에 있어 호환성으로 인한 제약이 발생할 수 있다.
④ 유지보수의 어려움: 시각화 도구는 지속적인 업데이트가 되기 때문에 구버전과 신버전 간에 호환성 문제가 발생할 수 있다.

난 ★★☆☆☆
50. 다음 중 Tableau 함수 중 절대값을 반환하는 함수로 옳은 것은?

① ROUND
② LOWER
③ TRIM
④ ABS

난 ★★★★☆
51. 다음 중 데이터의 불확실성(오차 표현)을 시각적으로 나타내기에 가장 적합한 차트 유형은?

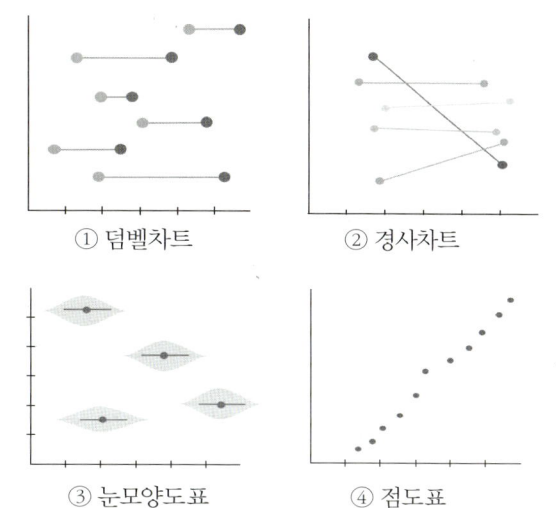

① 덤벨차트
② 경사차트
③ 눈모양도표
④ 점도표

52. 다음 결합형 차트의 설명으로 적절하지 않은 것은?

① 서로 다른 종류의 정보를 강조하기 위해 2개 이상의 차트를 결합하여 데이터를 시각적으로 명확히 전달한다.
② 단일 축을 활용하기도 하지만, 이중 축을 활용하면 서로 다른 단위나 범위를 가진 데이터를 결합해 복합적인 정보를 제공할 수 있다.
③ 결합형 차트를 사용할 때, 시각적 요소가 복잡함에도 불구하고 인지 부하가 낮아지기 때문에 데이터를 이해하는 데 소요되는 시간이 줄어든다.
④ 2개 이상의 숫자를 비교하거나 관계를 나타낼 때 세로 축을 포함한 다양한 차트 유형을 활용한다.

53. 다음 보기의 조건을 이용하여 그래프를 작성하려고 할 때 가장 적절한 것을 고르시오.

> 그래프 제목 : 전 세계 패스트푸드와 부유함 간의 관계
> X축 : 부유함의 변화율
> Y축 : 패스트푸드 매출의 변화율
> 방향 : 양수
> 형태 : 분산형
> 강도 : 보통

① 산점도 ② 히스토그램
③ 라인차트 ④ 히트맵

54. 다음 중 분포 시각화에 대한 설명으로 옳은 것은?

① 데이터에 존재하는 변수 사이의 연관성과 그 상관관계가 어떻게 분포되어 있는지를 시각적으로 표현하는 데 중점을 둔다.
② 데이터 값이 데이터 집합 내에서 어떻게 분포되어 있는지를 나타내며, 데이터의 전체적인 형태와 패턴을 이해하는 데 도움을 준다.
③ 데이터나 정보의 정확성, 신뢰성, 또는 불확실성을 시각적으로 표현하는 데 주로 사용되며, 오차나 변동성을 강조한다.
④ 데이터의 양을 시각적으로 나타내기 위해 주로 막대나 원형 차트를 사용하며, 데이터를 범주형으로 비교하는 데 적합하다.

55. 다음 그래프는 콜로라도강 유역에서 1년에 평균적으로 소비되는 물의 양을 나타낸 것이다. 이와 같은 유형의 그래프의 특징으로 옳은 것은?

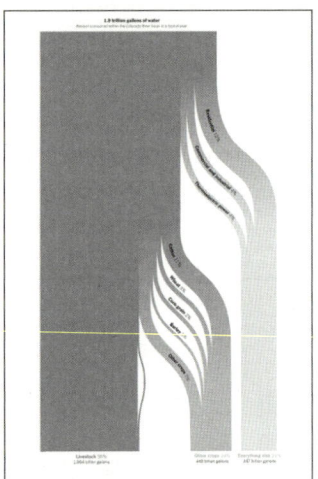

① 시간의 흐름에 따라 데이터의 변화를 점과 선으로 시각화하여 데이터의 추세를 보여준다.
② 데이터를 계층적으로 분류하며, 각 노드 간의 상관관계를 방사형 구조로 표현한다.
③ 데이터의 흐름과 그 흐름의 양을 나타내며, 선의 굵기로 데이터의 양을 비례적으로 시각화한다.
④ 범주형 데이터를 직사각형 영역으로 나누고, 각 영역의 면적으로 데이터의 비율을 나타낸다.

56. 아래 차트들이 가장 잘 표현하는 데이터 유형은 무엇인가?

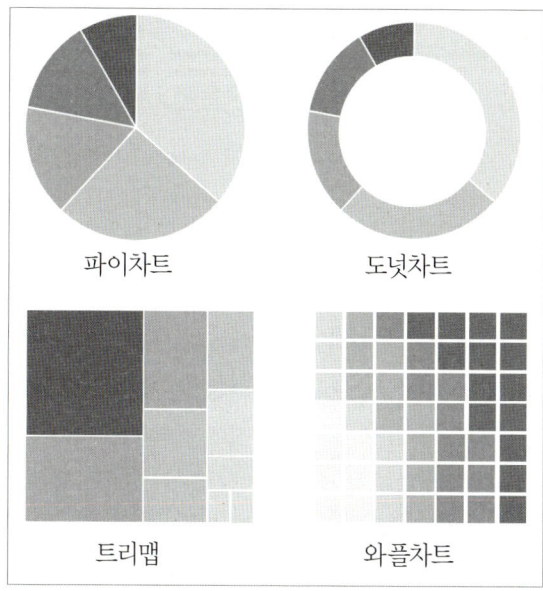

파이차트   도넛차트
트리맵   와플차트

① 비율 ② 관계
③ 분포 ④ 공간

57. 다음 주어진 그림과 보기를 읽고 빈칸에 들어갈 시각화 유형으로 알맞은 것을 고르시오.

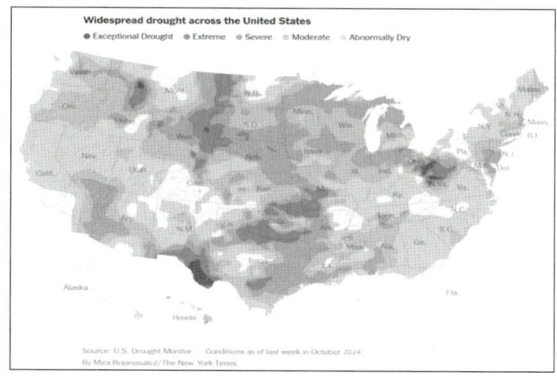

해당 그래프는 미국 전역에 걸친 광범위한 가뭄을 시각화하여, (   )을(를) 활용한 인터랙티브 지도로 표현한 것이다.

① 카토그램 ② 단계구분도
③ 카토그램 히트맵 ④ 히스토그램

58. 다음 중 두가지 항목 또는 변수를 비교하는 데 가장 적합한 차트유형은?

① 버블차트 ② 오차막대차트
③ 버터플라이차트 ④ 카토그램

59. 다음 빈칸에 들어갈 차트 유형으로 옳은 것은?

(   )은(는) 사각형의 개수를 세어 비율을 이해하기 쉽게 한다. 일반적으로 하나의 사각형은 1% 나 5%를 나타낸다. 각각의 사각형은 동일한 크기여야 하며, 간격도 일정해야 한다. 또한, 각 사각형 이 나타내는 비율을 명확하게 라벨링 해야 하며, 특히 작은 비율의 경우, 라벨링이 없으면 해석이 어려울 수 있다.

① 트리맵 ② 와플차트
③ 박스플롯 ④ 모자이크차트

60. 다음의 데이비드 맥캔들레스의 '빌리언 달러 오그램' 그래프의 설명으로 옳지 않은 것은?

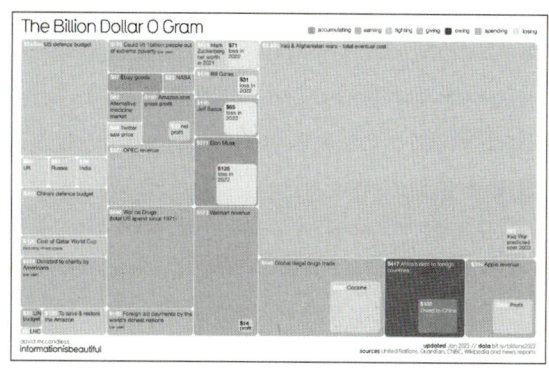

① 색상과 크기를 활용하여 지출 항목과 지출 금액을 명확히 표현하기 때문에 서로 다른 항목을 쉽게 비교할 수 있다.
② 경제적 가치나 금액이 전체에서 차지하는 비율을 직관적으로 파악할 수 있는 특징을 가진다.
③ 각 사각형의 색상은 지출의 유형을 나타내고 크기는 각 지출 유형의 사용 빈도를 나타내며, 금액과는 관련이 없다.
④ 트리맵은 복잡한 데이터를 단순화하여 사용자에게 데이터의 가시성을 증대시키고 정보 전달을 돕는 데 효과적이다.

경영정보시각화능력 모의고사 2회

출제 데이터에듀 문항수 객관식 : 60

제한시간 60분   해설집 523P

PART 01 경영정보 일반
문항 수(20문항) / 배점(문항 당 5점)

난 ★★★★☆
01. 다음 중 SERVQUAL의 구성요인에 대한 설명으로 올바르지 않은 것은?

① 신뢰성(Reliability)은 고객과의 약속을 지키고, 서비스가 일관성 있게 제공되는 정도를 의미한다.
② 응답성(Responsiveness)은 고객의 요청에 대해 빠르게 대응하는 것을 의미하며, 고객과의 원활한 커뮤니케이션이 필수적이다.
③ 확신성(Assurance)은 직원의 전문성과 신뢰도를 바탕으로 고객이 서비스를 안전하게 받을 수 있도록 보장하는 요소이다.
④ 유형성(Tangibles)은 고객이 기대하는 서비스 수준을 유지하기 위해, 서비스의 품질을 측정하고 개선하는 것을 의미한다.

난 ★★★☆☆
02. 다음 중 크로스셀링(Cross Selling)의 핵심 개념에 가장 부합하는 설명은 무엇인가?

① 고객이 구매할 상품과 유사하지만 더 고급스러운 상품을 추천하는 것이다.
② 고객이 이미 구매한 상품과 보완 관계에 있는 추가 상품이나 서비스를 함께 제안하는 것이다.
③ 고객이 구매한 상품의 기본 기능 외에 추가 비용으로 확장 기능을 사용할 수 있도록 제안하는 것이다.
④ 고객이 고려 중인 상품과 유사한 가격대의 대체 상품을 추천하여 선택지를 넓히는 것이다.

난 ★★★☆☆
03. 다음 중 데이터 → 정보 → 지식 과정에 대한 설명으로 가장 적절한 것은?

① 데이터는 가공되지 않은 상태의 원시 자료이며, 이를 분석하여 정보와 지식을 동시에 얻는다.
② 데이터는 특정 현상을 측정한 값이고, 이를 가공하여 의미를 부여하면 정보가 되며, 이를 활용해 이해와 결론을 도출하면 지식이 된다.
③ 데이터는 정보를 내포하는 더 포괄적인 개념이며, 지식은 데이터의 집합체로 간주된다.
④ 데이터는 특정 문제를 해결하기 위한 직관적 해석으로, 지식은 이를 바탕으로 실행 가능한 통찰이다.

난 ★★★☆☆
04. 다음 중 직무평가 기법 중 점수법에 대한 설명으로 가장 적절한 것은?

① 직무의 특성을 세부적으로 분석한 뒤, 유사한 기준으로 묶어 체계적으로 평가하는 방식이다.
② 각 직무의 역할과 상대적 책임을 비교하며, 수치화 없이 상대적 가치를 평가하는 방식이다.
③ 여러 평가 요소를 설정하고, 각 기준의 기여도를 반영해 직무 가치를 정량적으로 판단하는 방식이다.
④ 조직 내 직무를 개별적으로 비교하며, 더 중요한 직무를 반복 선정해 우선순위를 결정하는 방식이다.

난 ★★★★☆

05. 다음 중 이표채(Coupon Bond)에 대한 설명으로 맞는 것을 고르시오.

> 가. 일정한 간격으로 쿠폰 이자를 지급하며, 원금은 만기 시 지급된다.
> 나. 정기적으로 이자를 지급받을 수 있는 채권이다.
> 다. 만기까지 한 번도 이자를 지급하지 않고 만기 시 원금과 함께 지급하는 채권이다.
> 라. 특정 기관이 발행하는 특수 목적 채권으로, 공채와 사채의 성격을 모두 가진다.

① 가, 나
② 가, 다
③ 나, 라
④ 다, 라

난 ★★★☆☆

06. 다음 중 기업의 현금보유량과 가장 관련성이 깊은 재무비율로 적절한 것은?

① 매출액순이익률: 기업의 매출 대비 영업이익의 비율로, 수익성을 평가하는 지표이다.
② 총자산이익률: 기업이 보유한 자산을 활용하여 수익을 창출한 효율성을 평가하는 지표이다.
③ 유동비율: 기업의 단기 부채를 상환할 수 있는 능력을 평가하는 지표이다.
④ 부채비율: 자산 대비 부채의 비율로, 안정성을 평가하는 지표이다.

난 ★★★★☆

07. 효과적인 공급사슬 관리를 위한 품질관리 데이터 활용 방안으로 가장 적절하지 않은 것은?

① 생산 공정의 변수와 데이터를 분석해 품질 표준을 조정하고 제조 안정성을 개선하는 활동에 활용한다.
② 제품 결함 발생 확률을 낮추기 위해 공정 변동성을 수치화하고 예측 모델을 통해 품질 리스크를 완화하는 활동에 활용한다.
③ 운영 비용 절감을 목표로 품질 표준을 재정의하고 생산량 조정을 통해 자원 효율성을 극대화하는 활동에 활용한다.
④ 소비자 피드백 데이터를 분석하여 개선 요구사항을 도출하고 만족도를 높이기 위해 품질 설계를 조정하는 활동에 활용한다.

난 ★★★☆☆

08. 다음 중 행동 기반 평가 척도(BARS)의 단점으로 가장 적절한 것은?

① 평가 기준이 직무 수행 행동을 기반으로 구성되지만, 이를 체계적으로 정의하는 과정에서 많은 시간과 노력이 필요하다.
② 평가 지표가 특정 행동을 중심으로 설정되기 때문에, 직무 변화가 발생할 경우 평가 기준을 지속적으로 수정해야 하는 어려움이 있다.
③ 행동 기반 평가 방식이기 때문에, 평가 대상자의 성과를 다양한 맥락에서 종합적으로 분석하기 어렵다.
④ 평가의 명확성과 구체성이 강조되지만, 조직의 유연한 인사관리나 장기적 성과 예측에는 활용하기 어려운 구조를 가진다.

난 ★★★★☆

09. 다음 중 실효수익률에 대한 설명으로 가장 적절한 것을 고르시오.

① 채권의 현재 가격을 기준으로 표면이율을 재조정한 수익률이다.
② 투자 기간 동안의 총수익률을 기하평균으로 나타낸 수익률이다.
③ 채권을 현재부터 만기 시까지의 총수익률을 연단위로 기하평균한 이론적 수익률이다.
④ 만기가치를 현재가격으로 나누어 연단위 단리수익률로 도출한 값이다.

난 ★★★☆☆

10. 다음 중 고객 생애 가치(LTV)가 가장 높을 가능성이 큰 고객의 특징은?

① 브랜드 인지도와 제품 선호도가 높아 타사 제품보다 우선적으로 고려하고, 특정 시기에 집중적으로 구매하는 고객
② 다양한 제품을 경험하며 소비 규모가 크고, 여러 브랜드를 비교하여 합리적인 선택을 하는 고객
③ 장기적으로 동일한 브랜드를 지속적으로 이용하고, 일정한 구매 패턴을 유지하는 고객
④ 소비 주기가 짧고, 꾸준한 피드백을 제공하며 신제품 출시 시 관심을 보이는 고객

난 ★★★☆☆
11. 다음 중 손익계산서에 대한 설명으로 가장 적절하지 않은 것은?

① 손익계산서는 일정 기간 동안의 기업의 재무 상태를 나타내며, 매출이 기록되는 시점은 기업이 실제로 현금을 수취한 시점과 동일하다.
② 기업의 영업 활동에서 발생한 수익과 비용을 종합하여, 매출총이익, 영업이익, 당기순이익 등의 세부적인 재무 정보를 제공한다.
③ 손익계산서는 기업의 일정 기간 동안의 경영성과를 분석하는 주요 재무제표이며, 기업의 재무 건전성을 분석하는 기준이 될 수 있다.
④ 손익계산서는 기업의 영업활동과 관련된 재무 정보를 제공하며, 발생한 수익과 비용을 비교하여 손익 변동을 반영한다.

난 ★★★★☆
12. 다음 중 핵심성과지표(KPI)의 설계 시 고려해야 할 사항으로 적절한 것을 모두 고르시오.

> 가. 조직의 전략과 목표를 반영해야 하며, 단기 성과보다는 장기적인 방향성을 우선으로 고려하는 것이 중요하다.
> 나. 성과를 보다 정교하게 측정하기 위해, 목표 지표를 가능한 한 세분화하고 조직의 세부 업무 단위별로 별도 KPI를 설정하는 것이 바람직하다.
> 다. 실적을 명확히 판단할 수 있도록 정량적으로 설정하는 것이 이상적이지만, 일부 전략적 목표의 경우 정성적 요소를 포함할 수도 있다.
> 라. 조직의 목표와 부합하는 KPI가 우선시되어야 하지만, 일부 경우에는 운영 효율성을 위해 기업 수익성 중심 지표를 더 강조할 수 있다.

① 가, 나
② 가, 다
③ 나, 다
④ 다, 라

난 ★★★☆☆
13. 보상 제도에 대한 설명으로 가장 부적절한 것은?

① 카페테리아 복리후생 제도는 근로자가 필요에 따라 복지 혜택을 선택할 수 있으며, 기업의 복리후생 유연성을 높인다.
② 승급은 역할과 책임이 확장되면서 임금이 인상되는 방식으로, 연공급보다 성과주의적 요소가 강하다.
③ 종업원 지원 프로그램(EAP)은 고충 처리, 심리 상담, 스트레스 관리 등을 제공하는 법정 외 복리후생이다.
④ 베이스업(base-up)은 인플레이션과 업계 평균 임금을 고려해 개인 성과와 관계없이 전사적으로 조정된다.

난 ★★☆☆☆
14. 다음 중 기상자료개방포털에 대한 설명으로 가장 적절하지 않은 것은?

① 기상자료를 무료로 제공하며, 데이터 분석과 기상 예측 연구에 활용할 수 있다.
② 사용자 맞춤형 기상 데이터 다운로드 서비스를 제공한다.
③ 실시간 기상 관측 데이터만을 제공하며 과거 기상 데이터는 포함하지 않는다.
④ 기상 데이터를 이용한 다양한 응용 사례와 분석 도구를 제공한다.

난 ★★★★★
15. 다음 중 황소채찍 효과의 증폭을 방지하기 위한 정보기술의 활용 사례로 가장 적절한 것은?

① 고객 수요 데이터를 활용하여 공급사슬 내 수요 변동성을 완화할 수 있도록 정보 교환 체계를 구축한다.
② 공급망의 운영 안정성을 높이기 위해 주문 패턴을 분석하여 단계별 적정 재고 수준을 유동적으로 조정하는 시스템을 도입한다.
③ 각 공급망 단계에서 축적된 수요 데이터를 개별적으로 평가하여 최적의 재고 전략을 단계별로 설계하는 방식으로 운영한다.
④ 공급사슬 상위 단계에서 실시간으로 하위 단계의 재고 흐름을 분석하고 필요할 때마다 주문 정책을 수동 조정하여 불필요한 주문 변화를 줄인다.

16. 다음 중 월간 활성 사용자(MAU)와 관련된 분석을 통해 도출할 수 있는 결론으로 가장 적절하지 않은 것은?

① 특정 시점에서 사용자 활동이 급증한 이유를 파악한다.
② 사용자 이탈률을 낮추기 위한 전략을 개발한다.
③ 고객 세그먼트별 구매력 차이를 분석한다.
④ 캠페인 효과로 인해 활성 사용자가 증가한 패턴을 확인한다.

17. 다음 중 자본잉여금에 대한 설명으로 가장 적절한 것은?

① 자본잉여금은 기업의 영업활동에서 발생한 순이익이다.
② 자본잉여금은 주식 발행 시 액면가를 초과한 금액이다.
③ 자본잉여금은 배당금 지급으로 감소한다.
④ 자본잉여금은 매출액 증가와 직접적으로 관련이 있다.

18. 다음 중 고객만족도를 분석할 때 표적집단면접을 선택해야 하는 상황으로 가장 적절한 것은 무엇인가?

① 고객의 만족도를 수치로 표현하고 비교하고자 할 때
② 특정 제품이나 서비스에 대한 고객의 세부적인 감정과 의견을 깊이 이해하고자 할 때
③ 고객의 만족도를 대규모 샘플에서 빠르게 수집하고자 할 때
④ 고객 이탈률과 충성도를 연계하여 분석하고자 할 때

19. 다음 중 몬테카를로 시뮬레이션을 수요 예측에 사용하는 주요 이유로 가장 적절하지 않은 것은?

① 수요 변동이 불확실한 상황에서 다양한 시나리오를 생성할 수 있다.
② 확률 분포를 기반으로 수요 예측의 범위를 제공한다.
③ 설명 변수와 종속 변수 간의 명확한 관계를 분석한다.
④ 다양한 결과의 가능성을 평가하여 최악의 시나리오를 파악할 수 있다.

20. 다음 중 디지털 마케팅에서 CVR(전환율)에 대한 설명으로 가장 부적절한 것은?

① CVR은 전체 방문자 중 전환을 완료한 사용자 비율을 의미하며, 목표 전환의 유형에 따라 측정 방식이 달라질 수 있다.
② CVR은 특정 페이지나 광고 캠페인에서 측정할 수 있지만, 방문자가 한 번 이상 노출된 경우 세션당 전환율과 달라진다.
③ CVR을 높이기 위해서는 방문자의 유입 경로보다 최종 전환 지점의 사용자 행동 패턴을 분석하는 것이 더 효과적이다.
④ CVR은 랜딩 페이지에서 결제까지의 전환 퍼널을 최적화하는 데 필요한 지표로, 특정 마케팅 채널에서의 효과를 평가할 때 활용된다.

PART 02 데이터 해석 및 활용

문항 수(20문항) / 배점(문항 당 5점)

난 ★★★★★

21. 다음 중 Z-점수(Z-Score) 표준화의 설명이 가장 적절하지 않은 것은?

① 데이터의 이상치(outlier)에 민감하지 않아 모델의 일반화 성능을 저하시킬 수 있다.
② 데이터의 값을 특정 범위로 변환하지 못하여, 분포의 형태가 유지된다.
③ 비대칭적인 데이터의 경우 Z-점수 표준화로 대칭성을 개선할 수 없으며 변환을 적용해야 한다.
④ 데이터의 평균을 0과 표준편차 1을 기준으로 변화하여 다른 변수들과의 비교가 용이해진다.

난 ★★★★☆

22. 다음 중 OLAP(Online Analytical Processing)와 OLTP(Online Transaction Processing)의 주요 차이점에 대한 설명으로 가장 적절하지 않은 것은?

① OLAP은 주로 데이터 분석 및 의사결정 지원을 목적으로 한다.
② OLTP는 실시간 데이터 입력과 처리에 중점을 둔다.
③ OLAP은 주로 다차원 데이터 모델을 사용하고, OLTP는 관계형 데이터 모델을 사용한다.
④ OLTP는 집계 데이터를 기반으로 분석 작업을 수행한다.

난 ★★★★☆

23. 아래 보기는 데이터베이스의 설계 과정을 설명하고 있다. 옳은 것을 모두 고른 것은?

| 가. 개념적 설계 단계에서 데이터 구조를 정의한다. |
| 나. 개념적 설계단계가 완료된 후 논리적 설계를 진행한다. |
| 다. 데이터 정규화는 개념적 설계단계에서 수행된다. |
| 라. 각 개체에 필요한 속성들을 정의하는 작업은 논리적 설계 단계에서 수행된다. |

① 가, 나
② 나, 라
③ 가, 나, 라
④ 가, 다, 라

난 ★★★★★

24. 데이터베이스 구조 중 하나인 스키마에 대한 설명으로 가장 부적절한 것은?

① 외부 스키마는 사용자나 다양한 응용 프로그램의 관점에서 데이터베이스의 구조와 접근 가능한 데이터를 정의하는 역할을 수행한다.
② 내부 스키마는 전체 데이터베이스의 논리적인 구조와 데이터 간의 관계를 체계적으로 정의하는 작업을 담당한다.
③ 개념 스키마는 데이터베이스의 전체적인 일관성과 무결성을 유지하며, 데이터의 통합성과 보안을 보장하는 중요한 역할을 한다.
④ 스키마는 데이터베이스 내에서 데이터의 구조와 다양한 제약 조건들을 체계적으로 정의하고 관리하는 기본 틀을 제공한다.

난 ★★★☆☆

25. 아래 보기가 설명하는 데이터의 종류에 맞는 통계적 분석 방법으로 적절한 것을 고르시오.

| 이 데이터는 여러 그룹으로 나누어진 값을 포함하며, 각 값은 특정 범주를 나타낸다. |

① 상관계수 분석
② 카이제곱 독립성 검정
③ 분산분석(ANOVA)
④ 모평균 t검정

난 ★★★★☆

26. 다음 중 확률밀도함수(PDF)의 특징으로 가장 옳지 않은 것은?

① 확률 밀도 함수는 언제나 양수 값을 가지며, 음수나 0이 아닌 값을 항상 유지한다.
② 확률 밀도 함수에서 특정한 개별 값에 대한 확률은 반드시 0으로 간주되며, 연속적인 분포를 나타낸다.
③ 확률 밀도 함수를 특정한 구간에 걸쳐 적분하면 그 구간 내에서 발생하는 확률을 정확히 계산할 수 있다.
④ 확률 밀도 함수의 전체 영역에 걸친 적분 값을 계산하면 그 결과는 항상 1이라는 값을 갖게 된다.

난 ★★★☆☆
27. 다음 중 클라우드 기반 비즈니스 인텔리전스의 주요 이점으로 가장 적절하지 않은 것은?

① 초기 설치 비용과 관련된 하드웨어 구매 및 유지 관리에 드는 전체적인 비용을 크게 절감할 수 있다.
② 실시간으로 다양한 데이터를 빠르게 접근하고 분석하여 즉각적인 의사결정을 지원한다.
③ 사용자 맞춤형으로 설계된 대시보드를 제공하여 개인화된 데이터 시각화를 가능하게 한다.
④ 데이터 보안 문제를 완벽하게 해결하여 모든 잠재적인 보안 위협을 철저히 제거한다.

난 ★★★★★
28. 다음 중 데이터베이스의 ACID 속성에 대한 설명으로 가장 옳지 않은 것은?

① 원자성(Atomicity)은 하나의 트랜잭션 내의 모든 작업이 성공적으로 완료되거나, 그렇지 않은 경우 모두 취소되도록 보장한다.
② 일관성(Consistency)은 트랜잭션 실행 후 데이터베이스가 유효한 상태로 유지되며, 트랜잭션 실패 시 이전 상태로 복구된다.
③ 독립성(Isolation)은 여러 트랜잭션이 동시에 실행되더라도 서로 간섭하지 않고 독립적으로 처리될 수 있음을 보장한다.
④ 내구성(Durability)은 트랜잭션이 성공적으로 완료된 경우, 시스템 오류나 장애가 발생해도 데이터베이스 상태가 유지되도록 보장한다.

난 ★★★★★
29. 다음 중 데이터 적재(Data Loading) 방법 중 실시간 처리(Real-Time Processing)의 특징으로 가장 적절한 것은?

① 정해진 일정에 따라 데이터를 청크 단위로 나눠서 주기적으로 적재하는 작업을 수행한다.
② 대량 데이터보다는 지속적이고 작은 데이터 흐름을 처리하는 경우에 적합하다.
③ 데이터 적재 작업 중 시스템 성능이 항상 일정하게 향상되어 안정적인 운영을 보장한다.
④ 데이터를 한 번에 처리하여 효율적으로 적재하는 방식을 주로 사용한다.

난 ★★★☆☆
30. 다음 중 빅데이터의 속도(Velocity)와 다양성(Variety)을 동시에 관리하기 위한 접근법으로 가장 적절한 것은?

① 실시간 분석을 위해 모든 데이터를 정형 데이터로 변환한다.
② 다양한 데이터 소스를 통합 관리하는 분산 데이터 처리 시스템을 구축한다.
③ 데이터 저장소를 확대하여 모든 데이터를 장기적으로 저장한다.
④ 데이터를 배치 처리 방식으로 처리하여 효율성을 높인다.

난 ★★★☆☆
31. 다음 중 데이터베이스의 무결성 유지에 영향을 미칠 수 있는 요소로 가장 적절하지 않은 것은?

① 기본 키의 정의
② 외래 키 제약조건 설정
③ 데이터 정규화
④ 데이터베이스 백업 주기

난 ★★★☆☆
32. 아래 보기에서 설명하는 데이터 분석방법과 가장 맞지 않는 시각화 기법은 무엇인가?

> 이 데이터 분석 방법은 데이터를 요약하고 주요 패턴을 이해하며 이상값과 분포를 확인하는 데 중점을 둔다. 주로 데이터를 탐색하고 이해하기 위한 초기 단계에서 활용된다.

① 히스토그램(Histogram)
② 상자 그림(Box Plot)
③ 산점도(Scatter Plot)
④ 덴드로그램(Dendrogram)

33. 다음 중 계층적 분리에서 발생할 수 있는 단점으로 가장 적절하지 않은 것은?

① 계층적 분할을 사용할 경우 데이터의 클래스 비율이 심하게 왜곡되어 분석 결과에 영향을 줄 수 있다.
② 클래스가 매우 많은 경우 계층적 분할 과정이 복잡해지고 시간이 오래 걸릴 가능성이 높다.
③ 클래스가 극도로 불균형한 경우 소수 클래스의 데이터가 여전히 충분하지 않아 학습에 불리할 수 있다.
④ 계층적 분할은 클래스가 명확하게 정의되지 않은 데이터에는 적용할 수 없으며, 사용이 불가능하다.

34. 다음 중 NoSQL 데이터베이스를 사용하는 주요 목적에 대한 설명으로 가장 적절하지 않은 것은?

① 데이터 스키마를 유연하게 설계할 수 있어 다양한 데이터 구조를 쉽게 수용한다.
② 대규모 데이터를 분산된 환경에서 효율적으로 처리하며 확장성을 제공할 수 있다.
③ 관계형 데이터베이스보다 모든 경우에서 항상 더 높은 성능을 보장하며 우수하다.
④ 비정형 데이터와 구조화되지 않은 데이터를 저장할 수 있어 다양한 데이터 활용이 가능하다.

35. 다음 중 데이터 웨어하우스 설계 시 주제 지향성(Subject-oriented)을 구현하는 방법으로 가장 적절한 것은?

① 여러 정형 데이터를 통합하여 일관된 형식으로 저장한다.
② 특정 비즈니스 도메인(예: 판매, 고객, 재무)별로 데이터를 분류하고 관리한다.
③ 시계열 데이터 분석을 위해 실시간 처리 방식을 선호한다.
④ 데이터 저장소 내 적재된 데이터를 최신의 상태가 되도록 관리한다.

36. 다양한 추론을 통한 공격에 대해 개인정보 추론 위험 정도를 확률적, 정량적으로 제한하는 방법론인 프라이버시 모델 기반 추론 방지 기술의 종류로 옳지 않은 것은?

① l-다양성(l-Diversity)
② k-익명성(k-Anonymity)
③ s-신속성(s-Rapidness)
④ t-근접성(t-Closeness)

37. 다음 중 연관 분석의 결과를 활용하여 기대할 수 있는 효과로 가장 적절하지 않은 것은?

① 고객의 구매 패턴을 분석하여 크로스 셀링 전략을 효과적으로 수립하고 매출을 증대시킬 수 있다.
② 새로운 고객 세그먼트를 식별함으로써 마케팅 캠페인을 개선하고 타겟팅의 정확성을 높일 수 있다.
③ 특정 제품 간의 관계를 분석하여 추천 시스템을 구축함으로써 고객 경험을 향상시킬 수 있다.
④ 제품들의 번들제품을 설계하고 판매 전략을 구축하여 운영 효율성을 높일 수 있다.

38. 다음 중 SQL 명령어 DROP과 DELETE의 차이점에 대한 설명으로 가장 적절한 것은?

① DROP은 테이블의 데이터를 삭제하며, DELETE는 테이블 구조를 삭제한다.
② DROP은 테이블 구조와 데이터를 모두 삭제하며, DELETE는 데이터를 삭제하지만 테이블 구조는 유지한다.
③ DROP은 테이블을 비활성화하고, DELETE는 테이블을 비우는 명령어이다.
④ DROP은 특정 데이터를 삭제하고, DELETE는 테이블을 삭제하는 명령어이다.

난 ★★★☆☆

39. 다음 중 비정형 데이터의 예시로 가장 적절하지 않은 것은?

① 텍스트 문서를 저장한 PDF 파일
② 데이터 구조를 정의하는 XML 파일
③ 영상 콘텐츠를 나타내는 동영상 파일
④ 시각 정보를 포함하는 이미지 파일

난 ★☆☆☆☆

40. 데이터에듀가 직원 복지 확대 정책을 시행한 이후 직원들의 이직률이 감소하였다. 이 결과에 대한 올바른 해석으로 가장 적절한 것은?

① 복지 확대가 직원 이직률 감소의 유일한 원인이다.
② 복지 확대와 이직률 감소 간의 상관관계가 존재한다.
③ 복지 확대가 이직률 감소에 전혀 영향을 미치지 않았다.
④ 직원 복지 확대 정책이 오히려 이직률 증가를 초래했다.

PART 03 경영정보시각화디자인

문항 수(20문항) / 배점(문항 당 5점)

난 ★★★★★

41. 다음 중 클라우스 윌케의 시각적 속성에 대한 설명으로 옳지 않은 것은?

① 데이터 시각화는 데이터 값을 정량화할 수 있는 속성으로 나타내 그래픽으로 표현한 결과물로 이를 시각적 속성이라 한다.
② 차트, 그래프 등 데이터를 표현하고, 시각화를 구성하는 모든 요소를 일컫는다.
③ 경영정보 시각화에서는 주로 위치, 모양, 크기, 색상, 선 굵기, 선 유형의 6가지 요소를 자주 사용하며, 모든 시각적 속성을 연속형 데이터와 이산형 데이터로 나눈다.
④ 시간 및 공간 차원에서 근접한 요소들을 묶어서 그룹으로 인식하며 요소들에 대해 집단화하여 지각할 수 있다.

난 ★★★☆☆

42. 다음은 게슈탈트 법칙에 대한 설명이다. 괄호 안에 들어갈 단어로 가장 적합한 것은?

> 막대 차트에서 특정 범주별로 막대 색상을 같게 설정하거나, 산점도에서 각 점들의 색상이나 형태를 유사하게 그룹핑하는 등 정보 시각화 측면에서 (   )을 활용해 사용자의 이해를 도울 수 있다.

① 연속성 법칙   ② 단순성 법칙
③ 유사성 법칙   ④ 근접성 법칙

난 ★★★★★

43. 다음 중 경영정보시각화 프로세스 순서로 옳은 것은?

① 정보 시각화 목표 설정 → 시각화 디자인 → 데이터 전처리 → 데이터 수집 → 시각화 구현 → 시각화 분석 → 결과 전달
② 데이터 수집 → 정보 시각화 목표 설정 → 데이터 전처리 → 시각화 디자인 → 시각화 구현 → 결과 전달 → 시각화 분석
③ 데이터 수집 → 정보 시각화 목표 설정 → 시각화 디자인 → 데이터 전처리 → 시각화 구현 → 결과 전달 → 시각화 분석
④ 정보 시각화 목표 설정 → 데이터 수집 → 데이터 전처리 → 시각화 디자인 → 시각화 구현 → 시각화 분석 → 결과 전달

난 ★★★☆☆

44. 다음 중 인포그래픽 기능에 대한 설명으로 옳은 것은?

> 가. 인포그래픽을 통해 데이터나 정보를 자세히 표현하여 시각적으로 이해할 수 있도록 한다.
> 나. 복잡한 데이터의 패턴, 상관관계, 통계량 등을 시각적인 요소를 사용하여 이해하기 쉽게 표현하고, 정보를 효과적으로 전달한다.
> 다. 정보를 다양한 디자인 요소로 시각화하고, 스토리를 구성하여 사용자에게 정보에 대한 호기심과 흥미를 유발할 수 있다.
> 라. 사용자의 행동과 상호작용하는 요소를 포함하여 사용자에게 더 흥미를 주는 것을 디지털 인포그래픽이라고 한다.

① 가, 나, 다
② 가, 다, 라
③ 나, 다, 라
④ 가, 나, 다, 라

난 ★☆☆☆☆

45. 다음 중 정보 시각화 개념으로 옳지 않은 것은?

① 도형, 선, 텍스트, 색상 등의 그래픽 요소를 활용하여 상호적으로 데이터를 표현한다.
② 정보의 시각화는 데이터를 정보로써 의미 있게 글로 표현하는 것을 의미한다.
③ 정보 시각화는 데이터 분석의 과학적 측면과 분석 결과를 시각적으로 디자인하고 표현하는 예술적 측면을 동시에 포함한다.
④ 인간의 시각, 지각 능력을 기반으로 데이터를 이해하고 인사이트를 발견하는 데 도움을 준다.

난 ★★★★★

46. 다음 중 데이터-잉크 비율을 높이기 위한 주요 원칙의 설명으로 옳지 않은 것은?

① 비주얼 클러터 유지 - 시각화에 세부 정보나 디테일한 정보를 유지하고, 주요 정보와 조화를 이루어 표현한다.
② 데이터 표현을 간소화 - 데이터를 시각적으로 표현할 때, 불필요한 잉크나 요소를 최소화한다.
③ 비교 가능성 강조 - 데이터를 비교하기 쉽도록 설계한다.
④ 색상 사용 최적화 - 색상을 사용할 때 주의하여 다른 데이터 요소와의 대비를 강화하고 중요한 정보를 부각시킨다.

난 ★★★☆☆

47. 다음 중 디자인의 기본 원리 중 균형에 대한 내용으로 옳지 않은 것은?

① 불안정적 균형 - 대칭 형태가 아니기 때문에 비중이 불안정한 형태이다.
② 대칭적 균형 - 중심 축 또는 중심점을 기준으로 요소들을 대칭적으로 배치하는 형태이다.
③ 비대칭적 균형 - 서로 다른 크기, 형태, 색상을 가진 요소들이 중심축 없이 전개된다.
④ 불균형적 균형 - 요소의 균형 또는 모양이 균형을 갖지 않고 안정적으로 배치하는 형태이다.

난 ★★☆☆☆

48. 다음은 인포그래픽 디자인 시 고려해야 할 요소에 대한 설명이다. 괄호 안에 들어갈 요소로 가장 적합한 것은?

> 정보 디자인에 있어 다양한 (　　)을/를 사용하면 시각적 혼란이 유발되므로 제한적으로 사용하는 것이 좋다. 동일한 성격과 위계를 갖는 정보에는 일관적으로 적용해야 효율성을 높일 수 있다. 변화를 주고자 할 때는 동일한 (　　) 내에서 색상, 크기 무게, 스타일 등의 변화를 주는 것이 효과적이다.

① 질감
② 범례
③ 서체
④ 클립아트

난 ★★★☆☆
49. 다음 중 데이터 시각화 노구의 장점에 대한 설명으로 옳지 않은 것은?

① 다양한 시각화 방법을 신속하게 적용할 수 있는 기능을 제공한다.
② 실시간으로 데이터를 업데이트하는 기능을 활용함으로써 정확하고, 신뢰성 있는 데이터 기반으로 의사 결정이 가능하다.
③ 데이터의 일관성, 정확성, 일치성을 시각적으로 확인하고 향상시킬 수 있다.
④ 데이터 시각화 도구를 사용하여 데이터를 분산시켜, 실시간으로 협업할 수 있는 환경을 제공한다.

난 ★★★★★
50. 다음 그래프는 각 자원의 생산 및 가공 비율을 국가별로 누적하여 시각화한 것이다. 이와 같은 그래프의 특징으로 옳지 않은 것은?

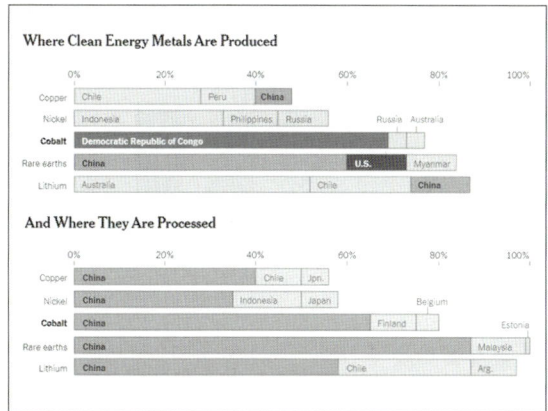

① 여러 범주의 데이터를 하나의 막대에 누적하여 표현하며, 각 범주의 상대적인 크기를 시각적으로 비교할 수 있다.
② 각 막대의 길이는 데이터의 총합을 나타내며, 전체적인 비교와 함께 세부 항목의 기여도를 확인할 수 있다.
③ 각 범주의 값은 독립적으로 비교 가능하며, 범주 간의 누적 효과나 상호 관계는 나타나지 않는다.
④ 데이터의 전체 비율과 각 범주의 상대적 비중을 동시에 파악할 수 있어, 복잡한 데이터를 효과적으로 시각화할 수 있다.

난 ★★★☆☆
51. 다음 중 엑셀(Excel) 조건부 서식에 대한 설명으로 옳은 것은?

① 조건부 서식은 특정 셀의 조건에 따라 단순히 색상을 변경하는 기능에 국한되며, 이를 통해 데이터 간의 패턴이나 추세를 시각적으로 분석하기는 어렵다.
② 사용자 정의 수식이나 다중 조건을 기반으로 한 복잡한 규칙을 설정할 수 없으며, 엑셀에서 제공하는 기본적인 규칙만 사용할 수 있다.
③ 특정 조건에 따라 셀의 값을 삭제하거나 데이터를 자동으로 재배열하는 기능을 제공한다.
④ 조건부 서식은 데이터 값에 따라 셀의 색상, 글꼴, 테두리 등을 동적으로 변경하여 데이터의 패턴과 추세를 쉽게 파악할 수 있도록 도와준다.

난 ★★★☆☆
52. 다음 중 그래프 유형 설명으로 가장 적절한 것은?

① 시간 시각화는 데이터의 양을 시각적으로 표현하며, 시간 흐름에 따라 데이터를 정리하고, 수치상으로 정보를 이해하기 쉽게 만드는 방법이다.
② 분포 시각화는 데이터가 특정 구간이나 범위 내에서 어떻게 분포되어 있는지를 시각적으로 표현하며, 데이터의 밀집도, 범위, 이상치 등을 파악하는 데 유용하다.
③ 관계 시각화는 범주 간 비율을 시각적으로 표현하며, 주로 원형 차트나 도넛 차트를 활용해 전체와 부분 간의 크기를 강조하고 데이터의 비율을 비교한다.
④ 불확실성 시각화는 데이터의 시간적 변화 또는 연속적인 흐름을 표현하며, 이를 통해 데이터를 직관적으로 이해할 수 있는 시각적 지원을 제공한다.

난 ★★★★★

53. 다음 그래프는 시간의 흐름에 따른 미국의 결혼식 수를 시각화하여 나타낸 것이다. 이를 해석한 것으로 옳지 않은 것은?

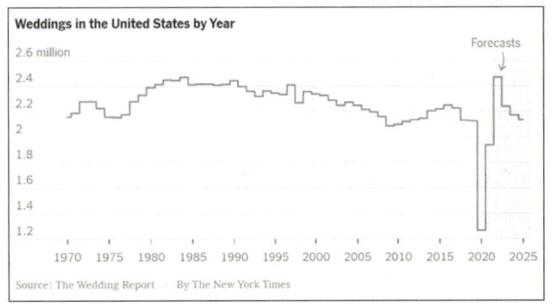

① X축은 시간(연도)을 나타내며, 1970년부터 2025년까지 결혼식 수의 변화를 시각적으로 보여준다.
② Y축은 결혼식 수를 백만 단위로 표시하여 각 연도의 결혼식 수를 비교하기 쉽게 한다.
③ 2020년 이후의 데이터는 추정값(예측치)으로 표시되어 있으며, 실제 관찰값과 구분된다.
④ 위와 같은 그래프에서는 개별 데이터 포인트를 비교하기 어려운 특징이 있다.

난 ★★★☆☆

54. 다음 중 지리-공간 데이터를 활용하여 나타내기에 가장 적합한 차트 유형은?

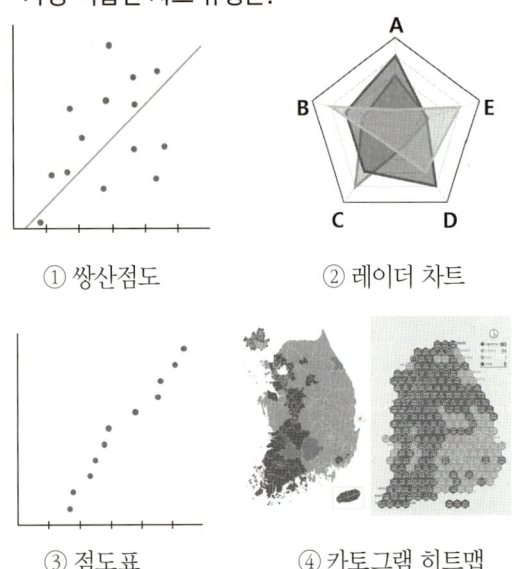

① 쌍산점도
② 레이더 차트
③ 점도표
④ 카토그램 히트맵

난 ★★★★☆

55. 다음 중 관계 시각화에 대한 설명으로 옳은 것은?

① 데이터의 분포를 시각적으로 이해하며, 이상치를 감지하거나 데이터의 전반적인 특성을 분석할 때 활용된다.
② 불확실성이 높은 환경에서 데이터를 기반으로 의사결정을 내리거나 미래를 예측하는 데 효과적으로 사용된다.
③ 변수 간의 관계를 표현하며, 데이터의 연관성, 분포, 그리고 숨겨진 패턴까지 시각적으로 나타낼 수 있다.
④ 데이터의 양적 특성과 크기를 시각적으로 전달하며, 비교나 분석을 직관적으로 가능하게 한다.

난 ★★☆☆☆

56. 다음 그림과 같은 차트 명칭으로 옳은 것은?

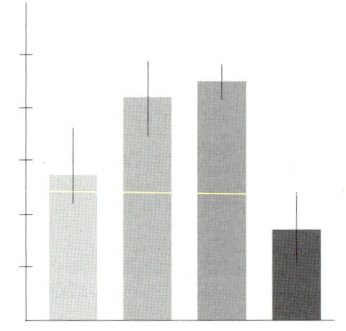

① 히스토그램
② 수직오차막대차트
③ 폭포수차트
④ 수직막대차트

난 ★★★☆☆

57. 다음 중 폭포수(워터풀)차트의 설명으로 적절하지 않은 것은?

① 최종 이익에 기여하는 범주와 그 기여도를 쉽게 파악할 수 있다.
② 증가와 감소와 같은 변화되는 요소를 구분하면서 총합까지의 도달 과정을 보여준다.
③ 시간에 따른 값의 변화를 표현하기에 적합하나 요인에 따른 값의 변화는 표현하기 어렵다.
④ 재무분석, 성과 관리와 같은 변화 과정을 파악할 수 있는 시각화에 사용된다.

난 ★★☆☆☆

58. 다음 그림과 같은 차트의 명칭으로 옳은 것은?

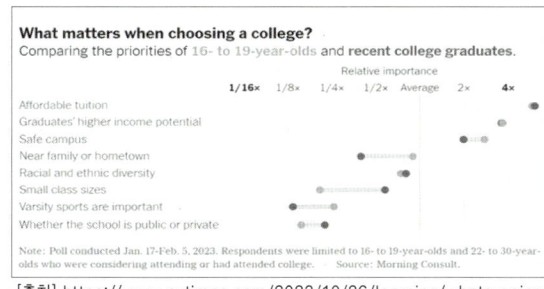

[출처] https://www.nytimes.com/2023/10/26/learning/whats-going-on-in-this-graph-nov-8-2023.html

① 덤벨차트 ② 경사차트
③ 수평오차막대 ④ 버터플라이차트

난 ★★★★☆

59. 다음 중 트리맵 시각화 기법에 대한 특징으로 옳지 않은 것은?

① 트리맵은 계층적 데이터를 사각형으로 분할하여 각 사각형의 크기로 데이터의 상대적인 크기를 표현한다.
② 트리맵은 인접하지 않은 데이터들도 비교하기에 용이하다.
③ 트리맵은 각 사각형의 색상을 통해 추가적인 정보를 제공할 수 있다.
④ 데이터를 시각적이고 효율적으로 표현하며, 제한된 공간에서 많은 데이터를 효과적으로 보여줄 수 있다.

난 ★★★★★

60. 아래 차트는 플로렌스 나이팅게일(Florence Nightingale)의 크림전쟁 당시 사망원인을 나타낸 그래프이다. 아래와 같은 차트의 특징으로 가장 적절한 것을 고르시오.

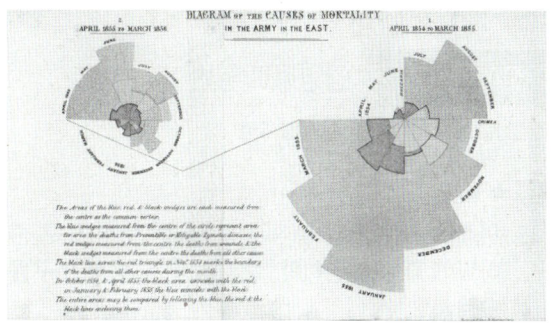

① 파이차트의 한 유형이라고 볼 수 있다.
② 2가지의 변수를 표현하고 있다.
③ 중심에서 멀어질수록 해당 데이터의 중요도는 낮아진다.
④ 방향성과 주기성을 가진 데이터를 시각화하는데 유용하다.

경영정보시각화 모의고사 3회

출제 데이터에듀 문항수 객관식 : 60

모바일로 풀기

제한시간 60분 해설집 532P

PART 01 경영정보 일반
문항 수(20문항) / 배점(문항 당 5점)

난 ★★☆☆☆
01. 아래 보기는 기업 분석에 활용되는 분석 도구 중 하나에 대한 설명이다. 보기에 맞는 분석 도구를 고르시오.

> 기업의 자원을 분석하여 경쟁 우위를 평가하는 데 사용되며 희소성, 모방 가능성, 조직의 지원 가능성을 기준으로 경쟁 우위를 판단한다.

① SWOT 분석
② 앤소프 매트릭스
③ VRIO 모형
④ 가치사슬 모형

난 ★★★☆☆
02. 다음 중 외부환경 분석 방법에 대한 설명으로 가장 적절하지 않은 것은?

① PEST 분석은 정치·정책적 요인, 경제적 요인, 사회문화적 요인, 기술적 요인을 고려하여 기업의 외부 환경을 평가하는 기법이다.
② STEEP 분석은 PEST 분석의 요소에 생태학적 요인을 추가한 방식으로, 환경적 요인으로 대체할 수도 있다.
③ PESTEL 분석은 기존 PEST 분석의 법적 요소와 경제적 요인을 추가하여 시장의 규제 리스크와 지속 가능성을 보다 종합적으로 고려한다.
④ ETRIP 분석은 경제, 무역, 원자재 수급, 산업구조, 정치적 요인을 포함하는 기법으로, 국제 공급망 변화 및 무역 장벽과 같은 요인까지 고려할 수 있다.

난 ★★★★☆
03. 한 제조업체는 PDCA 사이클을 활용해 생산 공정의 불량률을 낮추는 프로젝트를 진행 중이다. 개선된 공정을 평가·검토하는 단계에서 가장 적절하지 않은 활동은?

① 불량률 감소 여부를 검증하기 위해 공정 데이터를 수집하고, KPI를 활용해 목표 대비 성과를 평가한다.
② 개선된 공정이 목표에 부합하는지 데이터를 분석하고, 예상과 다를 경우 원인을 조사한다.
③ 개선된 공정을 평가한 후 지속적인 실행을 위해 내부 프로세스를 수정하고 적용 방안을 수립한다.
④ 예상 성과를 달성하지 못하면 개선 과정에서 발생한 변수와 원인을 분석해 추가 조치가 필요한지 검토한다.

난 ★★★☆☆
04. 아래는 한 기업이 직원들에게 전달한 경영 메시지이다. 이 기업의 핵심가치(Core Value)에 해당하는 내용은 무엇인가?

> 우리는 빠르게 변화하는 시장에서 혁신적인 기술과 고객 중심 사고를 바탕으로, AI 기반 데이터 분석의 패러다임을 주도하는 글로벌 기업이 되고자 합니다. 이를 위해 2030년까지 전 세계 시장 점유율 30%를 확보하고, 새로운 AI 솔루션을 통해 산업 전반의 디지털 전환을 선도하는 것을 목표로 삼고 있습니다. 우리는 책임감과 투명성을 바탕으로 신뢰받는 기업으로 자리 잡아 장기적으로 기업과 사회가 공존할 수 있는 지속 가능한 성장을 이룰 것입니다.

① 책임감과 투명성을 바탕으로 신뢰받는 기업으로 자리 잡아 장기적으로 기업과 사회가 공존할 수 있는 지속 가능한 성장을 이룰 것이다.
② 2030년까지 전 세계 시장 점유율 30%를 확보하고, AI 솔루션을 통해 디지털 전환을 선도한다.
③ 빠르게 변화하는 시장에서 혁신적인 기술과 고객 중심 사고를 바탕으로 기업을 운영한다.
④ AI 기반 데이터 분석의 패러다임을 주도하는 글로벌 기업이 되고자 한다.

난 ★★★☆☆

05. 다음은 STP 전략을 기반으로 한 마케팅 전략 수립에 대한 상황이다. 이 중 STP 전략의 각 요소를 잘못 적용한 경우는?

① A 기업은 시장을 연령대와 구매력에 따라 세분화하고, 각 고객군별 특성에 맞춘 광고와 제품 기능을 적용했다.
② B 기업은 30대 중반 직장인을 주요 타겟으로 설정하고, 이들의 소비 성향에 맞춰 가격·유통·광고 전략을 최적화했다.
③ C 기업은 경쟁 제품과 차별성을 강조하며, 기능과 디자인에서 우위를 확보하는 방향으로 포지셔닝 전략을 설정했다.
④ D 기업은 "저렴한 가격"을 세분화 기준으로 설정한 후, 가격 민감도가 높은 소비자와 브랜드 충성도가 높은 소비자를 포함한 대중적인 마케팅을 진행했다.

난 ★★★★☆

06. 다음 중 재무제표에 대한 설명으로 가장 적절하지 않은 것은?

① 현금흐름표는 특정 회계 기간 동안의 현금 유입과 유출을 나타내며, 기업의 단기적인 지급 능력과 유동성을 평가하는 데 기여한다.
② 자본변동표는 일정 기간 동안 기업의 자본 변동 내역을 보고하며, 자산 유동성과 현금 흐름을 예측하는 데 중점을 둔다.
③ 재무상태표는 특정 시점에서 기업이 보유한 자산, 부채, 자본의 변동 내역을 기록하며, 이를 통해 재무 건전성을 평가할 수 있다.
④ 손익계산서는 일정 기간 동안 발생한 수익과 비용을 기록하며, 영업이익과 당기순이익의 변동성을 분석하는 데 활용된다.

난 ★★★★☆

07. 다음은 A 기업과 B 기업의 주요 재무 지표이다. 데이터를 바탕으로, 두 기업의 재고자산회전율을 비교하고 가장 적절한 해석을 고르시오.

기업	매출액(억 원)	평균 재고자산(억원)
A기업	6,000	800
B기업	5,500	1,100

① A 기업의 재고자산회전율이 높은 것은 평균 재고 보유량이 많기 때문이며, 이는 공급 안정성을 높이는 요인으로 작용한다.
② B 기업의 재고자산회전율이 A 기업보다 낮기 때문에, 동일한 매출을 달성하려면 B 기업은 평균적으로 더 많은 재고를 유지해야 한다.
③ A 기업의 재고자산회전율은 7.5회, B 기업의 재고자산회전율은 5.0회로, A 기업은 B 기업보다 재고를 더 빠르게 소진하며 운영 효율성이 높다.
④ B 기업의 재고자산회전율이 낮지만, 높은 매출을 유지하고 있으므로 반드시 비효율적이라고 볼 수는 없다.

난 ★★★★☆

08. 10년 후 받을 5,000만 원의 현재가치(PV)를 계산하려 한다. 할인율이 연 8%일 때, 다음 중 가장 적절한 해석은?

① 현재가치는 약 2,316만 원이며, 할인율이 일정하면 시장 상황이 변해도 동일하게 평가된다.
② 할인율이 일정하게 유지되면 현재가치는 시간이 흐를수록 점차 증가할 수도 있다.
③ 할인율이 8%에서 10%로 증가하면 현재가치는 2,316만 원보다 낮아지고, 반대로 낮아지면 더 높아질 수 있다.
④ 일정한 할인율이 적용되면 현재가치는 고정되며, 미래가치 대비 변화율은 점차 완만해질 수 있다.

09. 다음 중 CSF(Critical Success Factor)에 대한 설명으로 옳지 않은 것은 무엇인가?

① 조직의 성공을 위해 반드시 필요한 요소이다.
② KPI를 설정하는 데 중요한 역할을 한다.
③ 단기적인 매출목표를 달성하는 것을 최우선으로 한다.
④ 조직의 비전과 전략을 지원한다.

10. 생산 공정에서 샘플 데이터를 활용한 품질 검사를 수행하는 핵심 목적과 가장 거리가 먼 것은?

① 생산 공정 초기 단계에서 원자재의 품질을 검사하여, 가공 이전에 불량 자재 투입을 방지하고 생산 안정성을 확보한다.
② 생산 과정에서 공정별 제품의 변형 가능성을 분석하고, 가공 중 발생하는 이상 징후를 조기에 감지하여 불량률을 줄인다.
③ 최종 제품 출하 전, 표본 검사를 통해 생산된 제품이 사양과 품질 기준을 충족하는지 검증하여 시장 유통 전 품질을 보장한다.
④ 샘플 데이터를 기반으로 경쟁사의 생산 품질 수준을 평가하고, 이를 내부 기준과 비교하여 품질 전략과 생산 비용 최적화 방향을 설정한다.

11. 아래 보기 중 손익계산서의 특징으로 적절한 것을 모두 고르시오.

> 가. 일정 기간 동안의 재무 상태를 보여주는 보고서이다.
> 나. 발생주의 원칙에 따라 수익과 비용을 기록한다.
> 다. 수익에서 영업비용을 차감하여 순이익을 계산하고 안정성을 판단한다.
> 라. 기업의 경영성과를 분석하고 평가하는 데 사용된다.

① 가, 나
② 나, 다
③ 나, 라
④ 다, 라

12. 다음 중 계절적 수요에 대한 설명으로 가장 적절한 것을 고르시오.

① 특정 기간 동안 갑작스럽게 발생하는 수요로, 예상하기 어려운 특징을 가진다.
② 기술 발전이나 사회적 트렌드 변화로 인해 꾸준히 증가하는 수요를 의미한다.
③ 일정한 주기로 반복되며, 주로 기후나 휴일과 같은 계절적 요인에 영향을 받는다.
④ 불규칙적으로 발생하며 특정 원인을 사전에 파악하기 어려운 수요를 말한다.

13. 다음 중 예측 오차를 측정하는 방법과 그 특성에 대한 설명으로 가장 적절하지 않은 것은?

① MAD는 예측값과 실제값의 차이를 절댓값으로 변환하여 평균을 구하는 방식이며, 이상치(outlier)에 민감하지 않지만 데이터 크기에 영향을 받을 수 있다.
② MAPE는 예측 오차를 백분율로 변환하여 단위와 관계없이 비교할 수 있으나, 실제값이 0에 가까울 경우 오차율이 급격히 증가하여 안정적인 결과를 보장하지 못할 수도 있다.
③ MSE는 오차를 제곱한 후 평균을 내는 방식으로, MAE보다 작은 오차보다는 큰 오차에 더 민감하게 반응한다. 따라서, 이상치가 많은 데이터에서 MAE보다 적절할 가능성이 크다.
④ MSE는 손실 함수로 자주 사용되며, 미분이 가능하여 머신러닝 최적화 과정에서 유용하지만, MAE보다 오차 단위가 크기 때문에 상대적 비교 시 해석에 주의가 필요하다.

난 ★★★★☆
14. 다음 중 다양한 재무비율의 정의와 관련된 설명으로 가장 부적절한 것은?

① 부채비율은 기업의 총부채를 자기자본과 비교하여 재무 위험을 평가하는 지표이며, 수치가 높을수록 재무 안정성이 낮아진다.
② 투자수익률은 투자된 자본 대비 창출된 순이익을 평가하는 지표로, 기업의 자산 활용 효율성 측정에 활용될 수 있다.
③ 유동비율은 기업이 단기 부채를 단기 자산으로 상환할 수 있는 능력을 측정하며, 200% 이상이면 단기 지급 능력이 양호한 것으로 판단된다.
④ 총자산이익률은 기업이 보유한 총자산을 활용하여 얼마나 효과적으로 수익을 창출했는지를 나타내며, 재무 건전성 분석에도 활용될 수 있다

난 ★★★★★
15. 다음은 프로젝트의 일부 작업과 작업 간 선후 관계를 나타낸 것이다. 작업 D의 ES, EF, LS, LF 값을 올바르게 계산한 것은?

작업(Task)	선행 작업(Predecessor)	예상 소요 시간(Te)
A		4
B	A	5
C	A	6
D	B,C	7

① ES = 10, EF = 17, LS = 10, LF = 17
② ES = 9, EF = 16, LS = 9, LF = 16
③ ES = 11, EF = 18, LS = 11, LF = 18
④ ES = 8, EF = 15, LS = 8, LF = 15

난 ★★★★★
16. A 투자자는 기초자산의 현재 시장가격이 ₩85,000일 때, 콜옵션과 풋옵션을 각각 두 개씩 보유하고 있다. 다음 중 각 옵션의 상태(ITM, ATM, OTM)에 대한 설명으로 가장 올바른 것은?

- 옵션 1: 행사가격 ₩82,000, 콜옵션
- 옵션 2: 행사가격 ₩85,000, 콜옵션
- 옵션 3: 행사가격 ₩86,000, 풋옵션
- 옵션 4: 행사가격 ₩84,000, 풋옵션

① 옵션 1과 옵션 3은 ITM, 옵션 2는 ATM, 옵션 4는 OTM이다.
② 옵션 1과 옵션 4는 ITM, 옵션 2와 옵션 3은 OTM이다.
③ 옵션 1은 ITM, 옵션 2는 ATM, 옵션 3과 옵션 4는 OTM이다.
④ 옵션 1과 옵션 2는 ITM, 옵션 3과 옵션 4는 OTM이다.

난 ★★★★★
17. 다음 중 자본변동표의 기타자본구성요소 변동과 가장 직접적으로 연관된 사례로 적절하지 않은 것은?

① 현금흐름 헤지 거래에서 발생한 평가손익이 기타자본구성요소로 계상된다.
② 재평가잉여금의 일부가 이익잉여금으로 전입된다.
③ 주식발행 초과금이 기타자본구성요소로 직접 포함된다.
④ 외화환산차이가 기타자본구성요소로 추가된다.

난 ★★★★☆
18. A 기업에서 운영 중인 온라인 광고 캠페인의 최근 CTR(클릭률)이 증가했음에도 불구하고 CPC(클릭당 비용)도 함께 상승하는 현상이 나타났다. 이러한 변화에 대한 가장 적절한 해석은?

① CTR이 상승했다는 것은 광고 성과 지표가 개선되었음을 의미하므로, CPC가 증가한 것은 입찰 전략의 조정이 필요하다는 신호이다.
② 광고 클릭률이 증가하면서 광고 노출 기회가 많아졌지만, 광고 경쟁이 심화되면서 CPC가 함께 상승했을 가능성이 있다.
③ CTR이 상승하면 CPC가 낮아지는 것이 일반적이므로, 두 값이 함께 증가하는 것은 예외적인 상황이다.
④ 온라인 광고 캠페인에서 클릭 수가 증가되고, CPC도 상승하게 되는 가장 주요한 이유는 광고 타겟층의 확대이다.

19.
한 기업에서 지난 5개월 동안의 실제 판매량과 예측 판매량이 아래와 같을 때, 평균절대백분율오차(MAPE)는 얼마인가?(단, 최종 결과는 소수점 두 자리까지 반올림할 것)

월	실제 판매량(단위:개)	예측 판매량 (단위:개)
2월	120	130
3월	250	230
4월	310	300
5월	450	470
6월	600	570

① 4.85%
② 5.25%
③ 5.80%
④ 6.10%

20. 다음 중 항공정보포털시스템(AIS)에 대한 설명으로 가장 부적절한 것은?

① 국내 공항의 항공 운항 정보 및 통계 데이터를 제공하며, 일부 데이터는 실시간으로 확인할 수 있다.
② 항공 산업과 관련된 다양한 정보를 제공하며, 항공 교통 관제 데이터를 실시간으로 조회할 수 있다.
③ 항공 관련 데이터는 접근 권한에 따라 제한될 수 있으며, 일부 정보는 일반 대중에게 공개되지 않는다.
④ 항공 안전, 공항 운영 및 관리와 관련된 통계 자료를 제공하며, 특정 기간별 데이터를 열람할 수도 있다.

PART 02 데이터 해석 및 활용

문항 수(20문항) / 배점(문항 당 5점)

21. 대학생의 졸업 후 취업 현황 분석을 하고자 한다. 데이터 해석 오류가 발생하지 않도록 사전에 수립할 수 있는 계획의 내용으로 가장 부적절한 것은?

① 일부 학생이 연락이 두절되는 문제가 발생하게 되면 생존자 편향이 발생할 수 있으므로 해당 학생들을 포함할 수 있는 분석방법을 준비한다.
② 특정 학교만 조사해서 결론을 내린다면 성급한 일반화가 될 수 있으므로 여러 학교를 동시에 조사할 수 있도록 표본을 설계한다.
③ 여러 학교를 조사할 경우, 각 학교별로만 결론을 내리면 심슨의 역설이 발생할 수 있기 때문에 학교를 범주형 변수로 보고 시각화하는 방법을 고려한다.
④ 결측치가 많을 경우, 이를 배제하는 것은 의도적인 행동이 되어 체리피킹이 자연스럽게 발생하게 되므로 결측치 대체 방법을 마련한다.

22. 다음 중 데이터 수명 주기의 각 단계에서 고려해야 할 사항으로 가장 적절하지 않은 것은?

① 수집 단계 - 데이터 소스가 얼마나 신뢰할 수 있는지와 접근이 용이한지를 평가하는 것
② 저장 단계 - 데이터의 보안을 철저히 유지하고 저장 공간을 효율적으로 관리하는 방안 마련
③ 분석 단계 - 데이터의 물리적 삭제를 진행할지 여부를 결정하는 것이 필요한지 검토하는 것
④ 폐기 단계 - 데이터가 절대로 복구되지 않도록 안전하고 철저하게 삭제하는 절차를 확립하는 것

난 ★★★★★
23. 다음 중 파일 시스템의 설명으로 가장 옳은 것은 무엇인가?

① 파일과 폴더의 계층적 구조를 통해 데이터를 저장하고 관리하며, 하드디스크와 SSD 같은 물리적 저장 매체에 데이터를 효율적으로 분배하여 데이터를 읽고 쓸 수 있도록 한다.

② 데이터를 저장하는 물리적 디스크에서의 블록 관리뿐만 아니라 사용자 권한과 파일 접근 제어를 수행하는 시스템으로, 저장된 데이터의 무결성을 보장하기 위해 별도의 백업 시스템이 필요 없다고 본다.

③ 네트워크 파일들의 물리적 드라이브를 포함한 다양한 저장 매체에서 저장 위치를 관리하며, 데이터를 일관되게 접근할 수 있도록 하기 위해 읽기, 쓰기, 실행 권한을 할당하여 보안을 강화한다.

④ 데이터를 저장하고 관리하기 위해 여러 파일을 디렉토리로 묶는 시스템으로, 데이터를 효율적으로 읽고 쓸 수 있도록만 하며, 사용자 권한을 설정하고 관리하는 역할은 운영체제가 담당한다.

난 ★★★★★
24. 다음 중 아래 내용이 설명하는 것은 무엇인가?

> 다양한 정책과 표준을 통해 데이터의 보안, 개인정보 보호, 정확성, 가용성, 사용성을 보장하기 위해 수행하는 모든 작업

① 데이터 마이닝
② 데이터 거버넌스
③ 데이터 마스터플랜
④ 데이터 라이프사이클

난 ★★★☆☆
25. 아래의 데이터를 최소-최대(Min-Max) 정규화 변환한 후 변환된 자료의 범위(range)를 올바르게 계산한 것은?

| 1 10 9 6 6 6 7 8 2 |

① 1 ② 5
③ 6 ④ 9

난 ★★★★☆
26. 다음 중 데이터베이스 관리 시스템의 성능 최적화를 위한 방법으로 가장 적절하지 않은 것은?

① 자주 사용하는 쿼리에 대해 적절한 인덱스를 생성한다.
② 정규화를 수행하여 데이터 중복을 줄이고 무결성을 유지한다.
③ 모든 테이블에 인덱스를 생성하여 검색 속도를 높인다.
④ 쿼리 실행 계획을 분석하여 비효율적인 쿼리를 수정한다.

난 ★★★★☆
27. 두 테이블(id_name, id_score)를 'id'를 기준으로 조인(join)하였더니, 결과와 같은 테이블이 되었다. 조인의 종류를 알맞게 고르시오.

테이블명:id_name

id	name
1	김경영
2	이정보
3	박시각
4	최회계
5	임통계
6	박설계
7	김관리

테이블명:id_score

id	score
3	93
4	81
5	90
6	74
7	83
8	45
9	100

결과

id	name	score
1	김경영	NULL
2	이정보	NULL
3	박시각	93
4	최회계	81
5	임통계	90
6	박설계	74
7	김관리	83
8	NULL	45
9	NULL	100

① Inner Join
② Left Outer Join
③ Right Outer Join
④ Full Outer Join

난 ★★★★★
28. 0부터 5까지의 숫자가 적힌 6장의 카드가 있다. 이 카드를 이용해 세 장을 뽑아 백의 자리, 십의 자리, 일의 자리 순서로 배치하였더니 500보다 큰 세 자리 수가 만들어졌다. 이 중 만들어진 숫자가 5의 배수일 확률은 얼마인가?

① 1/3　　　　　② 1/5
③ 1/6　　　　　④ 2/15

난 ★★★☆☆
29. 다음 중 비즈니스 인텔리전스의 핵심 목표로 가장 옳지 않은 것은?

① 데이터 기반 의사결정을 위한 프레임워크와 도구를 제공하여 경쟁력을 향상시킨다.
② 데이터 웨어하우징을 통해 대량의 데이터를 통합하고 분석에 최적화된 형태로 제공한다.
③ 데이터 모델링을 통해 데이터 저장 방법을 최적화하고 데이터 간 관계를 정의한다.
④ 데이터 시각화와 데이터 마이닝 기법을 통해 조직의 전략적 의사결정에 실질적인 통찰을 제공한다.

난 ★★★☆☆
30. 다음 중 빅데이터 활용 시 윤리적인 문제가 발생할 수 있는 경우로 가장 부적절한 것은?

① 데이터 분석 과정에서 알고리즘이 편향성을 가지는 경우
② 빅데이터를 활용하여 대량의 개인정보를 무단으로 수집하는 경우
③ 데이터의 정확성이 낮아 분석 결과가 신뢰할 수 없는 경우
④ 생성형 AI 모델을 개발하기 위해 신문 및 블로그 등을 웹크롤링 하는 경우

난 ★★★☆☆
31. 다음 중 물리적 데이터베이스 설계에서 색인(index) 설계가 필요한 주된 이유로 가장 적절한 것은?

① 데이터베이스의 정규화를 유지하기 위해 필요하다.
② 데이터베이스의 저장 비용을 줄이기 위해 필요하다.
③ 데이터 검색 및 조회 성능을 향상시키기 위해 필요하다.
④ 데이터 무결성을 보장하기 위해 필요하다.

난 ★★★★★
32. 다음 중 데이터 마이닝 기술을 올바르게 설명한 것을 모두 고르시오.

> 가. 연관 분석을 수행하여 고객 행동 패턴을 찾아내고, 이를 바탕으로 맞춤형 추천 시스템에 활용한다.
>
> 나. 군집 분석을 수행하여 유사한 구매 패턴을 보이는 고객군을 정의하고, 이를 바탕으로 맞춤형 프로모션을 기획한다.
>
> 다. 회귀 분석을 수행하여 판매에 영향을 미칠 것으로 예상되는 변수들과 매출액을 모델링하고, 이를 바탕으로 가장 많이 팔린 제품을 발견한다.
>
> 라. 분류 분석을 수행하여 다양한 범주형 변수를 인코딩하고, 이를 통해 범주 간 비율이 동질한지를 검정한다.

① 가, 나　　　　② 나, 다
③ 가, 나, 다　　④ 나, 다, 라

난 ★★★☆☆
33. 데이터베이스에서 새로운 테이블을 생성할 때 사용하는 명령어는 무엇인가?

① SELECT
② CREATE
③ INSERT
④ ALTER

34. 다음 중 NoSQL 데이터베이스 유형과 그 설명의 연결로 가장 적절하지 않은 것은?

① 문서형 데이터베이스 – JSON이나 XML 형식으로 데이터를 저장한다.
② 키-값 데이터베이스 – 데이터는 키와 값의 쌍으로 저장되며 빠른 조회가 가능하다.
③ 그래프 데이터베이스 – 데이터 간의 복잡한 관계를 효율적으로 처리한다.
④ 테이블형 데이터베이스 – 정규화된 데이터 구조와 복잡한 조인 연산을 지원한다.

35. 다음은 DIKI 피라미드의 각 요소들을 예시를 들어 설명한 내용이다. 설명이 가장 부적절한 것은?

① Data : 온도, 습도, 강수량과 같은 기초 데이터가 수집되었다.
② Information : 오늘 강수량은 지난 10년간 같은 기간에 내린 강수량 중 가장 많았다.
③ Knowledge : 오늘 하늘에 먹구름이 많이 끼어 우산을 준비해야 한다.
④ Insight : 이 지역의 기후 변화를 미리 예측하여 대처 방안을 마련해야 한다.

36. 확률변수에 대한 설명으로 옳은 것만 고르시오.

가. 확률변수는 표본 공간의 사건을 실수값으로 변환하는 함수이다.
나. 확률변수는 항상 양의 실수값을 가진다.
다. 이산형 확률변수는 유한 개 또는 셀 수 있는 무한 개의 값을 가진다.
라. 연속형 확률변수는 무한하면서도 셀 수 없는 값을 가진다.

① 가, 나
② 나, 다
③ 가, 나, 라
④ 가, 다, 라

37. 다음 중 빅데이터의 규모(Volume)와 관련된 문제를 해결하기 위한 기술로, 가장 적절한 것은?

① 관계형 데이터베이스를 통해 데이터를 관리한다.
② 데이터베이스의 모든 데이터를 일괄 처리한다.
③ 분산 저장 기술(HDFS)을 통해 대량 데이터를 효율적으로 저장한다.
④ 데이터 크기를 줄이기 위해 불필요한 데이터를 삭제한다.

38. 데이터베이스의 물리적 저장 구조를 설명하는 스키마는 무엇인가?

① 외부 스키마
② 개념 스키마
③ 내부 스키마
④ 논리 스키마

39. 다음은 student 테이블의 일부 데이터를 나타낸 것이다. 테이블의 속성과 관계를 고려할 때, 가장 부적절한 설명을 고르시오.

테이블명 : student

id	student_id	name	major	gender
1	2025000030	최회계	화학과	여
2	2025001010	임통계	물리학과	여
3	2025005057	최회계	컴퓨터공학과	여
4	2025000023	박설계	화학과	남

① id 컬럼은 각 행을 고유하게 식별할 수 있으므로, 기본 키(Primary Key)로 설정될 수 있으며, 최소성을 만족하므로 후보키(Candidate Key)도 될 수 있다.
② student_id 컬럼은 학생을 고유하게 식별할 수 있으며, 중복이 허용되지 않는다면 기본 키로 활용될 수 있다.
③ name 컬럼과 gender 컬럼의 조합은 모든 학생을 식별할 수 있으므로, 기본 키로 설정하는 것이 적절하다.
④ major 컬럼과 gender 컬럼의 조합만으로는 각 학생을 유일하게 구별할 수 없으므로, 후보키(Candidate Key)로 부적절하다.

40. 다음 중 데이터 유형과 해당 예시의 연결이 알맞게 된 것을 모두 고르시오.

> 가. 범주형 데이터 - 특정 색상의 선호도
> 나. 수치형 데이터 - 특정한 날의 평균 기온
> 다. 순서형 데이터 - 특정 학생의 혈액형
> 라. 비정형 데이터 - 특정한 친구의 소셜 미디어 게시물

① 가, 나 ② 나, 다
③ 가, 라 ④ 나, 라

PART 03 경영정보시각화디자인
문항 수(20문항) / 배점(문항 당 5점)

41. 다음 보기에 알맞은 인포그래픽 유형으로 옳은 것은?

> 아래는 지구 온난화에 대한 데이터 시각화로, 1880년부터 2020년까지 평균기온의 변화 등 온난화와 관련한 여러 차트들을 구성한 인포그래픽이다.

① 타임라인 및 역사적 인포그래픽
② 설명적 인포그래픽
③ 인포그래픽 아이콘
④ 비교 및 대조 인포그래픽

42. 다음 경영정보시각화 프로세스 중 시각화 디자인 과정으로 옳지 않은 것은?

① 시각화 유형 결정: 데이터 특성과 전달하고자 하는 내용에 따라 적절한 시각화 유형을 결정한다.

② 레이아웃 및 구조 결정: 정보 시각화의 시인성, 심미성을 높일 수 있도록 시각화 요소들의 전체적인 배치, 구성을 결정한다.

③ 시각화 기술 선택: 프로그래밍 언어(Python, R, JavaScript 등), 사무자동화 프로그램(MS word, EXCEL 등), 시각화 툴(Tableau, Power BI 등) 등 정보 시각화를 구현할 기술을 선택한다.

④ 시각화 디자인 요소 결정: 색상, 형태, 크기 등 데이터를 가장 효과적으로 표현할 수 있는 디자인 요소 결정

43. 다음 중 정보시각화 기능인 탐색에 대한 설명으로 옳지 않은 것은?

① 탐색은 데이터를 분석하기 위한 결과물을 시각적으로 고정된 형태로 제공하여, 사용자의 자유로운 데이터 해석보다는 표준화된 분석 결과를 수용하도록 한다.

② 탐색은 사용자가 데이터를 직접 분석하며, 특정 패턴이나 상관관계, 이상치를 발견하기 위한 시각적 분석 기능을 제공한다.

③ 탐색 도구는 사용자가 데이터를 필터링하거나 집계하는 작업을 수행할 수 있도록 상호작용성을 제공한다.

④ 앤스컴 콰르텟은 탐색 과정에서 동일한 통계적 속성을 가진 데이터 집합이 서로 다른 분포를 가질 수 있음을 보여주며, 데이터의 특성과 이상치를 시각적으로 파악하는 데 유용하다.

44. 다음은 디자인의 기본원리에 대한 설명이다. 보기에 대한 설명으로 옳은 것은?

성질이 다른 디자인의 각 요소가 서로 어울리며 전체적으로 균형 잡힌 시각적 효과를 만들어내는 원리이다. 글꼴, 텍스처, 색상 팔레트 등을 일관되게 사용하여 디자인 전체 통일감을 부여한다. 크기가 레이아웃 사이 비례 관계를 유지하며 시각적인 균형을 이룬다.

① 균형
② 비례
③ 대비
④ 조화

45. 다음 중 게슈탈트 법칙에 대한 설명으로 옳지 않은 것은?

① 게슈탈트란 형태 또는 양식을 의미하며, 여러 요소들이 일정한 관계를 맺음으로써 전체로서의 형태를 구성하는 것을 뜻한다.
② 게슈탈트 법칙은 인간이 형태를 어떻게 인지하고 시각적 정보를 조직화하는지를 설명한 형태 인식의 원리를 다룬다.
③ 게슈탈트 법칙은 근접성 법칙, 유사성 법칙, 폐쇄성 법칙, 반복성 법칙, 단순성 법칙 등을 포함하며, 반복성 법칙이 그 주요 원리 중 하나이다.
④ 게슈탈트 법칙은 복잡한 시각적 인식 현상을 간단하고 체계적으로 설명하기 위해 만들어진 원리이다.

46. 다음 중 디자인의 기본 원리 중 비례에 대한 내용으로 옳은 것은?

① 디자인 요소의 패턴, 크기, 비율 등의 변화가 생동감과 리듬감을 형성하는 것이다.
② 디자인 요소들의 부분과 부분, 부분과 전체의 관계에서 일정한 비율을 갖도록 조합하는 것을 의미한다.
③ 디자인 요소들이 중심을 기준으로 상하 또는 좌우로 똑같은 모습을 갖도록 구성하는 원리이다.
④ 디자인 요소의 배치, 무게 등을 적절히 조절하여 시각적인 안정감을 형성하는 것을 말한다.

47. 아래 보기는 인포그래픽의 원리에 대한 설명이다. 보기가 설명하는 원리는 무엇인가?

데이터 잉크 비율을 높이는 것과 동일한 효과로 과한 디테일이나 복잡한 레이아웃은 사용자가 정보를 이해하는 것을 방해할 수 있어, 복잡한 요소를 배제하고 필요한 내용만 명확하게 전달해야 한다.

① 효과성
② 명확성
③ 중요성
④ 단순성

48. 아래 보기는 인포그래픽의 원리에 대한 설명이다. 괄호안에 들어갈 내용으로 옳은 것은?

( ) 원칙은 인포그래픽을 더 간결하고 이해하기 쉽게 만들며, 논리적 추론이나 이론 구축에도 적용되는 원칙이다. 이 원칙은 복잡한 정보를 시각적으로 전달하기 위해서 핵심 메시지 강조, 단순한 시각화, 명확한 구조화, 최소한의 텍스트 등의 방법을 적용한다

① 오컴의 면도날
② 브랜드 아이덴티티
③ 정보의 일관성
④ 타깃 오디언스

49. 다음 중 POWER BI에서 나누기 연산을 수행하는 함수는 무엇인가?

① MEDIAN
② DIV
③ DIVIDE
④ AVERAGE

50. 다음 중 덴드로그램에 대한 설명으로 적절하지 않은 것은?

① 군집들 간의 관계를 평가하고 전체 군집들 간의 구조적 관계를 시각화하는 차트로, 데이터의 계층적 관계를 한눈에 파악할 수 있다.
② 군집 간의 거리와 군집 내 항목 간의 유사성을 분석해 군집의 견고성과 특성을 해석할 수 있는 차트이다.
③ 덴드로그램은 트리 구조로 표현되며, 아래에 공통된 데이터가 위치해 세부 구조와 상위 구조를 명확히 나타낸다.
④ 구조화 작업을 통해 복잡한 데이터를 간단하고 직관적으로 이해할 수 있도록 설계된 시각화 도구이다.

난 ★★★★★
51. 다음 그래프는 2000년부터 2020년대까지 분야별 전력 생산량을 나타낸 것이다. 이와 같은 유형의 그래프의 특징으로 옳은 것은?

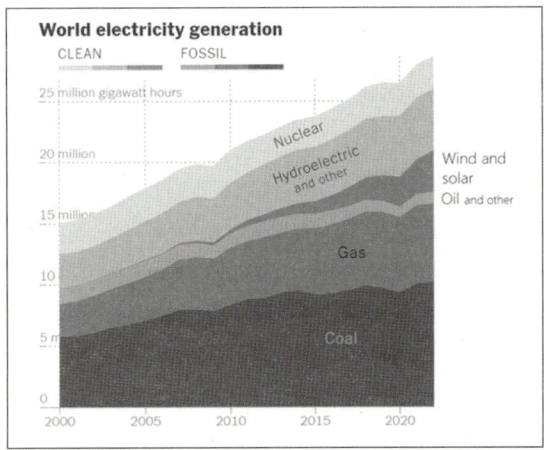

[출처] https://www.nytimes.com/2024/03/28/learning/whats-going-on-in-this-graph-april-10-2024.html

① 데이터의 추세와 상대적 크기를 동시에 시각적으로 표현하며, 라인 아래 영역이 색상으로 채워져 데이터를 명확히 비교할 수 있도록 도와준다.
② 범주형 데이터를 비교하기에 적합하며, 각 영역은 개별 데이터 포인트의 순위를 나타낸다.
③ 데이터를 점과 선으로 표현하여 두 변수 간의 관계를 분석하는 데 사용된다.
④ 데이터의 누적 변화를 시간에 따른 변동 없이 정적으로 표현하는 데 사용된다.

난 ★★★★★
52. 다음 그래프는 성별 인종별 인터페이스 디자이너 인구를 시각화한 것이다. 이러한 그래프를 작성할 때 주의할 점으로 옳지 않은 것은?

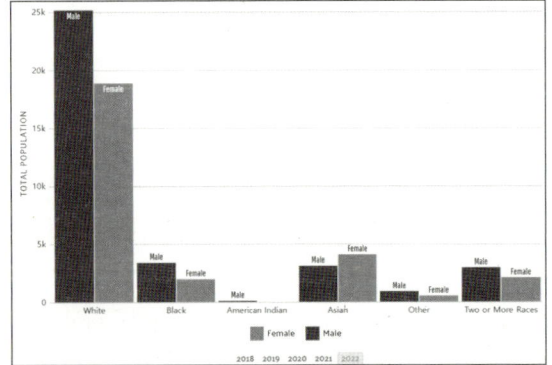

[출처] https://datausa.io/profile/soc/web-and-digital-interface-designers

① 막대의 값이 비슷한 경우, 각 데이터값을 막대 상단에 기입하여 정보를 명확히 전달해야 한다.
② 막대의 높이와 가로 폭을 동시에 키워 면적을 늘림으로써 시각적 표현력을 극대화해야 한다.
③ Y축 값의 기준점은 '0'으로 설정하여 데이터의 왜곡을 방지해야 한다.
④ 기준선은 그리드보다 두꺼운 선으로 설정해 데이터의 시작점을 명확히 구분해야 한다.

난 ★★★☆☆
53. 다음 중 테이블차트에 대한 설명으로 옳지 않은 것은?

① 행과 열로 구성된 격자 형태의 표이며, 데이터를 구조화하고 정렬하여 체계적으로 보여주는 데 사용된다.
② 각 셀에는 숫자, 텍스트 또는 이미지와 같은 다양한 유형의 데이터가 포함될 수 있다.
③ 행은 데이터의 일련된 기록을 포함하며, 각 열은 해당 데이터의 속성이나 특징을 나타낸다.
④ 열은 차트의 가로를 나타내는 부분이고, 레코드 또는 항목을 나타낸다.

난 ★★★☆☆
54. 다음 중 불확실성 시각화에 대한 설명으로 옳은 것은?

① 시간 변화에 따른 데이터 추이를 시각적으로 나타내기 적합하며, 주로 선형적인 경향을 분석하는 데 사용된다.
② 데이터에 존재하는 변수 간의 연관성과 분포 패턴을 표현하며, 변수 간의 관계를 시각적으로 보여주는 데 효과적이다.
③ 데이터나 정보의 정확성, 신뢰성, 혹은 불확실한 특성을 시각적으로 표현하여, 데이터 해석 시 중요한 맥락을 제공한다.
④ 지리적 공간 데이터를 기반으로 하여 분포, 공간적 패턴 및 지역별 데이터를 시각적으로 분석할 수 있다.

55. 다음 그림은 국가별 올림픽 메달수를 시각화한 히트맵이다. 히트맵의 특징에 대해 가장 옳지 않은 것은 고르시오.

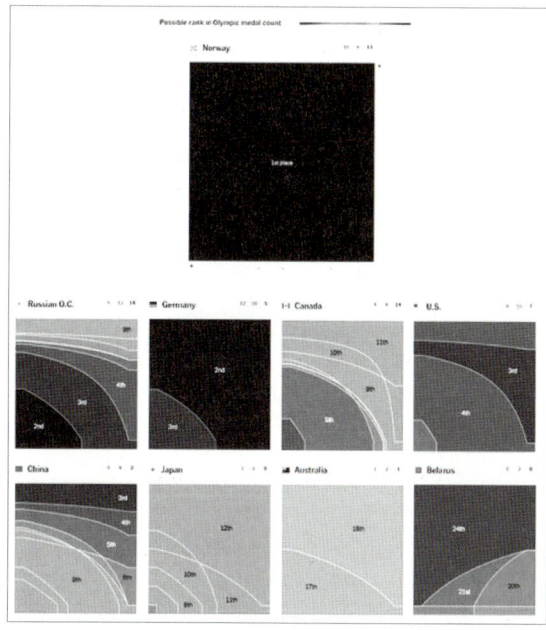

① 히트맵은 행렬의 각 셀의 값에 따라 색상을 매핑하여 데이터를 시각적으로 표현하는 그래프 유형이다.
② 히트맵에서는 데이터를 나타내는 색상 대신 도형 크기를 사용하여 값의 차이를 강조한다.
③ 매트릭스의 행과 열은 범주, 변수 또는 차원을 나타내며, 각 교집합에 해당하는 셀이 숫자 값을 포함한다.
④ 색상 눈금 범례를 제공하여 데이터 해석을 돕고, 각 색상과 관련된 값을 이해할 수 있도록 한다.

56. 다음 그림과 같은 차트 명칭으로 옳은 것은?

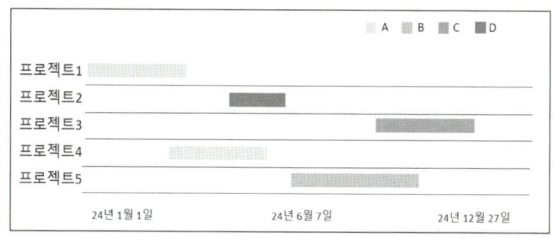

① 간트차트
② 단계별오차막대
③ 단계구분도
④ 가로막대차트

57. 다음 보기의 그래프들이 공통적으로 속한 시각화 기법은?

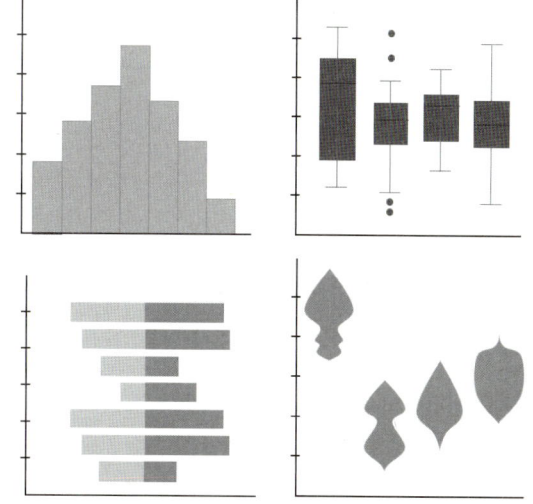

① 공간 시각화
② 분포 시각화
③ 불확실성 시각화
④ 비율 시각화

58. 다음 빈칸에 들어갈 차트 유형으로 옳은 것은?

( )은/는 순위의 변화를 명확하게 이해할 수 있는 차트로 그룹별로 색상을 달리하여 표현하며 효과적이다. X축에 시간 데이터, Y축에는 순위를 나타내게 표시하여 차트를 만들 수 있고, 추이와 순위를 동시에 파악할 수 있다.

① 덴드로그램
② 생키차트
③ 범프차트
④ 캘린더차트

난 ★★★★☆

59. 다음 중 박스플롯에 대한 설명으로 옳지 않은 것은?

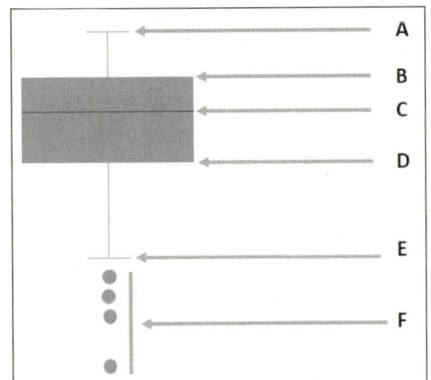

① 이상치가 F에 잘 표현되어 있다.
② A와 E는 각각 최댓값, 최솟값이다.
③ 박스의 중간에 C는 중앙값에 해당한다.
④ 밑에서부터 D, C, B는 각각 3사분위, 2사분위, 1사분위이다.

난 ★★★☆☆

60. 다음과 같은 차트 유형에 대한 설명으로 옳은 것은?

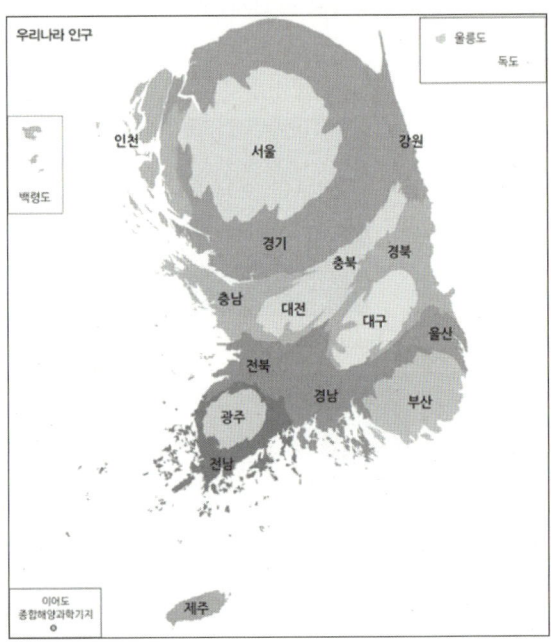

① 각 지역을 동일한 면적으로 표현하고 데이터 값을 색만을 이용해 표현하는 기법으로 상대적인 밀도나 비율을 직관적으로 파악할 수 있다.
② 공간 시각화에 해당하고 단계구분도라고 불리기도 한다.
③ 각 지역의 크기를 데이터 값과 비례하게 조정하여 특정지역과 다른 지역을 빠르게 비교할 수 있다.
④ 각 지리적 데이터를 기준별로 다른 색상이나 패턴으로 표시하여, 지리적인 패턴이나 변화를 파악할 수 있다.

경영정보시각화능력 필기
기출변형 / 모의고사

해 설 집

제1회 기출변형문제 답안

경영정보시각화능력 필기

【정답】

경영정보 일반
문항	답	문항	답
01	②	11	④
02	③	12	①
03	①	13	④
04	①	14	①
05	④	15	③
06	③	16	③
07	④	17	②
08	③	18	③
09	③	19	①
10	②	20	④

데이터 해석 및 활용
문항	답	문항	답
21	④	31	④
22	④	32	②
23	③	33	②
24	②	34	④
25	②	35	①
26	②	36	③
27	①	37	②
28	③	38	③
29	③	39	①
30	①	40	④

경영정보 시각화디자인
문항	답	문항	답
41	③	51	③
42	②	52	①
43	①	53	④
44	④	54	②
45	②	55	③
46	②	56	①
47	④	57	③
48	①	58	④
49	②	59	②
50	③	60	①

영역	맞은 개수
경영정보 일반	/20
데이터 해석 및 활용	/20
경영정보시각화 디자인	/20

모바일로 풀기

---

1 경영정보 일반
20문항

01. 법적으로 필수로 요구되는 항목은 선택사항이 아니라 의무적으로 제공해야 한다. 유연 근무제는 종업원의 만족도를 높이기 위해 제공되는 비법정 복리후생의 일환으로 적절하다. 사내 체육시설과 문화 활동 지원 역시 비법정 복리후생의 사례로 적합하며, 복리후생은 재정 상태와 종업원의 기대 사이의 균형을 맞춰 설계되어야 한다는 설명은 타당하다.

02. 생산량비례법은 자산의 사용량이나 생산량에 따라 감가상각 비용을 계산하며, 실제 사용 정도를 반영할 수 있다. 정액법은 매년 일정 금액을 감가상각하며, 자산 사용량을 반영하지 못하기 때문에 부적합하다. 정률법은 자산의 장부가액에 비례하여 감가상각이 이루어지며 사용량과 관계없다. 연수합계법은 자산의 잔존가치를 고려하여 감가상각하므로, 사용량 기반인 생산량비례법과는 개념이 다르다.

03. 평가센터법은 다양한 직무 상황에서 피평가자를 다각도로 평가하기 위해 구조화된 인터뷰와 과제 수행 등을 활용하는 방식이다. 행태관찰척도법은 행동을 관찰하고 평가하는 방법으로, 복수 평가자와는 관련이 없다. 서열법은 평가 대상자를 순위로 나열하는 간단한 방법이다. 행태기준평정법은 특정 행동을 기준으로 평가하지만, 구조화된 면접이나 과제 수행은 포함되지 않는다.

04. 전환율(CVR)은 마케팅 캠페인에서 특정 목표 달성을 위한 전환 행동을 완료한 사용자의 비율로 정의된다. 웹사이트 방문자 중 제품 구매 비율은 전환율의 특정 사례일 뿐이다. 클릭 수와 노출 수의 비율은 CTR(Click-Through Rate)에 해당한다. 광고비 대비 수익을 측정하는 ROAS와 전환율은 다른 개념이다.

05. 고객의 감정 상태는 객관적 데이터보다는 주관적 추정에 의존하기 때문에 행동데이터 수집 방법으로 적절하지 않다. 구매 이력 분석은 선호도를 파악하는 데 유용하며, 소셜 미디어 언급 모니터링과 웹사이트 방문 기록 분석은 고객 데이터를 수집하고 행동을 이해하는 데 적합하다.

06.

 비기봇 해설

공급사슬관리는 제품이 원자재에서 최종 소비자에게 전달되기까지의 모든 과정과 관련된 활동을 관리하고 최적화하는 것을 의미하며, 이는 단일 조직 내의 프로세스뿐만 아니라 여러 조직 간의 협력과 최적화를 포함합니다.

1. 공급사슬관리는 공급자, 제조업체, 물류업체, 판매업체 등 여러 조직 간의 활동을 최적화하는 데 초점을 맞춘다 : 이 선택지는 공급사슬관리의 핵심 개념을 잘 설명하고 있습니다. 공급사슬관리는 여러 조직 간의 협력과 조정을 통해 효율성을 높이는 데 중점을 둡니다.

2. 공급사슬관리는 재고 관리와 유통 과정을 통합적으로 설계하여 효율성을 극대화한다 : 이 선택지도 적절한 설명입니다. 공급사슬관리는 재고 및 유통 과정을 통합하여 운영 효율성을 향상시키는 것을 목표로 합니다.

3. 공급사슬관리는 단일 조직 내에서 발생하는 생산 및 물류 프로세스를 주로 다룬다 : 이 선택지는 부적절한 설명입니다. 공급사슬관리는 단일 조직의 프로세스뿐만 아니라, 여러 조직 간의 상호작용과 전체적인 흐름을 관리하는 것에 중점을 두기 때문에, 단일 조직 내에서만 발생하는 프로세스를 주로 다루지 않습니다.

4. 정보 흐름, 자재 흐름, 자금 흐름의 상호작용을 관리하여 수익성과 고객 만족도를 향상시킨다 : 이 선택지도 적절한 설명입니다. 공급사슬관리는 다양한 흐름을 관리하여 전체적인 수익성과 고객 만족도를 높이는 데 기여합니다.

따라서, 문제의 정답은 '3. 공급사슬관리는 단일 조직 내에서 발생하는 생산 및 물류 프로세스를 주로 다룬다.' 입니다.

07. 자본변동표는 기업의 자본 변화를 기록하고 분석하는 데 초점을 맞추며, 자산 유동성이나 현금 흐름 예측과는 관련이 없다. 재무상태표, 손익계산서, 현금흐름표는 각각 기업의 재정 상태, 수익 및 비용, 현금 흐름을 기록하는 데 사용된다.

08. 유동비율은 단기 부채 상환 능력을 측정하는 지표로, 장기적 안정성보다는 단기적 재정 상태를 평가한다. 부채비율은 부채와 자본의 비중을 나타내며, 투자수익률과 총자산이익률은 각각 자본과 자산 대비 수익성을 평가한다.

09. 공급사슬에서 관리되는 주요 이동 유형은 물리적 이동, 정보 교환, 현금 흐름에 초점을 맞춘다. 조직 간 경영진의 인사 이동은 공급사슬 관리의 범위를 벗어난다. 물리적 이동은 물류 과정에서 발생하며, 정보 교환과 현금 흐름은 효율적인 공급사슬관리(SCM) 운영의 핵심 요소다.

10. 정량적 데이터는 수치적으로 측정 가능하며, 산술 연산과 통계적 분석이 가능한 데이터를 의미한다. 매장에서 발생하는 요일별 메뉴의 판매수량과 금액 데이터는 정량적 데이터이므로 문제의 정답이 된다.

11. 품질 관리는 내부 공정과 제품의 품질을 관리하는 데 목적이 있으며, 경쟁사의 품질 수준 비교는 품질 관리의 본질적 목적과는 관련이 적다. 초기 자원 검사는 불량 자재를 방지하기 위해 중요하며, 생산 과정에서 규격 준수 여부를 확인하거나 최종 제품 검사를 통해 품질을 보장하는 것은 품질 관리의 핵심 목적이다.

12. 옵션매도는 옵션을 매수자에게 판매하는 것이며, 매수자에게 강제로 옵션을 행사하도록 요구하는 것이 아니다. 행사가격은 옵션의 행사 조건으로, 매수 또는 매도의 기준이 되는 가격이다. 프리미엄은 매수자가 매도자에게 지급하는 권리 대가이며, 기초자산은 옵션 가치의 기준이 되는 자산이다.

13. 국민계정지표는 국가 단위의 경제 활동을 분석하는 데 사용되며, 지역 단위의 행정 효율성과 예산 집행 분석에는 적절하지 않다. E-지방지표, 문화/여가지표, 소득/소비/자산지표는 지역 단위의 재정 건전성, 문화 참여도, 소득 불평등 등을 평가하는 데 적합하다.

14. 시장점유율은 기업의 연간 매출을 전체 시장 규모로 나눈 값으로, 기업이 시장에서 차지하는 비중을 나타낸다. 성장률은 기업의 매출 증가 속도를 측정하며, 투자수익률은 투자 대비 수익을, 시장포화도는 시장의 성장 가능성을 평가한다.

15. ROAS는 광고비 대비 매출액을 나타내는 지표로, 광고의 경제적 효과를 측정하는 데 사용된다. 또한 ROAS는 (매출액 ÷ 광고비)로 계산되며, 클릭률(CTR)과는 직접적인 관련이 없고 광고 투자 효율성을 평가하는 데 유용하다.

16. 베이스업은 직급, 직위와 무관하게 정기적으로 임금을 인상하는 방식이다. 승급과 승진은 직급이나 역할 변화와 관련되고, 승격은 직위가 상향되는 것을 의미한다.

17. 파레토 분석은 문제의 원인을 빈도순으로 정렬하여 가장 중요한 원인을 식별하는 데 사용된다. 체크리스트는 문제의 확인과 점검을 위한 도구이며, 히스토그램은 데이터의 분포를 시각적으로 표현하는 그래프이다. 산점도는 변수 간 관계를 분석하는 데 사용된다.

18. 핵심인재육성은 개인의 기술 개발과 조직의 전략적 목표를 동시에 달성하기 위해 설계된 프로그램이다. 리스킬링은 새로운 기술을 배우는 것에 초점이 맞춰져 있으며, 종업원지원 프로그램은 직원 복지에 중점을 둔다. 이중경력제도는 두 가지 경력을 병행할 수 있는 구조를 말한다.

19.

비기봇 해설

이번 문항은 채권투자에서 시장위험의 주요 원인에 대해 묻고 있습니다. 시장위험은 특정 자산이나 투자에 영향을 미치는 외부 요인으로, 채권 투자에서는 금리, 신용 등급, 인플레이션 등 다양한 요소가 영향을 미칠 수 있습니다.

1. **금리 상승으로 인해 채권 가격이 하락하는 금리 위험** : 이 선택지는 시장위험의 대표적인 원인으로, 금리가 상승하면 기존 채권의 가격이 하락하는 현상을 나타냅니다. 이는 채권 투자자에게 큰 영향을 미치는 중요한 요소입니다.
2. **발행자의 신용등급 하락으로 인한 신용위험** : 이 선택지도 시장위험과 관련이 있지만, 신용위험은 발행자의 신용 상태와 관련된 리스크로, 시장 전체의 위험 요소라기보다는 특정 발행자에 대한 위험입니다.
3. **인플레이션 상승으로 인한 실질 구매력 감소** : 이 선택지는 채권 투자에 영향을 미치는 요소 중 하나입니다. 인플레이션이 상승하면 실질 수익률이 감소하여 투자자의 구매력이 저하되지만, 이는 시장위험의 주요 원인으로 보기에는 어렵습니다.
4. **발행자가 자본 예산 부족으로 상환을 지연하는 위험** : 이 선택지는 특정 발행자의 자본 관리와 관련된 위험이며, 이는 개별 채권의 신용위험으로 분류됩니다. 따라서 시장위험의 주요 원인으로는 적합하지 않습니다.

따라서, 문제의 정답은 '1. 금리 상승으로 인해 채권 가격이 하락하는 금리 위험'입니다.

20. 고객 충성도를 강화하기 위한 멤버십 프로그램은 기존 고객의 유지에 초점이 맞춰져 있어 신규 고객 판매를 늘리는 직접적인 전략으로는 적합하지 않다. 개인화된 이메일 마케팅은 신규 고객의 관심을 끌기에 효과적이며, 한정된 기간 동안의 할인 혜택은 구매를 유도하는 좋은 방법이다. 또한 기존 고객의 추천을 활용하는 방식은 신규 고객 유치를 위한 효과적인 전략이다.

2 데이터 해석 및 활용
20문항

21. 시계열 데이터는 연속적인 특성이 중요한 데이터를 분석하기 위해 사용되며, 단순히 범주형 데이터로 변환하면 패턴을 잃어버릴 수 있다. 회귀 분석은 변수 간 관계를 파악하는 수치형 데이터 분석 기법으로 적합하고, 상관분석은 두 가지의 수치형 데이터 간 관계를 측정하는 데 유용하다. 머신러닝 모델은 데이터를 군집화하고 패턴을 식별하는 방식으로 수치형 데이터의 활용이 가능하다.

22. 순차적 백업이라는 용어는 일반적으로 사용되지 않으며, 증분 백업의 효율성을 설명하기 위한 표현으로 적절하지 않다. 전체 백업은 모든 데이터를 백업하며 복원이 간단하고, 증분 백업과 차등 백업은 각각 변경된 데이터를 효율적으로 저장하는 방법이다. 차등 백업은 복원 시 마지막 전체 백업 파일과 가장 최근의 차등 백업 파일이 모두 필요하다.

23. 회귀분석은 변수 간의 관계를 분석하는 기법으로, 데이터 그룹 간의 관계를 분석하는 데 직접적으로 적합하지 않다. 분류분석은 신용카드 부정 사용 탐지에 효과적으로 사용되며, 군집분석은 고객 세분화와 맞춤형 마케팅에 활용된다. 연관분석은 상품 구매 패턴 분석에 사용되는 대표적인 데이터 마이닝 기법이다.

24. 데이터 웨어하우징은 데이터를 중앙 저장소에 통합하고 관리하는 기술로, 복잡한 패턴을 분석하거나 알고리즘을 실행하는 것은 데이터 마이닝이나 분석 도구의 역할이다. 데이터 웨어하우징은 데이터의 일관성과 무결성을 보장하고, OLAP와 같은 도구와 함께 사용되어 데이터 분석을 지원한다.

25. 최빈값은 데이터 세트에서 가장 자주 나타나는 값을 의미한다. 주어진 데이터에서 5가 두 번 나타나므로 최빈값이다. NULL 값은 계산에서 제외되며, 다른 숫자들은 모두 한 번씩만 나타난다.

26. 시간 분할 기반은 시간적 순서가 중요한 시계열 데이터의 특성을 고려하여 특정 시점 또는 기간을 기준으로 데이터 세트를 분할하는 것이므로 선택지는 이를 잘못 설명하고 있다. 다른 선택지는 모두 옳게 설명하고 있다.

27.

비기봇 해설

이번 문항은 데이터베이스 관리 시스템(DBMS)의 주요 특징과 관련된 설명 중 가장 적절하지 않은 것을 묻고 있습니다. DBMS는 데이터의 저장, 관리, 검색을 효율적으로 수행하기 위한 소프트웨어 시스템으로, 데이터의 일관성, 무결성, 독립성 등을 보장하는 여러 특징을 가지고 있습니다.

1. 이 선택지는 부적절한 설명입니다. 데이터 모델링은 데이터의 구조를 정의하고 조직화하는 과정으로, 응용 프로그램과 데이터 간의 연결을 최소화하려는 목표도 있지만, 데이터 구조의 정의 역시 매우 중요한 요소입니다.
2. 이 선택지는 적절한 설명입니다. 데이터 일관성은 여러 사용자가 동시에 데이터를 수정할 때 데이터의 충돌을 방지하여 일관된 상태를 유지하는 것을 의미합니다.
3. 이 선택지도 적절한 설명입니다. 데이터 무결성은 데이터가 정확하고 유효한 상태를 유지하도록 하기 위해 다양한 제약 조건(예: 기본 키, 외래 키 등)을 적용하는 것을 의미합니다.
4. 이 선택지도 적절한 설명입니다. 데이터 독립성은 데이터베이스의 구조가 변경되더라도 응용 프로그램이 영향을 받지 않도록 하는 중요한 특징입니다.

따라서, 문제의 정답은 '1. 데이터 모델링은 응용 프로그램과 데이터 간의 연결을 최소화하는 것을 주된 목표로 하며, 데이터의 구조를 정의하는 데는 큰 중요성이 없다.' 입니다.

28. 데이터 분석 없이 정보를 활용하는 것은 적절하지 않다. 로그인 시간 분석은 서비스 최적화에 중요한 인사이트를 제공할 수 있다. 판매 데이터, 매출 데이터, 가입 고객의 연령 분포도는 모두 의미 있는 분석을 통해 인사이트를 도출하고 전략적으로 활용할 수 있다.

29. 데이터 마스킹은 민감한 정보를 보호하기 위해 데이터를 변형하지만, 원본 데이터와 유사한 형식과 구조를 유지하여 특정 작업에서는 원본처럼 활용할 수 있는 장점이 있다. 이는 테스트 환경, 개발 환경에서 중요한 데이터를 보호하면서도 실사용이 가능하게 만드는 데 유용하다. 반면, ①은 데이터 마스킹 후 원본과 동일한 값을 유지하지 않기 때문에 적절하지 않다. ②는 접근 권한을 설정하는 것이며 데이터 마스킹과 직접적인 관련이 없다. ④는 암호화 기법에 해당하며, 데이터 마스킹은 복호화 없이도 사용이 가능해야 한다는 점에서 차이가 있다.

30. 데이터베이스의 논리적 설계를 나타내며, 데이터의 구조와 제약 조건을 정의하는 역할을 하는 스키마는 개념 스키마이다. 외부 스키마는 특정 사용자가 접근할 수 있는 데이터뷰를 정의하며, 사용자별로 맞춤형 데이터 뷰를 제공한다. 내부 스키마는 데이터가 실제로 저장되는 물리적 구조와 관련이 있다. 내용 스키마는 데이터베이스 스키마의 유형에 해당하지 않는다.

31. 셀프서비스 BI는 비즈니스 사용자가 IT 부서의 지원 없이 데이터를 직접 분석할 수 있게 하며, 데이터 시각화와 탐색 과정을 간소화하여 사용자 경험을 개선한다. 반면, 기술 전문가만 접근을 허용하는 제한적인 방식은 셀프서비스 BI의 철학과 반대되는 설명이다.

32. Z-점수 표준화는 데이터의 평균을 0, 표준편차를 1로 조정하여 서로 다른 단위를 가진 변수들을 동일한 기준에서 비교할 수 있도록 만든다. 이는 머신러닝 모델 학습에서 특정 변수의 크기 차이가 영향을 미치는 것을 방지하는 데 중요한 역할을 한다. 차원 축소는 주성분 분석(PCA)이나 특이값 분해(SVD) 등의 기법을 활용하는 과정이며, 결측값이 있는 원인 파악은 정제 단계에서 수행한다. 와이드 포맷과 롱 포맷 간의 변환은 단순히 데이터의 형태(shape)를 분석 용도에 맞게 변환하는 것이다.

33. 표본 편향은 데이터 샘플이 모집단을 대표하지 못하는 경우를 의미하며, 과도한 복잡성과는 관련이 없다. 과소 적합은 모델이 충분히 복잡하지 않아 데이터 패턴을 학습하지 못할 때 발생하며, 과대 적합은 복잡한 모델이 학습 데이터에 과도하게 적응했을 때 발생한다. 확증 편향은 기존 가설에 맞는 데이터만 선택적으로 학습하는 현상을 말한다.

34. 슈퍼키(Super Key)는 테이블에서 각 레코드를 유일하게 식별할 수 있는 속성들의 집합으로, 기본키가 될 수도 있지만 반드시 기본키로 사용되는 것은 아니다. 기본키는 슈퍼키 중에서 최소성을 만족하는 키를 선택한 것이며, 슈퍼키는 여러 속성을 포함할 수 있다. 다른 선택지는 모두 옳은 내용이다.

35. 속성(Attribute)은 데이터베이스의 테이블에서 데이터를 저장하는 열(Column)을 의미하며, 각 속성은 고유한 이름을 가지고 특정 데이터 유형과 제약 조건을 정의한다. 레코드(Record)는 테이블의 행을 나타내며, 엔터티(Entity)는 데이터베이스에서 관리되는 개체를 의미하고, 릴레이션(Relation)은 테이블 자체를 지칭한다.

36. 파일 시스템은 데이터 중복을 방지하기 위한 정규화 등의 중복 최소화 기법이 적용되지 않기 때문에 데이터 중복이 발생할 수 있으며, 여러 사용자가 동시에 파일에 접근할 경우 충돌이 발생할 가능성이 높아 동시성 제어가 부족하다. 또한, 데이터 무결성 기능 부족으로 오류 발생 위험이 크며, 대규모 데이터 검색에 최적화되지 않아 검색 효율성이 떨어진다. 즉, 파일 시스템은 대량의 데이터를 효율적으로 검색하는 데 최적화되어 있지 않으며, 이로 인해 검색 속도가 느려질 수 있다.

37. 공분산과 상관계수는 두 변수 간의 관계를 양적(Positive)뿐만 아니라 음적(Negative)으로도 나타낼 수 있다. 공분산은 방향성을 나타내며 단위에 의존하고, 상관계수는 단위와 무관하며 -1에서 1 사이의 값을 가진다.

38. 데이터 정의어(DDL)는 데이터베이스의 구조를 정의하고 관리하는 데 사용되는 언어로, 객체 생성, 수정, 삭제를 포함한다. 데이터 관리어(DML)는 데이터 조작과 관련되며, 데이터 관리어와 데이터 제어어는 권한 부여 및 보안 관리와 관련 있다.

39. NoSQL은 관계형 데이터베이스와 동일한 정규화를 지원하지 않으며, 데이터 중복 방지보다는 유연한 스키마와 수평적 확장성, 높은 읽기 및 쓰기 성능을 제공하는 데 중점을 둔다. 비정형 데이터 처리와 실시간 애플리케이션에도 적합하다.

40. 정형 데이터는 표 형식으로 정렬된 데이터로, 관계형 데이터베이스에서 주로 사용되며, 데이터가 구조화되어 있어 분석이 용이하다. 비정형 데이터는 텍스트, 비디오, 오디오와 같이 구조화되지 않은 형식으로 저장되어 있으며, 분석이 복잡하다. 반정형 데이터는 데이터 내부에 태그와 같은 구조 정보를 포함하고 있지만, 정형 데이터에 비해 분석이 더 어려운 특성이 있다. 정형 데이터는 데이터의 내용과 구조가 모두 중요하며, 데이터 구조가 내용보다 우선시된다는 것은 틀린 설명이다.

경영정보시각화 디자인
20문항

41. 시각 이해 위계의 피라미드에서 지식 단계는 정보를 바탕으로 의미와 이해를 형성하는 과정으로 이루어진다. 원시 자료를 수집하는 과정은 데이터 단계에 해당하며, 데이터에 의미를 부여하는 과정은 정보 단계와 관련이 있다. 또한, 지식을 응용하여 문제를 해결하는 것은 지혜 단계에 해당한다.

42. 해당 차트는 폭포 차트(Waterfall Chart)로, 누적 효과를 보여주고 각 세그먼트가 최종 결과에 어떻게 기여하는지를 시각적으로 표현하는 데 사용된다. 이 차트는 주로 비용 분석, 손익 분석, 매출 증가 요인 분석 등에서 사용되며, 개별적인 증감 요소들이 전체 값에 미치는 영향을 보여주는 데 효과적이다. 프로젝트 일정 관리는 일반적으로 간트 차트(Gantt Chart)를 사용하며, 폭포 차트와는 목적이 다르다. 데이터의 분포 시각화에는 히스토그램(Histogram)이나 상자 그림(Box Plot)이 더 적합하며, 계층적 군집 분석은 덴드로그램(Dendrogram)과 같은 시각화를 통해 표현되므로, 폭포 차트와 직접적인 관련이 없다.

43. 덴드로그램은 계층적 군집 분석에 사용되며, 데이터의 유사성과 관계를 트리 구조로 표현하는 시각화 도구이다. 이를 통해 데이터의 유사성을 시각적으로 확인할 수 있다. 그러나 데이터의 분포를 시각화하는 데는 히스토그램이나 박스플롯이 더 적합하므로, 가장 관련이 적다고 할 수 있다.

44. 시각화 도구(BI 소프트웨어)는 데이터를 시각적으로 표현하여 인사이트를 도출하고, 실시간 분석 및 데이터 추출과 변환(ETL)을 지원하는 기능을 제공한다. 그러나 데이터의 보안을 강화하는 것은 BI 소프트웨어의 주된 기능이 아니라 데이터베이스 관리 시스템(DBMS)이나 보안 솔루션의 주요 역할에 해당한다.

45. 캘린더 차트는 날짜 데이터를 기반으로 요일, 주차 등 시간적 구성을 시각적으로 표현하며, 색상과 레이블을 통해 데이터의 강도나 의미를 나타낸다. 그러나 X, Y, Z 축은 일반적으로 캘린더 차트의 구성 요소에 포함되지 않으며, 이는 3D 그래프나 스캐터 플롯 같은 차트에서 사용된다.

46.

 비기봇 해설

박스플롯은 데이터의 대칭성, 중앙값 위치, 이상치 여부 등을 빠르게 확인할 수 있어 탐색적 데이터 분석(EDA)에 유용한 도구입니다.

1. **박스플롯은 데이터의 중앙값, 사분위수 및 이상값을 한눈에 파악할 수 있도록 설계된 시각화 기법이다** : 이 선택지는 맞는 설명입니다. 박스플롯은 데이터의 중앙값, 1사분위수(Q1), 3사분위수(Q3), 그리고 이상값을 시각적으로 표현하여 데이터 분포를 쉽게 이해할 수 있습니다.

2. **중앙값은 박스의 상단 또는 하단 경계로 표시되며, 데이터 분포의 대칭성을 보여준다** : 이 선택지는 잘못된 설명입니다. 중앙값은 박스의 내부에 선으로 표시되며, 박스의 상단이나 하단 경계가 아닙니다. 중앙값이 박스의 중앙에 위치하면 데이터 분포가 대칭적이라는 것을 나타내지만, 그렇지 않을 경우 대칭성을 보여주지 않습니다.

3. **박스의 길이는 데이터의 1사분위수(Q1)와 3사분위수(Q3) 간의 범위를 나타내며, 이를 사분위수 범위(IQR)라 한다** : 이 선택지는 맞는 설명입니다. 박스의 길이는 사분위수 범위(IQR)를 나타내며, 데이터의 중간 50%가 포함된 영역을 보여줍니다.

4. **박스플롯은 데이터의 이상값을 명확히 식별할 수 있는 장점을 가지고 있지만, 개별 데이터 포인트를 확인하는 데는 한계가 있다** : 이 선택지도 맞는 설명입니다. 박스플롯은 이상값을 식별하는 데 유용하지만, 개별 데이터 포인트를 직접 확인하기에는 한계가 있습니다.

따라서, 문제의 정답은 '2. 중앙값은 박스의 상단 또는 하단 경계로 표시되며, 데이터 분포의 대칭성을 보여준다.' 입니다.

47. 제시된 이미지와 관련이 있는 법칙은 연속성 법칙이다. 연속성 법칙은 게슈탈트의 7법칙 중 하나로, 시각적으로 연결된 요소를 하나의 연속된 흐름으로 인식하는 경향을 설명한다. 근접성 법칙은 서로 가까이 있는 요소를 그룹화하려는 경향과 관련이 있고, 단순성 법칙은 최대한 간단한 형태로 인식하려는 경향을 의미한다. 폐쇄성 법칙은 불완전한 도형도 전체로 인식하려는 경향을 나타낸다.

48. 공간 시각화는 지리적 데이터나 공간적 관계를 시각적으로 표현하는 데 중점을 둔 기법으로, 지도, 카토그램, 단계구분도 등이 이에 해당한다. 이들은 지리적 영역을 기반으로 데이터의 분포나 특성을 보여준다. 반면, 트리맵은 계층적 데이터를 사각형으로 분할하여 비율과 계층 구조를 표현하는 시각화 방법으로, 공간 시각화에 해당하지 않는다.

49.

> **비기봇 해설**
>
> 이번 문항은 산점도의 특징 중 옳지 않은 것을 찾는 문제입니다. 산점도는 두 변수 간의 관계를 시각적으로 표현하는 차트입니다.
>
> 1. **두 변수 간의 관계를 시각적으로 나타내며, 상관관계를 확인하는 데 유용하다** : 이 선택지는 맞는 설명입니다. 산점도는 두 연속형 변수 간의 상관관계를 확인하는 데 유용한 그래프입니다. 데이터가 특정한 패턴을 따라 움직이는지 확인함으로써 양의 상관관계(값이 함께 증가), 음의 상관관계(한 변수가 증가할 때 다른 변수가 감소)를 쉽게 판별할 수 있습니다.
> 2. **데이터를 군집화하거나 그룹 간 차이를 확인하기에 가장 적합한 도구이다** : 이 선택지는 옳지 않은 설명입니다. 산점도는 두 변수 간의 관계를 표현하는 데 유용하지만, 데이터 군집화나 그룹 간 차이를 확인하는 데 가장 적합한 도구는 클러스터링 차트나 다른 군집화 도구입니다.
> 3. **각 점은 관측치의 값으로 표현되며, x축과 y축에 따라 해당 값의 위치가 결정된다** : 이 선택지는 맞는 설명입니다. 산점도는 두 연속형 변수 간의 상관관계를 확인하는 데 유용한 그래프입니다. 데이터가 특정한 패턴을 따라 움직이는지 확인함으로써 양의 상관관계(값이 함께 증가), 음의 상관관계(한 변수가 증가할 때 다른 변수가 감소)를 쉽게 판별할 수 있습니다.
> 4. **변수 간의 패턴이나 이상값을 발견하는 데 효과적으로 사용될 수 있다** : 이 선택지도 맞는 설명입니다. 산점도는 변수 간의 패턴을 시각적으로 확인하고, 이상값을 쉽게 식별할 수 있는 장점이 있습니다.
>
> 따라서, 문제의 정답은 '2. 데이터를 군집화하거나 그룹 간 차이를 확인하기에 가장 적합한 도구이다.' 입니다.

50. 색의 3속성은 색상, 명도, 채도로 이루어져 있으며, 각각 색의 종류, 밝기, 선명함과 순도를 나타낸다. 색상은 빨강, 파랑, 노랑 등 색의 종류를 구분하는 속성이고, 명도는 색의 밝기를, 채도는 색의 선명함과 순도를 표현한다. 그래서 채도를 색의 밝기, 명도를 색의 선명함으로 설명하는 것은 부정확하다.

51. 인포그래픽은 정보를 시각적으로 표현하여 사용자에게 데이터를 쉽게 이해시키고 관심을 끌도록 설계된 도구이다. 이를 위해 차트, 지도, 일러스트레이션 등 다양한 시각적 요소를 활용하며, 비즈니스, 교육, 과학 등 여러 분야에서 활용된다. 특히 디지털 인포그래픽은 상호작용 요소를 포함하여 사용자 경험을 향상시킬 수 있다. 단순히 정보를 시각적으로 정리하는 데만 초점을 맞추며 상호작용 요소를 포함하지 않는다는 설명은 틀린 내용이다.

52. 카토그램 히트맵은 공간 데이터를 왜곡하여 특정 속성을 강조하면서 색상으로 강도나 분포를 나타내는 시각화 기법이다. 이는 지역별 데이터 패턴과 공간적 특성을 직관적으로 이해할 수 있도록 돕는다. 단순한 카토그램은 왜곡된 공간 데이터를 나타내지만 색상으로 강도를 나타내는 요소는 포함되지 않을 수 있으며, 지도맵이나 단계구분도는 왜곡 없이 데이터를 시각화한다.

53. 생키차트는 데이터 흐름의 크기를 상대적으로 보여주기 위해 사용되며, 각 흐름의 너비는 데이터의 양과 비례한다. 에너지, 비용, 자원 등의 흐름을 표현할 때 효과적이며, 서로 다른 흐름의 비교와 분석에도 적합하다. 그러나 데이터가 복잡할 경우에도 적절히 활용하면 직관적인 이해를 도울 수 있으며, 다양한 필터링과 인터랙티브 기능을 적용하면 복잡한 데이터도 효과적으로 표현할 수 있다.

54. 히트맵은 색상을 활용하여 데이터의 강도나 분포를 표현하는 차트이며, 특정 값이 크거나 작을수록 색상의 명암이나 채도가 달라지는 방식으로 데이터를 나타낸다. 행과 열로 구성된 격자 형태를 사용하여 두 변수 간의 관계를 직관적으로 확인할 수 있으며, 복잡한 데이터 세트를 단순화하여 패턴을 발견하는 데 유용하다. 그러나 개별적인 수치를 직접적으로 표시하는 것이 아니라 색상으로 표현하기 때문에, 정확한 데이터 값을 한눈에 파악하기는 어렵다.

55. 인포그래픽에서 제목은 가장 중요한 메시지를 요약하여 독자의 시선을 끌고, 전체 주제를 한눈에 전달하는 역할을 한다. 제목은 크기, 색상, 배치 등을 활용해 다른 시각적 요소들과 차별화되며, 메시지를 간결하면서도 강렬하게 표현해야 한다. 범례는 데이터의 의미를 설명하고, 서체는 텍스트의 가독성을 높이며, 주석은 추가적인 정보를 제공하는 데 사용된다.

56. 수평오차막대는 데이터 간 차이를 비교하거나 측정값의 신뢰도를 파악하는 데 유용하다. 특히 과학적 실험과 통계 데이터에서 변동성을 나타내는 데 자주 사용된다. 그러나 수평오차막대는 상하 방향의 불확실성을 나타내지 않으며, 데이터의 가로축을 기준으로 오차 범위를 시각적으로 표현한다.

57. 파이차트는 전체와 각 부분의 비율을 직관적으로 비교하기 위해 사용되며, 구성 요소의 비율을 원 형태로 표현한다. 각 섹션의 크기는 데이터 값에 따라 비례적으로 표현되어 상대적인 비율을 명확히 보여준다. 하지만 많은 카테고리를 포함하거나 세부적인 수치를 비교하는 데는 적합하지 않다. 너무 많은 조각이 있으면 해석이 어려워지고, 비슷한 크기의 조각이 있을 경우 차이를 파악하기 어렵다.

58. 피벗 테이블은 데이터를 요약, 분석, 비교, 정렬할 수 있는 엑셀의 강력한 도구로, 드래그 앤 드롭 방식으로 데이터를 재구성하여 원하는 정보를 쉽게 도출할 수 있다. 아이콘 세트는 조건부 서식에서 방향, 도형,표시기 등을 활용하여 데이터를 시각적으로 나타내는 데 사용되며, 데이터 막대와 스파크라인은 데이터의 범위와 추세를 시각적으로 표현하는 도구이다.

59. Power BI의 Query 기능은 데이터를 가져오고 변환하며, 통합된 데이터 모델을 구축하는 데 사용된다. 이 기능은 ETL(Extract, Transform, Load) 과정을 시각적인 인터페이스에서 간편하게 수행할 수 있도록 지원한다. 다양한 데이터 소스를 연결하여 데이터를 병합하거나 필터링, 계산 열 추가 등의 작업을 할 수 있으며, Query 편집기를 통해 원본 데이터를 손상시키지 않고 필요한 형태로 변환할 수 있다.

60. 경사차트는 두 시점 간의 변화를 강조하고 데이터의 경향성을 간략하게 시각화하는 데 적합하다. 시작점과 끝점을 연결하여 데이터 간의 차이를 비교하기 쉽게 설계되었으며, 단순한 변화량을 직관적으로 보여주는 것이 주된 목적이다. 그러나 여러 시점에 걸친 세부적인 추세를 표현하기에는 부적합하며, 이를 위해서는 선 그래프와 같은 다른 차트가 더 효과적이다.

제 2회 기출변형문제 답안

경영정보시각화능력 필기

【 정답 】

경영정보 일반
01	③	11	②
02	②	12	④
03	②	13	③
04	②	14	②
05	④	15	①
06	②	16	③
07	①	17	④
08	③	18	④
09	④	19	③
10	②	20	③

데이터 해석 및 활용
21	③	31	①
22	③	32	③
23	③	33	②
24	①	34	②
25	③	35	④
26	③	36	③
27	③	37	③
28	④	38	②
29	③	39	①
30	③	40	②

경영정보 시각화디자인
41	③	51	②
42	①	52	③
43	②	53	④
44	③	54	①
45	②	55	④
46	③	56	①
47	①	57	③
48	④	58	③
49	④	59	②
50	③	60	③

영역	맞은 개수
경영정보 일반	/20
데이터 해석 및 활용	/20
경영정보시각화디자인	/20

모바일로 풀기

---

1 경영정보 일반
20문항

01. 확신성(Assurance)은 서비스 제공자의 전문 지식, 태도, 능력, 그리고 고객을 대하는 신뢰감 있는 접근 방식 등을 포함하며, 고객이 서비스를 이용할 때 안심할 수 있도록 돕는 요소이다. 응답성(Responsiveness)은 고객의 요구에 신속히 대응하려는 의지와 능력을 의미하며, 신뢰성(Reliability)은 약속된 서비스를 정확히 제공하는 능력을 나타낸다. 공감성(Empathy)은 고객의 관점에서 그들의 요구와 기대를 이해하고 배려하는 태도를 강조한다.

02. 크로스셀링(Cross Selling)은 고객이 구매하려는 제품과 관련 있는 추가적인 제품이나 서비스를 제안하는 기법이다. 노트북에 적합한 가방이나 보조 배터리를 추천하는 것은 크로스셀링의 전형적인 예이다. 반면, 더 고사양 모델을 추천하거나 상위 모델로 교체를 권유하는 것은 업셀링(Upselling)에 해당하며, 추가 요금을 통한 프리미엄 서비스 제안은 부가 서비스 판매에 해당한다.

03. 데이터는 가공되지 않은 원시 자료이며, 정보를 생성하기 위한 기반이 된다. 정보는 데이터를 분석하고 의미를 부여하여 유용한 형태로 변환한 결과물이다. 지식은 정보를 해석하고 활용하여 의사결정을 도울 수 있는 형태로 확장된 개념이다. 데이터가 지식을 포함하거나, 정보가 데이터의 해석 없이 생성된다는 설명은 틀린 설명이다.

04. 서열법은 직무를 단순 서열화하는 방식이며, 점수법은 요소별 점수를 부여해 객관적으로 평가한다. 시장임금조사법은 외부 시장 임금을 조사하여 보상 기준을 설정하는 방식이다. 분류법은 미리 정해진 직무 등급을 기준으로 그룹화하는 방법으로, 설명이 정확하므로 ②번이 정답이다.

05.

 비기봇 해설

채권은 만기(채권이 상환되는 시점)에 따라 단기채, 중기채, 장기채로 구분됩니다. 일반적으로 만기가 길수록 이자율(수익률)은 높아지지만, 가격 변동성(리스크)도 커집니다.

1. 장기채는 일반적으로 만기가 5년 이상인 채권을 의미합니다. 만기가 길수록 금리 변동의 영향을 많이 받아 가격 변동성이 커지므로, 안정성이 가장 높다고 보기 어렵습니다.
2. 단기채는 만기가 1년 이하인 채권을 의미하지만, 유동성이 낮다고 보기는 어렵습니다. 단기채는 만기가 짧아 투자금 회수가 빠르고, 거래가 활발하게 이루어지므로 유동성이 높습니다.
3. 중기채는 1년 초과 5년 이하의 만기를 가지므로, "1년 이하"라는 설명은 옳지 않습니다. 또한, 유동성이 높은 채권은 일반적으로 단기채이며, 중기채는 상대적으로 유동성이 낮을 수 있습니다.
4. 중기채는 1년 초과 5년 이하의 만기를 가집니다. 장기 투자에 대한 보상으로 시장에서 장기채일수록 금리가 더 높게 형성되는 경향이 있기 때문에, 단기채보다 상대적으로 높은 이율을 제공합니다.

따라서, 문제의 정답은 '4. 중기채는 만기가 1년에서 5년 사이인 채권을 의미하며, 단기채보다 높은 이율을 제공한다.' 입니다.

06. 매출총이익률은 수익성을 측정하는 지표로, 총매출 대비 매출원가를 제외한 매출총이익의 비율을 나타내므로 유동성을 평가하는 지표가 아니다. 부채비율은 안정성을 측정하기 위해 사용되며, 자기자본이익률은 수익성을, 총자산회전율은 자산의 효율성을 평가하는 데 활용된다. 매출총이익률을 유동성 측정과 연결한 것은 잘못된 설명이다.

07. 품질관리 데이터는 생산 공정에서의 오류를 분석하고 이를 기반으로 품질을 개선하기 위한 방안을 도출하는 데 사용된다. 고객 주문 이행 시간 단축은 주로 공급망 관리와 관련이 있고 물류 네트워크 최적화는 물류 전략의 일종이다. 재고 최적화 또한 공급망 관리와 관련이 있으며 수요 예측 및 재고 회전율 관리에 중점을 둔다.

08. 효과적인 KPI는 구체적이고 측정 가능하며 조직의 목표와 일치해야 한다. 감성적인 목표는 정량화가 어렵기 때문에 KPI로 적합하지 않다. 조직의 장기적 전략 목표와 일치하고, 달성 가능하며, 명확하게 정의되는 것이 KPI에서 중요하다. 정량화할 수 없는 요소를 포함하라는 설명은 KPI의 기본 조건에 부합하지 않는다.

09. 연평균수익률은 일정 기간 동안의 총수익률을 균등하게 분배하여 연 단위 비율로 나타내는 개념이다. 이는 투자 성과를 연도별로 비교하기 쉽게 만드는 데 유용하다. 단기 수익률을 측정하거나, 채권의 표면 이자율을 기준으로 하거나, 물가 상승률을 고려한 실질 수익률은 연평균수익률과 관련이 없다.

10. 고객가치(Lifetime Value, LTV)는 고객이 기업과의 관계에서 평생 동안 창출할 수 있는 총 수익을 측정하는 지표이다. 이를 계산하기 위해 고객의 연간 지출액과 관계 유지 기간은 핵심적인 요소이다. 고객의 추천 활동 빈도나 불만 사례는 LTV 계산에 직접적인 영향을 주지 않으며, 피드백 점수는 고객 만족도 측정에는 유용하나 LTV의 주요 구성 요소가 아니다.

11. 손익계산서는 특정 기간 동안 기업이 발생시킨 수익과 비용, 그리고 이를 통해 산출된 순이익을 나타내는 재무제표이다. 특정 시점의 자산과 부채 현황은 재무상태에서 확인할 수 있으며, 현금의 유입과 유출은 현금흐름표, 자본 변동 상황은 자본변동표에서 제공된다. 손익계산서는 기업의 재무 성과를 분석하는 데 핵심적인 역할을 한다.

12. 행동기반 평가척도(BARS)는 직무와 관련된 구체적인 행동을 기반으로 평가를 수행하여 평가의 신뢰성과 타당성을 높이는 데 중점을 둔다. 반면, 평가 항목이 주관적이라는 설명은 BARS의 특징과 맞지 않다. BARS는 평가 항목을 구체적이고 명확하게 설계하여 객관적인 평가를 가능하게 한다. 또한, BARS는 척도 개발이 복잡하고 시간이 많이 소요되며 높은 비용이 든다는 단점이 있다.

13. 직무분석은 직무의 과업과 책임, 역량 요건 등을 정의하여 채용, 교육, 보상 체계를 설계하는 데 활용된다. 그러나 모든 직무를 동일하게 평가하여 급여를 평등하게 분배한다는 것은 목적에 부합하지 않으며, 급여는 직무의 중요도와 난이도에 따라 차등 적용된다.

14. MDIS는 국가통계 마이크로데이터를 한 곳에서 통합적으로 제공하여 연구자나 정책 입안자들이 쉽게 데이터를 분석하고 활용할 수 있도록 지원한다. 데이터 작성이나 수정 권한을 제공하지 않으며, 원시 데이터의 대중 공개나 국제 통계 표준 관리와는 관련이 없다. 데이터 통합 및 분석 기능이 주요 특징이다.

15. 황소채찍효과는 공급사슬에서 수요 정보가 왜곡되어 단계별로 과도한 재고 변동이 발생하는 현상이다. 이를 줄이기 위해 실시간으로 수요 데이터를 공유하여 정보의 왜곡을 줄이는 것이 효과적이다. 안전재고를 늘리거나, 수요 데이터를 폐기하거나, 각 단계가 독립적으로 재고를 관리하면 오히려 문제가 심화될 수 있다.

16. 월간 활성 사용자(MAU)는 특정 기간 동안 제품이나 서비스를 사용한 고유한 사용자의 수를 나타내며, 사용자 참여와 충성도를 평가하는 데 중요한 지표이다. MAU는 사용자 수를 측정하는 지표이며, 구매액을 평가하는 데 필요한 데이터가 아닌 사용자 활동과 관련된 정보를 제공한다. 반면, 사용자 활동 데이터를 기반으로 고객 세그먼트를 구분하거나 제품 사용 빈도를 파악하여 사용자 충성도를 평가하거나 특정 세그먼트의 사용 감소율을 파악하여 이탈 방지 전략을 수립하는 것은 모두 MAU를 통해 분석할 수 있는 유용한 활용 방법이다.

17. 자본변동표는 자본의 변동 내역과 배당금 지급, 자본 관련 수익·비용을 기록하지만, 유동성 평가에는 적합하지 않다. 유동성은 주로 재무상태표와 현금흐름표를 통해 평가된다. 자본변동표는 자본 변동의 세부 사항을 명확히 나타내는 데 초점이 있다.

18. 고객 구매 데이터는 구매 행동을 분석하는데 활용되며 고객의 주관적인 만족도를 직접 측정하는 데는 적합하지 않다. Likert 척도 설문조사, NPS(순추천지수), 표적집단면접은 모두 고객의 만족도를 직접적으로 측정하거나 심층적으로 평가하는 방법에 해당한다.

19. 몬테카를로 시뮬레이션은 대규모의 데이터와 확률 분포에 기반하여 다양한 시나리오를 모델링하는 방법으로, 데이터가 부족한 경우에는 활용하기 어렵다. 시계열 분석은 과거 데이터를 기반으로 수요를 예측하고, 회귀분석은 변수 간의 관계를 모델링하여 수요를 분석하고, 신경망 모델은 복잡한 데이터의 비선형 패턴을 학습하여 수요 예측에 활용한다.

20.

비기봇 해설

CTR(Click-Through Rate, 클릭률)은 광고가 사용자에게 노출된 횟수 대비 실제로 클릭된 횟수의 비율을 나타내는 지표입니다. CTR이 높다는 것은 광고가 효과적으로 사용자 관심을 끌고 있으며, 타겟팅이 적절하게 이루어졌음을 의미합니다. 그러나, CTR은 클릭률만 측정하는 것이므로, 클릭 이후의 행동과는 직접적인 관련이 없습니다.

1. 광고가 관심이 높은 사용자에게 정확히 노출될수록 클릭 가능성이 높아지므로, CTR을 증가시키는 요인이 됩니다. 적절한 타겟팅이 이루어지면 광고가 불필요한 사용자에게 노출되는 것을 줄이고, 클릭률을 높일 수 있습니다.
2. 광고의 이미지, 문구, 디자인, 동영상 등의 요소가 사용자의 흥미를 유발하면 광고 클릭 가능성이 높아져 CTR이 상승합니다.
3. CTR은 클릭률을 나타내는 지표이므로, 클릭 이후의 행동(예: 구매 전환율)과는 직접적인 관련이 없습니다. 클릭을 많이 하더라도 실제 구매로 이어지지 않을 수 있으므로, 구매자의 수는 CTR을 평가하는 핵심 요소가 아닙니다.
4. 광고가 적절한 플랫폼과 위치에서 노출되면 사용자가 광고를 더 많이 인식하게 되어 클릭 가능성이 높아집니다.

따라서, 문제의 정답은 '3. 제품을 구매한 구매자의 수가 많다.' 입니다.

2 데이터 해석 및 활용
20문항

21. Z-Score 표준화는 데이터의 평균과 표준편차를 기준으로 데이터 분포가 평균 0, 표준편차 1인 표준정규분포로 변환하여 비교 가능하게 만드는 기법이다. 데이터가 다양한 범위로 구성된 경우, 이를 동일한 척도로 변환하기에 적합하다. 데이터가 비선형 분포를 가지거나, 값이 0~1 사이로 재조정해야 할 경우에는 min-max 정규화 방법이 더 적합하다. 연속형 데이터를 불연속 간격으로 변환하는 것은 이산화(Discretization)나 구간화(Binning) 기법을 적용해야 하고, 고차원 데이터를 저차원으로 변환하는 것은 주성분 분석(PCA)에 해당한다.

22.

 비기봇 해설

OLAP 시스템은 대량의 데이터를 다차원적으로 분석하고, 사용자가 직관적으로 데이터를 조회할 수 있도록 지원하는 시스템으로, 비즈니스 인텔리전스와 의사결정 지원에 매우 유용합니다.

1. **사용자가 대화식으로 데이터를 분석할 수 있다** : OLAP 시스템의 핵심 장점 중 하나는 사용자가 대화식으로 데이터를 탐색하고 분석할 수 있다는 점입니다. 이는 데이터 분석의 유연성을 높이고, 필요에 따라 다양한 질문을 할 수 있게 해줍니다.

2. **다차원 데이터 분석을 통해 다양한 관점에서 데이터를 볼 수 있다** : OLAP의 가장 큰 장점 중 하나로, 사용자는 데이터를 여러 차원에서 분석할 수 있어, 복잡한 데이터 관계를 이해하고 인사이트를 도출하는 데 매우 효과적입니다.

3. **실시간 데이터 삽입과 처리를 효율적으로 처리한다** : OLAP 시스템은 주로 분석용으로 최적화되어 있으며, 실시간 데이터 삽입과 처리에 강점을 갖고 있지는 않습니다. 이는 OLAP보다는 OLTP(Online Transaction Processing) 시스템의 특징에 더 가깝습니다. 따라서 이 선택지는 OLAP의 장점으로 적절하지 않습니다.

4. **의사결정을 위한 데이터 집계 및 분석이 가능하다** : OLAP 시스템은 대량의 데이터를 집계하고 분석하여 의사결정을 지원하는 데 매우 유용합니다. 이는 OLAP의 주요 기능 중 하나입니다.

따라서, 문제의 정답은 '3. 실시간 데이터 삽입과 처리를 효율적으로 처리한다.' 입니다.

23. 물리적 설계 단계는 데이터베이스의 저장 구조와 성능 최적화에 초점을 둔다. 저장소 크기, 저장 매체, 색인 설계, 테이블 파티셔닝 등 물리적 구성 요소를 결정한다. 반면, 사용자 권한 및 접근 제어는 논리적 설계 단계 또는 보안 설계와 관련된 작업으로 물리적 설계 단계에 포함되지 않는다.

24. 스키마 변경 시 기존 응용 프로그램과의 호환성 유지, 데이터 무결성 보장, 쿼리 성능에 대한 영향 평가가 중요하다. 데이터 타입을 무조건 텍스트로 변환하면 데이터의 본래 의미와 효율성이 손상될 수 있다. 스키마 변경은 데이터의 특성과 사용 목적에 맞게 신중히 설계되어야 한다.

25. 범주형 데이터는 빈도 분석이나 비율 계산, 수치형 데이터는 평균, 표준편차 등의 각 데이터에 맞는 적절한 기술통계를 적용하여 데이터를 이해하는 것이 중요하다. 범주형 데이터를 평균과 표준편차로 요약하거나, 수치형 데이터를 빈도수로 요약하는 것은 적절하지 않다. 모든 데이터를 범주형으로 변환하는 것도 데이터의 본질을 잃을 수 있어 적합하지 않다.

26. 확률변수는 표본공간의 각 원소에 실수값을 할당하는 함수로, 이산형이거나 연속형으로 구분한다. 연속형 확률변수는 확률밀도함수로 정의되며, 확률분포를 통해 값을 나타낸다. 따라서 이산형 확률변수는 셀 수 있는 값을 가지며, 확률은 확률질량함수를 통해 각 개별 값에 직접 할당된다. 특정 범위의 면적을 계산하는 방식은 적용되지 않는다.

27. 모바일 비즈니스 인텔리전스(Mobile BI)는 이동 중 데이터 접근성과 실시간 업데이트, 사용자 친화적 인터페이스 등의 장점을 제공한다. 그러나 모바일 환경에서는 보안 위협이 증가할 수 있으므로 추가적인 보안 대책이 필요하다. 데이터 보안 위협 감소는 Mobile BI와는 거리가 먼 내용이다.

28. DBMS는 데이터 저장 및 검색, 데이터 접근 관리, 무결성 유지, 복구 등의 역할을 한다. 그러나 소프트웨어 애플리케이션 실행 관리나 코드 최적화는 DBMS가 아니라 애플리케이션 레벨의 역할이다. DBMS는 데이터 관리에 중점을 둔다.

29.

> **비기봇 해설**
>
> 이번 문항은 다양한 데이터 적재 방식의 특징에 대한 설명을 평가하는 것입니다. 데이터 적재 방식은 데이터베이스에 데이터를 추가하거나 업데이트하는 방법으로, 각각의 방식은 특정 상황에 맞춰 최적화되어 있습니다.
>
> **가. 실시간 적재** - 데이터 변경이 발생하면 즉시 데이터베이스에 반영하는 방식이다: 이 설명은 정확합니다. 실시간 적재는 데이터 변경이 발생할 때마다 즉시 반영하여 최신 상태를 유지하는 방식입니다.
>
> **나. 병렬 적재** - 적재 작업을 하나 프로세스로 통일한 뒤 여러 번 실행하는 방식이다: 이 설명은 부정확합니다. 병렬 적재는 여러 프로세스를 동시에 실행하여 데이터를 적재하는 방식으로, 작업을 하나의 프로세스로 통일하는 것이 아닙니다.
>
> **다. 증분 적재** - 기존 데이터를 유지하며 새로운 데이터만 추가하는 방식이다: 이 설명은 정확합니다. 증분 적재는 기존 데이터를 변경하지 않고 새로운 데이터만 추가하여 효율적으로 데이터를 적재하는 방식입니다.
>
> **라. 일괄 적재** - 대량의 데이터를 한 번에 처리하며 작업 중에도 데이터를 계속 추가할 수 있다: 이 설명은 부정확합니다. 일괄 적재는 일반적으로 대량의 데이터를 한 번에 처리하지만, 작업 중에 데이터를 계속 추가하는 것은 불가능합니다.
>
> 따라서, 문제의 정답은 '3번 가, 다' 입니다.

30. 다양성(Variety)은 정형, 비정형, 반정형 데이터를 포함한 다양한 데이터 형식을 처리하는 능력을 의미한다. 이를 해결하기 위해 데이터 소스 통합, 텍스트 마이닝, 이미지 분석, 분산 처리 시스템 등이 활용된다. 그러나 모든 데이터를 정형 데이터로 변환하면 데이터의 본질적 정보를 손실할 수 있으며, 비정형 데이터의 고유한 특성을 반영하지 못한다.

31. 참조 무결성은 데이터베이스에서 관계를 유지하기 위해 특정 테이블의 외래 키가 참조하는 값이 참조되는 테이블의 기본 키와 일치해야 한다는 규칙이다. 데이터 암호화, 트랜잭션, 트리거, 인덱스는 참조 무결성 유지와 직접적인 관련이 없다. 메타데이터와 쿼리 최적화 역시 무결성보다는 데이터 관리 및 성능 향상과 연관이 있다.

32. EDA는 데이터의 분포와 특성을 이해하고, 이상치 및 결측치를 식별하며, 데이터 간의 상관관계를 파악하기 위해 수행된다. 데이터의 예측 성능을 테스트하는 것은 주로 모델 평가 단계에서 이루어지며, EDA의 목적에는 포함되지 않는다.

33. 계층적 분리는 데이터의 특정 계층(예: 클래스 비율)을 유지하며 샘플링하는 방법으로, 클래스 비율이 불균형한 경우 샘플링 후에도 원본 데이터의 분포를 유지하기 위해 적합하다. 데이터의 클래스 분포가 균등한 경우에는 무작위 분리(Random Split)가 더 간단한 방법으로 시간 단축 등으로 더 적절할 수 있으며, 시계열 데이터는 시간 기반 분할(Time-Based Split)이 더 적절하다. 비지도 학습 문제는 클래스 레이블이 없으므로 계층적 분리가 불가능하다.

34. 관계형 데이터베이스는 고정된 스키마를 요구하며, 데이터의 구조가 미리 정의되어 있어야 한다. 또한, 관계형 데이터베이스는 ACID(Atomicity, Consistency, Isolation, Durability) 특성을 갖춘 트랜잭션 관리가 뛰어나다. 반면 NoSQL 데이터베이스는 유연한 스키마를 제공하여 데이터 구조의 변화에 쉽게 대응할 수 있으며 일부 시스템에서 트랜잭션을 완전히 지원하지 않거나 약한 일관성을 제공하는 경우가 많다. 일부 NoSQL 시스템은 트랜잭션을 지원하므로 트랜잭션 관련 내용이 유의미한 차이점이 될 수 없다.

35. 데이터 웨어하우스는 데이터 통합과 분석 작업에 최적화된 시스템으로, 여러 출처의 데이터를 집계하고 분석하기 쉽게 구조화한다. 또한, 데이터를 주제별로 구조화하고 시계열적으로 관리하여 분석의 효율성을 높인다. 그러나 데이터 웨어하우스는 운영 시스템과 달리 분석과 의사결정을 지원하는 용도로 설계되며, 실시간 트랜잭션 처리보다는 주기적인 데이터 적재와 조회가 주된 기능이다. 따라서 데이터 변경이 빈번한 운영 시스템의 역할을 수행하지 않는다.

36. 데이터 비식별화는 개인정보를 보호하기 위해 데이터를 삭제하거나 변환하여 식별 가능성을 낮추는 기술이다. k-익명화, l-다양성 등 다양한 기법이 사용되며, 데이터의 익명성을 유지하면서도 활용도를 극대화하는 것이 주요 목표이다. 또한 일반적으로 원본 데이터를 완전히 복원할 수 없어야 하므로 가명화된 데이터는 일부 복원이 가능할 수 있으나, 비식별화의 궁극적인 목표는 데이터의 재식별 가능성을 최소화하는 것이므로 가장 옳지 않은 설명이다.

37. 연관 분석은 데이터 간의 연관 규칙을 발견하기 위한 기법으로, 온라인 쇼핑몰에서 함께 구매되는 제품 세트를 분석하는 데 적합하다. 최적 가격 설정, 생애 가치 예측, 가입 경로 파악 등은 연관 분석보다 다른 분석 기법이 더 적합하다.

38. DELETE는 테이블의 데이터를 삭제하는 명령어이며, 테이블 자체를 삭제하는 명령어는 DROP이다. SELECT는 데이터를 조회, ALTER는 테이블 구조 수정, INSERT는 데이터를 추가하는 명령어로 각각 올바르게 연결되었다.

39. 데이터 수명 주기는 바(수집) → 라(저장) → 마(처리) → 다(분석) → 가(보관) → 나(폐기) 순서로 이루어진다. 데이터는 수집 후 처리 및 저장 과정을 거쳐 분석되며, 필요에 따라 보관되었다가 최종적으로 폐기된다.

40. 새로운 복지 제도가 직원들의 동기 부여에 긍정적인 영향을 미쳤을 가능성은 있지만, 생산성 증가는 복지 제도가 도입된 이후 나타난 변화로, 인과관계에 대한 확신을 가지려면 추가 검증이 필요하다. 생산성 증가가 복지 제도의 도입 때문이라는 결론은 데이터 분석 없이 내릴 수 없으며, 다른 요인(예: 시장 환경 변화, 조직 문화 변화 등)이 영향을 미쳤을 가능성도 배제할 수 없다.

3 경영정보시각화 디자인
20문항

41. 오컴의 면도날(Occam's Razor) 원칙은 불필요한 복잡성을 줄이고, 가장 단순한 해결책이 최적임을 강조하는 원칙이다. 인포그래픽 디자인에서도 과도한 장식과 복잡한 요소를 제거하고, 직관적이고 효율적인 정보 전달이 핵심이다. 과도한 장식과 불필요한 요소를 배제하고 핵심 요소만 사용하는 것은 정보 전달을 명확하게 만들기 위한 중요한 전략이며, 텍스트보다 직관적인 그래픽을 활용하는 것도 효과적인 디자인 방법이다. 또한, 간단하고 명확한 문구를 사용하여 정보를 직관적으로 전달하는 것은 사용자의 이해도를 높이는 데 도움이 된다. 그러나 다양한 그래프와 복잡한 도표를 최대한 활용하는 것은 오히려 정보 과부하를 초래하고 핵심 메시지를 모호하게 만들 수 있다.

42. 카토그램은 공간 시각화 기법 중 하나로, 지리적 크기를 왜곡하여 데이터를 강조하는 방식이다. 특정 변수의 값에 따라 지역의 크기가 조정되므로, 실제 지형과 다르게 왜곡된 형태로 나타날 수 있다. 따라서 지리적 크기를 왜곡하지 않고 원래의 지도를 유지하며 데이터를 시각화한다는 설명은 틀린 것이다. 반면, 카토그램은 인구, GDP, 환경 지표 등 다양한 데이터를 비교하는 데 유용하며, 데이터의 분포를 직관적으로 파악하고 정책 수립에 도움을 줄 수 있다.

43. 이 차트는 파이 차트(Pie Chart)로, 전체 대비 각 항목의 비율을 직관적으로 보여주는 데 효과적이다. 그러나 데이터 종류가 다양할수록 섹터가 작아지고 구분이 어려워져 정보 파악이 힘들어지므로, 2번 보기는 부적절하다. 파이 차트는 전체에서 큰 비율을 차지하는 조각을 떼어내면 시각적 혼란이 발생할 가능성이 있으며, 특정 데이터를 강조하고 싶을 때 특정 조각을 분리하는 방식으로 강조할 수 있다. 또한 색상 변경이나 조각 분리로 특정 데이터를 강조할 수도 있다.

44. 트리맵(Treemap)은 비율 데이터를 계층적으로 시각화하는 방법으로, 각 범주를 사각형으로 표현하며, 상위 범주는 큰 사각형, 하위 범주는 내부에 작은 사각형으로 구분하여 표시하는 특징이 있다. 이 방식은 데이터의 상대적 크기를 직관적으로 비교하는 데 효과적이며, 색상을 활용하여 추가적인 정보를 전달할 수도 있다. 그러나 트리맵은 음수 값을 시각적으로 표현하기 어렵고, 비연속적인 (이웃하지 않은) 범주 간 비교에도 적합하지 않다. 트리맵은 주어진 공간 내에서 면적으로 데이터를 표현하는 방식이므로, 인접하지 않은 요소들을 비교할 때 정확한 판단이 어려울 수 있다.

45. A(산점도)는 두 변수 간 분포와 관계를 시각화하며, B(회귀선 포함 산점도)는 참조선을 추가해 경향성을 보여준다. C(버블 차트)는 버블 크기로 세 번째 변수를 표현하며, 이는 정량적 데이터이다. 그러나 "B, C 차트는 3개 이상의 변수를 표현"은 부적절하다. 버블 차트는 3개 변수이상의 관계를 표현하지만, B는 X, Y 두 변수와 회귀선(변수가 아닌 보조선)으로 구성되므로 "3개 이상"이라는 설명은 맞지 않다.

46. 생키 차트는 자원이나 데이터의 흐름을 시각적으로 나타내며, 각 흐름의 상대적 비율을 강조하는 데 적합하다. 시간적 변화를 강조하거나 변수 간 상관관계를 나타내는 데는 적합하지 않으며, 독립적이고 분리된 데이터를 강조하는 용도로도 사용되지 않는다. 생키 차트는 흐름과 비율을 시각적으로 명확히 전달하는 데 특화된 도구다.

47.

비기봇 해설

평행좌표계(Parallel Coordinates Plot, PCP)는 다차원 데이터를 시각화하는 기법으로, 각 차원을 직교 하는 방식이 아니라 평행한 축으로 배치하는 특징이 있습니다. 이 방법은 특히 머신러닝 모델의 하이퍼파라미터 조합과 평가 지표(정확도, 정밀도, 재현율, F1 점수 등)를 분석하는 데 유용합니다.

1. **평행좌표계에서는 하이퍼파라미터와 여러 평가 지표를 서로 직교하는 축으로 나타낸다** : 이 설명은 옳지 않습니다. 평행좌표계에서는 축이 서로 직교하지 않고 평행하게 배치되어 있습니다.

2. **평행좌표계는 다차원 데이터인 하이퍼파라미터 조합과 평가 지표(정확도, 정밀도, 재현율, F1 점수 등)를 시각화하는 데 유용하다** : 이 설명은 옳습니다. 평행좌표계는 다차원 데이터를 효과적으로 시각화할 수 있는 도구입니다.

3. **각 모델의 조합은 평행한 축을 연결하는 선으로 표현되며, 여러 평가 지표 간의 관계를 직관적으로 확인할 수 있다** : 이 설명도 옳습니다. 평행좌표계에서는 각 모델의 조합이 평행한 축을 연결하는 선으로 나타나며, 이를 통해 여러 지표 간의 관계를 쉽게 이해할 수 있습니다.

4. **평가 지표의 패턴이나 실행 시간 등 이상값을 시각적으로 식별하는 데 적합하다** : 이 설명 역시 옳습니다. 평행좌표계는 다양한 데이터 패턴과 이상값을 시각적으로 식별하는 데 유용합니다.

따라서 문제의 정답은 '1. 평행좌표계에서는 하이퍼파라미터와 여러 평가 지표를 서로 직교하는 축으로 나타낸다.' 입니다.

48. 캘린더 차트(Calendar Chart)는 날짜별 데이터를 시각적으로 표현하는 데 사용되는 차트로, 시간에 따른 패턴, 트렌드, 이벤트 발생 빈도를 효과적으로 분석하는 데 유용하다. 캘린더 차트는 데이터가 많아지더라도 날짜별로 정리되어 있으며, 색상의 농도 변화를 통해 값의 크기를 효과적으로 표현할 수 있다. 또한, 색상뿐만 아니라 텍스트나 아이콘을 추가하여 특정 이벤트를 강조하는 것도 가능하다. 하지만 셀의 크기가 데이터 값에 따라 자동으로 조정되지는 않으며, 데이터 값의 크기를 표현하는 것은 색상의 농도 차이를 활용한다. 캘린더 차트는 날짜 기반 데이터를 효과적으로 배치하여 시간적 트렌드를 분석하는 데 적합하다.

49. DIKW는 데이터(Data), 정보(Information), 지식(Knowledge), 지혜(Wisdom)로 구성된 정보의 계층 구조를 설명하는 모델이다. 각 단계에 따라 적절한 시각화 방법이 다르게 적용될 수 있다. 예를 들어, 데이터 단계에서는 단순한 테이블이나 숫자로 표현될 수 있지만, 정보 단계에서는 차트나 그래프가 활용될 수 있다. 또한, 지식과 지혜 단계에서는 보다 복합적인 시각화 기법이 필요하다. 데이터에서 지혜로의 전환 과정에서 동일한 시각화 방법을 일관되게 사용하는 것이 핵심이라는 설명은 잘못된 설명이다.

50. 비즈니스 인텔리전스(BI, Business Intelligence)는 기업이 데이터를 효과적으로 활용하여 의사결정을 지원하는 기술 및 프로세스를 의미한다. BI 도구는 데이터를 통합, 분석, 시각화하여 경영진과 실무자가 필요한 인사이트를 얻을 수 있도록 지원하는 역할을 한다. BI 도구는 단순한 보고서 생성 기능만 제공하는 것이 아니라, 대시보드 및 인터랙티브 분석 기능을 포함하여 사용자가 데이터를 탐색하고 직접적인 분석을 수행할 수 있도록 돕는다. 예를 들어, Power BI, Tableau, Qlik Sense 같은 BI 도구는 다양한 필터 및 시각적 요소를 활용하여 사용자가 원하는 데이터 분석을 쉽게 수행할 수 있도록 지원한다. 따라서 BI 도구가 단순한 보고서 생성 기능만 제공하며 상호작용이 불가능하다는 설명은 옳지 않다.

51. 막대 그래프는 국가별 독감 감염자 수를 가로형으로 표현하며, 데이터 값을 막대 끝에 표시해 직관성을 높이고, 순서를 의도에 따라 나열할 수 있다. 그러나 보기 2의 "가로 축 단위 기준을 높이면 해석이 쉬워진다"는 옳지 않다. 가로 막대 그래프에서 가로 축(감염자 수) 단위를 더 높이면 막대 길이 차이가 줄어 비교가 어려워진다.

52. 레이더차트는 다변량 데이터를 방사형으로 표현하여 각 변수의 값을 비교하는 데 적합한 시각화 유형이다. 반면, 트리맵, 생키 다이어그램, 파이차트는 주로 데이터의 비율, 흐름, 또는 계층 구조를 시각화하는 데 사용된다. 트리맵은 계층 구조 데이터를 직사각형 크기로, 생키 차트는 데이터 흐름과 비율로, 파이차트는 비율을 원형으로 표현한다.

53. '가' 데이터가 모든 범주에서 가장 많이 분포하고 있는 것을 확인할 수 있다. 누적 막대 그래프는 여러 범주나 변수를 동시에 표현하는데 적절하며, 상대적 비율을 시각화 하는데 유용하지만 세부 값은 바로 파악하기 쉽지 않다. 4번 보기에서 "수치 표기를 추가하면 차트가 간단해진다"는 부분은 부적절하다. 수치 추가는 데이터 비교를 용이하게 할 수 있지만, 시각적 단순함을 해치고 차트를 복잡하게 만들 가능성이 높아진다.

54. 조건부 서식(Conditional Formatting)은 사용자가 정의한 특정 조건에 따라 셀의 색상, 글꼴, 테두리 등을 동적으로 변경하여 데이터를 시각적으로 강조하는 기능이다. 이를 통해 데이터 패턴을 쉽게 식별하고, 중요한 정보를 빠르게 확인할 수 있다. 조건부 서식은 설정된 규칙을 언제든지 수정할 수 있으며, 우선순위도 변경할 수 있다. 또한, 사용자 정의 수식을 활용하여 다양한 조건을 설정할 수 있으며, 숫자뿐만 아니라 텍스트 조건도 적용할 수 있다. 마지막으로, 조건부 서식은 데이터가 변경되면 자동으로 업데이트되므로, 변경된 값에 맞춰 서식이 즉시 적용된다.

55. 자크 베르탱(Jacques Bertin)의 7가지 시각적 변수(Visual Variables)는 데이터 시각화에서 정보를 효과적으로 전달하기 위해 사용되는 요소들로, 데이터의 속성을 보다 직관적으로 표현하는 데 활용된다. 이는 위치, 크기, 색상, 명도, 패턴, 방향, 형태이며 결합은 베르탱이 정의한 시각적 변수가 아니다. 결합을 제외한 나머지 요소들은 각각의 특징들을 올바르게 서술하고 있다.

56.

비기봇 해설

이번 문항은 정보 디자인의 세 가지 범주(데이터 시각화, 정보 시각화, 인포그래픽)와 경영 정보 시각화에서 적절한 접근 방식에 대한 문제입니다. 정보 디자인은 데이터를 효과적으로 전달하기 위해 다양한 방식으로 시각화되며, 특히 경영 정보 시각화는 객관적인 의사결정을 지원하는 역할을 합니다.

1. 인포그래픽(Infographic)은 시각적으로 매력적인 방식으로 정보를 전달하기 위한 도구로, 오히려 삽화, 아이콘, 색상 등 다양한 시각적 요소를 적극적으로 활용하는 특징이 있습니다. 따라서 삽화와 장식을 최대한 적게 사용한다는 설명은 부정확합니다.

2. 나단 셰드로프(Nathan Shedroff)는 데이터 중심보다는 감성적 경험과 정보 디자인의 사용자 친화적 요소를 강조하는 경향이 있습니다. 그의 접근 방식은 정보의 객관적 전달보다는 사용자의 이해와 경험을 고려한 시각적 디자인을 중요하게 생각합니다. 따라서 이 설명은 부정확합니다.

3. 경영 정보 시각화는 데이터 기반 분석을 통해 의사결정을 돕는 것이 주목적이며, 스토리텔링 요소보다는 객관적이고 명확한 데이터 표현이 중요합니다. 에디토리얼 인포그래픽(편집형 인포그래픽)은 신문, 잡지 등의 미디어 콘텐츠에서 효과적으로 사용되지만, 경영 정보 시각화에는 적합하지 않습니다.

4. 에드워드 터프티(Edward Tufte)는 데이터 시각화의 명확성과 정확성을 강조하는 대표적인 학자로, 불필요한 장식을 최소화하고 데이터 자체를 효과적으로 전달하는 방법을 제안합니다. 경영 정보 시각화에서는 데이터의 신뢰성과 의사결정 지원이 핵심이므로, 터프티의 접근 방식이 가장 적합합니다.

따라서, 문제의 정답은 '4. 데이터 중심의 정확한 정보 전달을 목적으로 하는 경영정보시각화에서는 에드워드 터프티의 시각화 방법이 가장 적합하다.' 입니다.

57. 불렛 그래프(Bullet Graph)는 기본적으로 목표와 실제 성과를 비교하는 데 유용한 시각화 도구로, 단순한 막대 그래프보다 더 많은 정보를 전달할 수 있다. 위 그래프에서 세로선(Vertical Marker)은 목표 예산을 의미하며, 진한 가로 막대는 실제 집행된 예산을 나타낸다. 이를 통해 목표 대비 실제 성과를 직관적으로 확인할 수 있으며, 의사결정에 중요한 정보를 제공한다. 또한, 3분기의 경우 목표 예산과 실제 예산이 거의 일치함을 보여주며, 성과가 계획대로 진행되었음을 시각적으로 나타낸다.

58. 보기에서 설명하는 디자인의 기본 원리는 통일이다. 통일은 여러 요소를 조화롭게 배치하여 시각적 안정감과 일관성을 제공하는 원리로, 디자인 전체가 하나의 작품으로 완성된 느낌을 준다. 이는 변화와 상반되는 개념으로, 과도하게 강조하면 단조롭게 느껴질 수 있다. 균형은 요소들의 배치를 통해 시각적 안정감을 제공하는 원리이며, 대비는 서로 다른 요소들을 통해 시각적 흥미를 유발하는 원리이다. 조화는 다양한 요소를 어우러지게 배치하여 조합적 안정감을 주는 원리로, 통일과 유사하지만 강조점이 다르다.

59. 지도의 주요 목적은 지리적 데이터를 시각화하여 위치 정보를 제공하거나, 공간적 패턴과 분포를 이해하게 하며, 특정 지역의 이동 경로 설계에 활용되는 것이다. 복잡한 데이터 분석 결과를 시각화하여 통계적 추세를 보여주는 것은 그래프나 차트와 같은 다른 시각화 도구의 목적에 더 가깝다.

60. 비즈니스 인텔리전스(BI) 소프트웨어는 다양한 데이터 소스를 연결하여 데이터를 정제하고, 분석 과정을 간소화하며 의미 있는 통찰을 제공한다. 또한, 상호작용적인 기능을 통해 실시간 탐색과 데이터 조작이 가능하고, 다양한 시각화 도구를 통해 데이터를 효과적으로 표현한다. 하지만 BI 소프트웨어는 단순히 데이터를 수집하고 저장하는 데만 초점을 두지 않으며, 시각화 및 분석 기능이 주요 특징이다.

제1회 모의고사 답안

경영정보시각화 필기

【정답】

경영정보 일반

01	①	11	②
02	②	12	①
03	①	13	④
04	①	14	④
05	③	15	③
06	②	16	④
07	②	17	④
08	②	18	④
09	②	19	③
10	③	20	②

데이터 해석 및 활용

21	②	31	①
22	②	32	④
23	④	33	③
24	④	34	②
25	②	35	①
26	②	36	①
27	②	37	②
28	④	38	①
29	②	39	②
30	④	40	②

경영정보 시각화디자인

41	③	51	③
42	④	52	③
43	②	53	①
44	④	54	②
45	④	55	③
46	①	56	①
47	②	57	②
48	②	58	②
49	②	59	②
50	④	60	③

영역	맞은 개수
경영정보 일반	/20
데이터 해석 및 활용	/20
경영정보시각화디자인	/20

모바일로 풀기

---

1 경영정보 일반
20문항

01. VRIO 모형은 자원의 경쟁우위를 평가하기 위해 가치(Value), 희소성(Rarity), 모방가능성(Imitability), 조직(Organization)을 핵심 요소로 삼는다. 그러나 보기에서 마(실행 가능성)는 VRIO 모형의 요소가 아니며, 다(시장 점유율)는 시장 성과를 평가하는 데 사용되는 지표이다.

02. 업셀링(Up Selling)이란 고객이 구매하려는 제품보다 더 높은 가격대나 상위 모델을 추천하여 구매를 유도하는 판매 전략이다. 이는 고객이 기본적으로 선택한 제품보다 더 나은 품질이나 기능을 제공하는 제품을 구매하도록 유도하여 판매 수익을 증대하는 방법이다.

03. DIKI 피라미드에서 정보(Information)는 데이터를 목적에 부합하도록 체계화하여 의미 있게 변환한 것이다. 즉, 가공되지 않은 데이터를 정리하여 패턴을 도출하거나, 요약된 내용을 제공하여 의사결정에 도움을 줄 수 있는 상태를 정보라고 한다. 1번 선택지는 날씨 데이터를 정리하여 특정 달의 폭우 발생 여부를 기록한 것으로, 단순한 데이터가 아닌 의미를 부여한 정보이므로 정보(Information)의 예시에 해당한다.

04. BCG 매트릭스는 기업의 사업 포트폴리오를 시장 성장률과 시장 점유율을 기준으로 분석하는 도구이다. 스타(Star), 캐시카우(Cash Cow), 물음표(Question Mark), 개(Dog) 네 가지 유형으로 사업을 분류하며, 적절한 투자 전략을 수립하는 것이 중요하다. 1번 사례는 빠르게 성장하는 피트니스 웨어 시장(스타 사업)에서 투자를 줄이고, 시장 점유율이 낮은 신발 사업(물음표 또는 개 사업)에 집중하는 의사결정이다. 이는 성장 가능성이 높은 사업에서 철수하고, 성장 가능성이 불확실한 사업에 투자하는 비효율적인 선택이다.

05. 리스크 관리는 예상 가능한 위험뿐만 아니라, 불확실성이 높은 요소까지 고려하여 사전에 대비해야 한다. 3번 선택지는 불확실성이 높은 요소들은 계획에서 제외될 수도 있다고 설명하지만, 이는 리스크 관리의 기본 원칙과 맞지 않는다. 리스크 관리는 불확실성이 높은 요소들을 예측하고 대비하는 것이 핵심이며, 완전히 배제하는 것은 적절하지 않다.

06. 이자보상비율과 유동비율 그리고 부채비율은 기업의 안정성을 평가하는 재무비율이며 이자보상비율은 기업의 영업이익과 이자비용으로 충당 능력을 평가하는 것이고 유종비율은 단기 부채를 상환할 수 있는 능력을 평가하고 부채비율은 자본구조의 건전성을 평가한다. 하지만 총자산이익률(ROA, Return on Assets)은 총자산 대비 이익 창출 능력을 측정하여 기업의 수익성을 평가하며, 일반적으로 순이익을 총자산으로 나누어 계산한다. 따라서 "영업이익을 자기자본으로 나누어 계산한다"는 설명은 틀렸다.

07. 비식별화된 브라우저 쿠키와 세션 데이터는 고객 행동 패턴을 추적하는 데 유용하지만, 개별 고객을 식별하는 것은 불가능하다. 비식별 데이터는 특정 개인을 알아볼 수 없도록 처리된 정보이기 때문에 '개별 고객을 식별한다'는 표현은 이러한 개념과 맞지 않는다. 쿠키와 세션 데이터를 통해 구분할 수 있는 것은 개별 고객이 아니라 특정 기기나 브라우저일 뿐이며, 법적으로도 이는 '식별'에 해당하지 않는다.

08. MIS의 주요 하위 시스템에는 SCM(공급망 관리), ERP(전사적 자원 관리), CRM(고객 관계 관리), KM(지식 관리 시스템) 등이 포함된다. 이 중 KM(Knowledge Management)은 조직 내부의 데이터를 체계적으로 관리하고 공유하는 역할을 한다. 그러나 외부 데이터를 수집하고 경쟁사를 분석하는 것은 KM의 주요 역할이 아니며, 외부 데이터 분석은 BI(Business Intelligence) 또는 시장 분석 시스템에서 수행하는 기능이다.

09.

 비기봇 해설

정률법 감가상각은 자산의 장부금액에서 일정 비율(상각률)을 곱하여 매년 감가상각비를 계산하는 방법입니다. 이 방식은 자산의 초기 사용 기간 동안 감가상각비가 높고, 시간이 지남에 따라 점점 낮아지는 특징이 있습니다.

1. (매기 감가상각비) = {(취득원가) - (잔존가치)} ÷ (내용연수) : 해당 공식은 정액법 감가상각 방식입니다. 정액법은 자산의 감가상각비를 매년 동일한 금액으로 계산하는 방식으로, 정률법과는 다른 방법입니다.

2. (매기 감가상각비) = {(취득원가) - (잔존가치)} × {(당기초 잔존내용연수) ÷ (내용연수합계)} : 해당 공식은 연수합계법 감가상각 방식입니다. 연수합계법은 기초 잔존 내용연수의 비례대로 감가상각비를 배분하는 방식으로, 감가상각비가 점진적으로 감소합니다.

3. (매기 감가상각비) = (기초 장부금액) × (상각률) : 해당 공식은 정률법 감가상각의 올바른 공식입니다. 내용연수 동안 매기 일정한 비율을 곱하는 방법으로, 기초 장부금액에 일정 상각률을 곱하여 감가상각비를 계산합니다.

4. (매기 감가상각비) = {(취득원가) - (잔존가치)} × {(당기 생산량) ÷ (총생산량)} : 해당 공식은 생산량비례법 감가상각 방식입니다. 광물자원의 채굴 등에 사용하는 감가상각방법으로, 내용연수 동안의 총생산량에 대한 매기 생산량의 비례대로 배분하는 방식입니다.

10. LTV가 높은 고객은 단순히 1회성 소비를 하는 것이 아니라 지속적으로 브랜드와의 관계를 유지하며 반복 구매를 하는 고객이다. 기업 입장에서 LTV가 높은 고객은 정기적으로 제품을 구매하며 브랜드와 지속적인 관계를 유지하는 고객이다. 또한 브랜드와 적극적으로 상호작용하면서 서비스와 프로모션에도 반응하는 고객은 기업이 장기적으로 관리할 가치가 높은 고객이다.

11. 추세적 수요는 시간이 흐름에 따라 지속적으로 증가하거나 감소하는 방향성을 가지며, 장기적인 수요 변화를 예측하는 데 주로 활용된다. 반면, 단기적인 수요 변동 예측은 계절적 요인, 시장의 일시적인 변화, 경제적 이벤트 등으로 인해 발생하는 변동성을 고려해야 하므로 단기 예측보다는 장기적인 방향성을 분석하는 데 적합하다.

12. CPC는 총 광고비를 클릭 수로 나눈 값으로, 광고 클릭당 비용을 계산한다. 나머지 선택지들은 CPC의 계산법과는 관련이 없다.

13. EOQ는 일정한 연간 수요량과 고정된 리드타임을 가정하며, 제품별로 개별적으로 주문량을 산출해야 한다. 또한, EOQ 모형은 수요 변동이 거의 없는 경우에 적합하며, 계절적 변동이 크거나 불규칙한 수요를 가진 제품에는 적용하기 어렵다.

14. AOA(Activity on Arrow)와 AON(Activity on Node) 네트워크 다이어그램은 프로젝트 관리에서 작업의 흐름을 시각적으로 표현하는 방법이다. AOA는 활동을 화살표로, 노드를 이벤트로 나타내며, AON은 활동을 노드로 표현한다. AON은 활동을 노드로 표현하고 의존 관계를 화살표로 연결하므로 직관적이지만 AOA는 이벤트 기반으로 복잡한 관계를 나타내려면 더미 활동을 추가해야 하므로 해석이 덜 직관적이다. AOA에서 노드는 이벤트(예: 활동 시작, 종료)를 나타내고, 활동은 화살표로 연결되지만 AON에서는 활동이 노드 자체로 표현되며, 시작과 종료가 노드에 내포된다. AOA는 복잡한 선후 관계를 표현하기 위해 더미 활동을 사용해야 하므로 직관성이 떨어지고, AON은 의존 관계를 명확히 나타내 복잡한 프로젝트에 더 적합하다 그러므로 4번 설명은 적절하지 않다.

15. 콜옵션은 구매자에게 만기일에 기초자산을 행사가격(Strike Price)에 매수할 권리를 부여합니다. 가격이 상승하면 이익을 얻을 수 있다. 풋옵션은 구매자에게 만기일에 기초자산을 행사가격에 매도할 권리를 제공합니다. 가격이 하락하면 이익을 얻을 수 있다. 풋옵션 매도자는 매수자가 옵션을 행사하면 기초자산을 행사가격에 매수해야 합니다. 기초자산 가격이 하락하면, 매도자는 높은 행사가격에 매수한 후 낮은 시장 가격에 처분해야 하므로 손실이 발생할 수 있다. 콜옵션 매수자는 기초자산 가격이 상승하면 행사가격에 매수한 후 더 높은 시장 가격에 매도하여 이익을 얻게 된다. 손실은 가격이 하락하거나 행사가격을 넘지 못할 때 발생하게 된다. 따라서 "상승 시 손실"이라는 설명은 사실과 반대이므로 가장 적절하지 않습니다

16. 자본변동표(Statement of Changes in Equity)는 일정 기간 동안 기업의 자본(납입자본, 이익잉여금, 기타포괄손익 등)의 변동 내역을 보여주는 재무제표입니다. 주로 자본의 증가(예: 주식 발행)와 감소(예: 배당금 지급), 기타 자본 항목 변동(예: 재평가잉여금)을 기록합니다. 개별 투자자의 개인 정보는 주주명부나 별도 문서에서 관리됩니다.

17.

비기봇 해설

광고비를 증가시키면, 초기에는 광고 효율이 유지되거나 개선될 수 있지만, 일정 수준 이상에서는 광고 효과가 점차 감소하는 한계 효과가 발생할 수 있습니다. 그러나 ROAS가 항상 급격히 하락하는 것은 아니며, 광고 전략 및 타겟팅 방식에 따라 다르게 나타날 수 있습니다.

1. ROAS는 광고비 대비 매출만 반영하며, 실제 순이익이나 고객 유지율을 고려하지 않습니다. ROAS가 높아도 고객 획득 비용(CAC)이 높거나 재구매율이 낮다면, 장기적으로 손실이 발생할 수 있습니다.

2. ROAS 200%는 광고비 100만 원으로 매출 200만 원을 창출했다는 의미지만, 순이익을 보장하지는 않습니다. CAC(고객 획득 비용), 제품 원가, 운영비 등을 고려해야 실제 광고 효율성을 평가할 수 있습니다.

3. ROAS는 단기적인 광고 성과만 측정하므로, 장기적인 광고 전략을 판단하기 어렵습니다. 고객 생애 가치(LTV), 브랜드 인지도, 고객 유지율 등의 요소도 고려해야 합니다. ROAS만 보고 광고비를 조정하면, 장기적인 수익성을 놓칠 위험이 있습니다.

4. 광고비가 증가하면 ROAS가 낮아질 수 있지만, "급격히 하락한다"고 단정할 수 없습니다. 광고 효율은 시장 포화, 경쟁 강도, 타겟팅 전략 등 여러 요인에 의해 결정되며, ROAS의 변화 속도는 다를 수 있습니다. 광고비 증가가 ROAS 감소로 이어질 수는 있지만, 반드시 급격한 하락이 발생한다고 볼 수는 없습니다. 이 보기는 설명일 적절하지 않습니다.

18. 불량의 종류별 발생 횟수를 정리하고, 가장 많이 발생한 불량 유형을 찾기 위해서는 전체 불량 중에서 가장 큰 영향을 주는 주요 원인을 찾을 수 있는 파레토 분석 기법을 활용할 수 있다. 그 후 불량이 어떤 조건에서 많이 발생하는지 분석하기 위해 히스토그램 기법과 산점도 기법을 활용할 수 있다. 마지막으로 품질 점검을 위해서는 체크리스트를 활용할 수 있다. 이 모든 과정을 충족하는 가장 적절한 조합은 2번이다.

19. 행태관찰척도법(BOS, Behavioral Observation Scale)은 피평가자의 행동을 구체적인 사례에 따라 정리하고, 해당 행동이 얼마나 자주 발생하는지를 평가하는 방법이다. 행동 빈도를 기반으로 평가하기 때문에 평가자의 주관적 판단을 줄이고, 객관적인 평가를 가능하게 한다. 평가센터법은 피평가자 집단의 다양한 활동들을 복수의 평가자가 관찰 및 평가하는 방법이고, 서열법은 평가 결과에 따라 피평가자의 순위를 평정하는 방법이며, 행태기준평정법(BARS)은 피평가자의 구체적인 행동을 사전에 설정된 유형과 등급으로 평정하는 방법이다.

20. KOSIS는 주로 집계된 통계 데이터를 제공하며, 일부 데이터는 원자료(Raw Data) 형태로도 제공되지만, 모든 데이터가 원자료 형태로 제공되는 것은 아니다. 원자료(Raw Data)가 필요한 경우, 통계청의 마이크로데이터 통합서비스(MDIS) 또는 관련 기관의 별도 데이터 서비스를 이용해야 한다. 따라서 "모두 원자료 형태로 제공된다"는 설명은 부적절하다.

2 데이터 해석 및 활용
20문항

21. 표본공간은 확률 실험에서 발생할 수 있는 모든 가능한 결과의 집합을 의미하며, 각 결과는 상호 배타적이다. 확률분포는 확률변수가 가질 수 있는 값과 그 값의 확률을 나타내고, 사건은 표본공간의 부분 집합이며, 확률변수는 사건에 숫자를 할당하는 함수이다. 독립시행은 각 시행이 다른 시행의 결과에 영향을 받지 않는 실험을 의미한다.

22. 맥락적 해석 관점은 데이터가 수집된 환경, 시간, 장소 등의 배경과 상황을 고려하여 데이터를 해석하는 방식이다. 비교 분석 관점은 서로 다른 데이터 세트를 비교하여 차이점과 유사점을 분석하는 기법으로, 특정 변수의 영향을 명확히 이해하는 데 초점을 맞춘다. 통계적 접근 관점은 평균, 표준편차 등의 통계 기법을 활용하여 데이터의 신뢰성과 유의성을 평가하는 과정이며, 패턴 인식 관점은 데이터 내에서 반복적으로 나타나는 경향이나 패턴을 식별하는 과정으로, 특정 맥락이 아닌 데이터 간의 유사성을 찾는 데 집중한다.

23. (A)는 학년이 1일 때 (1, 0, 0), 2일 때 (0, 1, 0), 3일 때 (0, 0, 1)로 변환된 것을 보면 원-핫 인코딩을 적용한 결과임을 알 수 있다. (B)와 (C)는 모두 범주형 변수가 정수로 변환되었지만, 변환된 내용을 비교해보면 (B)는 학년이 1 → 0, 2 → 2, 3 → 1로 변환 (C)는 학년이 1 → 1, 2 → 2, 3 → 3으로 변환된 것으로 보아 (B)는 레이블 인코딩, (C)는 순서형 인코딩이 적용되었음을 알 수 있다.

24. 데이터 시각화는 데이터를 그래프, 차트, 대시보드 등으로 표현하여 데이터를 쉽게 이해하고 분석하는 데 초점이 맞춰져 있다. 이를 통해 데이터의 패턴과 트렌드를 확인하거나, 의사 결정을 지원한다. 하지만 데이터 저장 비용 절감이나 저장 공간 문제를 해결하는 것은 데이터 시각화의 주요 목적이 아니다.

25. ALTER TABLE은 필드 추가, 데이터 유형 변경, 제약 조건 추가 등에 사용된다. 테이블 이름 변경은 RENAME 명령어를 사용해야 한다.

26. 데이터 기반 의사결정은 보다 객관적이고 신뢰성 있는 결정을 내리는 방식이다. 이를 통해 의사결정의 신뢰성이 증가하며, 직관이나 경험이 아닌 데이터에 근거하여 빠르고 정확한 판단을 내릴 수 있다. 또한, 초기 분석 비용이 들 수 있으나 장기적으로는 비효율적인 의사결정을 줄여 비용 절감 효과를 가져올 수 있다.

27. 빅데이터에 대한 요소 중 다양성(Variety)은 데이터의 형태(정형, 반정형, 비정형)와 출처(소셜 미디어, 센서, 로그 등)가 다양하다는 것을 의미한다. 그러나 "빠른 속도로 처리할 수 있는 환경"은 Variety보다는 Velocity(속도)에 더 직접적으로 관련된 특성이다. 속도(Velocity)는 데이터가 생성되고 처리되는 속도를 의미하며, 실시간 처리(예: IoT 데이터, 주식 거래 데이터)가 중요한 환경에서 핵심적이다. 빠른 속도로 처리하지 못하면 실시간 의사결정이 어려운 점을 정확히 지적하며, 스트리밍 기술(예: Apache Kafka)과 실시간 분석 도구의 필요성을 강조한다.

28. 공공 데이터는 일반적으로 개방되어 있지만, 모든 공공 데이터가 반드시 웹사이트 운영자의 사전 허가가 필요한 것은 아니다. 일부 공공 데이터는 자유롭게 사용할 수 있지만, 개인정보 보호법이나 특정 법률(예: 정부 데이터 규정 등)에 따라 제한이 있을 수 있다. 따라서 모든 공공 데이터는 반드시 허가가 필요하다는 설명은 부적절하다. 다른 선택지는 모두 옳은 설명이다.

29. NoSQL 데이터베이스는 수평적 확장과 비정형 데이터 처리에 강점이 있지만, 다중 트랜잭션 처리와 관계형 데이터 모델이 중요한 금융 시스템에는 적합하지 않다. 이 경우 ACID 속성을 지원하는 RDBMS가 적합하다.

30.

비기봇 해설

1. 정규분포는 평균을 중심으로 대칭적인 연속 확률 분포로, 모평균을 검정할 때 자주 사용됩니다. 하지만 표본 크기가 충분히 크다면 중심극한정리에 의하여 모분산이 알려지지 않은 경우에도 사용할 수 있습니다. 따라서 "모분산이 알려진 경우에만 제한적으로 사용한다."는 설명은 부정확합니다.

2. t-분포는 정규분포와 유사하지만 꼬리가 더 두꺼운 분포이며, 표본의 크기가 작을수록 더 두드러집니다. 표본의 크기가 작고 모분산이 알려지지 않은 경우에 주로 사용됩니다. 하지만 문제의 설명에서는 "꼬리가 더 얇은 확률 분포"라고 잘못 설명하고 있어 부적절합니다.

3. 카이제곱 분포는 0 이상의 값을 가지는 비대칭적인 분포로, 모분산 검정, 적합도 검정, 동질성 검정, 독립성 검정 등에 활용됩니다. 이 분포는 자유도가 커질수록 정규분포에 가까워지며, 작은 자유도에서는 한쪽으로 치우친 형태를 가집니다. 하지만 문제에서는 "항상 0보다 큰 값을 가진다"라고 설명하고 있어 부정확합니다. 실제로 카이제곱 분포는 0 이상의 값을 가질 수 있지만, 0 자체도 포함될 수 있습니다. 따라서 "항상 0보다 크다"는 표현은 정확하지 않습니다.

4. F-분포는 두 개의 독립적인 카이제곱 분포를 기반으로 생성된 분포로, 등분산 검정(Levene's Test), 회귀분석, 분산분석(ANOVA) 등의 다양한 통계적 검정에서 활용됩니다. F-분포는 항상 0 이상의 값을 가지며, 비대칭적 형태를 띠고 있습니다. 또한, 분포의 꼬리가 길어지며, 자유도에 따라 형태가 변합니다.

따라서, 문제의 정답은 '4. F분포 - 두 개의 독립인 카이제곱 분포를 결합하여 만들어진 분포로, 등분산 검정과 회귀분석, 분산분석 등 다양한 통계 분석에 사용한다.' 입니다.

31. 개체 무결성(Entity Integrity)은 관계형 데이터베이스에서 기본 키(Primary Key)가 각 행을 고유하게 식별해야 하며, null 값을 가질 수 없도록 보장하는 규칙이다. 기본 키에 null 값이 포함되면 특정 행을 식별할 수 없어 개체 무결성이 위반된다. 예를 들어, 학생 테이블에서 학번(기본 키)이 null이면 해당 학생을 구분할 수 없다.

32. 구현 단계(Implementation)는 설계가 완료된 데이터베이스를 실제로 구축하고 데이터를 입력하며 시스템을 운영하는 단계이다. 이 단계에서는 SQL로 테이블을 생성하거나 데이터를 삽입하는 작업이 주로 이루어진다. 반면, 데이터 모델의 다이어그램 작성(예: ER 다이어그램)은 개념적 설계나 논리적 설계 단계에서 수행되는 작업으로, 구현 단계와는 맞지 않다. 따라서 이 연결은 데이터베이스 설계 단계와 가장 적합하지 않으므로 정답이다.

33.

비기봇 해설

개인의 프라이버시를 보호하기 위해 데이터에서 준식별자(Quasi-Identifier) 값들을 조정하는 기술로는 k-익명성(k-Anonymity), l-다양성(l-Diversity), t-근접성(t-Closeness), m-유일성(m-Uniqueness)이 있습니다.

1. ①보기는 t-근접성(t-Closeness)에 대한 설명입니다. t-근접성은 준식별자 그룹 내에서 특정 민감 속성(예: 질병, 연봉 등)의 분포가 전체 데이터셋의 민감 속성 분포와 유사하도록 조정하는 기법입니다. 이는 l-다양성이 정보 쏠림(즉, 한 가지 값이 너무 많이 나타나는 문제)을 해결하지 못하는 단점을 보완하는 방법입니다.

2. ②보기는 다양성(l-Diversity)에 대한 설명입니다. l-다양성은 동일한 준식별자 그룹 내에서 민감한 속성이 최소 l개의 서로 다른 값을 가지도록 설정하는 기법입니다. 단순히 k-익명성만 적용하면 준식별자 그룹 내의 모든 민감 속성이 동일할 경우 정보가 노출될 가능성이 있어 이를 방지하기 위해 제안된 방법입니다.

3. ③보기는 k-익명성(k-Anonymity)에 대한 설명으로 정답입니다. k-익명성은 데이터에서 준식별자 값들이 최소 k개 이상의 동일한 조합을 갖도록 변환하여, 특정 개인을 쉽게 식별할 수 없게 하는 기법입니다. 예를 들어, 환자 데이터에서 "30대 남성, 서울 거주"라는 준식별자 조합이 최소 k명의 다른 환자에게서도 동일하게 나타나도록 변환하면, 특정 개인을 식별하기 어려워집니다.

4. ④보기는 m-유일성(m-Uniqueness)에 대한 설명입니다. m-유일성은 원본 데이터셋을 익명 가공하여, 합리적으로 예상되는 모든 수단을 동원하더라도 특정 개인을 식별하지 못하도록 보장하는 검증 조건을 적용하는 기법입니다. 이를 통해 어떠한 속성 조합이라도 최소 m개의 레코드에서만 유일하게 나타나도록 강제하여 개인 식별을 방지합니다.

34. SQL에서 특정 조건을 만족하는 데이터를 조회할 때 WHERE 절을 사용한다. 이 문제에서는 나이가 25 이상(≥ 25)인 사람을 조회하는 SQL 문을 찾는 것이 핵심이며, 주어진 선택지를 바탕으로 가장 적절한 SQL문은 SELECT * FROM exam WHERE age ≥ 25 이다. SELECT 뒤의 *는 모든 열(ID, name, age)을 선택한다는 의미이며, 4번은 나이가 25 이상인 경우를 조회하지만, age 열만 조회하여 사람을 찾을 수 없으므로 부적절하다.

35. 데이터 웨어하우스는 조직의 다양한 데이터를 주제별로 통합하여 저장하고, 주로 분석 및 의사결정을 지원하는 데 활용되며 과거 데이터를 기반으로 경영 보고서를 생성하거나, 트렌드를 분석하여 전략적 결정을 내리는 데 사용된다. 반면, 대규모 IoT 센서 데이터를 실시간으로 수집 및 처리하는 것은 데이터 웨어하우스보다는 데이터 레이크나 스트리밍 데이터 처리 시스템이 더 적합하다.

36. 셀프 서비스 비즈니스 인텔리전스(Self-Service BI)는 비전문가(비즈니스 사용자)가 IT 부서나 데이터 전문가의 도움 없이 스스로 데이터를 탐색, 분석, 시각화할 수 있도록 설계된 도구와 접근 방식을 의미한다. 예를 들어, Tableau나 Power BI를 사용해 직원이 직접 보고서를 생성한다. 이는 셀프 서비스 BI의 핵심 특징으로, 사용자의 자율성과 접근성을 강조하므로 가장 적절한 설명이다.

37. 데이터 무결성은 데이터의 정확성, 일관성, 신뢰성을 유지하는 것을 목표로 하며, 데이터 중복은 이를 저해하는 요소이다. DBMS는 정규화(Normalization)를 통해 중복을 최소화하여 무결성을 보장한다. 데이터 중복을 허용하는 것은 검색 속도를 높일 수 있는 경우(예: 색인 사용)가 있으나, 이는 무결성 유지와 반대되는 개념으로 데이터 일관성을 해칠 수 있다. 따라서 데이터 무결성을 유지하기 위한 기능으로 적절하지 않다.

38. 분산 데이터베이스(Distributed Database)는 물리적으로 여러 위치에 분산된 데이터베이스를 네트워크로 연결하여 하나의 논리적 데이터베이스로 관리하는 시스템이다. 데이터 일관성을 보장하기 위해 분산 트랜잭션(예: 2단계 커밋 프로토콜)이 사용되며, 각 노드가 협력하여 분산 관리 방식으로 운영된다. "분산 관리 방식"은 중앙집중식이 아닌 분산된 노드 간 협력을 의미하며, 이는 분산 데이터베이스의 핵심 정의와 부합한다. 예를 들어, 서울과 부산의 데이터베이스가 네트워크로 연결되어 통합 쿼리를 처리한다.

39. 주어진 조건을 정리하면, P(A)=0.3 (사건 A가 발생할 확률)이고 P(B')=0.4(사건 B가 발생하지 않을 확률)이다. 사건 A와 B는 서로 독립이므로, 사건 A와 B가 동시에 발생할 확률은 P(A∩B)=P(A)P(B)=0.3×0.6=0.18이다. 따라서, 사건 A와 B가 동시에 발생하지 않을 확률은 P(A'∪B')=1- P(A∩B)=1-0.18=0.82이다.

40. 암호화 기술은 데이터 저장 및 전송 시 데이터를 암호화하여 외부의 불법적인 접근으로부터 보호하는 데 필수적이다. 패턴 학습과 자동화를 활용하는 인공지능은 데이터 처리와 분석에 초점이 맞춰져 있고, 가상 현실과 사물 인터넷은 각각 사용자 경험과 네트워크 형성에 관련된 기술로 데이터 보안과는 직접적인 연관성이 없다.

3 경영정보시각화 디자인
20문항

41. 정보 시각화는 데이터를 직관적으로 표현하여 인간의 정보 처리 능력을 확장하는 데 도움을 주며, 복잡한 내용을 쉽게 전달하는 역할을 한다. 또한, 문자보다 높은 주목성을 가지며 과학 원리나 복잡한 데이터를 기호나 다이어그램으로 표현하는 것이 가능하다. 그러나 정보 시각화는 정보를 재가공하는 과정에서 왜곡이 발생할 수 있으며, 문화적 요인에 따라 다르게 해석될 수 있다. 반면, 정보 시각화가 항상 객관적이며 동일하게 해석된다는 설명은 틀린 내용으로, 시각화 방식에 따라 정보가 다르게 전달될 가능성이 있다. 따라서 정답은 3번이다.

42. 보기에서 설명하는 정보 시각화의 목적은 복잡한 데이터를 이해하기 쉽게 가공하고, 정확하고 명확하게 전달하는 것에 중점을 두고 있다. 이러한 과정은 사용자가 데이터를 효과적으로 해석하고, 객관적인 의사결정을 내릴 수 있도록 돕는 정보 전달의 핵심 목적이다. 정보 인식은 데이터를 처음 접하고 이해하는 과정과 관련이 있으며, 설득은 특정한 메시지를 강조하거나 주장을 뒷받침하기 위한 시각화의 목적이고 인사이트는 데이터를 통해 새로운 통찰을 얻는 것을 의미한다.

43. 모자이크 도표는 두 개 이상의 범주형 변수 간의 관계를 시각적으로 나타내는 차트로, 각 범주 조합의 빈도를 사각형의 면적으로 표현한다. 사각형의 크기는 빈도 크기를 나타내며, 이를 통해 변수 간의 상호작용과 비율적 비교를 분석할 수 있다. 트리맵은 계층적 데이터를 면적으로 나타내는 도구이고, 파이차트와 도넛차트는 데이터의 비율을 원형 형태로 시각화하는 데 사용된다. 따라서 보기의 설명에 가장 적합한 시각화 기법은 모자이크 도표이다.

44. 제공된 차트는 선형 차트(Line Chart)로, 주로 시간의 흐름에 따른 데이터 변화를 시각화하는 데 사용된다. 이 차트는 데이터 포인트를 선으로 연결하여 추세를 강조하며, 일정한 시간 간격을 가진 데이터의 패턴을 쉽게 파악할 수 있도록 한다. 범주형 데이터를 시각화하고 데이터 간 비율을 막대의 높이로 나타내는 것은 막대 그래프이며, 개별 데이터 포인트 간의 관계를 강조하는 것은 산점도와 더 관련이 있다. 여러 데이터 세트를 비교할 때 색상 없이 동일한 스타일을 사용하는 것은 선형 차트와는 맞지 않는 특징이다.

45.

비기봇 해설

이번 문항은 자크 베르탱의 그래픽 7요소에 대한 설명에 관한 문제입니다. 자크 베르탱은 데이터 시각화의 기초 원리를 정립한 중요한 인물로, 그래픽 7요소를 통해 데이터를 효과적으로 표현하는 방법을 제시했습니다.

1. **프랑스의 지리학자이자 정보 디자이너인 자크 베르탱은 데이터의 시각적 표현과 관련하여 그래픽 7요소를 정의하고 이를 시각화의 기본 원리로 제시하였다** : 자크 베르탱은 데이터 시각화를 위한 그래픽 7요소를 정의하여 데이터의 의미 전달에 중요한 역할을 했습니다. 옳은 설명입니다.

2. **그래픽 7요소는 시각적 표현을 이해하고 설계하는 데 도움을 주기 위해 제안되었으며, 시각화 디자인의 기초를 제공한다** : 이 설명도 맞습니다. 그래픽 7요소는 시각적 표현을 효과적으로 이해하고 설계하는 데 중요한 기초를 데이터 시각화에서 어떤 변수를 어떤 방식으로 표현해야 직관적으로 이해하기 쉬운지 결정하는 데 중요한 기준이 됩니다.

3. 그래픽 7요소는 크기, 모양, 색, 명도(밝기), 방향, 위치, 질감으로 구성되며, 각 요소는 데이터를 시각적으로 표현하는 데 중요한 역할을 한다 : 이 설명은 그래픽 7요소의 구성요소를 정확하게 나열하고 있으며, 각 요소의 중요성을 강조하고 있습니다. 따라서 옳습니다.

4. 그래픽 7요소는 데이터를 설계하는 과정에서 데이터를 구조화하고 시각적으로 이해하기 쉬운 형태로 만들기 위한 도구로 정의되었다 : 옳지 않은 설명입니다. 그래픽 7요소는 데이터 자체를 설계하는 과정에서 사용되는 것이 아니라, 데이터의 시각적 표현을 위한 도구입니다. 즉, 데이터를 구조화하는 것이 아니라, 이미 존재하는 데이터를 효과적으로 시각화하는 방법론을 제공하는 개념입니다.

따라서, 문제의 정답은 '4. 그래픽 7요소는 데이터를 설계하는 과정에서 데이터를 구조화하고 시각적으로 이해하기 쉬운 형태로 만들기 위한 도구로 정의되었다.' 입니다.

46. 조화는 디자인에서 서로 다른 요소들이 자연스럽게 어우러져 균형 잡힌 시각적 효과를 만들어내는 원리이다. 이를 위해 일관된 색상, 글꼴, 텍스처, 레이아웃 등을 활용하여 통일성을 유지하는 것이 중요하다. 디자인에서는 대조적인 요소를 적절히 배치하여 조화를 형성할 수도 있다. 하지만 글꼴, 색상, 텍스처 등을 일관성 없이 배치하면 조화가 깨지고, 디자인이 산만해질 수 있다.

47. 오컴의 면도날은 불필요한 가정을 배제하고 가장 단순한 설명을 선택해야 한다는 철학적 원칙이다. 이를 디자인에 적용하면, 불필요한 시각적 요소(클러터)를 제거하고, 핵심 정보만을 효과적으로 전달하는 방향으로 최적화하는 것과 같은 맥락을 가진다. 오컴의 면도날에서는 불필요한 논리를 추가하는 것이 아니라 최소한의 논리로 설명하는 것이 핵심이며 불필요한 가정을 줄이는 것이 중요하다고 본다. 동일한 현상을 설명하는 두 가지 주장이 있을 때, 더 단순한 주장을 선택해야 한다는 것은 오컴의 면도날의 핵심이므로, 복잡한 주장을 선택하는 것은 잘못된 해석이다.

48. 차트에 사용되는 인포그래픽 디자인 요소에는 격자선, 주석, 두 번째 축 등이 포함될 수 있다. 격자선은 데이터를 읽기 쉽게 도와주고, 주석은 데이터를 보완하여 추가적인 설명을 제공하며, 두 번째 축은 여러 변수를 한 차트에 시각화할 때 사용된다. 반면, 범례는 데이터의 구분이나 색상에 대한 정보를 제공하는 요소로, 해당 차트에는 반영되지 않았다.

49. 재현 가능성은 분석 결과를 동일하게 재현할 수 있도록 기술과 프로세스를 명확히 문서화해야 하는 단점 중 하나이다. 호환성은 운영체제나 브라우저 간 차이로 인해 발생하는 기술적 제약을 뜻하며, 유지보수의 어려움은 지속적인 업데이트로 인한 관리 문제를 설명한다. 반면, 데이터를 직관적으로 이해하고 관계를 파악하는 것은 단점이 아니라 긍정적인 측면이다.

50. Tableau에서 ABS 함수는 주어진 숫자의 절대값을 반환하는 함수로, 입력 값이 양수든 음수든 항상 양수로 변환된다. 예를 들어, ABS(-10)은 10을 반환한다. ROUND는 숫자를 반올림하는 함수로 절대값을 반환하지 않으며, LOWER는 문자열을 소문자로 변환하는 함수이다. TRIM은 문자열의 앞뒤 공백을 제거하는 함수이다.

51. 데이터의 불확실성이나 오차를 시각적으로 나타내는 데 가장 적합한 차트 유형은 눈모양도표이다. 눈모양도표는 각 데이터 포인트에 대해 중심값과 상하 오차 범위를 함께 표현하여 불확실성을 직관적으로 전달한다. 반면, 덤벨차트는 두 지점 간의 차이를 나타내는 데 주로 사용되며, 경사차트는 시간에 따른 순위 변화를 시각화하는 데 적합하다. 점도표는 단일 데이터 포인트를 표현하지만 불확실성이나 오차 범위를 명시적으로 표시하지 않는다.

52. 결합형 차트는 서로 다른 종류의 데이터를 효과적으로 비교하거나 강조하기 위해 2개 이상의 차트 유형을 조합하여 사용한다. 단일 축을 활용할 수도 있지만, 이중 축을 사용하면 서로 다른 단위나 범위를 가진 데이터를 동시에 표현할 수 있어 복합적인 정보 전달이 가능하다. 하지만 시각적 요소가 복잡해질수록 인지 부하는 증가할 수 있으며, 데이터 해석이 어려워질 수도 있다. 따라서 결합형 차트가 복잡함에도 불구하고 인지 부하를 낮춘다는 3번 선택지는 부적절한 설명이다.

53. 산점도는 두 변수 간의 관계를 시각적으로 나타내는 데 적합한 차트 유형이다. 보기의 조건에서 X축은 부유함의 변화율, Y축은 패스트푸드 매출의 변화율로 설정되어 두 연속형 변수 간의 관계를 분석하려는 목적으로 가장 적합하다. 산점도는 데이터의 분포와 방향(양수), 강도(보통) 등을 시각적으로 확인할 수 있다. 히스토그램은 단일 변수의 분포를, 라인차트는 시간에 따른 데이터 변화를, 히트맵은 데이터의 밀도나 강도를 색상으로 표현하는 데 사용되므로, 보기의 조건에 부합하지 않는다.

54. 분포 시각화는 데이터 값이 전체 데이터 집합 내에서 어떻게 분포되어 있는 지를 보여주며, 데이터의 패턴, 밀집도, 이상치 등을 파악하는 데 도움을 준다. 주로 히스토그램, 박스 플롯, 밀도 곡선과 같은 차트를 활용하여 데이터를 분석한다. 변수 간의 연관성과 상관관계를 분석하는 것은 관계 시각화에 해당하며, 오차나 변동성을 강조하는 것은 불확실성 시각화의 영역이다. 또한, 데이터의 양을 표현하기 위해 막대나 원형 차트를 사용하는 것은 수량 혹은 비율 시각화에 가깝다.

55. 생키차트는 데이터의 흐름과 양을 시각적으로 표현하는 데 적합한 차트 유형으로, 선의 굵기로 흐름의 크기를 나타낸다. 이는 주로 에너지 흐름, 사용자 행동 경로, 자원 이동 등 복잡한 흐름 데이터를 시각화하는 데 사용된다. 1번은 라인차트의 특징을, 2번은 방사형 다이어그램의 설명을, 4번은 트리맵에 대한 설명을 포함하고 있어 생키차트와는 관련이 없다.

56. 파이차트, 도넛차트, 트리맵, 와플차트는 모두 데이터를 비율적으로 시각화하는 데 사용되는 대표적인 차트 유형이다. 파이차트와 도넛차트는 전체 데이터를 여러 부분으로 나누어 각 부분의 비율을 직관적으로 보여준다. 트리맵은 계층적 데이터의 비율을 사각형 면적으로 나타내며, 와플차트는 작은 셀로 구성된 그리드를 사용해 비율을 시각적으로 표현한다. 이들은 모두 데이터의 구성 비율을 시각화하는 데 적합한 도구들로, 비율 시각화 유형에 속한다.

57.

비기봇 해설

주어진 그림과 보기의 설명을 종합했을 때 빈칸에 들어갈 시각화 유형은 데이터의 분포를 색상으로 표현하는 단계구분도 가 가장 적합합니다.

1. 카토그램: 지리적 영역의 크기를 특정 데이터에 따라 변형하여 표현하는 방식입니다. 이 경우, 데이터의 양에 따라 지역의 크기가 왜곡됩니다.

2. 단계구분도: 특정 지역의 데이터를 구간별로 나누어 색상이나 음영으로 표현하는 지도입니다. 이 시각화 유형은 데이터의 분포와 경향을 쉽게 파악할 수 있게 해줍니다.

3. 카토그램 히트맵: 카토그램과 히트맵의 요소가 결합된 형태로, 데이터의 밀도를 시각화하면서 지역의 크기를 왜곡하는 방식입니다.

4. 히스토그램: 데이터의 분포를 막대그래프로 나타내는 방식으로, 일반적으로 시간이나 범주에 따른 빈도를 보여줍니다.

따라서, 문제의 정답은 '2. 단계구분도' 입니다.

58. 버터플라이 차트는 두 가지 항목 또는 변수를 비교하는 데 적합한 차트 유형이다. 일반적으로 두 개의 막대형 차트를 좌우 대칭 형태로 배치하여 비교 대상 간의 차이를 직관적으로 보여준다. 주로 인구 분포, 설문조사 결과, 성별 비교 등의 데이터를 시각화하는 데 사용된다. 반면, 버블 차트는 세 개 이상의 변수(두 개의 축과 버블 크기)를 표현하는 데 활용되며, 오차 막대 차트는 데이터의 신뢰 구간을 나타내는 데 사용된다. 파이 차트는 전체 대비 각 항목의 비율을 나타내는 데 적합하므로, 두 가지 변수를 비교하는 데 적절하지 않다.

59. 모자이크차트는 두 개 이상의 범주형 변수의 관계를 시각적으로 나타내며, 각 범주의 조합 빈도를 셀의 크기로 표현하는 차트 유형이다. 각 셀의 높이와 너비는 해당 범주의 상대적 비율을 반영하며, 데이터를 비율적으로 비교하고 변수 간의 상호작용을 분석하는 데 유용하다. 트리맵은 계층적 데이터를 면적으로 표현하고, 와플차트는 데이터를 작은 셀로 분할해 비율을 나타내는 차트이며, 박스플롯은 데이터의 분포와 이상치를 시각화하는 데 사용된다.

60. '빌리언 달러 오그램' 그래프는 트리맵(Treemaps) 기법을 활용하여 다양한 경제적 데이터를 시각화한 것이다. 각 사각형의 크기는 해당 항목의 금액을 나타내며, 색상은 데이터의 성격을 구분하는 데 사용된다. 따라서 그래프는 금액의 상대적 규모와 데이터의 유형을 직관적으로 파악할 수 있도록 도와준다. 또한, 복잡한 데이터를 단순화하여 가시성을 높이고, 한눈에 비교할 수 있도록 구성된다는 점에서 정보 전달력이 뛰어나다. 이 차트는 여러가지 색상, 사각형의 크기, 사각형의 모양의 다양한 방법으로 여러 데이터를 표현하고 있다.

제 2회 모의고사 답안

경영정보시각화능력 필기

【 정답 】

경영정보 일반			
01	④	11	①
02	②	12	②
03	②	13	②
04	③	14	③
05	①	15	③
06	③	16	③
07	③	17	②
08	②	18	②
09	③	19	③
10	③	20	③

데이터 해석 및 활용			
21	①	31	④
22	④	32	④
23	③	33	①
24	②	34	③
25	②	35	②
26	①	36	③
27	④	37	②
28	②	38	②
29	④	39	④
30	②	40	②

경영정보 시각화디자인			
41	④	51	④
42	③	52	②
43	④	53	④
44	④	54	④
45	②	55	③
46	①	56	③
47	①	57	③
48	③	58	①
49	④	59	④
50	③	60	④

영역	맞은 개수
경영정보 일반	/20
데이터 해석 및 활용	/20
경영정보시각화디자인	/20

모바일로 풀기

---

1 경영정보 일반
20문항

01. SERVQUAL의 구성 요소에는 신뢰성, 확신성, 유형성, 공감성, 대응성이 있으며, 그 중 유형성은 서비스 제공 환경의 물리적 요소를 의미하며, 시설, 장비, 직원의 외모 등 눈으로 확인할 수 있는 요소에 해당한다. 따라서 서비스의 품질을 직접적으로 측정하고 개선하는 것은 유형성의 정의와 일치하지 않으므로 4번 선택지는 부적절한 설명이다.

02.

 비기봇 해설

크로스셀링이란, 고객이 이미 구매한 상품과 연관된 보완 제품이나 서비스를 함께 구매하도록 유도하는 전략을 말합니다. 해당 전략은 고객의 구매 패턴을 분석하여 관련 상품을 추천하는 방식으로 진행됩니다.

1. 이는 업셀링(Upselling)의 개념에 해당되는 내용입니다. 업셀링은 고객이 원래 구매하려던 상품보다 더 고급스럽거나 비싼 제품을 추천하여 구매를 유도하는 전략으로, 예를 들어 고객이 일반형 노트북을 선택했을 때, 고성능 게이밍 노트북을 추천하는 경우가 이에 해당됩니다.

2. 구매한 제품과 보완 관계에 있는 추가 제품이나 서비스를 함께 제안하는 것은 크로스셀링의 개념을 정확히 설명하고 있습니다. 대표적인 예로, 스마트폰 구매 시 케이스나 보호 필름을 추천하는 경우를 들 수 있습니다.

3. 고객이 구매한 상품의 기본 기능 외에 추가 비용으로 확장 기능을 사용할 수 있도록 제안하는 것은 번들링(Bundling)이나 서비스 업그레이드 전략과 관련이 있습니다. 예를 들어, 기본 소프트웨어 패키지에서 추가 기능을 사용하려면 별도의 비용을 지불해야 하는 경우가 이에 해당합니다.

4. 고객이 고려 중인 상품과 유사한 가격대의 대체 상품을 추천하여 선택지를 넓히는 것은 대체 상품 추천 또는 비교 판매의 개념에 대한 설명입니다. 고객이 관심을 가진 제품과 유사한 가격대의 상품을 제안하는 방식으로, 구매 결정을 돕는 전략입니다. 서비스의 품질을 직접적으로 측정하고 개선하는 것은 유형성의 정의와 일치하지 않으므로 4번 선택지는 부적절한 설명이다.

따라서, 문제의 정답은 '2. 고객이 이미 구매한 제품과 보완 관계에 있는 추가 제품이나 서비스를 함께 제안하는 것이다.'입니다.

03. 데이터(Data)는 단순한 수치나 사실로 의미가 부여되지 않은 원시 자료이다. 이를 가공하여 특정 목적에 맞게 정리하고 의미를 부여한 것이 정보(Information)이며, 정보를 바탕으로 분석과 해석을 통해 활용 가능한 형태로 발전한 것이 지식(Knowledge)이다.

04. 점수법은 직무의 가치를 평가하기 위해 여러 가지 평가 요소를 설정한 후, 각 기준별 가중치를 반영하여 점수를 부여하는 방식이다. 이 방법은 직무의 상대적인 가치를 수량화할 수 있다는 장점이 있으며, 직무 간 비교를 보다 객관적으로 수행할 수 있다.

05. 이표채(Coupon Bond)는 일정한 간격으로 쿠폰 이자를 지급하며, 원금은 만기 시에 지급되는 채권이다. 또한, 정기적으로 이자를 지급받을 수 있는 채권이라는 특징을 가진다. 다는 만기까지 이자를 지급하지 않고 원금과 함께 지급하는 할인채(Zero-Coupon Bond)에 해당하며, 라는 특정 기관이 발행하는 특수 목적 채권을 설명하는 것으로 이표채와는 관련이 없다.

06. 유동비율은 유동자산 대비 유동부채의 비율로, 기업의 단기 유동성을 평가하며 현금 보유와 밀접한 관련이 있다. 매출액순이익률과 총자산이익률은 수익성, 부채비율은 안정성을 평가하는 지표로, 현금보유량과 직접적인 관련은 없다.

07. 품질관리 데이터 활용의 핵심 목표는 제품의 품질을 개선하고, 불량률을 줄이며, 소비자의 만족도를 향상시키는 것이다. 하지만, 운영 비용 절감과 생산량 조정을 위한 품질 표준 재정의는 품질관리보다 비용 절감과 자원 효율성에 초점을 맞춘 활동으로, 품질관리 데이터의 활용 방안과 다소 거리가 있다.

08. 행동 기준 평가 척도(BARS)는 피평가자의 직무 수행 행동을 명확한 기준에 따라 평가하는 방식이다. 이 방법은 평가의 객관성과 신뢰성을 높이는 장점이 있지만, 평가 기준을 체계적으로 정의하는 데 많은 시간과 노력이 필요하다. 평가 항목 설정 과정에서 다양한 직무 행동을 구체적으로 분석하고 척도를 개발해야 하므로, 시간과 자원이 많이 소요되는 단점이 있다.

09. 실효수익률은 현재가치와 만기 시 미래가치의 관계를 연단위 복리 기준으로 계산한 수익률로, 채권을 만기까지 보유했을 때의 연평균 수익률을 의미하며, 기하평균 방식으로 도출된다. 1번은 표면이율을 조정하는 것이 아니라 단순한 액면가 기준 이자율을 의미하므로 틀렸고, 2번의 경우 실효수익률은 특정 투자 기간의 총수익률이 아닌 연평균 수익률을 나타내므로 오답이다. 4번은 연평균수익률의 개념으로 단리 방식이 적용되므로 오답이다.

10. 고객 생애 가치(Lifetime Value, LTV)는 한 명의 고객이 회사와의 장기적인 관계 동안 제공하는 예상 가치를 나타내는 지표이다. 이는 고객이 제품이나 서비스를 구매하는 기간 동안 발생하는 총이익을 의미하며, 고객 유지율과 재구매율이 높은 고객일수록 LTV가 높다.

11. 손익계산서는 일정 기간 동안의 기업의 재무 상태가 아닌 경영 성과를 나타내는 재무제표이다. 매출과 비용은 거래가 발생한 시점을 기준으로 기록되며, 실제 현금 유입이나 유출 시점과 다를 수 있다. 기업의 수익성과 비용 구조를 분석하여 경영 성과를 평가하고, 재무 건전성을 판단하는 데 활용된다.

12. 핵심성과지표(KPI)는 조직의 목표 달성도를 측정하는 지표로, 조직의 전략 및 목표를 반영해야 하며, 단기적인 성과보다 장기적인 방향성을 고려하는 것이 중요하며, 가능한 한 정량적으로 설정하여 객관적인 평가가 가능해야 하지만, 일부 전략적 목표의 경우 정성적인 요소도 포함될 수 있다. 그러나, KPI를 너무 세분화하면 오히려 관리 복잡성이 증가하고 목표 달성에 집중하기 어려울 수 있

으며, 수익성 중심의 지표를 우선시하는 것은 조직의 전략적 목표와 부합하지 않을 수 있다. 그러므로 KPI 설계시 고려해야 할 사항으로 적절한 것은 '가', '다' 이다.

13. 승급은 일반적으로 근속 연수와 연계된 임금 인상 방식으로, 연공급적 성격이 강한 제도이다. 성과주의적 요소가 강조되는 임금 조정 방식은 성과급 또는 직무급과 관련이 있으며, 승급과는 구분된다. 따라서 ②번 선택지는 부적절한 설명이다.

14. 기상자료개방포털은 실시간 기상 관측 데이터뿐만 아니라 과거 기상 데이터를 제공하여 연구 및 분석에 활용할 수 있도록 지원한다. 사용자 맞춤형 다운로드 서비스와 데이터 분석 도구도 제공한다.

15. 황소채찍 효과(Bullwhip Effect)는 공급사슬에서 수요 정보가 왜곡되면서 후방으로 갈수록 재고 변동 폭이 커지는 현상이다. 이를 방지하기 위해 정보기술을 활용하여 수요 데이터를 실시간으로 공유하고, 공급사슬 참여자 간의 협력을 강화하는 것이 중요하다. 고객 수요 데이터를 활용하여 수요 변동성을 완화하는 정보 교환 체계를 구축하는 것이 효과적인 해결책이 된다

16. MAU는 사용자의 월간 활동성을 측정하는 지표로, 사용자 행동과 참여도를 파악하는 데 적합하다. 이를 통해 사용자 활동 급증 원인, 이탈률 감소 전략, 캠페인 효과 분석 등을 도출할 수 있다. 그러나 고객 세그먼트별 구매력 차이는 MAU보다는 매출 데이터나 구매 기록 분석에 적합하다.

17. 자본잉여금은 기업이 주식을 액면가 이상으로 발행했을 때 발생하는 초과 금액을 의미한다. 영업활동에서 발생한 순이익이나 매출액 증가와는 관련이 없으며, 배당금 지급으로 감소하지 않는다.

18. 표적집단면접(Focus Group Interview)은 소규모 그룹을 대상으로 심층적인 논의를 통해 고객의 감정과 의견을 수집하는 방법이다. 만족도를 수치로 표현하거나 대규모 데이터를 빠르게 수집하는 데는 설문조사가 더 적합하며, 이탈률과 충성도 분석은 정량적 방법이 더 효과적이다.

19. 몬테카를로 시뮬레이션은 확률 분포와 다양한 시나리오를 기반으로 불확실성을 평가하고, 결과의 범위와 최악의 시나리오를 파악하는 데 유용하다. 그러나 설명 변수와 종속 변수 간의 명확한 관계를 분석하는 데는 회귀분석이 더 적합하다.

20.

비기봇 해설

1. CVR은 단순히 방문자의 수치만이 아니라, 기업의 목표 전환에 따라 구매, 회원가입, 뉴스레터 구독 등으로 다양하게 정의될 수 있습니다. 따라서 목표 전환 유형에 따라 측정 방식이 달라질 수 있으며, 각 전환 유형별 최적화 전략도 다르게 적용됩니다.

2. CVR은 특정 마케팅 캠페인이나 랜딩 페이지에서 측정할 수 있습니다. 하지만 사용자가 여러 번 광고를 클릭하거나 재방문하는 경우, 단순한 방문 수(CVR 기준)와 세션 기반의 전환율(Session-based CVR)이 다를 수 있습니다.

3. CVR을 효과적으로 개선하기 위해서는 유입경로 뿐만 아니라 전체 전환 퍼널(Funnel)에서의 사용자 행동을 분석해야 합니다. 전환율은 유입 경로에 따라 크게 달라질 수 있으며, 어떤 채널이 높은 전환율을 기록하는지 파악하는 것이 필수적입니다. 따라서 CVR 개선을 위해서는 최종 전환지점 뿐만 아니라 방문자의 유입 경로 분석도 필수적입니다. 이 보기는 설명이 잘못 되었습니다.

4. CVR은 랜딩 페이지(첫 방문) → 장바구니 추가 → 결제 완료까지의 전환 퍼널(Conversion Funnel)을 최적화하는 데 필수적인 지표입니다. 전환율이 낮다면, 어떤 단계에서 사용자가 이탈하는지 분석하고 개선해야 합니다.

따라서, 문제의 정답은 '3. CVR을 높이기 위해서는 방문자의 유입 경로보다 최종 전환 지점의 사용자 행동 패턴을 분석하는 것이 더 효과적이다.' 입니다.

2 데이터해석 및 활용
20문항

21.

 비기봇 해설

1. **데이터의 이상치(outlier)에 민감하지 않아 모델의 일반화 성능을 저하시킬 수 있다** : Z-점수 표준화는 (x - 평균) / 표준편차로 계산되며, 평균과 표준편차가 이상치에 영향을 받기 때문에 이상치에 민감합니다. "이상치에 민감하지 않다"는 설명은 사실과 반대됩니다. 이상치에 민감한 특성으로 인해 모델의 일반화 성능이 저하될 수 있다는 점은 타당할 수 있지만, 전제 자체가 틀렸으므로 이 설명은 Z-점수 표준화에 대해 가장 적절하지 않습니다. 따라서 정답입니다.

2. **데이터의 값을 특정 범위로 변환하지 못하여, 분포의 형태가 유지된다** : 해설: Z-점수는 데이터를 평균 0, 표준편차 1로 변환하며, Min-Max 정규화처럼 [0, 1]과 같은 특정 범위로 제한하지 않습니다. Z-점수는 선형 변환이므로 데이터의 분포 형태(예: 왜도나 첨도)를 그대로 유지합니다. "분포의 형태가 유지된다"는 설명은 사실이며, Z-점수의 특성을 정확히 반영합니다.

3. **비대칭인 데이터의 경우 Z-점수 표준화로 대칭성을 개선할 수 없으며 변환을 적용해야 한다** : Z-점수 표준화는 선형 변환으로, 데이터의 분포를 대칭적으로 만들지 않습니다. 비대칭인 데이터(예: 오른쪽으로 치우친 분포)는 Z-점수 변환 후에도 비대칭성을 유지합니다. "대칭성을 개선할 수 없다"는 설명은 정확하며, "변환을 적용해야 한다"는 부분은 로그 변환 등 비선형 변환을 의미하는 것으로 해석될 수 있습니다. 이 설명은 Z-점수의 특성을 올바르게 반영하므로 적절합니다.

4. **데이터의 평균을 0과 표준편차 1을 기준으로 변화하여 다른 변수들과의 비교가 용이해 진다** : Z-점수는 데이터를 평균 0, 표준편차 1로 변환하여 단위를 표준화합니다. 이를 통해 서로 다른 단위나 스케일을 가진 변수 간 비교가 용이해 집니다(예: 온도와 매출 비교 가능). 이 설명은 Z-점수 표준화의 핵심 특성을 정확히 반영하므로 적절합니다.

22. OLAP은 데이터 분석과 의사결정 지원을 위해 주로 사용되며, 대량의 데이터를 집계하여 다차원적으로 분석하는 데 특화되어 있다. 반면, OLTP는 실시간 데이터 입력과 처리를 중시하며, 주로 트랜잭션의 신속한 처리를 목표로 한다. OLAP은 다차원 데이터 모델을 사용하여 복잡한 쿼리를 지원하고, OLTP는 관계형 데이터 모델을 통해 빠른 데이터 접근과 수정이 가능하도록 설계되어 있다. OLTP가 집계 데이터를 기반으로 분석 작업을 수행한다는 설명은 사실과 다르며, OLTP는 주로 세부 트랜잭션 데이터를 처리한다.

23. 데이터베이스 설계는 개념적 설계 → 논리적 설계 → 물리적 설계의 단계로 진행된다. 개념적 설계 단계에서는 조직의 요구사항을 분석하여 고수준의 데이터 모델(예: ER 다이어그램)을 설계하며 데이터 구조(엔티티, 관계)를 정의하게 됩니다. 논리적 설계 단계는 개념적 모델을 특정 데이터베이스 관리 시스템(DBMS)에 맞게 변환하고 엔티티와 속성의 세부사항을 정의하고, 데이터 정규화(정규형 적용)를 통해 데이터 중복을 줄입니다. 물리적 설계 단계는 실제 저장 구조, 인덱스, 성능 최적화를 설계합니다.

24. 스키마(Schema)는 데이터베이스의 구조와 제약 조건을 정의하는 것으로, 일반적으로 외부 스키마, 개념 스키마, 내부 스키마로 구분된다. 외부 스키마는 사용자가 보거나 접근하는 데이터베이스의 부분적 뷰(관점)를 정의합니다. 응용 프로그램이나 개별 사용자의 요구에 맞춘 서브스키마입니다. 개념 스키마는 전체 데이터베이스의 논리적 구조를 정의하며, 데이터의 관계, 제약 조건, 무결성을 유지하는 역할을 합니다. 데이터베이스 관리자가 설계합니다. 내부 스키마는 데이터가 물리적으로 저장되는 방식(예: 인덱스, 파일 구조)을 정의하며, 데이터베이스의 물리적 구현을 다룹니다.

25. 주어진 데이터는 범주형 데이터로, 그룹 간 독립성 또는 관계를 분석하기 위해 카이제곱 독립성 검정을 사용한다. 상관계수 분석은 연속형 데이터 간 관계를 평가하며, 분산분석(ANOVA)와 선형 회귀 분석은 연속형 데이터를 기반으로 한다.

26.

> **비기봇 해설**
>
> 확률밀도함수(PDF)는 연속 확률변수의 확률 분포를 나타내는 함수로, 어떤 구간에서 확률변수가 존재할 확률을 나타냅니다. PDF의 함수 값은 항상 0 이상이며, 전체 구간(-∞부터 ∞까지)의 확률을 모두 더하면 1이 됩니다.
>
> 1. PDF는 정의상 $f(x) \geq 0$ 이어야 하며, 음수 값을 가질 수 없습니다. 그러나 특정 구간에서 0이 될 수도 있습니다. 예를 들어, 정규분포의 꼬리 부분에서는 확률밀도가 매우 작아질 수 있으며, 일부 분포에서는 특정 구간에서 확률밀도가 0이 될 수도 있습니다.
> 2. 연속형 확률분포에서 특정 값 x에서의 확률 P(X=a)=0입니다. 이는 연속형 변수가 무수히 많은 값 중 하나를 가질 확률이 극히 작기 때문입니다. 확률을 계산할 때는 반드시 특정 구간에 대한 적분을 수행해야 합니다.
> 3. PDF를 특정 구간에서 적분하면 해당 구간에서 변수가 존재할 확률을 계산할 수 있습니다. 즉, 구간 [a, b]에서의 확률은 $P(a \leq X \leq b) = \int_a^b f(x)dx$ 으로 계산됩니다.
> 4. 확률의 총합은 항상 1이어야 합니다. 즉, $\int_{-\infty}^{\infty} f(x)dx = 1$ 이 성립합니다. 이는 확률변수가 가질 수 있는 모든 값(전체 구간)에서 확률을 합하면 반드시 1이 되어야 한다는 수학적 성질 때문으로, 적절한 설명입니다.
>
> 따라서, 문제의 정답은 '1. 확률 밀도 함수는 언제나 양수 값을 가지며, 음수나 0이 아닌 값을 항상 유지한다.' 입니다.

27. 클라우드 기반 비즈니스 인텔리전스 (Cloud-based Business Intelligence, BI)는 초기 비용을 절감(하드웨어 및 소프트웨어 설치 없이 사용 가능)할 수 있으며, 실시간 데이터 접근 및 분석(클라우드의 빠른 처리 능력)이 가능하다. 또한, 사용자 맞춤형 대시보드(시각화 도구 제공)를 구현하여 개인화된 데이터 시각화를 가능하게 한다. 데이터 보안(클라우드 제공업체의 보안 조치 제공) 기능들을 제공하지만 완전한 해결은 보장되지 않는다(보안 위협 항상 존재).

28. ACID 속성은 데이터베이스 트랜잭션의 신뢰성을 보장하는 4가지 핵심 원칙(Atomicity, Consistency, Isolation, Durability)을 의미합니다. 원자성(Atomicity): 트랜잭션이 하나의 단위로 처리되어, 모든 작업이 성공적으로 완료되거나 모두 취소(롤백)됩니다. 일관성(Consistency): 트랜잭션 완료 후 데이터베이스가 일관된 상태(제약 조건, 규칙 준수)를 유지합니다. 독립성(Isolation): 여러 트랜잭션이 동시에 실행되더라도 서로 간섭하지 않고 독립적으로 처리됩니다. 내구성(Durability): 트랜잭션이 성공적으로 완료되면, 시스템 장애가 발생해도 결과가 영구적으로 저장됩니다.

29. 데이터 적재(Data Loading)는 데이터를 데이터베이스나 저장소에 로드하는 과정이며, 실시간 처리(Real-Time Processing)는 데이터가 생성되거나 변경될 때 즉시 처리하는 방식입니다. 실시간 처리는 대량 데이터 처리보다는 지속적이고 작은 데이터 흐름(예: 센서 데이터, 실시간 로그)을 처리하는 데 적합하며, 이는 스트리밍 데이터 처리의 핵심 특징입니다. 따라서, 문제의 정답은 2번입니다.

30. 빅데이터의 속도(Velocity)와 다양성(Variety)은 빠르게 생성되는 다양한 형태의 데이터를 효과적으로 관리해야 하는 도전 과제를 포함한다. 이를 해결하기 위해서는 다양한 데이터 소스를 효율적으로 통합할 수 있는 분산 데이터 처리 시스템이 필요하다. 실시간 처리는 속도(Velocity) 측면에서는 적절할 수 있으나, 모든 데이터를 정형 데이터로 변환하는 것은 다양성(Variety)을 감소시키며, 배치 처리(Batch Processing)와 저장소 확대는 속도(Velocity) 문제를 해결하는 데 효과적이지 않다.

31. 무결성 유지에는 기본 키 정의, 외래 키 제약조건 설정, 데이터 정규화 등이 중요하다. 데이터베이스 백업 주기는 무결성이 아닌 데이터 복구와 관련된 요소이다.

32. 문제에서 설명하고 있는 데이터 분석 방법은 탐색적 데이터 분석(EDA)으로, EDA에서 사용하는 히스토그램, 상자 그림, 산점도는 데이터를 시각적으로 이해하고 분포, 이상값, 관계 등을 탐색하는 데 유용하다. 덴드로그램은 계층적 군집 분석(Hierarchical Clustering)에서 군집 간의 유사도를 나타내는 트리 구조의 시각화 기법으로, 탐색적 데이터 분석보다는 군집 분석에 적합하다.

33. 계층적 분할은 데이터의 클래스 비율을 유지하는 데 중점을 두기 때문에, 클래스 비율이 왜곡되는 문제는 발생하지 않는다. 클래스가 많거나 극도로 불균형한 경우 분리 과정이 복잡하거나 소수 클래스의 데이터가 부족할 수 있으며, 클래스가 정의되지 않은 경우 사용할 수 없다.

34. NoSQL은 대규모 데이터 처리, 유연한 스키마, 비정형 데이터 저장 등에서 장점이 있지만, 모든 경우에서 관계형 데이터베이스보다 높은 성능을 보장하지는 않는다. 특히, 복잡한 관계형 쿼리가 필요한 경우 RDBMS가 더 적합하다.

35. 데이터 웨어하우스는 주제 지향성(Subject-Oriented), 통합성(Integrated), 시계열성(Time-Variant), 비휘발성(Non-Volatile)의 4가지 주요 특성을 가진다. 이 중 주제 지향성은 데이터 웨어하우스가 특정 비즈니스 영역(예: 고객, 판매, 마케팅, 재무 등)별로 데이터를 구성하는 것을 의미한다. 1번은 통합성에 해당하며, 다른 선택지는 데이터 웨어하우스의 다른 특성(시계열성, 비휘발성)을 옳지 않게 설명한 것이다

36. 프라이버시 모델 기반 추론 방지 기술은 다양한 추론을 통한 공격에 대해 개인정보 추론 위험 정도를 확률적, 정량적으로 제한하는 방법론을 의미하며, k-익명성(k-Anonymity), l-다양성(l-Diversity), t-근접성(t-Closeness) 등의 기법이 포함된다. s-신속성(s-Rapidness)은 관련 용어가 아니므로 정답이 될 수 없다

37. 연관 분석은 대규모 데이터에서 상품이나 서비스 간의 관계를 파악하여 크로스 셀링, 추천 시스템, 번들제품 개발, 프로모션 기획 등에 활용되는 기법이며, 특정 제품 간의 관계를 기반으로 한 재고 관리 최적화도 가능하다. 하지만, 새로운 고객 세그먼트 식별은 주로 클러스터링과 같은 군집 분석 기법에서 사용되므로 연관 분석의 결과로 기대하기 어렵다.

38. DROP 명령어는 데이터베이스에서 테이블의 구조와 데이터를 완전히 삭제하여 복구할 수 없게 한다. 반면, DELETE 명령어는 테이블 내의 데이터를 삭제하지만 테이블 구조는 유지되며, WHERE 조건을 사용해 특정 데이터를 삭제할 수도 있다. DROP은 테이블 자체를 제거하고, DELETE는 데이터를 비우는 작업에 초점이 있다.

39. 비정형 데이터(Unstructured Data)는 고정된 형식이나 구조 없이 저장된 데이터를 의미하며, PDF 문서, 동영상 파일, 이미지 파일 등이 이에 해당한다. 이들은 일정한 스키마 없이 다양한 형태로 저장되며, 분석을 위해 자연어 처리, 영상 처리 등의 기술이 필요하다. 반면, XML 파일은 데이터를 구조화하여 저장하는 형식적 데이터로, 계층적 구조를 가지며 태그를 통해 데이터를 정의하기 때문에 반정형 데이터(Semi-structured Data)에 해당한다.

40. 복지 확대와 이직률 감소 사이에는 상관관계가 존재할 수 있으나, 상관관계는 반드시 인과관계를 의미하지는 않는다. 복지 확대가 유일한 원인이라는 설명은 과도한 해석이며, 영향을 미치지 않았거나 이직률 증가를 초래했다는 설명은 주어진 상황과 맞지 않다.

3 경영정보시각화 디자인
20문항

41. 클라우스 윌케(Klaus Wilke)의 시각적 속성은 데이터 시각화에서 정보를 효과적으로 전달하기 위해 사용되는 다양한 그래픽 요소를 의미한다. 데이터 시각화는 데이터를 그래픽으로 표현하는 과정이며, 이를 위해 정량적인 속성을 활용하여 시각적 요소로 변환한다. 차트나 그래프는 데이터 표현 방법 중 하나이며, 데이터 시각화에서 핵심적인 역할을 한다. 또한, 위치, 모양, 크기, 색상, 선 굵기, 선 유형 등은 자주 활용되는 시각적 속성이며, 이러한 속성을 통해 데이터의 관계를 명확하게 나타낼 수 있다. 하지만 시간 및 공간 차원에서 근접한 요소들을 묶어서 그룹으로 인식하며 요소들을 집단화하여 지각하는 것은 게슈탈트 원리와 관련된 개념이다.

42. 유사성 법칙은 게슈탈트 원칙 중 하나로, 색상, 형태, 크기 등 시각적 속성이 유사한 요소들을 하나의 그룹으로 인식하는 원리를 설명한다. 막대 차트에서 특정 범주별로 막대 색상을 같게 설정하거나, 산점도에서 점들의 색상이나 형태를 유사하게 그룹핑하는 방식은 사용자가 데이터 패턴과 관계를 직관적으로 이해할 수 있도록 돕는다. 연속성 법칙은 시각적 요소가 하나의 연속적인 흐름으로 지각되는 원칙이며, 단순성 법칙은 가능한 한 단순하고 기본적인 형태로 인식하려는 경향을 의미한다. 근접성 법칙은 서로 가까이 있는 요소를 그룹으로 인식하는 원리이다.

43. 경영정보시각화 프로세스는 체계적인 절차를 통해 데이터를 시각화하고 분석 결과를 전달하는 과정이다. 먼저 정보 시각화 목표를 설정해 시각화의 목적과 방향을 정한 후, 데이터를 수집하고 전처리를 통해 품질을 높인다. 이후 시각화 디자인 단계에서 적합한 시각화 유형과 구성을 결정하고, 시각화 구현을 통해 실제 차트를 생성한다. 생성된 시각화를 기반으로 분석을 수행하며, 최종적으로 결과를 전달하여 인사이트를 공유한다. 다른 선택지들은 각각 단계 순서가 잘못되어 있다.

44. 인포그래픽은 데이터를 시각적으로 표현하여 정보를 효과적으로 전달하고 사용자에게 흥미와 이해를 제공하는 도구이다. 나,다,라는 인포그래픽에 대한 기능을 옳게 설명하고 있다. 그러나 인포그래픽은 간결하고 시각적인 전달을 중시하므로 인포그래픽을 통해 데이터나 정보를 자세히 표현한다는 가의 설명은 부적절하다.

45. 정보 시각화는 데이터를 효과적으로 전달하기 위해 그래픽 요소를 활용하는 기법으로, 인간의 시각적 인지 능력을 활용하여 데이터의 의미를 직관적으로 이해하도록 돕는 역할을 한다. 정보를 도형, 선, 텍스트, 색상 등의 그래픽 요소를 활용하여 표현하는 것은 정보 시각화의 중요한 특징이며, 정보 시각화는 단순히 데이터를 보여주는 것이 아니라 데이터 분석의 과학적 접근과 시각적 디자인을 결합하여 효과적인 커뮤니케이션을 지원한다. 인간의 시각 및 지각 능력을 활용하여 복잡한 데이터를 쉽게 이해할 수 있도록 돕는 것도 정보 시각화의 중요한 역할 중 하나이다. 하지만 정보 시각화는 데이터를 의미있게 글로 표현하는 것과는 다른 개념이다.

46.

비기봇 해설

이번 문항은 데이터-잉크 비율을 높이기 위한 주요 원칙에 대한 문제입니다. 데이터-잉크 비율은 시각화에서 실제 데이터와 불필요한 장식 요소 간의 비율을 의미하며, 이 비율을 높이는 것은 데이터의 이해도를 높이는 데 중요합니다.

1. **비주얼 클러터 유지** - 시각화에 세부 정보나 디테일한 정보를 유지하고, 주요 정보와 조화를 이루어 표현한다 : 비주얼 클러터를 유지하라고 권장하고 있습니다. 하지만 데이터-잉크 비율을 높이기 위해서는 불필요한 세부 정보와 디테일한 정보를 최소화해야 하므로, 이 설명은 옳지 않습니다.

2. **데이터 표현을 간소화** - 데이터를 시각적으로 표현할 때, 불필요한 잉크나 요소를 최소화한다 : 데이터 표현을 간소화하여 불필요한 요소를 줄이는 것을 강조합니다. 이는 데이터-잉크 비율을 높이는 데 매우 중요한 원칙으로, 올바른 설명입니다.

3. **비교 가능성 강조** - 데이터를 비교하기 쉽도록 설계한다 : 데이터의 비교 가능성을 강조합니다. 비교 가능한 데이터 시각화는 데이터-잉크 비율을 높이는 데 기여하므로, 이 설명도 옳습니다.

4. **색상 사용 최적화** - 색상을 사용할 때 주의하여 다른 데이터 요소와의 대비를 강화하고 중요한 정보를 부각시킨다 : 색상의 최적화를 통해 중요한 정보를 강조하는 것을 설명합니다. 이는 데이터-잉크 비율을 높이는 데 기여할 수 있는 원칙으로, 옳은 설명입니다.

따라서, 문제의 정답은 '1. 비주얼 클러터 유지 - 시각화에 세부 정보나 디테일한 정보를 유지하고, 주요 정보와 조화를 이루어 표현한다.' 입니다.

47. 디자인의 기본 원리에서 균형은 시각적 안정감을 제공하며 대칭적 균형, 비대칭적 균형, 불균형적 균형으로 나뉜다. 대칭적 균형은 중심 축을 기준으로 좌우 또는 상하 요소가 균등하게 배치되는 상태를 의미하며, 가장 전형적인 균형 방식이다. 비대칭적 균형은 크기나 색상이 다르더라도 전체적으로 조화를 이루어 시각적 균형을 형성하는 방식이다. 불균형적 균형은 시각적 불안정성을 의미하며, 균형을 갖지 않으면 일반적으로 불안정한 형태로 보인다. 그러나 디자인에서 '불안정적 균형'이라는 개념은 명확하게 정의되지 않으며, 일반적으로 균형이 맞지 않은 상태를 단순히 불균형이라 표현한다.

48. 인포그래픽 디자인에서는 시각적 일관성을 유지하는 것이 중요하며, 너무 많은 서체를 사용하면 혼란을 유발할 수 있다. 동일한 성격과 위계를 가진 정보에는 일관된 서체를 적용해야 가독성과 효율성이 높아진다. 변화를 줄 필요가 있을 때는 동일한 서체 내에서 크기, 무게, 스타일 등을 조정하는 것이 효과적이며, 불필요한 장식적 요소는 피하는 것이 좋다.

49. 데이터 시각화 도구는 다양한 시각화 방법을 신속하게 적용할 수 있는 기능을 제공하며, 실시간 데이터 업데이트와 같은 기능으로 정확하고 신뢰성 있는 데이터 기반 의사결정을 지원한다. 또한 데이터의 일관성, 정확성, 일치성을 확인하고 향상시킬 수 있는 도구로 활용된다. 그러나 데이터 시각화 도구는 주로 데이터를 시각적으로 표현하는 역할을 하며, 데이터를 분산 처리하는 기능과는 직접적인 관련이 없다.

50.

 비기봇 해설

이번 문항은 누적막대차트의 특징에 대한 문제입니다. 누적막대차트는 여러 범주에 대한 데이터를 하나의 막대에 누적하여 시각화함으로써 각 범주의 상대적인 크기를 비교할 수 있는 그래프입니다.

1. **여러 범주의 데이터를 하나의 막대에 누적하여 표현하며, 각 범주의 상대적인 크기를 시각적으로 비교할 수 있다** : 누적 막대 그래프는 데이터를 여러 범주(국가별 생산 및 가공 비율)로 나누어 하나의 막대에 누적하여 표현하는 방식입니다. 각 국가의 기여도를 개별적으로 확인하는 것뿐만 아니라, 다른 국가와 상대적으로 비교하는 데에도 유용합니다. 따라서 옳은 설명입니다.

2. **각 막대의 길이는 데이터의 총합을 나타내며, 전체적인 비교와 함께 세부 항목의 기여도를 확인할 수 있다** : 이 설명도 적절합니다. 막대의 전체 길이는 특정 자원(예: 리튬, 코발트 등)의 전체 생산 또는 가공량을 나타냅니다. 막대 안에서 각 국가별 비율이 나누어져 있기 때문에, 전체적인 크기 비교와 동시에 국가별 기여도 분석도 가능합니다.

3. **각 범주의 값은 독립적으로 비교 가능하며, 범주 간의 누적 효과나 상호 관계는 나타나지 않는다** : 이 설명은 부적절한 설명입니다. 누적막대차트에서는 각 범주의 값이 누적되어 표현되므로, 범주 간의 누적 효과와 상호 관계를 나타내는 것이 가능합니다.

4. **데이터의 전체 비율과 각 범주의 상대적 비중을 동시에 파악할 수 있어, 복잡한 데이터를 효과적으로 시각화할 수 있다** : 누적 막대 그래프는 전체적인 데이터 비율과 개별 항목 간의 상대적 기여도를 한눈에 파악할 수 있는 장점이 있습니다. 이를 통해 특정 국가가 특정 자원에서 차지하는 비율을 쉽게 분석할 수 있으며, 생산과 가공의 차이를 비교하는 데에도 용이합니다. 따라서 적절한 설명입니다.

따라서, 문제의 정답은 '3. 각 범주의 값은 독립적으로 비교 가능하며, 범주 간의 누적 효과나 상호 관계는 나타나지 않는다.' 입니다.

51. 엑셀 조건부 서식은 데이터의 조건에 따라 셀의 서식을 동적으로 변경하여 시각적 분석을 돕는 기능이다. 데이터를 색상, 글꼴, 테두리 등으로 강조하여 데이터의 패턴과 추세를 쉽게 파악할 수 있으며, 사용자 정의 수식을 사용해 복잡한 조건을 설정할 수도 있다. 그러나 조건부 서식은 단순히 색상 변경에 제한되지 않으며, 데이터를 삭제하거나 재배열하는 기능은 포함되지 않는다.

52. 분포 시각화는 데이터가 특정 범위 내에서 어떻게 분포되어 있는지를 나타내며, 데이터의 밀집도, 범위, 이상치 등을 분석하는 데 유용하다. 주로 히스토그램, 박스 플롯, 밀도 곡선 등을 사용하여 데이터를 효과적으로 표현한다. 반면, 시간 시각화는 시간 흐름에 따른 데이터 변화를 표현하지만 데이터의 양을 직접적으로 강조하는 것은 아니다. 관계 시각화는 범주 간 비율이 아니라 변수 간의 관계를 보여주는 것으로, 산점도나 버블 차트가 주로 사용된다. 불확실성 시각화는 데이터의 변화뿐만 아니라 예측 가능성과 신뢰 구간 등을 표현하는 것이다.

53. 라인 그래프의 X축은 시간(연도)을 나타내며, 1970년부터 2025년까지 결혼식 수의 변화를 시각적으로 보여준다. 라인 그래프의 Y축은 결혼식 수를 백만 단위로 표시하여 각 연도의 결혼식 수를 비교하기 쉽게 해준다. 2020년 이후의 데이터 또한 추정값(예측치)으로 표시되어 실제 관찰값과 잘 구분되어 있다. 반면, 라인 그래프가 개별 데이터 포인트의 비교와 데이터 추세를 확인하는 데 적합하다.

54. 지리-공간 데이터는 특정 위치와 관련된 데이터를 시각화하기 위해 사용되며, 이를 나타내기에 가장 적합한 차트 유형은 카토그램 히트맵이다. 카토그램 히트맵은 지도 위에 데이터 값을 히트맵 형식으로 표현하여 지역별 차이를 직관적으로 확인할 수 있다. 쌍산점도는 두 변수 간의 상관관계를 시각화하는 데 사용되며, 레이더차트는 여러 변수의 상대적 크기를 나타내는 데 적합하다. 점도표는 단순한 데이터를 시각적으로 표현하는 데 유용하지만, 공간적인 위치를 나타내는 데는 적합하지 않다.

55. 관계 시각화는 데이터의 변수들 사이의 연관성을 시각적으로 표현하여 데이터를 이해하는 데 중점을 둔다. 3번 선택지는 이러한 관계 시각화의 정의를 정확히 설명하고 있다. 반면, 1번은 분포 시각화의 특징이고, 2번은 불확실성 시각화에 해당하며, 4번은 수량 시각화와 더 관련이 있다.

56. 수직오차막대차트는 데이터의 평균값과 함께 변동성 또는 신뢰구간을 시각적으로 표현하기 위해 사용된다. 각 데이터 포인트 위아래로 오차를 나타내는 선이 표시되며, 이는 데이터의 신뢰성 또는 변동 정도를 나타낸다. 히스토그램은 데이터의 분포를 나타내며, 폭포수차트는 값의 증감 과정을 보여주는 데 사용되며, 수직막대차트는 범주별 데이터를 비교하는 데 적합하다.

57. 폭포수 차트는 개별 항목의 증가 및 감소를 시각적으로 표현하여 최종 결과에 대한 기여도를 쉽게 파악할 수 있도록 돕는다. 주로 재무 분석, 성과 관리 등에서 사용되며, 변화의 흐름을 명확하게 보여준다. 또한, 특정 요인별 값의 변화를 시각화하는 데 유용하며, 단순한 시간 흐름뿐만 아니라 다양한 요인별 변화를 효과적으로 표현할 수 있다. 하지만 3번 선택지는 폭포수 차트가 시간에 따른 변화만을 강조하고 요인별 변화를 표현하기 어렵다고 설명하고 있으므로, 부적절한 설명이다.

58. 덤벨차트는 두 시점 또는 두 조건 간의 데이터를 비교하기 위해 사용되는 시각화 유형이다. 두 지점을 연결하는 선과 각각의 점으로 변화 또는 차이를 표현하며, 특히 변화의 방향성과 크기를 강조하는 데 적합하다. 예를 들어, 특정 기간 동안의 값 변화나 두 그룹 간의 차이를 비교할 때 사용된다. 다른 선택지인 경사차트는 데이터의 경사 변화를 시각화하고, 수평오차막대는 데이터의 불확실성을 표현하며, 버터플라이차트는 주로 성별이나 연령별 데이터를 양쪽으로 나누어 비교하는 데 사용되므로 해당 그림과는 관련이 없다.

59. 트리맵은 계층적 데이터를 시각적으로 표현하는 기법으로, 각 사각형의 크기는 데이터 값의 상대적인 크기를 나타내고, 색상을 활용하여 추가 정보를 전달할 수 있다. 이는 제한된 공간에서 많은 데이터를 시각화할 때 유용하다. 하지만 트리맵은 2개의 연속형 변수를 동시에 표현하는 데 적합하지 않으며, 이는 산점도와 같은 시각화 유형에 해당한다.

60. 플로렌스 나이팅게일이 사용한 그래프는 로즈 다이어그램(Rose Diagram) 또는 폴라 에어리어 차트(Polar Area Chart)라고 불리는 유형이다. 이 그래프는 특정 기간 동안 사망 원인의 변화를 나타내며, 방향성과 주기성을 강조하는 데 적합한 시각화 방식으로 정답은 4번이다. 로즈 다이어그램은 원형 그래프이지만, 일반적인 파이차트처럼 각도로 비율을 나타내는 것이 아니라, 반지름(면적)을 이용하여 데이터의 크기를 표현한다는 차이점이 있다. 또한, 이 그래프는 질병, 부상, 기타 원인 등 3가지 이상의 변수를 표현하고 있다. 로즈 다이어그램에서 중심에서 멀어질수록 데이터의 중요도가 낮아지는 것이 아닌, 데이터 값이 커짐을 의미한다. 즉, 사망자 수가 많아지는 것을 의미한다.

제 3회 모의고사 답안

경영정보시각화 필기

【 정답 】

경영정보 일반

01	③	11	③
02	③	12	③
03	③	13	③
04	①	14	②
05	④	15	③
06	②	16	①
07	③	17	③
08	②	18	②
09	③	19	③
10	④	20	③

데이터 해석 및 활용

21	④	31	③
22	③	32	③
23	①	33	②
24	②	34	④
25	①	35	③
26	④	36	③
27	④	37	③
28	②	38	③
29	③	39	③
30	③	40	④

경영정보 시각화디자인

41	②	51	①
42	③	52	②
43	①	53	④
44	④	54	③
45	④	55	③
46	②	56	③
47	④	57	②
48	①	58	③
49	③	59	③
50	③	60	③

영역	맞은 개수
경영정보 일반	/20
데이터 해석 및 활용	/20
경영정보시각화디자인	/20

모바일로 풀기

---

1. 경영정보 일반
20문항

01. SWOT(Strengths, Weaknesses, Opportunities, Threats)은 내부 강점/약점과 외부 기회/위협을 분석하는 도구이며, 앤소프 매트릭스(Ansoff Matrix)는 성장 전략(시장 침투, 시장 개발, 제품 개발, 다각화)을 설계하는 도구이며, 가치사슬(Value Chain)은 기업 활동을 주요 활동(생산, 마케팅 등)과 지원 활동(인프라, 인사 등)으로 나누어 가치를 창출하는 과정이다. VRIO(Value, Rarity, Imitability, Organization)는 기업의 자원이 가치(Value) 있고, 희소(Rare)하며, 모방이 어려움(Imitable)고, 조직이 활용 가능(Organized)한지를 평가해 경쟁 우위를 판단 할 수 있는 분석 방법론이므로 설명이 가장 적절하다.

02. PESTEL 분석은 기존 PEST 분석에 환경(Environmental) 요소와 법적(Legal) 요소를 추가한 것으로, 경제적(Economic) 요소는 PEST 분석에 원래 포함되어 있는 요소이다. PESTEL 분석에서 추가되는 요소가 아니므로 3번 선택지의 내용은 부적절하다.

03. PDCA 사이클의 검토(Check) 단계는 실행된 공정의 결과를 확인하고 목표 대비 성과를 평가하는 단계이다. 공정 데이터를 수집하고 KPI를 통해 불량률 감소 여부를 검증하는 것은 이 단계의 핵심 활동이다. 검토(Check) 단계에서는 개선된 공정의 데이터를 분석해 목표 달성 여부를 확인하고, 문제가 있을 경우 원인을 조사한다. 또한, 검토(Check) 단계에서는 예상 성과와 실제 결과를 비교하고, 달성하지 못한 경우 변수와 원인을 분석해 추가 조치 필요성을 검토하는 작업이 이루어진다. 이는 평가 과정의 일부로, Act 단계를 위한 기반을 마련하는 활동이므로 적절하다. 다만, 공정에 대한 평가는 검토(Check) 단계에서 이루어지지만, "내부 프로세스를 수정하고 적용 방안을 수립"하는 작업은 개선 결과를 반영해 조치를 실행하고 표준화하는 Act 단계에서 이루어지는 활동이다. 검토(Check) 단계는 평가와 검토에 초점을 두므로, 이 활동은 가장 적절하지 않다.

04. 핵심가치(Core Value)란 기업이 경영 활동에서 지속적으로 유지하고자 하는 근본적인 신념과 원칙을 의미한다. 핵심가치는 기업 문화와 조직의 방향을 결정하는 중요한 요소이며, 단기적인 목표나 비전과는 구별된다. 일반적으로 윤리, 책임, 지속 가능성, 혁신, 고객 중심, 팀워크 등과 관련된 개념이 핵심가치에 해당한다.

05. STP 전략은 마케팅에서 Segmentation(세분화), Targeting(표적화), Positioning(포지셔닝)의 세 단계를 통해 시장을 분석하고 전략을 수립하는 방법이다. 시장 세분화 기준은 연령, 구매력, 라이프스타일, 가치관, 심리적 요소 등을 반영해야 한다. 하지만 D 기업은 '저렴한 가격'을 세분화 기준으로 삼고, 서로 다른 성향을 가진 소비자 집단을 포함한 대중적 마케팅을 진행하여 세분화의 원칙을 제대로 적용하지 못했다.

06. 자본변동표는 일정 기간 동안 기업의 자본 변동 내역을 보고하는 재무제표로, 자본금, 자본잉여금, 기타포괄손익누계액, 이익잉여금 등의 변동을 보여준다. 하지만 이 표는 자산 유동성과 현금 흐름 예측이 아닌, 자본의 변동과 그 원인을 명확히 설명하는 역할을 한다. 따라서 2번은 옳지 않은 설명이다.

07.

> **비기봇 해설**
>
> 재고자산회전율은 보유한 재고가 한 달 또는 한 해 동안 몇 번 판매되는지를 나타냅니다. 재고자산회전율은 아래와 같이 계산됩니다.
>
> $$재고자산회전율 = \frac{매출액}{평균재고자산}$$
>
> $$A 기업의\ 재고자산회전율 = \frac{6000}{800} = 7.5$$
>
> $$B 기업의\ 재고자산회전율 = \frac{5500}{1100} = 5.0$$
>
> 1. A 기업의 재고자산회전율이 높은 이유는 평균 재고 보유량이 많기 때문이 아니라, 적기 때문입니다. 회전율이 높다는 것은 상대적으로 재고를 빠르게 소진하고 있다는 뜻이며, 이는 공급 안정성과 직접적인 관련이 없습니다.
> 2. 일반적으로 재고자산회전율이 낮으면 같은 매출을 유지하기 위해 더 많은 재고를 유지해야 하지만, 고가 제품 판매, 주문생산 방식(JIT, Just-In-Time), 특정 산업 특성 등 예외적인 경우도 존재할 수 있으므로 반드시 더 많은 재고를 유지해야 한다고 단정지을 수 없습니다.
> 3. 재고자산회전율이 높은 기업은 동일한 매출을 올리면서도 적은 재고를 유지할 수 있습니다. A 기업의 재고자산회전율은 7.5회, B 기업의 재고자산회전율은 5.0회로 A 기업의 재고자산회전율이 더 높으므로, A 기업이 B 기업보다 재고를 더 빠르게 소진하고 있으며 운영 효율성이 더 높다고 판단할 수 있습니다.
> 4. B 기업의 재고자산회전율이 낮은 것은 상대적으로 재고가 오래 머물거나 판매 속도가 느린 것을 의미합니다. 매출이 높더라도 재고 관리가 비효율적이라면 운영 비용 증가 및 손실 위험이 커질 수 있습니다.
>
> 따라서, 문제의 정답은 '3. A 기업의 재고자산회전율은 7.5회, B 기업의 재고자산회전율은 5.0회로, A 기업은 B 기업보다 재고를 더 빠르게 소진하며 운영 효율성이 높다.'입니다.

08. 현재가치(Present Value, PV)는 미래의 일정 금액을 현재 시점에서 얼마의 가치로 평가할 수 있는지를 나타낸다. 할인율이 높을수록 미래 금액의 현재가치는 낮아지고, 할인율이 낮을수록 현재가치는 높아진다. 주어진 문제에서 연 8%의 할인율을 적용하여 10년 후 받을 5,000만 원의 현재가치를 계산하면 약 2,316만원으로 산출된다. 따라서 할인율이 증가하면 현재가치는 감소하고, 할인율이 감소하면 현재가치는 증가하는 경향을 보인다.

09. CSF(Critical Success Factor, 핵심 성공 요인)는 조직이 목표를 달성하는 데 반드시 필요한 요소를 의미하며, 장기적인 전략과 비전 달성을 지원하는 역할을 한다. 또한, CSF는 KPI(Key Performance Indicator, 핵심 성과 지표) 설정의 기초가 되어 조직의 성과를 측정하는 데 중요한 기준이 된다. 하지만 CSF는 단기적인 매출 목표 달성에만 초점을 맞추는 것이 아니라, 조직이 지속적인 성공을 이루기 위해 필요한 근본적인 요소를 다룬다.

10. 생산 공정에서 샘플 데이터를 활용한 품질 검사는 제품의 품질을 유지하고 불량률을 줄이는 것이 주된 목적이다. 그러나 ④번 선택지는 경쟁사의 품질 평가에 대한 내용으로, 샘플 데이터를 활용한 생산 공정 내 품질 검사와 직접적인 관련이 없다.

11. 손익계산서는 기업의 일정 기간 동안의 수익과 비용을 기록하여 경영성과를 평가하는 보고서이다. 발생주의 원칙에 따라 수익과 비용을 기록하며, 이를 통해 기업의 경영성과를 분석하고 평가하는 데 유용하다. 수익에서 영업비용을 차감하여 영업이익을 계산하고 영업비용을 차감하여 순이익을 도출한다. 또한 손익계산서는 주로 수익성을 평가하고 안정성은 재무상태표를 활용한다.

12. 계절적 수요는 특정 계절, 기후, 혹은 휴일과 같은 요인에 의해 일정한 주기로 반복되는 수요를 말한다. 특정 기간 동안 갑작스럽게 발생하는 수요는 비계절적이거나 불규칙한 특징을 가지고, 기술 발전으로 인한 수요 증가는 장기적인 추세를 나타내므로 계절적 수요와는 관련이 없다. 또한, 불규칙적이고 예측하기 어려운 수요는 계절적 수요와 구분된다.

13. MSE(평균 제곱 오차)는 오차를 제곱하여 평균을 구하는 방식으로, 큰 오차(이상치)에 더욱 민감하게 반응하는 특징이 있다. 따라서, 이상치가 많은 데이터에서는 MSE가 왜곡될 가능성이 있어 MAE(MAD)보다 적절하지 않다.

14. 투자수익률(ROI, Return on Investment)은 투자에서 얻은 수익을 투자원금으로 나눈 비율로, 투자 효율성을 측정하기 위한 지표이다. 즉, ROI는 특정 투자 프로젝트나 마케팅 활동의 효율성을 측정하는 지표이지, 기업의 전체적인 자산 활용 효율성을 측정하는 지표로 사용되지는 않으며, 기업의 자산 활용 효율성을 평가하는 지표는 총자산이익률(ROA)이다.

15. ES(Earliest Start)는 해당 활동을 가장 일찍 시작할 수 있는 시점, EF(Earliest Finish)는 해당 활동을 가장 일찍 완료할 수 있는 시점, LS(Latest Start)는 프로젝트를 지연시키지 않는 범위 내에서 가장 늦게 시작할 수 있는 시점, LF(Latest Finish)는 프로젝트를 지연시키지 않고 가장 늦게 완료할 수 있는 시점을 의미한다. 작업 D의 각 값을 구하면 ES=10, EF=17, LS=10, LF=17임을 알 수 있습니다.

16.

비기봇 해설

1) ITM(In-The-Money, 내가격): 옵션을 즉시 행사했을 때 이익이 발생하는 상태
   - 콜옵션: 기초자산 가격 > 행사가격
   - 풋옵션: 기초자산 가격 < 행사가격
2) ATM(At-The-Money, 등가격): 기초자산 가격과 행사가격이 동일한 상태
3) OTM(Out-of-The-Money, 외가격): 옵션을 즉시 행사했을 때 손실이 발생하는 상태
   - 콜옵션: 기초자산 가격 < 행사가격
   - 풋옵션: 기초자산 가격 > 행사가격

1. 옵션 1 (행사가격 ₩82,000, 콜옵션)
   기초자산 가격(₩85,000) > 행사가격(₩82,000) → ITM
2. 옵션 2 (행사가격 ₩85,000, 콜옵션)
   기초자산 가격(₩85,000) = 행사가격(₩85,000) → ATM
3. 옵션 3 (행사가격 ₩86,000, 풋옵션)
   기초자산 가격(₩85,000) < 행사가격(₩86,000) → ITM
4. 옵션 4 (행사가격 ₩84,000, 풋옵션)
   기초자산 가격(₩85,000) > 행사가격(₩84,000) → OTM

따라서 정답은 '1. 옵션 1과 옵션 3은 ITM, 옵션 2는 ATM, 옵션 4는 OTM이다.'입니다.

17. 자본변동표는 기업의 자본 항목의 변동 내역을 보여주는 보고서로, 이 중 기타자본구성요소로는 자본조정과 기타포괄손익누계액이 해당된다. 현금흐름 헤지 거래의 평가손익, 재평가잉여금, 외화환산차이는 당기손익으로 인식되지 않고 자본에서 직접 조정되는 항목들로 기타자본구성요소와 직접적인 관련이 있으나, 주식발행 초과금은 자본잉여금으로 계상되며, 기타자본구성요소에 포함되지 않기 때문에 직접적인 관련이 없다.

18. CTR(클릭률)이 증가하면 광고의 성과가 개선되었다는 신호일 수 있지만, 동시에 CPC(클릭당 비용)가 상승하는 것은 광고 경쟁이 심화되었을 가능성이 크다. CTR이 증가하면 광고가 더 많은 사용자에게 노출되고, 클릭 수가 늘어나면서 입찰 경쟁이 치열해질 수 있다. 특히 동일한 키워드나 타겟 시장에서 경쟁하는 광고주가 많아지면 CPC도 상승하는 경향이 있다.

19. MAPE(Mean Absolute Percentage Error, 평균절대백분율오차)는 예측값과 실제값 간의 상대적인 오차를 백분율(%)로 나타낸 지표이다. MAPE 공식에 주어진 값을 대입하여 풀이하면, 아래와 같다.

$$\text{MAPE} = \frac{8.33 + 8.00 + 3.23 + 4.44 + 5.00}{5} = 5.80\%$$

20. 항공정보포털시스템(AIS, Aeronautical Information Service)은 국내 공항의 항공 운항 정보, 통계 데이터, 항공 안전 및 공항 운영 관련 정보를 제공한다. 그러나 항공 교통 관제 데이터(ATC 데이터)는 실시간으로 공개되지 않는다. 이는 보안과 안전상의 이유로 일반 대중이 실시간 항공 교통 관제 데이터를 조회할 수 없도록 제한되기 때문이다.

2 데이터 해석 및 활용
20문항

21.

> **비기봇 해설**
>
> 데이터 해석 오류는 잘못된 의사결정으로 이어질 수 있으며, 대표적인 예로 생존자 편향(Survivorship Bias), 성급한 일반화(Hasty Generalization), 심슨의 역설(Simpson's Paradox), 체리피킹(Cherry Picking) 등이 있습니다.
>
> 1. 생존자 편향(Survivorship Bias)은 조사에서 특정 집단이 누락됨으로써 왜곡된 결론을 내리게 되는 오류입니다. 따라서 연락이 두절된 학생들이 분석에서 제외되면 실제 취업률과 다른 결과가 나올 수 있으며, 생존자 편향을 방지하기 위해 대체 분석 방법을 준비하는 것은 적절한 계획입니다.
>
> 2. 성급한 일반화(Hasty Generalization)는 제한된 표본을 바탕으로 전체 모집단에 대한 결론을 내리는 오류입니다. 따라서 특정 학교만 조사하면 모집단을 대표하지 못할 수 있으며, 이를 방지하기 위해 다양한 학교에서 데이터를 수집하는 것은 적절한 접근법입니다.
>
> 3. 심슨의 역설(Simpson's Paradox)은 개별 집단별 분석 결과와 전체 집단 분석 결과가 반대되는 현상을 의미합니다. 따라서 학교별로 개별적으로 분석하면 전체적인 취업 경향을 왜곡할 수 있으므로, 학교를 범주형 변수로 고려하여 데이터 시각화를 통해 분석하는 것은 적절한 해결 방법입니다.
>
> 4. 체리피킹(Cherry Picking)은 연구자가 자신에게 유리한 데이터만 선택하여 결론을 도출하는 오류입니다. 그러나 결측치를 단순히 배제하는 것이 체리피킹이 된다고 단정할 수는 없습니다. 결측치는 의도치 않게 발생하며 다양한 방법(제거, 대체, 예측 모델 활용) 으로 분석 목적에 따라 적절히 선택될 수 있습니다.
>
> 따라서, 문제의 정답은 '4. 결측치가 많을 경우, 이를 배제하는 것은 의도적인 행동이 되어 체리피킹이 자연스럽게 발생하게 되므로 결측치 대체 방법을 마련한다.' 입니다.

22. 데이터 수명 주기의 분석 단계에서는 주로 데이터의 품질, 분석 목표, 적절한 기법 선택 등을 고려해야 한다. 데이터의 물리적 삭제 여부는 폐기 단계에서 고려해야 할 사항으로, 분석 단계와 직접적으로 관련되지 않는다. 수집 단계에서 데이터 소스의 신뢰성과 접근성은 데이터의 품질을 보장하기 위해 필수적이고, 저장 단계에서 데이터의 보안 및 효율적인 저장 공간 관리는 데이터 저장의 핵심이다. 폐기 단계에서 데이터가 복구되지 않도록 안전하게 삭제는 보안과 프라이버시 보호를 위한 중요한 고려사항이다.

23. 파일 시스템은 파일을 저장, 검색, 삭제, 수정하는 기능을 제공한다. 주요 기능으로는 파일 및 폴더의 계층적 구조 관리, 저장 매체의 블록 할당, 데이터의 읽기 및 쓰기 연산 지원 등이 포함된다. 파일 시스템 자체가 무결성을 보장하지 않으며, 데이터 손실 방지를 위해 백업 시스템이 반드시 필요하며, 네트워크 드라이브는 파일 시스템 자체가 아니라 네트워크 프로토콜(NFS, SMB 등)에 의해 관리된다. 또한, 파일 시스템 자체에도 권한 관리 기능이 있으며, 운영체제(OS)와 협력하여 보안 기능을 수행할 수 있으므로 파일 시스템이 사용자 권한 설정을 전혀 담당하지 않는다는 설명은 잘못된 설명이다.

24. 데이터 거버넌스는 데이터 자산의 관리와 제어를 체계적으로 수행하기 위해 다양한 정책과 표준을 통해 데이터의 보안, 개인정보보호, 정확성, 가용성, 사용성을 보장하기 위해 수행하는 모든 작업을 의미한다. 데이터 거버넌스의 목표는 안전한 방식으로 손쉽게 접근 가능한 고품질 데이터를 유지하고 관리하는 것이다.

25. 최소-최대(Min-Max) 정규화는 주어진 데이터를 0~1의 범위로 변환하며, 기존 데이터에서 최솟값이 0, 최댓값이 1이 된다. 따라서, 변환된 데이터의 범위(range)는 원래 데이터와 관계 없이 항상 최댓값-최솟값=1-0=1이므로 1이 된다.

26. 데이터베이스 성능 최적화를 위해 자주 사용하는 쿼리에 적절한 인덱스를 생성하면 검색 속도가 향상되며, 정규화를 통해 데이터 중복을 줄이고 무결성을 유지할 수 있다. 또한, 쿼리 실행 계획을 분석하면 비효율적인 쿼리를 수정하여 성능을 개선할 수 있다. 하지만 모든 테이블에 인덱스를 생성하는 것은 오히려 성능을 저하시킬 수 있다.

27. 결과 테이블은 양쪽 테이블(id_name, id_score)의 모든 행을 포함하며, 매칭되지 않는 경우에도 해당 행이 유지되고 값이 NULL로 표시된다. 이는 Full Outer Join의 특징이다. 주어진 결과를 보면, 양쪽의 모든 데이터가 추출되어 Outer Join임을 알 수 있다. 또한, 오른쪽과 왼쪽 테이블에 동일한 값이 없음에도 오른쪽, 왼쪽 테이블의 모든 레코드가 출력 되었으므로, Full Outer Join이다.

28. 카드를 중복없이 사용하여 500보다 큰 세자리 수를 만들기 위한 전체 경우의 수는 백의 자리(5만 가능)는 1가지, 십의 자리(0, 1, 2, 3, 4 가능)는 5가지, 일의 자리는 백의 자리와 십의 자리에서 사용한 숫자를 제외한 나머지 숫자 중 하나 선택해야 하기 때문에 4가지이다. 전체 경우의 수는 = 1×5×4=20이다. 500백보다 큰 5의 배수인 경우의 수는 백의 자리(5 고정), 일의 자리(0 고정), 십의 자리 5와 0을 제외한 나머지(1, 2, 3, 4) 중 하나를 선택하는 4가지 이므로 경우의 수=1×4×1=4이며, 가능한 숫자는 510, 520, 530, 540이다. 그래서 확률은 4/20= 1/5 이다.

29. 비즈니스 인텔리전스(BI)는 데이터를 활용하여 의사결정을 지원하는 시스템으로, 데이터 수집, 분석, 시각화 및 보고서 제공 등의 과정을 포함한다. 데이터 모델링은 데이터베이스(DBMS) 설계 과정에서 데이터를 저장하는 구조를 최적화하고, 데이터 간의 관계를 정의하는 과정으로, BI의 주요 기능이 아니라 DBMS 설계와 관련된 개념이다. 따라서 해당 선택지는 BI의 핵심 목표와 직접적인 관련이 없으므로 틀린 설명이다.

30. 빅데이터 활용에서 가장 큰 윤리적 문제는 주로 개인정보 보호, 알고리즘의 공정성, 데이터 신뢰성, 투명성 부족 등의 요소와 관련이 있다. 데이터 정확성 문제는 분석 품질과 관련된 기술적 이슈로, 의도적인 조작이 없으면 윤리적 문제(공정성, 프라이버시 등)와 직접적인 연관이 없다. 이는 품질 관리 문제로 분류된다. 웹 크롤링 자체는 기술적 행위로, 윤리적 문제 여부는 동의나 저작권에 달려 있다. 만약 동의 없이 진행되면 저작권 침해(지적 재산권 문제)나 데이터 사용 권한 부족으로 윤리적 논란이 발생할 수 있다.

31. 색인 설계는 데이터베이스에서 데이터를 빠르게 검색하고 조회 성능을 최적화하기 위해 중요한 작업이다. 색인은 데이터를 저장하는 방식과 검색 과정에서 효율성을 높여주는 구조를 제공하며, 특히 대규모 데이터셋에서 성능 개선 효과가 크다. 정규화를 유지하거나 저장 비용을 줄이는 것은 색인의 주된 목적이 아니다. 데이터 무결성을 보장하기 위해서는 주로 제약 조건 설정과 같은 작업이 필요하며, 색인은 직접적인 관련이 없다.

32.

비기봇 해설

데이터 마이닝은 대량의 데이터에서 의미 있는 패턴과 지식을 발견하는 기술로, 대표적으로 연관 분석, 군집 분석, 회귀 분석, 분류 분석 등이 있습니다.

가. 연관 분석(Association Analysis)은 데이터 항목 간의 연관성을 탐색하는 기법으로, 장바구니 분석(Market Basket Analysis) 등의 대표적인 예시가 있습니다. 예를 들어, "A 상품을 구매한 고객이 B 상품도 구매할 가능성이 높다"는 연관성을 찾고 이를 추천 시스템에 활용할 수 있습니다.

나. 군집 분석(Clustering)은 유사한 속성을 가진 데이터를 그룹화하는 기법입니다. 예를 들어, 유사한 소비 패턴을 보이는 고객을 그룹화한 후, 특정 그룹에 맞춤형 마케팅 전략을 제공하는 데 활용할 수 있습니다.

다. 회귀 분석(Regression Analysis)은 변수 간의 관계를 수량적으로 분석하는 방법으로, 특정 변수가 결과 변수(종속 변수)에 미치는 영향을 측정하는 데 사용된다는 설명은 적절합니다. 회귀 분석은 예측 모델링에 활용되며, 제품별 매출을 예측하는 데 사용할 수 있습니다.

라. 분류 분석(Classification)은 주어진 데이터에서 미리 정의된 카테고리(범주)에 따라 데이터를 분류하는 기법입니다. 하지만 범주형 변수를 인코딩하는 것과 범주 간 비율이 동일한지 검정하는 것은 분류 분석의 목표가 아닙니다. 범주 간 비율이 동일한지 검정하는 것은 카이제곱 검정(Chi-square Test)과 같은 통계적 검정 방법을 사용해야 합니다.

따라서, 문제의 정답은 '3. 가, 나, 다' 입니다.

33. CREATE 명령어는 데이터베이스에서 새로운 테이블, 데이터베이스, 뷰 등을 생성할 때 사용된다. SELECT는 데이터를 조회하며, INSERT는 데이터를 추가하고, ALTER는 기존 구조를 변경한다.

34. NoSQL 데이터베이스는 일반적으로 정규화된 데이터 구조나 복잡한 조인 연산을 지원하지 않는다. 테이블을 사용하며, 정규화된 데이터 구조와 복잡한 조인 연산을 지원하는 것은 관계형 데이터베이스(RDBMS)의 특징이다. 다른 선택지는 NoSQL의 주요 유형이며, 모두 옳게 설명하고 있다.

35. DIKI 계층은 데이터(Data), 정보(Information), 지식(Knowledge), 통찰(Insight)의 단계를 거쳐 점점 더 의미 있는 가치로 변환되는 개념이다. "오늘 하늘에 먹구름이 많이 끼어"는 관찰(정보)이지만, "우산을 준비해야 한다"는 즉흥적인 결정을 포함한다. 지식(Knowledge)은 경험적 패턴(예: 먹구름이 비를 의미한다)을 일반화한 이해여야 하지만, 이 예시는 개별 상황에 기반한 행동 권고로, 지식보다 결론에 가깝다. Knowledge 수준이라면 예를 들어, "먹구름이 많고 습도가 높을 때는 높은 확률로 비가 온다."처럼 경험적 지식을 바탕으로 설명해야 한다.

36. 확률변수는 표본 공간의 각 원소(사건 결과)를 실수로 매핑하는 함수이다. 이산형 확률변수는 값이 유한(예: 주사위 눈금 1~6)하거나 셀 수 있는 무한 집합(예: 기하 분포의 시행 횟수 0, 1, 2, ...)이다. 또한 연속형 확률변수는 실수 구간에서 값을 가지며, 예: [0, 1] 사이의 값은 무한하고 셀 수 없다. 하지만 확률변수는 실수값을 가질 수 있으며, 양수, 음수, 0을 포함한다. 예를 들면 기온은 음수로 표현이 가능하고 주식 수익률도 음수가 확률변수로 정의될 수 있으므로 "항상 양의 실수값만 가진다"는 제한은 사실이 아니므로 잘못된 설명이다.

37. 빅데이터의 규모문제를 해결하기 위해서는 대량의 데이터를 효과적으로 저장하고 관리할 수 있는 기술이 필요하며 분산 저장 기술인 HDFS(Hadoop Distributed File System)는 데이터를 여러 노드에 분산 저장하여 대용량 데이터를 효율적으로 처리할 수 있도록 한다. 관계형 데이터베이스는 확장성이 제한적이며, 모든 데이터를 일괄 처리하는 방식은 실시간 처리가 어려워 비효율적이다. 또한, 데이터 크기를 줄이기 위해 불필요한 데이터를 삭제하는 것은 데이터 분석의 가치를 감소시킬 수 있다.

38. 내부 스키마는 데이터베이스의 물리적 저장 구조와 관련된 스키마로, 데이터의 물리적 저장 방식과 최적화를 다룬다. 외부 스키마는 사용자 관점에서 데이터를 정의하고, 개념 스키마는 데이터베이스의 논리적 구조를, 논리 스키마는 물리적 구조를 설명한다.

39.

비기봇 해설

데이터베이스 키(Key)는 슈퍼키(Super Key), 후보키(Candidate Key), 기본키(Primary Key), 대체키(Alternate Key), 외래키(Foreign Key) 등이 있습니다. 각 키의 유일성, 최소성, 관계 등의 속성을 고려하여, 주어진 테이블 속성 간의 관계를 분석하고, 부적절한 설명을 찾는 것이 중요합니다.

1. 슈퍼키(Super Key)는 테이블에서 각 행을 유일하게 식별할 수 있는 속성의 조합을 의미합니다. id는 각 행마다 유일한 값을 가지므로, 테이블에서 모든 행을 구별할 수 있어 슈퍼키가 될 수 있습니다. 또한, id는 id 하나만으로도 유일성을 만족하기 때문에 최소성(Minimality) 또한 만족하여 후보키(Candidate Key)도 될 수도 있습니다.

2. 기본키(Primary Key)는 각 행을 유일하게 식별할 수 있는 속성으로, NULL 값을 가질 수 없고 중복될 수 없습니다. 일반적으로 student_id는 학번과 같이 학생을 고유하게 구별할 수 있는 속성이므로, 기본키로 설정하는 것이 적절합니다. id 대신 student_id를 기본키로 설정할 수도 있으며, 이 경우 id는 대체키(Alternate Key)가 될 수도 있습니다.

3. 기본키가 되려면 유일성(Unique)과 최소성(Minimality)을 만족해야 하지만 name + gender 조합만으로는 모든 학생을 구별할 수 없습니다. 주어진 데이터에서 "최회계"라는 이름을 가진 "여성"이 2명이 존재하는 것을 확인할 수 있습니다. 따라서 name + gender 조합은 기본키가 될 수 없습니다.

4. 후보키(Candidate Key)는 슈퍼키의 속성을 가지면서도 최소성을 만족해야 하지만 major + gender 조합만으로는 학생을 유일하게 식별할 수 없습니다. 즉, 동일한 전공(major)을 선택한 학생들 중 같은 성별(gender)을 가진 학생이 여러 명 있을 수 있기 때문에 후보키로 적절하지 않습니다.

따라서, 문제의 정답은 '3. name 컬럼과 gender 컬럼의 조합은 모든 학생을 식별할 수 있으므로, 기본 키로 설정하는 것이 적절하다.' 입니다.

40. 특정한 날의 평균기온은 숫자 값으로 표현되므로 수치형 데이터이터이다. 비정형 데이터는 텍스트, 이미지, 동영상 등과 같이 정해진 구조가 없는 데이터를 의미하며, 소셜 미디어 게시물에는 텍스트, 이미지, 동영상 등 다양한 형태가 포함되므로 비정형 데이터이다. 그러나, 특정 색상의 선호도는 특정 색상을 선호하는 정도(예: 매우 좋아하지 않음 → 매우 좋아함)로 순서를 가지므로 순서형(Ordinal) 데이터에 해당하며, 혈액형은 순서가 없는 명목형(Nominal) 데이터이다. 따라서 알맞게 연결된 것은 '나'와 '라' 이다.

3 경영정보시각화 디자인
20문항

41. 설명적 인포그래픽은 특정 주제나 개념을 이해하기 쉽게 시각적으로 표현하는 데 중점을 둔 인포그래픽 유형이다. 주어진 보기에서는 지구 온난화에 대한 데이터를 시각적으로 구성하여 평균 기온 변화 등의 정보를 전달하고 있으므로, 개념을 설명하는 데 초점이 맞춰져 있다. 반면, 타임라인 및 역사적 인포그래픽은 주로 사건의 시간적 흐름을 나타내는 데 사용되며, 인포그래픽 아이콘은 단순한 시각적 요소를 활용한 표현 방식이다. 비교 및 대조 인포그래픽은 두 개 이상의 데이터를 비교하는 데 초점을 맞춘다.

42. 시각화 디자인 과정에서는 데이터의 효과적인 전달을 위해 적절한 시각화 유형을 결정하고, 정보의 가독성과 미적 요소를 고려한 레이아웃을 구성하며, 색상, 형태, 크기 등 디자인 요소를 신중히 선택하는 것이 중요하다. 하지만 시각화 기술 선택은 디자인 과정이 아니라 구현 과정에 해당하는 단계로, 데이터 시각화를 실제로 구현하는 데 필요한 프로그래밍 언어나 도구(Tableau, Power BI 등)를 결정하는 과정이다.

43. 탐색은 데이터를 고정된 형태로 제시하기보다는 사용자가 데이터를 자유롭게 분석하고 해석할 수 있도록 돕는 시각적 분석 기능이다. 이를 통해 특정 패턴, 상관관계, 이상치를 발견하고 데이터의 다양성을 파악할 수 있다. 특히, 앤스컴 콰르텟은 동일한 통계적 속성을 가지면서도 서로 다른 분포를 가진 데이터 집합을 탐색의 중요성을 강조하는 사례로 사용된다.

44. 조화는 디자인 요소들이 서로 어울려 전체적으로 균형 잡힌 시각적 효과를 만드는 원리이다. 글꼴, 텍스처, 색상 팔레트 등을 일관되게 사용하여 통일감을 부여하고, 비례 관계를 통해 시각적인 안정감을 제공한다. 균형은 요소들의 무게를 배치해 안정감을 유지하는 것이며, 비례는 크기와 공간 간의 관계를 나타내고, 대비는 서로 다른 요소 간의 시각적 차이를 강조하는 원리다.

45. 게슈탈트 법칙은 인간이 시각적 정보를 어떻게 조직화하는지를 설명하는 원리로, 근접성, 유사성, 연속성, 폐쇄성, 전경-배경, 공통 운명 등의 원리를 포함한다. 그러나 반복성 법칙은 게슈탈트 원리의 핵심 개념이 아니다. 반복적인 패턴이 인식에 영향을 미칠 수는 있지만, 이는 게슈탈트 법칙의 주요 원칙 중 하나로 정의되지는 않는다.

46. 비례는 디자인에서 요소들 간의 크기나 비율이 조화를 이루도록 배치하는 원리로, 전체적인 균형과 미적 감각을 형성하는 데 중요한 역할을 한다. 패턴, 크기, 비율 등의 변화를 통한 생동감과 리듬감 형성은 조화 또는 리듬과 관련되며, 중심을 기준으로 대칭을 이루는 것은 균형(Balance)의 개념이다. 또한, 시각적인 안정감을 형성하는 것은 대비(Contrast)나 강조(Emphasis)와 더 관련이 있다.

47. 인포그래픽의 원리 중 단순성(Simplicity)은 불필요한 요소를 제거하고 핵심 정보만을 명확하게 전달하는 것을 의미한다. 데이터 잉크 비율을 높이는 것은 시각적 정보에서 불필요한 장식을 줄이고 본질적인 데이터만을 강조하는 개념으로, 이는 인포그래픽에서 복잡한 디테일이나 과도한 레이아웃을 배제해야 하는 이유와 연결된다. 효과성은 정보 전달의 효율성을 높이는 것과 관련되며, 명확성은 정보가 쉽게 이해될 수 있도록 하는 원리지만, 문제에서 제시된 설명은 단순성의 개념에 가장 부합한다.

48. 오컴의 면도날 원칙은 불필요한 요소를 제거하고 가장 단순한 설명을 선택하는 개념으로, 인포그래픽에서 핵심 메시지를 강조하고 단순한 시각화를 적용하는 것과 연결된다. 이 원칙은 복잡한 정보를 효과적으로 전달하기 위해 최소한의 텍스트를 사용하고, 명확한 구조를 유지하는 데 활용된다. 브랜드 아이덴티티는 특정 브랜드의 정체성을 강화하는 개념이며, 정보의 일관성은 전체적인 내용이 조화를 이루도록 하는 원리이다. 또한, 타깃 오디언스는 정보의 대상이 되는 청중을 의미하지만, 문제에서 설명하는 원칙과는 다소 거리가 있다.

49. Power BI에서 DIVIDE 함수는 두 숫자를 나누는 데 사용되며, 0으로 나누는 오류를 방지하기 위해 대체값을 설정할 수 있는 옵션을 제공한다. 예를 들어, DIVIDE(10, 2)는 5를 반환하며, DIVIDE(10, 0, 0)은 오류 대신 설정된 대체값 0을 반환한다. MEDIAN은 중간값을 계산하는 함수이고, DIV는 잘못된 함수명이며, AVERAGE는 평균을 계산하는 함수이다. 나누기를 수행하는 올바른 함수는 DIVIDE이다.

50. 덴드로그램은 데이터의 계층적 군집을 트리 구조로 표현하며, 군집들 간의 관계와 유사성을 시각화하는 데 사용된다. 이는 데이터의 거리와 유사성을 기반으로 계층적 구조를 분석하고, 복잡한 데이터를 직관적으로 이해할 수 있도록 설계된 강력한 도구이다. 그러나 아래에 공통된 데이터가 위치한다는 설명은 덴드로그램의 구조를 잘못 설명한 것으로, 덴드로그램에서는 개별 데이터가 아래쪽에 위치하며, 공통된 데이터는 상위로 병합되어 나타난다.

51. 문제의 그래프는 영역 차트(Area Chart)로, 시간에 따른 데이터의 변화 추이를 보여주면서 각 데이터 요소의 상대적인 크기를 시각적으로 비교할 수 있도록 해준다. 영역이 색상으로 채워져 있어 데이터 간의 누적 변화를 쉽게 파악할 수 있으며, 특정 시점에서의 데이터 값뿐만 아니라 전체적인 흐름을 이해하는 데 유용하다. 반면, 범주형 데이터 비교는 막대그래프(Bar Chart)가 더 적합하며, 점과 선을 이용한 그래프는 산점도(Scatter Plot)나 선 그래프(Line Chart)에서 활용된다. 또한, 누적 변화 없이 정적인 데이터를 표현하는 것은 영역 차트의 주요 목적과 다르므로 적절하지 않다.

52.

비기봇 해설

이번 문항은 성별 인종별 인터페이스 디자이너 인구를 시각화한 세로 막대 그래프를 작성할 때, 이에 대한 주의사항을 묻는 문제입니다.

1. 막대의 값이 비슷한 경우, 각 데이터값을 막대 상단에 기입하여 정보를 명확히 전달해야 한다 : 이 설명은 적절합니다. 막대 그래프에서 값이 유사할 경우, 막대 상단에 수치를 추가하면 가독성이 향상됩니다. 특히, 막대가 촘촘하게 배치되었거나, 차이가 미세한 경우 수치를 직접 표시하면 데이터 비교가 더욱 명확해집니다.

2. 막대의 높이와 가로 폭을 동시에 키워 면적을 늘림으로써 시각적 표현력을 극대화해야 한다 : 이 설명은 옳지 않습니다. 막대 그래프에서는 높이를 기준으로 데이터를 표현하는 것이 중요하며, 가로 폭을 키우면 데이터의 비교가 왜곡될 수 있습니다. 따라서 시각적 표현력을 극대화하기 위해 가로 폭을 동시에 조정하는 것은 적절하지 않습니다.

3. Y축 값의 기준점은 '0'으로 설정하여 데이터의 왜곡을 방지해야 한다 : 이 설명은 적절합니다. Y축의 기준점을 '0'으로 설정하는 것은 데이터의 왜곡을 방지하고, 막대의 상대적 크기를 정확하게 전달하는 데 중요합니다.

4. 기준선은 그리드보다 두꺼운 선으로 설정해 데이터의 시작점을 명확히 구분해야 한다 : 이 설명도 올바릅니다. 기준선이 너무 약하거나 흐리면 데이터가 어디에서 시작되는지 불명확해질 수 있어, 해석이 어려워질 수 있습니다. 이때 기준선이 두꺼우면 데이터의 시작점을 더 명확하게 구분할 수 있습니다.

따라서, 문제의 정답은 '2. 막대의 높이와 가로 폭을 동시에 키워 면적을 늘림으로써 시각적 표현력을 극대화해야 한다.' 입니다.

53. 테이블 차트(Table Chart)는 행과 열로 구성된 격자 형태의 표이며, 데이터를 체계적으로 정리하고 비교하는 데 유용하다. 각 셀에는 숫자, 텍스트, 이미지 등 다양한 유형의 데이터가 포함될 수 있으며, 행은 개별 데이터 항목(레코드)을 나타내고, 열은 해당 데이터의 속성(특징)을 나타낸다.

54. 불확실성 시각화는 데이터의 신뢰성, 오차 범위, 추정값의 변동성 등을 시각적으로 나타내어 사용자가 정보의 신뢰도를 평가할 수 있도록 도와준다. 주로 신뢰 구간, 오류 막대, 색상의 투명도 조절, 확률 분포 그래프 등의 방법을 사용하여 표현된다. 반면, 시간 변화에 따른 데이터 추세를 나타내는 것은 시계열 차트와 관련이 있으며, 변수 간의 연관성과 분포를 표현하는 것은 산점도 등의 관계 시각화에 해당한다. 또한, 공간적 패턴을 분석하는 것은 지도 기반 시각화(GIS)와 관련이 있다.

55. 히트맵은 데이터를 매트릭스 형태로 시각화하며, 각 셀의 값에 따라 색상이 매핑되는 방식으로 데이터를 나타낸다. 색상의 강도나 밝기는 값의 크기를 직관적으로 보여주며, 행과 열은 범주나 변수를 나타낸다. 또한, 색상 눈금 범례를 포함하여 색상이 나타내는 값을 쉽게 이해할 수 있도록 돕는다. 하지만 색상 대신 도형 크기를 사용하는 것은 잘못된 것으로, 이는 히트맵이 아닌 버블차트와 같은 시각화 방식에 해당한다.

56. 간트차트는 프로젝트 관리나 일정 계획에 사용되는 시각화 도구로, 작업의 시작과 종료 시간을 나타내는 가로 막대 형태의 차트이다. 각 막대는 특정 작업의 지속 시간을 시각적으로 보여주며, 작업 간의 의존성이나 진행 상태를 명확히 파악할 수 있다. 단계별오차막대는 데이터의 불확실성을, 단계구분도는 지리적 데이터를, 가로막대차트는 범주형 데이터 비교에 적합한 차트로, 보기와는 다른 시각화 유형이다.

57. 보기의 차트 유형인 히스토그램, 박스플롯, 버터플라이 차트, 바이올린 도표는 모두 분포 시각화에 속한다. 이 차트들은 데이터가 어떻게 분포되어 있는지, 데이터의 중앙 경향, 범위, 이상치 등을 시각적으로 나타내는 데 적합하다. 히스토그램은 값의 빈도를, 박스플롯은 데이터의 사분위수와 이상치를, 바이올린 도표는 데이터의 분포와 밀도를, 버터플라이 차트는 두 집단 간 데이터를 비교하여 대칭적으로 시각화한다. 반면, 공간 시각화는 지리적 데이터를, 불확실성 시각화는 데이터의 신뢰성과 변동성을, 비율 시각화는 상대적 크기나 비율을 나타내는 차트로 분포 시각화와는 다르다.

58. 범프차트는 시간에 따른 데이터의 순위 변화를 시각적으로 표현하는 데 적합한 차트 유형이다. X축에는 시간 데이터가, Y축에는 순위가 표시되며, 그룹별로 색상을 다르게 설정하여 각 그룹의 변화를 명확히 구분할 수 있다. 이 차트를 통해 데이터의 추세와 순위 변화를 동시에 파악할 수 있다. 반면, 덴드로그램은 계층적 군집을 나타내는 트리 구조 차트이고, 생키차트는 데이터 흐름과 양을 표현하는 데 사용되며, 캘린더차트는 시간 데이터를 달력 형태로 시각화한다.

59. 박스플롯은 데이터의 분포, 중앙값, 사분위수 및 이상치를 시각적으로 나타내는 차트이다. F에 해당하는 부분은 정상범위를 벗어난 이상치가 된다. A는 최댓값이고 E는 최소값이 된다. 정답은 4번으로 박스 내부는 데이터는 D는 1사분위, C는 2사분위, B는 3사분위로 나타내며, C(2사분위)는 중앙값을 의미한다.

60. 문제의 차트는 카토그램으로, 지역 크기를 데이터 값에 비례해 조정하여 상대적 차이를 직관적으로 비교할 수 있다. 1번은 동일한 면적에 색만으로 표현하는 카토그램 히트맵의 설명이다. 2번과 4번은 단계구분도의 특징으로, 데이터 값을 색상이나 패턴으로 표현한다.

참고 문헌

경영정보시각화능력 필기 수험가이드북	상공회의소
데이터 분석 전문가 가이드 (ADP)(ADsP)	한국데이터진흥원
ADsP 데이터분석 준전문가	(주)데이터에듀
ADP 데이터분석 전문가 올패키지	(주)데이터에듀
빅데이터 분석기사 필기	(주)데이터에듀
빅데이터 분석기사 실기 Python	(주)데이터에듀
데이터 시각화 입문	지은이 후지토시쿠니, 와타나베 료이치,
데이터 시각화	이태림, 허명회, 이정진, 이긍희
데이터 시각화 교과서	클라우스 윌케 지음　권혜정 옮김
굿차트	스콧 베리나토 지음　이미숙 옮김
사례분석으로 배우는 데이터 시각화	황재진, 윤영진 지음
2025 경영정보시각화능력 필기	김문성, 정경문 지음
IFRS 중급재무회계	황준성 지음

참고 자료

NCS 국가직무능력표준	https://www.ncs.go.kr/index.do
마케팅 4p	https://ko.wix.com/blog/post/4-ps-of-marketing
5Forces	https://boardmix.com/kr/skills/5-force-model/
전자공시시스템	https://dart.fss.or.kr/
재무제표	https://mac-a-study.tistory.com/52
통계청 국가통계포털	https://kosis.kr/index/index.do
기상자료개방포털	https://data.kma.go.kr/cmmn/main.do
국가교통DB	https://www.ktdb.go.kr/
한국데이터거래소	https://kdx.kr/main
공공데이터포털	https://www.data.go.kr/
항공정보포털시스템	https://www.airportal.go.kr/index.jsp
유통데이터서비스플랫폼	https://retaildb.or.kr/
데이터 정규화	https://thebook.io/080263/0427/
TTA정보통신용어사전	https://terms.tta.or.kr/main.do
고정 간격 구간화	https://www.scaler.com/topics/binning-in-data-mining/
IQR	https://www.scribbr.co.uk/stats/interquartile-range-meaning/
조인	https://hongong.hanbit.co.kr/sql-기본-문법-joininner-outer-cross-self-join/
LGcns	https://www.lgcns.com/blog/cns-tech/ai-data/16422/
태블로	https://public.tableau.com
DB 사이트	www.stateofglobalair.org HEI의 '세계대기상태' 자료
한국경제신문사	2024년 농수산물 온라인도매시장 거래액 : 농림축산 식품부

2025 데이터에듀
경영정보시각화능력 필기

초판 1쇄 발행 2025년 04월 11일

발행인 윤종식
저자 윤종식 한컴아카데미
교정교열 데이터에듀 교육사업본부 콘텐츠 연구소
편집디자인 윤미선 디플 윤보라 | **인쇄제본** 북앤컬쳐
검수자 최광순(데이터전문가포럼 마포갈매기)
펴낸곳 (주)데이터에듀
출판등록번호 제2020-000003호
주소 부산광역시 해운대구 센텀북대로 60, 1807호
대표전화 051-523-4566 | **도서 유통** 02-556-3166 | **팩스** 0303-0955-4566
이메일 books@dataedu.co.kr | **홈페이지** www.dataedu.kr

- 인쇄나 제본이 잘못된 도서는 구입한 서점에서 교환해드립니다.
- 이 책은 저작권법에 의해 보호를 받는 저작물로 저작권자나 (주)데이터에듀의 사전 승인 없이 본문의 일부 또는 전부를 무단으로 복제하거나 다른 매체에 기록할 수 없습니다.
- 정오표는 데이터에듀 홈페이지(커뮤니티 → 정오표)에서 보실 수 있습니다.
- 교재 내용 관련 문의는 데이터에듀카페(https://cafe.naver.com/dataedubooks)에 올려주시면 답변 도와드리겠습니다.

ISBN 979-11-93672-21-1
가격 32,000원

자격증 합격부터 데이터 전문가 양성까지 완벽 대비!
데이터에듀 인강 시리즈

01. 데이터분석 준전문가 준비를 위한 강의

ADsP 합격패키지

- 데이터에듀 가장 많은 수강생이 수강하는 BEST 1위 강의
  비전공자도 쉽게 합격하는 출제포인트 제공

- 이론 + 예상문제 + 핵심요약 강의 + 기출해설강의
  전 범위 최신 기출 경향 분석을 통한 완벽한 합격전략 제시

- 상세한 개념 설명과 예시로 누구나 이해할 수 있는 강의!
  어려운 3과목도 자세한 설명과 예시로 완벽 대비

ADsP 합격패키지 1
- 범위 : 1과목/2과목/3과목 4장, 5장
- 핵심 과목만 중점 학습

ADsP 합격패키지 2
- 범위 : 3과목 1장 ~ 5장
- 데이터분석 파트 집중 학습

ADsP 합격패키지 3
- 범위 : 1과목 ~ 3과목(전과목)
- 비전공자 추천 / 전범위 집중 학습

비전공자 단기 합격 로드맵 제공
빅분기 필기 3주 합격패키지

- 비전공자도 단기 합격 가능한 3주 학습 로드맵 제공 & 저자와 통계 전문가 과목별 2인 체제
- 눈높이 체크부터 실전 문제풀이까지 5단계 합격 커리큘럼 구성
- 최신 기출 경향 분석을 통한 완벽한 과목별 학습 전략 제시

일주일만에 합격하는
SQLD 합격패키지

- 2024 NEW 교육과정 반영은 기본! 국립금오공대 교수 직강
- 사례를 통한 이론과 코드 설명으로 초단기 합격 완성!
- 기출 분석을 통해 엄선된 문제풀이로 높은 적중률

02. 데이터분석 초보자/입문자 추천 강의

비전공자 눈높이의 데이터 분석 강의
가장 쉬운 데이터분석 입문

온라인 사수가 알려주는 SQL&Python 스킬
도전! 실전 데이터분석 (SQL&Python)

투자 공부의 진짜 시작
금융데이터 분석

데이터에듀
오프라인 교육

10년 연속 컴퓨터/IT 분야 수험서 1위를 차지한 빅데이터 교육 콘텐츠 기업,
10년 이상의 온/오프라인 교육 노하우로 기업의 DT 전환에 기여합니다.

자격증 강의
데이터분석 전문가 ADP, 데이터분석 준전문가 ADsP, 빅데이터 분석기사,
경영정보시각화능력, SQL 개발자 SQLD

빅데이터, AI 강의
생성형 AI / chat-gpt, AI 데이터 라벨링, 머신러닝 및 딥러닝, 데이터분석기획,
마케팅 전략 수립 강의

오프라인 교육 이력

자격증 강의

- **기업 강의**
  삼성전자, 삼성 SDS, LG CNS, 이니스프리, 포스코건설, 현대홈쇼핑 등
- **공공기관 강의**
  한국표준협회, 중소기업진흥공단, 세종테크노파크 등
- **대학 강의**
  연세대학교, 동국대학교, 건국대학교, 성균관대학교, 부산대학교, 동아대학교 등

빅데이터, AI 강의

- **생성형 AI / chat-gpt**
  동의대, 밀양시청, 한국해양수산데이터산업협회, (사)한국융합인재교육협회, 김포새로일하기센터
- **AI 데이터 라벨링**
  부산과학기술대학, 구미여성인력개발센터 등
- **머신러닝 및 딥러닝**
  삼성SDS, LG CNS, 중소기업진흥공단, KOSTA 등
- **데이터분석기획**
  LG 이노텍, LG CNS, 부산대학교 등
- **마케팅 전략 수립**
  경제진흥원, 동아대학교 산학협력단, 여성인력개발센터 등

기업교육 문의
www.dataedu.kr | ebiz@dataedu.co.kr | 070-4193-0607

완벽한 합격을 위한 선택!

데이터에듀 도서 시리즈

데이터분석 자격증 가장 빠른 합격을 위한 핵심 비법 수험서

경정시 실기는 태블로!
경영정보시각화능력 실기 Tableau!

- 태블로 기초부터 심화까지
- 실무 최적화, BI전문가 팁
- 무료 실습 QR 영상

데이터분석 준전문가
ADsP

데이터분석 전문가
ADP 올패키지

데이터 분석 전문가
ADP 실기

빅데이터분석기사 필기

빅데이터분석기사 실기
with Python

빅데이터분석기사 실기
with R

데이터에듀는 AI Transformation을 통해
확실한 성과를 보장하는
효율적인 학습 경험을 제공합니다.

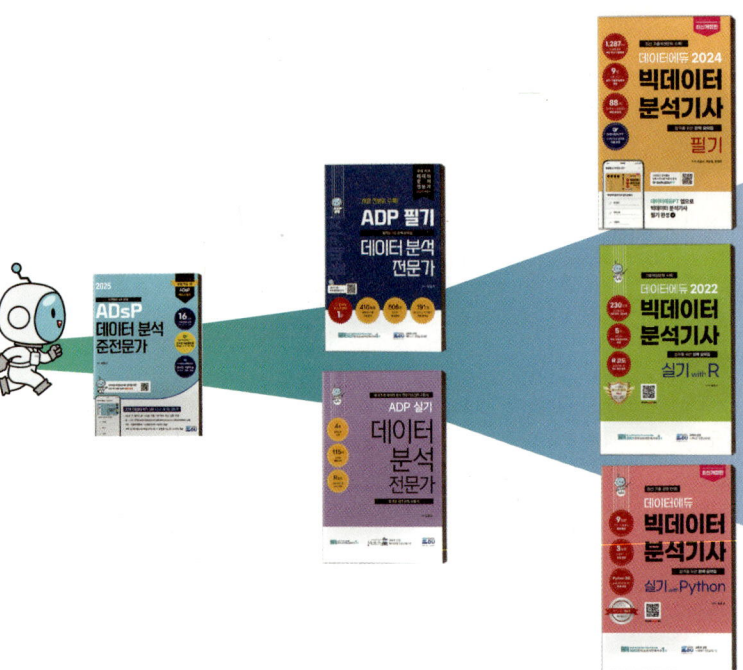

 문제 생성 AI
 해설 생성 AI
 쇼츠 추출 AI
 문제 추천 AI
 코딩 자동 채점 AI
 외국영상 자동 더빙 AI

저희 데이터에듀는 'ADsP 데이터분석 준전문가' 민트책을 필두로 ADP, 빅데이터분석기사, 경영정보시각화능력 등 빅데이터, AI 관련 자격증 도서와 강의로 많은 사랑을 받고 있습니다.

하지만, 도서와 강의로만 수험생 여러분께
좋은 학습 내용과 경험을 제공하기에는 많은 한계가 있다고 느꼈습니다.

그래서 저희는 이론 기반의 '데이터에듀PT(DataeduPT)'와 실습 기반의 '코드러닝(Code-learning)'을 활용하여
자격증 공부의 AI Transformation을 진행하고 있습니다.

도서보다 다양한 콘텐츠를 제공하여 더 확실한 성과를 볼 수 있었으며,
데이터에듀의 인공지능을 통해 개인 맞춤 교육을 제공하여
수험생 여러분께 더욱 효율적인 학습 경험을 제공할 수 있었습니다.

데이터에듀는 이에 만족하지 않고, 자격증 학습 시장의 디지털 전환을 선두하며
학습자 여러분께 확실한 성과를 보장해드리기 위해 노력하겠습니다.

앞으로도 끊임없는 연구와 혁신을 통해
더욱 진보된 개인 맞춤형 학습솔루션을 제공하며
학습의 새로운 기준을 제시 할 것을 약속드립니다.

함께 미래를 선도하는 학습문화를 만들어 나가겠습니다.

 대표 윤종식